KB096173

한결같되
날로
새롭게

창비 50년사

한결같되
날로
새롭게

창비 50년사

창비 50년사 편찬위원회 엮음

창비

일러두기

1. 제1부에서는 창비 50년의 역사를 5기로 나누어, 주요 인물과 사건을 선정해 조명했다. 각 시기에 관련된 내용을 위주로 다루었으나, 해당 시기에만 국한하지 않고 앞뒤 시기로 넓혀 다루기도 했다. 인물 인터뷰 등 회고에는 기억의 차이로 인해 서로 일치하지 않는 내용도 더러 있음을 밝혀둔다.

2. 제2부에서는 창비 50년의 담론 중 13개 주제를 선정해 조명했다. 1부와 2부, 3부에 실은 자료들을 서로 연관시켜 읽으면 창비의 역사를 좀더 입체적으로 재구성해 파악할 수 있을 것이다.

3. 계간 『창작과비평』의 약칭은 『창비』로 표기했다. 계간지와 출판사, 그 구성원 등을 가리키는 약칭은 통상적인 용법에 따라 '창비'로 표기했다.

4. 문장부호, 약물의 사용은 일반 출판 편집의 관례를 따랐다.

간행사

창비가 올해로 50주년을 맞이합니다.

계간 『창작과비평』 창간호가 첫선을 보인 것은 1966년 1월입니다. 그로부터 창비의 역사가 시작되어 이제 50돌, 반세기가 지났습니다. 1974년 첫발을 내디딘 출판사업도 이제 40여년의 결코 짧지 않은 연륜을 쌓았습니다.

『창비』가 창간될 무렵은 한일국교 재개를 계기로 동아시아 냉전질서가 정착되고 분단체제가 강고해지는 변화 속에 박정희정권의 개발독재와 그에 맞선 민중의 저항이 드높아지던 상황이었습니다. 창간 이래 점점 더 거세어지는 군부독재의 폭압에 맞서 창비가 저항과 양심의 목소리를 담아 출간한 책들은 숱하게 판매금지를 당했고, 계간지가 폐간되었으며, 출판사 등록마저 취소되는 수난을 겪기도 했습니다.

그같은 엄혹한 시대를 헤쳐온 창비는 1987년 6월항쟁 이후 점진적인 민주화 진행과 세계사적인 탈냉전의 진전으로 조성된 국내외의 커다란 전환에 대응하여 스스로 새로워지려는 노력을 기울였습니다. 창비의 역할과 출판의 새로운 위상을 모색한 결과 질적·양적 성장을 거두었습니다. 전통적인 출판영역은 물론이고 새로운 매체 분야로 사업을 확장하고 해외진출을 위한 노력도 꾸준히 해왔습니다.

창비가 그동안 온갖 역경을 딛고, 지금도 결코 호락호락하지만은 않은 출판환경에서 이만큼의 연륜을 쌓고 명성을 얻으며 물적 기반을 마련할 수 있었던 것은 물심양면으로 애써주신 많은 분들과 독자 여러분의 덕입니다. 역량의 부족으로 주어진 책무를 남김없이 수행하지는 못했을지언정 공공성의 엄숙함을 아예 저버린 적은 결코 없었다는 사실에 대해서는 자부심도 느끼고 있습니다. 이제 이러한 50년의 발자취를 기록에 남겨, 창비가 이 자리에까지 올 수 있도록 안팎에서 힘써주신 수많은 분들의 공덕을 기리는 동시에 미래를 위한 성찰의 거울로 삼고자 합니다.

창비는 2014년 4월 '창비 50년사 편찬위원회'를 구성하여 이 책을 준비해왔습니다. 그 50년은 창비의 역사인 동시에 한국현대사를 관통하는 비판적 지성의 역사이고 한국 출판잡지사의 주요한 일부이기에 이를 기록하는 것은 뜻깊은 작업인 한편 저희가 감당하지 않으면 안될 의무일 것입니다.

1년 반이 넘는 기간 동안 편찬위원회에서는 자료를 수집하고, 인물을 인터뷰하고, 최선의 필자를 찾아 원고 청탁을 했습니다. 이러한 과정을 거쳐 제1부는 50년을 다섯 시기로 구분하는 연대기적 서술을 바탕으로 하되 창비 역사를 만든 사람들의 이야기를 중심으로 구성하였고, 제2부에는 연대기적 서술로 다룰 수 없는 성과인 창비의 핵심 담론들을 정리했으며, 제3부에는 50년사의 주요사항을 엄선해 간략하게 기록한 각종 자료를 수록했습니다. 이 체재는 각 부의 서술에서 유기적 연관도와 가독성을 높이기 위해 마련된 것입니다.

창비 50년의 전모를 온전히 재현하기에 이 한권의 책으로는 턱없이 부족합니다. 그러나 창비를 탐구하는 연구자를 위해 기초자료를 제공하고, 일반 독자에게는 '책으로 본 한국현대사'의 역할을 할 수 있기를 감히 기대합니다. 창비가 지나온 50년의 꿈과 열정, 희로애락을 이만큼이나마 담아낼 수 있었던 것도 쉽지 않은 일이었다고 생각합니다. 편찬위원회의 노고에 감사드립니다.

창비는 이제 '새로운 50년'을 준비하며 내부 혁신을 추진하고 있습니다. 새로운 출판환경에 대응하면서 피부로 느끼는 '대전환'의 시대 요구에 부응하기 위해 앞으로 더욱 분발하겠습니다. 한결같되 날로 새로운 창비, 독자와 함께 더 나은 세상을 만드는 창비가 되겠다고 약속드립니다. 이러한 엄숙한 다짐의 뜻을 담아 이 책을 간행합니다.

창간호에서 '창조와 저항'의 거점이 될 것을 자임하며 그 "먼길을 어찌 다 가며 도중의 괴로움을 나눠줄 사람은 몇이나 될까" 하고 자문한 적이 있습니다. 50년간의 궤적을 돌아보면 수많은 필자와 독자, 그리고 다양한 분야의 협력자가 함께해왔습니다. 창간 당시 창비가 멀리 내다본 새로운 내일을 향해 꾸준히 쉼없이 걷는 일로 그 성원에 보답할 것입니다. 감사합니다.

2016년 2월
대표이사 강일우

차례

2
창비 50년의 담론

3
창비 50년의 자료

창비 50년의 역사

제1기
1966~1974

창조와 저항의 거점을 세우다

1966. 1. 15. 『창작과비평』 창간
1969. 12. 잡지사 창작과비평사 설립
1974. 1. 10. 출판사 창작과비평사 설립

1966년 1월, 공평동에 위치한 문우출판사(종로구 공평동 122번지)는 130면 남짓 되는 작은 잡지 한권을 내놓았다. 당시 가격은 70원, 편집인은 서울대 영문과 전임강사로 재직 중이던 스물여덟의 청년 백낙청(白樂晴)이었다. 1950년대 미국 하바드대학에서 유학하던 백낙청은 학업을 마치고 귀국하면 잡지를 창간하여 한국문단과 지식인사회에 기여해야겠다는 생각을 품었고 마침내 이를 위한 구체적인 실행에 나섰던 것이다. '서울 리뷰' '흐름' '전위' 같은 후보들을 누르고 최종적으로 낙착된 이 잡지의 제호는 '창작과비평'이었으며 표지 디자인은 미국의『파티잔 리뷰』(Partisan Review)라는 잡지의 표지를 참조하여 만든 것이다. 이후 반백년간 이어지며 한국 사회와 지성사에 커다란 족적을 남기게 되는『창작과비평』은 이렇게 첫선을 보이게 된다.

창작(Creation)과 비평(Criticism)이라는 제호에서 알 수 있듯『창작과비평』은 단순한 문학잡지에 머물지 않고 종합적인 지식의 아우름을 표방했다. 이와 유사한 잡지가 다수 출현한 지금에는 그렇지 않지만 창간 당시만 해도 극히 낯선 형식이었다. 해외로 눈을 돌려도 사정은 마찬가지였다. 굳이 유사한 대상을 찾자면 비평적 선언문, 연재소설, 시, 정치 산문을 한데 아우른, 19세기 러시아에 나타났던 '두툼한 잡지'(thick journal)에 비견될 수 있을 터였다.

백낙청이 주도적인 역할을 한 것은 사실이지만『창비』의 탄생은 수많은 사람들의 도움과 헌신에 힘입은 것이었다. 채현국 임재경 이종구 한남철(본명 한남규) 김상기 등 직접 창간에 참여한 사람들의 노력 외에도 초창기에 원고료를 받지 않고 귀한 원고를 제공한 많은 지식인들의

계간 『창작과비평』 창간호
(1966년 겨울호)

마음씀씀이가 없었더라면 지금과 같은 모습의 『창비』는 아마 없었을 것이다.

이렇게 백낙청의 패기와 주변 문인들과 지식인들의 도움으로 세상의 빛을 보게 된 『창비』는 등장과 동시에 커다란 화제를 불러일으켰다. 먼저 계간지라는 형식이 세간의 이목을 끌었다. 해방 이후 한국 잡지사(史)에서 대표적인 이념잡지이자 저항잡지라 할 『사상계』(思想界, 1953~70)의 예에서 볼 수 있듯이 『창비』 등장 이전까지 가상 대중적이고 일반적인 잡지의 형태는 월간지였다. 문학잡지의 경우에도 사정은 다르지 않았다. 특히 1960년대 문단의 주류를 이루던 월간 문예지들은 '추천제'를 통해 문단 권력을 행사하고 있었다. 그밖에 일간지의 신춘문예 제도도 있었지만 다분히 폐쇄적이고 권위적인 기성문단에 염증을 느끼던 젊은 문인들은 새로운 문학담론을 제출할 수 있는 매체를 갈구하고 있었다. '계간지'는 바로 이러한 요청에 응답한 새로운 양식이었으며 그 출발에 『창비』가 있었던 것이다. 하지만 『창비』가 택한 계간지라는 형식은 지극히 현실적인 고민의 결과이기도 했다. 매달 잡지를 내는 월간지의 형태로는 잡지의 수준을 일정하게 유지할 수 없을뿐더러 재정적으로도 감당하기 힘들었던 것이다. 하지만 이런 현실적인 제약에서 탄생한 계간지라는 양식은 이후 동인 씨스템과 결합하면서 한국 문단의 새로운 기풍으로 자리잡게 된다.

『창비』의 또다른 신선함은 문학잡지를 표방하면서도 개진하는 담론의 폭을 비단 문학에 한정시키지 않았다는 점이다. 창간호에 싸르트르의『현대』(*Les Temps Modernes*)지 창간사와 미국의 사회학자 라이트 밀즈의 글이 번역된 것을 시작으로 통권 2호에서는 경제학(임종철), 정치학(이정식) 등의 글이 실렸다. 덕분에『창비』는 선우휘 같은 보수적인 인사로부터 불온한 '사회과학파'라는 타박을 받아야 했지만 문학과 인문·사회과학의 결합은 70년대 이후 지금까지도 지속적으로 견지되며 '창비담론'의 독특성을 구성하고 있다. 이같은 문예지와 정론지(政論誌)의 성격을 겸하는 비판적 종합지(綜合誌)는 국내외적으로 드문 사례로 평가되거니와 이러한 특성이 바로『창비』의 풍부한 담론 생산성의 원천이 되었다. 또한 가로쓰기를 도입하고 한자의 사용을 대폭 줄이며 해외 유명 지식인들의 글을 번역하여 소개하는 일 역시 당시로서는 쉽게 찾아볼 수 없는 것이었다.

『창비』가 창간될 무렵의 한국은 4·19혁명을 '미완의 혁명'으로 만들어버린 박정희 군사정권의 쿠데타 이후 냉전반공주의와 발전주의에 입각해 국가-재벌기업 연합이 추동한 권위주의 산업화가 막 추진되던 때였다. 박정희정권은 이러한 경제발전의 기반을 마련하기 위해 1965년 한일협정 체결을 감행하려 했는데 이는 저항세력이 본격적으로 결집하는 계기가 되었다. 그러나 이른바 '6·3항쟁'으로 일컬어지는 전국적인 한일협정반대운동에도 불구하고 한일기본조약이 체결되고 말았다. 1965년 한일국교 정상화가 기정사실화되고 그를 계기로 동아시아 냉전질서의 한축인 한·미·일 삼각동맹체제가 정착되는 새로운 정세를 맞아 한국사회는 '또 하나의 중요한 전기(轉機)'를 맞게 되었던 것이다.

『창비』는 이렇게 동아시아질서의 변화 속에 박정희정권의 개발독재와 그에 맞선 민중의 저항이 드높아지던 때 등장했다.『창비』의 등장은 당대 지식인들에게 마치 청명한 죽비소리와 같았다. 1965년부터 창간

작업에 임한 백낙청은 「새로운 창작과 비평의 자세」라는 창간호 권두 논문에서 당시의 보수적이고 침체된 지식사회에 새로운 기풍을 진작시키기 위해 새로운 마음가짐과 실천으로 '창조와 저항의 자세'를 가다듬는 '거점'으로서의 역할을 수행할 것임을 다짐했다. 또한 과거의 즉자적이고 단선적인 '참여문학'을 넘어 문학과 정치, 학문과 실천의 복합적인 관계를 고민하며 문학과 현실의 접점을 찾아내고자 분투했다. 순수문학이 '지배계급'의 이념에 물들어 있고 아울러 그들의 '오락과 실리'에 이바지하는 것이라고 주장하는 이 글은 당시에는 파격적인 것이 아닐 수 없었다. 이러한 치열함에 대한 지식대중의 반응은 뜨거웠다. 초판 2천부가 거의 다 팔릴 정도로 인기를 모았던 것이다.

하지만 당대 한국 지식사회의 척박한 여건을 고려해보았을 때 지식인층만을 주독자로 삼아서는 잡지의 성공을 담보하기 어려웠다. 이때 『창비』를 대중 사이에 깊이 각인시킨 작품이 있었으니 바로 방영웅(方榮雄)의 『분례기』였다. 원래 『분례기』는 방영웅이 1967년 『세대』지 신인상에 응모했다가 낙선한 중편이었다. 자칫 그대로 묻힐 뻔했던 이 작품은 당시 심사위원이던 이호철이 백낙청에게 소개하면서 비로소 소생의 계기를 맞게 된다. 이 작품의 가능성을 알아본 백낙청은 작가에게 장편으로 개고할 것을 권유했고 1967년 여름호(통권 6호)부터 연재하게 된다. 『분례기』에 대해 당시 독자들은 예상을 뛰어넘는 뜨거운 반응으로 화답했고, 작품이 연재되는 동안 『창비』는 날개 돋친 듯 팔려나갔다. 『분례기』의 성공은 『창비』의 재정난을 크게 덜어준 효자노릇을 톡톡히 한 동시에 『창비』의 입지가 대중적으로 굳건해지는 계기가 되었다.

한편 문우출판사에서 출발했던 『창비』는 이후 일조각을 거쳐 1969년 신구문화사(종로구 청진동 229-1)로 옮겨가게 된다. 당시 박사과정을 이수

1960년대 『창비』 초창기호들

하기 위해 다시 미국으로 유학을 떠나게 된 백낙청은 신동문이 있던 신구문화사와 연을 맺고, 독립된 잡지사 '창작과비평사'를 설립키로 하였다. 그리하여 『창비』는 1969년 가을·겨울 합본호(통권 15호)부터 창작과비평사를 발행소로 하여 발간된다(발행인·편집인 신동문). 창작과비평사는 신구문화사의 사무실을 함께 쓰고 재정적인 지원을 일부 받기는 했으나 경영상의 어려움은 기대했던 만큼 해결되지 못했다.

이렇게 어려운 상황에서 창비의 실무를 책임진 사람이 바로 염무웅(廉武雄)이다. 염무웅은 1967년 봄호에 게재한 아르놀트 하우저(Arnold Hauser)의 『문학과 예술의 사회사』 번역을 계기로 창비와 인연을 맺었으며 얼마 안 가 청탁이나 교정 같은 편집실무에도 참여하게 되었다. 창비에 합류하기 전 신구문화사에서 편집을 맡았던 염무웅은 다른 문예지는 물론이고 『대학신문』 『정경연구』 등을 두루 섭렵하여 새로운 필자를 발굴하였다. 출판사 편집자로서의 경험을 통해 쌓은 그의 넓고 다양한 '인맥'도 잡지 기획에 크게 도움이 되었다. 황석영 신경림 강만길 박현채 등 이후 창비를 대표하는 많은 문인과 지식인이 창비와 인연을 맺게 된 데에는 염무웅의 역할이 지대했다. 이 시기를 거치며 초기 창비의 서구중심적이고 엘리트주의적인 면모가 탈각되고 민중적이고 민족적인 색채가 강화되기 시작한다.

당시 학계에서는 4·19혁명의 유산을 계승하여 민족주체적 관점에서 자립경제론과 민족사학을 주창했는데 창비는 이 흐름을 적극적으로 수용하면서 그것을 주도적으로 확산시키는 역할을 하였다. 특히 전통에 대한 발견은 주목할 만한 성과였다. 1967년부터 '실학의 고전'이 연속 기획물로 등장했다. 이 기획에 참여한 필자들은 대부분 서울대의 '우리 문화연구회'라는 동아리 소속이었다. 이들은 전통에 대한 단절론적 인식을 넘어서 조선시대의 실학과 개화사상의 연속성 등을 중심으로 민족적 정체성을 찾고 이를 통해 식민사관의 정체성론을 극복하고자 했다. 그리하여 당시의 외향적 산업화 추세에 대응하는, 밑으로부터의 주체적인 근대화의 길에 이론적 기반을 제공한 '내재적 발전론'이 창비를 통해 확산되는 계기가 마련되었다.

백낙청은 미국 체류 중 잡지를 계속 받아 보았고 염무웅과 서신교환도 하며 늘 성원하고 지지하였다. 그렇기에 이러한 흐름은 1972년 백낙청이 귀국한 뒤에도 변함없이 유지되며, 엄혹한 유신체제에 대응해 오히려 더욱 강화된다. 그가 돌아오면서 염무웅 편집장을 주간으로 올리고 자신은 편집인으로 복귀해 두사람의 협업체제가 공고해졌고, 신구문화사와의 관계가 새로 조정되었으며, 밀린 원고료를 지급하는 등 전반적으로 경영의 활력도 되찾게 되었다.

이렇게 한국사회에서 계간지 시대를 열어젖힌 창비는 그 민중적 지향을 벼리면서 이후 단행본 출판에 본격적으로 나서게 된다. 한국 현대사의 고전이 된 수많은 책들이 '창비'의 이름을 달고 쏟아져 나오게 되는 것이다.

창비의 기틀을 다진 '편집자' 염무웅

소영현

  우리에게 친숙한 계간지 씨스템이 그 기틀을 마련한 것은 1970년대 전후다. 주요 주춧돌 역할을 수행한 계간지 『창작과비평』이 어느덧 반세기의 역사를 축적하게 되었다. 질곡의 역사 속에서도 인문(사회과)학적 관점과 종합 문예지의 성격을 유지해온 『창작과비평』은 그간 한국 문단사의 역사적 한획을 마련한 매체 실험 가운데 하나이자 우리 시대의 믿음직한 비판적 지성의 산실 가운데 하나로서 자리매김되었다. 반세기 역사라는 위업은 『창작과비평』이 시대적 요청에 대한 한국 지성의 적극적 응답의 결과물, 즉 한국사회의 공공재로서 이해되어야 한다는 점을 시사한다. 이 반세기의 역사에 대한 회고가 한국 문단사와 지성사에도 유의미한 작업인 것은 이러한 연유에서다. 뉴미디어적 혁신과 새로운 지성−대중의 시대를 맞이하여 『창작과비평』 안팎에서 역사적

蘇榮炫 문학평론가. 연세대 국학연구원 HK연구교수. 저서로 『프랑켄슈타인 프로젝트』 『분열하는 감각들』 『문학청년의 탄생』 『부랑청년 전성시대』 등이 있음.

무게가 만들어낸 타성의 면모에 대한 검토와 발전적 미래를 위한 쇄신이 요청되는 것도 이러한 사정과 무관하지 않다. 이에 창간 이후 1970년대말까지 편집자와 필자, 발행인과 편집주간 등의 역할을 하며 초창기 『창작과비평』의 성격을 틀 지우는 데 기여한 염무웅(廉武雄) 선생의 회고와 성찰 그리고 전망의 말을 들었다. 계간 『창작과비평』과 출판사 창작과비평사 편집과 운영을 둘러싼 뒷이야기를 들었고, 출판과 독서 그리고 비판적 지식 문화를 둘러싼 당대 풍경을 엿보았다. 초창기에 대한 회고는 자체로 계간 『창작과비평』과 출판사 창비의 미래를 위한 성찰의 시선으로 되돌려져도 좋을 듯하다.

비교적 널리 알려진 사실이기도 한 『창작과비평』과 염무웅이 맺은 인연을 되짚는 질문으로 인터뷰는 시작되었다. 『창작과비평』에 발표된 글을 중심으로 보자면, 염무웅은 아르놀트 하우저의 『문학과 예술의 사회사』 번역을 의뢰받으면서 인연을 맺었고, 1967년 봄호에 『문학과 예술의 사회사』 중 「1830년의 세대」 번역을, 1967년 겨울호에 평론 「선우휘론」을 발표하면서 본격적으로 창비 필진이 되었다. 이후 잡지 편집에까지 깊이 관여하게 된 계기가 따로 있는지 궁금했다.

『문학과 예술의 사회사』 1회분을 창간 1주년 기념호에 실었고, 「1830년의 세대」의 첫 문장을 지금도 기억한다는 그는 번역작업이 연구자이자 비평가로서의 자신을 성장시키는 계기도 되었다고 말문을 열었다. 지금껏 단 한번도 백낙청 선생과 하우저 저작의 번역 의뢰를 화제로 삼아본 적은 없지만 당시 서울대 문리대 출신으로 동아리를 이루고 있던 분들 ─ 한남철 김상기 임재경 유종호 채현국 등 ─ 과 백낙청의 논의가 있었겠고 무엇보다 『문학과 예술의 사회사』 번역이 단지 독일어

염무웅

1941년 강원 속초 출생. 문학평론가,
영남대 명예교수. 계간 『창작과비평』
창간 이후부터 1970년대말까지 필
자, 편집자, 편집주간, 발행인 등의 역
할을 맡았다. 저서로 『민중시대의 문
학』 『문학과 시대현실』 『살아 있는 과
거』 등이 있다.

를 한국어로 번역하는 능력만으로 이루어질 수 없는 작업이었음이 고
려되지 않았을까 회고했다.

염무웅 대학 다니던 1960년대초만 하더라도 책이 절대적으로 부족
했고, 더군다나 아주 극심한 냉전체제하에 있었기 때문에 공식적으로
는 좌파나 맑스주의 계통의 책을 구해 보기 어려웠어요. 동대문이나 인
사동 헌책방에 가면 식민지 시기나 해방 직후에 나온 소위 마분지책이
라는 것이 있었는데, 내 경우에는 그래도 뒤늦게 그런 책들을 좀 봤어
요. 한국 역사에 대해서는 전석담(全錫淡)의 『조선경제사』나 『조선사교
정』 등을 읽고 새롭게 눈을 떴지요. 관점도 재미있었을 뿐만 아니라 개

넘과 용어 들이 당시 사회에서 통용되던 평론이나 논문에서와는 달리 어떤 근본적인 구조로 향하게 했어요. 말하자면 맑스주의적인 관점이었죠. 우리 문학사에 관한 책들 중에서도 고정옥(高晶玉)이나 이명선(李明善)의 책과 논문을 읽었고, 그들을 통해 당시 한국 국문학계를 대표하던 조윤제 김사엽 김동욱 등의 글과는 다른 해석을 접할 수 있었어요. 1930년대 소련 문예학자들 책의 번역도 좀 봤지요. 그런 독서 경험을 통해 얻은 관점과 개념이 하우저 책을 번역할 수가 있는 토대가 됐을 거예요. 독일어 독해력만으로는 하우저를 제대로 번역할 수 없어요. 문학과 예술 작품들 자체에 대한 경험적 내지 감성적 이해와 더불어 좌파적 사고랄까 유물론적 사유에 대한 이론적 이해가 하우저 같은 학자의 번역에는 필수적이라고 생각합니다.

「선우휘론」과 함께 1967년 겨울호에 실린 한영우(韓永愚)의 글 「다산 정약용(실학의 고전 3)」을 받으러 당시 서울대 문리대의 합동연구실을 찾아간 기억으로 미루어 그는 1967년 가을 무렵 이미 잡지 편집에 관여하고 있었던 것 같다고 회고했다. 편집에 관여하게 된 계기로 무엇보다 중요한 것은 한국문학에 비교적 정보가 많지 않은 백낙청과의 협업에 적잖은 도움이 되었던 그의 신구문화사 편집사원 경력이었다. 그가 1964년 2월경부터 4년을 근무했다는 신구문화사를 둘러싼 소사(小史)가 우선 흥미로웠다. 현재 신구대학교의 재정적 기반이 된 신구문화사는 6·25전쟁이 끝난 1953년에 설립되어 국어국문학 쪽 출판을 기반으로 성장한 출판사였다. 당시 사장인 이종익은 서울대 상대 출신이었는데, 상대에서 국문과로 전과한 전광용과 상대 시절 동기이기도 하여, 전광용의 소개로 국문학자들과 교류가 많았고, 이런 연유로 1950~60년대 출간물의 상당수가 국문학 관련 서적이었다는 것이다.

다른 지면을 통해서도 밝혔던 증언과 회고——신구문화사는 1960년 무렵 관철동에 있다가 1964년 그가 입사한 뒤 무교동으로 사무실을 옮겼고, 그는 1964년 「최인훈론」으로 경향신문 신춘문예를 통해 등단하고 나서 심사위원인 이어령(당시 경향신문 논설위원)을 따라 신구문화사에 들렀다가 그 자리에서 신구문화사의 직원이 되어 다음날부터 출근을 했다. 창비가 출판을 시작한 후 초기 1년은 문우출판사의 이름으로, 그가 관여한 때부터는 일조각의 이름으로, 1969년에 백낙청이 도미한 후에는 신구문화사의 도움 아래 잡지사 창작과비평사 이름으로 발행했는데, 그때의 발행인은 신동문이었고, 따로 독립된 사무실이 있었던 것은 아니며 신구문화사 사무실 한 귀퉁이를 빌려 쓰고 있었다——가 이어졌는데, 그 가운데 교정작업에 철저했던 신구문화사의 편집문화에 대한 언급이 특히 관심을 끌었다. 『창작과비평』과 출판사 창비의 출간물들이 보여주는 교정작업에 철저한 면모는 신구문화사의 편집문화와 무관하지 않다고 한다.

염무웅 1950년대나 1960년대 책들을 비교해보면 아시겠지만 신구문화사 책들이 상대적으로 교정에 철저한 편입니다. 창비 책도 교정에 굉장히 철저하죠. 출판물에 아예 오탈자가 없을 수는 없지만, 그걸 최대한 줄이려고 노력했죠. 현재 창비의 경우는 더 그렇지만, 내가 근무하는 동안 신구문화사도 원고 검토에 철저했어요. 연대나 인명, 지명 등에 대한 검토는 말할 것도 없고, 문장 표현의 경우에도 독자들의 일반적 수준에 맞추려는 의식적인 노력이 있었죠. 신구문화사나 창비나 다 때로는 원고의 내용에도 관여하려는 자세를 가졌습니다. 물론 필자와 의논하는 과정을 거쳤지만요. 다만, 신구문화사는 대중출판이 목표였고 창비는 그 나름의 이념지향이 있었기 때문에 똑같이 원고 내용을 검토하더라도 초점은 전혀 달랐다고 할 수 있지요.

교정과 출판문화 외에 인적 네트워크에도 신구문화사에서의 경력이 어떤 흔적을 남겼는지, 당시 맺고 있던 인적 네트워크 관련 뒷얘기와 『창작과비평』 편집을 맡으면서 재편된 네트워크의 일면들을 챙겨 묻지 않을 수 없었다. 그는 신구문화사 주변 풍경을 환기하면서 신구문화사가 제공한 작은 공간이 젊은 세대 비판적 지성과 문인들의 집결지 역할을 했음을 회고했다.

염무웅 지금은 교보빌딩 뒤편에 인공수로를 만들어놨지만, 그게 1960년대초만 하더라도 삼청동에서 내려온 냇물(중학천)이 한국일보 옆으로 흘러 청진동을 지나 청계천과 만났는데, 60년대초까지는 그곳이 복개되지 않았어요. 내가 대학생일 때만 해도 중학천이나 삼청공원으로 아이들이 잠자리채를 들고 나비를 잡으러 다니곤 했었고, 청진동 냇물 양옆으로는 막걸리집이 있었고요, 지금은 흔적도 없어졌지만. 1970년 전후의 이야기인데, 금요일이나 토요일쯤 되면 신구문화사 한 귀퉁이를 빌린 창비 사무실에 대개 대여섯명이 모이곤 했어요. 제일 자주 온 분은 소설가 한남철(韓南哲) 선생인데, 그분 본명이 한남규로 1959년 『사상계』로 등단을 한 후 『사상계』와 『신동아』에서 기자로 근무하다가 당시에는 『월간중앙』의 편집차장으로 있었어요. 『창비』 창간 전부터 채현국 임재경 황명걸 백낙청 등 여러 분들과 자주 어울리는 친구 사이였죠. 그러다가 백교수가 다시 미국으로 간 뒤인 1969년부터는 한남철 선생이 누구보다 열심히 창비 사무실에 왔고 가난한 문우들에게 술을 샀어요.(웃음) 또 『창작과비평』으로 데뷔한 문인들이나 가까운 문인들, 예컨대 신경림 조태일 이문구 방영웅 황석영 김남주 최민 등에게 『월간중앙』에 지면도 자주 제공해주곤 했죠. 1970년대 들어서는 한선생이 수유리 쪽으로 이사를 와서 전부터 쌍문동, 수유동에 살던 나와 함께 통금에 쫓기며 귀가한 적이 많았어요. 참 정답고 호쾌한 사나이였는데, 그렇게 일찍 돌아가실 줄 몰랐습니다.

1960년대 중반에는 특히 신동문(辛東門)을 중심으로 사람들이 모여들었는데, 그 가운데는 김수영 이호철 고은 최인훈 김관식 천상병 구자운 등이 있었고 신구문화사에 함께 근무했던 김치수 김문수 최창학 등이 있었다는 뒷얘기도 들려주었다.

당시 『창작과비평』을 만든 직간접적 주체들이 대개 20, 30대 청년들이었던 점에서도 알 수 있듯이, 신구문화사 한쪽에 있던 『창작과비평』 사무실은 『현대문학』 중심의 주류문단 바깥에 놓인 문인들의 새로운 문학에 대한 열망이 분출될 수 있는 거점이었다 해도 과언이 아닐 것이다. 한국에서 『창작과비평』의 창간을 계기로 계간지 씨스템이 마련된 것은 분명하지만, 이런 점에서 신구문화사와 『창작과비평』으로 이어지는 청년 지성의 집결지적 성격을 고려하자면, 염무웅이 언급한 동인지 『산문시대』와 계간지 『창작과비평』의 상관성은 새겨둘 만하다.

식민지, 해방, 전쟁, 분단에 이르는 굴곡 많은 한국사의 특성 때문이기도 하지만, 문화를 포함한 문학장의 새로운 시대 개막은 매번 과거와의 전면적 단절을 강조하는 방식으로 선포되었고 사후적으로 강화되어왔다. 근대 이후로 한국문학을 역사적 전변이나 십년 단위의 시기별로 특징화하는 접근법이 주류를 이룬 것은 새로운 문학 시대의 개막 방식 자체와 연관되는데, 종종 단절에 대한 강조의 역반응으로서 이전 시기와의 계보가 강조되기도 했다. 『창작과비평』 창간을 기점으로 계간지 시대의 '개막'을 논의하는 것도 이러한 사정과 무관하지 않다.

염무웅은 계간지 씨스템의 확립을 둘러싸고 계간지적 속성의 선구적 면모들이 『창작과비평』에서 개시되었다는 이해에 이의를 제기했다. 가령 1950년대말 을유문화사에서 발행한 『지성(知性)』도 문학 위주의 계간지였고, 1962년부터 1964년까지 발간된 김현·김승옥 중심의 동인지 『산문시대』도 가로쓰기를 하고 1년을 연이은 페이지로 표기하면서 계간지를 지향했음을 지적했다. 『산문시대』가 『창작과비평』을 거치면서 청년세대를 중심으로 한 일종의 연합체적 성격이 점차 분화를 겪었다는 것이다. 알다시피 초창기 『창작과비평』에는 김승옥 이청준 최인훈으로 대표되는 1960년대 문학의 성취가 적극적으로 수용되고 있었고, 『창작과비평』은 『문학과지성』이 등장하기 전까지 김주연이나 김승옥, 서정인 등의 데뷔와 활동 무대가 되고 있었다.

『창작과비평』의 이러한 연합체적 성격은 염무웅이 편집에 적극적으로 관여한 이후 소설 지면 구성을 통해서도 확인할 수 있다. 1965년부터 1967년까지 세차례에 걸쳐 열여덟권으로 간행된 신구문화사 판 '현대한국문학전집'을 만드는 동안 해방 이후로부터 1965년까지 활동한 작가의 작품을 거의 통독할 수 있었으며, 작품을 묶고 평론을 덧붙이는 작업을 전담하면서 많은 시인과 소설가, 평론가들을 알게 되었고, 이때 만들어진 염무웅의 인적 네트워크와 경험이 백낙청 도미 이후 『창작과비평』 지면 구성에 큰 자산이 된 것은 익히 알려진 사실이다. 이런 면에서 『창작과비평』 창간호 뒤표지의 광고가 '현대한국문학전집'이었음은 어

괴의 言語, 눈물의 言語,
땀의 言語, 사랑의 言語……
解放 20年의 激動하던 歷史와 社會가
바로 이 言語의 主人이었다!

現代韓國文學全集

가장 짧고도 긴 二〇年의 實感! 이 全集은 韓國現代의 精神史다!

■編輯委員
白 鐵／黃順元／鮮于煇
辛東門／李御寧／柳宗鎬

6 鄭漢淑／全光鏞
5 張龍鶴
4 孫昌涉
3 柳周鉉／康信哉
2
1 吳永壽／朴淵禧

■第1回配本(1~6卷)

第2回配本

100餘의 作家·詩人이 參加한 이
全集에는 戰後文學의 里程標를 세운
問題長篇 20餘를 包含하여 中篇·短
篇·戱曲·詩들이 嚴選되어 있다.
다채로운 畵報, 친절한 作家論, 날
카로운 作品 分析, 略歷, 年譜 等으로
立體的 編輯을 꾀한 이 全集은 그대로
解放 20年의 文學的 肖像이다.

第1回 配本 特價 2,400원／6個月 月賦 販賣
私書函 서울光化門局320
對 象판 수 872
電 話 ㉠ 1918·4838

新丘文化社 《全18卷》

계간 『창작과비평』 창간호 표지 뒤 광고
신구문화사의 '현대한국문학전집' 광고
로 오영수 유주현 손창섭 장용학 등의
수록작가 목록이 보인다.

쩌면 당연하다고도 할 사실인데, 특히 백철 황순원 선우휘 신동문 이어
령 유종호를 편집위원으로 하는 문학전집이 소위 전후 세대로 분류되
던 작가를 중심으로 구성된 점은『창작과비평』의 소설 지면 구성과 관
련해서 되새겨질 지점이다.

  염무웅의 「선우휘론」에서 확인할 수 있듯이, 선우휘로 대표되는 '전
후세대'에 대한 평가는 '순수주의'에 대한 저항과 사회적 현실과 모순
에 대한 '행동'의 의미로 향해 있었으며, 그 '행동'이 개인주의와 허무
주의를 넘어서지 못하는 지점에서 재고되고 있었다. 그럼에도 '현대한

국문학전집'에 선정된 소설가군이『창작과비평』소설 지면을 채운 소설가군과도 맞물리는──오영수 강신재 서기원 이호철 오유권 곽학송 한남철 최인훈──면모를 고려하자면 이를 통해『창작과비평』이 앞선 시대의 문학적 성과를 폭넓게 수용하고 있었던 점을 의외의 사실로서 짚어둘 수 있을 듯하다.

백낙청 도미 시기에 염무웅이『창작과비평』편집을 전담하면서 필자를 발굴하고, 새로운 필자 발굴을 위해 다른 문예지나『대학신문』『정경연구』등을 섭렵한 것은 잘 알려져 있다. 신문이나 잡지를 검토하는 외에도 다른 필자 발굴 방법이 있었는지, 필자를 선정하고 글을 싣는 과정에서 기억에 남는 일화가 있었는지, 편집진이 따로 꾸려지지는 않았다 해도 기획위원이나 편집위원이라 할 만한 이들이 있었는지도 궁금했다.

회고에 따르면, 따로 기획이나 편집을 담당한 그룹은 없었다. 오늘날 문학 계간지 편집위원이 대개 그러하듯이 염무웅은 당시 모든 (문학)잡지를 거의 통독했다. 1970년에 외신부 기자였던 리영희 선생이 단순한 번역자가 아니라「일본 재등장의 배경과 현실」(1971년 여름호)이라는 '논설문'의 필자로 발견될 수 있었던 것도 그러한 과정에서였다.

염무웅 『창작과비평』에 김정한 이문구의 소설, 천상병 조태일 김준태 이시영의 시, 홍이섭 강만길 박현채 김윤수의 논문을 싣게 된 것도 그런 노력의 결과죠. 예컨대, 당시 이문구는 별로 알려지지 않은 신인작가였는데,『현대문학』에 실린「암소」라는 작품을 보고 편지를 써서『창작과비평』에 작품을 달라고 청했죠. 그런 계기로 가까운 친구가 됐어요. 돌이켜보면 잡지편집자로서 지금도 자랑스럽게 기억되는 것은 1970년대 초입에 시인 신경림과 소설가 황석영을 주요 필자로 맞이한 것입니다. 알다시피 그분들은 이미 문단에 나와 있었어요. 신경림 시인은 1956년 『문학예술』지의 추천으로 데뷔했고 황석영은 1962년 『사상계』 입선으로 등단해 있었습니다. 하지만 그들은 각기 다른 이유로 거의 활동을 중단한 상태였지요. 그러다가 신경림 시인은 1970년 가을호에 "아편을 사러 밤길을 걷는다/진눈깨비 치는 백리 산길"의 「눈길」, "못난 놈들은 서로 얼굴만 봐도 흥겹다"로 시작하는 「파장」 등 5편을 한꺼번에 발표해서 문단에 커다란 충격을 주었어요. 이어서 황석영도 1971년 봄호에 중편 「객지」를, 이듬해 봄호에 중편 「한씨연대기」를 잇따라 발표해서 한국소설의 새 시대를 열었습니다. 사실 출판사나 잡지사의 편집자로 일하면서 느끼는 최대의 행복은 역사에 남을 만한 작가와 작품을 발굴하는 것입니다. 그 기쁨은 경험자들만 알 수 있을 거예요. 「객지」 관련해서는 숨겨진 일화도 있지요. 제가 작품에서 마지막 한 문장을 뺐어요. 검열을 의식해서이기도 하지만, 암시성을 높이게 되어 문학적으로도 더 좋을 것 같다는 판단이었죠. 이후에 황석영씨가 그 부분을 살려서 작품집에 실었죠. 그런데 얼마 후 다시 책을 낼 때는 그걸 뺐더군요.(웃음) 그런 경우가 이후에도 더러 있었어요. 조선작의 「성벽」에서도 몇몇 단어를 조금 손질했는데, 그렇게 해서 암시성이 더 높아졌다고 생각합니다.

소영현 그렇게 작품을 손질하거나 고를 때 좋은 글의 기준이 있을 것이고, 어떻게 보면 그런 선별과 손질 작업이 이후의 민족민중문학 구상과도 연결되어 있을 것 같은데요. 필자 선정과 관련한 기준이 무엇이었는지 궁금합니다.

염무웅 최근 출간된 평론집 『살아 있는 과거』(2015) 서문에서도 내 생각의 일단을 밝혔어요. 물론 나는 문학이 어떻게 우리 인간의 삶의 개선과 개혁에 기여할 수 있는가에 관심을 가집니다. 맑스주의든 그밖의 다른 인간해방론에 입각하든, 문학은 좀더 나은 세상을 위해 기여해야 한다고 생각해요. 그러나 그런 목적을 이루기 위해서라도 문학은 좀더 문학다워져야 한다고 믿습니다. 이념과 목적만 내세워서는 독자를 설득할 수 없어요. 제대로 된 문학이 될 때 역설적으로 그러한 목적에도 부합할 수 있으니, 이것은 아주 미묘한 문제죠. 문학다움의 정체가 무엇이냐, 즉 좋은 작품이냐 아니냐의 판별은 한마디로 말하기 어렵습니다. 문학작품의 예술적 성취란 각 작품을 앞에 놓고 구체적으로 따져 들어가야 할 문제인데, 시든 소설이든 수필이든 우리에게 감동을 준다고 할 때 무엇이 감동을 불러일으키는가를 법칙화하기는 어렵죠. 한때 그런 법칙을 마련한다고 해도 바로 다음 순간 법칙을 벗어나는 더 좋은 창작이 이루어질 수 있는 것이니까요. 어쨌든 창작자에게는 정치적 억압과 이념적 제약으로부터의 자유가 절대적으로 필요합니다. 예술의 세계에 계획생산이란 결코 있을 수 없어요. 반면에 비평은 언제나 사후적인 측면이 있는데, 창작의 그런 무제한적 자유로 인해 문학비평은 계속 존재할 이유를 갖는 게 아닐까 싶어요.

소영현 네, 비평가로서 문학작품을 선별하고 평가하는 기준에 대해 말씀해주셨는데요, 그렇다면 비문학적인 글의 경우에는 어떤 기준으로 선별하고 평가하셨나요. 특히 『창작과비평』을 꾸리면서 편집자로서 선택한 좋은 글의 기준은 무엇이었나요.

염무웅 좋은 글이라기보다…… 우선 검열을 의식했어요. 잡지가 폐간되는 것은 곤란하잖아요? 잡지가 존속하면서 최대한 목소리를 높여야지, 위험수위를 넘어서서 존립 자체가 불가능해져서는 안된다고 생각했습니다. 무엇보다 박정희 군사독재가 점점 더 험악해져가던 때임을 상기할 필요가 있습니다. 문학뿐만 아니라 종교, 대학, 노동, 농민, 학생 등 모든 사회세력이 독재에 반대하여 궐기했고, 그 배경에는 부분적으로 보이지 않는 사상의 저류로서 맑스주의의 영향도 있었다고 봐야지요. 저항운동의 이념적 배경으로서 말입니다. 그러나 위험한 내용이더라도 수용 가능한 형태의 표현으로 만들 수 있는 기술이 필요합니다. 위험한 내용이라는 게 눈에 보이는 것은 아닌데, 초창기『창작과비평』에 게재된 글 중에는 대단히 위험한 내용인데도 잘 다듬어진 경우가 적지 않았어요. 공연히 과격한 문구를 쓰거나 관념적인 서술을 하지 않도록 주의한 거지요. 물론 모든 필자들이 다 독자가 이해할 수 있는 수준의 평균적인 글을 써야 하는 건 아니라고 봅니다. 열에 한두편은 난해한 것도 있어야 하지만 너무 어려워서 아무도 이해하지 못하는 글은 곤란하고. 그렇게 되면 안 팔릴 테니 그것도 곤란하죠.(웃음)

소영현 앞서 신구문화사와 계간지『창작과비평』의 출판문화 관련한 말씀 중에도 원고 내용을 두고 필자와 상의하면서 개입하려는 자세를 취했다고 언급하셨는데요, 글의 수정이나 '개고' 요청에 대한 필자들의 거부감은 없었나요? 검열에 대한 트라우마가 있어서 한국의 작가와 연구자 들은 편집자의 개입에 거부감이 강한 편인데요. 상대적으로『창작과비평』의 편집진은 좋은 글을 위한 수정을 많이 요구하는 편이라는 점에서 그런 시도를 적극적으로 하고 있었다고도 볼 수 있을 듯해요.

염무웅 편집자의 간섭에 대해 당연히 필자들의 거부감이 없다고 할 순 없겠죠. 정부든 편집자든 외부의 간섭에 저항하는 필자가 좋은 필자입니다. 과거 1960년대 신구문화사에서 일할 때 경험인데, 어떤 필자는 자기 글에 손을 대도 그걸 의식조차 못하는 수가 있어요. 그런 사람은

젊은 시절의 염무웅

솔직히 말해 문필가의 자격이 없는 겁니다. 그러나 필자 내지 저자는 인쇄된 텍스트의 지적 소유권자이기는 하지만, 따져보면 텍스트가 완성되는 과정에는 생각보다 많은 사람들이 직접 또는 간접으로 개입하고 관여한다고 생각합니다. 그런 의미에서 한국 출판문화에서 편집자의 위상은 재평가되고 강화될 필요가 있습니다. 적극적인 편집문화가 정착되어야 해요. 무엇보다 한국의 경우, 잡지사나 출판사 편집자의 대우가 너무 시원치 않아요. 급료만 가지고 얘기하는 게 아닙니다. 편집자는 작가 못지않게 중요한 역할을 하는 최고급의 지식인이라고 할 수 있는데, 저술가의 이름만 빛이 나고 편집자는 단순히 뒷바라지나 하는 존재로 취급되는 수가 많아요. 때로는 이 출판사 저 출판사 직장을 옮겨다니는 단순 교정인의 취급을 받기도 하구요. 편집자에 대한 정당한 대우와 사회적 평가가 반드시 필요하다고 봅니다.

편집자의 역할을 언급하면서 '텍스트에 대한 최종적 관여자'로서의 편집자의 위상이 앞으로 좀더 향상되어야 한다는 데 의견을 모으는 한편, 좋은 필자와 글을 발굴하고 비문과 거친 문장을 다듬고자 한 그의 노력이 우선『창작과비평』에서 한국문학의 지향을 뚜렷하게 확립하는 계기가 되었으며, 무엇보다『창작과비평』편집 방향의 전체적 기조가 그렇게 마련된 것임을 새삼 확인할 수 있었다.

『창작과비평』편집에 대한 언급이 시작된 김에, 상세한 지면 구성의 변화와 새롭게 발굴된 한국문학의 면모들에 대해서도 연이어 질문했다. 초창기『창작과비평』에는 비교적 지역 문인의 작품이 많이 실린다. 김정한 송기숙 문순태 한승원 윤정규 이주홍 김성홍 백우암 등의 작품을 통해 이후 창비 담론이 민족문학론으로 수렴되는 도정의 기틀이 마련되고 특히 토속성이 그 주요 특성 가운데 하나로서 구성된다. 이 필자들의 섭외가 어떻게 이루어졌는지 궁금했다.

그의 회고를 통해 문학적 성격이 서울 중심으로 이루어지는 경향에 대한 의식적 경계가 있었으며, 그것이 나름의 공정성을 확보하려는 노력의 일환이었음을 확인할 수 있었다.

염무웅 광주나 대구, 부산 등 지방에서 향토를 지키고 토착성을 추구하는 문학에 대해 나름의 긍정적 가치를 인정하고 그것을 민족문학 안에서 수렴하고자 했죠. 서울에 살면서 잡지사, 출판사에 자주 드나드는 작가라고 해서 더 많은 발표 기회를 얻거나 하지는 않도록 그 나름의 공정성을 지키려고 한 거죠.

이와 관련하여 흥미로운 것은 투고작을 둘러싼 염무웅의 회고였다. 그에 따르면,『창작과비평』발표작의 상당수가 우편에 의한 투고 가운데에서 뽑힌 작품이었다. 어떤 작가들은 작품이 발표된 뒤에도 나타나지 않았는데, 가령 김성홍(金性弘) 같은 소설가는 끝내 실제의 본인을 못 만났다고 한다. 방영웅의 경우는 특이한 예라 하겠는데, 엄밀하게 말하자면 투고라기보다 소개에 가까웠다.『분례기』는 소개를 통한 투고작이 여러차례의 개고를 거쳐 재탄생한 소설이었다.

염무웅　『분례기』는 내가 편집에 관여하기 전에 발표되기 시작한 작품입니다. 듣자 하니 이호철 선생이 심사를 맡은 다른 곳에서 낙선한 중편소설인데, 좀 고치면 아주 좋아질 수 있을 것 같다고 그 작품을 백낙청 선생에게 추천했다고 합니다. 그렇게 해서 백선생이 방영웅씨를 만나 조언을 했고 여러차례 고친 끝에 장편소설로 확장되어 잡지에 발표되기에 이르렀다는 거지요.

소영현　백낙청 선생께서 개고를 요청하신 거네요.

염무웅　원고를 고치는 동안 원래 한 300매짜리 원고가 1,500매 정도로 늘어나면서 중편소설이 장편소설이 된 거라고 해요.

소설의 지면과 함께 시의 지면 구성에 대한 궁금증도 있었다. 초창기『창작과비평』에서 시에 대한 관심은 크지 않았던 편이다. 시는 1968년 봄호부터 실리기 시작했는데, 김수영 신동엽 이성부 시인의 시와 함께 초기에는 김현승 김광섭 신석정 정현종 최하림 시인의 시가 실렸다. 1969년에는 김현승의 「김광섭론」이 실리기도 했다.『창작과비평』1970년 가을호에 신경림의 시가 실리면서 문단에 큰 반향을 일으켰다.

신경림의 등장이 한국 시사에서 새로운 이정표를 만든 사건이라면 그것은 『창작과비평』에 실린 시의 경향을 두고 보아도 그렇다. 초기에 토속적이고 서정적인 시와는 다른 경향의 시들이 실렸던 숨은 이유나 사연이 따로 있는지도 궁금했다.

예상 밖의 답변이기도 했는데, 염무웅은 백낙청이 김수영 시인에게 자문을 구하면서 생긴 일이었던 것으로 회고했다. 김수영 시인이 편집 관련 자문을 하면서 김현승과 김광섭 시인과 같은 온건한 시인들을 천거한 반면, 그와는 다른 경향의 시인들에 대한 판단을 유보했다는 것이다. 가령 김지하 시인에 대해서도 그랬는데, 아무래도 그런 이유로 김지하 시인과의 관계에 앙금이 생긴 것 같다고 덧붙였다.

지면 구성 관련해서는 서평란에 관한 질문이 보충되어야 했다. 『창작과비평』의 계간지적 성격은 서평란을 통해 좀더 뚜렷해졌다고 할 수 있다. 출판이 이루어지기 시작한 시기와도 맞물려 『창작과비평』 1974년 가을호부터 서평란은 이전보다 더 중요해진다. 흥미로운 것은 창작과비평사의 이름으로 출간된 출판물 가운데에서도 『전환시대의 논리』가 아니라 황석영의 『객지』나 이문구의 『해벽』 등의 창작집을 대상으로 서평란이 꾸려진 점이다. 염무웅에 따르면, 점차 서평이 국내 신간을 대상으로 한 글쓰기로 그 성격이 확립되고 있음에 분명했지만, 따지자면 한꺼번에 많은 작품을 본격적인 의미의 평론으로 다룰 수 없는 사정이 서평 형식을 강화하기도 했던 듯하다. 좋은 서평 작업이 지속적으로 이루어져야 하고 어쩌면 지금까지도 이런 점에서 서평의 전문성은 충분히 확보되지 않았다고도 할 수 있을 것인데, 평론의 축약 형태라기보다 자체로 전문성을 갖춘 글쓰기 형식으로 좀더 발전해나가야 하지 않는가에 관해 의견을 덧붙였다.

지면 구성을 통해서도 확인할 수 있거니와, 초창기 『창작과비평』에서는 한국문학에 대한 문학사적 재평가가 지속적으로 이루어지고 있었다. 대표적으로 한용운(韓龍雲)의 경우를 빼놓을 수 없다. 한용운의 미발굴 자료들이 『창작과비평』을 통해 소개되고, 만해문학상이 제정되기도 했다. 신경림의 시집 『농무』가 제1회 만해문학상을 수상하면서 『창작과비평』 고유의 문학적 지향도 좀더 선명해졌다. 「만해 한용운론」을 발표하기도 한 염무웅에게 한용운의 재평가가 이루어지게 된 계기를 묻지 않을 수 없었다. 그에 따르면 한용운의 재평가는 『창작과비평』과 여러 매체가 함께 했던 작업의 결과다. 그 계기 중 하나는 그도 관여한 신구문화사 『만해 한용운 전집』(1973)의 발간이었다. 무엇보다 한용운의 재평가는 1965년 6월 22일 한일협정이 타결된 이후, 일본문화가 유입되는 와중에 좀더 본격적으로 등장한 식민주의 극복이라는 과제를 해결하기 위한 노력과 관련되었다.

염무웅 1970년 가을호에 중편소설 「죽음」을 발굴해서 싣고, 1970년 겨울호에는 안병직 교수의 「만해 한용운의 독립사상」을, 1972년 겨울호에는 「만해 한용운론」을 발표했어요. 만해를 부각한 것은 민족사학, 민족문학론으로 구체화된 식민주의 극복론, 즉 넓은 의미의 민족문화론으로의 지향과 연관되어 있어요. 독립지사이자 민족시인으로서의 만해라는 프리즘을 통해, 간접적인 방식이지만 식민성의 극복 문제를 부각시키려는 의도가 있었던 거죠. 그 무렵 만해뿐 아니라 단재 신채호 선생도 새롭게 부각되었는데, 민족운동가와 독립운동가를 새롭게 조명하고자 한 것은 그런 맥락 속에서 이루어진 일입니다.

『창작과비평』 지면에서 이루어진 문학사적 재평가와 함께, 지면에 실린 작품에 대한 평가도 궁금했다. 가령 이후 창비의 기린아로 주목을 받은 방영웅의 『분례기』(총 3회, 1967년 여름호~1967년 겨울호) 등 『창작과비평』에 실린 소설들에 대한 당시 독자들의 평가가 실제로 어떠했는지 실감을 청해 듣고 싶었다. 오늘날의 관점에서 보자면 『분례기』에 대해 편향적 평가가 이루어진 것은 아닌가 의구심을 표하는 경우도 적지 않은데, 당시의 실감을 그대로 둔 채로 이미 이루어진 문학적 평가를 둘러싸고 오늘날의 관점에서 그에 대한 재평가도 필요하지 않은가 생각되기 때문이다.

염무웅 『창작과비평』이 창간되고 나서 한동안 색안경을 쓰고 보는 이들이 많았어요. 보수적인 기득권층이란 어느 시대나 새로운 사상과 낯선 이념을 위험하게 여기게 마련인데, 문단으로 말하면 『현대문학』을 중심으로 한 김동리, 조연현과 그 주위에 있는 문인들, 1950~60년대 반공주의 문인들이라고도 말할 수 있을 것 같은데, 그분들이 『창작과비평』을 좀 위험한 존재로 생각하는 경향이 있었어요. 그런데 『분례기』는 그런 선입견에 비추어 뜻밖에도 토속적인 색깔이 짙고 설화적인 요소가 강했어요. 어떤 점에서 『분례기』는 김동리 같은 분의 문학세계와 멀지 않다고 할 수도 있지요. 어쩌면 그게 그분들을 어리둥절하게 했을지 모릅니다. 반면에 선우휘 같은 전후파적 반공주의자가 보기에 『분례기』는 납득할 수 없는 시대착오였을 거예요. 어쨌든 『창작과비평』이 『분례기』를 앞에 내세우는 걸 수상하게 생각하는 분위기가 있었던 건 사실이지요. 그러니까 문단의 기득권세력은 『분례기』 자체에 대해 반응했다기보다 왜 창비가 그 작품을 자신들의 트레이드마크로 삼느냐에 대해 헷

갈려 했던 거지요. 그러나 독자들의 반응은 압도적으로 호의적이었고, 그것이 창비가 독서대중에게 널리 알려지는 계기의 하나가 된 점은 부인할 수 없습니다. 『분례기』에 대해서는 백낙청 선생이 1968년 여름호 편집후기인 「『창작과비평』 2년 반」에서 작품의 의의를 설명하면서 『창작과비평』의 지향과 『분례기』의 성취 간의 관계를 꽤 상세히 설명했어요. 지금 읽어도 수긍할 만한 견해입니다. 하지만 소설로서의 『분례기』의 미흡한 점이 충분히 지적되지 않았던 것도 사실이죠. 『분례기』에는 역사가 없어요. 정말 훌륭한 작품이라면 당대현실에 대한 좀더 비판적 의식이 바탕에 깔려 있어야 하지 않나 생각합니다. 시대적 배경도 뚜렷하지 않구요. 그런 짐에서 한게가 있는 작품인데, 당시의 편집자들에게 그런 면에 대한 의식이 미흡했다고 보아야겠죠.

지면 구성이 문제였다면, 사실 『창작과비평』을 꾸리는 일 자체가 더 큰 문제였을 것이다. 그간 잡지 발간과 운영 관련한 뒷이야기를 들을 기회는 별로 없었다. 백낙청의 도미 이후, 창비를 이끌어가면서 운영상의 어려움이 없었는지, 경제적 형편은 어땠는지 궁금했다. 기억에 남거나 알려지지 않은 에피소드가 있는지 듣고자 청했다.

소영현　백낙청 선생 도미 이후, 『창작과비평』을 꾸리면서 경제적으로도 어려움이 많으셨을 줄로 압니다. 원고료를 거의 지급하지 못했다는 얘기도 들은 기억이 있는데요.

염무웅　그랬습니다. 백낙청 선생 도미 이후 처음에는 신구문화사에서 제작과 판매를 담당하고 편집은 내가 맡기로 했어요. 그런데 신구문화사에서 제작은 해줬지만 원고료까지 지원을 한 건 아니었어요. 사실 원고료는 발행인인 신동문 선생이 책임져야 했는데……(웃음) 원고료 없이 원고 청탁은 안되는 거잖아요. 그래서 매호마다 고전을 많이 했죠. 원고료를 결국 못 준 경우도 더러 있고. 어떤 경우에는 필자한테 욕을 먹기도 했어요. 실명을 밝히기 몹시 망설여지는데, 예컨대 서기원 선생 같은 분이 어떤 자리에서 험하게 퍼붓더군요. 앞서 백선생 친구분 중에 채현국 선생을 언급하기도 했지만, 당시 그이는 흥국탄광을 운영하고 있어 가끔 가다 일이백만원씩 얻어 원고료로 나눠주기도 했었죠. 1990년대 이후 출판사 창비는 알다시피 '문학권력' '출판권력'으로 비판받을 만큼 엄청나게 성장했죠. 하지만 1970년대의 창비는 지금의 모습과는 많이 달랐어요. 1970년대에는 늘 경제적 곤경에 시달렸고 항시 정부의 탄압을 걱정해야 했어요. 판매금지가 되거나 폐간이 되거나 필자가 잡혀가는 등 정부로부터의 압박에서 어떻게 살아남느냐가 고민이었죠. 돌이켜보면 1975년초에 백선생이 대학에서 파면되고 1년 후에는 나도 재직하던 대학에서 해직됐어요. 두사람 다 창비에 전념할 수밖에 없는 처지가 된 겁니다. 그러다가 1977년 『8억인과의 대화』가 문제되어 편저자인 리영희 선생이 구속되고 발행인인 백낙청 선생이 불구속 기소됐어요. 이 사건을 계기로 내가 창비 발행인이 됐는데, 사실 나는 출판사나 잡지사 경영에는 백지나 다름없었어요. 수표와 어음의 구별도 못하는 까막눈이었거든요. 그런데 비록 조그만 출판사지만 사장은 사장이에요. 사장이라는 게 어떤 건지 그때 비로소 경험해보았어요. 그건 편집자와는 아주 다른 무한책임을 요구받는 막중한 자리입니다. 정해진 날짜에 직원들 월급을 주어야 하고 인쇄비, 종이대금, 광고료 등 반드시 지불해야 하는 의무가 있어요. 그 대금이 준비되어 있지 않으면 피가 마르는 겁니다. 때에 따라서는 월 3퍼센트짜리 사채라도 얻어 써야 했어요. 그 무렵 집을 담보로 해서 사채를 구했던 적도 있어요.

소영현 아, 진짜요?

염무웅 사장이 하는 일이 뭔지 아세요? 우선 매일 아침 수입과 지출을 큰 도표로 정리한 일계표라는 걸 점검하는 겁니다. 그것으로 수입과 지출을 일괄적으로 확인할 수 있고 책이 몇권 나가고 들어오는지는 물론이고 각종 어음 결제와 지불 상황도 확인하는 거예요. 날짜가 다가온 어음에 결제를 못하면 부도가 나는 거죠. 원칙적으로 말해서 부도가 나면 회사가 망하는 겁니다. 그 모든 과정에 무한책임을 지는 게 사장이에요. 잘 모르시죠?

소영현 네, 잘 모릅니다. 비평가로서의 염무웅과 편집자로서의 염무웅에 덧붙여 경영인로서의 염무웅이 공존하던 시절이었네요.(웃음)

염무웅 짧은 기간이었지만 그런 시절도 있었죠. 하지만 그게 내 개인으로서는 적응하기 쉽지 않더군요. 1970년대 창작과비평사는 총거래량이 지금과 비교해서 보잘것없는 수준이었지만, 그래도 은행에서의 대출이 지금보다 훨씬 어려워서, 언젠가는 임재경 선생을 통해 재무부 이재국장에게 특별히 청을 넣어 겨우 대출을 받을 수 있었을 거예요. 당시 사채는 월 3부의 고리였는데, 그런데도 사채를 쓸 수밖에 없는 사정이 생겼고, 집을 담보로 사채를 빌려야 할 때도 있었던 거죠.

계간지 『창작과비평』과 출판사 창비의 경영을 둘러싼 그의 회고는 창비 관련 연구에서도 경제적 면모에 대한 검토가 추가될 필요가 있음을 시사했다. 그런데 흥미롭게도 그가 창비에서 제대로 급료를 받기 시작한 것은 덕성여대에서 해직되고 난 1976년 2월부터였다고 한다. 이 점은 그가 『창작과비평』의 지면을 구성하고 필자를 구하면서 운영을 해나간 일이 출판사 직원 혹은 운영자로서였다기보다 동인으로서의 책임감에 의한 것이었음을 환기한다.『창작과비평』을 함께 꾸린 이들을 결집시킨 동력이 근본에 있어 청년지식인의 연합체적 동지애였음을 보여주는 지점이라고도 할 수 있을 듯하다. 그 동지애가 계간지와 출판의 공공성 확보라는 대의로 모아져 있었음은 덧붙여 강조하지 않아도 좋으리라.

반세기의 역사가 축적되는 동안 그러한 관계와 추동력에도 도저한 변화의 요청이 쇄도하고 있다. 계간지를 요청한 역사와 그 순기능이 오늘날의 한국 문단과 지성계를 형성한 동력이 되었으며 자체로 하나의 역사가 되었지만, 그럼에도 사회가 부과한 임무에 충실하기 위해 내부 혁신을 통한 변화와 성찰에 소홀했던 것은 아닌가 돌아볼 때도 되었는지 모른다.『창작과비평』 50주년을 기념한 인터뷰를 마무리하면서 그가 덧붙인『창작과비평』의 미래에 대한 전망도 이와 관련된 것이어서 뜻깊었다. 자칫 동지애가 만들어낼 수 있는 경화된 문화에 대한 우려와 함께 그는 끊임없는 내부성찰을 통해 좀더 열린 조직이 되어야 하고 시대적 요청에 적극적으로 대응하면서 전면적으로 변화하려는 노력도 필요하다는 점을 당부의 말로 남겼다. 초창기『창작과비평』의 기틀을 마련한 필자이자 편집자, 그리고 운영인으로서의 따끔한 말씀이『창작과비평』의 발전적 미래에 기여할 수 있으리라 기대한다.

(2015. 7. 3. 마포구 서교동 인문까페 창비)

음덕의 주역들, 창비를 일구다

백영서

채현국(蔡鉉國) 효암학원 이사장은 2014년초 한 일간지와의 인터뷰 이후 일약 유명인사가 되었다. '당대의 기인' '가두의 철학자'로 불린다. 그러나 지인들 사이에서는 민주화운동의 숨은 지원자로 익히 알려진 분이다. 어려운 문인, 해직기자 그리고 수배 중인 활동가들을 도운 일화가 최근 여러 분의 회고 속에서 드러나고 있다. 흥국탄광을 이끈 사업가로서 특히 『창작과비평』 창간에 참여하고 초창기에 경제적 지원도 한 분이기에 『창비』 초창기의 덜 알려진 일화를 듣고 싶어 인터뷰를 마련했다.

백영서 선생님께서 창간에 참여한 과정을 듣기 위해서는 먼저 창간 주역인 백낙청 선생님과의 인연부터 여쭙지 않을 수 없군요. 언제부터

白永瑞 연세대 사학과 교수. 창비 편집주간 역임. 저서로 『동아시아의 귀환』 『핵심현장에서 동아시아를 다시 묻다』 『사회인문학의 길』 등이 있음.

아셨어요?

채현국 한국전쟁 피난 시절의 대구 연합중학교 때 나는 2학년, 저는 3학년으로 사귀었지요. 처음부터 선후배 관계가 아니고 그냥 친구로 알고 지냈어요.

백영서 『창비』창간에 처음부터 관여하신 건가요?

채현국 창간이고 뭐고가 없고 낙청이 혼자 하는 일인데, 낙청이가 친구들한테 의견을 묻고, 하자, 그리고 지가 시작한 거지. 다섯사람이 함께했다 그래도 낙청이가 하는 일에 나머지는 그냥 돕는 입장이지. 처음은 동인지처럼, 말은 낙청이가 동인지처럼 했지만 다들 지 밥벌이하기 바쁘고, 자리들이 안 잡혀가지고 우물우물하고 있었지. 시간강사도 옳게도 못하고 신문기자는 신문기자대로 바쁘고.

백영서 다섯명이라 하셨는데 어떤 분들인가요?

채현국 김상기, 임재경, 이종구, 나, 낙청이, 그렇게 다섯이지.

백영서 백선생님은 황병기 선생님 역할도 중시하시던데요.

채현국 황병기는 돈을 조금씩 대췄어. 황병기도 대구연합을 같이 댕긴 애거든. 백선생과 경기중학 동기일뿐더러 대구 피난학교에서도 2년 반인가 3년을 같이 있었다고, 그 전쟁 동안에. 나도 그때부터 병기를 알았지. 병기가 말만 법과대학이지, 음악 하는 애니까 이런 거 하기에는 오히려 병기가 여유가 있는 쪽이지. 이미 다들 졸업을 하고 시간강사나 하는 처지고 하니까. 꽤 비용 드는 것도 병기가 좀 썼어, 이렇게 저렇게.

백영서 그런데 백선생님은 왜 이 일에 이렇게 열중했다고 생각하세요?

채현국 낙청이가 인쇄소는 가업으로 먼저 시작했을 거야.『창비』가 나오기 전에 인쇄소를 시작하면서 잡지를 하자, 이렇게 된 거야. 그런 사업적 결단력이 있는 사람이야. 있던 걸 가지고 한 것도 아니고 생으로 시작을 했으니까.

백영서 당시『창비』창간을 어떻게 받아들였나요?

채현국 낙청이가 사실 잡지 말 꺼냈을 때 맞아죽자는 소리나 마찬가지라고. 박정희가 안 놔둘 게 뻔한 짓을 할 거니까. 정치 얘기를 안하는 문학잡지라고 해도 독재 때문에 하는 거니까. 그리고 당시는 지금처럼 다양한 사회현상이나 복잡한 시대상하고 상황이 달랐지. 그때는 문학이라고 했을 때, 예언자적인 일을 하지 않는 시인은 가짜 시인이야, 사기꾼이고 아첨꾼이야. 같은 단어, 같은 표현도 시대마다 내용이 아주 달라져요. 문학잡지를 하자고 해도 전혀 문학잡지가 아니야. 그러니까 사회적인 폭압감에 대한 저항을 목적으로 한다면, 아무리 순수문학이더라도 이미, 순수한 문학에도 자유를 허용하는 분위기가 아니었으니까. 문학적 자유를 누리겠다는 자체가 이미 그것으로서 충분히 폭압에 대한 저항이니까. 용납 안되고 살해당할 염려까지도 뻔히 있는 일이었지.

백영서 당시에 친구들 중에서 김상기 선생님이 더 적극적으로 잡지에 관여하셨나요?

채현국 김상기가 잡지『청맥』에서 실질적으로 주필 노릇 비슷하게 했는데, 철학과 조교로 있으면서 겸직이 안됐어요. 무급조교인데도 승낙을 맡아놔야 겸직이 돼서 결국 이름을 못 썼지. 김상기가 매스컴에 관계하는, 매스컴을 중시하는 태도로 봐서 자연히 더 적극적이었을 거예요. 글을 쓴다든지 원고를 청탁하러 댕긴다든지 하는 일로 잘 드러나진 않을 때니까. 그런 일들을 아무래도 김상기가 많이 했을 거예요.

백영서 창간 직후와 초기에 반응은 어땠나요?

채현국 일제 때와 해방공간 말고는 한국전쟁 이후 어떤 정치적 배경

이 없이 순수한 문인들이 참여하고, 민중사 차원에서 시작한 첫번째 잡
지라고 말할 수 있어요. 나머지들은 다 정부나 정당에 연관이 있어서 선
전 관계로 만들어졌지. 어용단체로서의 문예지, 월간지들이 만들어진
식이지. 순전한 민간운동으로 일어난 꼬라지가 그렇게 많지 않았어요.
하다못해 합창단 하나도 그런 선전기관처럼 생겨날 때인데,『창비』는
순전히 젊은이들 사이에서 자발적으로 일어난 첫번째 잡지니 은연중
에 큰 주목이 있었다고 봐야 됩니다. 4·19가 지나가고 5·16이 나가지고
일체 폭압상태가 아주 심할 때 일어난 일이기 때문에 일개 계간지 하나
가 시작된 것이 마치 민중운동의 시작으로까지 의미가 느껴졌을 테니
까. 이런 게 가능하네? 폐간 안되네? 안 잡혀가네? 이렇게 시작된 면이
있거든요. 큰 소리 소문 없는 거는 어떻게 될지 추이를 모르니까 가만히
있은 것이지, 영향이 없었던 건 아니죠.

　　백영서　나중에『문학과지성』도 나옵니다만, 당시에 지식인들의 분
포나 인맥을 보면 서울대 문리대 출신들의 역할이 중요하다고 볼 수도
있는데, 창비와 그쪽의 관계는 어땠나요?

채현국　백교수 자신이 문리대에 있다보니 문리대 문학교수들이 자연히 연계가 됐죠. 기고가들한테 원고료를 잘 못 주니까, 자발적으로 동의하고 참가하는 뜻으로 원고를 준 사람들이죠. 1960년대 상황에서는 제 연령과 맞게끔 대학교수가 되는 과정 자체를 밟은 사람이 몇명 안되거든요. 김상기가 적극적으로 활동할 수밖에 없었던 게 김상기는 어쨌든 초등학교 때 일본말로 세계문학전집을 읽은 사람이에요. 그러다보니까 자연히 문학잡지에는 김상기의 발언이나 김상기가 하는 역할이 많았을 수밖에 없어요.

백영서　한남철 선생님이 가담한 건 더 뒤인가요?

채현국　한남철도 이미 끼여 있었어요. 한남철은 『사상계』에 취직이 돼 있었으니까.

백영서　일찍 돌아가셔서 그렇지, 제 기억에 그분이 작가들 관리랄까, 문인 네트워크를 관리하는 일에 대단한 분이었던 것 같습니다. 황석영 선생은 그분이 당시 창비에 모여든 문인들의 '보이지 않는 좌장' 역할을 했다고 회고하더군요.

채현국　일찍부터 좋은 작가를 발굴하려고 애를 썼죠. 황석영을 『사상계』에 실은 것도 한남철이니까. 한두사람이 아니에요. 신동문이 문학담당기자로 있던 『새벽』 잡지에 문학을 실은 거나 『사상계』가 문학을 싣는 데 중요한 역할을 했으니까. 여당 노릇하는 엉터리 어용단체가 아닌 잡지에서 문학을 실어준다는 의미 때문에 그런 거죠.

백영서　1988년에 돌아가신 박윤배 선생에 대해서 좀 말씀해주세요. 지금 잘 안 알려진 분이지만, 선생님 사업의 파트너였을 뿐만 아니라 민주화운동가나 창비 후원에 적극적이었던 협객으로 저는 기억합니다만.

채현국　박윤배는 낙청이와 대구연합과 경기고 동기인데 당시에는 잘 몰랐을 거예요.『창비』창간 초기에는 나 대신 탄광 업무에 바빴어요. 그러다 창비 언저리에 나타난 것은 1972~73년쯤부터였죠.

백영서 그러면 리영희 선생님은 좀 뒤에 만나신 건가요?

채현국 리영희 선생과는 계속 친했습니다. 그런데 성향이 번역 전문가고, 군인 소령까지 지낸 사람이죠. 한국전쟁 동안 미군들이 지리에 어두우니까 3년 내내 전선으로만 끌려댕깁니다. 공업학교와 해양대학 출신이어서 관심사가 문학보다는 역사 쪽이었고…… 필자로서 참여를 했지 잡지 만드는 데는 별로 안 끼셨지만, 늘 만나는 사이였어요.

백영서 그런 여러 모임이 어디서 이루어졌나요? 당시에는 사무실도 없었는데.

채현국 따로 사무실은 없어요. 낙청이 집이 사무실이야.

백영서 아, 백선생님 댁에서요?

채현국 술집이 되기도 하고 밥집이 되기도 하고, 그렇게 자연스럽게 만났지요. 따로 정해놓은 건 없었어요.

백영서 제가 1978년에 창비에 입사하고 보니 종로의 '낭만'이나 '사슴' 같은 맥주집에서 자주 모이시던데요.

채현국 그러나 초창기에는 그것도 정해놓진 않았어요. 자연스럽게 일어난달까 저절로 일어난달까, 꼭 형식을 갖추기보다는 예닐곱명 되는 사람이 두세명도 만나고 서너명도 만나고, 어떨 땐 대여섯명이 한꺼번에 만나죠. 그게 얼마나 불규칙적이었냐면, 김수영 선생님 돌아가신 날, 리영희 선생이 전화를 해서는 "채형, 그런데 난 김수영 선생 만난 적도 없어" 그러더군요. 아니, 어떻게 그럴 수가 있어, 당신도 그때 매일 만나고 김수영 선생도 매일 만났는데…… 이렇게 저렇게 자주 만났어도 두분끼리는 마주친 적이 없었던 거죠.

백영서 선생님과 창비의 관계를 말할 때 재정지원에 관해 얘기를 꺼내지 않을 수 없네요. 아까 황병기 선생님이 도와주기도 했다 하셨지만, 선생님 역할은 어떠했는지요? 임재경 선생님의 회고를 보면 백선생님이 박사학위 마치러 미국 가신 이후, 그러니까 신동문 선생님이 잡지를 책임질 때 원고료가 부족하면 선생님이 많이 도와주신 걸로 나오지요.

채현국 많이 도왔다, 이런 말이 아주 안 좋은 건데…… 이미 신구문화사 주간이던 신동문 선생한테 얘기가 돼 있었어. 그런데 신동문 선생은 자기가 주인이 아니니까 딱 그렇다라고 말을 못했지, 책임은 느끼고. 그러니까 신동문 선생이 들여다봐주기를 바란 거죠. 아니면 이호철이 봐주든지. 이게 다 뭘 약속하고 계약하고 하는 자본주의 방식이 아니죠. 그러다가 점점 더 열의를 띠는 신동문 쪽으로 가버린 거지. 또 그렇게 되니까 당시 신구문화사 편집자이던 염무웅에게 더 그 일을 시키게 됐죠. 그런데 자기가 주인이 아니니까 돈 들어가는 일을 맘대로 못해. 그러니까 나는 신동문한테는 일부러 말 안하고 염무웅한테만 귀띔을 했지. 뭐든지 돈 모자라서 안되거나 안 풀리는 거 있으면 나한테 얘기하라고. 그렇게 된 거니까 많고 적고로 표현할 일은 아니에요.

백영서 당시에는 어느 정도 원고료를 줬나요?

채현국 그게 받는 사람에 따라서…… 개중에는 아주 딱한, 쌀을 팔아줘야 될 사람도 있고, 시간강사 하는 사람들은 정말 곤란했거든요. 지금처럼 자본주의체제 꼬라지에서 일어나는 일하고는 달라요. 이승만독재, 박정희독재, 그 속에서 민중이 살아가는 방법이야. 그런 식으로 이루어진 것들이니까, 많이 도왔다, 이따구 말이 다 수상쩍은 소리지.

백영서 (웃음) 그럼 일정하게 도왔다는 정도로 정리해보겠습니다. 하나 더 여쭤보면 창간 얘기를 할 때, 사회적으로 반응이 대단했다고 얘기하셨는데, 그렇게 큰 문학적·문화적 사건이었나요?

채현국 충격이었죠, 이런 일이 가능하다는 게. 백낙청이라는 웬 용감한 청년이, 그리고 그밖의 우리야 사람들이 더욱 알 리가 없는데, 그런 이들이 이런 잡지를 낸다는 게 말이죠.

백영서 그에 관해 혹시 특별히 들으신 기억은 없습니까?

채현국 CIA 놈들이 돈 대가지고 만드는 잡지라는 소리도 있었어요. 미 대사관에서 도와준다는 둥. 박정희 밑에서 이런 잡지가 나올 리가 없는데 얼마나 충격이 컸으면 그런 말이 만들어졌겠어요. 누가 봐도 이상하니까, 이런 게 가능한지가.

백영서 당시 문단에서는 어떤 파장이 있었나요?

채현국 손창섭이나 김성한, 장용학 등의 작품이 제일 젊은 세대의 작품이랍시고 받아들여질 때였어요. 그들이 사오십이 다 돼가는데, 전쟁 바람에 뭔가에 아주 찍어눌려 있던 거죠. 이호철, 서기원 이런 분들이 있었고…… 문단 자체가 초라했던 판에 나오는 게 바로 김승옥하고 방영웅이죠. 이런 소설들이 나오는 게 다, 창비 아니면 한남철과 관계돼서였어요.

백영서 아, 그렇겠네요.

채현국 김지하의 경우에는 김수영 시인이 그의 노트를, 아마도 본인도 모르는 채로 갖고 오신 적도 있지요. 조금 더 손봐야 할 상태였는데, 그런 다음에 『사상계』에 나왔어요. 1965년 겨울에서 이듬해 겨울까지였나, 이런 일들이 금방금방 이어지고, 창비의 출현과 함께 한꺼번에 일어났죠. 그러니까 그저 석달에 한번 나오는 한권의 책이 아니라, 독재 속에서 아무도 예상치 못한 잡지가 나타나서 충격을 줄 대로 다 주었던 거죠.

백영서 말씀 나온 김에 초창기, 그러니까 60~70년대에 창비에 실린 작품이나 논설들 중에서 지금도 혹시 기억나는 것이 좀 있으신가요?

채현국 꽤 많았어요. 그런데 이 근래 다 잊어버렸어.

백영서 그러면 이렇게 질문해보면 어떨까요, 창간하실 때 50년 이상 이어갈 수 있다고 생각하셨는지?

채현국 저는 다음 세대까지 물려줄 준비가 돼 있는 잡지로 봤습니다. 낙청이 개인적인 성향이나 성격, 가치관 같은 것도 여기 표현돼 있을 텐데, 한마디로 늘 새롭게 하려고 그 사람이 노력한 결과라고. 그런데 지금에 와서 창비가 과연 50년간 덕지덕지 묻었을 권위를 떨어내려고 얼마나 노력하는기, 그런 이끼, 아니 그것이 이끼기만 하면 덜 해로운데 권위라는 기름때를 벗겨내려는 자세가 혹시 부족하지 않은가 늘 마음이 쓰입니다.

백영서 마지막 질문으로 드리려던 것까지 이미 대답해주셨네요. 50주년을 맞은 창비에 들려주고 싶은 덕담으로 새기겠습니다. 인터뷰에 응해주셔서 고맙습니다.

인터뷰한 시점이 이른바 '표절사건'의 후유증이 크던 때라 선생은 그 일을 이용해 악담을 퍼붓는 얄미운 사람들만 나무랄 건 아니고 창비가 더 분발하고 더 순박한 마음으로 돌아가야 한다고 강조하셨다. 숨은 일화를 더 많이 듣지 못한 것이 아쉬웠지만, 인터뷰 과정 내내 평소와 같은 거침없는 말투로 터놓으신 이야기에 담긴 창비에 대한 깊은 애정을 충분히 감지할 수 있었다. 창비는 그렇게 초창기부터 도와온 여러분의 음덕으로 발전해왔음을 새삼 절감했다.

(2015. 8. 25. 조계사 불교역사박물관 전통문화공연장)

"『분례기』가 발표되고
인기가 영화배우 못잖았지"

김이구

『창작과비평』지의 첫 기억으로 지금도 『분례기』를 꼽는 독자들이 많다. 필자도 대학 시절 검은색 표지의 『창작과비평』 영인본에서 『분례기』를 흥미롭게 완독했던 기억이 생생하다. 창간 이듬해 첫 장편 연재로 실린 『분례기』는 『창작과비평』이 독자를 탄탄히 확보하고 문학잡지로 자리를 잡는 데 크게 기여한 작품이다.

용강동 시절 창작과비평사 사무실에서 만난 이후 십여년 만에 초창기 창비 이야기를 듣기 위해 다시 만난 방영웅(方榮雄) 선생은 흰머리가 많이 늘었지만 건강한 모습이었다. 추위가 확 풀려 3월의 봄기운이 완연하다가 기온이 영하 6, 7도까지 급강하한 날, 그는 두툼한 겨울 파카 차림으로 인터뷰 장소인 세교연구소에 왔다. 『분례기』 연재 전후의 사연, 독자들의 반응 등 생생한 증언을 듣고 인문까페 창비로 자리를 옮겨

金二求 문학평론가, 소설가, 창비교육 기획위원. 저서로 『우리 소설의 세상 읽기』 『어린이문학을 보는 시각』 『해묵은 동시를 던져버리자』 등이 있음.

얘기를 이어갔다.

김이구 『분례기』가 『창비』 1967년 여름호부터 겨울호까지 연재가
되었는데요, 그때 어떤 경위로 『창비』에 실리게 됐나요?

방영웅 내가 대학도 못 들어가고 그 시절 소설 쓰는 거밖에 할 게 없
어서 어떻게 어떻게 소설을 써가지고 『사상계』에다가 투고를 해봤어요.
그때 최종심까지 올라가 깜짝 놀랐지. 오영수 선생이 내 평을 많이 했는
데, 그다음 해 『세대』지 중편 공모가 있어서 4백매 정도 작품을 써서 냈
어요. 그게 말하자면 『분례기』 초고야. 그걸 백낙청 선생이 보고 날 만
나자고 한 거지.

김이구 그 원고가 어떻게 백낙청 선생에게 전달이 된 건가요?

방영웅 그때 아무튼 내 원고가 최종 세명인가 네명 안에 들었어요.
이호철 선생이 심사에 참여했는데, 둘이 어떻게 만났는지는 모르지만
이호철 선생이 백선생에게 전한 것 같아. 조계사 근처에 문우출판사라
고 있었어요. 거기서 만나게 됐는데, 백선생이 싣겠다는 게 아니라 고쳐
서 다시 써와보라는 거여. 한 십분 정도 만났나? 지금 내용은 기억 안 나
는데 이렇게 저렇게 콕콕 짚어서 얘기해주더라구. 그게 큰 도움이 된 건
사실이지. 그때 난 이걸 장편으로 만들어야겠다는 생각을 했던 거구.

김이구 선생님 고향이 충남 예산이고 소설의 무대도 예산인데요, 그
때는 서울에 계셨을 때지요? 예산에서는 언제까지 사셨나요?

방영웅 55년 무렵까지 살았지.

김이구 그럼 중학교 때 서울로 오신 거네요. '분례기(糞禮記)'라는
제목은 어떻게 붙이게 되었나요?

방영웅 똥독에서, 뒷간에서 났다고 똥례라는 이름이 있다고 그래.

방영웅

1942년 충남 예산 출생. 소
설가. 장편소설『분례기』를
『창작과비평』에 연재하면
서 문단에 데뷔했다. 토속
적이고 해학적인 작품 경
향을 드러내는 이 소설은
그의 대표작이다.

그 얘길 듣는 순간 팍 나한테 뭐가 오더라구. 그걸 인스피레이션, 영감
이라고 그러지. 아, 이걸로 주인공을 해서 쓰면 소설이 되겠구나, 그런
확신 같은 게 들었어. 예산서는 아니고 서울에서 든 생각인데 그게 그렇
게 강렬하게 느낌이 오더라구.

김이구　제가 선배들에게 들어보면『창비』에서『분례기』를 아주 재
미있게 읽었다, 밤새워 읽고 그랬다고 많이들 얘기해요. 도종환 시인도
그러고, 이시영 선생은『분례기』가 창비 초창기에 부수를 늘리는 데 큰
역할을 했다고 하시거든요. 선생님, 연재될 때 독자들이 직접 연락을 해
온다든가 반응이 상당했을 것 같은데요.

방영웅　아, 영화배우 못잖았지. 부산에서는 가짜 방영웅이 나타나서
여자들을 꼬신 거야. 김국태씨가 있던『현대문학』, 거기로도 그런 여자
들한테서 편지가 왔대. 내가 직접 만나본 여자도 있어요.

김이구　작가라고 하면 여자들이 굉장히 호감을 갖고 그랬었나보네
요. 요즘엔 그만한 인기는 없는 것 같아요.(웃음) 당시 문단에서는 어떤
평가가 있었나요?

방영웅 문단에서는 반반이야.『사상계』에 선우휘 선생과 백낙청 선생이 대담한 게 있어요.(「작가와 평론가의 대결─문학의 현실참여를 중심으로」, 1968년 2월호) 엄청 분량이 긴데,『분례기』얘기도 많이 했어. 그때 선우휘 선생이 뭐라고 했느냐 하면 '계용묵은 하나면 족하지 둘일 필요 없다' '문학이라는 거는 모기약 광고보다도 상업적으로 못한 거다' 그런 얘기를 하면서 깠었지.

김이구 선우휘 선생은 좀 비판적으로 보신 거네요.

방영웅 계용묵의 「백치 아다다」하고 비슷한 계열로 봤나봐. 어떤 사람은 이 작가가 사회주의, 좌파로 발전할 거다, 그런 예상도 했었고.

김이구 『창비』가 창간 무렵에는 서구적이고 현대적인 그런 색채, 그런 지향을 상당히 갖고 있었다고 생각이 됩니다. 그 무렵 지면에 등장한 김승옥 이청준 김수영 같은 작가들의 면면에도 나타나고요. 그런데 선생님은 그런 작가들하고 다르게 기층 민중, 보통 사람들, 가난한 사람들의 삶에 근접해 들어갔고요. 농촌이라든가 서민들 살아가는 모습을 리얼리즘으로 그리는 것이 선생님한테 체질적으로 맞지 않았나 싶어요. 『분례기』도 그렇고 선생님의 다른 작품들도 기층 민중들이 나날이 살아가는 모습의 긍정적인 면, 원초적인 생명력과 활력들도 보여주고, 부정적인 면도 그렸습니다. 가령 제가『분례기』에서 기억나는 게 노름 장면인데요, 그 노름에 빠져가지고 패가망신하는 장면들이 적나라하게 그려졌어요. 선생님, 그런 인물들에 대해서 어떻게 보여주려고 하셨던 건가요.

방영웅 뭐, 사실적으로 보여준 거지. 예전에 박태순씨랑 어딜 갔다가 오는데, 그날이 바로 전태일이 분신한 날이야. 병원에 있다고 그래. 박태순씨가 나보고 가보자고 그러는데, 난 아주 섬뜩했어. 기름 끼었고 불 댕겨서 태웠으니까 얼마나 끔찍해. 그래서 핑계 대고 안 따라갔거든. 그런데 나중에 전태일 전기를 읽게 됐을 때 아! 많이 울었네. 세상에 그렇게 인간애가 뜨거운 사람이 없어. 결국에는 문학의 성패라는 것도 인간애가 얼마나 뜨거운가에 달려 있구나 하는 걸 깨달았지. 전태일 평전을 읽으면서 그때 참 많이 울었네.

김이구 그런 인간애가 선생님의 『분례기』나 『달』, 또 창작집 『살아가는 이야기』에 다 스며 있는 것 같습니다. 『분례기』가 주목을 받으면서 선생님의 작가활동에도 상당히 변화가 있었을 것 같은데요.

방영웅 책도 많이 나갔어요. 그때 금방 5쇄 나갔으니까, 삼천부씩 찍어서 5쇄면 만오천이지? 그렇지만 내가 항상 쪼들리더라고. 그래서 써달라고 하면 무조건 썼어. 닥치는 대로 썼어요. 지금 생각하면 그게 후회가 돼.

김이구 선생님은 1977년까지 『창작과비평』에 작품을 여섯편 더 발표하셨고, 74년에는 창비신서 2번으로 창작집 『살아가는 이야기』를 내셨습니다. 그 무렵 『창비』를 주무대로 활동하셨는데, 그때 교류하신 분들 어떤 분들이 있나요?

방영웅 백선생, 또 염무웅 한남철 이호철, 뭐 많지. 언제던가, 김남주가 전라도 그쪽 친구들이랑 같이 창비에 놀러 온 적이 있어요. 김남주가 『창비』에 투고했을 때 백선생이나 염선생이 아마 이렇게 제쳐놓은 것 같아. 그걸 내가 훑어보니 몇편이 눈에 띄었는데, 이것들을 『창비』(1974년 여름호)에서 실었다구. 그때 내가 창제인쇄소에서 일하면서 창비 편집 일도 좀 했던 때지. 백선생이나 염선생은 짐작에 별로 달가워하지 않은 것 같은데, 내가 추천하니까 그냥 싣게 된 거지. 그후에 김남주가 청진동인가 수송동인가 사무실로 찾아왔는데 나를 막 째려보는 거야.

그게 어떻게나 무서운지. 야, 이 친구가 이러면 안되는데, 왜 나한테 그 랬는지 몰라. 날 부르주아로 알았는지, 아무것도 아닌 글 써서 돈만 번 다고 본 건지. 너, 나 아니었으면 작품 발표도 안됐어, 속으로 그랬지. 나 중에 김남주가 감옥에 있을 때 인사동에서 그의 아내 박광숙을 만났는 데, 섭섭했단 얘길 했지. 뒤에 보니까 나한테 시집도 보내고, 부드러워 졌더라구. 도둑놈 물건 도둑질하면 그게 뭐 도덕적으로 탈이 되느냐 이 런 식으로 생각했던 친군데, 감옥소에 갔다 오면서 수양을 많이 한 것 같애.

김이구 90년대에 제가 김남주 선생님을 뵈었을 때는 정신은 날카로 운데 사람들 만날 때는 진짜 부드럽게 대하셨던 걸로 기억합니다. 선생 님, 『분례기』가 그뒤에 영화화도 되고 그랬는데요. 영화는 좀 성공을 했 었나요?

방영웅 유현목 감독이 영화를 만들었는데(1971년), 작품 파악을 못한 거야. 씨나리오 쓴 사람도 이게 어떤 작품인지 통 모르고 쓴 거고. 그리 고 윤여정이 원래 주인공으로 발탁됐는데 윤정희가 중간에 차고 들어 와버렸어요. 윤정희가 똥례 역을 하면 그게 어울리나, 안되지. 배우들도 작품을 잘 파악을 못하더라구. 그때 영화 찍을 때 스탭들 배우들 예닐곱 명과 한방에서 잤던 적이 있어요. 보니까 제작부장이란 사람이 뭐라고 하면 그대로 하는데, 그래서 영화판에선 제작부장이 막강하다는 걸 알 았지.

한국일보사에서 제정한 한국창작문학상이라는 게 있는데, 2회 때 (1969년) 내가 받았어. 통지를 가을에 받았는데, 그때는 전화가 없으니까 전보로 했지. 시상식 연락이 왔다가 행사가 취소되었다 하고 다시 연락 이 오고, 한 열번 가까이 그랬어. 그러다가 이듬해 신춘문예 수상자들이

랑 같이 받았어. 장기영 사장이 나를 싫어했지. 그 작품을 싫어했던 거구. 심사위원들이 뽑아놨지만 자기 맘에 안 들었던 거지.

김이구 기록을 보니 「분례기」 영화는 대종상도 여러 부문에서 수상했고, 부산의 부일영화상에서는 작품상까지 받았던데요. 영화계에서는 대단히 호평을 받았는데 선생님 평가는 박하시네요.

방영웅 그게 감독이 이름이 있고 그러니까 받은 거지, 뭐. 영

영화 「분례기」 포스터

화상이란 게 그렇잖아. 씨나리오도 책으로 나와서 많이 팔렸다고 하더라구. 연극은 잘 만들었어요. 극단 '신협'에서 이해랑씨가 연출하고 김기팔씨가 각색해 무대에 올렸는데, 연극으로 잘 살려냈어. 김기팔씨가 「분례기」 영화평을 『신동아』에 쓰면서 영화가 소설을 따라가지 못한다고 했다구.

김이구 70년, 71년 시기에 신경림 조태일 이시영 양성우 시인 이런 분들 작품이 『창비』에 실리기 시작하고요, 또 황석영 「객지」가 71년 봄호에 실렸어요. 70년대로 넘어오면서 『창비』가 좀더 민중문학 민족문학 지향으로 확실해지는 것 같은데, 그에 대해서 선생님은 당시에 어떻게 보셨나요.

방영웅 음, 그 얘기는…… 그걸 따라가서 쓴다는 건 이상하잖아? 그게 꼭 그렇게 써야만 좋은 거는 아니구. 목청만 높여서 좋은 것도 아니

구. 완전히 육화가 되고 문학적 가치를 제대로 담아야지.

김이구 선생님은 1983년에 창비아동문고로『윤봉길 의사』를 내셨는데요. 그 책도 제 기억에, 창비아동문고가 호평을 받으면서 꾸준히 읽혔는데요.

방영웅 그때 신경림씨랑 같이 윤봉길 고향인 덕산에 갔을 때 내가 쓰겠다, 그래서 자료도 좀 받고 취재도 했지. 두어번 갔어. 그렇게 해서 책이 출판이 됐는데, 윤봉길 의사하고 친척 되는 분이 있어. 그 양반이 책을 700부인가 보내라고 그래. 그런데 책값을 일년 후에 주겠다고 해서 내가 창비 이시영한테 그렇게 해도 되는가 물어봤지. 그렇게 해서 일단 책을 보냈는데, 육칠개월인가 있다가 경리직원이 나한테 뭐라고 심하게 그래. 책값을 안 준다고…… 내가 미리 눈치챘더라면 좋았을 텐데, 그 책을 가져간 양반이 나한테 책값을 내라는 거였던 거지. 그런 일이 있었어.

김이구 그 윤봉길 의사 전기는 80년대 창비아동문고가 활발하게 독자들에게 읽힐 때 역할을 한 걸로 기억합니다. 창비가 계간지로 시작을 해서 뒤에 어린이책과 청소년책 쪽까지 범위를 넓혀서 현재는 종합출판사로 활동을 하고 있습니다. 지금의 창비를 어떻게 보시는지요?

방영웅 지금 잘하고 있지. 잘하고 있는데 할 얘기가 어딨어. 그런데『분례기』가 아직도 한국문학의 족보에 올라가지를 않았어.

김이구 아, 무슨 말씀인가요?

방영웅 그게 이상하게 배제되고 있어. 뭐 그런 문제가 있지만, 아무튼 나는 창비 덕에 소설가가 되고 작가 대접도 받게 되었지. 요즘 쓰는 게 있어요. 그걸 마무리하고 죽었으면 좋겠는데, 쓰면 쓰고 안되면 또 어쩔 수 없는 거지.

김이구 쓰시는 작품 꼭 완성하셔서 독자들이 볼 수 있기를 바랍니다. 감사합니다.

방영웅이 『창비』에 『분례기』를 발표했을 때가 스물여섯살, 이십대 중반의 젊은 나이에 그는 가난한 농민과 영세한 도시민의 삶의 애환을 속속들이 파고들어 그려내는 비범한 재능을 발휘했던 것이다. 『분례기』는 그의 명실상부한 대표작으로 대중적 관심을 끌면서 영화로 만들어졌을 뿐 아니라 TV문학관, SBS 드라마로도 방영되었다. 최근에는 그의 고향 예산에서 '분례 숲길'로 이름 붙인 산책로를 조성했다는 소식도 들린다. 『분례기』『달』『살아가는 이야기』 등 그의 작품들은 60년대에서 70년대로 현실주의 문학의 계보를 이어주는 역할을 했다. 그는 『분례기』가 아직도 한국문학의 족보에 올라가지 않았다고 말했으나, 70년대 이후 간행된 한국문학전집에 대부분 수록되고 있는 만큼 반짝 인기로만 그쳤던 것은 아니다. 그의 기억 속에서는 화려했던 장면보다 아쉬웠던 장면이 더 절절한 것 같다.

『분례기』(창작과비평사 1997)

소설 읽는 재미를 듬뿍 안겨주며 『창비』 독자를 늘려주었던 『분례기』는 홍익출판사, 삼성출판사, 중앙일보사, 서음출판사 등 출판사를 옮겨가며 꾸준히 간행되다가 절판되어 있는 것을 1997년 창작과비평사에서 재출간하였으니, 고향을 떠나 오래 떠돌이 생활을 하다 비로소 귀향했다고나 할까.

(2015. 3. 10. 마포구 서교동 세교연구소)

운명적 반어와 그것의 극복

박수연

『창작과비평』1967년 겨울호에 수록된 「참여시의 정리」에서 김수영
(金洙暎, 1921~68)은 신동엽의 시를 한국시의 미래라고 상찬하면서 집중
적으로 논의한다. 그다음 호에는 김우창의 신동엽론이 평문으로 수록
되고 1968년 여름호에 신동엽의 시가 김수영의 조언으로 수록되었다.
이때까지『창작과비평』에 수록된 시편은 김현승 김광섭 신동엽의 시,
그리고 김수영이 번역한 네루다의 시가 전부이다. 김광섭의 시가 김수
영 사후에 실린 「생활현실과 시」(1968년 가을호)의 말미에서 죽음의 기미
와 관련하여 상찬되고 있었다는 점, 그리고 「참여시의 정리」에서 김현
승이 60년대 참여파의 어떤 편향을 극복한다고 평가되었다는 점을 고
려하면, 김수영은『창작과비평』의 시단에 적지 않은 영향력을 가지고
있었던 셈이다. 실제로『창작과비평』에 입수된 김지하의 시편들은 '이

朴秀淵 문학평론가, 충남대 국어교육과 교수. 저서로『문학들』『말할 수 없는 것과 말해
야만 하는 것』등이 있음.

용악의 시와 많이 닮았다'는 김수영의 부정적 평가에 의해 반려되기도 했다. 그 관계를 반영하여 당시 편집인이었던 백낙청은 김수영 영결식의 집행위원을 맡기도 했다. 이 사실들은 김수영과 창비의 관계를 판단하는 중요한 요인이기도 하다. 해석에 따라 김수영 문학의 여러 방향이 만들어질 수 있기는 했겠지만, 백낙청이 아쉬워한 것은 김수영의 문학적 유산이 창비로 온전히 수렴되지 못했다는 사실이었다.

김수영과 백낙청이 처음 만난 것은 1966년 봄의 어느날이다.『창작과비평』과『한국문학』이 창간된 후의 어느 출판기념회 자리였다. 소설가 한남철의 소개로 김수영과 인사한 백낙청은 김수영이 그 자신 발행에 관여하기도 한『한국문학』을 제쳐두고『창작과비평』을 상찬하는 모습에 깊이 고무되었다. 김수영은 엄지손가락을 치켜세우며 '만년필은 파카, 라이터는 론손, 잡지는 창작과비평'이라고 소리쳤다. 당시에는 기존의 한국문인협회 중심 인맥이『현대문학』으로 포진하고 있었고, 그 문협의 주류에서 비켜난 문인들이 현암사에서 발행한 이어령 주관의 계간지『한국문학』으로 결집되었으며, 이제 막 목소리를 내기 시작한 한글세대가 자신들의 문학동인지로 모여들고 있었다.『창작과비평』은 그 한글세대의 문학적 목소리를 참여 쪽으로 퍼져나가도록 하는 촉매제였다. 염무웅의 비판적 평론에 촉발되어 선우휘로 하여금 '사회과학파'라고 지칭하도록 했던 창비의 어떤 경향이야말로 김수영이 창비를 지지한 이유이기도 했을 것이다.『창작과비평』의 표지도 김수영이 정기적으로 찾아 읽었던『파티잔 리뷰』(*Partisan Review*)와 유사했다. 김수영이 번역을 시도하기도 했으나 한국의 문예지들이 수렴하지 못하고 있던 인문사회과학적 관심을『창작과비평』은 적극적으로 드러냈다. A. 하우저의『문학과 예술의 사회사』와 같은 글을 번역 수록함으로써 본격적

김수영

1921년 서울 출생. 시인. 1968년 작고했다. 치열한 저항정신과 새로운 형식으로 자유와 삶을 노래한 시인으로 평가받는다. 시집 『달나라의 장난』 『거대한 뿌리』 등이 있다.

문화예술론의 한국적 장을 마련하기 시작한 창비는 관심의 방향이나 방법을 거의 유사하게 가지고 있던 김수영과 그렇게 맺어졌다. 참여문학을 하되 문학적으로 완성되어야 한다는 그 주장은 해외문학을 통해서가 아니라 이미 김수영에 의해 과거에도, 그리고 창비에 수록된 「참여시의 정리」에도 나타난 것이었다.

김수영이나 『창작과비평』의 공통관심이었던 것을 꼽으라면 아무래도 '현실'이다. 「'문예영화' 붐에 대해서」(1967년 여름호)에서, 원작소설을 왜곡하는 영화 줄거리 외에도 그 영화의 거의 모든 것이 미국영화 흉내를 내고 있다는 사실에 불만을 표한 김수영은 그나마 젊은 배우들의 연기에서 위안을 느끼는데, 그 이유는 그들의 연기가 '미국영화에서 배운 것도 아니고 국산영화에서 배운 것도 아닌 현실에서 배운 것'이라는 사실에 있다.「참여시의 정리」는 그 현실의 문제를 한층 직접적으로 다룬다. 1950년대 모더니즘을, 박인환의「자본가에게」를 예로 들어, 언어적 새로움뿐인 저항시라고 언급한 후 그 언어적 '도량기'를 거쳐 이제 비로소 진정한 참여시가 등장하고 있다고 김수영은 썼다. 그것을 진정한 참여시라고 할 수 있는 이유는 당대의 참여시들이 현실의 억압과 같은 것을 '죽음의 연습'으로 통과하여 언어화하고 있다는 점이다. 그에게 참여시는 '죽음을 어떻게 극복하고 있는가'의 문제와 연결되는 것인데, 그것은 단지 부조리를 극복하자는 것과 같은 열에 들뜬 외침이 아니라 현실적이고 시적인 내면으로 얼마나 침잠해 들어가서 세계사적 차원으로 어떻게 다시 등장하는가 하는 문제이기도 했다. 그는 그 60년대 참여시의 한 보증을 신동엽에게서 찾고 있다. 네가지 사항 때문인데, '강인한 참여의식' '시적 경제의 기술' '세계적 발언을 하는 지성' '죽음의 음악'이 그것이다. 애매한 것은 '죽음'이라는 상징이다. 무엇보다도 그것은 '문명비평의 변증법'이라는 말로 김수영이 정리한 부정과 생성의 원리일 것이다. 시의 언어가 어떤 긴장을 획득하는 것도 의미와 의미들이 서로 작용하면서 다시 새 영역을 개척해가는 부정 생성에 연결되는 일이라면, 현실 또한 마찬가지이다. 김수영은 이러한 언어와 현실의 초월적 생성에 대해 '문학 속으로 현실을 끌고 들어가 현실을 넘어서는 것'이라고 말한 적이 있다.『창작과비평』이라는 잡지가 탄생한 것도 그렇고 모더니스트 김수영이 60년대의 현실에 시민정신으로 맞선 것도 그랬으며, 김수영과『창작과비평』이 만난 것도 그랬다. 그것이야말로 "참여시에 있어서 사상(事象)이 죽음을 통해서 생명을 획득하는 기술"(「참여시의 정리」)일 것이다. 김수영의 입장에서 말하면, 이미 오래전

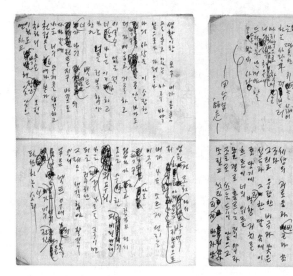

김수영 육필원고

부터 죽음의 기미를 보여주었던 김수영이 있고, 그가 좌우명으로 삼아 갖고 있던 말이 '상주사심(常住死心)'이었으며, 그 언어의 현실로 『창작과비평』이 성큼 들어온 셈이었다.

김수영이 생전에 『창작과비평』에 발표한 글은 「'문예영화' 붐에 대하여」와 「참여시의 정리」 그리고 네루다의 번역시(1968년 여름호)이다. 다른 시인들의 발표를 주선하기는 했지만 정작 그는 생전에 『창비』에 시를 발표하지 못했다. 죽음 이후의 생을 예견했다는 듯이 시작품 발표는 모두 그의 사후의 일이다. 이어령과의 논쟁에서 유명해진 '서랍 속의 불온시'인 「'김일성 만세'」는 그 작품이 씌어진 4·19 시기를 훌쩍 지난 2008년에야 비로소 『창비』(2008년 여름호)에 발표될 수 있었다. 그것은 분단국가 한국의 오랜 죽음을 거쳐 기적적으로 살아난 한 시인의 생애와도 같았다. 그의 좌우명이 '상주사심'인 점을 고려하면 이런 사실이야말로 그의 생애의 운명적 반어를 실현하면서 극복하는 사건이었다.

출판사 창비는 김수영과의 그 인연을 한국문학 속에 되살려 기억하면서 몇권의 책을 출판했다. 백낙청은 김수영 20주기를 맞아 시선집 『사랑의 변주곡』(1988, 창비시선 68)을 직접 편집했고, 임홍배·김명인이 편집한 『살아 있는 김수영』(2005)은 출판 당시까지의 대표적인 김수영 연구논문을 모아놓은 것이다. 무엇보다도 창비 안에서 김수영이 시와 양심의 증인으로 살아 있는 모습을 살펴보기 위해서는 1975년에 간행된 신경림의 『농무』로부터 지금까지 이어지고 있는 '창비시선'을 염두에 두어야 한다. 한국 시문학사에서 시집 출판의 연속물이라는 신기원을 만든 창비시선은 실로 김수영이 『창작과비평』에서 누누이 강조한 '현실'의 시적 생성이라고 할 만하다. 이 시선집들은 저 가혹했던 시절의 현실을 문학 속으로 끌고 들어가, 죽음을 거쳐, 혹은 스스로 죽음이 되어, 새로운 현실로 거듭나는 사건들의 연속 상징이었다. 그것은 지금 거대한 강물과도 같은 시적 생성의 내용들로 가득 차 있는데, 처음에 그것은 다만 모깃소리처럼 작은 것에 지나지 않았을 것이다. 김수영은 시의 형식을 정복하기 위해 시의 내용이 "너무나 많은 자유가 없다"고 외쳐야 한다면서 이렇게 쓴 바 있다. "모깃소리보다도 더 작은 목소리로 시작하는 것이다. 모깃소리보다도 더 작은 목소리로 아무도 하지 못한 말을 시작하는 것이다. 아무도 하지 못한 말을. 그것을…"(「시여, 침을 뱉어라」) 바로 그 모깃소리만 한 시작점에 김수영이 서 있었고, 창비가 있었으며, 창비시선은 지금 한국문학의 '거대한 뿌리'가 되어 있다.

한국문학사의 기념할 만한 순간

『창비』와 김승옥의 동행

정홍수

1966년 『창작과비평』 창간호에 김승옥(金承鈺)의 「다산성(多産性)」(연재 1회)이 실려 있는 모습은 지금의 눈으로 보면 다소 낯선 느낌마저 자아낸다. 김승옥이란 이름이 즉각 환기하는 모더니즘적 면모는 창간 이후 '시민문학론'을 거쳐 '민족문학론'과 '리얼리즘'의 중심지로 굳건히 뿌리를 내리게 되는 『창비』의 지면과는 어딘지 어울리지 않는 것처럼 보이기도 하기에 그렇다. 문예지 창간호의 창작란은 흔히 그 잡지의 문학적 지향을 상징하고 대변하는 것으로 이해되지 않는가. 그러나 60년대 한국소설계가 그리 폭넓게 분화되어 있지도 않았다는 사실을 염두에 둘 일이겠거니와, 그런 느낌 자체가 은연중 『창비』의 문학적 지향을 편협하게 도식화하는 착시효과로부터 비롯된 것이기도 할 테다. '민중문학 계열'로 불리는 작가군이 형성되고, 그것이 『창비』의 비평담론과 본격적으로 긴밀히 맞물리게 되는 것은 70년대 들어서의 일이며, 그

鄭弘樹 문학평론가. 평론집 『소설의 고독』 『흔들리는 사이 언뜻 보이는 푸른빛』이 있음.

김승옥

1941년 일본 오오사까 출생. 소설가. 신선한 감수성과 감각적인 문체로 많은 독자들을 사로잡았던 그는 4·19세대의 대표적인 작가로 평가받는다. 주요 작품으로 「생명연습」「무진기행」「서울, 1964년 겨울」 등이 있다.

조차도 실제로는 상당한 비평적 유연성과 포용성 안에서 구체적인 작품 현실에 대한 논의를 통해 진행되었다는 사실을 기억하는 것은 그때나 지금이나 이른바 경직된 '진영논리'의 폐해를 넘어서기 위해서도 필요한 것이리라.(백낙청의 회고에 따르면, 창간호 표지 디자인을 맡길 정도로 김승옥과의 개인적 교류도 꽤 깊었다. 최종적으로는 김승옥도 참여한 가운데 『파티잔 리뷰*Partisan Review*』를 참조한 표지 디자인으로 결정되었지만, 첫 시안을 만든 사람은 김승옥이었다.)

더구나 김승옥은 누구나 인정하는 60년대 문학의 기수이자 대표 작가였다. 1962년 단편 「생명연습」으로 등단한 이래 김승옥이 보여준 세련된 소설 화법과 문체, 특별한 감수성의 세계는 50년대 전후소설의 어떤 답보를 돌파한 것이었다. '감수성의 혁명'(유종호)이란 찬사는 지금 돌아보아도 그리 과장된 느낌을 주지 않는다. 1965년 「서울, 1964년 겨울」로 동인문학상을 수상하고, 이듬해 같은 제목의 단편집이 나오면서 김승옥의 문학적 성가(聲價)는 최고조에 이르러 있었다. 창간호를 뒤이은 1966년 『창비』 봄호에는 김승옥의 첫 단편집에 대한 정상호의 서평 「화사한 왕국」이 실려 있는바, 부분적인 유보가 없는 것은 아니지만 전반적으로 높은 문학적 평가를 내리고 있다. "이 작가는 현재 한국에서

『서울, 1964년 겨울』(창우사 1966) 초판본

가장 훌륭한, 아니면 가장 가능성이 많은 작가이다." 그런데 어쩌면 이런 공인된 평가보다 『창비』와 김승옥 문학을 연결짓는 좀더 의미 있는 고리는 60년대 문학의 한 화두이기도 했던 '소시민의식'의 문제라고 보아야 할 테다.

두루 아는 대로 60년대는 4·19의 성취와 좌절, 한계로부터 시대정신의 지향과 굴절, 음영을 얻어야 했다. 각성된 시민의식의 기억이 불꽃처럼 찬란했던 만큼, 그에 대비되는 시민의식의 급속한 퇴조와 소시민의식의 팽배는 더 깊은 그늘로 다가왔다. 잔존하고 있는 전근대의 봉건적 요소와 뒤얽혀 더욱 왜곡된 형태로 드러난 그 소시민의식은 협애하고 이기적인 물질적 자기보존의 울타리 안에 한국인들을 몰아넣으면서 온전한 개인의 자기정립을 심각하게 위협했다. 60년대 문학은 크게 보아 이 소시민의식과의 싸움이었다. 그것은 분명 부정되고 극복되어야 할 것이었지만, 동시에 안주와 퇴행의 강렬한 유혹이기도 했다. 김승옥 문학의 새로움은 그 양극의 긴장을 자신의 의식과 감수성으로 버텨내려 한 데서 왔고, 그런 한 단순한 포즈나 기술적 세련 이상일 수 있었다. 그의 성공적인 단편들은 유혹과 공포를 오가는 그 의식의 드라마를 일상현실의 생생하고 예리한 표현으로 드러내며, 종내 '자기 세계'를 구축하는 데 실패하는 자기기만의 자리를 숨기지 않는다. 구조적으로도 그의 소설은 서울/시골과 같은 대립구도를(이것은 외세의 압도적인 영향하에 진행되어온 한국의 파행적 근대의 구도이기도 하다) 내면화하면서 당대 한국인의 자기정립을 좌절시키고 왜곡시키는 소시민의식의 뿌리를 감지할 수 있는 실체로 만든다. 그런 한편 김승옥 문학은 그 양극의 긴장이 성공적으로 소설적 아이러니에 이르지 못하거나 일상 현실의 구체적 지반과 만나지 못할 때 언제든 과장된 허무나 자의식 과잉으로 떨어질 위험에 노출되어 있는 것이기도 했다. 그런 점에서 김승옥 문학은 60년대 '소시민의식'이 스스로를 드러내는 최대치의 날카로움과 한계를 동시에 지니고 있었다고 할 수 있다.

여기서 『창비』 담론의 실질적 출발이기도 한 「시민문학론」(백낙청 『창비』 1969년 여름호)의 핵심이 60년대 한국문학의 소시민적 한계를 극복하고 사랑과 역사의식에 기반한 '시민문학'의 가능성을 찾고 타진하는 데 있었다는 점을 상기해본다면, 소시민의식의 '한계'를 그 최대치에서 구현했던 김승옥 문학이 『창비』의 문학적 과제와 겹치는 지점은 결코 적지 않았던 셈이다. 「시민문학론」에 나오는 다음과 같은 평가는 이 점을 정확하게 보여준다.

"그의 성공적인 단편들은 (소시민의식의―인용자) 미화도 추화도 아닌 자기 세계의 정확한 표현일 따름이며 이 작가의 독특하고 흔히 장난기 어린 스타일이 그의 세계가 매우 특수한 감수성의 한정된 세계임을 항상 알려주고 있다. 바로 그렇기 때문에 우리는 김승옥의 단편집 『서울, 1964년 겨울』(1966)은 소시민의식이 팽배해 있는 60년대 한국에서 하나의 정직한 문학적 기록으로, 그러니까 소시민의식의 한계를 한계로서 제시하는 데 어느정도 성공한 문학으로 받아들일 수 있는 것이다. 그리고 그것은 당장 김승옥 자신이 넘지 않으면 안되는 한계로 나타났다. (…) 김승옥의 업적이 진정한 시민문학의 발달을 위해 제구실을 하게 하려면 무엇보다도 극복되어야 할 한계의 제시로서 우리가 그것을 받아들여야 할 것이다."(「시민문학론」, 『창비』 1969년 여름호 501면)

당시로서는 낯선, 연작 형식의 장편으로 구상된 「다산성」은 창간호에 1회분('돼지는 뛴다'와 '토끼도 뛴다'의 소제목을 단 두 장章으로 되어 있다)이 실린 후 다음호는 건너뛰고 통권 3호(1966년 여름호)에 2회분('노인이 없다'의 한장)이 발표된 뒤 연재가 중단되고 만다(결국 「다산성」은 이 세 장으로 이루어진 중편 분량의 작품으로 남게 되었다). 당시 편집 실무까지 직접 맡고 있던 백낙청의 회고에 따르면 작가가 계속 원고를 펑크 내는 바람에 억지로 여관방을 잡아준 적도 있었지만, 결국 원고를 받아내지 못했던 모양이다. 신문사 문화부 기자인 일인칭 화자 '나'와 하숙집 딸의 연애 이야기를 중심축에 놓고 부유하는 소시민 지식인의 의식에 포착된 세태를 그려나가는 이 소설은 미완으로 남기도 했으나, 김승옥 문학 특유의 날카로움에서 일보 물러선 느낌을 주는 것도 사실이다. 김승옥 문학의 한계가 어느 면 60년대 문학의 한계이기도 하다는 점에서, 『창비』 창간호와 함께 의욕적으로 출범했던 「다산성」의 세계가 완성되지 못하고, 말의 긍정적 의미에서 '다산성'에 이르지 못한 것은 지금 돌아볼 때 적잖이 아쉽기도 하다. 그러긴 해도 『창비』와 김승옥의 동행은 분명 한국문학사의 기억할 만한 순간으로 남을 것이다.

창작과비평사의 '초대 사장' 신동문

한영인

1966년 창간 이후 문우출판사와 일조각을 거치면서 발행되던 『창작과비평』은 1969년 잡지사 '창작과비평사'가 설립되면서 본격적으로 창작과비평사라는 이름 아래 계간지를 발간하기 시작하였다. 그리고 비록 신구문화사의 방 한칸을 빌려 쓰는 형편이었지만, 엄연한 독자적인 공간도 갖추게 되었다. 신구문화사의 지원 아래 창비는 본격적으로 독립된 회사의 외양을 갖춰가기 시작했던 것이다. 당시 창비와 신구문화사 사이의 인연을 주재한 사람은 신동문(辛東門, 1928~93)이었다. 신구문화사의 주간이던 신동문은 백낙청에게 각종 지원을 약속하며 신구문화사로 발행처를 옮길 것을 권유했고 당시 미국 유학을 앞두고 편집의 독립성을 염려한 백낙청은 이참에 신동문의 권유를 받아들여 신구문화사의 지원 아래 '창작과비평사'라는 독립된 잡지사를 출범시키기로 했

韓永仁 문학평론가, 『창작과비평』 편집위원. 평론으로 「'문학과 정치'에 대한 단상」 등이 있음.

던 것이다. 여기에는 신동문과 깊은 교우관계를 유지하고 있던 신구문화사 이종익 대표의 배려 또한 빼놓을 수 없다. 이런 일련의 과정을 통해 창비는 신구문화사와 깊은 인연을 맺게 되었고, 신동문은 『창작과비평』의 제3대 발행인이자 창작과비평사의 초대 사장을 맡게 된다.

'세계전후문학전집'과 '현대한국문학전집', 그리고 '현대세계문학전집' 등을 펴내며 신구문화사를 전집의 대명사로 인식시키는 데 큰 공을 세운 신동문은 뛰어난 출판인이기 이전에 기억할 만한 훌륭한 시인이었다. 1956년 『조선일보』 신춘문예에 시 「풍선기(風船期)」가 당선되어 정식으로 등단한 신동문은 전쟁과 혁명을 비롯한 한국 현대사의 굴곡을 주된 시적 모티프로 삼았으며 비판적 지성을 바탕으로 자기 시대의 삶을 예리하게 관찰하고 풍자적으로 표현하길 즐겼다. 그의 시는 또한 강한 현실참여 지향을 간직하고 있었는데, 정치권력에 대한 신랄한 비판이나 풍자, 조롱은 신동문이 세계에 대해 품었던 강렬한 저항정신을 잘 보여준다. 그는 또한 4·19혁명을 노래한 대표적인 시인으로 기억되고 있다. 그가 4·19혁명을 직접 목도하고 쓴 「아! 신화같이 다비데군들」은 『사상계』 1960년 6월호에 게재되면서 커다란 반향을 불러일으킨 바 있었다.

하지만 그의 창작 활동은 오래 지속되지 않았다. 그래서인지 그는 시인보다도 언론인과 출판인으로 더욱 잘 알려져 있다. 신동문은 주요한이 발행인으로 있던 월간 교양지 『새벽』의 편집장을 맡은 것을 시작으로 『세대』의 상임편집위원과 『경향신문』 특집부장 겸 기획위원을 역임했으며 이후 신구문화사의 출판사업에도 긴밀히 관여했다. 신동문은 1964년 5월 필화사건에 휘말려 『경향신문』을 그만둔 후 신구문화사의 주간으로 일하게 된다. 그는 거기서 앞서 언급한 여러 문학전집과 '세

계의 인간상' '한국의 인간상' 등의 전집을 기획했다. 이 전집은 커다란
성공을 거둬 신구문화사는 단숨에 한국을 대표하는 인문학 서적의 메
카로 자리잡게 된다.

한편 신동문은 승려시인이자 독립운동가인 만해 한용운의 문학을 기
리는 데 앞장섰다. 그는 1973년 신구문화사를 통해 『만해 한용운 전집』
을 출간하는 데 주도적인 역할을 했으며 이듬해에는 창비가 '만해문학
상'을 제정하는 데에도 힘을 보탰다. 신동문은 백낙청의 유학 이후 창비
의 사장을 맡으면서 재정적으로 어려움을 겪던 창비에 많은 도움을 주
었다. 그는 창비의 초대 사장을 지내면서 같은 신구문화사 출신이던 편
집장 염무웅과 함께 현실참여적 성향을 지닌 문인들의 작품을 발굴하
는 데 힘썼으며, 편집과 제작에 깊이 관여하기보다는 경영에 주력하면
서 『창비』의 안정적인 발행의 숨은 공신 역할을 하였다.

신동문은 필화사건으로 여러번 고초를 겪었다. 그의 첫번째 필화사
건은 『경향신문』 특집부장으로 근무하던 1964년으로 거슬러 올라간다.
1960년대초 엄청나게 쌀값이 오른 적이 있었는데 당시 북한에서 남는

쌀을 보내주겠다고 제의해왔다. 그때『경향신문』의 한 독자가 북한의 제의를 받아들이자는 내용의 독자투고를 보내왔고, 독자투고란을 담당하던 기자는 데스크와 상의 없이 이 독자투고를 신문에 게재하고 만다. 신동문은 이 일로 정보부에 끌려가 모진 고문을 받았고, 심한 모욕을 당했으며 앞으로는 절대로 어떠한 종류의 글도 쓰지 않겠노라 각서를 쓰고 풀려났다. 이후 신동문이 절필하고 귀농했을 때 이 일이 발단이 되었으리라는 소문이 항간에 무성할 정도였다. 한편 신동문이 겪었던 고초는 이것만이 아니었다. 그가 창비의 사장으로 재직 중이던 1975년 언론인 리영희의「베트남전쟁III: 35년전쟁의 총평가」라는 글이 그해『창비』여름호에 실리게 된다. 리영희는 이 글에서 베트남전쟁을 베트남 민중이 벌여온 반외세·반제국주의 독립투쟁으로 의미화했는데 이것이 정부 당국에 꼬투리를 잡혔고 긴급조치 9호를 위반했다는 이유로 문화공보부에 의해 판매금지 처분을 당하게 된다. 그리고 당시 사장이었던 신동문은 중앙정보부로 끌려가 사흘간 모진 고초를 겪는다. 게다가 이 일이 있은 지 채 한달도 되지 않아 그는 세번째로 중앙정보부에 끌려가게 된다. 창비에서 1975년 6월 출간한『신동엽전집』에 실린「진달래 산천」이 북한을 찬양했다는 이유였다. 다행히 그는 반나절 만에 무사히 풀려나왔지만『신동엽전집』은 긴급조치 9호를 위반했다는 혐의로 판매금지를 당하게 된다.

일련의 사건들을 겪으면서 신동문은 1975년 가을호를 마지막으로 창비를 떠나게 된다. 그해 9월 서울 생활을 청산하고 홀로 충북 단양의 농장으로 이주했던 것이다. 그는 이후 출판 및 문학 행위 일체를 그만두었으며 그로부터 다시 펜을 드는 일도 없었다(하지만 훗날 신동문은 자신의 귀농과 필화사건의 관련성을 단호하게 부정한 바 있다). 절필 후 그는 단양 애곡리 수양개 마을에 마련해뒀던 임야를 개간해서 자신의 농장을 만들고 사과와 포도를 재배하고 누에를 치고 젖소를 길렀다. 그는 단지 초야에 파묻힌 것이 아니라 수양개 주민들과 함께 따뜻한 정과 정직한 노동이 살아 있는 아름다운 농촌공동체를 꾸리고자 힘썼다. 한편 그는 펜을 놓은 후 침을 손에 들었다. 신동문은 수양개 마을에 정착하면서 독학으로 침술을 익혔는데 자신의 몸을 실험대상 삼아 침을 꽂아가며 침술을 터득했다. 그는 어려서부터 결핵을 오래 앓아 생과 사의 경계를 수없이 넘나들었으며 고혈압을 앓고 있었는데 이러한 자신의 건강에 대한 염려와 돈이 없어 치료를 받지 못하고 죽어간 사람들에 대한 연민이 그로 하여금 침술에 몰두하도록 만들었다. 신경림의 회고에 따르면 그는 술자리에서도 곧잘 "침이야말로 꼭 시 같거든" 하고 침 철학을 강의할 정도로 침술에 깊이 빠져 있었다. 그는 자신의 침술로 가난한 농촌 사람 수만명을 무료로 치료해주었으며 이로 인해 '신바이처'라는 별명을 얻게 될 정도였다.

하지만 자족적이고 아름다운 농촌공동체를 일구려던 신동문의 꿈은 1985년 충주댐 건설로 인해 수양개 마을이 수장되면서 안타까운 실패로 끝나고 만다. 이후 신동문은 침술원을 열고 가난하고 아픈 사람들을 치료하면서 남은 삶을 보내다가 1992년 담도암 진단을 받고 이듬해 세상을 떠나게 된다. 4·19를 뜨겁게 노래한 젊은 시인이자 유능하고 뛰어난 출판인이었으며 창비의 어려운 시절 고난을 함께 나눈 '초대 사장' 신동문의 삶은 시인의 노래와 공동체의 꿈이 조화롭게 공존하는 세계를 열망하고 추구한 흔적 그 자체였다. 비록 그의 꿈이 현실에서 모두 다 이루어진 것은 아니지만 그 실패의 흔적마저도 지금 우리에게는 깊은 울림을 남긴다.

제2기

1974~1980

유신체제 아래 민족민중문화의 산실

1974. 1. 10. 출판사 창작과비평사 설립

1980. 7. 『창작과비평』 폐간

1969년 발행소를 독립했으나 신구문화사에서 더부살이를 하고 있던 창작과비평사는 1973년 하반기부터 출판부를 신설해, 하우저의『문학과 예술의 사회사』와 방영웅과 황석영의 소설집 등 단행본 출간을 준비한다. 다음해 1월 10일 출판사 '창작과비평사'(종로구 청진동 230번지)를 등록하고 3월 황석영 소설집『객지』(창비신서 3)를 첫 책으로 서점에 내놓았으니, 계간지를 발행하는 잡지사에서 외연을 넓혀 본격적인 단행본 출판을 아우르는 시대로 접어들게 된 것이다. 유신체제가 출범한 것이 1972년이고 창비의 주체적 역량이 다시 결집된 것도 그해지만 1974년의 출판사업 진출을 제2기의 기점으로 잡은 것은 그 때문이다.

그런데 이런 확장은 단순한 사업확장이라기보다는 엄혹한 시대환경에 대한 적극적 대응이자 그 반영이었다. 1970년대초 냉전질서 아래 적대하던 미국과 중국의 화해로 조성된 동아시아 냉전의 균열에서 한반도 역시 자유로울 수 없었다. 이는 한반도 분단체제의 변화를 예감하거나 기대하게 했던 것이다. 당시 한국사회에서 '전환기' 또는 '전환시대'란 용어가 유행했다는 점은 이러한 기대와 예감을 잘 보여준다. 한편 1972년 발표된 '7·4남북공동성명서'는 이러한 전환의 국면을 결정적으로 인식시킨 충격적인 사건이었다. 그러나 자주·평화·민족적 대단결이라는 3대 통일원칙을 선언한 공식문서대로 긴장완화가 이뤄지길 기대하는 민중의 바람과 달리, 박정희정권은 전환기에 남북대화를 뒷받침하기 위해서는 국민총화와 능률의 극대화가 필요하다는 명분으로 친위쿠데타를 감행하여 10월유신을 선포했다. 1969년 3선개헌에 이어 대통령 직선제까지 폐지해버림으로써 사실상 박정희는 임기제한 없는 영구

집권이 가능해졌다. 이른바 유신시대가 시작된 것이다. 이에 대한 재야 세력과 학생들의 반대운동이 격렬하게 벌어졌고 그를 탄압하는 유신정부의 조처도 갈수록 악랄해졌다. 민청학련사건이 일어나고 그에 이은 일련의 '긴급조치'(1974년 1~4호, 1975년 9호) 발포는 그 정황을 극명하게 보여준다. 이후 독재와 반독재 진영 간의 격렬한 대립이 이어졌다.

이 시기 창비는 박정희정권의 유신헌법에 맞서 민주주의를 회복하고 국민이 누려야 할 기본적인 자유를 되찾기 위한 광범위한 투쟁에 어깨를 결었다. 그런 만큼 이에 대한 정권의 혹독한 탄압이 뒤따랐다. 박정희정권은 10월유신 선포 이후 체제비판적인 지식인들의 입을 막고 손을 묶는 데 몰두했다. 이 과정에서 일군의 반체제적 지식인들의 거점처럼 기능했던 창비 역시 무사할 수 없었다. 유신정권의 폭압에 맞서 표현의 자유와 민주화를 요구하는 문인들의 조직체로 1974년 11월 '자유실천문인협의회'가 결성되었는데, 백낙청과 염무웅 박태순 조태일 등 이른바 창비 진영의 문인들 역시 '자실' 활동에 적극적으로 결합했다. 특히 백낙청은 '개헌청원지지 문인 61인 선언'에 깊이 관여한 데 이어 '민주회복국민선언'에 서명함으로써 서울대에서 파면당하기에 이른다. 또한 그와 더불어 『창비』 주간 염무웅과 필자로 협력하던 김윤수도 잇따라 소속 대학에서 해직되었다. 그러나 역설적으로 그 덕에 창비는 유능한 편집진을 확보할 수 있었다. 1978년 봄호부터 백낙청·염무웅·김윤수로 편집위원회가 구성되어 잡지 기획의 구심점이 좀더 분명해졌고, '창비신서'(1974)에 이어 '창비시선'(1975), '창비아동문고'(1977) 등 단행본 출판이 확대되어 자리를 잡아갔다.

창비신서의 출현은 본격적인 민족민주출판의 시대가 도래했음을 알리는 상징이었다. 하우저의 『문학과 예술의 사회사』를 필두로 황석영의

『객지』, 리영희의『전환시대의 논리』, 강
만길의『분단시대의 역사인식』등 이제는
현대적 고전의 반열에 자리잡은 저서들이
창비를 통해 독자들과 만났다. 창비신서
는 문학과 역사학, 사회과학과 자연과학
을 망라하여 당시의 독자들에게 수준 높
은 담론을 제공하는 데 앞장섰다. 이를 통
해 당시의 많은 독자들이 지식을 쌓고 교
양을 습득했을 뿐만 아니라 당시 한국사
회가 당면하고 있던 모순을 직시할 수 있

창비신서의 시작을 알린
『문학과 예술의 사회사-현대편』
(1974, 창비신서 1)

었으며 이를 변화시키려는 실천적인 의지를 드높일 수 있었다.

　창비신서와 더불어 계간지는 분단체제하의 한국에서 국가와 재벌기
업 연합이 주도하는 양적인 경제성장 위주의 발전주의와 국가안보논리
가 표리일체가 된 지배이념에 대항하여, 반독재 민족·민주운동에 참여
하면서 그 일환으로 민족민중문화론이란 대항담론을 정립하는 데 힘썼
다. 구체적으로 냉전이데올로기라는 우상의 파괴, 대외의존적인 경제
성장의 모순 폭로, 제3세계론을 통해 세계적인 현실인식을 확보하는 한
편 민족문학론을 심화시키고 그에 부응하는 창작물을 발굴하였다. 민
족문학론·민중문화론·민중신학론·실학론·분단시대의 민족사학론/분
단사학, 그리고 우리의 민족민중운동에 세계사적 의미를 부여하는 제
3세계론을 발신하는 글들이 계간지의 지면에 활력을 불어넣었다.

　한편 창비는 1970년대 중반부터 좌담과 기획 르뽀를 활발하게 선보
였는데 이는 현장의 생생한 목소리를 담아내기 위한 새로운 기획이었
다. 좌담회는 근대의 동아시아 저널에서 독자들에게 순발력 있는 대화

로 흥미를 불러일으키는 읽을거리이자 참여자들이 대등한 의견교환을 통해 각자의 입장을 명료하게 전달하는 형식이어서 널리 활용되어온 바 있다. 이러한 담론 전통에 입각하여 창비는 편집위원이 사회자이자 한명의 논객으로 대화에 깊이 개입해 우리 사회의 핵심적인 담론 생산을 이끄는 심층 좌담을 개발했다. 여기에 참여한 사람들의 폭넓은 전공, 직업, 연령, 계층 등은 창비의 이념에 대한 사회적 신뢰를 담보하는 역할을 했다. 아울러 1974년 여름호부터는 사회문화의 현안을 밀도있게 논의하기 위해 특집이란 형식도 본격적으로 도입했다. 이 시기 선보인 좌담과 특집이란 두 형식은 오늘날까지 이어지면서 창비로 하여금 다양한 현장의 목소리를 발굴하고 소개하게 하는 데 큰 역할을 하고 있다.

창비의 대안담론들은 대학과 노동자·농민조직 내부의 독서운동을 비롯한 각종 민중문화운동(노래·연극·미술·기록문학 등)과 호응하면서 그 파급력을 확산했다. 『창비』에 실린 리영희의 「베트남전쟁」 씨리즈와 박현채의 민족경제론 관계 논문 등 수많은 글이 민주화세력의 의식형성에 미친 영향은 컸다. 특히 1974년 겨울호에 실린 이창복의 「마산수출자유지역의 실태」라는 르뽀는 당국을 긴장시켰다. 유신정권은 창비의 영향력을 수수방관하고만 있지 않았다. 1975년 긴급조치 9호가 발동되면서, 도피 중이던 김지하의 시가 실린 1975년 봄호와 리영희의 논문 「베트남전쟁 III」이 실린 여름호에 잇따라 판매금지 처분이 내려졌다. 또한 조태일 시집 『국토』와 황명걸 시집 『한국의 아이』 그리고 『신동엽전집』이 판매금지 처분을 당했다. 1977년에는 『8억인과의 대화』(창비신서 18)의 내용 일부가 반공법을 위반했다는 이유로 편역자 리영희가 구속 기소되어 재판을 받은 끝에 2년형을 선고받고 발행인 백낙청도 집행유예를 받는 일까지 벌어졌다.

그러나 이러한 탄압에도 민족민중문화의 산실로서의 창비의 역할은 꿋꿋하게 지속되었다. 당시 대학을 다닌 사람들 중에는 『창비』를 정기구독하거나 영인본을 구입한 사람들이 적지 않았는데, '창비' 두 글자는 저항과 진보의 상징으로 회자되었다. 창비의 입장과 지향은 1973년 제정되어 1974년 제1회 수상자를 배출한 '만해문학상'에서도 드러난다. 사실 만해 한용운은 창비가 초기부터 민족문학의 훌륭한 전범으로 손

반공법 위반 혐의로 필화사건을 겪은
『8억인과의 대화』(1977, 창비신서 18)

꼽아온 시인이자 혁명가였다. 당대 문단의 주류 씨스템에 대한 비판의식에서 출발한 계간지로서는 기존 문단의 등단제나 문학상 제도를 답습할 수 없었다. 따라서 자기의 문학적 입장을 선명하게 제시하고 북돋울 수 있는 방식을 독자적으로 만들어가야 했다. 만해문학상은 그런 의미에서 창비의 문학적 입장을 대내외적으로 선명하게 공포하는 역할을 담당했다. 1974년 민중적 정서를 지향하는 신경림의 시집 『농무』를 제1회 수상작으로 선정한 것은 따라서 매우 상징적인 사건이었다.

1979년 10월 26일, 박정희가 그 측근에게 저격당해 사망함과 더불어 길었던 탄압의 시대가 종료되고 동토(凍土)로 일컬어졌던 땅에도 봄이 오는 듯했다. 하지만 1980년 5월의 봄을 무참하게 짓밟으며 입성한 신군부에 의해 다시 한번 시련의 계절이 찾아든다. 1980년 7월말 국가보위비상대책위원회의 정기간행물 정리 조치로 계간 『창작과비평』은 강제 폐간을 당하게 된 것이다. 잦은 판매금지와 해직, 고문과 투옥 그리

고 강제 폐간에 이르기까지 이 시기는 창비와 그에 관계된 여러 지식인들에게 참으로 가혹한 시절이었다. 하지만 동시에 창비가 민주주의와 한국사회의 진보를 위해 투쟁하는 민족민중문화의 산실임을 만천하에 증명하는 시간이기도 했다.

계간지로 출발해 민족민주출판을 개척한 번듯한 출판사로 발돋움하기까지 시대정신을 이끌어온 창비였지만 그 십여년 동안 창비는 한번도 안정적인 터전을 확보하지 못했다. 그것은 이 땅에서 새로운 실험을 도모하고 부당한 권력에 저항하는 이들이라면 누구나 감당해야 할 숙명이기도 했다. 사무실과 발행인의 잦은 교체가 그 사정을 말해준다.

계간지 창간 이래의 어려움에 더해, 1975년 초여름, 계간지 봄호가 회수되고 긴급조치 9호가 발동된 얼어붙은 정국에 창비는 신구문화사를 떠나 종로구 수송동 125-1, 현재의 종로구청에서 연합뉴스 건물 방향으로 있던 조그만 개인빌딩 사무실에 세를 얻어 들어갔다. 청진동 신구문화사에서 멀지 않은 곳이었으니, 공평동과 청진동, 수송동 등 종로 일대는 창간 이후 십여년간 창비와 진보적인 문인, 지식인들이 뜨겁게 교류

수송동 시절 편집실(1977. 2). 왼쪽부터 염무웅 백낙청 조태일 이오덕 이원수.

한 자취가 짙게 서린 곳이다.

1976년 봄에는 신구문화사 편집과장으로 근무하던 정해렴을 편집부장으로 영입해 단행본 출판을 강화했는데, 이 무렵 창비는 출판사로서 편집과 영업, 총무 업무가 어느정도 틀이 갖춰져 있었다. 그동안 간행된 『창작과비평』을 영인본으로 발매한 것도 1976년경부터였다. 70년대와 80년대 대학을 다닌 이들의 추억 속에 '까만 표지 창비'와 '창비 아저씨'로 각인된 영인본의 제작과 공급은 창비와는 별개의 외판영업회사인 운암사(雲岩社)에서 맡았다. 대학가를 누비며 영인본 영업을 한 외판원들은 '창작과비평사' 직원 명함을 만들어 가지고 다니기도 했다.

1977년 12월에는 사무실을 서대문구 냉천동 4번지, 구 동명여고 건물 2층으로 옮겼다. 79년 6월 초순에는 다시 종로의 공평동 3번지 상아빌딩으로 이사했다. 80년 겨울 마포구 아현동으로 옮겨가 마포시대를 맞기까지 창비는 다른 출판사에 의탁하거나 종로와 서대문 일대의 허름한 사무실에서 대부분 2년을 채우지 못하고 옮겨다닐 정도로 살림이 열악했고 경영이 안정되지 않았다.

1975년 계간지와 『신동엽전집』 등의 잇따른 판금, 정보기관의 압박으로 신동문 발행인이 서울을 떠나자 백낙청은 75년 겨울호부터 발행인을 승계한다. 1977년 『8억인과의 대화』 사건으로 백낙청 발행인이 기소되어 재판을 받으면서 78년 봄호부터는 염무웅이 발행인·편집인을 맡았다. 1979년말 김윤수와 염무웅이 대학으로 돌아가게 되자, 80년 봄호부터는 상근하면서 출판사를 이끌어갈 수 있는 정해렴이 발행인·편집인을 승계하였다.

벅찬 기대와 함께 맞이한 80년대였지만 역사의 간계(奸計)는 민중에게도 창비에도 다시 엄혹한 시련을 안겨주었다.

'상품가치도 대단한 필자', 리영희

백영서

　"이영희 교수를 존경할 뿐만 아니라 이교수는 상품가치도 대단한 필자이기 때문에 출판했습니다." 다른 곳도 아닌 재판정에서 재판장이 리영희(李泳禧)의 책을 출판한 동기를 묻자 그에 대해 출판사 대표가 답변한 말이다. 1977년 11월 리영희는 『8억인과의 대화』(창작과비평사 1977)와 『우상과 이성』(한길사 1977)이 반공법 위반이란 죄목으로 체포, 구속되어 재판을 받게 되었다. 공동정범으로 『8억인과의 대화』를 간행한 창작과비평사 대표 백낙청도 불구속 입건되어 재판에 붙여졌는데, 1심 법정에서 재판장이 반공법 위반의 사실을 알면서도 출판하지 않았느냐는 뜻으로 출판동기를 묻자 위와 같이 답했고 방청석에서는 곧 웃음이 터졌다. 냉전시대 공안검찰식 논리를 비웃어버린 70년대의 풍경이다.(리영희 「『창작과비평』과 나」, 『창작과비평』 1991년 봄호 24면)

白永瑞 연세대 사학과 교수. 창비 편집주간 역임. 저서로 『동아시아의 귀환』 『핵심현장에서 동아시아를 다시 묻다』 『사회인문학의 길』 등이 있음.

리영희

1929년 평안북도 운산 출생. 언론인, 교
수. 2010년 작고했다. 불의와 타협하지
않는 올곧은 언론인이자 시대의 스승
으로서 많은 이들에게 존경받고 있다.
주요 저서로『전환시대의 논리』『역정』
『새는 좌우의 날개로 난다』등이 있다.

'상품가치도 대단한 필자' 리영희가 창비와 인연을 맺은 지는 오래
되었다. 당시『조선일보』외신부장이던 그는 아마도 같은 신문사 경제
부 기자인 임재경(任在慶)으로부터 창간호를 받았던 것 같다. 창간호를
읽고 중국에서 5·4신문화운동의 불씨를 만들어 현대사의 기점을 이룬
『신청년』지를 연상하면서, "엄청난 변화가 움트고 있다는 예감이 들었
다."(앞의 글 21면). 그리고 1967년 봄호에 미국의 저명한 정치학자 한스
모겐소(Hans J. Morgenthau)의「진리와 권력」을 번역해 싣는다. 그 글
은 반전·평화사상을 본격적으로 제기하고 미국정부의 지도부가 제3세
계에서 감행하는 범죄적 행동을 비판한 장문이다. 엄혹한 냉전문화 속
에서 문제가 없어 보이는 서방 지식인의 문장을 번역 소개하는 일은 외
신기자인 그가 자기 주장을 발신하기 위해 곧잘 활용한 우회전략이다.

젊은 시절의 리영희

그로부터 4년 지나 시사평론 「일본 재등장의 배경과 현실」(1971년 여름호)을 싣는다. 이것을 계기로 창비와의 오랜 인연이 지속된다. 당시 미국에 다시 유학을 간 백낙청을 대신해 염무웅이 잡지를 책임졌는데, 편집자로서 문학잡지는 물론이고 『정경연구』 등 비문학잡지도 두루 섭렵하던 중 리영희가 쓴 국제정세 관련 글에 주목해 청탁한 것이다. 그즈음 박정희정권의 압력으로 언론계를 떠나 한동안 실직상태에 있다가 1972년부터 한양대 신문학과 교수로 전직한 그는 새 여건에서 좀더 깊이있는 글들을 쓰기 시작해 창비에 집중적으로 기고했다. 「베트남전쟁 I」(1972년 여름호), 「베트남전쟁 II」(1973년 여름호), 「베트남전쟁 III」(1975년 여름호), 「현대중국 연구의 성과와 허점」(1976년 가을호) 등을 잇따라 발표했다. 주로 국제정세 또는 국제관계 분야의 고정필자로서 베트남전쟁, 중국혁명, 한일관계를 천착해 냉전시대의 사고방식에 길들여져 세계를 바라보던 독자에게 이성적 사고를 일깨웠다. 그밖에 좌담 「분단시대의 민족문화」(1977년 가을호)에도 참여했다.

그러한 글들을 묶어 '창비신서' 네번째 권으로 간행한 것이 사회비평서 『전환시대의 논리』(1974년 6월 초판)이다. 이어서 동시대 중국을 몸소 겪은 서방세계의 해당 분야 권위자들의 체험과 견문을 편역한 『8억인과의 대화』를 출간한다. 모두 험난한 시대의 소산으로서 당시로서는 드문 출판형태인 창비신서의 평판을 높여준 책들이다. 특히 『전환시대의 논리』는 간행 이후 베스트셀러이자 스테디셀러로 자리잡을 정도로 독자의 반향이 컸다.

1980년대초 중앙정보부에서 대학생들이 사상적 영향력을 받은 책 30권을 조사했는데 그 결과 1위가 『전환시대의 논리』, 2위가 『8억인과의 대화』, 5위가 『우상과 이성』으로 그의 책이 세권이나 앞순위에 있었다(리영희 『대화』, 한길사 2005, 466~67면). 그럴 정도로 그의 저서는 제도권 대학에서 사용되던 어떤 대학교재보다도 필독서로 각광받았다. 노무현 전 대통령이 평범한 변호사 생활을 하다가 '부림사건'을 통해 사회의식을 가지게 되었는데, 피고인을 변호하면서 『전환시대의 논리』 등을 읽고 의식화되었다고 전해진다. 노무현만 리영희를 '정신적인 스승'으로 삼은 것은 아니다. 프랑스 신문 『르 몽드』(le monde)는 그를 한국 젊은이의 '사상의 스승'(mêtre de pensé)이라고 보도한 바 있다. 그의 작업은 반공이란 '우상'에 길들여진 지식청년들로 하여금 새로운 세계관에 눈을 떠 의식의 전환을 일으키도록 하였다. 그는 그 세대 지식청년 내부에 '가장 원초적 자아의 사회적 기억'을 심어주었다.

당시 젊은이들에게 그토록 깊은 영향을 미치고 있으니 유신체제의 정부가 그것을 방관할 리 없었다. 1976년 한양대에서 강제 해임된 그는 저술에 전념하다가 앞서 얘기했듯이 77년 11월 23일 체포된다. 『8억인과의 대화』와 『우상과 이성』에 반공법 위반도서라는 혐의가 씌워졌다.

『8억인과의 대화』 발행자 백낙청도 불구속 기소되었다. 그 시절 공산권에 속해 '중공'으로 불리던 나라에 대한 출판물은 반공법 위반이 될 염려가 있어 편저자는 물론 출판사인 창비로서도 충분히 검토한 후 특별히 문제가 될 리 없다고 판단해 간행했지만, 끝내 필화사건이 일어난 것이다. 훗날 리영희의 회고에 의하면, 대공관계 사건을 다루던 정부의 5개 부처 합동으로 그 건에 대해 최종결정을 할 때, 학자가 쓴 중국혁명 관계의 객관적 내용이라는 것이 일치된 평가였지만 1개 부처만이 이 기회에 유죄판결 내리지 않으면 사상통제를 할 수 없다고 강하게 반발해 뒤집어졌다고 한다.(『대화』 487면)

리영희의 재판에는 이돈녕(李敦明), 조준희(趙準熙), 홍성우(洪性宇), 황인철(黃仁喆) 등 제1세대 인권변호사들을 망라하는 당대 최고의 변호인단이 나섬으로써 법정을 압도하는 장관을 이뤘다. 그뿐 아니라 재판이 있을 때마다 청년학생과 재야 민주화운동 인사들이 빽빽이 방청했다. 리영희는 흰 수의 차림으로, 백낙청은 불구속 상태에서 양복 차림으로 재판을 받았는데, 리영희의 당당한 언변과 백낙청의 논리정연한 말솜씨에 대비되어 권력에 의해 마지못해 움직이는 듯한 재판은 김빠진 분위기였다. 그러나 방청석을 메운 사람들에게 재판은 '민주주의 학습의 장'이었다. 동아투위, 자유실천문인협의회, 해직교수회, 한국기독교교회협의회(KNCC)에서 성명서를, 학계·언론계·문단의 인사들이 진정서를 냈다. 그뿐 아니라 나라 밖에서도 지원이 이어졌다. 일본 지식인들이 항의문을 보내왔고, 『8억인과의 대화』에 수록된 필자들을 포함한 영어권의 저명 지식인들이 탄원서명을 했다. 국제사면위원회(엠네스티)는 두 사람을 '양심수'로 선정했다. 미국 시사주간지 『뉴스위크』에서도 그 사건을 박정권의 인권탄압 사례로 크게 보도하였다("South Korea:

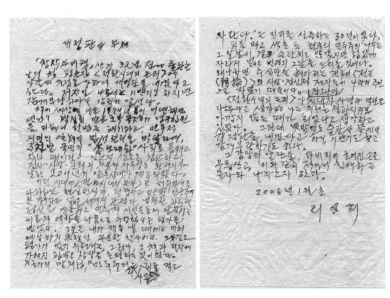

개정판 『전환시대의 논리』(2006)에 수록된 서문의 육필 원고

Bad Review," *Newsweek* 1978. 7. 31). 법원은 리영희에게 징역 2년과 자격정지 2년, 백낙청에게 징역 1년과 자격정지 1년의 집행유예를 최종 확정하였다.

리영희는 1980년 1월 9일 2년형을 마치고 출소할 수 있었지만, 그의 분신인 『8억인과의 대화』는 1977년 9월 1일 1쇄를 찍은 후 같은 해 10월 25일 2쇄를 찍었다가 편역자가 구속되자 판매금지되었다. 한동안 불법 유통되었는데, 1987년 다수의 금서 해제 때에도 풀리지 않다가 1991년 1월 30일 3쇄로 다시 세상에 등장한다. 그에 비해 『전환시대의 논리』는 저자의 구속에도 불구하고 계속 판매되다가 1979년 3월 30일 11쇄를 찍고 저자의 2년형이 확정되면서 판매금지 처분을 받았다. 역시 불법유통되어 제도권 밖의 '교과서'로 통용되다가 1986년 무렵에야 해금된다.

리영희의 저술은 위의 3종 말고도 여러 출판사에서 간행된 것을 포

이 사람: 리영희 **91**

함하여 20권이 넘는다. 글의 주제를 시기별로 보자면 기자 시기에는 한 미관계, 한일관계, 베트남전쟁 관련 글을 주로 발표했고, 1972년 대학 교수가 된 이후에는 중국혁명과 제3세계 민족해방운동 등에 대한 좀 더 긴 호흡의 글을 다수 집필했다. 그리고 1984년 한양대에 복직했다가 1995년 정년퇴임하여 자유로워진 뒤로는 성찰적 수필과 남북관계, 통일, 북핵 문제에 관심을 기울였다. 그 과정에서 「핵무기 신앙에서의 해방」(1988년 가을호)을 기고했고, 자전적 에세이 『역정』(1988년 3월 초판)과 편역서 『반핵』(1988년 8월 초판)을 창비에서 출간했다.

그가 수많은 글을 쓰는 "유일한 목적은 진실을 추구하는 오직 그것에서 시작되고 그것에서 그친다."(『우상과 이성』 4면) 그것은 냉전의식에 깊이 중독된 당시의 독자에게 씌워진 '우상'에 도전하는 이성의 행위이다. 그리고 이러한 치열한 문제의식은 그의 독특한 문체에 의해 뒷받침된다. 그는 논문형 글쓰기가 아니라 루 쉰(魯迅)의 잡감문(雜感文)과 통하는 간결하면서도 톡 쏘는, 시(詩)와 정론(政論)을 겸한 글쓰기를 구사했고, 여기에 유효적절하게 인용되는 숱한 자료들이 설득력을 높여주었다. 그 덕에 폭넓은 사회적 반향을 얻을 수 있었던 것이다.

그는 2010년 12월 5일 새벽 타계하여, 8일 민주사회장으로 광주에 위치한 국립 5·18민주묘지에 안장되었다. 그가 산 세월이 비록 모질고 험난했으나 동시에, 그가 외친 "진실에 열렬히 호응하는 수많은 독자들"과 그의 "가르침을 온몸으로 실천하는 젊은이들이 잇따라 나오는 감격의 시대"였다(백낙청 '영결식 조사'). 그런 시대를 향년 82세로 떠난 것이다.

그러나 그는 아직도 우리 곁에 살아 있다. 2011년 그의 뜻을 기리는 리영희재단이 설립되었다. 매년 그의 뜻을 구현한 개인이나 단체를 선정해 '리영희상'을 수여하고 있으며, 2016년 2월부터는 '창비학당'과 함께 '리영희 함께 읽기' 강좌를 개설한다. 그가 평소 모은 중국 관련 장서는 창비 파주사옥 3층에 '리영희문고'로 전시되어 있다. 그리고 그가 출소한 직후인 1980년 3월 반공법으로 문제가 된 부분을 빼고 증보판이 간행되어 1988년 2차 개정판이 나온 『우상과 이성』과는 대조적으로, 1974년 출간된 지 "40년이 지나도록 한 글자도 수정된 적이 없는 『전환시대의 논리』는 여전히 팔리고 있다"(최영묵 『비판과 정명: 리영희의 언론과 사상』, 한울 2015, 108~11면).

식민사학을 극복하고
분단시대 역사학을 열다

고세현

초여름이 시작되던 5월 20일 강만길(姜萬吉) 선생을 '인문까페 창비'에서 만났다. 그는 우리 학계의 대표적 역사학자로서 고려대에서 퇴직하고 상지대 총장을 역임한 후에도 '광복60년기념사업추진위원회'와 '친일반민족행위진상규명위원회' 그리고 '남북역사학자협의회' 활동을 이어왔다. 2000년부터는 사재를 쏟아 계간 『내일을여는역사』를 창간하고 '재단'으로까지 발전시켜 현대사 연구의 대중화와 후학 양성에 힘쓰고 있다. 초기의 『창작과비평』이 문예지로서는 드물게 시대현실에 대한 날카로운 비판과 주체적 역사학의 정립에 힘을 기울이는 과정에서 그에게 힘입은 바가 크다. 1970~80년대 엄혹했던 시절, 창비와 고락을 함께하면서 치열하게 보낸 젊은 날을 회고하는 그의 눈빛은 형형하고도 아련했다.

高世鉉 창비 상임고문. 창비 대표이사 역임. 역서로 『역사로서의 사회주의』 『토스카나의 우아한 식탁』이 있음.

고세현　창비 50년사를 간행하면서 창간 초기에 참여하신 원로분들의 이야기가 빠질 수 없겠지요. 강만길 선생님을 모시고 창비 50년의 의미를 돌아보는 기획을 마련했습니다. 당시만 해도 선생님께서 상당히 젊으셨을 때인데(웃음) 계간 『창작과비평』을 알게 된 건 언제부턴가요?

강만길　『창비』가 처음 나올 무렵 우리는 이게 문예비평을 하는 건 줄 알았지 사회비평을 하는 거라고는 전혀 생각을 못했어요. 나는 1969년이나 70년쯤에 처음 읽은 게 아닌가 싶어요. 그런데 살펴보니까 일반 문예지하고는 다르고, 또 세월이 상당히 어려운 때였으니만큼 수록되는 글들의 논조가 좀 심상치 않다는 느낌을 받았지요.

고세현　예. 초기에는 거의 문학 관련 글들만 실렸죠. 선생님 자서전 『역사가의 시간』을 보면 『창비』에 처음 주신 원고가 원래 『창비』에 주려던 게 아니었다는 얘기가 있던데, 다시 한번 말씀을 해주시죠.

강만길　『사상계』가 그때 폐간이 됐잖아요. 김지하 「오적」 때문에. 그런데 거기서 문고본 출판을 하겠다고 글을 한편 써달라고 그랬어요. 그래서 「이조후기 상업구조의 변화」를 꽤 길게 써줬는데, 원고를 가져가더니 전혀 소식이 없어요. 그러다가 얼마 후에 염무웅씨가 학교 연구실로 찾아왔어. 『창작과비평』을 갖고. 그게 아마 72년 여름호일 겁니다. 그런데 내가 『사상계』에 준 글이 거기에 실려 있어. 아, 그래서 어찌된 거냐고 그랬더니……

고세현　아니, 필자 허락도 받지 않고요?

강만길　어, 그랬더니, 저쪽은 책이 못 나오게 되었고, 그래서 글이 좋아서 그냥 양해도 구하지 못하고 우리가 실었는데, 지금 양해를 구하러 왔다는 거예요. 허허. 조금 어이가 없기도 했지만 『창비』에 대해서는 비교적 좋은 인상을 가지고 있었으니까, "그럼 할 수 없지 뭐, 이왕 실은 건데……" 그랬죠. 거기서 처음으로 인연이 됐어요. 사실 문예지로서는 실을 만한 게 못된다고 볼 수도 있는데 이런 글도 싣는 걸 보고서는 아, 이 잡지가 앞으로 사회비평을 포함해 다방면에서 역할을 하겠구나 하는 생각을 가지게 되었어요.

고세현 『창비』에서 그 글을 꼭 수록한 것도 어떻게 보면, 단순한 역사학 논문이라기보다는 당시의 어떤 사회적인 파장이나 의미, 이런 것도 염두에 두었을 텐데, 선생님께서 쓰실 때도 조선 후기 자본주의 맹아라든가, 그런 데 대한 어떤……

강만길 의식을 가지고 있었지요. 우리가 그때 한참 열을 올린 게 뭐냐면 일제 식민사학의 극복입니다. 결국 그 식민사학의 극복 논의가 일차적으로는 자본주의 맹아론으로 나타났어요. 연세대학의 김용섭 교수 같은 분들이 열심히 했는데 나로서도 일반 독자들이 읽기 쉽게끔 풀어 쓴 겁니다. 그게 『창비』에 실린 거죠.

고세현 『창비』가 문예지로 출발해서 문학뿐만 아니라 역사나 사회문제에까지 범위를 확대하는 데 선생님께서도 큰 기여를 하신 걸로 알고 있습니다. 선생님께서 활발하게 참여하실 무렵에, 직접 관련된 것이든 아니든 『창비』 지면에 대해 가졌던 선생님의 생각이나 느낌을 말씀해주시지요.

강만길 하도 오래돼놔서…… (웃음) 그전에요, 박정희정권이 중·고등학교 국사교과서를 국정화했어요. 역사학계에선 어느 누구도 말 한마디 하지 않았어요. 그런데 『창비』가 들고나왔죠. 그때 『창비』의 편집진이 누구누구인지는 기억을 다 못하겠는데, 그래서 유일하게 국정화를 반대하는 글들('특집: 국사교과서의 문제점', 1974년 여름호)이 『창비』에 실렸

강만길

1933년 경남 마산 출생. 역사학자, 고려대 명예교수. 식민사학의 극복을 주창하고 분단시대의 역사관을 제시하여 지식인들의 공감을 널리 샀다. 주요 저서로 『분단시대의 역사인식』 『고쳐 쓴 한국근대사』 『고쳐 쓴 한국현대사』 『역사가의 시간』 등이 있다.

어요. 작고한 송찬식 교수도 참여하고. 그러니까 『창비』가 유일한 흔적을 남긴 겁니다.

고세현　그 문제를 『창비』 편집위원 중에 어느 분들이 제기하신 건지 아니면 선생님이나 송찬식 선생님이······

강만길　아니에요. 창비 쪽에서 먼저 연락해와서 진용을 좀 짜달라, 그래서 몇사람 짰죠. 내가 서두 글 비슷한 걸(「사관과 서술체재의 검토」) 써서 실었지요.

고세현　그 반향이 어땠나요?

강만길　뭐, 원체 세상이 험한 때였고, 사실은 역사학계가 그 반향을 일으켜야 하는데 전혀 그러질 못했어요. 그전에 한일협정이 맺어질 때에는 역사학회도 반대성명을 내고 했거든요. 그런데 이때는 못했어요. 국사교과서를 국정화한다는 이야기는 명분도 명분이지만 실은 검인정 국사교과서를 써서 세상에 내놓은 사람들의 이익이 다 없어진다는 이야기거든. 그렇잖아요?

고세현 아, 그렇군요.(웃음)

강만길 그런데 국사교과서를 여러 사람이 썼단 말이에요. 그런데도 역사학계가 말 한마디 못했어요. 창비가 유일하게 저항한 셈이죠. 그런데 지금 국사교과서 국정화 이야기가 또 솔솔 나오고 있어요.

고세현 글의 내용이나 좌담의 어떤 주의·주장, 그런 것뿐만 아니라 조금 소프트한 얘기도 듣고 싶습니다. 당시에 『창비』 편집진이나 또는 필진과 교류를 많이 하셨을 텐데요, 술자리도 많았을 거고요.(웃음)

강만길 아주 좋은 자리가 창비의 망년회입니다. 거기에는 꼭 가게 되는데, 거기 술꾼들이 좀 많아요?(웃음) 조태일 시인 생각도 나고 여러 사람이 떠오르는데, 아주 분위기가 좋았어요. 왜냐하면 나의 경우에는 문학인들과 만날 기회라는 게 별로 없잖아요. 그 자리가 문인들과 어울리는 유일한 자리인데, 많은 사람이 기억이 납니다. 고은 시인도 그런 자리에서 만났는데, 고은은 술이 취하면 나오는 말이 다 시예요, 아주 호주가이고…… 또 시인 신경림, 소설가 이호철…… 결국 다 그 자리에서 만난 거죠. 그 문인들이 술이 아주 셌지요.

고세현 선생님도 꽤 하시지 않았나요?(웃음)

강만길 나도 꽤 하는 셈인데, 백낙청 교수가 술을 별로 안하거든. 그래도 참 분위기는 잘 맞추고…… 그런 게 기억이 납니다. 다들 그렇게 아주 가까운 친구가 되었어요. 그러니까 역사 선생으로서는 창비 덕분에 역사학계 이외의 사람들, 특히 문인과 언론인들을 많이 만나게 됐죠.

「분단시대의 민족문화」(1977년 가을호) 좌담.
정면의 강만길부터 시계 방향으로 김윤수 백낙청 리영희 임형택.

고세현　그게 선생님의 어떤 시야를 넓히는 데에도 도움이……

강만길　아, 물론 물론. 그래서 역사 선생치고는 아마도 내가 대중적인 글을 많이 쓴 사람 축에 들지 않나 싶어.

고세현　그래서 나중에 해직되기도 하신 거 아닌가요?(웃음)

강만길　어쩌면 그럴지도.(웃음)

고세현　제가 81년말에 창비에 입사했는데요. 그때 창비에서 저를 채용한 이유가, 선생님이 쓰시는『한국근대사』『한국현대사』원고가 있는데 이걸 처리하려면 국사학과를 나온 사람이 필요하다, 해서 저를 뽑았다는 얘기를 나중에 들었어요. 그 책이 아니었으면 제가 입사를 못했을 수도 있는데,(웃음) 그 책의 집필에 얽힌 이야기가 궁금합니다. 선생님께서 군사정권에 의해서 강단에서 쫓겨났을 때이고, 또 계간지는 폐간돼서 나오지 못하고 있을 때였던 것 같아요.

강만길　알다시피 내가 전두환정권이 들어서는 과정에 학교에서 쫓

『고쳐 쓴 한국근대사』『고쳐 쓴 한국현대사』(1994). 1984년 초판본을 전면 개정 증보한 책으로, 이 책은 2006년에 한차례 더 개정된다.

겨나버렸어요. 그때 마침 창비에서 이우성 교수에게 고대, 중세사를, 나한테는 근대, 현대사를 써달라고 그래요. 그때만 해도 나의 근대사, 현대사 강의안이 꽤 선진적이라고 자부하고 있을 때였으니까.(웃음) 그 강의안을 토대로 쓰기 시작했죠. 창비에서 상당 기간 동안 경제적인 도움을 줘서 80년에 학교에서 쫓겨나서 84년에 돌아가기 전까지 두권 책이 다 완성됐어요.

그런데 상당히 많이 읽혔어요. 그때만 해도 한국 근대사, 현대사를 좀 쉽게 풀어쓴 책이 별로 없었죠. 그 당시 영남대에 가 있던 김윤수 선생이 한때 그러더라고요. 하, 요새는 선생님 책 때문에 우리가 삽니다,라고.(웃음)

고세현 (웃음) 예. 제가 입사해서 그 책을 만들었는데, 저 역시 그 책이 창비 살림에 많은 도움이 된 걸로 알고 있습니다. 저도 한가지 기억나는 게 있는데요. 그 당시 원고나 교정지를 가지러 선생님 댁에 갔을 때, 수유리였던가요, 추운 겨울인데 2층 방에 난방을 안한 채 선생님께서 두꺼운 겨울 외투를 입고 앉은뱅이책상에서 집필을 하셨던 거 같아요. 저도 겉옷을 못 벗고 있었던 게 떠오르는데…… 혹 그게 어떤 건강의 비법이었던가요?

강만길 그래요. 건강에는 어느정도 자신이 있었으니까, 젊었을 때부터. 또 운동도 많이 했고. 그러니까 그 어려움을 견딜 수가 있었던 거지.(웃음)

고세현　생활도 많이 어려웠겠어요.

강만길　힘들었지. 그 무렵 아이들이 다 고등학생이었어요. 그때의 상황이 그 아이들의 시험 준비, 이런 데 아주 지장이 많았어요. 지금도 그게 맘에 걸려요, 아이들한테……

고세현　선생님은 해직되신 거 말고도 투옥되거나 몇차례나 불려가서 조사를 받으신 적이 있지요?

강만길　중앙정보부에 한번 끌려갔었고.

고세현　무슨 일이었지요?

강만길　그게 뭐냐…… 교육 뭐야, 외우는 거 있잖아?

고세현　국민교육헌장!

강만길　맞아, 국민교육헌장. 아마 1978년인가…… 그때 백낙청씨는 이미 해직돼 있을 때인데, 국민교육헌장 폐지운동을 해야겠는데 참가하겠느냐고 해서, 바로 하겠다고 했지. 그게 전남대학에서 들통이 나서 송기숙씨 중심으로 중앙정보부에 잡혀갔어요. 나는 서명을 한 건 아니고, 하겠다고 약속만 했을 뿐이라서 곧 풀려나왔어요. 그다음엔 김대중씨한테 무슨 돈을 받아가지고 학생들을 선동했다는 이유로 또 성북서에 한달 잡혀가 있던 적이 있었고.

고세현　서대문구치소에도 가신 적이……

강만길　거, 박종철을 죽인 데 있죠.

고세현　남영동.

강만길　맞아요, 치안본부 대공분실. 거기 잡혀갔다가 서대문형무소까지 넘어갔지.

고세현　그때는 무슨 일이었죠?

강만길　그거는 '기독교사회문제연구원'에서 강연을 한 것을 문제삼아서 리영희씨랑 같이 잡혀갔지. 그쪽 친구들이 '전환시대'하고 '분단시대'가 같이 들어왔다고 그러더라고.(웃음) 아이고, 참. 리영희씨는 또 창비에서 책을 냈다가 징역을 2년 살았지요.

고세현 예, 그랬죠. 그전에 『8억인과의 대화』로요. 선생님들께서 고생을 참 많이 하셨죠.

강만길 우리도 고생했지만, 우리 사회의 특히 어려운 시기, 60년대부터 지금까지 어려움 속에서 창비가 한 역할이 크죠.

고세현 이제 이 대화를 마치면서 마지막으로 50주년을 맞는 창비에 대해 선생님께 한말씀 부탁드립니다.

강만길 뭐 아주 잘하고 있다고 봅니다. 이제는 보아하니 옛날처럼 형편이 쪼들리는 거 같지도 않고,(웃음) 아주 흐뭇합니다. 더 좋은 사업을 더 많이 해야 할 겁니다. 백낙청 교수가 분단체제론에서 시작해서 통일문제에 관심이 많으니까 그쪽으로도 더 힘을 기울여야 할 거예요.

고세현 예, 선생님, 오늘 말씀 감사합니다.

강만길 아주 오랜만에 실컷 떠들었다.(웃음)

(2015. 5. 20. 마포구 서교동 인문까페 창비)

민중과의 동행, 괴로울 것이 있어도 좋다

박성우

긴급조치가 발동된 1970년대는 민주주의의 암흑기였다. 유신독재가
민중의 삶과 표현의 자유를 짓뭉개던 시절, 창비는 '창비시선'을 통해
민중문학의 막을 올린다. 1975년 3월에 시작된 이 시선은 어느덧 400번
을 향해가고 있다. 창비시선의 첫걸음이자 만해문학상의 출발점인 시
인 신경림(申庚林) 선생님을 자택에서 만났다. 선생님과 창비의 인연,
시집 『농무』의 출간 배경 및 만해문학상 수상, 그리고 1970년대 문학운
동과 창비의 역할 등에 관해 궁금했던 것들을 여쭤보기 위해서였다.

박성우　선생님과 창비의 '처음 인연'을 궁리하며 자료를 찾다보니
선생님의 시 「산 1번지」「그날」이 『창작과비평』 1970년 가을호에 발표
되었더라고요. 이때 편집주간이 염무웅 선생이었던가요? 그 일년 뒤

朴城佑 시인. 시집 『거미』『가뜬한 잠』『자두나무 정류장』 등이 있음.

『창작과비평』1971년 가을호에 「농무」 「전야」 「서울로 가는 길」 「폐광」 「오늘」 등 5편의 시를 발표하시는데요. 선생님과 창비가 처음 인연을 맺던 시절 얘기를 들을 수 있을까요?

신경림 아직 창비하고 인연이 없던 때, 서울에 올라와 있었지만 시를 써달라는 곳도 없고 어디 발표도 제대로 못했지요. 어느날 유종호씨를 길거리에서 만났는데 날 데리고 당시 창비 발행인이던 신동문씨한테 갔어. 거기서 얘기를 해서 신동문씨한테 시를 보내달라는 부탁을 받고 다음날인가 다다음날인가 시를 써가지고 갔더니 신동문씨가 좋다고 하면서 염무웅씨한테 줬어. 염무웅씨가 좋다고 해서, 그땐 염무웅씨가 편집 책임자였는데 말하자면 새로 시를 쓰기 시작하면서 염무웅씨한테 내 시가 좋다고 처음으로 인정을 받은 거지요. 내가 시를 몇편 발표했을 때 내 옛친구들은 대체로 '감각을 잃어버렸어, 시공부 다시 해' 그런 투로 얘기할 때인데 염무웅씨가 처음으로 인정해준 거지. 신동문씨와 유종호씨의 소개로 염무웅씨가 적극적으로 밀어가지고 '창비맨'이 된 거지.(웃음)

박성우 당시 상황을 잘 몰라서 그러는데요. 그럼 그때 왜 창비에서 시집을 내지 않으셨나요?

신경림 그땐 창비에서 시집을 낼 생각을 안했어. 창비는 원래 시집을 낼 계획이 없었던 걸로 알고 있어요. 시집을 낼 만큼 시가 쌓이니까 나는 자비출판을 하기로 했어요. 이 자비출판 시집이 창비하고 인연이 된 거는 내가 발문을 백낙청씨한테 부탁했던 거요. 백낙청씨의 발문이 명문이었지. '발문이 좋아 시집 잘 나가겠어' 하고 농담들을 했으니까. 그때 자비로 오백부 찍었는데 처음엔 남의 사무실에 쌓아놓고 후회도 많이 했어요.

신경림

1936년 충북 충주 출생. 시인, 동국대 석좌교수. 그의 시는 농민의 고달픔을 다루면서도 따뜻하고 잔잔한 감정을 바탕으로 하고 있어 감동을 준다. 주요 시집으로『농무』『가난한 사랑노래』『낙타』등이 있다.

박성우 1956년에『문학예술』지로 등단하셨지만 시집『농무』가 나온 건 1973년이죠. 이 시집으로 제1회 만해문학상을 받으셨는데 그때 심사위원이 김광섭 김정한 염무웅, 이렇게 세분이 맞지요? 시집을 내놓고 얼마 되지 않아 긴급조치가 내려지기도 했는데 만해문학상 전후 시절에 대해 말씀해주시면 어떨까요?

신경림 그때가 언제야, 벌써 사십여년 전이네. 만해문학상 심사위원이 그 세분 맞는데, 그때는 물론 누가 심사하는지도 몰랐어요. 뒤에 염무웅씨한테 듣고 알았지. 긴급조치가 내려졌으니 그때 기준으로 하면『농무』는 판금될 게 뻔한데 판금이 되지 않았어요. 월간문학사 발행으로 자비출판을 했는데 월간문학사가 출판등록이 안되어 있었어요. 그

창작과비평사에서 출간한
『농무』(1975) 초판본

래서 검열도 안 당한 걸로 알아요. 나중에 창비에서 증보판을 낼 때도 '기(旣)출판물'이기 때문에 검열당하지 않았던 게 아닐까요.

박성우 우리가 통상적으로 알고 있는 시집『농무』는 1975년 3월 창작과비평사에서 '증보판'으로 나온 '창비시선 1번'『농무』일 텐데요. 월간문학사에서 초판 발행한『농무』(1973. 3. 5)로 1974년 제1회 만해문학상을 받게 되고 같은 해 5월에 창작과비평사에서 재판을 찍었다가 1975년에 지금의『농무』가 나오게 됩니다. 두 판본은 어떤 차이가 있는지요? 그때 이야기를 좀 들려주시죠.『농무』는 지금도 베스트셀러이자 스테디셀러인데 그 당시 독자들의 반응은 또 어땠는지도 궁금합니다.

신경림 1974년인가 만해문학상을 창비에서 만들었어.『농무』가 1회 수상을 하니까 출판사를 창비로 해서 다시 냈지. 초판하고 똑같은 재판(1974. 5. 20)을 찍었어. 그다음에 중쇄를 찍을 때는 그뒤에 쓴 시 17편을 보태서 총 60편으로 증보판(1975. 3. 5)을 냈어요. 하여튼 반응이 좋았고 뒤에 창비에서 다른 시집을 이어 내면서 자연스레『농무』가 '창비시선 1번'이 되었지. 처음에 자비출판했을 때는 반응이 신통치 않았어요. 가령 선배나 나이 많은 시인들한테 시집을 보내려고 주소 확인차 전화하면 "그렇잖아도 시집이 많이 오니까 보내지 마!" 그런 말을 들을 때였지. 한데 마구 시집을 돌리고 나니까 내 수중에 남은 책이 없어. 그때서야 시내 대형서점인 종로서적에서 시집 열부만 보내달라고 했는데도

제1회 만해문학상 시상식(1974). 왼쪽부터 백낙청 신동문 신경림.

못 보냈어. 뒤늦게 반응이 좋았던 셈이지.

박성우 상금은 있었나요?

신경림 상금은 적지 않았어. 당시에 상금이 오만원이었는데 그때 오만원이면 적은 돈이 아니야. 내가 출판사에 다니면서 받는 월급이 한 이만원 정도 됐으니까. 그때 오만원이면 지금 한 오백만원쯤 되지 않을까. 그때 또 부상으로 금메달을 만들어 줬어. 금 열냥짜리 메달이었지요. 백낙청씨가 금메달을 주면서 "상금은 다 술 먹어서 없어질 거지만……" 하면서 주던 생각이 나요.(웃음)

박성우 시집이 엄청 나간 걸로 알고 있는데 인세는 잘 나왔나요?

신경림 시집이 꽤 나갔어요. 인세는 백선생이 꼬박꼬박 챙겨줬는데, 만나서 현금으로 받은 생각이 나요. 백낙청씨가 직접 빨간 볼펜 들고 다니면서 경리도 하고 교정도 보고 그러던 시절이었지. 얼마 아니해서 백선생이 시국선언에 가담하고 그래서 학교에서 떨려나 있었지요. 그렇게 떨려나서는 창비에 나와서 하얀 와이셔츠에 빨간 볼펜 꽂고 일하다가 옷에 빨간 물이 들곤 했지. 그러면 작고한 한남철씨가 "아이구 저 인간, 하바드 박사라는 사람이 와이셔츠에 빨간 물이나 들이고 다니면서 꼴좋다" 그러면서 안타까워하던 게 생각나요. 창비가 가난해도 하여튼 계산은 정확하게 했으니까. 돈이 없으니까 인세가 좀 밀릴 때도 있긴 했지만 하여튼 인세는 정확했어요. 시집은 한번에 한 삼천부씩 찍었는데, 인세를 받으면 일단 한잔 먹었지.

박성우 선생님 시집 『농무』에 나오는 「친구」라는 시를 보면 "친구여. 곳집 뒤 솔나무 밭은 이제/나 혼자도 갈 수 있다"는 구절이 나오는데요. 제가 이 구절을 뜬금없이 꺼내는 것은, 선생님은 어려서부터 '겁'도 좀 많고 그랬을 것 같은데요. 선생님은 연행, 감금, 옥고 등을 당하셨잖아요. 이 얘기는 주로 이시영 도종환 시인한테 많이 들었어요. 헌데 1974년 자유실천문인협의회(약칭 '자실')가 창립되고 선생님은 간사를 맡고 짧지만 대표간사도 하셨잖아요. 긴급조치가 발동되는 이 험악한 시대는 또 어떻게 건너오셨는지 그때 얘기를 들려주시죠. 1970년대에 주로 했던 문학운동이나 창비의 역할에 대해서도 한말씀 보태주시고요.

신경림 자실은 1974년에 고은씨가 주도해서 결성이 되었지. 그전에 '문인 61인 시국선언'이라는 게 있었어요. 이 시국선언은 백낙청씨가 주도한 거지. 한남철 염무웅 등 61명이 서명을 해서 '유신헌법을 옛날 헌법으로 돌려달라'는 요구를 한 거예요. 지금 보면 별거 아니지만 당시로서는 굉장한 거였어요. 사람들이 모두 깜짝 놀랐으니까. 이런 것을 감히 할 수 있나. 나는 뭐 동참해서 협력했을 뿐이고. 겁났지. 그걸 해서 61인이 몽땅 잡혀갔어요. 한사람도 안 빼놓고 다 잡혀가서 하루나 이틀씩 조사받았지. 백낙청씨는 사흘인가 나흘 정도 하고. 그때만 해도 수사당국, 정보당국에서는 문단 쪽을 아무것도 몰랐던 것 같아요. 申庚林

젊은 시절의 신경림

(신경림)을 못 읽어가지고 '신강림'으로 읽었지. 黃晳暎(황석영)을 못 읽어서 '황철영'이라고 읽고. 그러면서 이 사람들 이야기가 이놈들은 다 사기꾼이기 때문에 본명을 안 쓰고 가명을 쓴다고 했지.(웃음) 그 사람들은 필명이라는 말을 몰랐던 거요.

자실은 고은 시인이 주동을 하고 나도 간사로 참여했는데, 그때 가장 열심히 한 사람은 이문구하고 박태순이지. 그리고 당시에 젊은 축인 이시영과 송기원이 심부름꾼이었어요. 사무실이 따로 없고 둘이 가방만 들고 다니면 그게 사무실이야. 한번은 송기원이 가방을 강물에 떨어뜨렸는데 그걸 잡으려다 죽을 뻔하기도 했대요. 사무실이 떠내려가니까. 지금은 둘 다 나이를 한참 먹었지만 그때는 이십대 중후반이었지. 이시영은 학교 선생이고 송기원은 아직 학생이었고. 둘이 정말 열심히 했어. 그때 자실엔 이시영과 송기원의 피땀이 가장 많이 들어갔지요.

박성우 그때는 험한 때니까 수사당국에 불려가서 많이 맞지 않았나요?

신경림 많이 불려갔지만 내가 왜소한 탓으로 많이는 안 맞았어. 다만 한번은 잡혀갔는데, 자라온 과정을 다 쓰래. 글쓰기가 얼마나 힘들어. 초등학교 때부터 과정을 다 쓰라는 거야. 한 30매쯤 써놓으면 그 사람들이 와서 딱 보고 그 자리에서 다 찢어버려. 골탕 먹이려고 그러는 거지. 그때 "이거 원고료로 치면 얼만데 얼마나 버렸나" 농담했다가 "뭐? 원고료 좋아하네" 하면서 좀 맞았지. 그렇게 맞고 다시 썼어. 하여튼 2박 3일을 꼬박 썼으니까. 그게 75년도인데, 같은 해 겨울에 또 사건이 하나 있었어요.

정보부 사람들이 뭘 잘못 파악해서 나도 상당히 중심적인 인물로 생각한 거야. 어떤 사람이 나를 따라다니더군. 미행당하는 걸 나는 몰랐지. 내 또래로 보이는 어떤 사람이 "야, 경림이 오랜만이다" 해서, 어디서 만났지? 그랬더니, 나랑 동국대 같이 다녔다는 거야. 그 사람이 매일 창비로 와. 날 만나러. 그때는 창비에서 여러 사람이 같이 만나서 술판 벌이고 독재정권 욕하고 맨날 그러던 시절이야. 그럴 때 그 사람도 같이 떠들고 욕했어. 나를 잡으려고 그랬던 거지. 그 무렵 오장환이 번역한 '예세닌 시집'을 가지고 있었는데, 염무웅씨가 구해준 거였어요. 그걸 자랑하고 싶었는지, 남들에게 보이고 싶은 치기 때문인지, 코트 주머니에 넣고 생맥주 집에서 술을 먹다가 그걸 놔두고 화장실에 갔네. 갔다와보니까 나하고 술 먹던 그 사람이 없어요. 코트를 뒤져보니 책도 없더군. 예감이라는 게 있잖아. "얘, 어디 갔어?" 그 사람은 바쁜 일이 있어서 먼저 갔다는 거야. 아, 당했다. 그러고 나서 집에 가서 잤어. 안양에 살 때인데 개 세마리가 덤벼들어서 무는 꿈을 꾸기도 하고 꿈자리가 뒤

숭숭했어. 새벽이 되었는데 밖에서 벨소리가 나. 그래 나가보니까, 덩치가 큰 사람이 셋이 서 있어요. 그래서 내가 물었지, 중앙정보부에서 왔느냐고. 그렇다는 거야. 어, 이 사람 용하네. 그러면서 잡아갔지. 조사받다가 그중에 한 사람이 물어. 우리가 중앙정보부에서 왔다는 걸 어떻게 한눈에 알아봤느냐고. 그래서 "꿈에 개 세마리를 봐서 그랬다" 대꾸했지. 그랬다가 많이 맞았지요.(웃음)

박성우 선생님 그때 잡혀가셔서 다른 분들을 '불지는' 않았나요?

신경림 내가 버티는 맷집은 없어가지고, 염무웅씨 백낙청씨도 결국 잡혀왔어요. 일주일 이상 지하실에 갇혀 있으면서 조사를 받았는데, 내 부주의와 나약함으로 벌어진 사건이지. 내가 염무웅씨 잡혀왔을 때 미안하다고 그랬더니 대답이 "그럴 줄 알았어요. 미리 준비하고 있었어요" 그러더라고.(웃음) 지금은 웃으면서 얘기하지만 끔찍한 일이야.

　얘기를 듣다보니 시간이 훌쩍 흘렀다. 서둘러 얘기를 마치고 서재에 들러 선생님 냄새를 좀더 맡고 가려는데 도무지 스위치를 찾을 수가 없었다. 잠시 후, 들어오신 선생님이 책 틈 사이로 손을 넣어 불을 켜주셨다. 선생님이 웃으며 손을 넣은 책장에는 순서대로 줄을 선 창비시선이 빼곡히 들어 있었다. 선생님도 환해지고 나도 환해지고 책도 환해졌다.

　　　　　　　　　　　　　　　(2015. 4. 28. 성북구 정릉동 신경림 시인 자택)

'오늘'을 사는 문학

백지연

황석영(黃晳暎)의 소설을 생각하면 가장 먼저 떠오르는 작품은 「객지」이다. 1971년 『창작과비평』 봄호에 실린 「객지」는 당대 민중들의 삶에 대한 날카롭고 치열한 성찰을 드러낸 문제작으로 뜨겁고 신선하게 다가왔다. 이후 「삼포 가는 길」 「한씨연대기」 등 여러 중단편을 비롯하여 장편 『장길산』과 『무기의 그늘』에 이르기까지 그는 시대현실에 대응하는 끈질기고 다채로운 소설적 갱신을 보여주면서 한국문학의 중요한 좌표로 자리해왔다. 방북과 해외체류, 수감생활의 공백 이후 2000년대에 발표된 『오래된 정원』과 『손님』으로 이어지는 서사양식의 실험과 성취 역시 끝없는 자기쇄신을 보여주는 증좌라고 할 수 있다. 이렇듯 지나간 문학사 속에 머무르지 않고 끊임없는 해석을 요구하는 현재형의 작가를 마주하는 일은 긴장되고도 설레는 일이다. 대담을 위하여 오랜만

白智延 문학평론가. 『창작과비평』 편집위원. 평론집 『미로 속을 질주하는 문학』 등이 있음.

에 만난 작가는 늘 그렇듯이 활달하고도 강건한 모습으로 이야기를 시작하였다.

백지연 「객지」를 발표하시면서 『창작과비평』과는 지면으로 처음 인연을 맺게 되셨는데요.

황석영 계간 『창비』 창간사가 매우 인상적이었어요. 제가 제대할 무렵에는 방영웅의 『분례기』가 실리면서 장안이 시끄러웠죠. 당시 『사상계』가 힘을 잃어가면서 『창비』가 문예지의 새로운 흐름으로 다가왔어요. 제 주변의 송영, 최민 등도 『창비』에 투고했지요. 저도 중편을 써서 창비에 발표해야겠다, 마음먹고 있었는데 전태일 사건(1970. 11)이 터졌습니다. 큰 충격을 받았어요. 바로 이런 이야기를 소설로 써야겠다 생각했지요. 그런데 사실 그대로 쓸 수는 없었고, 어쨌든 제 개인적 체험들을 끌어모으고 현실문제와 연결시켜서 500매 정도의 작품을 썼습니다. 투고했더니 곧 연락이 왔어요. 그때 청진동에 있는 신구문화사의 조그마한 방에서 염무웅 형을 만났지요.

백지연 그때 염무웅 선생님께서 원고를 읽고 격찬하셨다고요.

황석영 당시 염무웅 형 혼자 잡지 일을 맡고 있었고 백낙청 선생은 학위과정 중이어서 미국에 가 있었어요. 나중에 백선생 역시 작품을 읽고는 피차 우리가 흥분했다고(웃음) 소감을 보내왔어요. 그래서 저도 기뻤습니다.

백지연 당시 작품을 읽은 동료 문인이며 독자들 반응은 어땠는지 궁금합니다.

황석영 독자들 반향은 그렇게 실감나게 와닿지 않았어요. 그때만 해도 『창비』가 한정된 문학 지망생이나 지식인들한테 읽히는 잡지였거든

황석영

1943년 만주 장춘 출생. 소설가. 분단과 산업화로 인한 괴행과 박탈의 현실을 생생하게 그려내며 근대와 대결한 한국 현대문학의 대표적 작가이다. 주요 작품으로 『장길산』 『무기의 그늘』 『오래된 정원』 『손님』 『바리데기』 『여울물 소리』 등이 있다.

요. 발표 후 우연히 거리에서 안수길 선생과 백철 선생을 만난 적이 있어요. 저는 안수길 선생하고만 안면이 있었는데 그분이 "오랜만에 그런 작품을 읽고 참 좋았다"하시며 백철 선생에게 저를 소개하셨어요. 그랬더니 백철 선생께서 대뜸 "카프(KAPF) 이래 이런 작품이 한국문단에 얼굴을 내민 건 처음"이라고 하셨죠. 그 말이 아주 또렷하게 기억에 남습니다.(웃음)

저는 사실 어리둥절했어요. 왜냐하면 세계관이 먼저 있고 재간이 그걸 받쳐주면서 작품이 만들어지는 경우라면 아주 좋을 텐데요. 대부분의 예술가들은 세계관이 미처 도달하지 않은 상태에서 손재간이 먼저 가서 어떤 경지를 보여주는 경우가 많지 않습니까? 엥겔스가 발자끄를 두고 그런 점을 얘기한 적도 있고요. 아마 저도 그랬을 겁니다. 주위의 평들을 듣고는 '아니 「객지」가 그런 작품이었어?'라고 생각했어요.(웃음) 쓰고 나서야 그것에 주어진 의미들을 메우기 위해 노력하기 시작했달까.

백지연 창비도 「객지」를 통해 선생님을 만난 게 중요했지만 선생님 스스로도 「객지」가 문학세계의 중요한 출발점이군요.

황석영 그렇죠. 그후 르뽀를 쓰러 탄광촌이나 공장지대에 가기 시작했고요. 위장취업을 하게 된 것도 그때 이후입니다. 작고한 한남철 선배가 당시 창비에 모여든 문인들의 보이지 않는 좌장 역할을 했어요. 리영희 신경림 김윤수, 그런 분들이 『창비』에 글을 발표하기 시작하면서 모이기 시작했고요. 편집위원이랄 것도 없이 이분들이 말하자면 창비의 울타리 노릇을 하게 된 거죠. 제가 구로공단에 위장취업한다고 하니 창비에서 만난 선배들이 제 생활비도 대셨지요. 제가 변변한 돈벌이가 없다보니 염무웅 형은 어디선가 받은 전집 번역료의 절반을 내주기도 했고요. 채현국 선생 쪽에서 한 일년여 생활비를 대주신 적도 있습니다.

백지연 「객지」 이야기를 좀더 해보고 싶습니다. 특히 결말 부분의 개작 과정들이 흥미로운데요.

황석영 「객지」의 마지막 장면에서 '동혁'이 "꼭 내일이 아니라도 좋다"이러고 끝나지요. 사실 원래 초고는 다이너마이트를 입에다 물고 불을 붙이거든요. 그래서 터지는 것으로요. 그런데 그 장면이 너무 세니까 염형과 의논해서 고친 거예요. 마음속으로는 아쉬움으로 남았어요. 그래서 나중에 중단편전집을 내면서 원래 구상대로 불을 붙였어요.(웃음) 그러고 나서 보니까 검열 상황

「객지」(1974) 초판본

때문에 그렇게 자른 게 압축적이고 훨씬 더 상징적이더라구요. 거기서 끊는 게 맞았어요.(웃음) 그래서 지금은 처음 발표한 것으로 돌려놓았습니다.

백지연 "꼭 내일이 아니라도 좋다"와 "오늘을 사는 거야"(『개밥바라기별』)라는 표현은 선생님 소설의 현실인식을 압축하는 핵심이라고 생각합니다.

황석영 누가 물어보길래 나는 이상주의적 현실주의자다,(웃음) 이렇게 얘기한 적도 있습니다.

백지연 창비를 통해 만난 사람들이 선생님의 삶과 문학세계에 미친 영향도 이야기하셨지만 또 하나 중요한 배경으로 자유실천문인협의회의 결성을 들 수 있겠습니다. 1970년대 자유실천문인협의회의 초기 구성원들 중에는 창비에 참여한 분들이 많았고요.

황석영 그때 청진동 골목 끝 신구문화사의 한쪽에 『창비』 사무실이 있었고, 뒤에 『문학과지성』이 그 아랫길 쪽에 들어왔고, 그 옆에 민음사가 있었고, 그리고 『한국문학』 사무실이 있었어요. 그 골목이 문학잡지 내지는 출판사 골목이 돼버린 거예요. 그 무렵 문단이 관변단체의 성격을 벗어나서 자율적인 조직을 갖고 문인들의 권익이나 표현의 자유 등을 협의할 수 있었으면 좋겠다 생각했어요.

백지연 그래서 문인공제회가 만들어진 걸로 압니다.

황석영 그렇습니다. 이호철 선생, 염무웅 한남철 신경림 박태순 이문구 등 창비 식구들이 다 만나서 그런 얘기들을 나누다가 김수영 선생의 묘가 있는 우이동 인근에서 야유회 비슷한 것도 했어요. 그러다가 '문협'을 바꾸자는 의논도 하고 문인 입장에서 제도권에 대한 합리적 해결책을 모색하게 됐어요. 자유실천문인협의회의 초기 구성은 창비가 주축이 됐다기보다는 이문구가 『한국문학』을 맡고 있으니까 그 사무실로 문인들이 모이면서 자연스러운 만남들이 이뤄졌어요. 나중에 합류했지만 고은 선생이 좌장 노릇을 하게 되지요. 이시영 송기원 등은 실무진을 맡게 되었구요. 그때 가장 큰 자극제는 '동아투위'였습니다. 기자들이 쫓겨나기 시작하고, 그다음에 시위가 벌어졌어요. 문인들도 재빠르게 이 흐름에 동참하게 된 거예요. 동아투위, 조선투위 등과 함께 앞서거니 뒤서거니 하면서 자유실천문인협의회가 발족이 됐죠.

백지연 유신시대 언론탄압 상황에서 창비도 거듭해서 고초를 겪었지만 작가로서 받은 검열과 억압도 많으셨을 듯합니다.

황석영 검열과 탄압은 거의 일상이었어요. 원고를 쓰는 대로 잡지에 실으면 다행인데 현실비판적인 작품은 꼭 걸린다는 말이죠. 검열당국이 눈을 부릅뜨고 있기도 하지만, 편집자들이 자체검열로 얼어 있기도 했고요. 문인들 각자에 정보부와 경찰 담당자가 붙어 있을 정도였죠. 연행당하고 조사받는 일은 일년에 두세차례씩이었습니다. 예를 들어 「낙타누깔」은 잡지사 세군데를 돌아다니면서 거절당했거든요. 나중에 이문구가 용단을 내려 『월간문학』에서 간신히 빛을 본 작품이에요. 이를테면 신경림 선생은 일제시대에 오장환 시인이 번역한 러시아의 '예세닌 시집'을 복사해 문우들과 돌려 보았다가 몽땅 잡혀서 중정 지하실로 끌려갔지요. 현장문화운동을 하던 광주 시절에는 중정 지부와 경찰에 툭하면 '임의동행' 당했어요. 나중에는 보안대에도 드나들게 되더군요.

백지연 1970년대 문학운동에 대해서는 한국작가회의에서 간행한 증언집에서도 상세히 말씀해주셨지요. 실천적인 문학운동과의 관계도 그렇지만 당시 민족문학론으로 대표되는 문학담론들의 성취들이 선생님의 문학세계와도 상호관계가 있으리라 생각하는데요.

황석영 물론입니다. 그건 평생을 걸고 제가 실현해야 되겠다는 생각들과도 닿아 있는 이야기인데요. 한국문학의 근대를 세계현실 속에서 계속 확인하고 문학적인 작업으로 실현해야 한다고 생각하고요. 파행적인 근대화 과정, 반공이데올로기와 분단현실로 인해 억압받거나 소외된 사람들의 이야기를 써서 우리 문학의 큰 흐름으로 만들고 싶었죠.

백지연 1974년부터『장길산』이 신문에 연재되기 시작했고 선생님은 76년말에 해남으로 이사를 하셔서 현장 문화활동에 진력하셨는데요.

황석영 『장길산』을 두권쯤 마쳤을 때 내 경험이 부족하다는 생각을 했어요. 왜냐하면 한번도 농촌에 살아본 적이 없거든요.(웃음) 실제로 나는 내면 자체는 모더니스트이고 전통적인 농촌공동체를 아는 토박이 작가가 아닙니다. 그렇지만 토박이의 세계를 내가 몰라서는 안되겠다 했어요. 그래서 또 현장 문화운동의 방향도 그렇게 정했으니까. 사실은 『장길산』을 쓰는 과정 자체가 문화운동을 펼쳐가는 과정이었습니다. 해남에 있다가 광주에 가서 '민중문화연구소'를 만들고 그러다가 광주항쟁을 맞게 되는 거죠. 그러니까 80년대 중반이 지나서 서울로 올라오기

1984년 완간되었다가 옥중에 있던 작가의 손질을 거쳐 1995년 재출간된 개정판『장길산』(전10권)

까지 문단운동에서 떠나 있던 셈입니다.

백지연 광주항쟁 후 제주도에서 한동안 머무르시다가 다시 광주항쟁의 진상을 규명하는 일에 적극적으로 참여하십니다. 창비 역시 80년대 계간지가 폐간되고 출판사가 등록 취소되는 등 험난한 시기를 견뎌야 했습니다. 이후 선생님의 활동 반경도 달라졌고요. 중요한 계기로 방북 이후 해외에 머무르신 기간을 생각할 수 있겠군요. 『무기의 그늘』로 제4회 만해문학상을 수상하셨는데 당시 삼엄한 정치현실 때문에 귀국을 하실 수 없었습니다. 그때 소감문을 다시 읽어보니 "모국어를 끌어안고 남과 북을 한꺼번에 저의 혼 속에 강렬하게 인식하고 있는"이라는 대목이 통렬하게 와닿습니다.

황석영 그때 독일에서 함부르크 건너편 자그마한 섬에 있는 조각가 친구의 농가에 머물면서 방북기행문을 쓰고 있었거든요. 추석 무렵이었는데 윤이상 선생이 전화를 하셨어요. 추석인데 거기서 혼자 밥은 먹었나, 이렇게 안부를 묻더군요. 그래서 아, 오늘이 추석입니까? 하며 언뜻 하늘을 보니까 만월이더라고. 그래서 아, 그러면 선생님 계신 곳도 보름달이겠네요 이러니까, 아니 달이 하나인데 당연히 여기도 동그랗지, 하시는 거예요. 그 순간 한국도 만월이겠구나 생각했어요. 그러고 며칠 뒤 만해문학상 수상소식을 들었어요. 갈 수 없다는 생각에 답답하고 착잡했지요.

백지연 얼마나 오고 싶으셨겠어요. 선생님이 계셨으면 정말 왁자지껄하고 흥겨운 축하자리가 되었을 텐데요.(웃음)

황석영 그랬겠죠. 수상소감에 그 심경이 반영됐을 거예요. 어쨌든 방북 이후 해외 망명기간은 제 후반기 문학에 큰 영향을 줬습니다. 남과 북을 한꺼번에 조망하는 문학적 시각과 더불어 내 개인이 민족의 구성

젊은 시절의 황석영(왼쪽은 1977년, 오른쪽은 1985년. 강운구 사진)

원일 뿐만 아니라 세계시민이라는 생각도 갖게 되었어요. 리얼리즘의 변화에 대해서도 여러 생각이 들었고, 리얼리즘은 자기 토양 위에서 자기 방식대로 변화해야 한다고 생각했습니다. 망명기간은 어쩌면 저의 후반기 문학을 위한 학교라고 할 수 있어요. 물론 뒤에 이어진 감옥 체험까지 포함해서 하는 얘기입니다.

백지연 네, 2000년대 이후 선생님의 소설세계는 다채로운 서사양식을 실험적으로 시도하고 있습니다. 특히 『손님』에는 선생님께서 말씀하신 '한국의 근대란 무엇인가'라는 질문이 깊숙이 깔려 있다고 생각합니다. 『바리데기』와 『심청』 『여울물 소리』 등에서는 전통서사의 고유한 양식과 체험을 적극적으로 활용하고 있지요. 이와 관련해 선생님께서는 문학에서의 동아시아의 연대를 강조하신 바 있고 자국 고유의 양식적 유산을 적극적으로 활용할 것을 주장하셨는데요.

황석영　저는 망명과 감옥 생활을 할 때도 한반도 통일의 흐름을 민족주의적인 관점에서만 보면 안되겠다고 생각했습니다. 1990년대 동구권 사회주의 국가들이 무너진 뒤에 사상의 여백들이 생기잖아요. 그게 황폐하고 공허했든 간에 그 여백을 메울 새로운 목표와 또다른 개념이 필요했어요. 그런 점에서 동아시아 담론이 눈에 들어왔다고 할 수 있겠네요. 동아시아 전체가 19세기 이후 서구에 의해서 변화된 것은 사실이고요. 그런데 흥미롭게도 동아시아 중에서 서구사회의 발전 경로나 체제를 그대로 답습한 지역이나 나라는 없는 것 같아요. 전통과 현대의 갈등이 계속 벌어지는 거죠. 이를테면 근대를 완수했다고 하는 일본은 천황제 문제를 들여다보면 생각과 다르죠. 중국의 경우에도 사회주의 혁명을 거쳐 근대를 이루었다고 하지만, 기형적인 자본주의 행태를 보면 아직도 사회실험의 와중에 있는 것 같아요. 우리는 무엇보다도 분단체제로 인해 민족국가조차도 아직 미결상태로 있고요. 결국 동아시아적 사유는 획일적인 서구주의나 포스트모던 광풍에 대한 비켜서기라고 할까, 다른 방법의 모색이 되어주는 듯합니다.

백지연　세계문학적 시각과 사유는 최근 한국소설에서도 중요한 테마이지만 결국 한국적인 근대의 특수성에 대한 자각 없이는 그 보편성과 매개하기 힘들다는 이야기가 되겠군요.

황석영　그렇죠. 저는 문학적인 관점에서 '이동'에 관심이 많아요. 이것이 냉전 이후 세계화 체제의 특성을 결정하고 있거든요. '이동'은 동시에 '조화'를 필요로 합니다. 서로 충돌하는 것 같지만 두개가 공존해야 합니다. 그다음 신자유주의식 욕망의 발현과 그걸 억제 또는 절제하려는 흐름이 같이 있어야 하겠고요. 또 따져볼 것이 정체성과 보편성 문제인데, 보편성 앞에 정체성이 망가져서도 안되고, 정체성이 보편성을 무시해서도 안되지요. 이런 역동적인 시기에 앞으로 올 사회와 사람살이를 우리가 어떻게 변화시킬 것인지가 작가로서 고민이 돼요. 문학은 이러한 현실을 아주 작은 부분이라도 감당해야 한다고 생각하거든요.

백지연 선생님 말씀을 새겨보니 계간지에서 시작된 창비가 단행본을 출판하면서 민족문학의 산실로 자리잡게 된 핵심에 황석영의 문학세계가 함께 있다고 생각됩니다. 2012년은 선생님의 등단 50주년이었고, 이제 창비도 내년이면 50주년을 맞습니다. 창비에 해주고 싶은 말씀을 부탁드립니다.

황석영 50년이라면 이제 반세기인데요. 오오에 켄자부로오(大江健三郎), 와다 하루끼(和田春樹) 등 일본 지식인들도 늘 선망하고 감탄하는 건데, 한 계간지가 이렇게 수십년을 끊이지 않고 복잡한 정치적 상황과 탄압 속에서도 여기까지 왔다는 게 기적에 가깝다고들 얘기합니다. 그러나 한편으로는 향후 급변하는 세계 현실 또는 문화현상 속에서 창비의 성실하고 신중한 편집방침이랄지 대응이 믿음직하면서도 답답한 면이 많습니다.(웃음) 문인들끼리의 농담인데 창비에 가면 꼭 동사무소에 가는 것 같다고들 하거든요.(웃음) 편집위원들도 좀더 젊은 사람들로 확충했으면 좋겠다는 생각입니다.

백지연 지금까지 귀한 말씀 감사드립니다. 중요한 이야기를 새겨서 많은 분들의 기대에 부응하도록 노력하겠습니다.

(2015. 6. 18. 창비 파주사옥)

편집·교정을 개척하고
권력의 검열에도 맞서다

김이구

마포구 공덕동, 현대실학사 사무실로 정해렴(丁海廉) 선생을 찾았다. 편집·교정 일을 사명으로 여기며 한평생을 달려온 그는 창비가 출판사로서 단행본 출판을 시작한 초창기에 실무를 맡아 편집의 기틀을 잡아주었고, 80년대초 어려운 시기에는 대표를 맡아 회사를 이끈 창비 역사의 산증인이다. 그는 나관중의 『삼국연의』를 직접 번역해 작업을 거의 다 마쳤노라고 하면서 『삼국지』 번역 실태를 꼬집는 것으로 말문을 열었다. 초창기 창비의 형편과 인맥 형성 과정, 독재정권의 출판 검열과 탄압의 수난 상황, 그러면서도 출판의 정도를 걸으며 출판역사에 남을 주요 저술과 기획 들을 출간했던 당시의 이야기를 들려주었다. 다산의 저술 등 서가와 주변을 메운 자료 더미에 둘러싸여 말씀을 듣는 동안, 필자는 마치 출판·편집 전문 문화해설사와 함께 삼사십년 전 과거로 훌

金二求 문학평론가, 소설가, 창비교육 기획위원. 저서로 『우리 소설의 세상 읽기』 『어린이문학을 보는 시각』 『해묵은 동시를 던져버리자』 등이 있음.

쩍 시간여행을 떠난 듯했다.

김이구 선생님은 언제 출판 일에 입문하셨나요? 창비에 입사하게 된 계기는요?

정해렴 『창작과비평』이 창간 50주년을 맞이하는데, 나도 출판 일을 시작한 지 벌써 50년이 되었네요. 내가 신구문화사에 입사한 것이 1965년 12월이니 『창비』가 창간 준비를 하던 무렵이지요. 신구문화사에서 같이 일한 분들 중에는 나중에 대학교수가 된 사람이 많은데, 염무웅 교수도 그런 경우지요. 1976년 봄쯤에 창작과비평사 주간으로 있던 염교수가 같이 일하자고 권유하기에 크게 망설이지 않고 받아들였지요. 그때 신구문화사는 학교 경영에 정신이 쏠려 있던 터라 계속 눌러 있을 만큼 큰 애착이 없었고, 교수직에서 해직된 백낙청 선생과 염교수가 출판사업을 하면서 용기있게 독재에 맞서는 것을 보고 동참해 조그만 보탬이라도 주고자 하는 마음이었어요. 사실 신구문화사에 근무하면서도 틈틈이 창비 일을 챙겨주곤 했지요.

김이구 그때 창작과비평사의 형편은 어땠나요? 사무실은 어디에 있었고 직원은 몇명이나 됐는지도 궁금합니다.

정해렴 사무실은 청진동 신구문화사에서 멀지 않았는데, 종로구 수송동 125-1번지, 개인 빌딩으로 합동통신사가 가까이 있었어요. 그해 4월경 '편집부장'으로 출근했지만 편집부엔 다른 사원은 없었고, 영업부장과 영업사원, 살림을 맡은 실장이 있었던 걸로 기억해요. 처음 만든 책이 창비신서 13번 『까치방』과 14번 『이단자』, 이어서 『창작과비평』 가을호 교정을 보았어요. 『문학과 예술의 사회사 — 고대·중세편』도 진행했는데, 공역자인 백낙청·염무웅 선생이 회사 대표와 주간으로 있으

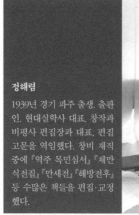

정해렴
1939년 경기 파주 출생. 출판인. 현대실학사 대표. 창작과비평사 편집장과 대표, 편집고문을 역임했다. 창비 재직 중에 『역주 목민심서』『채만식전집』『만세전』『해방전후』등 수많은 책들을 편집·교정했다.

니 잔뜩 긴장했던 것 같아요. 그렇지만 번역자가 옆에 있어서 의문점은 쉽게 해결하면서 일사천리로 교정을 보았고 백대표의 성격도 파악했지요. 그해 연말까지 '창비시선'도 여섯권을 더 냈더라고요.

김이구 76년이면 제가 고등학생 때인데, 말씀하신 책들은 제가 대학에 들어간 뒤 열심히 읽은 책들이네요. '창비신서'가 문학 독자와 지성계의 주목을 받으면서 한길사의 '오늘의 사상신서'가 나오는 등 신서 붐으로 이어졌지요.

정해렴 『한국의 역사인식』(상·하) 편집 실무를 진행하면서는 새로운 시도를 했어요. 본문은 한글로 쓰고 한자는 절제해서 꼭 필요한 것만 괄호 안에 넣었지요. 한국사 사료(史料) 인용문은 한문 원전을 그대로 인용하던 당시 관례를 깨고, 원전을 모두 번역해 넣고 한문 원문은 각주로 처리했지요. 그래야만 사학과 학생이나 일반 대학생이 읽어볼 수 있으니까. 필자에게 번역을 부탁하고 간단한 것은 내가 번역하기도 하면서 무난히 완수할 수 있었는데, 신구문화사에서 역사서들을 교정한 경험이 도움이 되었지요. 이때 천관우 고병익 김철준 이기백 이우성 김용섭 황원구 선생 등 우리나라의 유명한 역사학자들을 많이 만나서 낯을 익혔어요. 『한국의 역사인식』은 학계와 독서계에 큰 반향을 일으켰고, 역사의 대중화를 일으킨 책으로 자리를 잡아서 꾸준히 팔렸지요.

김이구 역사학자 외에도 많은 문인, 학자 들과 교류하셨을 텐데요.

정해렴 민영 시인과는 77년 만났고 민병산 선생하고는 그전부터 교류가 있었어요. 언론인 송건호 선생, 박현채 선생과는 뒤에 '거시기 산악회'에서 일요일마다 함께 북한산에 오르며 타계하실 때까지 자주 만났고요. 뒤에 두레출판사 사장이 된 신홍범 선생은 순박한 웃음이 일품이었고, 원로 아동문학가 이주홍 선생, 이오덕 선생, 소설가 황순원 박완서 윤흥길 김주영, 그리고 초정 김상옥 선생을 비롯해 이성부 강우식 김준태 시인 같은 분들을 잡지 필자와 창비시선, 창비소설선 저자로 알게 되었지요. 임형택 선생도 아주 젊었을 때 원고 교정을 보며 알게 되었고요.

김이구 리영희 선생의 편역서 『8억인과의 대화』가 출간되었을 때는 편역자와 발행사 대표인 백낙청 선생이 반공법 위반으로 기소되었는데, 그때 기억이 나시나요?

정해렴 그럼요. 백선생과 같이 교정을 보았는데 나는 그 책이 문제가 되리란 염려를 안하고 있었어요. 백선생이 '걸릴 만한 데가 없나' 하기에 나는 특별히 그런 내용은 없다고 대답했던 것 같아요. 그런데 당국은 한길사에서 나온 『우상과 이성』과 같이 문제삼았죠. 리영희 교수는 흰 수의 차림으로, 백낙청 사장은 불구속 상태에서 양복 차림으로 재판을 받았는데 재판을 꼭 방청했어요. 리영희 교수의 당당한 언론과 백낙청 사장의 논리 정연한 말솜씨에 감탄하면서, 똘스또이 작품에서 본 재판의 허구성을 묘사한 장면을 떠올리기도 했어요. 재판은 김빠진 듯한 분위기였고 권력에 의해 마지못해 움직이는 듯했어요. 그때 기소한 검사가 정경식인데, 뒤에 친구들과 설악산 관광을 갔다가 오색약수터에 있는 남설악호텔에서 다시 본 적이 있어요. 법정에서 서슬이 퍼렇던 검사를 관광지 호텔에서 보니 묘한 기분이 들었어요. 아무튼『8억인과의 대화』가 잘 팔려 한시름 놓으려다가 벼락을 맞고 책도 팔 수 없게 된 것이지요.

김이구 선생님은 1979년 10·26사태 이후에 창비 대표를 맡으시는데요.

정해렴 박정희 대통령이 시해되고 계엄령이 선포되어『창작과비평』겨울호도 여러 글이 삭제당한 채 나왔지요. 그해 12월 백낙청·염무웅 두분이 느닷없이 나더러 창비 대표를 맡으라고 하기에 나는 경영능력도 없고 갑작스러워서 거듭 사양을 했어요. 그 무렵 독재가 끝나고 민주화시대가 오리란 전망을 하고 있었고, 당시 해직 상태이던 염무웅 사장과 백낙청·김윤수 편집위원이 대학으로 돌아갈 수 있게 되자 창비 장래를 논의했던 것 같아요. 다른 대안이 없다며 떠맡기는 바람에 떠밀려서 발행인이 되었지요. 대표를 맡고서 2년간 영업부장을 따라 7, 8일씩 전국 도시를 돌면서 지방 서점들에 인사 겸 부탁도 하고 영업 현실을 현장에서 배웠어요. 경주에 갔을 때는 창비아동문고에『신라 이야기』를 쓰신 윤경렬 선생을 댁으로 찾아뵙기도 했는데, 참으로 '서라벌의 선비이자 예술인'이셨지요.

김이구 대표를 맡으시자마자 창비가 폐간되는 수난을 당하는데, 힘든 일이 꽤 많았을 것 같아요.

정해렴 80년 5월 광주항쟁이 일어나고 시국이 뒤숭숭했지요.『창작과비평』가을호(57호) 교정쇄를 시청에 있는 계엄사 검열단에 제출해서

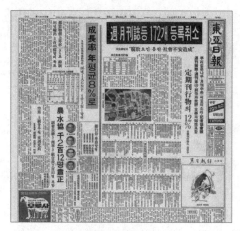

정기간행물 172종 폐간 관련 보도
(『동아일보』 1980년 7월 31일자)

일부는 검열을 받고 그렇게 발간 준비를 하고 있었어요. 보안사에서 책임자가 나와서 감독했고 군인과 공무원들이 검열을 했지요. 7월말 아침에 공평동 사무실에 나가 있는데 사방에서 전화가 걸려와요. 석간신문이 오선이면 나오는데, 『창작과비평』 등 172종 잡지를 폐간한다는 기사가 대문짝만 하게 난 거지요. 청천벽력이었지요. 출판과 표현의 자유를 말살하는 일방적인 폐간 조치였지만 당시의 공포 분위기에서 어디다 호소하고 항의할 곳도 없었어요. 항의하면 구속한다는 소문도 나돌았지요.

김이구 검열단이 정기간행물 외에 단행본도 관여했나요? 판매금지에 갖가지 압력을 넣어 5공 정권이 출판 탄압을 했었는데요.

정해렴 80년 봄 창비신서로 『독립운동사연구』를 냈는데 얼마 있다가 문공부 간행물 심의관이 좀 보자고 해요. 본문에 독립군사단체로 "간도 장백산의 조선인민혁명군(金日成)"을 언급한 대목을 문제삼으며 그 구절을 고치거나 괄호 안의 '김일성'이 북한의 '김주석'이 아니라는 주를 달라는 것이었어요. 할 수 없이 저자 박성수 교수를 대동해 심의관을 학술적으로 설득해보려 했지만 서로 얼굴만 붉히고 해결이 되지 않아서 내가 책을 더 찍지는 않겠다고 해서 수습했지요. 『신동엽전집』 증보판을 낸 것도 그즈음인데, 계엄사 검열단에서 판매보류 처분을 했어요. 그때 증보판 후기에, 『신동엽전집』 초판이 독자들의 관심을 모았으나 긴급조치 9호에 위반된다는 이유로 판매금지 처분을 받았고 편집 책임자가 수사기관에 연행되었지만 내용의 어떤 부분이 저촉되는지는 밝혀지지 않았다고 언급해놓은 것이 눈에 거슬렸던 것 같아요. 아무튼 긴급조치가 모두 해제됐지만 다시 판매금지를 당한 것이지요. 그렇지만 판금된 책들은 더 인기가 있어 암암리에 유통되었기 때문에 재고로 남지는 않았어요.

김이구 사무실 사정은 어땠나요?

정해렴 잠시 냉천동(서대문구)에도 있었지만, 70년대에는 대부분 종로 안에서 몇차례 옮겨다녔어요. 80년 겨울 공평동 상아빌딩을 떠나서 아현동(마포구) 창고 건물에 세들었는데, 합판으로 막아 사무실을 꾸미고 들어갔으니 아주 열악했지요.

김이구 계간지 폐간과 검열, 판금 등 억압이 심했지만 그렇다고 창비의 출판활동과 반독재 민주화운동이 중단된 것은 아니지요. 시집『타는 목마름으로』 출간 때도 조사를 받으셨지요?

정해렴 감옥에서 나와 원주에 있던 김지하 시인을 이시영 부장과 함께 찾아가 원고를 받아서 82년 6월에 『타는 목마름으로』를 냈어요. 활자 조판을 했지만 만일에 대비해 옵셋 인쇄를 할 수 있도록 아트지로 전사(轉寫)를 떠놓았지요. 주문이 쇄도해서 2쇄를 찍으려 할 때쯤 안기부에서 나를 찾아요. 그때 대구에 내려가 있었는데, 이수인 교수와 팔공산 등산을 하다가 소식을 듣고 돌아왔지요. 남산 안기부로 지프차를 타고 눈을 가린 채 끌려갔어요. 3박 4일 조사를 받았는데, 문화공보부에 얼마의 교제비를 내고 납본 허가서를 받으려 했느냐는 어이없는 추궁도 받았어요. 배를 꾹꾹 찌르며 윽박지르기는 했지만 한대도 맞지는 않았고,

식사로 곰탕이나 설렁탕을 줬지만 잘 먹지를 못했지요. 시집 지형(紙型) 포기각서와 출판사 폐업계를 쓰고서야 풀려났는데, 서울지방 국세청에서 들이닥쳐 경리 장부를 가져가고 목동에 있는 내 집에도 와서 어음장과 장부를 가져갔지요.

김이구 책을 보급하지 못하게 한 것뿐 아니라 출판사 숨통을 끊으려고 전방위로 압박했군요.

정해렴 그때 탈세·명목으로 벌금이 9백만원 가까이 나왔는데, 영세한 출판사 형편으로 꽤 큰돈이었던지라 책 팔아주기 운동을 벌여 그 돈을 마련했어요. 한 고비를 넘기고『타는 목마름으로』를 다시 찍어 슬금슬금 필었지만 홍보를 해서 베스트셀러를 만들어보려던 희망은 물거품이 되었지요. 이어서 김지하의『대설 남(南)』을 냈을 때도 판금과 함께 재고에 봉인을 당했어요. 당시 문화공보부 기획관리실장이 김동호씨로, 뒤에 부산국제영화제를 이끈 분이죠. 나하고는 친구의 군대 동기라 따로 만나기도 했는데, 문공부에 불려가면 우선 기획실장을 만났어요. 그러면 심의관이 아무래도 조심을 할 것이라 생각했지요. 뒤에 한국방송광고공사 사장을 지낸 성낙승 심의관하고는 악연이었어요.『대설 남』의 한 구절을 들먹이며 외설이라면서 왜 이런 음란한 작품을 출판했느냐고 해서 다투기도 했어요. 하여튼 툭하면 문공부 간행물 심의실에 불려가 책망을 들으면서 나는 심신이 지쳐갔지요. 일제시대 조선총독부 검열부서가 이랬겠다 싶었어요. 그래서 83년초에 해직상태에 있던 김윤수 교수에게 대표직을 넘기고 살림을 얼마간 더 봐주다가 고문으로 물러났어요. 84년초에는 벌금 부과가 잘못되었다며 백이삼십만원을 찾아가라고 연락이 와서 받아왔지요.

김이구 선생님은 대표로 계신 동안에도 많은 책의 편집·교정을 직접 담당하셨지요.『역주 목민심서』『채만식 전집』『녹두장군』등 창비의 수많은 학술서와 문학작품이 선생님의 손을 거쳤는데요.

정해렴 77년경『목민심서』번역 교정을 시작하면서 한문 공부도 다시 하고 편집 체재에 대한 연구도 하였고, 이 일은 뒤에 내가 다산 선생의 방대한 저술들을 출간하게 된 단초가 되었지요.『채만식전집』은 전10권, 5550면에 이르는 방대한 분량인데, 우리나

1989년 전10권으로 완간된
『채만식전집』의 1권

라 문학전집 간행 역사상 가장 온전하게 편집·교정된 모범적인 전집일 것입니다. 염상섭의『만세전』과『삼대』, 이태준의『해방 전후』, 강경애의『인간문제』등도 일일이 원문 대조를 하면서 기존 판본의 오류를 바로잡아 선본(善本) 또는 정본(定本)을 만들었습니다. 95년말 정년퇴임할 때 타사에서 나온 이기영의『고향』을 사례로 들어 출판 실태에 경종을 울리고 정본을 만드는 방법을 강의했는데, 편집부 직원 중 일부만 들었지요. 명작은 반드시 첫 발표 때 초고본과 초간본을 찾아 정밀히 대조해서 빠진 단어나 문장이 없도록 하고, 현대 맞춤법으로 고치면서는 경솔하게 잘못 고치는 일이 없어야 합니다.

김이구 네. 선생님의 철저한 편집자의 자세와 정신을 창비의 후배들이 계속 이어가야 하겠습니다. 생생한 말씀 감사합니다.

다산 정약용의 방손(傍孫)인 선생은 그래서 다산 저술의 번역 간행에 더 집념을 가질 수 있었다고 한다. 그는 자신의 출판인생 50년을 회고한 『편집·교정 반세기』(출간 예정)를 집필해, 신구문화사와 창비에서 / 담당

한 수많은 책들을 편집·교정한 경험을 비롯해 지난 반세기 동안 출판계에서 겪은 여러가지 일들을 꼼꼼히 기록하였다. 이는 창비 역사와 아울러 우리 출판계가 걸어온 역정에 대한 증언일 것이다.

(2015. 3. 24. 마포구 공덕동 현대실학사)

민족문학론과 신동엽

김윤태

창비(우리는 계간지도, 출판사도 모두 '창비'라 부른다)와 시인 신동
엽(申東曄)의 구체적인 만남은 계간『창작과비평』1968년 여름호(통권 제
10호)에서였다. 계간『창비』가 창간호를 낸 것이 1966년 1월이고, 신동엽
시인이 세상을 뜬 것은 1969년 4월이니, 그가 살아생전 '창비'와 맺은
인연은 이 3년 남짓한 세월에 그때 딱 한차례였다. 물론 1967년 겨울호
에서 김수영(金洙暎)이 잠깐 그를 언급했지만(「참여시의 정리」), 그것은 그
에 대한 비평일 뿐이었다. 아무튼 제10호에 신동엽은「보리밭」「여름 이
야기」「술을 많이 마시고 잔 어제밤은」「그 사람에게」「고향」5편의 시
를 내놓았다. 그리고 시인의 1주기(週忌) 되던 해인 1970년 봄호에 유고
시「너에게」「살덩이」「강」「봄의 소식」「만지의 음악」5편을 다시 실었
다. 이리하여 시인은 모두 10편의 시로써 창비와 50년 가까운 세월의 긴

金允泰 문학평론가. 저서로『한국 현대시와 리얼리티』『민족시인 신동엽』(공저) 등이 있음.

인연을 시작한 것이다.

그런데 창비에서 신동엽을 주목한 것은 시 수록보다 한호 빠른 1968년 봄호의 「신동엽의 '금강'에 대하여」라는 평문에서였다. 이 글에서 평자 김우창은 시인 자신이 서사시라고 규정하였음에도 굳이 "차라리 한편의 서정시"(105면)라고 평가하면서 작품을 꼼꼼하게 분석해나간다. 그리고 마지막 대목에서 "모든 결점, 그중에서도 역사나 감정의 단순화에도 불구하고 우리에게 전해져오는 이 시의 진실은 우리의 마음을 감동케 할 충분한 힘을 가지고 있다"(116면)라고 결론지었다. 당시는 시인이 살아 있던 때라 이러한 평가에 대한 그의 반응이 궁금하지만, 그런 자료는 아쉽게도 어니에서도 찾을 수 없었다. 김우창의 견해가 창비의 견해일 수는 없지만, 적어도 신동엽이나 「금강」이 거둔 문학적 성취에 대해 창비가 눈여겨보고 있었음을 짐작할 수는 있을 것이다. 그후 창비가 신동엽만을 온전히 다룬 글로는 다음의 다섯편의 평론을 찾아볼 수 있었다.

1) 조태일 「신동엽론」, 1973년 가을호

2) 구중서 「신동엽론」, 1979년 봄호

3) 김종철(金鍾哲) 「신동엽론」, 1989년 봄호

4) 백낙청 「문학강연: 살아 있는 신동엽」, 1989년 여름호

5) 오창은 「시적 상상력, 근대체제를 겨누다: 신동엽 40주기에 부쳐」, 2009년 봄호

눈이 밝은 사람이라면 금세 눈치챘겠지만, 위의 글들은 대체로 시인의 10주기(구중서), 20주기(김종철, 백낙청), 40주기(오창은)를 기념하여 쓴 것들이다. 창비가 신동엽에게 얼마나 정성을 기울였는가를 엿볼 수 있는 대목이 아닐 수 없다. 참고로 계간 『창비』 총목차를 검색해보니, 창

신동엽
1930년 충남 부여 출생. 시인. 1969년
작고했다. 강렬한 민중의 저항의식을
시에 담아낸 시인으로, 주요 시집으로
『신동엽전집』『누가 하늘을 보았다 하
는가』 등이 있다.

비의 신동엽 사랑은 창비가 초기부터 고평해오던 김수영에 대한 대접
(?)에 비해서 조금도 부족하지 않은 듯하다. 평론의 편수는 김수영 쪽이
조금 더 많지만, 김수영을 추모하는 제사상은 정작 40주기인 2008년 여
름호에 차린 특집 하나뿐이지 않은가. 『신동엽전집』의 발간(초판 1975년)
과 신동엽문학상의 제정(1982년, 당시 명칭은 '신동엽창작기금'으로 유족과 공동
으로 운영하다가 11회부터 창비 단독 운영)까지 더하면 이보다 더 큰 사랑은 없
으리라. 내가 아는 한 약간의 예외를 제외하고, 신동엽의 작품에 대한
대부분의 출판은 지금도 창비가 담당하고 있다.

　그러나 1960년대말 당시에 창비만 신동엽을 주목하고 있었던 것은
아니다. 1969년 8월 15일자로 창간호를 발간한 『상황』 동인들이 있었다.
거기에 시 「서울」이 유고로 실렸는데, 그 배경에는 아마도 평론가 구중
서의 역할이 컸던 것으로 보인다. 구중서는 "『창작과비평』은 초기에는
만해 한용운 선생과 김수영 시인을 높이 평가했고, 우리 『상황』 동인들
은 신동엽을 높이 평가했지요. 그래서 1969년에 신동엽이 별세했을 적

에도 내가 『월간문학』에 「신동엽 형을 흙에 묻고」라는 조사를 실은 게 있고, 관도 내가 한 귀퉁이를 들고 올라갔고, 장갑에 묻은 붉은 흙을 털지 않고 서랍에 넣어두고 그랬지요. 나중에 『창비』에서 점점 신동엽을 높이 평가해서 『신동엽전집』이 나올 적에도 초판본에는 내가 쓴 「신동엽 형을 흙에 묻고」가 뒤에 붙어 있고"라고 증언한 바 있기 때문이다(구중서·강진호 「기획 대담: 1960, 70년대와 민족문학」, 『작가연구』 6호, 1998, 183~84면).

창비의 대표 논객인 백낙청의 평문들을 훑어보면, 신동엽의 문학에서 민족적이고 민중적인 측면을 읽어낸 구중서의 증언이 상당히 타당해 보인다. 백낙청의 첫 평론집 『민족문학과 세계문학』(1978)에는 신동엽에 관한 언급이 네차례 나온다.

1) "김광섭·김정한 등 노장의 활약이나 작고한 김수영·신동엽 두 시인의 걸작들"(1974. 7, 「민족문학 개념의 정립을 위해」, 138면)

2) "문학의 사회적·역사적 책임을 본격적으로 다시 논의하기 시작한 것도 4·19 이후부터이고 작가가 민족과 민중의 현실을 직시할 필요가 새로이 인식된 것도 이 시기이다. 작품 면에서도 고 김수영·신동엽 두 시인의 본격적 활동이 이때에 속하고"(1974. 11, 「사회현실과 작가의식」, 287면)

3) "〔시 「껍데기는 가라」의 마지막 연 인용 후〕 시인의 외침을 들을 때, 적어도 이 땅의 우리네 동시대인들로서는 만해나 육사 또는 김수영의 어떤 빛나는 구절을 대할 때와도 조금은 다른 쩌릿함을 맛보게 된다."(1976. 6, 「분단시대 문학의 사상」, 304면)

4) "「껍데기는 가라」와 「아니오」를 쓴 시인의 서구문화에 맞선 이러한 튼튼한 배짱이 김수영에게는 오히려 아쉬운 느낌도 드는데"(1977 여름, 「역사적 인간과 시적 인간」, 177면)

대개 김수영과 나란히 1960년대 민족문학의 대표적인 성과로 평가하고 있는데, 그 글들은 모두 1960년대의 것이 아니라 1974~77년에 발표된 것들이다. 다시 말하면, 1960년대에 『창작과비평』을 창간하면서 백낙청이 내세운 '시민문학론'에서는 아직 포착되지 못했던 신동엽의 문학적 성과들이 1970년대의 '민족문학론'에 이르러 새롭게 평가된 것이다. 백낙청의 시민문학론이 1974년에 발표된 「민족문학 개념의 정립을 위해」라는 글을 통해 민족문학론으로 대선회, 전진해가는 그 역사적 지점에 신동엽이 자리잡고 있다고 할 수 있다. 그리고 민족문학론이 본격적으로 개진된 두번째 평론집(『민족문학과 세계문학II』, 1985)의 「민족문학의 현단계」(1975)라는 글에서는 신동엽의 시 「껍데기는 가라」를 별도의 한 장으로 설정하여 자세히 분석하면서, "4·19에서 비롯된 민족문학의 현단계 작업은 바로 이러한 인류적 차원의 비전으로까지 이어져야 하겠다는 의식이 60년대의 우리 문학에서 이미 작품화되었음을 확인할 수 있다"(24~25면)라고 평가하였다. 신동엽에 대한 백낙청의 최종적인 평가는 시인의 20주기를 기념하는 강연 「살아 있는 신동엽」(1989)에서 그 정점을 찍었다. 이 글은 백낙청이 오로지 신동엽에 대해서만 쓴 유일한 것으로, "민족의 자주성, 민중해방 사상"의 시인으로 규정지었다(『민족문학의 새 단계』, 1990, 284~301면).

창비의 이러한 신동엽 발견은 『신동엽전집』을 간행(1975. 6)한 것으로 이어졌다. 그러나 안타깝게도 그해 7월 긴급조치 9호 위반을 이유로 유신독재정권에 의해 이 책은 판매 금지되고 말았다(일설에 의하면 판금 사유가 서사시 「금강」 때문이라고 한다). 그와 동시에 '신동엽'이라는 이름은, 「금강」이라는 시는 10여년 넘게 우리에게 금지어가 되었다. 1978년에 대학생이 되었던 필자 역시 『신동엽전집』을 읽어볼 수가

初판에 누락되었던 오페레타 「석가
탑」을 추가하고 오식을 바로잡은 증
보판 『신동엽전집』(1980)

없었다. 그래서 선배 누군가로부터 그 책을
비밀리에 얻어 보았던 것으로 기억하는데,
지금도 필자에겐 전집 초판본의 복사물이
318~423면만 너덜너덜해진 채로 남아 있다.
그리고 1979년 10월 영원할 것 같았던 유신
이 종말을 고하고 1980년 봄 잠시 판금이 풀
렸을 때, 필자는 가장 먼저 증보판 『신동엽
전집』을 구입하여 지금껏 곁에 두고 보고 있
다. 당시 어떤 이는 무려 5,000행이 넘는 장
시 「금강」을 처음부터 끝까지 남몰래 필사

하여 읽었다고 하니, 그 간절한 마음을 능히 짐작할 만하지 않은가.

창비에서 그후로 낸 신동엽 관련 서적은 시선집 『누가 하늘을 보았다
하는가』(1979. 3/개정판 1989. 4), 증보판 『신동엽전집』(1980. 4), 전작시 『금
강』(1989. 4), 『신동엽 시전집』(2013. 4) 등이다. 그런데 그중 맨 뒤엣것은
필자가 편집한 바 있는데, 그에 짝하여 창비에서는 앞으로 『신동엽 산
문전집』 등을 추가로 발간할 모양이다.

대화는 어떻게 사회적 힘이 되는가

최기숙

　현재의 『창작과비평』 독자들은 이 잡지를 어떻게 이해하고 있을까? 창작의 영역에서 논하자면 문예지로서의 정체성이 여전히 강하지만 비평의 차원에서 보자면 그 범주는 단지 문학에 한정되지 않는다. 『창비』의 독자들이 이 잡지를 통해 섭렵하는 지식과 정보, 교양의 내역은 문화, 예술, 사회, 정치, 역사, 일상의 현장에 이르기까지 다양하다. 그렇다면 이 잡지가 계간지 형태로 출간되는 다른 잡지들과 구분되는 고유한 정체성은 무엇인가?

　잡지의 편집진에서 논의하거나 설정한 정체성과는 달리, 독자의 입장에서 규정하거나 이해하는 정체성에 주목하는 것은, 이 잡지의 미래를 위해서가 아니라, 소비자와는 구분되는 문화 주체로 자리매김하려는 독자들의 요구와 움직임에 대한 이해가 선행될 때 진정한 '소통성'

崔基淑 연세대 국학연구원 HK교수. 저서로 『처녀귀신』 『조선시대 어린이 인문학』 『환상』 『문밖을 나서니 갈 곳이 없구나』 등이 있음.

이 확보된다고 보기 때문이다. 하나의 잡지가 글을 통해 독자에게 특정 이념이나 시각을 전달한다는 의미에서 문화를 선도하는 역할을 한다고도 볼 수 있지만, 책을 읽는 독자의 입장에서는 무엇을 어떻게 읽을 것인가를 선택하는 상황 자체가 주체의 자리를 만들고 경험하는 행위이기 때문에, 그리고 독서의 묘미는 그러한 자율성의 체험으로부터 출발하기 때문에, 독자의 입장과 목소리를 이해하는 것도 중요하다. 게다가 그 안에 독자의 음성이 그대로 노출된 경우가 있다면 그것은 이중의 주목을 요하게 되는 셈이다.

기원을 거슬러 『창비』가 창간된 이후로 1980년까지를 한정해본다면, 당시 이 잡지는 문예지이자 비평지, 나아가 학술지를 포괄하는 종합지적 성격을 지녔다고 볼 수 있다. 현재는 각 분야가 '영역'과 '경계'를 확정하는 방식으로 '전문화'되었고, 필요에 따라 영역을 넘나들어 선택할 수 있는 자유가 증폭되었지만, 역설적으로 각 분야에 대한 전문성을 표방하는 현재의 문화 풍조는 협소화·파편화를 일상화하는 일종의 산란스러운 분열을 초래했다고도 볼 수 있다.

현재의 조건이나 상황 속에서, 어떤 제도나 기관에서 영역이나 분야 간에 통섭을 하려면 그 자체를 하나의 '전문화된 전공 영역'으로 만들지 않고서는 불가능하다는 역설적 판단을 하게 된다. 전문화 시대의 '통섭'이란 이상적 이념이라거나 도달해야 할 목표지점이라기보다는 개인과 사회의 피로를 가중시키는 고난도의 노동이며, 과부하를 촉진하는 잉여 작업에 가깝다. 여기에 하루가 멀다 하고 쏟아지는 이론, 담론, 용어, 방법론의 홍수 속에서 무언가를 수렴한다거나 서로 모여 협의한다는 과정 자체가 모종의 '판타지'처럼 여겨지기도 한다. 어떤 문제가 제기되면 이에 대한 합의나 모색이 이루어지기도 전에 새로운 문제를 제출해서 앞서 제기한 문제를 '낡은 것'으로 되돌리는 '기술의 전략'이 팽배한 시대를 살아가는 듯하다.

이러한 '신기술'이 팽배하는 맥락에는 문제의 해결 또는 진리 탐구를 향한 사심 없는 움직임보다, 담론의 선봉에서 문화와 학문의 패권을 선점해야 한다는 경쟁주의적 태도가 힘을 발휘하고 있는 듯하다. 정보화와 성과주의로 압축되는 경쟁 일로의 21세기적 분위기는 바야흐로, 경제논리를 뒷받침하던 '보이지 않는 손'이 '정보'를 매개로 전 영역에 미시적으로 관철되어 '전면전'을 행사하는 '무한경쟁'의 시대를 초래한 것과 무관하지 않다.

그런 점에서 1970년대 중반부터 『창비』가 기획한 좌담회는 특정한 사안을 놓고 분야가 다른 비/전문가가 모여 대화하고 토론하며 공통의 시각이나 입장, 담론을 찾아보려는 공개적 모색을 했다는 점에서 시사하는 바가 크다.

1980년대까지의 『창비』를 돌아보면, 현재성에 대해 탐구하고 응답하기 위해 당대 문화의 현장과 학술담론을 폭넓게 수렴하고 이에 대한 역사적 계보를 추적하려는 '순수한 동력'을 가졌던 『창비』의 힘을 경험하게 된다. 당시에 『창비』는 민중문학론, 민족문학론, 리얼리즘, 제3세계문학론, 세계문학론 등을 이념과 비평의 차원이 아니라 운동과 실천을 매개로 재구성하려는 모종의 동력을 형성하고 있었다. '잡지'라는 장르적 특성은 이러한 『창비』의 '젊은 야망'을 실천하기에 적절한 도구였다. 말하자면 시대를 읽는 시선과 매체적 판단이 적절하게 조우한 경우라고 볼 수 있다.

당시 『창비』는 현실과 담론, 문학을 포함한 예술과 비평, 지식인과 민중(대중) 사이의 대화와 협력의 길을 모색하고 있었다. 그중 하나가 영

「『창비』 10년: 회고와 반성」(1976년 봄호) 좌담.
정면의 백낙청부터 시계 방향으로 이호철 신경림 염무웅 신동문.

역을 넘나드는 비평작업이었고, 다른 하나는 사회와 학술, 지식인과 민중(대중)을 넘나드는 좌담회였다. 이 중에서 한층 포괄적인 차원의 대화와 소통을 가능하게 했던 장치는 후자, 즉 좌담이다.

1976년 봄호(통권 39호)에 「『창비』 10년: 회고와 반성」을 시작으로 정례화되기 시작한 『창비』의 좌담은 '창비 10년'을 회고하고 반성한다는 고전적이고도 본질적인 문제의식에서 출발했다. 이 자리에는 신동문(시인, 전 발행인), 이호철(소설가), 신경림(시인), 염무웅(문학평론가), 백낙청(문학평론가, 발행인)이 참여했다. 10년을 회고하는 만큼 자기 동력으로서의 자찬과 성찰적 반성이 공존할 수밖에 없었지만, 필자의 관심을 끈 것은 당연히 '자찬'이 아닌 '성찰'의 목소리였다.

이 자리에서 백낙청은 '입장 자체에 우리 현실에 밀착하지 못하고 나쁜 의미의 대학강단 비평적인 데가 많았다'는 점과 '지나치게 몇몇 사람들만이 일종의 섹트[分派]를 이루고 있다는 말을 듣는다'는 발언을 했다. 지식인과 대학 중심의 비평으로부터 민중문학, 세계문학으로 나아가야 한다고 본 발행인/비평가로서의 주장이 실제로 관철되지 못한 점에 대한 주변의 비판과 스스로의 성찰을 명확히 했던 것이다. 창비의 이런 성찰적 자기점검은 사실 이전부터 지속된 것이었다(예컨대 백낙청 「『창작과비평』 2년 반」, 1968년 여름호; 염무웅 「창간 5주년을 맞이하여」, 1971년 봄호 등의 편집후기).

　1976년부터 1979년 12월까지 총 13회에 걸쳐 마련된 『창비』의 좌담회는 개인 필자의 각론으로 마련된 창비의 문제의식을 총체적으로 점검하는 계기가 되었다. 여기서 다루어진 주제는 「민족의 역사, 그 반성과 전망」(1976년 가을호), 「한국시의 반성과 문제점」(1977년 봄호), 「분단시대의 민족문화」(1977년 가을호), 「농촌소설과 농민생활」(1977년 겨울호), 「한국기독교와 민족현실」(1978년 봄호), 「분단현실과 민족교육」(1978년 여름호), 「내가 생각하는 민족문학」(1978년 가을호), 「『창비』를 진단한다」(독

「한국기독교와 민족현실」(1978년 봄호) 좌담.
박형규 목사(왼쪽)와 백낙청 당시 편집위원이 마주 앉아 있다.

자비평 좌담, 1978년 겨울호),「국문학연구와 문화창조의 방향」(1979년 봄호),
「오늘의 여성문제와 여성운동」(1979년 여름호),「대중문화의 현황과 새
방향」(1979년 가을호),「오늘의 경제현실과 경제학」(1979년 겨울호) 등이다.
『창비』의 핵심 담론인 민족문학론이나 농촌문학, 민족문학, 민중문학/
문화, 여성운동 등이 좌담회에서 논의되었으며, 여기에 참여한 인원의
다양한 전공, 직업, 연령, 계층 등은『창비』의 이념에 대한 사회적 신뢰
를 마련하거나 증폭시키는 역할을 했다.

이 좌담회는 분야가 다른 사람들이 한자리에 모여『창비』가 제출하
고 포착한 문제에 대해 대화하고 방향을 모색함으로써, 경계횡단적 소
통을 지향하던『창비』의 '초심'을 재확인하는 일종의 '자기정화'의 '동
력-장치'였다.

가장 눈에 띄는 점은 애초에 전공과 분야가 다른 전문가가 모여 대화
하는 형식의 좌담회로부터 농민, 기자, 회사원, 대학원생 등으로 참여자
가 확대되었다는 사실이다. 그 시초는 좌담회의 주제로 '농촌소설과 농
민생활'을 다루면서 실제 농사를 짓는 홍영표(전남 해남군)가 참여하면서
부터다.

홍영표는 원래 자신은 '시골서 농사를 짓는, 문학과는 거리가 먼 사
람'이라는 것을 강조했고, 이러한 발언은 이후에도 좌담회에 참석한 이
른바 시민층 독자(농민, 노동자, 회사원 등)의 주요 레퍼토리가 되었지만, 현
장 참여자가 농촌문학을 다루면서 특정 생활만을 주목했다고 지적한다
든가, 문제의 형상보다 구조적인 면을 깊이있게 다루어달라고 요청한
것, 삶의 현장에서 이미 비평적 안목으로 농촌생활을 분석하고 비평하
는 작업이 이루어지고 있음을 확인한 것 등은 매체가 시민/독자와 소통
하고 연대해야 할 이유를 설득하는 데 충분한 논거가 되었다.

이는 '표상적 차원'에서 『창비』가 스스로의 이념을 실제로 실천하고 있다는 '확신'을 대중적으로 전파하는 데 그친 것이 아니라, 실제 독자들이 지식인 중심의 사회 구성이나 참여가 갖는 한계를 '현장적으로 깨닫는' 계기를 제공했다는 점에서 중요한 의미를 발휘했다.

특히 '독자비평 좌담'을 표방하여 참석자 전원을 일반 독자로 구성한 1978년 겨울호의 좌담회에는 대학원생, 노동자, 농민, 회사원, 신문기자 등이 참여해, '가장 무서운 손님'의 입장에서 『창비』에 대한 견해를 교환했다. 인쇄나 제본이 고급스러워서 "별로 마음에 들지 않았다"는 이병철(농민)의 발언이나, "굉장히 고급스럽고 너무 지적인 데 약간의 저항감을 갖고 있었다"고 한 민종덕(노동자)의 발언은 『창비』가 이념을 넘어서 현장 독자를 끌어안으려는 민낯의 모색을 했음을 시사한다. 이들은 『창비』가 '가난하고 약한 사람에게 관심을 갖는 점'에 공감했지만

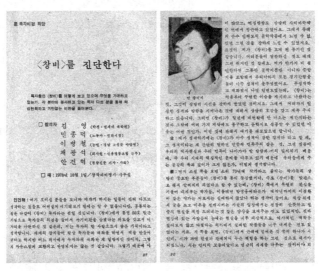

「『창비』를 진단한다」(1978년 겨울호) 좌담 본문.
오른쪽 사진은 일반 독자의 시각에서 『창비』에 대해 비판적인 의견을 내놓은 민종덕씨.

현장과는 차이가 있다(민종덕)거나, 민중 이야기가 많이 나오지만 민중의 의사와 일치하는 것은 아니며,『창비』의 평론을 부담 없이 읽기에는 어렵고 '우리 일반'의 목소리와는 거리가 있다(이병철)는 등의 비판적 평가를 내렸다. 이는 앞서 좌담에 참여했던 농민 홍영표의 목소리와 일치했다.

이후에도『창비』에는 이른바 비전문-민중시민/독자가 참여한 좌담회를 열었는데,「대중문화의 현황과 새 방향」(1979년 가을호)에 참여한 석정남(노동자)이 "저는 문화라는 말의 개념조차 확실히 모르고 살면서 오늘 이 자리에 나오게 되었는데요. 저는 시골에서 자랐기 때문에"라고 서두를 떼었지만, 발언을 살펴보면 문학에 상당히 조예가 있고 비평적 안목을 갖추고 있음을 알 수 있다. 좌담회를 통한 일반 독자의 참여가 독자층의 저변 확대에 그치지 않고, 일종의 역량 강화(empowerment)의 동인이 되었을 가능성도 시사하고 있다.『창비』가 비평적 대화의 파트너로 일상의 평범한 노동자와 농민, 학생을 선택했을 때, 이는 단지 일회적이고 상징적 의미에서『창비』의 이념을 증명하는 포즈가 아니라, 실제로 존재하지만 보이지 않았던 독자층의 층위를 뚜렷이 발굴하고 성장시키는 문화 동력이 되었다는 해석이 가능해진다.

독자의 입장에서『창비』를 회고하면서 생각하게 된 것은 인문자원을 문헌자료나 대학제도 안에서 생성되는 담론 중심으로 파악할 때, 이는 인류의 문화자산에 대한 정수의 수집이라거나 응축된 섭렵이라는 결실을 얻기보다, 오히려 질적이고 양적인 차원의 현저한 축소로 왜곡될 위험이 있다는 발견이었다. 특히 학술담론은 제도적으로 양식화된 글쓰기에 한정되기 때문에, '제도적 요구'를 통과하기 위한 수많은 절차와 단계상의 '작용'이 발생하게 된다. 전문가나 학자일수록 더욱 일상적 자아로서 겪는 의견, 느낌, 생각을 표현할 수 없고, 해서도 안된다는, 원천적인 의미에서의 '이성의 압박'과 '제도적 통제'에 긴박된다.

그러나 구술적 차원의 대화는 원천적으로 '격의 없는' 형식을 통해 자율성과 개방성, 즉흥성과 현장성을 허용한다. 계층, 세대, 직업, 지역, 성별, 국적이 다양한 사람이 모여 대화하려는 움직임은 그 자체가 '경계 해체'와 '통섭'의 힘을 내포한다. 더구나 인쇄매체인 잡지가 독자를 향해 말하고 전달하는 도구적 기능에 스스로를 가두지 않고, 듣는 기구임을 자처할 때, 나아가 침묵하거나 억압된 자에게 말하게 하는 도구-장치임을 표방할 때, 이념이 아닌 본질로서의 '대화성'과 '소통성'에 대한 '초심'을 회복하는 유력한 단서를 찾게 되는 것은 아닐까 생각해보게 되었다. 『창비』에 실린 좌담을 돌아보는 회고의 힘은 단지 『창비』라는 특정 매체의 동력에 대한 해부가 아니라, 사회적 힘과 역량을 풍성하게 하는 성찰 자원으로서의 동력을 이해하는 계기가 되었다.

누구나 말하려는 시대에 먼저 듣는 역할을 자처하는 것, 하려는 말을 전달하는 매체가 아니라 듣는 귀를 열어놓는 매체가 되려 할 때, 활자나 문자로는 도저히 '건질 수 없는' 삶의 활력과 가치를 경험할 수 있다. 전 문화의 궁극점이 파편화나 미시적 분열로 치닫는 것을 제어하기 위해서는 열린 대화와 수렴에 대한 훈련이 필요하다.

이후 『창비』는 어떻게 누구를 향해 말문을 터놓았는가, 매체는 '투명한 독자'에게 어떤 형체를 부여했으며, 그들의 행방은 어떻게 되었나. 대화를 위해 열어놓았던 그 문은 어디를 향해 어떻게 열렸는가. 그 문의 궤적은 오늘날 우리 사회에 어떤 대화적 가능성을 제시하고 있는가. 그리고 도대체 이 시대에 함께 모여 나누어야 할 그 무엇이 여전히 남아 있기는 한 것인가.

처음에는 이에 대한 응답을 요청할 참이었는데, 질문을 적고 보니 이 것에 응답하는 이만이 질문의 주인이 될 수 있다는 생각이 든다. 비평에 대한 회고는 한층 더 날카롭게 벼려진 비평의 날을 세워주는 대신, 저 밑바닥으로부터 울리는 무거운 성찰을 요청하고 있다. 역시, 함부로 무 언가를 회고할 일은 아닌 것 같다.

유신독재의 탄압과 영광스러운 상처들

한영인

　박정희정권은 출범과 동시에 각종 검열제도를 전가의 보도처럼 휘둘렀다. 5·16쿠데타 직후 선포된 언론의 사전검열과 문화예술 행사에 대한 검열이 대표적이거니와 이후 진행된 언론사 통폐합과 『민족일보』 강제 폐간, 『부산일보』와 부일장학회 강제 헌납 사건, 『경향신문』 강제 매각 등에 이르는 언론탄압 역시 빼놓을 수 없다. 1965년 남정현의 「분지」 필화사건과 1970년 김지하의 「오적」 필화사건 등의 예에서 엿볼 수 있듯 문학 역시 정권의 감시와 탄압으로부터 결코 자유로울 수 없었다. 박정희정권에 의한 언론 및 출판 탄압은 '10월유신'을 통해 절정에 이른다.

　1972년 10월 17일 오후 7시, 박정희는 대통령 특별선언을 발표하고 국회를 해산한 후 정당 및 정치활동의 중지 등 헌법의 일부 기능을 정

韓永仁 문학평론가, 『창작과비평』 편집위원. 평론으로 「'문학과 정치'에 대한 단상」 등이 있음.

지시키고 전국에 비상계엄령을 선포했다. 이른바 10월유신의 시작이었다. '평화통일'과 '무질서와 비능률의 타파'라는 기만적인 명분으로 포장된 이 친위 쿠데타의 목표는 잘 알려진 대로 박정희의 영구집권이었다. 박정희는 10월유신을 선포함과 동시에 계엄사령부의 포고를 통하여 정치활동 목적의 옥내외 집회 및 시위를 일절 금지하고 언론, 출판, 보도 및 방송은 사전검열을 받도록 했다. 국민의 입과 눈을 틀어막아 권력의 안정을 도모하겠다는 속셈이었다.

이 과정에서 『창작과비평』 역시 갖은 고초를 겪어야 했다. 창간사에 해당하는 권두논문 「새로운 창작과 비평의 자세」를 통해 "오늘의 작가는 구제적 자유에 대한 구체적 투생"을 벌여야 하며 "작가는 언론의 자유를 위한 싸움이 자기 싸움임을 알아야 한다"고 역설했던 창비의 입장에서는 박정희정권의 언론탄압과 출판탄압은 결코 피할 수 없는 투쟁의 대상이었기 때문이다. 이렇게 창간과 동시에 '언론과 출판의 자유'의 중요성을 역설한 창비는 이후 박정희정권의 언론 및 출판 탄압에 맞서는 하나의 진지로 기능한다. 그리고 그 과정에서 여러 '영광스러운 상처'를 입게 된다.

김지하 시 수록으로 수난을 겪은
『창작과비평』 1975년 봄호

당장 창비의 편집인인 백낙청이 1974년 1월 유신헌법에 반대하는 '개헌청원지지 문인 61인 선언' 및 11월 자유실천문인협의회 발기인에 참여한데다가, 11월 27일 민주회복국민선언에 서명했다는 이유로 문교부에 의해 그해 12월 서울대 영문과에서 징계 파면되고 만다. 잡지 『창작과비평』 역시 탄압의 광풍을 피해가지 못했다. 정부는 김지하의 시 「빈 산」 「모래내」 「1974년 1월」 등과 백낙청의 평론 「민족문학의 현단계」가 실렸다는 이유로 1975년 봄호를 몽땅 회수토록 했으며 리영희의 「베트남전쟁Ⅲ」이 실린 여름호를 긴급조치 9호를 발동하여 판매금지했다. 염무웅은 회수된 1975년 봄호에 대해 "창간 9주년 기념호로 아주 힘들여 만들었"으며 "지금 그 잡지를 펼쳐봐도 '어디 칠 테면 쳐봐라' 하는 기세가 느껴"진다고 말한 바 있는데('창비 30주년 기념 인터뷰' 중에서) 유신의 출판탄압에 맞서는 창비의 결기어린 자세를 잘 보여주는 대목이라 할 수 있다.

판매금지 처분을 받았던
『국토』(1975)와 『한국의 아이』(1976)

한편 조태일의 대표작인 『국토』(창비시선 2) 역시 1975년 발매와 동시에 판매금지 처분을 받았으며 뒤이어 황명걸의 시집 『한국의 아이』(창비시선 9)와 『신동엽전집』도 같은 운명에 처하게 된다. 『국토』는 "1970년대 정치적 암흑에 대한 가장 신랄한 비판을 가한 반골의 시인이자 강골의 시인"(염무웅) 중 하나인 조태일이 세번째로 내놓은 시집이었다. 시인은 여기서 가혹하고 척박한 삶의 조건 속에서 꿋꿋하게 살아가고 있는 민중에 대한 애정을 국토에 대한 사랑과 결부시킴과 동시에 분단현실의 폭력성과 허구성을 고발했으며, 분단을 극복하고 남과 북을 아우르는 건강한 민중성에 기반을 둔 새로운 세계에 대한 열망을 보여주었다. 황명걸의 시집 『한국의 아이』에서는 1976년 8월 18일 판문점 공동경비구역 안에서 일어난 비극적인 사건을 정면으로 다룬 「불행한 미루나무」라는 시가 문제가 되었으며,「껍데기는 가라」「누가 하늘을 보았다 하는가」「산문시 1」「진달래 산천」 등의 명편이 수록된『신동엽전집』역시 시의 일부 내용을 문제삼은 정부측에 의해 긴급조치 9호 위반이라는 명목으로 판매금지 당하게 된다.『신동엽전집』은 긴급조치가 풀린 1980년 봄에 증보판이 나왔지만, 신군부의 폭압 아래 다시 판금되는 우여곡절을 겪기도 했다.

창비신서 씨리즈 역시 유신정권의 무자비한 탄압을 비켜가지 못했다. 대표적인 것이 리영희의『8억인과의 대화』(창비신서 18)를 둘러싼 일련의 필화사건이다. 1977년 9월 출간된 이 책은 중국을 몸소 겪은 서방세계의 저명한 전문가와 해당 분야의 권위자들의 체험과 견문을 엮은 것이었다. 흥미로운 것은 리영희가 직접 밝힌 글의 수록 기준 가운데 "이른바 '친중공'적인 편견을 가졌다고 알려진 개인이나 사회주의권의 원전은 일체 배제한다"는 항목에서 보이듯 문제가 될 만한 내용에 대해서는 이미 스스로 검열을 거쳤음에도 불구하고, 정권측에 의해 중국공산당을 미화했다는 혐의를 덮어쓰고 반공법 위반으로 2년간 복역하게됐다는 점이다. 당시 발행인이던 백낙청은 1심에서 징역 1년을 선고받았지만 2심에서 집행유예의 판결을 받았다.

유신시대와 함께 시작된 정부의 탄압은 박정희의 죽음으로도 종결되지 않았다. '서울의 봄'과 '오월 광주'를 짓밟고 정권을 잡은 신군부 일당에 의해 1980년,『창작과비평』은 마침내 강제 폐간에 이르게 되었던 것이다.

'창비신서'와 민족민주출판의 개화

김이구

'창비신서' 첫걸음을 떼다

『창작과비평』 1973년 겨울호 '편집후기'를 살펴보면 "본사에 출판부
가 신설되었다는 소식을 알린다. 창작·번역·학술연구 등 각 분야에 걸
친 양심적인 업적들을 출판할 예정이다"라고 하면서 "우선, 본지에 연
재되어 크게 호평을 받은 A. 하우저의 『문학과 예술의 사회사 ── 현대
편』 및 신진으로 단연 두각을 나타내고 있는 방영웅·황석영 두분의 단
편집을 낼 것이다"라고 예고했다.

1972년 미국 유학에서 돌아와 편집인으로 복귀한 백낙청은 염무웅
주간과 협력하면서 단행본 출판을 모색한다. 계간지에서 발굴하고 축
적한 창작과 각 분야의 실천적 성과들을 묶어내어 창비의 지향을 지속
적으로 독자들에게 알릴 필요도 있었고, 장차 재정적 독립을 이루려면

金二求 문학평론가, 소설가, 창비교육 기획위원. 저서로 『우리 소설의 세상 읽기』 『어린
이문학을 보는 시각』 『해묵은 동시를 던져버리자』 등이 있음.

계간지 발행 외에 수익이 발생할 수 있는 단행본 출판이 긴요했다. "명색은 어엿한 잡지사였지만 알고 보면 신구문화사의 의붓자식 같은 신세"를 벗어나야 했고, "소위 유신체제라는 것이 선포되자 우리들 개인에게나 잡지『창비』에나 본격적으로 시련이 닥치게 되"어 "이런 상황에 대처하기 위해서"(염무웅「두들길수록 단단해졌던 격동기의 '창비'」,『창비문화』1996년 3·4월호 28~29면) 출판사로서 완전히 독립해야만 했다.

  '편집후기'에서는 "본사에 출판부가 신설되었다"고 밝혔지만 전후 사정으로 볼 때 당시 계간지 편집과 별도로 출판부를 정식으로 발족할 만한 형편은 아니었을 텐데, 그 준비작업은 꽤 의욕적으로 진행되었던 것 같다. 1973년 하반기 들어 단행본 출판을 구체적으로 추신해, 다음해 1월 출판사 등록을 한 후 3월에 황석영 소설집『객지』가 출판사 '창작과비평사'의 첫 책으로 나오게 된다. 이때 '창비신서(創批新書)'라는 씨리즈 이름이 붙었으니, '창비신서'가 드디어 독자들에게 그 첫 모습을 드러냈던 것이다. 처음 기획한 세권의 발간순서가 바뀌어 '창비신서 3'『객지』가 맨 먼저 나오고 이어서 '창비신서 2' 방영웅 소설집『살아가는 이야기』가 4월에, 첫째 권으로 예정했던 A. 하우저의『문학과 예술의 사회사 — 현대편』(백낙청·염무웅 옮김)은 5월에 비로소 출간되었다. 하우저의 책은 역자가 백낙청·염무웅이었으니 번역과 교열·교정을 두사람이 책임졌고, 다른 책들의 기획과 편집도 두사람이 주로 맡아 했을 것이다. 장정은 신구문화사 디자이너 김석중의 도움을 받아 해결했고, 교정 실무는 창작과비평사 편집사원 김성림이 담당하고 신구문화사에서『창비』교정을 지원하던 정해렴도 협력했다. 패기와 의욕으로 잇따라 간행한 초기 창비신서는 독자들의 갈증을 풀어주며 중쇄를 거듭했는바, 불과 1년여 만에『문학과 예술의 사회사』『객지』『전환시대의 논리』

는 "4판을 냈고 그밖에도 재판 또는 3판을 준비 중에 있"('편집후기', 『창작과비평』 1975년 가을호)을 만큼 성공적이었다.

그러나 1974~75년은 시련의 연속이었다. 유신헌법 반대 등 민주화운동에 발벗고 나선 백낙청 편집인이 급기야 서울대 교수직에서 파면되고, 긴급조치 9호 위반으로 『창작과비평』 75년 봄호와 여름호가 잇따라 판매금지되었다. 조태일 시집 『국토』와 『신동엽전집』도 발간되자마자 문공부로부터 판매금지를 당했다. 이런 와중에 창비는 신구문화사를 나와 1975년 종로구 수송동의 작은 사무실에 세를 얻어 들어가고 백낙청이 출판사 대표를 맡음으로써 완전히 독립하게 된다. 이후에도 창비가 추구하는 출판의 길에 시련이 그치지 않았지만, 창비신서를 꾸준히 기획하고 시집과 소설집 간행 등으로 분야를 넓히면서 수익을 내는 책도 나오는 가운데 회사 규모도 조금씩 성장하였다.

시대의 어둠을 깨뜨린, 1980년대 '신서' 열풍의 디딤돌

'신서(新書)'는 풀어보면 '새로운 글' '새로운 책'이란 뜻이다. 새로운 사상, 새로운 연구, 새로운 작품 들을 출간하겠다는 취지를 드러내는 표현이다. 역사가 오랜 '이와나미신쇼(岩波新書)'를 비롯한 일본 출판계의 신서 형태는 문고본(文庫本)보다 판형이 약간 크고 고전보다 새로운 내용을 수록하지만 우리 개념으로는 '문고'에 가깝다. 1950년대부터 간행된 '정음신서'나 60년대부터 간행된 '탐구신서' 등이 그렇다. 어려운 경제적 사정과 지식계의 상황이 맞물려서 우리 출판·독서계에서는 작은 판형에 다양한 지식을 집약하여 높지 않은 값으로 판매하는 다양한 '문고'가 일찌감치 자리를 잡아 이른바 '문고시대'가 80년대까지 지속되었다.

『창작과비평』1974년 가을호 표지에 실린
초창기 '창비신서' 광고

1974년부터 출간된 창비신서는 기존의 문고형 신서와는 달리 큰 판형에 차별화된 내용으로 80년대의 신서 붐을 일으키는 디딤돌이 되었다. 『문학과 예술의 사회사』는 새로운 시각과 깊이있는 이론에 호응하는 독자가 적지 않음을 증명했고, 리영희의 사회비평서 『전환시대의 논리』를 비롯한 민족현실과 민중상황을 직시한 저술들은 어두운 시대에 잠자는 의식을 일깨우는 목소리가 커다란 반향을 일으킬 수 있음을 보여주었다. 이러한 분위기가 형성되면서 1977년부터 한길사의 '오늘의 사상신서'가 나오기 시작했고, 다음해 홍성사(弘盛社)의 '홍성신서' 첫 권으로 나온 에리히 프롬의 『소유냐 삶이냐』가 베스트셀러에까지 올라 일반 독자에게도 '신서'라는 이름을 부각시켰다.

80년대에 들어서자 해직 언론인과 학생운동권 출신들이 대거 출판계로 진입하면서 이른바 사회과학도서 출판이 봇물을 이룬다. 대부분의 출판사들이 자사의 '간판 씨리즈'로 출판사 이름을 붙인 '신서'를 간행했으니 풀빛신서, 두레신서, 동녘신서, 사계절신서, 거름신서 등 많은 신서 씨리즈가 등장했다. 이러한 신서 씨리즈의 기획 내용들은 『창작과비평』과 창비신서를 통해 제기되어온 이론적·실천적 문제제기와 과제들을 심화하거나 확산하기도 했고, 나아가서 더한층 급진적 변혁을 추구하거나 현장의 생생한 목소리를 담아내기도 했다. 『창작과비평』 창간호에 번역 소개된 「문화와 정치」의 필자 C. W. 밀즈의 책이 속속 번역되는가 하면 하우저와 프랑크푸르트학파의 여러 학자들의 저술도 잇따라 소개되었다. 송건호 리영희 강만길 박현채 신용하 안병직 한영우 정윤형 임종철 한완상 조동일 등 창비의 주요 필자들은 여러 신서에 저자로서 참여하거나 기획자·번역자 등으로 도움을 주었다. 유신체제는 무너졌으나 군사독재가 끝나지 않은 상황에서 금기를 뚫고 맑스-레닌주의 원전이나 그에 대한 연구서, 변혁이론 들을 출간하고, 민중의 경제적·사회적 상황을 사회과학적으로 연구한 저술들도 적극적으로 기획출간하였다. 이렇게 신서 씨리즈는 학생들과 지식대중을 의식화하며 민주화, 통일, 노동해방의 시대적 과제들을 껴안고 나서도록 추동하였다.

창비담론의 수원지가 된 창비신서

1970년대에 6년 동안 간행된 창비신서는 모두 25권에 불과하다. 그러나 이때 간행된 책들의 성격을 살펴보면, 그후 가깝게는 90년대까지 멀게는 2010년대 현재에 이르기까지 발전하고 변모한 창비의 여러 담론이 흘러나온 수원지였다고 해도 좋을 것이다. 이는 창비에 국한하지 않고 지식인 집단, 민족민주운동의 이론과 실천 현장, 출판계와 독서계에 두루 적용해도 좋을 것이다. 물론 그렇게 확장할 때는 이러한 역할을 창비신서가 홀로 수행했다는 것이 아니라 그 주요한 일익을 담당했다는 의미이다. 그만큼 70년대의 창비신서는 시대적·민족적 과제를 인식하면서 이를 이끌고 타개해나갈 주요한 지적·사상적 성과들을 선구적 시

1974년 출간된 『전환시대의 논리』 초판본과 2006년에 출간된 개정판

야로 발탁해 용기있게 간행했던 것이다.

'전논'이라는 약칭으로도 불린 리영희의 『전환시대의 논리』(창비신서 4)는 '지식인들이 뽑은 1987년 이후 한국사회에 가장 큰 영향을 준 국내외 서술' 설문조사에서 『해방전후사의 인식』에 이어 두번째로 많이 추천을 받았고(『경향신문』 2007. 4. 29), 학회지와 계간지 편집위원들에게 물은 '1948년 정부수립 이후 한국사회에 가장 많은 영향을 끼친 책'으로는 세번째로 많은 추천을 받았다(『교수신문』 2008. 4. 14). 최근 나온 일반 독자와 전문가 독자들의 추천으로 작성된 '20년 이상 사랑받은 스테디셀러' 50종의 목록에도 『전환시대의 논리』는 포함되었는데(『조선일보』 2015. 12. 12, 이상 인터넷 검색 기준), 80년대 이후 비판적·진보적 지성으로 두각을 나타낸 많은 학자, 실천가 들이 이 책을 읽고 냉전시대 반공논리가 주입한 허위의식이 깨져나가는 충격을 경험했다고 회고했다. '전논'의 저자 리영희가 편역서 『8억인과의 대화: 현지에서 본 중국대륙』(창비신서 18, 1977)과 새로운 저서 『우상과 이성』(오늘의 사상신서 3, 한길사 1977)을 잇따라 내놓자, 박정희정권은 검찰을 동원하여 반공법 위반으로 리영희를 구속하고 당시 창작과비평사 발행인인 백낙청도 함께 기소했다.

고려시대부터 해방후 민족사학론까지 다룬 사학사(史學史) 연구서인

『한국의 역사인식』(이우성·강만길 엮음, 창비신서 15·16, 1976)은 역사학계의 울타리를 넘어 일반 지식인과 대학생들도 역사인식에 접근할 수 있도록 기획과 편집에 신경을 썼다. 강만길 사론집『분단시대의 역사인식』(창비신서 21, 1978)은 계간지에서 꾸준히 제기해온 분단현실에 대한 인식과 더불어 '분단시대'라는 용어를 정착시키며 식민사관을 극복한 민족 주체의 역사학을 개척하였다. 분단모순, 분단현실을 놓지 않는 창비의 관점은 역사학만이 아니라 사회과학, 문학론 등에 두루 적용되었고, 90년대 이후에는 백낙청이 주도한 분단체제론으로 심화되었다.

　『한국의 민속극』(심우성 편저, 창비신서 9, 1975)과『판소리의 이해』(조동일·김흥규 엮음, 창비신서 22, 1978)는 전통과 민중연희에 대한 관심의 소산이다. 이는 문학사 인식에서 전통단절론과 이식문학론을 극복하려는 학문적 노력으로 발전해가고, 실천적으로는 민중문학과 민중문화의 자산을 바탕으로 삼아 마당극운동과 공동체문화운동이 개화하게 된다.

　『여성해방의 이론과 현실』(이효재 엮음, 창비신서 24, 1979)은 서구, 제3세계, 한국의 여성운동을 개관한 편역서로 초기 여성운동에 이론적 시야를 확보해주었다. 이후 창비는 여성운동과 여성문제를 다루는 전문잡지『여성』『여성과 사회』발간을 지원하고, 각 분야의 담론에 항시 여성적 관점을 놓치지 않고 수용하려는 노력을 기울였다.

　실학자 다산 정약용의 저술을 집중적으로 출간한 것은 계간지에서 비롯된 '실학의 고전'을 소개하는 작업의 일환이면서 조선후기 참담한 민중현실을 직시하고 부정한 사회현실을 개혁하고자 한 다산의 정신을 주목했기 때문이었다. 다산연구회의 노고로『역주(譯註) 목민심서(牧民心書)』(창비신서 20, 25, 1978~79) 두권이 70년대에 간행될 수 있었다. 이후 『다산 시선』(송재소 역주, 1981),『다산 산문선』(박석무 역주, 1985)도 창비신

1985년 완간된 『역주 목민심서』(전6권)

서로 간행됐으며, 『역주 목민심서』는 85년에야 전6권으로 완간되었다. 역사학계의 내재적 근대화론과 맞물려 80, 90년대에는 실학자와 실학에 대한 연구와 그에 관련된 출판도 상당한 열기를 띠었다.

백낙청의 첫 평론집 『민족문학과 세계문학』(창비신서 19, 1978)과 염무웅의 첫 평론집 『민중시대의 문학』(창비신서 23, 1979)에 개진된 민족문학론, 리얼리즘론, 세계문학론은 창비가 지향하는 문학의 방향과 내용을 뚜렷이 보여주었다. 뒤를 이은 김흥규 최원식 임형택 구중서의 평론집과 저서도 기본적으로는 그같은 시각을 취하고 있었다. 앞서 나온 황석영의 『객지』에 묶인 「객지」「한씨연대기」「삼포 가는 길」 등 중단편들은 민중현실과 분단현실을 날카롭게 형상화한 작품으로서 민족문학론과 리얼리즘론을 뒷받침해주었고, 『김정한 소설선집』과 방영웅 이문구 송영 천승세 이정환 이호철의 소설도 그와 같은 성과로서 창비신서에 포함되었다. 1980년 광주민주항쟁의 분출에서 자극받은 청년 문학도들은 이 작품과 이론들을 교과서 삼아 시대에 응전하는 문학을 개척했고, 창비가 자신의 문학론을 갱신해가는 가운데 이들은 90년대를 지나며 민중적 민족문학론, 민주주의민족문학론, 노동해방문학론 등으로 분화해간다.

이오덕의 아동문학평론집 『시정신과 유희정신』(창비신서 17, 1977)도 민족문학론의 시각과 근접한 자리에서 날카로운 의식과 열정으로 '아동천사주의'와 '동심주의' 경향의 아동문학을 신랄하게 비판하였다. 그의 평론과 이후에도 지속된 적극적인 활동은 후속세대를 길러내어,

80년대 이후 아동문학과 어린이책 출판에 새로운 바람을 불어넣었다.

창비신서는 번역서인 『문학과 예술의 사회사』를 출발점으로 삼았지만 초기부터 해외 번역서의 비중은 높지 않았다. 그러나 학술운동과 현장실천에 꼭 참조해야 할 해외이론들은 민족주의, 리얼리즘과 모더니즘, 제3세계론, 여성해방론, 반핵론 등 주제별로 기획된 편역서를 통해 소개했고, 서양의 고전적 저작과 주요 문학이론서들도 간간이 소개하였다. 이러한 기획은 문학은 현실도피적인 '순수주의'를 탈각해 첨예한 현실과 대결해야 하고 사회과학 등 다른 분야는 실천적인 문학과 교섭함으로써 인간다움을 지녀야 한다는 창비의 기본적인 인식을 바탕으로 추진되었다. 문학과 미술, 음악, 영화 등 여러 장르를 당대 현실과 조응시키는 일관된 관점으로 밀도높게 분석한 『문학과 예술의 사회사』(전 4권)를 우선 간행하기 시작한 것도 그런 맥락일 것이며, 이 방대한 저작은 출간 이후 40여년이 지난 현재까지도 다른 저술로 대체되기 어려운 예술사 교과서로서 꾸준히 읽히고 있다.

계승해야 할 한국문학의 자산으로 창비가 김수영과 더불어 주목한 시인은 신동엽이었다. 현대적인 감수성의 김수영과는 구별되는 민족정서를 추구하면서도 참여시의 높은 수준을 보여준 신동엽의 전작품을 엮은 『신동엽전집』(창비신서 10, 1975)은 이른바 불온도서로 여러차례 판매금지를 당하면서도 은밀하게 유통되어 많은 현실참여파 시인을 길러냈다.

후속세대의 참여와 새로운 모색

1980년 계간 『창작과비평』이 폐간된 후 창비신서의 기획은 계간지의 공백을 메우는 역할로도 중요하였다. 무크 형식으로 간행된 신작평론집 '한국문학의 현단계' 씨리즈가 창비신서에 포함되었으며, 『민족주의란 무엇인가』(백낙청 엮음, 창비신서 31, 1981)를 이어 박현채 정창렬 강만길 김학준 서중석 이대근 박찬승 주진오 이해찬 백낙청 최원식 박인배 등의 필자가 참여한 『한국민족주의론』(1982~85)이 3권까지 기획 간행되었다.

제3세계에 대한 이해와 연대도 창비의 주요 관심사였는데, 1979년 가을호 특집 '제3세계 문학과 현실' 이후 '제3세계총서' 씨리즈를 통해 아시아, 아프리카, 라틴아메리카의 문학과 문화를 주로 소개했다. 이론적인 접근으로는 『제3세계 사회발전론』(박재묵 편역, 1984)과 『제3세계 여성노동』(여성평우회 엮음, 1985)이 창비신서로 간행되었다.

1985년 출간된 『전환기의 동아시아문학』(임형택·최원식 엮음, 창비신서 61)은 90년대 탈냉전시대의 도래로 동아시아적 시각과 동아시아 지식인, 민중의 연대가 창비담론의 핵심에 자리잡게 된 것을 고려할 때 그 선행적인 탐구의 의미를 갖는다. 이 무렵 중국사, 중국의 전통과학, 중국사회성격논쟁 등을 다룬 창비신서가 기획 출간된 것도 동아시아적 시각으로 나아가는 밑거름이 되었을 것이다.

80년대 중반부터 창비신서에는 2세대 필자, 연구자 들이 등장한다. 김영희 김명환 정남영 전승희 윤지관 한기욱 김명호 강영주 등 영문학과 국문학 연구자 및 비평가들이 편자, 역자, 저자로 기여하였다. 역사학과 사회과학 분야에서는 백영서 이병천 김경일 유재건 박찬승 성백용 정현백 김동춘 성백용 등이 1세대와 더불어 90년대까지 역량을 보태주었다.

70년대와 80년대에 창비의 대표 씨리즈로서 역동적으로 간행되었던 창비신서는 90년대를 지내며 출판의 다변화와 전문화 추세 속에서 그 일정한 틀이 부담스럽게 된다. 창비 편집진은 김종엽의 저서 『연대와 열광』(창비신서 160, 1998)을 끝으로 창비신서 간행을 마감하고서 시대 변화에 걸맞은 출판형식을 새롭게 모색하였다. 주제별 소기획 씨리즈 개발, 분야별 특성에 따른 다양한 체재의 개별 단행본 강화 등의 방식으로 시대성, 대중성, 전문성을 살려나갔다.

한국시의 궤도 수정, 찬란한 시의 날개

고형렬

1973년 3월 5일 월간문학사에서 출간된 『농무(農舞)』가 이듬해 제1회 만해문학상 수상작으로 결정되고 그 증보판이 1975년 3월 창비시선 첫 권으로 출간되면서 창비가 지향하는 민족문학의 균형과 미래를 확보한 다. 그후 『농무』는 40년 넘게 시의 텍스트가 되면서 현대 고전이 되었다.

"시(詩)도 역시 사람이 사람한테 하는 말이요, 또 사람이면 알아들을 수 있는 말이어야 한다고 믿는 우리들에게 신경림씨의 작품들이 한묶 음 되어 나온다는 것은 참으로 반갑고 든든한 일이다. 이제 우리는, 보 아라 이런 시집도 있지 않은가, 라고 마음 놓고 말할 수 있게 되었다"는 백낙청의 발문은 창비시선의 오늘을 내다본 말이었다.

"이런 시집"이 없었던 저쪽의 사정을 헤아려보면 분단 이후 새로운 시풍 진작의 예후를 바라보는 기대와 의지를 엿볼 수 있다. 그 줄기찬

高炯烈 시인. 창비시선 기획위원 역임. 시집 『대청봉 수박밭』 『김포 운호가든집에서』 『밤 미시령』 『아무도 찾아오지 않는 거울이다』 등이 있음.

가지를 뻗으면서 민족문학론에 걸맞은 수작들이 쏟아져나오고 현실에 적합한 새로운 창작이론 및 비평 해석들이 전개되면서 구태의연한 우리 문학에 일대 혁신이 일어난다. 이는 한국시의 궤도 수정이었다.

1975년에 조태일 시집 『국토(國土)』가 발간되어 세상을 놀라게 하고 이어 그해 11월에 김현승 시집 『마지막 지상에서』, 12월에 김광섭 시선집 『겨울날』, 이듬해에 김관식 시전집 『다시 광야에』, 또 그 이듬해에 민영 시집 『용인 지나는 길에』 등이 상자되면서 창비시선은 미래의 시인들에게 징검돌을 놓는다. 계간지에서 일부 작품만 보아오던 시인들의 야심찬 시집이 속속 출간되면서 그들 자신도 새로웠지만 창비시선으로 우리 모두가 새로워지는 기쁨을 선물받게 되었다.

늙지 않는 원로, 갱신 중인 중진, 참신한 신예의 조화로운 시집 출간은 독자들을 열광케 했다고 해도 과언이 아닐 것이다. 특히 군사쿠데타 이후 18년의 독재정권이 무너지던 1979년, 그해 3월 신동엽 시선집 『누가 하늘을 보았다 하는가』를 발간하면서 새로운 새벽에 한국시단은 도착한다. 이때부터 창비시선은 정치적 탄압과 문학적 책무와 사회적 영예를 감당했으며 시인과 독자는 표현과 감흥의 극한 앞에까지 다다르는 결실의 아픔을 함께 겪는다.

특히 1980년 양성우 시집 『북치는 앉은뱅이』, 1982년 김지하 시선집 『타는 목마름으로』, 1984년 고은 시집 『조국의 별』은 문단에 커다란 영향을 끼쳤다. 황명걸 이시영 이성부 김준태 정희성 정호승 이동순 문병란 강은교 김명수 등이 함께 참여하면서 창비시선은 한 시대의 기적을 울리는 열차가 되어 우리 앞을 지나가며 대학생 여공 직장인 교수 농민 등의 광범한 지지와 함께 시의 독자층을 형성한다.

우리 문학의 일상에 없었던 사건들이 매일 일어났다. 서점가에서 창

한국사회의 구석구석을 비춘 '창비시선'

비시선이 불티나게 팔려나갔다. 초판 오백부가 판매되지 않던 시대로선 깜짝 놀랄 일이었다. 삼천부가 일주일 만에 매진되는 등 서점가의 움직임에 창비는 늘 비상이 걸린 듯했고 나 역시 매일매일 긴장된 나날을 보냈다. 하루종일 편집실엔 시인들이 북적거렸다.

경향각지에서 시인들은 새로운 국면을 맞았고 그 어느날 창비시선이란 이름으로 시인들은 곳곳에서 찬란한 시의 날개를 달았다. 시가 시민들의 것임이 증명되는 과정에서 독자들은 문학의 위의를 체험하고 새로운 역사와 사회를 향한 가슴 벅찬 인식과 공감대를 형성했다. 창비시선이 문학의 한 이름이었고 시의 정신이었다.

40년 전 군사분계선이 지나가는 동해 북부의 한 면에서 면서기로 근무하던 나는 그 당시 계간 『창작과비평』, 창비시선을 사 들고 떨리는 마음으로 읽었다. 전혀 새로운 사상과 정서의 디자인이고 내용들이었다. 시골 서점에서 매호 계간지와 새 시집을 사 보는 일이 현실인식과 역사의식을 작품화하는 일과 별개가 아님을 실감했다.

창비시선은 순응과 안일로 떨어질 수 있는 체제의 간극에서 피어난 우리 자신의 존재와 삶에 대한 새로운 발견이고 자존심이고 가능성이었다. 지금까지 경험해보지 못한 전율에 가까운 시적 희열이었고 연대였고 발언이었다. 한권의 『창작과비평』과 한권의 창비시선이 변방에 있는 한 문청의 시심을 새벽까지 자극했다. 시들이 빛나는, 잠들 수 없는 시대였다.

일제강점기를 벗어나 해방공간을 거쳐 곧장 분단시대 속에 갇힌 우리를 자각게 한 눈부신 언어들은 창비시선을 통해 한국사회 구석구석을 비추면서 감히 어둠과 꿈 속의 이름들을 호명할 수 있게 되었다. 신인과 원로, 중진 들로 축을 구성하는 강한 에꼴(école)을 형성했다. 우리는 한때 '창비학교'란 말을 즐겨 쓰곤 했지만 이때부터 창비는 우리 사회의 구심점이 됐고 창비는 장터처럼 소란하고 분주했다. 신명나는 문단 현장이었다.

하종오 김정환이 1980년대의 뿌연 새벽을 열면서 곽재구 김용택 도종환 이은봉에서 안도현 백무산 박영근 최영철로 맥을 잇는 창비시선은 이때부터 한국 시사에 없었던 새로운 문법의 나라를 만든다. 200번과 300번 기념 시선집 『불은 언제나 되살아난다』(2000), 『걸었던 자리마다 별이 빛나다』(2009)를 출간하고, 2006년 『창작과비평』 창간 40주년 기념 낭송시집(CD) 「언어의 촛불들이 피어날 때」를 출간한다. 필자는 이런 시의 시대는 다시 오지 않을지도 모른다는 아쉬움과 불안감 속에서 삼사십대를 보냈다.

창비는 독재정부의 강제폐간과 판금 조치, 지형(紙型) 압수, 세무사찰 등의 탄압과 감시, 불이익을 당하면서도 시대의 중심에서 벗어난 적이 없었다. 언제나 이슬 묻은 새벽빛이었다. 1987년 6월항쟁의 대전환 이후 김수영 시선집 『사랑의 변주곡』, 김남주 시선집 『사랑의 무기』등을 간행하고 고정희 시선집 『모든 사라지는 것들은 뒤에 여백을 남긴다』 등을 엮어 작고시인을 추모하면서 새로운 변화에 대응하기 위한 모색을 거듭했다.

이상국 천양희 김사인 고운기 박남준 김경미 이재무 김기택 이진명 허수경 장석남 등의 시인들이 동참하면서 창비시선은 1900년대에서 2000년대로 맥을 잇는다. 1990년대에 박철 나희덕 최영미 신현림 함민복 박형준 등의 결출한 중견들이, 2000년대에 김선우 문태준 정철훈 장대송 최정례 강신애 박성우 손택수를 비롯한 이영광 장철문 류인서 유홍준 이병률 최금진 김성규 송경동 등 개성적인 시인들이 참여하면서 복잡하고 다양한 포지션을 형성했다. 이제 창비시선은 간단하게 파악할 수 있는 대상이 아니게 되었다.

2010년대의 이제니 김태형 조정인 송진권 이장욱 이혜미 김중일 진은영 백상웅 안현미 심희업 등의 시인늘이 우리 시단의 가장 첨예한 전선을 형성하고 있다. 우리 시의 미래인 이들은 폭넓고 다양한 언어로 자신의 시정신을 다듬어가면서 타자와 공유한 삶과 영역에 대한 치열한 자기 형식을 찾고 있다.

창비시선은 이처럼 백년 한국문학사상 처음으로 20대 신예와 80대 대가들이 한자리에 서 있는 성스럽고도 복잡한 시의 숲을 이루었다. 따라서 앞으로 창비시선은 지난 세월보다 더 넓고 먼 미래로 밀고 가야만 하는 새로운 기회와 위기에 직면했다고 보고 개인적인 소회와 바람을 몇자 여기 남긴다.

제일 먼저 시를 낳은 시인의 모습, 시가 발생한 현장 등이 계간지 편집에 반영된 문학 중심의 『창작과비평』을 읽고 싶다는 주변의 의견을 전하고 싶다. 기획 편집이 문학현장인 구체적인 삶의 안으로 들어오길 바란다. 많은 시인들은 그간 잡지가 너무 광범한 영역을 다루면서 정작 문학이 홀대됐다고 보고 있으며 창비가 너무 조용했다고 본다. 화제와 쟁점을 만들어 잡지가 사람살이처럼 시끌벅적했으면 한다.

다음은 시의 신명을 불러오는 일이다. 하늘에 날아오른 노고지리가 울어야 쳐다보고 그 울음소리를 들을 수 있다. '소리'가 본래 시의 유전자라면 하드웨어의 문자 시를 통하여 더 많은 울림과 여운을 남기는 소리 시의 소프트웨어로 변환하는 기술이 필요할 것 같다. 23,400여편의 시가 인쇄된 시집 속에만 묶여 있다는 것이 내 마음엔 다소 답답해 보인다.

셋째는 신예들과 중진들의 '만남'이다. 계보와 앞뒤가 없는 사회와 시단은 없다. 당대의 젊은 시인이 원로가 되면 그 원로에게 수십년 후배 시인들이 대화를 청해 들을 수 있고 또 중진 그룹이 젊은 시인들의 문제를 들어볼 수 있는 토론과 대화의 자리가 필요하다. 문명의 촉수에 대응하는 시의 미래지향적 패러다임이 필요한 것 같다.

이런 제언을 하는 것은 내부에서 20년간 200여권의 창비시선 기획(54번~271번)에 참여하고 편집했기 때문이 아니라 거창하게 말해서 다시 시인과 시에 희망을 걸어야겠기 때문이다. 창비시선이 아주 먼 곳까지 귀를 열게 하고 소리를 들을 수 있게 하는 언어의 상속자이자 메신저가 되어야 한다고 나는 믿는다.

시집 간행 결정에 대해 어떤 간섭도 없이 자율과 책임 속에서 일했던 시소위원 시절을 떠올리면 후회가 있을 수 없는 시간들이었다. 허나 편안한 사람은 몸이 아파온다고 한다. 나는 좀더 고군분투하고 마음을 단속하기로 한다. 우리는 처음부터 시에 일생을 걸고 가기로 한 사람들이다.

지난 40년의 우리 시는 정치적 상상력으로 경계를 넘고 삶과 꿈을 높이 올려 받드는 헌사였다. 그것은 자신을 반성하고 내일을 내다보는 일이기도 하다. 어제가 되지 않는 오늘이 없고 내일이 없는 오늘이 없다. 오직 시 쓰는 오늘이 아름다울 뿐이다.

어린이문학이 나아갈 방향을 바꾸다

이주영

1977년에 태어난 창비아동문고는 우리 어린이책과 어린이문학이 나아가야 할 올바른 길의 물꼬를 터주었다. 1960년대까지는 우리 창작동화책이 단행본으로 출판되었지만, 1970년대로 넘어오면서 우리 어린이문학 작가들은 몇몇 유명한 작가들 말고는 책을 낼 수가 없게 되었다. 1970년대에 어린이책 전집 시대가 열려 어린이책 출판이 전집물 중심으로 바뀐데다가, 그 수록작품의 대부분도 이름난 외국동화였기 때문이다. 전집 가운데 어쩌다 유명 국내작가의 창작동화 두세권을 구색 맞추기로 넣어주는 정도였다. 그러다보니 1920년대 이후 꾸준히 발전해온 우리 창작동화들은 전집 내용에서 대부분 배제되었고, 1970년대 이후의 창작동화는 아예 들어갈 틈이 없었다. 단행본 출판사가 두세곳 있기는 했어도, 외국동화책을 조잡하게 찍어내거나 작가들의 자비출판

李柱暎 어린이문화연대 대표. 어린이도서연구회 이사장 역임. 저서로『책으로 행복한 교실 이야기』『어린이 문화 운동사』『이오덕 삶과 교육사상』등이 있음.

책을 내주는 정도였다. 이오덕 선생의『시정신과 유희정신』(창작과비평사 1977)에서 볼 수 있듯이, 어린이책 단행본 시장이 이처럼 다 죽었기 때문에 당시 대부분의 우리 어린이문학 작가들은 작품을 써도 겨우 몇몇 동인지에나 발표하든지 자비출판으로 이삼백권 찍어서 주변 사람들한테 나눠주는 형편이었다. 그런 황폐한 시기에 창작과비평사에서 우리 창작동화와 동시를 단행본으로 내기 시작한 것이다.

1974년 이문구 작가가 백낙청 교수한테 '『안동문학』에 참 희한한 글이 하나 나왔더라'며 글이 실린 책을 갖고 왔다고 한다(2014년 2월 25일, 에듀니티원격연수원 강좌 '이오덕 삶과 교육사상' 제작을 위한 백낙청·이주영 대담). 이오덕이라는 시골 초등학교 선생이 쓴 글인데 백낙청이 염무웅과 읽어보니 참 좋았다고 한다. 그래서 주소를 수소문해서『창비』에 글 한편 보내달라고 편지를 보냈더니「시정신과 유희정신」을 보내왔다고 한다. 창비에서는 그때부터 어린이책의 현실과 중요성을 알게 되었고 그 인연으로 이오덕에게 기획을 부탁해서 창비아동문고가 태어나게 된 것이다. 그는 이원수 동화를 골라서 1번으로 내도록 했는데, 그 책이 바로『꼬마 옥이』(1977)다. 그리하여 창비는 초기에 이오덕 기획으로 이주홍 마해송 이영호 이현주 정휘창 권정생 같은 작가들의 작품을 펴냈고, 우리 어린이문학사의 물길을 바꿔주는『몽실 언니』(1984)도 내게 된 것이다.

백낙청은 당시 창비아동문고를 내게 된 까닭을 얘기하며 "이오덕 선생님 영향을 직접 많이 받았죠. 그분이 우리 어린이문학에 대해서『창비』에 평론도 쓰셨고, 당시 어린이문학 현황에 대해서 개탄하는 말씀도 많이 하셨고, 그랬던 거죠. 사실은 제가 창비아동문고를 만들고 저 발간사를 쓴 것을 평생의 자랑거리로 알고 있습니다"(같은 대담)라고 하였다. 1980년 서울양서협동조합에서 산하단체로 어린이도서연구회를 만들게 된 것도『시정신과 유희정신』같은 이오덕 평론에 영향을 받았고, 창비아동문고 같은 좋은 어린이책을 널리 알려야겠다는 생각 때문이기도 하다. 창비아동문고처럼 교사와 아이들한테 소개하고 권장하고 싶은 좋은 어린이책이 없었다면 어린이도서연구회 같은 단체를 만들 까닭이 없었던 것이다. 그때는 창비처럼 뜻있는 출판사에서 어린이책을 만들어도 이를 팔 수 있는 서점이 없었고, 서점이 있어도 창비아동문고는 운동권 출신이 운영하는 서점이 아니면 취급하지 않았기 때문이다. 그래서 1980년대에 창비 뒤를 따라 뜻있는 출판사에서 내기 시작한 어린이책은 교사 조직을 통한 직접판매나 단체활동을 통한 조직판매에 의해 팔리는 경우가 많았다. 창비아동문고가 30권쯤 나왔을 무렵인데, 창비가 전두환정권의 탄압으로 세금 폭탄을 맞게 되었다. 그때 창비에서 영업을 하고 있던 한기호씨가 필자가 근무하던 서울문창초등학교로 찾아와서 조직판매를 의논하였고, 당시 교사들을 대상으로 조직판매를 해서 어려움을 넘어서기도 했다.

1985년 전두환정권이 민주화운동을 억압하기 위해 전국대학생총연합 조직인 삼민투(민족통일·민주쟁취·민중해방투쟁위원회) 등을 대상으로 공안몰이를 하던 상황에서, 1986년 1월 11일자로 연합통신에서 각 언론사에 "아동도서에도 '민중론 침투'— 계층간 갈등, 대결의식 등 고취"라는 보도문을 보냈다. 당시 대상도서로 창비아동문고『개구리 울던 마을』『꽃 속에 묻힌 집』등이 지목되었는데, 한국도서잡지주간신문윤리위원회(위원장 정원식)에서 배포한 보도자료라고 했지만 필자가 해당 기관에 알아본바 실제로는 다른 국가기관에서 작성해서 보낸 거라고 하였다. 연합통신을 통해 배포된 자료가 1월 11일 일간지 한곳에 실렸고, 1월 12일 신문에서는 두세곳에서 작게 다루었다. 그 이후 각 텔레비전

「동시에도 '민중론'」(『경향신문』 1986년 1월 11일자) 기사

에서는 '아동도서에도 좌경이 판친다' '동시에도 민중론' 같은 제목을 붙여서 문제가 된 책의 해당 내용을 밑줄을 그어 보여주며 며칠 동안 뉴스 시간마다 보도를 내보냈다. 이오덕 동시집 『개구리 울던 마을』 등의 수록작에서 한두 구절 잘라서 보여주는 다분히 의도적이고 편향적인 보도였다. 문교부에서는 이런 보도를 바탕으로 초등학교 도서실에서 빼야 할 도서와 출판사의 목록을 공문으로 내려보냈다. 대부분 어린이 도서연구회에서 추천하던 책과 이들 책을 펴내던 창비와 산하 등의 출판사였다. 그러나 좌경용공의 보기로 든 책을 읽어본 사람들은 누구라도 그런 주장을 납득하기 어려웠고, 좌경용공이라고 비판한 내용이 작품의 전체 흐름으로 볼 때 너무 어처구니없게 과장해서 왜곡한 것이라 오히려 창비아동문고에 대한 인지도와 권위를 높여준 결과가 되었다(이주영 『이오덕, 아이들을 살려야 한다』, 보리 2011, 152~70면 참조).

어린이독서운동을 하는 한사람으로서 창비에 고마운 일이 또 하나 있다. 그러니까 1990년대초였다. 당시 필자는 어린이도서연구회와 전교조 활동을 하며 창비아동문고를 권장했는데, 그런 과정에서 창비 영업부 직원 등 출판사 사람들과 교류하면서 재고도서 처리에 대한 이야기를 나누기도 했다. 그때 창비 내부 논의과정을 들어서 알게 된 것으로, 1989년 한글맞춤법이 개정되었기 때문에 개정 전에 찍어놓은 책이 문제였다. 어른 책은 무리없이 팔다가 새판을 찍게 되면 고치고, 어린이 책도 대부분의 출판사에서 다시 찍기 전에는 그냥 기존 책을 팔고 있던 과도기였다. 그런데 창비에서는 과감하게 모든 창비아동문고의 새로운 판을 찍는 작업을 시작했다. 창비에서 1990년 펴낸 『소설 동의보감』의 인기가 좋아서 몇달 사이에 출판사 형편이 나아졌는데, 그때 창비 운영진에서는 용강동 근처에 창고를 겸한 건물을 사면 좋겠다는 의견도 있었지만, 의논 끝에 먼저 창비아동문고를 모두 새판으로 바꾸기로 했다고 한다. 100종이나 되는 책의 표기를 개정된 맞춤법에 맞추고, 판형과 활자를 키우며, 표지작업도 새로 하고 삽화도 다시 그려야 하는 큰 작업이었다. 창비아동문고가 내용은 좋은데 판형이나 글씨가 너무 작고, 삽화도 적어서 보기 힘들다는 불만을 가끔 들었기 때문에 필자로서는 아주 반가운 일이었으며, 약 3억원 정도 들었다는 이야기를 들었다. 그런데 판갈이를 하고 보니 또다른 문제가 생겼다고 한다. 100종을 새로 만들어 시중에 내놓으니까 창고에 있는 옛날 책은 더이상 팔 수 없게 되었는데, 더 큰 문제는 서점에 나가 있던 구판들이 모두 반품되기 시작한 것이다. 반품된 창비아동문고를 창고에 쌓아놓았다가 폐기처분을 해야 하는 지경에 이른 것이다. 창고 비용도 부담되지만 책을 그대로 폐기하자니 너무나 아까운 일이었다. 그래서 창비 영업진과 전교조 초등위에서 의논한 결과, 100종을 한질로 만들어서 전국교직원노동조합 조합원 교사나 후원회원 교사들한테 팔고 이 일은 전교조 초등 해직교사들이 맡자는 안이 나왔다.

그러나 창비 운영진에서는 폐기할 책을 돈을 받고 팔 수 없다고 해서 같이 궁리한 끝에 계간 『창작과비평』 1년 구독료 2만원을 내면 창비아동문고 100종 한질을 선물로 주는 것으로 의견을 모았다. 창비 영업부

'창비아동문고' 1~199번. 2015년 283권까지 출간되었다.

정의득씨가 기획·진행을 맡고, 전교조 서울 초등 해직교사들 30여명이 창고정리와 판매를 맡았다. 필자가 서울초등중서부지회에 있을 때라서 구정환을 비롯한 중서부 해직교사들이 지회 봉고차로 배달과 발송을 담당하였다. 두달 가까이 그 일에 매달렸다. 창고 세곳에 약 20만권이 있었는데, 100종씩 다 맞춰서 1,000질 정도를 만들어 전국으로 보냈고, 나중에는 100종씩 맞추기에는 없는 책이 있어서 같은 책을 두세권씩 넣어서 100권씩 만들었는데, 그건 따로 팔았다. 곧 교사들한테 그리된 까닭을 말하고 사서 학급문고로 사용하거나 빈민지역공부방으로 기증하도록 했다. 그렇게 보낸 게 약 500상자 정도 되었다. 마침 홍수가 나 신수동에 있던 지하창고에는 무릎 높이 정도까지 물이 들어와 많은 책이 젖었는데, 반 정도는 폐기하면서 한권이라도 더 건져 어린이들한테 보내기 위해 찜통같이 더운 그 지하실에서 책 먼지를 뒤집어써가며 책을 골라 손질해서 보냈다. 이렇게 창비아동문고를 짧은 기간에 15만권이나 전국으로 보내는 과정에서 혜택을 본 교사와 학부모 들은 창비아동문고에 대해 고마운 마음을 갖게 되었고, 우리 창작동화에 대한 관심이 높아졌다. 또 무엇보다 수천명 아이들이 창비아동문고를 기분좋게 만나는 계기가 되었으니, 대부분 담임, 고모, 이모, 삼촌이 보내는 선물이었기 때문이다.

30년이 지난 지금도 동화 읽는 어른들을 대상으로 강의를 다니다보면 1980년대 30종을 선물로 받거나 1990년대에 창비아동문고를 한상자나 선물받은 기쁨으로 창작동화를 읽기 시작했다는 사람들을 가끔 만난다. 권정생 선생 8주기 때 권정생문학상을 받은 유은실 작가와 어떻게 작가가 되었는지 이야기 나누는 가운데 5학년 때 학급문고에 창비아동문고가 20~30권 있어서 재미있게 읽은 즐거운 기억이 있다는 말을 들었다. 창비아동문고를 읽고 자란 어린이가 동화작가가 되었으니 반가운 일이다.

앞서 얘기했듯이 창비아동문고는 우리 어린이문학과 어린이책 역사에서 중요한 전환점을 마련해주었다. 1977년 창비에서 우리 창작동화와 동시 단행본을 펴낸 이후 청년사, 인간사, 산하, 풀빛, 웅진, 사계절 등이 우리 창작동화를 단행본으로 내기 시작하면서 우리 어린이문학책이 쏟아져나왔고, 이는 어린이들이 창작 단행본을 읽을 수 있는 기회를 넓혀주었다. 또 어린이도서연구회처럼 교사와 부모 들이 '동화읽는어른' 모임을 만들어서 창작동화와 동시 단행본 읽기 운동을 하면서 전국적으로 더 빠르게 독자층이 넓어지게 되었다. 이오덕 평론을 바탕으로 하는 이러한 어린이문학 운동과 어린이책 단행본 읽기 운동은 창작 단행본 시장을 넓히는 동시에 방정환 이후 지속돼온 한국 어린이문학 정신을 바로세우고 발전시키는 큰 힘이 되었다.

그럼에도 창비아동문고는 40년 동안에 겨우 280종을 넘어섰다. 겨우라고 하는 까닭은 1970년대 비슷한 시기에 어린이책 단행본 출판을 시작해서 다른 나라 어린이책을 마구잡이로 찍어낸 'ㅇ''ㅈ' 출판사는 그동안 각 3,000종을 훨씬 넘게 냈다고 자랑하기 때문이다. 물론 그런 출판사들은 열배도 넘는 책을 낸 것처럼 수익도 열배보다 훨씬 더 많이 냈을 것이다. 그러니 단순히 영리사업이라는 눈으로 보면 창비는 투자에 견주어 수익이 낮고, 느릿느릿 가는 느림보다. 그러나 한국 어린이문학사로 보면, 어린이문학이 발전할 수 있는 물꼬를 터서 새로운 물길을 내고, 그 흐름을 바르게 바꿔주는 일을 한 것이다. 우리 겨레 어린이들한테 줄 수 있는 창작동화와 동시가 발전할 수 있는 기틀을 놓아준 것이다. 그리하여 창비아동문고는 한국 어린이책 작가라면 누구나 자기 작품이 그 목록에 들어가기를 소망하는 위상을 갖게 된 것이다. 무엇보다 우리 겨레 소중한 아이들한테 우리 겨레가 창작한 좋은 문학, 좋은 책을 만날 수 있는 여건을 만들어준 것이 가장 큰 공적이라고 할 수 있다.

제3기

1980~1988

압제와 탄압을 넘어

1980. 7. 『창작과비평』 폐간
1985. 12. 9. 출판사 등록 취소
1986. 8. 5. '창작사' 신규 등록
1988. 2. 계간 『창작과비평』 등록, '창작과비평사' 명의 회복

1979년 10·26사건으로 박정희가 사망하고 유신체제는 막을 내렸다. '서울의 봄'을 기대하는 민중의 민주화운동의 열기가 뜨거웠지만, 전두환을 중심으로 한 신군부의 반동은 그럴수록 거칠어졌다. 신군부에 의한 계엄령으로 출판물에 대한 통제는 더욱 강화되었다.『창작과비평』 80년 봄호는 '80년대를 위한 점검' 기획으로 실으려던 강만길 백낙청 송건호 등의 좌담이 전문 삭제되어 발행되었고, 80년 여름호는 조화순 목사의 수기「민중의 딸들과 함께」(이태호 기록)가 전문 삭제된 채 발행되었다. 또한 양성우 시집『북치는 앉은뱅이』와 이미 유통되고 있던『신동엽전집』 증보판, 염무웅 평론집『민중시대의 문학』도 판매금지를 당했다. 계엄사령부에서는 시청에서 검열단을 운영해 신문과 잡지를 일일이 검열해 삭제 지시를 했고, 문화공보부 심의실에서는 수시로 출판사에 판매금지 조치를 내렸으며, 경찰과 정보기관은 대학가와 서점에서 출판물을 압수하거나 팔지 못하도록 강제하였다. 1980년 7월말 신군부는『창작과비평』을 포함한 정기간행물 172종을 폐간시켰다. 80년 5월 광주항쟁을 진압한 신군부는 비판적 언론에 재갈을 물리기 위해 비위, 부조리, 사회불안 조성을 핑계 삼아 대학과 지식계에 영향력이 큰 비판적 잡지들까지 한꺼번에 폐간하였던 것이다. 이에 거의 출간 준비를 마친『창작과비평』 가을호는 빛을 보지 못했고, 여름호(통권 56호)를 끝으로『창작과비평』은 더이상 발간할 수 없게 되었다.

비록 계간지는 중단됐지만 창비신서와 창비시선을 중심으로 문학작품 출간과 학술서 출간은 꾸준히 이어갔다. 그러나 역동적으로 시대에 대응하는 문학과 담론을 생산하는 데는 한계가 있었다. 이에 창비 편집진은 계간지의 역할을 대신할 수 있는 연속성 기획출판을 모색하였다. 문학 분야에서 맨 먼저 신작시집을 기획해 81년 1월 첫권을 냈고, 84년에 낸 17인 신작시집 『마침내 시인이여』는 5만부가 넘게 팔리는 성공을 거두었다. 신작소설집도 창비 편집진이 엮어 출간해 이른바 민족문학진영의 작품 발표매체를 담당했고, 기획좌담을 포함하는 신작평론집 『한국문학의 현단계』 씨리즈도 발간했다. 또한 한반도의 민족문제와 통일과제를 역사적·현재적 시각으로 짚어보는 『한국민족주의론』(I, II, III)을 잇따라 기획해 82년 6월 그 첫권을 내었다.

이러한 기획들은 계간지의 공백을 부분적으로 메워주며 반향을 일으켰으나, 『창작과비평』처럼 문학과 사회과학, 진보적 학술연구가 한자리에서 소통하고 시시때때로 첨예하게 제기되는 과제들을 기동성 있게 다루는 매체에 대한 아쉬움은 여전했다. 더구나 83년을 전후해 비정기 간행물인 '무크'(Mook: Magazine+Book) 형태의 간행물들이 여기저기서 잇따라 나오며 문학예술운동의 시각을 첨예화했다. 잡지의 정기성(定期性)·연속성과 서적의 완결성을 결합시킨 미디어 형태로서 언론탄압을 타개하기 위해 개발된 기동전의 양상이었다. 그럴수록 창비가 계간지의 기능을 회복할 필요성은 더욱 절실해졌다. 이에 창작, 좌담, 논문, 서평, '집중기획_한국자본주의논쟁 I'로 구성된 '부정기간행물 1호'를 '창작과비평'이란 제호를 그대로 써서 85년 10월 발간하였다. 이 가운데 '집중기획'에 실린 박현채·이대근의 글은 한국 지식계에서 공전(空前)의 화제를 불러온 이른바 '사회구성체논쟁'을 촉발하는 기폭제가 되었다.

한국이라는 '사회구성체'를 어떻게 규정할 것인가라는 논쟁에서 창비는 애초의 논쟁구도인 국가독점자본주의론과 종속이론, 나아가 민족해방담론과 민중해방담론 등 사이에서 균형을 지키며 단순한 '민족모순'이 아닌 분단모순에 주목하면서 새로운 창조적 종합을 추구했다. '사회구성체논쟁'이 당시 진보진영의 입장 차이를 극명하게 보여주는 동시에 그 통합과 재편의 가능성을 모색하는 기획이었다면, 그에 상응하는 것이 민족문학론을 둘러싼 논쟁이다. 1970년대의 민족문학론을 한갓 '소시민적 민족문학론'으로 규정하고 청산하려는 상당수 소장 비평가들의 공세에 맞서 창비는 민족문학론에 내장된 민중성, 모든 문학에서 포기해서는 안될 예술성을 옹호하는 논리를 폈으며, 6월항쟁과 더불어 민족해방과 민중해방의 과제 그리고 자유주의적 개혁과제를 분단체제의 극복이라는 새로운 틀 속에서 종합할 민족문학의 새로운 단계를 모색하는 작업에 집중했다. 진영논리에 대항하는 창비의 노력은 80년대의 이른바 민족문학논쟁에서 이미 수행되고 있었던 것이다.

그런데 『창작과비평』 계간통산 57호'로 발행된 '부정기간행물 1호'가 간행된 지 한달여가 지난 12월 9일, 서울시는 이를 언론기본법에 따른 정기간행물 등록을 하지 않고 『창작과비평』을 불법으로 속간한 것이라 하여 출판사 등록취소 통보를 해왔다. 정기간행물 등록을 받아주지 않는 상황에서 발간한 '무크'를 빌미로 아예 출판사의 문을 닫도록 한 것은 그만큼 5공 군사정권에 『창작과비평』의 부활이 위협으로 다가왔기 때문일 것이다.

이에 창비는 즉각 성명을 발표해 그 부당성을 알렸고, 자유실천문인협의회, 민주언론운동협의회, 민중문화운동협의회 등 단체는 창작과비평사를 원상복구시키라는 성명 발표와 함께 항의농성에 들어갔다. 문학과지성사, 민음사 등 11개 출판사 대표의 항의성명과 전국 31개 문학동인지 및 무크지 편집동인들의 항의성명도 잇따랐다. 월간 『말』지와

『동아일보』 등에서는 사설과 칼럼에서 당국의 조치를 비판하며 문화탄압 조치를 철회할 것을 촉구하였다. 또한 범지식인 서명운동이 대대적으로 벌어져, 불과 보름 만인 12월 26일에는 각계 인사와 지식인, 시민 2,853명이 서명한 서명록과 함께 '창작과비평사의 등록취소 조치에 대한 건의문'이 문화공보부에 전달되었다. 황순원 박연희 박완서 이호철 작가와 이우성 이효재 교수가 직접 문공부를 방문해 전달한 이 건의문에서 "일방적으로 출판사 등록 자체를 취소시켰다는 것은 건전한 상식에 비추어볼 때 있을 수 없는 일"이라고 지적하면서 "등록취소 조치에 대해 당국의 신중한 재고가 있기를 요망"한다고 하였다. 해외에서의 항의도 이어져 이듬해 3월 뉴욕에 있는 '서널리스트를 보호하기 위한 위원회'에서는 창작과비평사 등록취소에 대한 항의서한을 청와대에 보냈고, 6월에 열린 함부르크 세계PEN대회에서는 창작과비평사 사태에 대한 유감 표명을 담은 결의안이 채택되었다. 창비 안팎의 인사들이 너도나도 발벗고 나서서 뛰어주었고, 창비 사원들도 동요하지 않고 근무하

창작과비평사 등록취소에 항의하는 각계 인사 2,853명의 서명록

면서 항의운동을 지원했다.

이러한 사회적 파장을 주시하면서 김윤수 대표 등은 창비를 되살리기 위한 구체적 방안을 찾아 노력했다. 창비가 청구한 행정심판이 기각당하자 출판사 신규 등록을 모색하였다. 이에 문공부는 신규 등록의 조건으로 몇몇 편집위원과 직원의 배제 및 인사이동, 발행인의 공개적인 입장 발표를 요구했고, 절충을 거쳐 마침내 86년 8월 5일 '창작사(創作社)'라는 반쪽짜리 이름으로 신규 등록해 출판활동을 재개하였다. 이 과정에서 잡지와 출판사의 완전한 회복이 아니면 타협하지 말라는 주장도 있었으나, 위기를 극복하고 출판사를 되살려내는 결과를 얻어낼 수 있었던 것은 창비 안팎의 뜻과 힘이 든든하게 받쳐주었기 때문이다.

출판사가 등록취소된 상황에서 창비는 86년 2월 아현동 시대를 마감하고 용강동으로 이전하였다. 직원들은 일상 업무를 흔들림 없이 계속하면서 회사 안팎에서 진행되는 등록취소 철회운동에 힘을 보탰고, 비록 책을 출간할 수는 없지만 출판활동을 재개할 수 있다는 믿음으로 차분히 신간 발행을 준비하였다. 또한 기간행 도서의 중쇄 간행과 유통은 가능했으므로 서점들도 동요 없이 창비 책을 판매해주었고, 시련을 겪고 있는 창비를 살리자는 운동의 일환으로 창비 책 팔아주기 운동도 벌어졌다.

창비는 '창작사'로 출판활동을 재개한 뒤에도 신작시집, 신작소설집 기획을 계속 이어가는 한편 계간지의 복간을 염두에 두고 87년 7월 다시 '부정기간행물'『창비 1987』을 간행하였다. 박종철 이한열의 죽음 등으로 더욱 치열하게 민주화 요구가 타오른 6월항쟁 기간에 편집을 마무리한『창비 1987』은 창비가 담당해야 할 담론과 창작의 공간을 포기할 수 없다는 의지를 담은 것이었다. 노태우의 6·29선언과 '87년 헌법' 개정이 이루어진 뒤 대통령선거일을 앞두었을 때, 창비는 문공부 매체국 장에게서 『창작과비평』의 복간을 신청하라는 연락을 받았다. 그리하여 88년 2월 『창작과비평』의 계간지 등록과 '창작과비평사'의 명의 회복이 이루어지고 마침내 88년 봄호(59호)로 『창작과비평』 복간호가 간행되었 다. 6월항쟁에 이르기까지 끈질기게 투쟁한 민주화운동이 이룬 한 결실 이자 창비를 지켜온 독자, 시민들의 성원이 일궈낸 감격스러운 선물이 었다.

계간지 복간이 이루어지기 전까지 80년대에는 다방면으로 창비 출 판에 대한 탄압이 진행됐는데, 그 절정은 김지하 시선집 『타는 목마름 으로』에 대한 것이었다. 70년대 유신체제에 대한 저항의 상징인 김지하 시인의 시집 『황토』를 비롯한 작품들이 지하로만 유통되던 상황에서, 82년 6월 그의 시들을 온전히 읽을 수 있도록 하고자 '정본(定本)' 시선 집을 기획하였다. 창비시선 33번으로 출간된 『타는 목마름으로』는 나오 자마자 폭발적 반응을 얻었는데, 안기부와 정부 당국은 당시 정해렴 사 장과 이시영 편집장을 연행해 며칠씩 조사하고 제본 중이던 2쇄 1만부 와 지형을 제본소에서 절단해 폐기하였다. 이로 그치지 않고 사무실과 발행인의 집을 압수수색까지 하는 세무사찰을 벌여 추징금을 물렸다. 창비는 이후에도 김지하가 시도한 새로운 양식의 작품인 『대설 남(南)』 을 과감히 간행했는데, 82~85년에 간행된 세권이 모두 당국에 판매금 지를 당하는 수난을 겪는다. 당국은 창비아동문고로 나온 『몽실 언니』 가 독자를 감동시키며 쇄를 거듭하자 일부 장면을 문제삼아 이마저도 판매금지를 했으며, 86년초에는 출판사 등록취소 조치에 잇따라 "아동 도서에도 '민중론' 침투"라는 관제성 홍보로 창비아동문고를 시장에서 추방하고자 하였다. 이러한 공세에 창비는 일시적으로는 위축되었을지

계간 『창작과비평』 복간 기념 현판식(1988. 2. 27). 왼쪽부터 발행인 김윤수, 편집인 백낙청.

언정 꺾이지 않고 비판적 지성과 양심적 목소리를 옹호하는 출판정신
을 굳건히 지켜나갔다.

　이 시기에는 창비 출판이 본궤도에 올라 '창비시선' '창비신서' '제
3세계총서' '창비아동문고' 등 매년 30종 안팎의 책을 꾸준히 간행했고,
85년에는 '창비교양문고' 씨리즈를 새로 시작하였다. 다산 정약용의 저
술 번역과 그에 대한 연구서도 꾸준히 간행하여 85년에는 다산연구회
의 『역주 목민심서』를 여섯권으로 완간하였으며, 『채만식전집』 간행을
추진하여 89년 전10권으로 완간하였다. 82년에는 신동엽 시인 유족과
함께 '신동엽창작기금'을 제정해 문단의 젊은 작가들을 재정적으로 지
원하였다. 제1회 수혜자로 소설가 이문구가 선정되었다.

　이 엄혹한 시기 창비의 재정상황은 매우 힘들었다. 사무실 상황은
86년 마포 용강동에 둥지를 틀 때까지는 안정되지 못했다. 80년 겨울,
공평동 사무실에서 애오개역 근처인 마포구 아현동 613-4번지의 허름

한 창고 같은 건물로 이사했다. 좁은 공간에 합판으로 막아 사무실을 꾸민 열악한 환경이었다. 2년 후인 82년 11월에는 마포경찰서 옆 아현동 618-21번지로 이사했는데, 1층과 지하에는 80년대의 『말』지와 각종 민주화운동 관련 팸플릿, 유인물 들을 정보기관의 주시를 받으면서도 찍어준 광덕인쇄사가 입주해 있었다. 이곳에는 한때 1층에 한길사, 2층에 문학과지성사, 3층에 창작과비평사가 동시에 입주해 있기도 했다. 이곳에서 『창작과비평』 '계간통산 57호'를 내고 출판사가 등록취소된 상태에서 86년 2월 용강동 50-1번지 용현빌딩 3층으로 이사하였다. 창비는 2003년 6월 파주출판도시에 사옥을 지어 이사하기까지 17년여를 용강동에서 지낸다. 80년대와 90년대, 마포경찰서 부근과 아현동, 용강동 일대는 자유실천문인협의회, 민주언론운동협의회 사무실이 있었고 창비 사무실이 있어서 문인들과 재야인사들이 철야농성과 통음(痛飮) 등으로 의기투합하던 공간이었고, 그런 만큼 많은 사람들의 기억 속에 지워지지 않을 일화와 애환을 남겼다.

그 시대가 참으로 어머니이다

박신규

고은(高銀) 선생은 2년 전쯤 30년을 살아온 안성 살림을 정리하고 수원 광교산 자락으로 이사했다. 수원천을 따라 굽이굽이 산으로 이어지는 십릿길 끝, 버스 종점을 지나 작은 절을 지나 막다른 곳에 대문이 나타났다. 길 끝에 시(詩)가 있었다. 숲을 들여놓았다고 할 만큼 정원 가득 꽃과 고목 냄새, 새소리와 산안개가 자욱했다. 인터뷰가 『창작과비평』 창간 50주년을 기념하는 것이라 했더니 고은 시인은 시종일관 감회가 남달라 보였다. 창비와 연이 깊은 1980년대를 중심으로 질문의 말머리를 시작하는데 창간 때부터 얘기를 꺼낸다. 그 무렵엔 그가 삶에 대한 부정과 극심한 허무를 껴안고 바다 건너 제주에 살던 시절(1963~67)이 아닌가.

朴信圭 시인, 창비 편집전문위원.

고은 『창비』 창간 때의 풍경을 기억해요. 말한 대로 제주 시절인데 형제처럼 지내던 신동문 시인이 주간으로 있는 신구문화사에서 두번째 시집 『해변의 운문집』(1966. 2)이 나옵니다. 그 무렵 상경해보니 계간지라는 낯선 형식으로 『창비』가 갓 태어났어요. 진지하고 정연한 창간사(백낙청 「새로운 창작과 비평의 자세」)가 참으로 인상적이었고, 프랑스 실존주의 잡지인 『현대』의 창간사(J. P. 싸르트르 「현대의 상황과 지성」)도 번역 수록되었어요. 『창비』 이전에 우리 문학은 마치 순문예가 다인 줄만 알고 살아왔죠. 『현대문학』처럼 시, 수필, 평론 조금, 단편소설, 편집후기……이런 단순 구성의 잡지를 자연스럽게 받아들이던 게 당시의 풍속이었죠. 다른 분야들과의 호흡이 있는 『창비』를 두고 우리는 문학이 '인접과학'과의 만남을 시작했다고 표현했습니다. 『창비』의 출현은 한국 현대문학사에서 일종의 '사건'입니다. 당시는 전후(戰後) 사회가 어느정도 정리된 뒤 학생 지식인 계층이 자신을 성찰하는 계기를 찾던 중인데 때마침 『창비』가 나와서 밀착되는 지적인 관계가 이뤄지죠. 창비의 시작은 정말 대단한 지성사의 사건이기도 합니다.

고은은 『창비』에는 1975년 봄호에 처음으로 시를 발표한다. "깊은 밤술이 되어/우리 억압자의 배 안에 들어가"겠다는 구절이 인상 깊은 「임종」 외 2편. 창비시선으로는 15번으로 출간된 시집 『새벽길』(1978. 11)이 처음이다. 지면으로 치면 계간지는 물론 시집 단행본으로도 창비와의 연이 꽤 늦은 편이다.

고은 평론가 염무웅은 사석에서 농으로 자기는 창비 구파(舊派), 또나는 창비 신파(新派)라 하면서 신구파끼리 한잔합시다 했어요. 내 운명은 늘 늦게 시작해요. 흘러간 나팔소리 같은 실존주의를 나는 60년대 들어서야 했고, 또 유행 지난 구조주의를 60년대말에야 만났어요. 결혼도 한참 늦은 오후(53세)에 했고, 글 역시 오후에 썼지. 오전에는 방랑하고 참선하고 문자를 부정하고 폭음하고. 술이야 지금도 많이 마시지만,(웃음) 하여간 나는 늘 오후의 사람이에요. 창비라는 창조적이고 멋진 시대의 생명체에 동참할 때도 처음부터는 못하고 나머지 행운으로 늦게 가담했습니다.

좀 정색하자면…… 애석하게도 김수영 시인이 갑작스레 세상을 떠납니다(1968. 6. 16). 어느날 창비 진영의 염무웅씨가 시인 이성부하고 찾아와 한잔하면서 나더러 김수영 시인의 빈자리를 채워줬으면 좋겠다는 얘기를 해요. 김수영 시인과는 문단에 나오기 전부터 서로 잘 아는 사이고 그가 나를 무척 아꼈지요. 하지만 당시는 서정주 등 기존 문단과 혈연관계가 깊을 때인데, 내가 어떻게 김수영의 자취나 이어받는 사람이 되겠어요. 더군다나 예술지상주의, 허무주의 의식이 강한 내가 현실에 잘 다가갈 수가 없는 때였지요. 물론 많은 사람들이 새 얼굴『창비』에 뜨거운 관심을 가지고 있었고, 이 관심들이『문학과지성』이 따라서 창간(1970. 8)되는 계기가 되었어요.

1970년 연말 무교동 술집 거리에 나뒹구는 헌 신문지 조각에서 우연히 전태일의 죽음(1970. 11. 13)을 알게 되지요. 늘 죽음을 생각해왔기 때문에 이 친구의 죽음과 내 죽음을 곰곰 생각하는데, 추락하듯이 내가 그쪽으로 쓰러지면서 그 죽음을 만든 현실 모순, 또 현실 뒤에 도사린 분단 상황이 질긴 뿌리로 얽인 게 엑스레이처럼 적나라하게 보였어요. 『창비』의 얼굴도 서서히 육친화되기 시작한 거죠. 내가 가담한 자유실천문인협의회(1974. 11. 18. 출범, 약칭 '자실')가 있지만 그것은 실천기구였죠. 『창비』가 논리를 담당하고 작품을 생산했다면 '자실'은 야전에서 병사로서 싸웠다고 할 수 있어요. 이 둘은 사촌쯤 되는 관계로 70년대를 견디다가 80년대에 이르면 둘의 노선이 완전히 합치되지요. 이렇듯 나와 창비의 육친화는 단계적입니다. 다른 방향에서 걸어오다가 삼거리에서 만나 몇십년의 운명을 함께해왔어요.

모든 뜨거운 관계는 시인의 말대로 느닷없이 시작하기는 어려울 것이다. 동시대를 건너오다 희로애락을 같이하면서 인연이 더 단단해졌을 것이다. 여러 인터뷰에서 그는 전태일 죽음의 의미를 거론한 바 있다. 그는 또 '자실' 창립을 수도해 초대 대표간사를 맡기도 했고, 『실천문학』 창간에도 깊이 관여했다. 이런 활동이 창비와 긴밀하게 연결되었을 것이다.

고은 '자실'은 삼선개헌을 반대해 개헌청원운동을 하면서 그 싹이 시작되었어요. 그때 문인 사회는 좌도 없고 우도 없을 때였고 나는 창비 아닌 다른 세력을 대표해서 나갔다가 점점 내연화되고 불이 붙어 더 적극적으로 임한 것이죠. 오히려 내가 부추겨서 '자실'도 만들자고 제안한 거죠. 그때 창비의 근본 진영과 다함께 만났죠. 내가 지도력이나 영향력이 막강해서가 아니라 나이가 한두살 위였으니까 '자실' 대표가 된 거죠. 처자가 있는 친구들과 달리 독신이고 잡혀가도 간단하게 처리되는 인생이니까 내가 앞장서게 된 거예요. 여하튼 70년대 전반에 우리는 '자유실천'을 내세웠어요. 1950년대에도 '자유문학자협회'가 있었는데 이승만정권과 친했다가 4월혁명 후 유명무실해졌죠. 자유란 말이 좋은 이미지가 아니었고, 또 자유는 공산세계에 대응하는 매우 우익적인 언

고은

1933년 전북 군산 출생. 시인. 연작시
편 『만인보』(전30권)를 비롯해 『조국
의 별』 『내일의 노래』 『독도』 『마치 잔
칫날처럼』 등 150여권의 저서를 간행
했으며, 영미, 독일, 프랑스, 스웨덴을
포함한 약 20여개 국어로 시집이 번
역되어 세계에 널리 소개되었다.

어이기도 했습니다. 그럼에도 굳이 '자유'를 넣은 것은 자유세계에서의
자유 실천, 또 통상적으로 언론과 집회의 자유, 사상의 자유, 헌법에 명
시된 일반론으로서의 자유를 실천한다는 의미로 어떻게 보면 온건한
슬로건이었습니다. 그런데 70년대 후반에 오면 분위기가 완전히 전복
됩니다. '자유'는 그냥 추상 개념이 되고 '실천'은 절박하게 자기를 다
그치는 현실의 언어가 돼요. 실제로 전세계 지식인 사회에서 민중 속에
서 실천하고 행동하는 프락시스(praxis) 운동이 있었습니다. 우리도 실
천하는 자유공동체, 자유보다 실천을 강조하는 개념으로 접근한 거죠.
정연하고 살뜰하게 살림을 꾸려나가는 창비와는 다른, 거칠고 즉흥적
인 것이라도 '자실'의 표현물이 필요했는데 정기간행물을 허가하지 않

으니까 속수무책이었죠. 그러다가 부정기적으로 내도 상관없는 매체, 무크지가 있다는 걸 알게 된 거예요. 그 형태로『실천문학』을 창간하려 했죠. 그러던 중에 내가 YH사건, 카터 방한 반대 사건 등으로 계속 감옥에 왔다 갔다 하면서 고문으로 한쪽 청각도 잃었죠. 수감 중에 박정희가 죽어서 보석으로 풀려났고 '서울의 봄'도 온 것이죠. 그래서 70년대말에 내려던『실천문학』이 1980년 3월에야 나오죠.『실천문학』의 내용이 더 거칠고 뜨겁다고 하면 창비는 완벽한 논리와 더불어 알찬 작품을 담고 있었죠. 본래는『실천문학』도 같이 만들어가려고 한 겁니다.『실천문학』이 흩어지려고 하면 창비의 백낙청 교수도 거들어 살려놓고 서로 보완해간 것인데 오늘날에는 딴살림으로 독립된 것이죠.

짧은 '서울의 봄'이 끝나고 광주민주항쟁이 일어난 1980년은 창비뿐만 아니라 그의 삶에서도 일대 사건이 일어난 해다. 5월 17일 신군부는 내란음모의 주동자로 엮어 고은을 강제 연행해 구속 수감한다. 같은 해 7월말『창비』를 강제폐간한 신군부는 1985년에 이르러서는 출판사 등록을 취소(1985. 12)하기에 이른다. 그 조치에 항의하고 창비를 구하기 위한 서명운동에 동참한 문인과 지식인이 무려 2,853명에 달한다. 그런 시대상황에서 지식인사회의 저항, 창비가 사라진 공백기의 파장, 당시 문단의 분위기는 어떠했을까.

고은 1980년대에 들면 '자실'이나 창비나 안팎을 구분하고 나누고 할 것 없이 한몸이 되어서 함께 죽고 함께 살기를 각오했습니다. 왜냐면 당시 상황이 침몰을 앞둔 배와 같았기 때문입니다.『창비』폐간이나 출판사 등록 취소가 대표적으로 그런 상황을 잘 말해줬죠. 대다수가 창비 탄압은 전혀 말이 되지 않는다고 생각했죠. 그간 정치에 대해서는 침묵하던 사람들도 우리에게 지지를 보내왔으니까요. 우리를 좌파로 몰고 친북이라고 비난하던 사람들조차도 전염되어서 창비를 살리라고 했어요. 문단 전체, 심지어 문인협회까지 망라해서 황순원 같은 선배세대도 동참하고 지식인 일반까지 함께해 엄청난 세력으로 저항의 뜻을 표하니까 창비를 아주 죽이지는 못한 거죠. 당국이 걸핏하면 창비 같은 건 없애버리면 된다고 섣불리 판단하는 시대였으니까 더더욱 창비를 지키려 했고, 창비를 지켜야만 자기들도 지속할 수 있다고 판단한 것이죠. 창비 탄압이 오히려 다수의 온건한 부류를 함께 우리 마당에 발을 디디게 만든 겁니다. 창비가 쌓아온 고난의 이력이 그만큼의 힘을 가지고 있었음을 입증하는 겁니다. 만약 창비가 해온 것이 허술한 출판행위, 문학운동이었다면 벌써 없어졌겠죠. 창비가 출판을 아주 잘하고 세상의 박수를 받을 때의 힘 못지않게 죽어가면서도 자기 힘을 발휘한 것인데 참 묘한 것이죠. 위기에 직면했을 때, 죽음과 멸망을 앞두었을 때, 그동안 해오던 일이 완전히 폐기될 때 뭉치게 됩니다. 창비와 함께한 지식인의 양심이 그때처럼 커다란 힘이 된 사례는 한국사회에서 찾기 어려워요. 창비의 암담하고 절망적인 상황을 떠올릴 때마다 역설적으로 뜨거운 행복들이, 그 감동의 기억들이 더불어 생생합니다.

창비와 시인의 문학을 논할 때 『만인보』를 떼어놓고 생각하기는 어렵다. 구상은 신군부 감옥에서 했다고 밝힌 바도 있고, 동료 평론가들의 지속적인 관심이 동력이 되었다고도 했다. 어떻게 창비에서 출간하게 되었는지 속사정이 궁금했다.

고은 1980년 5월 강제연행된 뒤 재판받고 육군교도소에 들어가게 돼요. 특별감방 7호방은 박정희를 쏴죽인 김재규가 있던 방인데 그가 처형당한 뒤 내가 들어간 거예요. 2평도 채 되지 않고 창도 없는데 30촉 짜리 백열등마저 꺼버리면 완전히 암흑에 갇혀 숨이 막힙니다. 마치 큰 관에 입관된 시체 신세처럼 있다보면 현재가 박탈돼요. 현재가 없어지니깐 가버린 과거가 현재를 대행해요. 과거 고향사람, 외할머니, 이모, 아저씨 들의 모습이 선명하게 떠올라요. 현재의 궁핍을 과거가 와서 채워준다는, 다분히 시적인 체험을 하죠. 당시 상황은 내란음모로 엮인 사람 중에 육군교도소의 다섯명은 죽인다는 흉흉한 분위기였죠. 나는 최후를 맞아 마지막으로 무엇을 할까 고민했어요. 만세를 부를까, 멋진 시를 지어 기억해두었다가 읊고 죽을까 이런 준비를 다 해놨어요. 그래도 살 수 있다면,이라는 포기하지 못한 욕망이 남았고, 그럴 수만 있다면 생생하게 찾아온 과거 인물들을 써야겠다 마음먹었죠.

그런데 82년에 출감하고 나니 『만인보』 구상을 다 잊어버렸어요. 구상한 것이 썰물처럼 물러나 멀어져버려요. 출감하고 나니 세상이 허무해서 끊어버린 술을 다시 먹기 시작했어요.(웃음) 당시 리영희 선생하고 자주 마셨는데 취중에 결의형제를 맺기도 했어요. 그렇게 술과 가까이 살다가 어느날 불현듯 『만인보』 구상이 다시 새롭게 떠오르는 거예요. 83년에는 내가 안병무 교수의 집에서 함석헌 옹의 주례로 결혼을 하게 됩니다. 그때 백낙청 교수가 해준 축사가 인상적이었어요. 내가 민족문학을 하고 아내 이상화가 영문학을 하니까 민족문학과 세계문학이 만나는 날이라고 덕담을 했어요. 공교롭게도 결혼 뒤 첫 결실을 맺은 것이 『만인보』이고, 지금까지도 아내가 외국에 번역 소개도 하고 있으니 백교수의 축사가 예언대로 진행된 것이지요.

『만인보』10~15권 출간기념회(1997. 6. 19). 오른쪽 사진에서 고은 시인과
나란히 선 고 김대중 대통령과 고 김수환 추기경의 모습이 눈에 띈다.

　『만인보』1~3권을 내기 전에는 우리 문학사에서 한꺼번에 시집 3권
을 내는 예를 찾기 어려워요. 그걸 낯설게 보는 사람도 있었으나 나의
동료들, 평론가 백낙청 염무웅 이런 분은 참으로 뜨겁게 눈여겨봐줬죠.
『세계의문학』에 처음 연재될 때 염무웅씨는 미당도, 김수영도 해보지
않은 문학을 하고 있다고 평가했죠. 나는 단순히 이례적이란 점을 넘어
서 우리 민족문학의 차원, 또 민족문학이 세계문학의 반열에서 보편성
을 실현하는 차원을 의식적으로 의도한 바는 아니지만 또 의도 안한 것
도 아닙니다. 그래서 『만인보』에는 내 삶의 주제라고도 할 수 있는 그
두가지가 다 투영되어 있습니다. 이렇게 구상부터 30년간 지속된 『만인
보』인데, 상품가치와는 거리가 먼데도 전30권(1986~2010)이나 되는 분
량을 창비가 받아안은 거죠. 『만인보』로 인해 창비도 숙명적으로 한 저
자를 만나게 된 것이고, 그 저자도 창비라는 숙명적인 은혜 속에 있다는
실감을 종종 합니다.

2010년 완간 후 연보와 인터뷰 등을 실은 별권을 더해 12권으로 재출간된 『만인보』 양장 합본 세트

6월항쟁이 있었던 1987년과 1988년은 여러모로 기념할 만한 해다. 『창작과비평』 57호(1985. 10) 이후 2년 만에 다시금 부정기간행물 『창비 1987』(1987. 7)을 발간했고, 이듬해 1988년 2월에는 다시 창작과비평사 출판사 등록을 하고 『창작과비평』 복간호를 내게 된 것이다. 88년 말에는 시인의 『만인보』가 만해문학상을 수상하기도 한다. 87년, 88년을 그는 어떻게 기억할까.

고은 6월항쟁에는 절대다수의 회사원들이 함께 참여했어요. 70년대는 전태일의 죽음으로 시작해 79년 김경숙의 죽음(YH사건)으로 마감이되는데, 소수 노동자의 죽음이 한 시대를 열고 닫은 거죠. 광주항쟁 이후 80년대에는 힘들게 이어지던 소수의 저항에 마침내 넥타이부대가합류를 하고 박종철의 죽음으로 촉발된 소리에 이한열의 죽음이 촉발한 소리가 화답하면서 세상이 완전히 하나가 된 겁니다. 민주화라는 거대한 해일이 넘쳐났죠. 그렇게 세상이 바뀌니깐 아무리 권력을 독점한 신군부세력이라고 한들 어떻게 창비를 계속해서 시체로만 썩게 놔두겠습니까. 농담 반 덕담 반으로 좋게 말하면 창비의 환생에는 민주화 대세에 밀린 신군부의 잔여세력도 일부나마 기여를 한 겁니다.

1980년대는 현대사에서도 격동의 시대였고, 60년대에 태어난 창비도 80년대를 가장 뜨겁게 건너왔다. 80년대 창비 출판과 계간지는 무엇을 상징했고 어떤 역할을 했을까.

고은 전방위로 나아간 점이 중요해요. 창비는 문학뿐 아니라 그밖의 영역에까지 시야를 뒀죠. 역사학계보다 더 역사학을 불러들였고, 정치 담론도 다른 정치 영역보다 훨씬 더 진지하게 받았고, 경제 특히 농촌경제 민중경제 개념은 거의 다 박현채 등과 함께 창비가 이뤄놓은 겁니다. 그뿐 아니라 성리학의 좋은 미덕을 갖춘 김창숙의 유학, 성균관 유학 중에 전위성을 갖춘 이우성의 한학 등도 창비가 잘 수용했죠. 다만 한가지 서구의 담론을 수용하는 데는 민족이라는 규범 때문에 창비가 아주 자유롭지는 않았다는 점이죠. 예컨대 라깡 데리다 들뢰즈 등은 문학과지성사 같은 곳에서 상대적으로 많이 흡수했죠. 하지만 창비는 우리 내부에 존재하는 모든 가능성 있는 인문 분야, 사회과학 분야 등을 다 불러들여서 문학을 광역화시켰어요. 문학이 문학 안에만 갇혀선 안되고 끊임없이 다른 분야와 관련시킬 때에야 더 생산적으로 변화된다는 점을 경험하게 만든 것이죠. 지적 풍토의 지층을 아주 단단히 쌓아올린 것이 창비의 공적입니다.

박현채 선생을 언급하니 창비를 통해서 만들어진 인연들, 백낙청 리영희 강만길 선생 들과 얽힌 일화, 그리고 왕성했을 술자리 풍경이 궁금했다.

고은 우리 판으로 건너온 동료 지식인들 중 전태일을 계기로 깨달은 사람들이 많습니다. 60년대의 나는 자아는 무용한 것으로 간주하고 의미를 두지 않은 허무주의자였지만 리영희 선생을 비롯해 많은 분들이 60년대부터 이미 자기를 찾기 시작했어요. 이런 사람들과 뒤늦게 만난 게 1970년 이후죠. 처음에는 문인끼리만 모이다가 점차 다른 분야 사람들과도 어울리는데 대표적으로 리영희 선생, 강만길 등 모두 나와 비슷한 또래거나 형과 아우들이었죠. 그중에 막내가 박현채였죠. 분야가 달라도 심성은 다들 비슷해서 아주 친해지게 돼요. 공교롭게도 이들 거의가 창비의 필자였어요.

80년대 후반 90년대초, 창비가 마포 용강동 시절일 때는 사무실 4층에 공간이 따로 있었죠. 나를 포함해 댓 사람은 늘 거기서 만나서 이야기하고 책도 보고 소주 마시고 했어요. 심지어 그렇게 노는 전용 방을 따로 두려고도 했는데 그러면 각 가정에 공방살이 끼게 되니깐 창비의 조사연구실이 만들어지죠. 계간지 좌담이 있거나 원고료를 받을 때는, 물론 꼭 그런 게 없더라도, 고무신 끌고 가 거기에 앉아 있으면 다들 모이죠. 창비 길 건너에 술집들이 좀 많아야죠.(웃음) 술 마시지 않으면 죄인 취급 받을 만큼 술집이 많아서 단골집 하나를 잡았지요. 그후로는 굳이 창비로 건너가지 않고 술집으로 출근을 했어요. 이차까지는 형제처럼 오순도순 순하게 먹다가 삼차부터는 서로 원수가 되어 논쟁도 하고 멱살을 잡다가도 오차쯤 되면 지쳐서 서로 악수하고 화해하고 돌아가곤 했어요.

정작 본인은 면구스러워하겠지만 백낙청 교수에 대해선 이 얘기는 꼭 해야 해요. 그가 만약 국내에서 학부를 졸업하고 학위를 받았더라면

『창작과비평』 1993년 가을호에 실린 「낙조」 외 2편의 육필 원고

상황이 좀 달라졌을지 모릅니다. 그가 국외의, 그것도 아주 명망있는 곳에서 학부를 마치고 박사학위도 받은 게 무시하지 못할 점입니다. 우리가 역사적으로 중국에 대한 사대주의를 했지만 현대에는 막강한 세계 경찰국가인 미국에 대한 충성도 지속시켜왔기 때문이죠. 미국에서 인문학을 가져오면 섬겨주고 긍정하게 됩니다. 미국 유학파가 국내로 돌아와서 민족의 운명을 위해 뛰어드니까 다른 사람들이 이를 쉽게 용공시하거나 또 북한과 엮어 불순세력으로 몰아갈 여지가 많지 않았습니다. 그 점이 커다란 힘을 발휘했죠. 백낙청 본인도 60년대에 시민문학론을 제기했지만 우리 민족문학 민중문학 진영이 오늘까지 이어져온 과정을 살펴보면 그의 위치와 정체성이 참으로 안전한 성벽 역할을 한 겁니다. 물론 창비가 유지되어오는 데도 그 점은 커다란 힘이 됐지요.

재미있는 것은 백낙청 교수는 언제나 남방에 빨간색 볼펜과 검정색

볼펜 두개를 꼭 꽂고 다녔어요. 그 모습을 처음 봤을 때는 무슨 면서기나 동회에서 나온 사람 아닌가 싶었죠.(웃음) 그런데 그건 언제 어디서나 교정을 제대로 본다는 자세인데 정말 놀라운 겁니다. 그런 자세 또한 전통이 되어 창비의 출판물엔 교정이 깨끗하고 오자도 최소화되는데 정말 커다란 미덕이죠. 교정이 깨끗한 것처럼 세금이나 금전문제도 깨끗한 게 창비의 전통입니다. 이런 것들이 모여 지적인 자세와 품격을 상승시키는 겁니다. 사소한 것 같아도 모든 형이상은 이처럼 형이하의, 물질적인 기반 위에서 만들어진다는 것, 이것이 창비가 오늘날까지 견실하게 남은 존재방식이죠.

시인의 문학인생에서 창비는 어떤 의미인지, 그리고 50주년을 맞은 창비가 앞으로 어떤 길로 가줄 것을 바라는지 마지막으로 물었다.

고은 창비 없이 나의 문학은 없다, 이렇게 말할 수는 없죠. 창비와 상관없이 내 문학은 있어야 하니까요. 허나 나의 문학의 중요한 부분은 창비와 동행하지 않았으면 불가능했다, 이렇게 얘기할 수가 있죠. 후천적으로는 나와 창비가 함께 있다는 점이 이생의 강렬한 기억이죠.

파주시대의 창비는 이미 자기 길을 열어놓고 있습니다. 이전 같으면 허용되지 않는 문학도 받아들이고 있죠. 다만 정기간행물 『창비』의 여러 논조나 분위기는 앞으로 다시 한번 더 부드럽게 변신하려는 고민을 했으면 좋겠습니다. 사람들이 『창작과비평』을 펼칠 때 긴장하게 해서는 안됩니다. 훈훈하게 가슴이 젖어들게 만드는 긴장 해소의 유연성을 발휘해야 한다는 것이죠. 또 바깥 사정을 가늠하면서 조절은 하지만 그것들이 자유롭게 드나들게 하는 데에는 창비가 소극적인 면이 없지 않아요. 바깥의 다양한 정보나 지적인 여러 산물들이 격의 없이 들어와서 함께 어우러지는 광장을 만들어내면 좋겠습니다. 이런 바람을 현재의 창비가 이미 실천하고 있는지도 모릅니다. 나는 창비 50주년을 쉰살이나 먹었다 이렇게 보지 않습니다. 창비는 지금 막 시작하는 50이라고 생각합니다. 그동안 쌓아온 고통과 영광, 어떤 비애와 소외에도 불구하고 세상이 지켜줬던 그 시대의 커다란 은혜 속에서 오늘의 창비가 있다고 생각하는데요. 앞으로의 창비 50년, 통틀어 창비 1세기는 예단할 수 있건대 분명히 하나의 역사를 만들어낼 것입니다.

(2015. 5. 19. 수원 고은 시인 자택)

"군사 파시즘이 칼이라면
그걸 이긴 게 펜이야"

김이구

현기영(玄基榮) 선생은 1978년 「순이 삼촌」을 발표하면서 자신의 문학적 지향을 뚜렷이 한 이래 계간 『창작과비평』과 출판사 창비의 대표적인 작가로서 꾸준한 작품활동을 펼쳤다. 역사와 현실, 민중의 상처를 치열하게 대면하는 창작활동뿐만 아니라 군사독재에 저항하는 민주화운동의 현장, 문단 안팎의 술자리 참여에도 열정적이었던 그는 '만년청년' 작가로서 어려운 시대를 꿋꿋이 헤쳐온 분이다.

시대의 질곡과 저항의 몸부림, 그리고 창비와 함께 건너온 문학적 동행에 대해 듣기 위해 세교연구소에서 그를 만났다.

김이구　창비 50년사를 편찬하는 데 선생님 말씀을 듣고자 오늘 이렇게 모셨습니다. 올해(2015)가 선생님 등단 40주년이 되는 해이고, 창작

金二求 문학평론가, 소설가, 창비교육 기획위원. 저서로 『우리 소설의 세상 읽기』 『어린이문학을 보는 시각』 『해묵은 동시를 던져버리자』 등이 있음.

집 세권이 중단편전집으로 다시 나왔습니다. 우선 축하드립니다. 선생님이 「순이 삼촌」을 발표하신 게 1978년 『창작과비평』 가을호인데요. 이 작품을 어떻게 창비에 싣게 되셨나요?

현기영 나는 문학적 출발을 창비와 더불어서 했다고 해도 과언이 아니죠. 「순이 삼촌」을 『창작과비평』에 싣기 전에도 여러 작품을 발표했습니다만, 집단 트라우마로 남아 있는 제주도의 4·3항쟁, 그 문제에 대해서 쓰지 않을 수가 없었어요. 내가 용기를 내서 무슨 대단한 사명감을 갖고 썼다는 게 아니에요. 어린 시절, 일고여덟살에 4·3사건을 겪었는데, 그게 내겐 굉장한 트라우마로 남아 있었고, 뇌리에 지울 수 없데 각인이 되었지요. 지금도 말이 서툽니다만 전에는 더 심하게 말을 더듬었는데, 내 내면이 4·3으로 인해 억압당해 있었던 거죠. 사실 문학이란 게 뭡니까, 참 자유를 만끽하고, 그 무엇으로부터도 해방되고 싶은 게 문학인데, 내면에 이렇게 억압적인 트라우마가 있어서 이것을 발설하지 않고서는 문학적으로 한걸음도 내디딜 수 없다는 생각이 들어서 한 서너편만 쓰고 말아버리자, 그래서 「순이 삼촌」을 썼죠. 발표 당시는 유신 말기, 군사 파시즘이 설치는 때라서 군부를 공격하고 군부의 비리와 만행을 고발하는 것은 굉장히 어려운 일이었죠. 그렇지만 안 쓸 수가 없었던 거예요.

김이구 75년에 데뷔하고 그때까지 『창비』 지면에는 전혀 작품을 발표하시지 않았는데, 창비하고는 어떻게 연결되었는지 궁금합니다.

현기영 내가 「순이 삼촌」을 『창비』에 투고했습니다. 써놓고 보니까 이게, 나 자신도 두려운 불온문서가 돼 있는 거예요. 그래서 투고하고도 차라리 제발 실리지 말았으면 하면서 기다렸는데,(웃음) 이게 한 서너달 뒤에 『창비』에 게재가 된 겁니다. 그때 염무웅씨가 발행인 겸 편집

현기영
1941년 제주 출생. 소설가. 제주 4·3항쟁을 비롯해 감춰진 한국 현대사의 아픔을 치밀하게 그려냄으로써 역사와 현실과 치열하게 대결하는 작품들을 썼다. 주요 저서로 『순이 삼촌』 『마지막 테우리』 『변방에 우짖는 새』 등이 있다.

인이었는데, 그 양반이 용기를 냈죠. 만약에 그가 게재를 거절했으면 나도 아, 이제 「순이 삼촌」 같은 작품은 쓸 수가 없구나, 이건 불가능한 거구나 하고 포기했을 텐데, 그게 실리는 바람에 잇따라서 다른 작품을 쓰게 되었죠. 사실 그전에도 학교 선배가 작품을 달라 해서 갖다준 단편이 『창비』에 전달된 적이 있었어요. 경향이 다른 작품이었는데, 당연히 퇴짜였지요.

김이구 선생님의 이전 작품도 4·3과 관련된 것이 있긴 하지만, 「순이 삼촌」은 문단에 큰 충격을 주었죠. 그후에 선생님 작품세계가 제주 역사와 경험을 끌어안은 작풍으로 진격을 했다고 할까요. 그런데 「순이 삼촌」으로 큰 고초를 겪으셨잖아요? 제가 알기에는 군 수사기관에도 끌려가서 고문당하신 적도 있고요.

현기영 「순이 삼촌」을 발표하고 다음해에 「도령마루의 까마귀」와 「해룡 이야기」를 다른 지면에 발표했지요. 그것이 포함된 작품집『순이 삼촌』이 79년 11월초에 창비에서 나왔어요. 그래서 후배들을 만나 대여 섯권을 나눠줬는데, 마침 그날 명동에서 'YWCA 위장결혼식 사건'이 있어서 거기에 다들 같이 참가를 했어요. 그 후배들은 제주 출신 젊은이 들인데 「순이 삼촌」에 공감하고 호응해서 제 주변에 온 거예요. 그들과 매달 만나면서 4·3에 대한 울분을 토하곤 했죠. 그날이 정기적으로 모 이는 날로 토요일이었는데, 집회가 끝난 뒤 그중 한명이 합동수사본부 에 끌려갔어요. 일요일 지나 월요일, 나는 당시에 서울사대부고 영어교 사였기에 출근을 해서 수업을 하는데, 오후에 중부경찰서에서 나를 체 포하러 왔죠. 가자마자 보안사로 이첩되는 겁니다. 거기서 정신을 완전 히 빼놓더구만. 지하실로 끌려가 완전히 겁똥 싸는 똥개가 되어버렸죠. 겁똥이라는 말 아시나요? 아주 겁나면 멀건 똥물을 지리는 거예요. 한 삼일 두드려 맞았는데, 저들이 나중에는 더이상 때릴 데가 없으니까 싸 릿대로 아픈 데를 또 때리고. 손을 내놓으라고 해서 내가 이렇게 내놓으 니까 "이 새끼가, 선생은 애들 손바닥을 때리지만, 우리는 그러지 않아, 손 엎어" 그러면서 자근자근……

김이구 무슨 진술을 하라든가 그런 요구는 없었습니까?

현기영 "왜 그런 거 썼어?" 이러지 않고 "너『순이 삼촌』그 책 처음 서부터 끝까지 내용이 뭔지, 줄거리를 말해" 이러니 내가 죽을 지경인 거야.(웃음) 이튿날도 그런 식으로 처음서부터 다시, "응? 뭐라고 썼어, 거기에?" 그리고 "『순이 삼촌』내용이 뭐야?" 하니까 내가 이 앓는 사람 처럼 떠듬떠듬 얘기하고, 정말 죽을 맛이더라고. 싸릿대로 맞는데 피가 끈끈하게 올라오더라고. 그때는 아 좋다, 감옥에 가겠다, 생각했는데,

4·3항쟁을 최초로 세상에 알린
표제작이 실린 『순이 삼촌』(1979)

막상 쟤들이 감옥엔 안 보내더라고. 왜냐하면, 감옥에 보내려면 정식 재판을 해야 될 거 아니에요? 그러면 법정에서 4·3이 무엇인지 얘기가 될 것이니까 그렇게 안하는 거예요. 온몸이 잉크빛으로 물들었는데, 그 멍이 사라질 때까지 거의 한달 동안 남부경찰서 유치장에 감금돼 있던 거죠.

김이구 중부경찰서가 아니에요?

현기영 보안사에서 나와서는 남부경찰시로 옮겨져 유치장에 있었죠. 거기 있으니까 창비 동지들이 면회를 왔어요.

김이구 그때 면회 온 분들은 누구누구이신가요?

현기영 염무웅, 이시영, 돌아가신 한남철 선생님, 박태순 이렇게 왔는데 『순이 삼촌』을 내미는 거야. 니 자식 감방에서 갖고 있으라고. 어, 난 그 『순이 삼촌』 보니까 그냥 메스꺼웠어. 저런 나쁜 놈을 내가 생산했나 싶어서.(웃음)

한달 유치장 생활을 하고 나온 다음 겨울방학 때인데, 늦은 아침을 먹는데 전화가 왔어요. 누군가 했더니 나를 고문한 수사관이야. 어린 새끼가 반말을 하더라고. "나 임 아무개야" 그러고는 "그런데 니 수필집 어떻게 됐어?" 이러는 거야. 맨 첨단에서 고문하는 것들은 무식한 애들이에요, 하사, 중사짜리들이고. 『순이 삼촌』을 수필집이라는 겁니다. "재판 들어갔어요" 했더니, 이게 "아, 그거 재판에는 넘기지 않기로 했는데" 이러는 거야. 그래서 아, 그게 아니고 책을 두번 찍었다고 솔직히 얘기했다고. 그런데 80년 5월 광주항쟁이 있고 나서 8월 보름쯤에 이번엔 종로경찰서에서 왔어요. 학교 수업 도중에 체포됐는데, 계속 유통되는 책이 문제가 된 거예요. 거기서는 한 일주일 밤샘조사만 받고 매는 안 맞았어요. 그때 창비 이시영씨가 다른 일 때문에 거기서 조사받는 걸 내가 봤죠.『순이 삼촌』이 그때 판금조치된 겁니다. 4·3은 군부의 문제이기도 하고 경찰 문제이기도 하니, 경찰도 공격했잖아요. 그런데 종로서에서는 나보고, "야, 군부를 너무 조졌구만" 그랬어요.(웃음)

김이구 귀가 좋지 않은 것도 그때 고문 후유증이 아닌지……

현기영 아, 그게 아니라 어린 시절 열병을 앓아서 한쪽 귀의 청력을 상실했어요. 그런데 희한하게 그렇게들 알려져 있어요.

김이구 70, 80년대 해직교수가 된 분도 많았는데, 선생님은 해직은 면하시고.(웃음) 그 뒤에도 계속 4·3 작품을 쓰셨죠. 그래서 4·3이 다시 조명되고 또 더 많은 작품들도 나오게 된 계기가 되었습니다. 1980년 계간지가 폐간되자 창비에서는 신작시집, 신작소설집, 신작평론집을 기획해서 계간지의 공백을 메우다가 85년도에는 부정기간행물 형태로 『창작과비평』 57호를 냈지요. 그 일로 창비는 출판사 등록이 취소되었는데요. 계간지가 없을 때는 어땠었나요?

현기영 무지막지한 파시즘 폭력에 잡지가 폐간되고 또 창비라는 건조물이 폭파된 건데, 그 이후에 창비 직원뿐만 아니라 주변의 시민 그리고 작가들이 창비의 재건을 위해 혼연일체가 된 기억이 생생합니다. 유일한 희망, 유일한 민주화 염원의 숨통인 창비가 여기서 멸절하면 안된다, 그런 느낌이었죠. 재정적으로도 어려워서 당시에는 마포경찰서 저쪽에 조그만, 남루한 건물에 세들어 살았지요.

김이구 출판사가 등록취소됐을 때는 문인, 지식인 들은 물론 시민들까지 호응해서 항의서명을 해주신 데 힘입어 아쉽지만 '창작사'로 86년

8월에 출판사 등록을 새로 할 수가 있었죠. 선생님의 두번째 창작집 『아스팔트』가 그 직후에 나왔는데요. 그 작품집하고 또다른 몇권의 책을 편집부에서 8개월 정도의 공백 기간에 출판사가 없는 상태로 준비한 기억이 납니다. 선생님은 그 시기 창비를 주 무대로 활동하셨고, 창비 주역들하고 가깝게 교류를 하셨는데요. 어떤 분들이 가장 기억에 남아 있나요?

현기영 창작과비평사에서 '과비평'을 빼고 창작사가 된 건데, 그 이름으로 제 소설집 『아스팔트』가 나왔지만 그래도 참 대견했어요. 돌아보면 참 불우하게 태어난 건데, 그래서인지 『아스팔트』가 많이 안 팔렸어요. 아무튼 그 무렵 계간 『창작과비평』이 폐간된 상황에서 어떻게든 작가, 소설가, 시인, 평론가 들이 진보적이고 열정적인 글을 싣기 위해서 무크도 내고 잡지도 냈지요. 『실천문학』은 처음엔 무크로 나오다가 계간지로 바뀌었고, 소수였던 소위 문예운동가들이 점점 많아지면서 『녹두꽃』 『사상문예운동』 등 매체도 상당히 늘어났습니다. 창비는 『실천문학』과 더불어 어떤 동지적 관계를 유지하면서 민주화운동의 첨병으로, 전위로 서 있었다고 생각합니다. 나는 창비와 실천문학에 두루 다니면서 사람들과 문학 얘기도 하고 술도 같이 먹고 시국을 한탄하고 비판하면서 지냈어요. 나는 데뷔 적령보다 10년 정도 늦어 서른다섯에 데뷔했기 때문에 내 또래들, 이문구 조태일 박태순 등과도 더러 어울렸지만 주로 10년 이상 아래인 젊은 문인들하고 많이 어울렸죠. 망년우(忘年友), 나이를 잊고 지낼 만한 젊은 벗들하고 어울렸는데, 그때는 글 쓰는 것보다도 술 먹는 것을 특히 더 좋아했고 술 먹는 것 자체가 운동이라고, 문학운동이라고 생각했어요. 그때 자유실천문인협의회가 마포경찰서에서 멀지 않은 곳에 있었고, 창비도 그 근처에 있었어요. 처음에는

젊은 시절의 현기영

조심스럽게 술을 먹다가 점점 호기를 부려 저항가를 부르면서 점점 영역을 넓혀갔어요. 그때 느낌이 너무 좋아서, 망원동 우리 동네까지 와가지고 술을 먹는데, 형사들이 따라오기도 했지요.

김이구 그렇게 젊은 문인들하고 격의 없이 어울리셨고, 말하자면 술친구이기도 했지만 창비 진영 작가로서 함께 어울리신 건데요. 그 작가들의 작품세계는 어떠했다고 평가하시나요?

현기영 싸르트르가 문학은 무엇을 할 수 있는가라고 물으며 앙가주망을 얘기했는데, 정말 그때는 문학이 무엇을 할 수가 있었어요. 문학이무기가 될 수 있다는 걸 그 시대의 문학이 보여줬다고 생각합니다. 군사파시즘이 칼이라면 그걸 이긴 게 펜이라고 생각해요.

김이구 80년대는 작업실에서, 골방에서 글을 쓰기도 했지만, 작가들이 수시로 거리에 나와 소리치고 밤에도 항의농성을 해서 결국 87년 민주화를 일궈내는 데 큰 몫을 했다고 생각합니다. 선생님은 83년에 창비신서로 내신 장편 『변방에 우짖는 새』 외에도 소설집 『아스팔트』(1986), 장편 『바람 타는 섬』(1989), 소설집 『마지막 테우리』(1994), 그리고 문예

진흥원장 임기를 마치고 문단에 복귀한 뒤 내신 장편 『누란』(2009)까지 창비와 함께하셨어요. 이렇게 창비 소설가로 활동하신 것이 선생님 문학세계에 어떤 영향을 주었을까요?

현기영 사실 현대사 최대 비극인 제주 4·3사건은 중앙에서 늘 외면해왔고, 4·3 작가를 본연의 문학을 하지 않는 지방주의적인 작가로 폄하해버리는 경향이 상당히 있었어요. 그런데 그런 작가를 창비가 끌어안은 거예요. 창비의 격려를 받으면서 내가 문학적으로 성숙했다고 할 수 있지요. 사실 창비가 아니었다면 당시 어떻게 그런 작품을 발표나 할 수 있었겠습니까?

김이구 선생님이 안 계셨다면 창비 문학도 풍요롭지 못했을 것이고 또 70, 80년대를 헤쳐오는 데도 역할을 제대로 하지 못했을 것 같습니다.

현기영 그건 아니고, 기라성 같은 많은 선배들, 그리고 동년배, 후배들의 작품이 행렬을 이루고 있잖아요. 그게 창비의 큰 재산이자 우리 문학의 큰 자산이라고 생각합니다.

김이구 선생님 작품은 시대를 증언하는 문학으로서 해외에도 꾸준히 소개되고 있는데요. 『순이 삼촌』이 일본에서 번역 출판된 뒤 현지 독자들과도 만나셨지요?

현기영 네. 『순이 삼촌』은 재일(在日)작가 김석범(金石範)씨가 번역해서 2001년 신깐샤(新幹社)에서 나왔어요. 2012년에 2쇄를 찍었지요. 번역되기 전에도 리쓰메이깐대학(立命館大學) 초청으로 일본에서 강연한 적이 있고, 몇년 전에 이어 올해에도 '제주 4·3사건을 생각하는 모임'에서 주관하는 행사에 초청받아 토오꾜오에서 강연을 했어요. 제주 출신 재일동포들이 주축이 되었지만 청중은 일본인 반, 재일동포 반으로 큰 강당에 오륙백명씩이나 청강료를 내고 들어왔어요. 그들은 4·3

등단 40주년을 맞아 출간된 '현기영 중단편전집'(2015)

희생자나 태평양전쟁 희생자나 모두 국가권력에 의한 희생자이고 '평화가 평화를 낳는다'는 강연 내용에 크게 공감했어요. 나의 경험과 자신들의 경험이 흡사하다고 놀라워했지요.

김이구 선생님이 주목하신 후배들 작품엔 어떤 것이 있나요?

현기영 좋지 않은 의미로 창비가 달라졌다는 비판을 주위에서 가끔 듣는데, 한강의 『소년이 온다』(2014)와 성석제의 『투명인간』(2014) 같은 작품들은 좋았어요. 공동체의 상처에 둔감하지 않고, 소비향락의 시대에 망각되고 적대적 세력에게 폄하되는 광주항쟁을 재기억하는 한강의 소설에서 뜨거운 진정성을 봤지요. 리얼리즘 소설에 판타지가 혼합되어 큰 감동을 주는 장면을 만들어내더군요. 50주년을 맞는 창비가 리얼리즘 문학에 대한 관심을 견지하는 것을 확인할 수 있었어요. 이런 작품들을 더 격려하고 밀어주길 바라지요.

김이구 선생님, 앞으로 작품활동은 어떻게 계획하시나요?

현기영 이제 그만 4·3에서 벗어나고 싶죠.(웃음) 근데 그게 잘 안돼요. 어느날 악몽을 꿨는데, 이런 내 심중을 저승에 계신 4·3 영령이 알아차렸는지 꿈속에 나타나 고문을 하는 거예요. 보안사에서 당한 것과 똑같은 식의 고문을, "매우 쳐라!" 하면서…… 두번이나 그런 악몽을 꿨어요. 그래서 안되겠다, 앞으로도 어떤 방식으로든 나는 4·3을 쓸 수밖에 없는, 4·3의 무당이다, 4·3의 영령을 진혼하는 무당일 수밖에 없다, 그러면 어떻게 해야 그분들을 잘 진혼하고 위령할 수 있겠는가, 정말 공들여서 지금까지의 어떤 4·3 소설보다도 더 뛰어난 작품을 써서 그분들을 달래야겠다, 그런 생각을 하고 있습니다.

김이구 선생님, 다음 작품을 기대하겠습니다. 감사합니다.

(2015. 4. 21. 마포구 서교동 세교연구소)

창비를 이끌어온 외유내강의 버팀목

김이구

김윤수(金潤洙) 선생은 『창작과비평』 1971년 봄호에 미술평론을 발표하면서 『창비』 필자로 참여했고, 78년 편집위원을 맡은 뒤부터는 줄곧 창비의 일원으로 편집과 경영에서 핵심적인 역할을 수행하였다. 그가 편집위원을 지낸 80년 전후, 그리고 대표를 맡았던 기간은 계간지 폐간, 출판사 등록취소 사태 등 특히 창비가 어려웠던 시절로 시련도 많았다. 미술평론가로서 민족예술운동을 이끌었던 그는 창비가 70, 80년대 민족민중예술 전반으로 시야를 확장하는 데에도 기여했다.

한여름의 무더위를 방불케 하는 7월 초순, 인문까페 창비에서 만난 그는 백발에 훤한 이마를 드러낸 모습으로 자신이 헤쳐온 격동의 시대와 창비와 함께한 세월의 무늬를 차근차근 회고하였다.

金二求 문학평론가, 소설가, 창비교육 기획위원. 저서로 『우리 소설의 세상 읽기』 『어린이문학을 보는 시각』 『해묵은 동시를 던져버리자』 등이 있음.

김이구 선생님은 1971년 「예술과 소외」라는 평론을 『창비』에 처음 발표하셨고 이후에 여러차례 미술평론을 발표하시는데요, 그때 『창작과비평』에는 어떤 경위로 글을 싣게 되셨나요?

김윤수 내가 당시 서울대 문리대에 시간강사로 강의를 나갔는데, 김지하고는 아주 가까이 지냈어요. 내가 미학과 선배이기도 했고. 어느 날 김지하와 만나 이야기하는데 나보고 "『창비』에 글 좀 쓰시죠" 그러는 거야. 내가 갑자기 무슨 글을 쓸 수는 없고, 『창비』가 문학 중심 잡지지만 미술 쪽 글도 실으면 좋겠다 그랬더니 김지하가 뭐 실을 만한 글이 있느냐 그래요. 마침 서울대 미대 석사 졸업하는 강명희가 졸업논문으로 근대 회화사에서 중요한 문제를 다루었어요. 내가 직접 지도는 안했지만 많이 봐주고 그랬는데, 그 논문을 이야기했죠. 김지하가 그걸 당시 『창비』 편집장을 보던 염무웅 선생에게 갖다준 것 같아요. 이런 게 있는데 재미있으니 한번 보라고. 그런데 얼마 있다가 염선생에게서 만나자고 연락이 왔어. 그때 광화문에 있는 '귀빈다방'에서 만나서 이런저런 이야기 하다가 염선생이 미술평론 좀 싣고 싶다고 쓰라고 해요. 문학잡지에 미술평론을 실어도 되겠느냐, 생각해보겠다 그랬지요. 그때 내가 관심을 가졌던 주제가 있어서 궁리도 하고 책도 좀 보고 있었는데, 제목을 '예술과 소외'라고 해서 창비에 갖다줬지요. 염선생이 그걸 실었고 그때부터 서로 만나면서 미술평론 같은 걸 가끔 써서 창비에 주고는 했지요. 『창비』에 내 글이 있다고 미술 하는 사람들도 더러 사 보고 그랬어요.

김이구 71년 봄호에 '신인' 필자 강명희의 논문 「서양화의 수용과 정착」이 선생님 글과 나란히 실렸는데, 선생님이 추천하신 것이었네요. 선생님은 화가 이인성·이중섭을 다룬 글, 고희동을 다룬 글, 김환기론

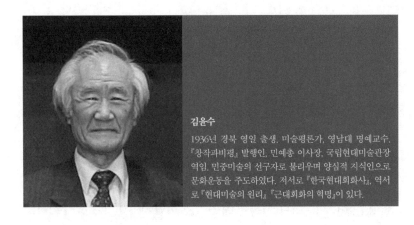

김윤수
1936년 경북 영일 출생. 미술평론가. 영남대 명예교수.
『창작과비평』 발행인, 민예총 이사장, 국립현대미술관장
역임. 민중미술의 선구자로 불리우며 양심적 지식인으로
문화운동을 주도하였다. 저서로『한국현대회화사』, 역서
로『현대미술의 원리』『근대회화의 혁명』이 있다.

등을 창비에 잇따라 발표하셨는데요. 사회현실과의 연관성 속에서 미술을 바라보는 시각이 신선했고 큰 자극이 되었지요.

70, 80년대에 창비가 민족문학진영만이 아니라 민중예술운동권을 포괄할 수 있었던 것은 선생님의 인맥이 기반이 되었기 때문인데요. 민중극으로서 마당극운동을 밀고나간 김지하 채희완 임진택, 판화가 오윤과 '현실과 발언' '두렁' 등에서 활동한 민중미술운동가들, 김민기 김영동 등의 노래운동가가 우선 떠오릅니다. 그 인맥, 네트워크가 어떻게 해서 형성되었나요?

김윤수 거기서 대장 역할을 한 사람이 김지하예요. 김지하씨는 그때 왕성하게 후배들을 만나고 선배들도 만나고 하면서 예술에 대해서 근본적으로 '판이 바뀌어야 된다' 그런 생각을 하고 있었어요. 나하고도 자주 만나곤 했는데, 그렇게 김지하를 고리로 해서 미대 학생들, 졸업한 사람들하고 만나면서 미술 쪽에서는 중요한 계기가 됐지요. 미술 하는 사람들은 문학잡지를 잘 안 보는데 몇몇 학생들이나 진보적인 생각을 가진 이들이『창비』를 보게도 되었고요. 김지하를 따르고 함께 뭘 해

보자는 사람들이 솔솔 생겨났지요. 어떤 날은 김지하가 후배들을 데리고 와서 "윤수 형 말씀 좀 듣고 싶어요, 가르침 주시기 바랍니다" 해요. 그런데 재미있는 것은 김지하가 나보고 "윤수 형, 윤수 형" 그렇게 부르니까 그 후배들도 나중에 나보고 "윤수 형, 윤수 형" 그러는 거야. '윤수 형이 어쩌고' 그래서 내가 깜짝 놀랐지. 허허. 날 아는 사람은 그러지 않았는데.

김이구 네. 선생님은 예술운동 하는 사람들 사이에서 어른으로 역할을 해주셨고 미술이나 예술을 보는 이론적인 바탕을 마련해주셨다고 생각합니다.

김윤수 70년대 당시 참 탁월한 예술가들이 많이 나왔어요. 김민기 같은 사람은 직접 노동현장으로 가기도 했지요. 유능한 인재들을 모이게 하고 그걸 엮어내고 또 뒤에서 도와주는 사람이 있어야 하는데, 그 역할을 김지하씨가 했고 그게 내 쪽으로 연결이 되었어요. 창비로 찾아오면 내가 밥을 사기도 하고 그런 것들이 격려가 되고 계기가 되었지요. 나도 그런 친구들을 만나면 새로운 생각도 나고 예술이 이 시대에 무슨 역할을 어떻게 해야 할 것인가 자주 토론도 했지요. 그리고 집회가 있을 때는 이들이 앞장서서 청중을 모으고 한바탕 분위기를 띄우고 하는, 요즘식으로 말하자면 문화운동의 태동기였다고 할까.

김이구 창비가 문학을 고립된 영역으로 두지 않고 사회과학이나 학술, 역사인식하고 연결시키고 또 예술운동, 미술운동, 노래운동, 민요운동 등과도 교섭을 하게 됐는데요. 백낙청, 염무웅 선생님은 기본적으로 문학 쪽에서 중요한 역할을 하시면서 민주화운동을 하셨고, 선생님은 예술운동, 미술운동 분야에서, 그리고 예술에 대한 시야를 확보하는 데 중심을 잡아주시면서 광범한 인맥을 형성해주셨다고 알고 있습니다. 70, 80년대엔 창비가 영세한 형편이었고 그래서 선생님이 여러 권의 표지 디자인을 직접 하셨는데요. 창비신서와 시집 등의 표지가 기억납니다. 직접 만드셔서 지금도 애착이 가는 책이 있으실 텐데요.

김윤수가 디자인한 『민족문학과 세계문학 II』(1978)와
『마침내 시인이여』(1984)

김윤수 백낙청 평론집 『민족문학과 세계문학 II』(1978), 『마침내 시인이여』(17인 신작시집, 1984)가 생각나네. 그때는 창비가 참 어려운 시절이었거든. 표지 디자인을 전문으로 하는 사람에게 맡기면 돈을 꽤 줘야 했고. 그래서 에이 모르겠다, 내가 한번 만들어보자 하고 이런저런 자료를 뒤져서 만들었더니 그다지 빠지지는 않더라고. 그밖에 아동문고 삽화는 오윤, 이철수 같은 민중미술 하는 화가들에게 맡기기도 했어요. 내가 부탁한 거니까 돈 몇푼 받고 봉사해준 거지. 그때는 그런 융통성이 있었어요. 서로 도움이 됐고 그러면서 유대를 이어갔고요.

김이구 선생님은 75년 10월에 긴급조치 9호 위반으로 구속되셨고, 그다음 해 초에 재직하던 이화여대에서 해직되셨는데요.

김윤수 72년 10월, 이른바 유신헌법이 국회에서 통과되면서 박정희 장기 독재체제가 굳어질 것 같으니까 반대운동이 거세게 일어났는데 73년에 장준하 선생이 중심이 돼서 '개헌청원 100만인 서명운동'이 있었어요. 이를 막기 위해 긴급조치라는 걸 발동했는데 민청학련사건이 그 하나이고…… 74년에는 재야 민주인사를 중심으로 한 민주회복국민회의가 결성되었는데 그때 백선생과 홍성우 변호사, 그리고 나도 참여를 했었지. 백선생은 그 일로 교수직에서 파면되고, 이에 항의하는 교수들의 서명운동이 일어나 내가 있던 대학에서도 여러 분들이 서명을 해주어서 취재 왔던 기자한테 명단을 넘겨주었던 일이 생각나네. 그 무렵 나는 운동권 학생 건으로 자주 중정엘 들락거리게 됐어요. 학생들이 유신반대운동 하다가 잡혀가면 "그건 잘 모릅니다. 김윤수 선생한테 알아보세요" 이러고, 김지하가 목포 저 어디로 숨으면 정보기관에서 애들을 불러다가 막 조지니까 "지하 형님은 아무한테도 안 알리고 딱 김윤수 선생한테만 연락하고 간다"라고 말해 보면하고는 했다지. 그러니까 나는 잡혀 들어가서 지하 행방을 대라며 두들겨 맞고…… 그후 지하가 붙잡혀 감옥에서 죽느니 사느니 할 때 그의 양심선언이 밖으로 나왔다는 얘기가 들리던 차에 김지하 석방을 위한 집회에서 그 모친을 만났어요. 그래서 석방운동에 필요할지 모르니 양심선언문을 한부 보내달라고 해서 받아 읽고는 내 연구실 책상서랍에 넣어두었는데, 강의하러 간 사이에 누군가 가져가서 복사하고 도로 갖다 놓았던 거야. 당시 지하의 양심선언은 일급 불온문서 취급을 했다니까.

김이구 선생님은 그걸 모르셨던 거죠?

김윤수 몰랐지. 그다음 날인가 보안사 남영동 분실이라는 데로 잡혀가서 고의로 유출했다고 두들겨 맞고. 그때가 기말시험 볼 무렵이었어. 나는 학생들 성적을 내야 한다, 수백명이 듣는 큰 강의이고 내가 아니면 할 사람이 없으니 내보내달라고 했어. 그랬더니 보내줘서 성적 처리하고 약속한 날 다시 실려갔지. 거기서 조사받고 십여일 후 날 중앙정보부로 넘기더라고. 중정에서 두달 가까이 있으면서 고문도 당하고 시달렸어요. 저들이 깜깜한 지하실에 처넣고 불도 안 켜주고, 갑자기 와서 닦달하고 하니, 공포에다가 심적 육체적 고통이 극심했어요. 서명운동 관계, 민주화운동 관계, 교우관계 그런 것을 저들이 조사할 대로 다 조사한 다음에 2월 초순쯤에서야 경찰서로 이첩이 됐어. 김지하의 양심선언문을 소지 배포했다는 걸로 긴급조치 9호 위반인데다 서울대에서 유신반대 데모를 하고 도망친 제자가 우리 집에서 지낸 일이 드러나서 범인은닉죄가 추가됐고. 재판받고 그러면서 11개월 동안 수감됐지요. 이대에서는 사람을 보내 의원면직으로 처리하면 나중에 복직하기가 나을 것이라고 하여 76년 2월에 사직서를 써주었고. 2심에서 판사를 잘 만나 선고유예 판결을 받았지. 그때 백선생이 재판에 꼭 와서 옆쪽 벽에 서서 눈길을 보내면서 격려하시던 모습이 지금도 기억이 나고. 내가 출소하고 나오면서 얘기를 들으니까 장준하 선생이 등산 가셨다가 사고로 돌아가셨다는 거예요. 출소가 늦어지는 바람에 장례식에도 못 가고……

김이구 선생님은 78년부터 편집위원을 하시다가 83년 1월에 정해렴 대표에 이어 5대 대표를 맡으시는데요.

김윤수 내가 감옥에서 나와서 일자리가 없잖아요. 시간강사도 절대 안된다고 그러고. 그래서 집에 있으면서 번역도 좀 하고 그러고 있는데 백선생이 『문학과 예술의 사회사』 둘째권 번역을 하라고 해요. 다른 데서 먼저 부탁받은 책 번역이 있어서 그 책은 하지 못했지만. 백선생이 나와서 바람도 좀 쐬고 함께 일합시다 그래서 가끔 창비에 나갔어요. 그러다가 80년 봄에 복직하면서 영남대로 갔어요. 당시 총장 비서로 있던 이수인 교수가 나서서 나와 염무웅 등 여러 교수를 서울에서 스카우트 하다시피 해서 분위기를 바꾸고 학교를 새롭게 하려고 했지요. 그런데 8월에 나와 이수인 교수가 신군부가 주도한 숙정, 곧 교수퇴출에 걸려 강제 해직되는 바람에 서울로 올라왔지. 83년 그 무렵도 창비가 어려운 시기였죠. 당시 정해렴 사장이 너무 힘들어하는 걸 보고 백선생이 이걸 맡아서 꾸려갈 사람이 없을까 생각하다가 나를 떠올린 거죠. 그때 나는 제자가 세운 개인 미술관 관장을 하고 있었는데, 백선생이 미술관으로 찾아와서는 창비 일을 좀 맡아주면 좋겠다 해서, 그러자고 한 거죠.

김이구 창비는 부정기간행물 『창작과비평』을 발행했다는 이유로 85년 12월에 서울시로부터 출판사 등록취소 통보를 받았지요. 그때 항의운동이 굉장히 거세게 일어났죠. 선생님은 그때 대표로서 가장 일선에서 겪으셨는데요.

김윤수 기가 딱 막혔지요. 행정석으로는 서울시정의 출판부는가 거기서 결정을 했지만 이것은 중정, 보안사, 문공부 이런 데를 통해서 지시가 내려간 거예요. 시청에 가봤자 우리는 잘 모릅니다, 이러고 문공부에 들어가니까 얘기가 뭐 손톱만큼도 안 들어가는 거예요.

김이구 각계의 지식인들이 등록취소를 철회하라는 서명운동을 곧바로 추진해서 삼천명가량 서명을 했지요. 함석헌, 김동리, 박두진, 박완서 선생 이런 분들, 평소에 창비하고 밀접하게 교류를 하지 않은 분들도 참여를 많이 하셨는데요.

김윤수 이거는 너무 무례하다, 창비가 좋은 책을 만드는 출판사인데 이게 뭐냐, 폭거다 그래서 사람들이 크게 분노했고 원로 문인들께서 문공부에 가서 항의도 했고요.

김이구 결국 '창작사'로 신규 등록을 하는데, 그 과정이 대단히 힘겨웠지요?

김윤수 문공부 매체국으로 삼사일에 한번씩 들어갔어요. 그때 매체국장이 유세준이란 분으로, 국장을 찾아가니까 처음엔 말 꺼내기도 어려운 분위기였고, 그분도 처음에는 시일이 지나야 되겠다 그랬어요. 그 유국장을 몇번 보니 공무원치고는 참 괜찮은 사람이라는 생각이 들더군. 대개는 한두번 만나주다가 이 핑계 저 핑계 대며 회피하기 일쑤인데 자리에 있을 땐 피하지 않고 늘 만나주었어요. 중앙정보부 이런 정보기관에서 다 논의해서 한 일이고 지금 이 사람들이 약이 바짝 올라서 창비 없앤 건 참 잘했다 이러는 상황이니까 기회를 봅시다, 시간이 좀 지나야 되겠지요, 그랬어요. 당시 정부 각 기관에는 군부에서 파견한 요원들이 상주하고 이들이 중심이 된 관계기관대책회의라는 게 있어서 문공부도 산하 각 기관에서 올라오는 안건이 있으면 이 대책회의에서 논의하게 되는데, 맨날 욕이나 먹고 이건 안건으로 올리지도 말라는 소리나 듣는다고도 하고. 신규 등록까지 그 긴 과정에서 그자들한테 눈총을 많이 받는다 그랬는데, 사실 국장은 그런 내색을 거의 안했어요. 그때 도움을 준 사람이 안인학이란 분이었어. 서울대 불문과를 나왔고 당시 문공부 전문위원으로 있었는데 나도 좀 아는 사람이지요. 그 친구가 돌아가는 얘기를 자세히 알려주고 코치도 해주고 그랬어요. 상당한 시일이 지났을 때 국장을 만나니까 얘기가 좀 진전되면서 창비 등록허가는 할 텐데 내부 정리가 필요하다는 거예요. 백낙청은 손떼라, 염무웅도 손떼라, 이시영 주간과 고세현 부장도 내보내라, 임재경도 관여하지 마라, 그런 조건을 걸었어요. 고세현이 학생운동 하다가 창비에 들어와 근무한다는 것까지 손바닥 보듯 알고 있었어요. 그때 참 생각을 많이 했지요. 이시영은 안된다, 고세현도 안된다 그러면 이 사람들 나가서 어디서 밥 먹고 살 거냐 하면서 거절했지요. 백낙청 임재경 씨는 창비를 대표하는 분들인데 어떻게 내보내냐, 그러면 나도 그만둘 수밖에 없다 그랬어요. 김사장이 있어야 교수들 책이라도 내지요, 농담삼아 그러길래 생각해줘

제15회 한국출판학회상(경영·영업 부문)을 수상한
김윤수 대표(1992. 6. 27)

서 고맙다 그랬죠.(웃음) 그렇게 밀고 당기기를 반년 정도 했지요. 결국 백낙청 임재경은 손을 떼고 이시영은 업무국장으로 발령하는 선에서 합의를 했는데, 막판에 창비가 앞으로 어떻게 하겠다고 공개적으로 발표를 하라는 거예요, 신문기자들을 모아놓고.

김이구 마지막에 갑자기 요구한 거죠?

김윤수 갑자기 그랬죠. 텔레비전에 나가서 공개 발표를 해라, 창비가 양서 출판사로 새롭게 태어난다는 것을 알리라는 거예요. 안 그러면 이쪽 입장도 곤란하고 창비 입장도 곤란해진다, 이렇게 압박하는 거야. 그래서 이튿날 매체국에서 기자들 불러놓고, MBC 카메라 앞에서 내가 그 '항복 선언' 비슷한 것을 했지요. 물의를 일으켜서 죄송하다, 앞으로는 우량도서 출판에만 매진하겠다 그런 내용이었어요. 사람들이 야, 김윤수가 TV에 나왔더라 하고, 자주 못 만나는 친구들도 그걸 봤나봐요. 한편 창비의 필자, 양식있는 독자들로부터 내가 욕을 많이 먹었지요.

김이구 선생님은 창비 대표로 그동안의 과정을 마무리짓기 위해 어쩔 수 없이 진짜 어려운 일을 감당하셨네요.

김윤수 그거야 뭐 내가 끝판에 나와서 한 거니까, 아이구 욕해라 그랬지요. 창비가 뭐 구차하게 저러느냐 별소리가 다 들려왔어요. 그때 백선생과는 이 엄혹한 세상이 언제까지 갈지 모르니까 일단 창비를 살려놓고 차차 대응해나가자 했던 거지요. 지나고 나니까 이제는 한낱 우스갯소리가 됐지만…… 6월항쟁 후에 『창비』가 복간되고 출판사 이름도 되찾으면서 창비에 대한 신뢰가 예전으로 돌아갔지요. 요즘에는 거의 매일 우리 집에 창비 책이 오는데, 창비가 출판문화를 선도하는 출판사로서의 역할을 제대로 하고 있다고 봅니다. 그때는 재정적으로도 그렇고 하도 어려우니까 우리 문닫고 잠시 쉽시다, 그러면 백선생이 안된다고, 목숨 부스러질 때까지 하자고 그랬지요.

그때 문공부 심의실에 이아무개라고 군 출신이 있었는데, 의자에 뻣뻣이 앉아서 깐깐하게 애를 먹였어요. 문학계에서 알 만한 사람들도 심의실에 꽤 들어가 있었으니까, 그자들이 뒤에서 다 고자질을 했을 거구. 심지어 아동문고 『몽실 언니』까지 문제삼아 판금시켰지. 이게 뭐냐, 인민군이 와서 몽실이를 봐주고, 이거 빼라는 거야. 몽실이가 애 업고 인민군 병사와 이야기 나누는, 아주 따뜻한 장면이었지.

김이구 이제 창비 50주년인데, 후배들한테 지난 창비 역사에서 기억하고 실천해야 할 것이 무엇인지 말씀해주세요.

김윤수 50주년이라, 그러고 보니 참 긴 세월이네. 사회운동 같은 것도 일관되게 지속하는 것이 힘들지만 문화계에서는 한번 얻어맞으면 재기하기 쉽지 않지요. 그런데 우리 창비는 여러번 얻어맞아가면서도 끝끝내 버티고 싸워 이렇게 되살아났고, 그런 고난을 겪으면서 훨씬 더 단단해졌지요. 많은 문인들, 진보적인 지식인들이 필자로서 독자로서 힘을 보태줘서 창비가 튼튼한 출판사로 자리잡을 수 있었지요. 긴 독재정권 치하에서, 창비가 발행한 책도 책이지만 백선생을 필두로 직원들이 반독재 민주화운동에 참여해서 싸웠기 때문에 더 혹독한 탄압을 받았던 겁니다. 나 또한 그 대열에 참여하고 고난도 겪었지만 창비의 일원으로서 중요한 시기에 일익을 담당했다는 걸 생애의 한 보람으로 여기고 있지요. 창비의 후진들에게 하고 싶은 말은 견인불발(堅忍不拔), 이 말 한마디입니다.

김이구 창비 역사에서 참 파란만장한 시절을 항심으로 지켜오셨는데요. 선생님, 건강도 좋으시고 예전처럼 바쁘지 않으시니 창비에 다시 글도 써주시고 좋은 필자도 소개해주시기 바랍니다.

(2015. 7. 6. 마포구 서교동 인문까페 창비)

험난한 민족문학운동의 일선에서
투쟁하고 우정을 쌓아가다

김이구

이시영(李時英) 선생은 1974년 '자유실천문인협의회 101인 선언'에 참여한 때부터 민족문학운동의 주역으로 활동하였고, 70, 80년대 엄혹한 시절 내내 문인이자 사원으로서 창비의 중심에서 어려운 일들을 몸으로 겪어내었다.

창비가 시대의 어둠을 깨뜨리는 목소리를 전하고 시대현실에 치열하게 대응하는 작품들을 발간하면서 정부 당국은 사사건건 이를 문제삼았다. 계간지 폐간과 출판사 등록취소, 『타는 목마름으로』 판금 사건, 황석영 '북한 방문기' 사건 등은 시대의 진실과 민주주의를 밝히기 위한 노력이 일으킨 뜨거운 불꽃들이었다. 이시영은 그 일들을 중심에서 감당하고 여러번 고초를 겪었던바 그 생생한 전말을 들을 수 있었다. 세교연구소에서 만난 그는 과거 민족문학운동과 문단에서의 창비의 역

金二求 문학평론가, 소설가, 창비교육 기획위원. 저서로 『우리 소설의 세상 읽기』 『어린 이문학을 보는 시각』 『해묵은 동시를 던져버리자』 등이 있음.

할, 창비 문인들의 교류와 '밤문화'에 대해서도 오롯하고 따뜻하게 회고하였다.

김이구 선생님은 1974년 '자유실천문인협의회 101인 선언'에 참여하셨는데요. 군사독재 시절 어떻게 문학운동에 나서게 되셨나요?

이시영 74년 1월 어느날 새벽 흑석동 하숙집에서 느닷없이 들이닥친 형사들에게 끌려가 노량진경찰서로 연행되었습니다. 거기서 중앙정보부 기관원들에게 신병이 인계된 후 남산으로 끌려가는 동안에도 연행되는 이유를 몰랐어요. 장충동공원 언저리에서 어느 덩치 큰 사내가 타는데, 조태일 시인이었습니다. 남산 소사실에 도착해서야 나는 내 이름이 그달 7일 명동 코스모폴리탄다방에서 발표된 '개헌청원 지지 문인 61인 선언'에 서명된 것을 알았습니다. 만 25세의 꽃다운 나이에 중앙정보부에 입사식을 치른 셈이지요. 왜, 어떻게, 누구의 사주로 서명했는지를 육하원칙에 따라 진술해야 했는데, 그런 데 가도 수사관을 잘 만나야 한다는 걸 절실하게 느꼈습니다. 그때까지만 해도 좀 어리숙한 시절이라 그랬는지 나를 조사하는 수사관의 맞춤법 등 글쓰기 능력이나 심문 방법 이런 게 피의자인 내가 봐도 좀 시골 경찰 티가 났어요. 작성한 조서를 위로 가져갔다가 늘 퇴짜를 맞고 투덜대는 걸 지켜봐야 했습니다. 인상적인 것 중의 하나가 "문호철이란 사람을 아느냐?"는 것이었어요. "모른다"고 했는데 그게 바로 '문학하는 이호철 선생'이란 걸 뒤늦게 알았지요. 『증언: 1970년대 문학운동』(한국작가회의 2014)을 보니 그때 중정 같은 정보기관에서 이호철 선생 등을 '문인간첩단 사건'으로 엮으려 했던 거예요. 한 이틀 조사받고 닦달받다가 어느 큰 방으로 옮겨졌는데 거기 조태일 시인과 소설가이자 동아일보 논설위원이던 오상원

이시영

1949년 전남 구례 출생. 시인, 출판인. 창작과비평사 대표이사, 한국작가회의 이사장 역임. 주요 시집으로 『만월』 『우리의 죽은 자들을 위해』 『경찰은 그들을 사람으로 보지 않았다』 등이 있다.

선생이 있었어요. 같이 훈방되어 남산을 나와 아스토리아호텔 근처 중국집에서 오상원 선생이 사준 짬뽕에 배갈을 먹었던 기억이 생생합니다. 나는 당시 모 고등학교 야간부 국어교사이자 대학원생이었는데, 그후로 말하자면 문인 자유실천운동에 자연스럽게 막내세대로 참여하게된 셈입니다. 그해 11월 18일 광화문 의사회관 앞 '자유실천문인협의회 101인 선언'에 송기원과 함께 '우리는 중단하지 않는다' '시인 석방하라'라는 플래카드를 든 것도 그 연장인 셈이지요. 79년 10월 박정희의 총격피살 때까지 송기원과 나는 고은-이문구-박태순 트로이카 체제로 이루어진 자유실천문인협의회 집행부의 실무총무, 이른바 '가방 모찌'를 했지요. 주로 회원들에게 찾아가 회비 걷는 것이 임무였어요. 일주일에 한번 기독교회관의 '목요기도회'에 가서 성명서 읽고 소식지 나눠주고 받고 하는 일 등도 우리 몫이었어요.

김이구 창비에는 어떤 계기로 입사하시게 되었나요?

이시영 창비에 입사한 건 정확히 80년 2월 1일이었습니다. 염무웅 선생의 소개로 백낙청 선생을 만나고 당시 정해렴 사장 체제에서 '편집장'을 했습니다. 첫번째 만든 시집이 창비시선 21번인 김상옥 시집 『먹을 갈다가』인 걸로 기억합니다. 그전, 『창작과비평』 71년 가을호에 시를 다섯편 발표했는데 이게 묘해요. 조태일 시인을 찾아가 『다리』라는 월간지에 발표를 부탁했는데 어떻게 된 것인지 작품들이 『창작과비평』 염무웅 선생에게로 가서 거기 실린 거지요. 아까 얘기를 안했지만 나를 자실과 창비로 끌어들인 건 바로 염무웅 선생이었어요. 그후로 지금껏 그는 내 인생과 문학의 사표(師表) 같은 역할을 해주신 것이지요.

김이구 1980년 7월에는 문학계와 지성계에서 한창 지가를 올리던 계간 『창작과비평』이 폐간당합니다. 그 당시 상황은 어떠했나요?

이시영 『창작과비평』 80년 봄호와 여름호를 만들 때는 계엄하였기 때문에 모든 신문·잡지가 시청 1층에 마련된 계엄사 언론검열단의 사전검열을 받아야 했습니다. 인쇄 직전의 OK 교정지로 이루어진 일종의 가제본을 만들어 제출했는데, 검열단에서 빨간 잉크로 '삭제' 하는 식으로 표시하면 그 부분을 들어내야 했어요. 좌담, 논문, 평론, 시, 심지어는 '편집후기'까지 삭제되곤 했지요. 양성우 시집 『북치는 앉은뱅이』(창비시선 23)가 나왔다는 '편집후기'의 일부가 삭제되어 일부러 공란으로 남긴 채 인쇄했던 기억이 생생합니다. 당시 편집부 사원은 백영서·이혜경씨였는데 7월 30일 가을호 가제본을 시청 계엄검열단에 제출하고 휴가를 가려고 했지요. 이튿날 아침 합동통신 문학담당 기자로부터

1980년 봄호 특집에 실으려 했던 「1980년대를 맞이하며」의 지형.
검열에 의해 삭제되어 결국 빛을 보지 못했다.

『창비』를 비롯한 무려 170여종의 잡지가 국가보위비상대책위원회의 결정으로 폐간되었다는 소식을 들었습니다. 당시 물타기용으로『선데이서울』같은 선정적인 주간지도 포함되었지만『창비』와 함께『문학과지성』『뿌리 깊은 나무』『씨올의 소리』등 군사정권의 눈 밖에 난 잡지들을 모조리 강제 폐간하는 것이 주요 목표였습니다. 검열로 실리지 못한 원고 중 가장 기억에 남는 것이 동아일보 해직기자인 이태호씨가 쓴 도시산업선교회 조화순 목사에 관한 르뽀르따주 형식의 글이에요. 창비가 이사할 때마다 그 지형(紙型)과 가을호 가제본을 늘 소중히 챙기곤 했는데 아현동 시절을 거쳐 용강동 사옥으로 올 무렵 없어졌어요.

김이구 1985년 12월, 이번에는 서울시에서 출판사 등록취소 처분을 하는데요. 이때 어떤 이유로 출판사가 등록취소됐으며, 어떻게 대응하였나요?

이시영 백낙청 선생이 참 존경스러운 것은 아주 침착하고 위기관리에 능하다는 점이었어요. 잡지가 없어진 후 회사를 아현동 양철지붕의 창고 같은 곳으로 옮겨 아동문고 사업을 진행하면서 이른바 창비 수난 시대의 '비정상의 정상화'를 기했는데, 현재는 번호가 바뀌었지만 당시의 아동문고 11번부터 나온 15권의 '한국전래동화집' 씨리즈가 호응이 좋았습니다. 이에 기운을 받아 무크 형식의 '신작시집' '신작소설집' '신작평론집' 등의 씨리즈를 통해 계간지를 대체하는 발표지면을 확보하면서 채광석 김사인 김용택 등 이른바 80년대의 신인들을 배출했지요. 일종의 새로운 진지 구축인 셈이지요. 그러다가 1985년 10월 용기를 내어 만든 종합무크 형태의 부정기간행물 『창작과비평』 계간통산 57호'가 화근을 불러와 그해 12월 9일 서울시로부터 '출판사 등록취소' 통보를 받게 됩니다. 이 소식도 12월 7일 밤 『문학과지성』 창간 10주년 기념 행사에 참석했다가 김병익 문학과지성사 대표로부터 들은 겁니다. 우리만 낌새를 전혀 못 채고 까마득히 모르고 있었던 거지요. 잘 알려져 있다시피 이 등록취소 사건은 문학인은 물론 대학교수 등 지식인들의 거센 저항을 불러와 이들이 '창작과비평사 등록취소에 항의하는 각계인사 2,853명의 항의서명록'을 문공부에 제출하는 등 사회적 파장

『창작과비평』 복간호
(1988년 봄호)

을 불러왔습니다. 당시 『동아일보』와 『한국일보』는 사설 및 문화면 박스기사, 사회면 3단기사 등으로 이 사실을 크게 보도했지요. 그리고 이듬해 8월 5일 '창작사'라는 이름으로 출판사 등록이 이루어지기까지 철야농성과 항의 집회, 김윤수 선생과 문공부 매체국장의 기나긴 '회담'의 시간이 이어집니다. 『창작과비평』 복간호(통권 59호)가 나오게 된 건 88년 봄인데, 그사

이에 우리가 87년 6월민주항쟁의 승리라는 거대한 전환의 계기를 거친 덕분이지요. 생생하게 기억나는 게 노태우 후보가 양김과 맞붙은 그 전해인 87년 12월 대선 기간 중 문공부 매체국장으로부터 갑자기 전화가 걸려왔어요. 그분은 나를 못마땅하게 여겨 '주간'에서 '업무국장'으로 강제발령을 내도록 한 사람인데, 김윤수 선생이 안 계시니까 할 수 없이 나를 찾아 "『창작과비평』을 복간 신청하라"는 것이었어

『타는 목마름으로』(1982)

요. 전화를 받고 문지 김병익 사장에게 연락해봤더니 거기도 같은 시간에 통보를 받았다고 하더군요. 문공부에 계간지 등록신청을 하고, 12월 말경엔 마포구청에 가서 출판사 이름을 '창작사'에서 '창작과비평사'로 복원했지요.

김이구　80년대엔 또 김지하 시선집 『타는 목마름으로』를 비롯해 많은 책들이 판금과 압수를 당했습니다. 『타는 목마름으로』는 어떻게 해서 출간하게 되었나요?

이시영　내게 제일 고생스러웠던 것은 82년 6월의 김지하 시선집 『타는 목마름으로』(창비시선 33) 간행 때였습니다. 당시 계엄은 해제됐지만 문공부는 사실상 사전검열에 해당하는 '납본필증' 제도를 운영했죠. 출판사는 모든 도서를 문공부에 납본하고 14일 이내에 필증이 안 나오면 간행 자체가 불법이 되는 간행물 심의제도였어요. 이때는 팔팔한 청년기라 '에라 모르겠다, 한번 붙어보자'는 심정으로 시집 1만부를 제작하여 이 필증이 나오기 전에 미리 배포해버렸습니다. 이 시집 추진은 오랜 옥중생활을 하고 나온 시인과 '정본 김지하 시집'을 제대로 만들어보

자는 협의가 있었기 때문에 가능했습니다. 당시 나는 원주와 서울 사이를 몰래 오가며 지하 형과 이 작업을 진행했습니다. 표지는 아현동 창비 사무실 건너편에서 '문장'이란 출판사를 운영하던 고(故) 오규원 시인이 무료로 디자인해주었구요. 나도 그렇지만 백선생님, 당시 정해렴 사장의 모험이 제대로 맞아떨어져 서점에 나가자마자 금세 1만부가 다 팔려나갔어요. 경신제책사(원효로 소재)에서 1만부를 추가 제본하던 중 안기부에 덜컥 걸린 겁니다. 어느날 아침 출근하자마자 내가 제일 먼저 잡혀갔습니다. 당시는 패기가 있어서 처음부터 2천부만 제작했다고 우겼지요. 웬걸, 안기부에서 교보문고에 가서 조사해서 거기 들어간 책만 해도 2천부가 넘는 것이 뒤늦게 밝혀지자 백선생님이 피신 중이던 영업부장 장재웅씨를 안기부에 보내 사실을 밝히게 했어요. 어느 아침 구둣발 소리도 요란히 수사요원들이 내가 있는 방으로 내려와 '다구리'를 놓는데 그날은 입술이 터져 밥알을 씹을 수도 없었어요. 뒤에 안 것이지만 정해렴 사장도 안기부에 잡혀왔어요. 며칠을 지내고, 그날이 아마 토요일이었을 거예요, 나를 내보내주는데 바로 옆에 지형을 든 수사관이 타고, 뒤에 트럭이 한대 따라왔어요. 뒤늦게 안 사실이지만 경신제책에서 압수한 가제본 상태의 시집이 실려 있었지요. 나를 태운 승용차가 이상하게도 문화공보부가 있는 경복궁으로 가는 거예요. 거기 썰렁한 사무실에 문공부 고위 국장이 기다리고 있었는데 아주 못마땅한 기색이 역력했어요. 내 앞에 무슨 백지를 내놓더니 안기부 요원들이 지켜보는 앞에서 '재산포기각서'를 쓰라고 해요. 내가 대표도 아니고 그런 걸 쓸 수 없다고 버텼더니 안기부 요원들이 정해렴 사장을 연결해주는 거예요. 할 수 없이 포기각서를 쓰고 그 뒤를 따라온 트럭과 함께 경신제책사로 가서 지형 및 가제본 시집 1만여부가 제본소 재단기 칼날에 '도륙'되는 현장을 지켜봤습니다. 나중에 경신제책 상무가 폐지 값으로 7만원인가가 나왔으니 받으러 오라 해서, 그걸로 제본소 직원들끼리 술이나 한잔씩 하라고 했지요. 전두환 군사정권 문화탄압의 생생한 실상을 보여준 사건입니다. 게다가 국세청에서 코딱지 같은 아현동 창고 사무실을 압수수색해서 '추징금 1천만원' 통보까지 받아야 했습니다. 이후 '창비돕기운동'이 대대적으로 벌어져 고(故) 이수인 교수 등이 백방으로 뛰며 창비아동문고를 팔아주던 기억이 납니다. 우리는 굴하지 않고 같은 해 12월에 김지하의 『대설 남(南)』이라는 특이한 사설체 시집을 두권 더 납본했어요. 하지만 끝내 불허되어 이미 제본된 채 회사 창고에 쌓인 책에 '봉인' 도장이 찍히기도 했어요. 지금 와 생각해보니 지하 형과 창비는 '궁합'이 잘 안 맞았던 것 같습니다.

김이구 1988년 계간지가 복간된 뒤에도 89년 겨울호에 황석영 북한 방문기 「사람이 살고 있었네」를 실었다가 국가보안법 위반으로 선생님이 구속되셨고, 편집을 맡은 저도 남산 안기부에서 2박 3일 조사를 받았는데요. 싣게 된 경위와 어떤 고초를 겪으셨는지 말씀 부탁드립니다.

이시영 『창작과비평』의 마지막 불운이었다고 할까요. 황석영 작가의 「사람이 살고 있었네」(450매)를 게재했는데 그해 11월 23일 역시 안기부에 연행되어 17일간의 장기 조사와 '신검'을 받고 구속되었죠. 이번에는 서울구치소 맛을 보게 되었습니다. 여기 인터뷰어인 김이구 선생도 함께 국가보안법 위반혐의로 불구속 기소되었지요. 12월 9일에 넘어간 후 이듬해 2월 3일 보석으로 풀려났습니다. 1~3심을 거쳐 '징역 8월, 자격정지 1년'을 선고받았지요. 95년 8·15특사로 사면되었습니다. 뒷날 언젠가 밝혀지겠지만 안기부 조사실에서 심문받으며 계간 『창작과비평』에 대한 산더미 같은 분석자료들과 필자들에 대한 방대한 기록

황석영 북한방문기

사람이 살고 있었네

[편집자 주] 지난 3월 20일~4월 24일 북한을 방문한 바 있는 작가 황석영씨가 집필중인 북한방문기의 일부를 본지에 무단게재했다. 현재 서독에 체류중인 황석영씨는 문단고초와 이후 남북 작가로서는 최초로 북한방문을 꿈꿨다. 이 방문기는 저자 자신이 글 중에서도 밝히고 있듯 시종 북한 내부의 눈으로 서술되고 있으며, 본지 일부인 관계로 "알장에서…" 등의 표현이 들어 있음을 미리 밝혀둔다.

1. 학생, 젊은이와 어린이들

「사람이 살고 있었네」(1989년 겨울호) 본문. "시종 북한 내부의 눈으로 서술되고 있"다는 편집자 주가 눈에 띈다.

을 보고는 저 자신도 깜짝 놀랐습니다. 아, 국가정보기관이 내국민들을 이렇게 광범위하고 치밀하게 '사찰' 내지 '사상검증'을 하는구나 했지요. 그리고 거기서 아침마다 얻어 마신 남산 약수의 그 찬맛 또한 잊을 수 없는 추억으로 남아 있습니다. 다섯명의 조사관들과 보름 이상을 함께 숙식하다보니 아, 여기도 '사람이 사는 곳이구나'라는 것도 느꼈구요.

안기부에 연행되기 보름 전엔가 대치동 은마아파트 11동에서 31동으로 이사를 했는데, 안기부 직원이 이삿짐센터의 일원으로 들어와 나의 서가에서 이른바 불온서적, 북한소설 『피바다』『꽃파는 처녀』『조선전사』(상·하) 같은 책들을 '슬쩍'해간 사실도 나중에야 알았습니다. 이게 나중에 재판정에 '증1' '증2' 등으로 제출되었어요. 요즘도 문제가 되고 있는데, 기소독점권을 쥐고 있는 대한민국 검찰의 저열한 수사 태도, 그러니까 안기부 조서를 그냥 그대로 묵인하는 방식 등을 경험한 것도 제겐 큰 인생 공부였지요.

김이구 네. 70, 80년대 전개된 민주화운동과 민족문학운동의 한복판을 지나오셨는데요, 그 시기 창비의 역할은 무엇이었다고 보시는지요?

이시영 창비와 자실의 관계는 전자가 '진지'였다면 후자는 '전위'였다고 생각합니다. 창비의 이론과 담론 그리고 뛰어난 문학작품들의 생산이 없었다면 자실도 가능하지 않았을 겁니다. 이론과 실천이 상호 교호함으로써 한국문학운동사에 가장 빛나던 시기는 아무래도 70년대였다고 생각합니다. 80년대에 와서는 새로운 세대에 의해서 민족문학 진영의 '소분할'이 이루어져,『노동해방문학』『사상문예운동』『녹두꽃』 등의 잡지가 출현했지요. 학생운동권 출신 세대의 독자적인 문학론이 87년 6월항쟁을 거치며 이론적 분화를 하게 된 것인데, 세칭『녹두꽃』은 '자주파',『사상문예운동』은 '민주파',『노동해방문학』은 '민족민주파'라 불렸습니다. 90년대 들어서는 민중민족문학 진영 자체가 그전만큼의 싱싱한 활력을 발하지는 못했다고 생각됩니다.

가령 70년대에 씌어진 백낙청의 「시적 인간과 역사적 인간」 같은 민족문학론, 염무웅의 민중문학론 없이 자유실천운동이 어떻게 가능했겠습니까? 그런 점에서 저는 신경림 고은 김지하의 시들과 이문구 황석영 등의 소설처럼 빛나는 문학적 성과 없는 '문학운동'은 상상할 수도 없을 것이라고 단언합니다. 여러모로 한국문학의 70년대는 '4·19정신'이 정점을 이룬 '문학의 르네상스' 시대였다고 봅니다. 작품과 이론과 실천이 일치되는 황금시대라고나 할까요. 거기에 비해 80년대는 군웅할거의 분할기였고 90년대의 한국문학은 침체기라고 생각합니다. 운동과 작품이 행복한 교호를 이룬 이렇다 할 성과가 없어요.

김이구 독재정권과 대결한 70, 80년대는 엄혹한 시절이었지만, 변혁의 열정과 예술적 창조가 행복하게 만난 시기였다고 생각됩니다. '역사는 밤에 이루어진다'는 말도 있는데, 선생님은 야간에는 창비 '술상무'로 '연장근무'를 하시면서 문인들은 물론 각계각층의 인사들을 만나셨지요. 창비를 찾아온 문인들이 어울려 회포를 풀던, 마포 용강동 사무실 건물(용현빌딩) 1층에 있던 맥주집 '아몬드치킨'은 제 기억에도 생생한데요. 그 시절 창비의 '밤문화' 내지 '술문화'는 어떠했나요?

이시영 돌이켜보면 80, 90년대 '창비 문인'들의 술자리는 그 '아몬드' 시절이 절정이었지요. 『서른, 잔치는 끝났다』(1994)의 최영미 시인을 처음 만난 것도 바로 그곳이었어요. 당시 창비를 들락거리던 문인들 중 그곳을 들르지 않은 분이 없을 정도로 대낮부터 아몬드는 나와 고형렬의 제2의 사무실이었습니다. 김사인 임규찬이 당시에 창비에 투고되는 시, 소설 예심위원 비슷할 걸 하고 있었는데 이들도 단골이었고, 80년대 중후반부터 두툼한 『자본론』(*Das Kapital*) 원서를 끼고 다니던 김정환은 아예 '상근자'였어요. 그 위의 고(故) 조태일 시인, 현기영 소설가와, 89년 출옥 후의 고 김남주 시인도 90년대 아몬드를 애용했어요. 송기숙 선생은 광주에서 올라오시면 그곳을 들렀구요. 유독 백낙청 선생만은 단 한번도 들르지 않았던 것 같아요. 94년 2월 김남주 시인을 보낸 후 현기영 선생이 그곳 후배들 앞에서 추모곡으로 부른 아일랜드 민요 곡조의 「대니 보이」라는 노래가 떠오르는군요. 그 노래를 듣고 고 박영근 시인 등이 흘리던 눈물이 생각납니다. 1986년부터 2000년 무렵까지가 아몬드였다면, 그전인 80년대 초중반은 아현동 마포경찰서 뒤편 목포 출신 아주머니가 하던 '목포집'이라는 국수집이 우리들의 거처였어요. 고 정윤형 홍대 해직교수, 동아투위 김종철 번역가, 당시 한길사 김학민 상무, 김정환 시인 등이 드나들었죠. 낮이나 밤이나 손님이 오면 목포집으로 가 '필자 접대'를 했습니다. 이곳에서 우리는 '출판사 등록취소' 사건을 겪은 셈이지요.

공평동 시절(1980년)에는 신신백화점 뒤편 골목의 작은 맥주집이 단골이었는데 고 한남철 선생, 현기영 선생 등과 삶은 땅콩을 까먹어가며

술 마시던 생각이 납니다. 낙원동 '탑골'과 인사동 '평화 만들기' '이화' 등도 반드시 2차로 들르던 곳이었어요. 그중 '탑골'은 실천문학사를 맡고 있던 송기원과 나의 아지트 비슷한 곳이었습니다. 김지하 시인과 이동순 시인의 '옛노래 대결'이 벌어진 곳도 '탑골'입니다. 90년대에 주인이 세번 바뀔 때까지 참 열심히 드나들던 곳인데, 고은 시인과 고리영희 선생도 그집 단골이었습

젊은 시절의 이시영

니다. 술과 문인의 인연은 근대문학 초기부터 그 전통이 유구한데, 70년대엔 청진동이 주무대였어요. 자실 사무실이 청진동 '실비집'일 정도였으니까요. 하루의 일과가 대개 여기서 정리되곤 했어요. 단골 멤버는 물론 고은 이문구 박태순 송기원 이시영 등등. 주머니가 좀 두둑한 날이면 '가락지'라는 맥주집을 찾곤 했는데, 거기 가면 이문구 선생 이름만 대고 외상 맥주를 실컷 마실 수 있었어요. 인근 건물에 민음사, 한국문학사가 있었고 중학동에 창비가 있어서 밤이면 청진동 가락지가 문인들, 기자들의 집결지였어요. 그 시절 창비의 '술상무'는 염무웅 선생이었습니다. 이때의 황석영 선생은 30대로 팔팔했는데 이곳을 자주 찾았죠. 평화롭던 술자리는 언쟁 끝에 '격투 직전'으로 이어지던 날도 가끔 있었는데, 당시 평안도 '박치기'로 유명한 강용준 소설가와 황선생이 아슬아슬한 지경에까지 이르렀던 기억이 납니다. 나 또한 대구에서 올라온

모 평론가와 드잡이한 경험이 있는 곳이에요. 돌이켜보면 문인들을 만나 술 마시고 투쟁 속에 울분을 달래던 '밤의 창비' 문화 또한 '낮의 창비'와 함께 반드시 기억되어야 할 소중한 이면사입니다. 그런데 문인들은 술을 즐기는 정도가 아니라 곯아떨어질 때까지 마시는 습벽이 있는지라 안타깝게도 많은 이들이 이로 말미암아 유명을 달리했는데, 그중 아까운 분이 조태일 시인하고 박영근 시인이에요. 조태일 시인은 밤술보다 낮술로 생맥주를 즐겼는데 마시는 맥주잔의 수가 1, 3, 5, 7, 9 즉 홀수로 가야 한다는 이상한 취향이 있어서 후배들이 이를 따르느라 고생 좀 했지요. 그리고 박영근은 아침저녁을 가리지 않고 몇박 며칠 술자리를 이어가는 게 문제였구요. 김남주 시인은 늘 자리를 시켰시만 술을 그렇게 즐기진 않았어요. 진짜 술꾼은 지금은 미얀마에 승려 신분으로 가 있는 송기원이었어요. 탑골에서 출발한 술자리가 성남에 있던 '남한산성'이란 여관까지 이어지던 2박 3일의 즐겁고 무책임하기까지 했던 그 시절이 떠오릅니다. 송기원과 만나기만 하면 이런 일이 계속되어 백낙청 선생에게 주의를 받은 적이 여러번이었어요. 그런데 술자리에서 의외의 소득 또한 있었는데, 『프랑스혁명사』(1982), 『산업혁명사』(1987)는 정윤형 교수의 뜻밖의 제안이 출판으로 이어진 것이고, 이외에도 술자리 교류를 계기로 나오게 된 시집, 소설집이 예를 들 수 없을 정도로 많습니다. 2000년대 들어 나온 황석영의 『삼국지』(2003) 또한 90년대말의 어느 술자리에서 누가 제안하여 이루어진 것입니다. 인사동 김영복 선생에게서 희귀본인 한문 원본과 박태원의 정음사판 『삼국지』를 구입하여 당시 공주교도소의 황선생에게 넣어주었지요. "이게 앞으로 형님의 쏠쏠한 부수입이 될 거"라면서. 처음엔 완강히 거절했어요. "내가 나가면 쓸 소설이 『손님』 등 무려 서너개나 잡혀 있는데 겨우 『삼국지』 번역이냐!"며. 하지만 결국엔 출간하게 됐죠. '밤의 창비'가 '낮의 창비'에선 생각할 수 없는 '뜻밖의 기획'을 생산한 셈이지요. 그러나 '밤의 창비'가 문인들에게 준 가장 큰 것은 '우정의 나눔'이었습니다. 그 팍팍했던 시대를 우리는 이 우정을 쌓아감으로써 서로 견디고 위로하며 건너온 것입니다.

김이구 잊을 수 없는 장면들이 많네요. 90년대에는 창비가 출판사로서 더욱 발돋움을 하는데요. 선생님은 94년 3월에 주식회사로 전환할 때 상무를 맡았다가, 95년 2월부터 대표이사 부사장으로 일선에서 경영을 담당하셨습니다. 그 무렵 어떤 변화들이 있었는지요?

이시영 내가 경영자로서 창비 일원의 역할을 자임한 것에 대해선 따로 드릴 말씀이 없습니다. 후회되는 바도 있고 그냥 '주간'으로서 편집자 역할에나 충실했다면 더 좋지 않았을까 하는 생각이 드네요. 여기 와서 참 많은 이들을 만났고 우정을 나눴으며 선배들로부터는 고귀한 인품과 불의에 항거하는 담대한 '인간 이성의 승리'를 배웠습니다. 영향을 제일 많이 준 분은 아무래도 일상적 접촉이 많았던 백낙청 선생이구요. 87년 6월항쟁이 거리에서 치열하게 전개될 때도 간행을 막 앞둔 부정기간행물 『창비 1987』(통권 58호)의 머리말을 쓰느라고 책상 앞에서 몰두하던 선생의 모습이 떠오르네요. 그의 지성과 '적공(積功)'이 오늘의 창비 50주년을 이루는 기둥이라고 생각합니다. 그의 경영자로서의 '살림살이' 또한 지극해서 팩스도 없던 시절 인편으로 제게 전해오는 편지 봉투는 60년대에 사용하던 일조각 봉투였어요. 무언으로 살림살이의 절제를 가르치신 셈이지요. 이게 사소한 것 같지만 엄청난 거지요. 엊그제 받은 책 『백낙청이 대전환의 길을 묻다』(2015. 5)를 보고는 이분이 이제 또다른 '대전환기' 지식인의 면모를 실천으로 보여주시는구나라고 느꼈습니다. 그가 요즘 말하는 '적공'이라는 화두는 모든 운동의 기본인 '자기수련' 없는 '개혁'이니 '혁신'이니 하는 것의 부실함을 아프게 지적해줍니다. 새로운 창비 50년이 이처럼 부단한 자기성찰 속에 '장강(長江)'처럼 역사의 기슭을 굽이쳐 흘러가기를 바랍니다.

김이구 네. 꼭 새겨야 할 말씀입니다. 감사합니다.

(2015. 5. 14. 마포구 서교동 세교연구소)

토착이론과 대안담론으로서의 민족경제론

이일영

    박현채(朴玄埰, 1934~95) 선생은『민족경제론』의 저자로 1970~80년대
의 민주화운동과 민중운동에 강력한 영향을 미친 이론가이자 실천가이
다. 그는 1934년 11월 3일 전남 화순군 동복면에서 태어났으며, 광주수
창국민학교, 광주서중, 전주고등학교를 다녔다. 광주서중에 재학 중 한
국전쟁을 맞아 1950년 10월부터 1952년 8월까지 빨치산 활동에 참가했
다. 1955년 서울대학교 상과대학 경제학과에 입학했고, 1959년 같은 대
학원 경제학과에 진학하여 1961년「자본주의와 소농경제」라는 논문으
로 석사학위를 받았다.

    1963년 서울대 상과대에서 강사생활을 시작했으나, 1964년 이른바
인혁당사건에 연루되어 이후 재야인사 생활의 길로 들어섰다. 1967년
「공업의 지역적 편재와 불균형 발전의 요인 분석」을 내놓은 후 1970년

李日榮 한신대 교수, 경제학.『창작과비평』편집위원. 저서로『새로운 진보의 대안, 한반
도경제』『중국 농업, 동아시아로의 압축』『혁신가 경제학』등이 있음.

대 중반까지 민족경제론의 기초가 되는 다수의 평론 및 논문을 집필했다. 이렇게 발표된 글을 모아 1978년『민족경제론』을 출간했고, 같은 해에『민중과 경제』『전후 30년의 세계경제사조』도 출판했다.

1981년부터 1984년까지『한국농업의 구상』『한국경제의 구조와 논리』『한국경제와 농업』『한국자본주의와 민족운동』등 네권의 저서를 매년 한권씩 출간했다. 1985년에는 부정기간행물로 발간된『창작과비평』제57호에「현대 한국사회의 성격과 발전단계에 관한 연구(I)」를 발표하여 이른바 '한국사회구성체 논쟁'의 발단을 만들었다. 1986년에는『한국경제구조론』을 출간했으며, 1987년에는 제2회 단재학술상을 수상했다.

그는 1987년 6월항쟁 이후 민주화가 진전되면서 1988년 한국사회연구소가 창립되는 데 기여했고, 1992년 이 연구소가 한겨레사회연구소와 통합되어 한국사회과학연구소가 설립되자 공동이사장을 맡았다. 1989년 조선대 경제학과 교수로 부임하고『민족경제의 기초이론』을 출판했다. 1993년 뇌졸중으로 쓰러져 투병하다 1995년 8월 17일 영면했다.[2]

박현채와 창비의 인연은 1970년대초로 거슬러 올라간다. 당시『창비』의 염무웅 주간이『정경연구』57호(1970)에 실린「미 잉여농산물 원조의 경제적 귀결: 농업문제의 도전」을 읽고 만남을 청한 이래 박현채는『창비』의 사회과학 분야의 주요 필자로 활약하게 된다. 1972년 가을호에「일제 식민지 통치하의 한국농업」을 기고한 것을 필두로 1992년 봄호의「사회주의 ─ 자본주의에 후속하는 단계」에 이르기까지 자원, 조세, 중

---

2 이상의 약력은 정윤형「박현채 선생의 삶과 학문」,『동향과전망』27호(1995) 및『박현채 전집』7권(해밀 2006)에 의거함.

박현채

1934년 전남 화순 출생. 경제학자. 1995년 작고했다. 그가 주장한 민족경제론은 대기업 위주가 아닌 중소기업과 농업을 진흥시켜 대외의존에서 벗어나는 자립경제를 강조했다. 주요 저서로『민족경제론』『민족경제와 민중운동』등이 있다.

소기업, 노동운동과 농민운동 및 민족통일운동, 분단시대와 민주화운동 등 다양한 주제의 논문을 발표하며 논의를 이끌었다. 이는 이후 '민족경제론'으로 집약되는 이론 형성에 주요 토대가 되었다.

1980년대 초반 박현채는 서울 중부경찰서 근처의 한 사무실에서 연구와 집필에 전념하는 한편 많은 사람들을 만나곤 했다. 이후 창비에서 출간한『한국민족주의론』등의 편서에 공저·공편자로 참여하고 창비의 다른 단행본 기획에도 도움을 주었다. 특히 1985년『창작과비평』에 실리며 이른바 '사회구성체논쟁'을 촉발한 한국자본주의논쟁은 이같은 창비와의 교류과정에서 생겨난 산물이다.

민족경제론은 1978년 출간된 박현채의 저서 제목이자 1980년대 후반까지 형성된 박현채 경제학을 가리키는 용어로 자리잡았다. 민족경제론은 민족적 생활양식론, 민족자본론, 자립경제론과 민족경제론, 민족주의론, 민중론, 국가자본주의와 경제계획론, 사회구성체론과 발전단계론 등의 범주를 포함하고 있다. 그러나 박현채 자신이 실천을 강하게 염두에 두면서 글을 썼고 종합적 체계의 완성을 의도하지는 않았기 때문에 이들 범주들 간의 상호관련성은 완결성을 갖추고 있지는 않다.

민족경제론의 핵심적 아이디어는 국민경제와 민족경제가 괴리된 상태를 극복하자는 것이다. 일반적으로 경제학에서는 지역적 개념인 '국민경제'라는 용어를 사용하는데, 박현채는 그 안에 민족적 생존권을 뒷받침하는 경제영역(민족경제)과 민족적 생존권을 제약하고 축소·소멸시키는 경제영역이 존재하며, 양자가 서로 대립관계에 있는 것으로 보았다. 따라서 자본도 민족경제 내부에서 자기재생산의 기반을 갖는 민족자본과 그렇지 못한 외국자본 및 매판자본으로 구분했다.

박현채의 민족경제론은 분단상황이 민족경제와 국민경제의 괴리를 가져온 현실을 의식한 것이었다. 따라서 민족경제와 국민경제를 통합하는 것은 통일을 지향하는 것이 될 수밖에 없었다. 그가 주장한 '당위로서의 민족경제'는 자율적 재생산 구조를 갖춤으로써 민족경제와 지역적 개념으로서의 국민경제가 일치하는 상태를 가리키는 것이다.

민족경제론에서 중요한 또 하나의 개념은 민족적 생활양식이다. 박현채는 1960년대의 경험을 거치면서 민족의 생활터전 또는 생활기반을 생활양식이라는 개념으로 체계화했다. 이는 민중의 일상적 또는 비일상적 체험이나 소망이 집적된 것으로 민중을 운동의 주체로 등장하게 만들어주는 물질적 기반으로 이해되었다. 식민지 피압박민족의 민족경제가 전근대적이지만 침략에 대한 저항 속에서 민족의식과 민족적 생활양식이 형성되는 계기를 갖는다는 것이다.

박현채의 민족경제론의 성격에 대해서는 크게 두가지 평가가 존재한다. 하나는 1960년대부터 존재하던 다양한 자립경제 논의가 1970년대 들어서면서 박현채에 의해 체계화되었다는 것이다.[2] 또다른 하나는 그의 민족경제론의 인식체계는 박정희정권 이전부터 형성되어온 진보적

좌담 「민족통일운동과 민주화운동」(1988년 가을호). 왼쪽부터 박형준 박현채 백낙청 양건.

민족주의 운동의 소산이라는 것이다.[4]

박현채는 「현대 한국사회의 성격과 발전단계에 관한 연구(I)」에서 국가독점자본주의론을 제기했다. 이 논문은 진보학계와 운동권이 함께 참여한 거대한 논쟁으로 진전되었지만, 한편에서는 박현채가 그간의 민족경제론 입장을 수정한 것인가 아닌가 하는 문제가 제기되었다.

많은 연구자들은 1985년 '창비 논쟁'을 계기로 박현채 이론의 '단절'이 존재하는 것으로 보았다. 박순성·김균에 의하면, '민족경제론 1'은 1960년대 이래의 자립화 논의의 체계이고, '민족경제론 2'는 맑스주의 정치경제학 패러다임에 의해 재구축된 민족경제론이라고 평가했다.[5] 류동민은 국가독점자본주의 논의는 부차적이고 진보적 민족주의 운동의 연속선상에서 민족경제론이 전개되었다고 본다. 그러면서도 국가독

---

3 양우진 「현대 한국자본주의 발전과정 연구: 국가자본주의 국면의 형성과 해체의 관점에서」, 서울대 박사학위논문, 1994; 박순성·김균 「정치경제학자 박현채와 민족경제론: 한국경제학사의 관점에서」, 『동향과전망』 48호(2001).
4 류동민 「민족경제론의 형성과정에 관한 연구」, 『경제와사회』 56호(2002).
5 박순성·김균, 앞의 글.

점자본주의론의 인식과 1970년대초의 대중경제론 집필, 1987년 대선에서의 김대중 지지 등 현실참여 사이에는 동요가 있었다고 지적한다.[6]

그런데 필자가 박현채로부터 듣고 이해했던 관점은 민족경제론이 '직접적 생산자의 삶과 연관된 민주주의와 진보'라는 점에서 일관되었다는 것이다. 민족경제론의 이론적 원천은 맑스경제학, 고전학파, 역사학파 등이었지만, 학문적으로 체계화된 이론을 추구한 것은 아니었다. 그러나 박현채의 이론과 실천의 밑바탕에 깔린 확고한 방향은 "민중의 부의 형성" "민중에의 보다 많은 경제 잉여의 귀속"[7]이었다고 생각한다.

필자가 접한 박현채는 이론을 위한 이론주의자는 아니었다. 잘 알려져 있듯이, 1985년 창비 논쟁은 박현채와 이대근 사이의 내립구도로 진행되었다. 여기서 박현채는 당시 한국사회를 국가독점자본주의로, 이대근은 주변부자본주의라고 주장했다. 그런데 박현채가 직접 말한 바로는, 논쟁 당사자들이 서로 상의 끝에 역할을 분담하고 집필에 들어갔다는 것이었다. 국가독점자본주의 개념도 1980년대 이전부터 가지고 있었지만, 상황에 따라서 다른 용어를 사용하기도 했다는 것이다.

박현채가 주도한 창비 논쟁은 운동권의 실천 방향에 대한 논의를 한층 체계화하기 위한 것이었다. 그러나 창비 논쟁 이후 사회구성체 논쟁은 학계와 운동권으로 분화되어 진행되었다. 학계에서는 민족경제론 좌파, 종속독점자본주의론, 신식민지국가독점자본주의론으로 나뉘었고, 운동권에서는 자주파(NL)와 평등파(PD)로 대립했다.

학계와 운동권에서 주장하던 요소들은 모두 민족경제론 체계 안에 포함되어 있는 요소들이었고, 박현채는 이들의 대립과 분열에 대해 공

---

6 류동민 「박현채의 민족경제론: 민족의 미학화를 넘어」, 『진보평론』 64호(2015).
7 박현채 『민족경제론』, 한길사 1978, 24면.

식적 입장을 밝힌 적은 없었다. 그러나 실천에 필요한 정도를 넘어 운동의 혼란과 약화를 가져오는 과도한 이론 투쟁과 분열은 지식인 편향의 오류라는 것이, 박현채가 이론 문제에 대해 지닌 평소의 입장이었다고 생각한다.

박현채의 마지막 저작이 『민족경제의 기초이론』(1989)이었으나, 그는 1980년대말 이후의 격변에 대해서 깊이 관찰할 시간을 가지지 못했다. 따라서 박현채의 민족경제론은 1960년대에서 1980년대까지의 이론이고 실천이었다. 박현채는 그 스스로 민족경제론을 "한 시대의 소산"이라 규정하면서 "그때그때 혼신의 힘으로 쓰고 혼신의 힘으로 살았으므로 나의 글에는 변명을 하지는 않겠다. 모두가 정당하다고 주장하지도 않는다"고 덧붙였다.[8] 지금도 그 말을 그대로 받아들이면 된다고 본다.

글로벌화가 진전되고 국가사회주의가 한계를 드러낸 조건 속에서 민족경제론을 현재의 현실에 적용할 수는 없다. 그러나 박현채 경제학의 의의는 사회적 약자들의 폭넓은 연대를 추구하는 토착이론이자 대안담론이었다는 데에 있다. 박현채 경제학은 자립적 민족주의와 자생적 사회주의의 요소를 포함하고 있었지만, 민주주의, 공화주의, 민중주의의 경향도 개방적으로 수용했다. 박현채는 야인으로서 다양한 매체와 단체 및 소모임 현장에서 소통하고 친교를 나누었으며, 이러한 삶 속에서 타자의 매개와 차이를 수용했다. 그리하여 그의 논의는 1970~80년대의 온건한 분배정의론자에서부터 급진주의 혁명론자에 이르기까지 폭넓은 공감과 연대성을 확보할 수 있었다.[9]

---

8 박현채 『민족경제론』 5면.
9 '민족경제론'은 제도권 야당 후보를 지지하는 현실주의적 방도로서 '대중경제론'과도 연결고리를 맺었으며, 다리, 창비, 자유실천문인협의회, 크리스찬 아카데미, 한국기독

변화된 조건 속에서도 박현채 경제학의 "민중에의 보다 많은 경제 잉여의 귀속"을 위한 이론적·실천적 지향성은 계속 유효하다고 할 수 있다. 물론 "생활하는 민중의 소망"을 충족시키는 현실적이고 체계적인 대안을 모색하는 것은 현재와 미래를 사는 이들이 새롭게 감당해야 할 과제이다.

교장로회총회 선교교육원, 가톨릭농민회, 영등포도시산업선교회, 한길사, 민주통일당 등과 같은 네트워크들을 통해 논리를 형성하고 전파해나갔다. 김보현 「박정희정권 시기 저항의 지식-담론, '민족경제론': 그 위상과 의의, 한계」, 『상허학보』 43호(2015).

표현자유의 '깃발'과 그 '무덤'

한만수

　'음지에서 일하고 양지를 지향한다'는 국가안전기획부 모토처럼, 검열이란 늘 숨어 있으면서 양지의 담론들을 규제한다. 검열기준들은 대체로 비밀이며 의도적으로 파기되기도 한다. 예컨대 1953년 관동군 헌병대사령부 자리에서 건물 신축공사를 위해 땅을 파던 중에 『검열월보』가 발견되었다. 관동군은 패전 직전에 소각 지시를 받았지만 너무 빠른 속도로 소련군이 진공해오자 미처 불태우지 못하고 그냥 파묻었던 것이다. 일본의 헌책방에서 우연히 발견된 『정지(停止)전보철』 덕분에 우체국의 전보검열을 짐작할 수 있게 되기도 했다. 한국의 1980년대 검열당국의 자료 역시 거의 알려진 바 없으니, 아마 국정원 등의 어느 서류창고에 있거나 아예 파괴되었으리라. 검열연구가 어려운 까닭은 이처럼 검열권력 쪽의 자료가 부족하기 때문이다.

韓萬洙 문학평론가, 동국대 국문·문창학부 교수. 저서로『삶 속의 문학, 독자 속의 비평』『삶 속의 비평』『잠시 검열이 있겠습니다』『허용된 불온』등이 있음.

그러니 80년대 검열상황의 『창비』를 제대로 다루기도 만만찮다. 검열권력의 자료와 검열을 당했던 쪽(문인·기자·독자 등)의 자료를 균형을 갖추어 살피기 어려운 것이다. 궁여지책으로 검열을 당했던 『창비』 문인이나 편집진의 이야기는 그때 맹활약했던 선배들에게 맡기고, 내가 그나마 잘할 수 있는 쪽에 집중해보기로 한다. 지금까지 알려진 몇 안되는 80년대 검열권력 쪽의 자료, 당시 대학생 독자였던 내 경험, 또 그동안 검열연구를 해오면서 알게 된 몇가지를 겹쳐놓고 살피자는 것이다.

1979년 10월 26일 박정희가 암살당하자 바로 그다음 날로 비상계엄이 선포되어 모든 언론출판보도는 사전검열을 받게 되었다(계엄포고문 제2항). 12·12사태로 전두환세력이 전권을 장악하면서, 검열 분위기 또한 눈에 띄게 경직되고 세세한 검열지침이 나오기 시작하였다. 그날그날 주요 이슈에 대한 검열지침을 검열단에서 사무실(옛 서울시청 2층)의 칠판에 적어두고, 이를 시청 출입기자가 전화로 보고하면 각 언론사에서는 칠판에 지침들을 받아적어 기자들이 볼 수 있도록 했다(「80년 언론공작」 씨리즈, 『경향신문』 1988년 10월 26일~11월 14일자 등 참조). 계엄 해제 후에는 문화공보부에서 전화로 불러주면 언론사에서는 편집국 칠판에 받아적었다. 그 칠판을 사진으로 찍어두거나 수첩에 옮겨두었던 몇 기자들이 있었으니, 이들이 나중에 책을 펴내 검열 내용이 세상에 알려졌다. 『99일간의 진실: 어느 해직기자의 뒤늦은 고백』(채의석, 개마고원 2000), 『보도지침과 신문의 이해』(이수기, 금호출판사 2002) 등이다.

기자들은 이를 '오늘의 말씀'이라 불렀는데, 그 시절의 보도란 그 '태초에 있었던 말씀'을 '번역'한 것에 가까웠다. 전화로 부르고 이를 받아적다보면 더러 잘못 전달되는 일도 생길 수밖에 없었으니, 나중에는 아예 인쇄물 형태로 매일 각 언론사에 배포되었다. 1986년 『말』지에서 폭로한 소위 '보도지침'이다. 이밖에 검열자가 직접 남긴 자료라면 계엄사 보도검열단 소속이었던(1979~81) 위영일 소령의 비망록이 거의 유일하다(『월간중앙』 2008년 12월호).

위 자료들에서 확인되는 검열지침들은 대체로 보도관제(보도를 원천봉쇄 또는 부분봉쇄), 선별처리(피검열자들이 축적된 검열경험을 고려하여 처리하라), 보류(일종의 엠바고), 보도(육하원칙에 입각한 사실보도만 하라, 또는 어떤 부분은 부각시키지 말고 어떤 부분은 부각시키라)의 네가지로 분류할 수 있다(「80년 언론공작」 씨리즈 참조). 요컨대, 넣고, 빼고, 부풀리고, 알아서 기라는 것이다.

계엄사는 '기사를 삭제하고 남은 여백을 그대로 남겨두지 말라'는 지침까지 마련했다. 검열당한 흔적까지 지우는 검열, 즉 '보이지 않는 검열'을 강요함으로써, 표현자유의 '무덤' 위에 표현자유의 '깃발'이 나부끼도록 하려는 속셈이었다. 식민지 시기의 '벽돌신문', 그리고 1974년 『동아일보』 백지광고 사태를 통해 경험했던 검열의 역풍을 미리 차단하려는 것. 이처럼 80년대 검열은 식민지 시기부터 시작된 근대적 검열제도와 노하우를 이어받아 완성되어갔다.

그러나 쌓이는 것은 검열자의 경험만이 아니었으니, 피검열자들 역시 검열에 대응하여 내공을 쌓아갔다. 기자와 문인은 검열을 우회하기 위해 교묘한 방식을 고안했고, 독자들은 곰곰이 그 '암호'를 해독하고자 했다. 기사에 상징과 은유가 스며들어 '정치의 문학화'가 이뤄지기도 했고, 문학이 정치적 상상력의 상당부분을 위양받게 되어 '문학의 정치화'도 나타났다.

80년대 벽두 『창비』는 검열의 집중적 과녁 중 하나였으니 이 지면에서 그 '암호'들을 찾아보자. 1980년 봄호 특집 유인호의 글 「70년대 경검열당한 「70년대 경제성장의 회고」
(『창작과비평』 1980년 봄호) 본문 8면.
하단의 박스 광고가 눈에 띈다.

제성장의 회고」에는 유인호의 저서 광고가 박스로 들어가 있다(8면, 23면). 글 중간의 삽입광고란 매우 이례적인데다가 그 위치 역시 지면 맨 아래가 아니라 본문 중간이다. 일부 삭제 지시를 받자 급히 광고로 대체하였을 것이다. 백지로 내지 말라는 검열지침을 충실히 반영한 듯하지만, 광고의 어색한 위치 자체가 검열의 존재를 암시한다. 문자화되지 않았지만 명백한 발화이니 이것까지를 읽어내야 마땅하다. 검열하의 텍스트에는 문자 말고도 다른 발화들이 숨어 있는 것이다. "공백 및 돌출 광고는 계엄포고령 위반으로 취급하겠다"는 검열관 위영일의 메모(5월 19일자)는, 이런 검열우회까지 차단하기 위해 새로 마련된 것이리라. 검열지침은 역설적으로 피검열자가 만들어내기도 한 셈이다.

같은 호에서 강만길·백낙청·송건호의 좌담은 전문 삭제당했지만 '편집후기'에서는 "이번 호의 특집은 '80년대를 위한 점검'이라는 제목 아래 각 분야에서 70년대를 결산하며 앞날을 내다보는 논문들과 좌담으로 엮었다"고 버젓이 밝히고 있다. 책에 없는 내용인데도 있다고 우기는 이 편집후기는 물론 일종의 오문(誤文)이지만, 검열의 존재를 알리기 위해서는 불가피한 의도적 오문이었다. "책을 만들다보니 뜻대로 안 되는 일이 한두가지가 아니었다"는 진술까지 덧붙였으니 좌담이 검열당했음은 충분히 암시된다.

1980년 여름호도 조화순 목사의 수기 「민중의 딸들과 함께」가 삭제당했지만, 편집후기에는 "권두에 백낙청 교수의 4·19 기념논문에 이어 조화순 목사의 감동적인 수기"를 실었다고 밝히고 있다. 또한 목차에는 그 수기가 있어야 할 자리에 빈 박스만 남아 있다. 역시 검열의 흔적을 최소한이라도 남기려는 의도이리라. 물론 이런 흔적들은 매우 간접화되어 있지만, 뜻있고 눈 밝은 독자들에게는 충분히 전달될 수 있었을 터이다. 맨 앞의 목차와 맨 뒤의 편집후기는, 그것들을 겹쳐 읽으면 암호의 해독이 가능해진다는 뜻에서 '난수표' 같은 것이었다. 검열당국이 공백까지를 지우도록 강요함으로써 나부끼고 싶었던 표현자유의 '깃발' 아래, 사실은 표현자유의 '무덤'이 있음을 이 지면들은 드러내고 있다. 음지의 힘은 '보이지 않는 검열'을 지향했지만, 『창비』는 교묘한 방식으로 이를 가시화했던 것이다.

80년대 검열지침들은 주로 시사정치에 관한 것이었으며, 문예물에 대한 별도의 검열지침은 아직 하나도 확인할 수 없다. 아마도 시사정치의 지침을 준용하면서, '감(感)'에 의해서 검열했을 것이다. 『창비』는 문학과 정치 담론이 함께 편집되었으니, 정치와 문학의 상호침투 현상이 다른 매체들보다 강력하였을 것이며, 검열관들 역시 그 침투에 의한 검열우회 시도를 주목했을 가능성이 높다. 즉 80년대 『창비』는 검열권력이 허용할 수 있고 인

검열당한 『창작과비평』 1980년 여름호 목차. 편집후기에 언급된 조화순 목사의 수기가 들어갈 자리가 박스로 처리되었다.

쇄자본이 얻어낼 수 있는 표현의 절충지점을 구체화하는, 일종의 리트머스 시험지 같은 구실을 하였을 것이다.

검열자의 '감'이란 반복에 의해 강화되는데, 그 검열경험을 축적하고 검열자끼리 공유함으로써 검열행정을 효율화하기 위해 문자로 정착시키게 된다. '감'이 문자화될 때 주요한 사항 중 하나는 이름, 즉 글쓴이와 출판사의 이름이다. 식민지 시기에 일제가 이미 '특수검열표준'이라는 규정을 통해 그 이름들을 중시하였으니 80년대 문예물검열 역시 블랙리스트가 활용됐음에 거의 틀림없다. 이웃나라의 보기를 들자면 루쉰(魯迅)의 필명이 200개나 되었던 것은 그 이름으로 검열신청을 하면 무조건 불허되었기 때문이었다(나중에는 검열관들이 루쉰의 필체까지 알아보게 되자, 그는 다른 사람에게 베껴쓰도록 하여 검열을 신청했다).『창비』의 필자들, 그리고 창작과비평사 역시 이름 자체로 이미 '불온'했으니 그 블랙리스트에 올라 있었을 터이다. 게다가 검열관들조차 감시당하는 존재였으니, 위영일 소령만 해도 검열을 철저히 하지 못했다는 이유로 감봉 3개월의 징계를 받은 끝에 결국 예편하고 말았다.

다 알듯이『창비』는 1980년 여름호를 마지막으로 폐간당하며, 이후『창비』와 검열당국은 지속적으로 대립한다. 김지하 시선집『타는 목마름으로』초판 1만부를 납본필증 수령(즉 검열 통과) 전에 배포했다가 발각되어 편집진이 안기부로 끌려가고, 재판 1만부는 물론 지형까지 압수당했다. 이러구러 단행본으로 버티다가 무크지 전성시대를 맞자 아예 예전의 제호 그대로『창작과비평』을 속간했다(1985.10). '부정기간행물 1호'라 못박음으로써 합법성을 위장했지만, 통권 호수를 이어받고 머리말에서 속간임을 밝히는 등 실제로는 정기간행물과 다름없었다. 서울시는 아예 출판사 등록을 취소함으로써(1985.12), 합법 여부를 판정할 권한은 오로지 권력이 독점하는 것임을, 그리고 검열당국은 바보가 아님을 입증했다. 국내외 문화계의 강력한 반발이 이어졌지만 우여곡절 끝에 1988년에야 정식 복간과 출판사 명의 회복에 성공한다.

복간이 가능했던 것은 물론 1987년 6월항쟁의 성과 중 하나이지만, 좀 다른 측면에서 살필 필요도 있다. 원론적으로 말해서, 계엄 등 예외적 상황이 아니라면, 국가권력이 인쇄자본에 검열기능의 일부를 위양하는 것은 꽤 매력적인 일이다. 검열행정의 부담도 줄어들고 훨씬 효율적인데다가, '동의에 의한 통치'가 확립되었노라 과시할 수 있게 되는 것이다. 물론 이를 위해서는 일정 수준에서의 '불온'을 감수할 수밖에 없다. 한편 인쇄자본은 자기보존과 이윤추구의 속성을 지닐 수밖에 없으니, 시장에서의 합법적 유통이란 필수적 요구이다. 권력과 시장을 의식하는 자기검열을 일정부분 수행할 수밖에 없다. 양쪽의 요구가 결합하면 '국가-자본검열' 시스템이 점차 형성되고, 다양한 층위의 출판물들이 합법 또는 준합법적 공간에서 유통된다. 그런 의미에서라면 80년대 중후반의 『창비』는, 비합법적 유통도 물론 적지 않았지만, 일정부분 '허용된 불온'의 성격도 지닐 수밖에 없었다. 특히 『마침내 시인이여』, 아동문고 씨리즈 등 검열을 통과한 합법출판물들이 적지 않은 80년대 중반의 경우는 그러할 것이다.

『창비』가 '불온'으로 규정되었다가 점차 '허용된 불온'으로 이행해갔던 80년대의 독자로서 경험을 잠깐 덧붙여보자. 1974년 고등학교에 입학하여 문예반에 들었고, 김지하의 「오적」을 줄줄 외고 다니는 선배를 만났다. 교복 안감을 면도날로 타고는, 그 사이에 「오적」 베껴쓴 종이를 숨기고 다니던 그는 신입 문예반원들의 영웅이었다. 후배들은 한밤 문예반실에서 그것을 필사했고, 혹 들킬까봐 통째로 외워버렸다. 「오적」

은 한국사회를 새롭게 직시할 수밖에 없도록 한 '지하' 교과서였으며, 연애시류에 골몰해 있던 문학소년인 나에게 '시를 쓰되 좀스럽게 쓰지 않는' 새로운 문학의 지평을 열어 보였다.

곧 『동아일보』 백지광고 사태가 일어났고 문예반원 명의로 광고를 냈다. 기사보다 광고를 더 열심히 읽었다. '일육군중위(一陸軍中尉)'라는 단 다섯 글자로 된 광고, '동아야 너마저 무릎 꿇으면 이민 갈 거야'라는 광고들이 기억난다. 그 광고면은 무명씨들이 기자가 되어 함께 만드는 활자공동체였으니, 그 익명의 '동지'들과 강력한 유대감을 가지게 되었다. 언어와 활자의 힘을 믿게 되었고 글쟁이로 살겠노라 다짐하였다.

1977년 대학에 들어와서야 『창비』를 만났으니 늦깎이 독자인 셈이다. '창비 아저씨'라 불리던 월부 책 장수들은 어리바리한 '유신키드' 신입생들에게 이렇게 말했다. "대학생이면 『창비』는 읽어야죠." 대학생으로 '인증'받기 위해 책을 받아 훑어보았고, 김지하라는 이름을 확인하고는 바로 월부카드에 싸인을 했다. 「오적」이 발표된 『사상계』가 1970년 폐간당한 이후, 『창비』가 비판적 담론의 중심성을 오롯이 이어받았다는 두루 아는 사실은 내 개인의 독서이력에서도 그대로 확인되는 것이다. 대학생이 흔치 않던 그 시절 『창비』와 『타임』지를 옆구리에 끼고 다니면서 '구별짓기'의 감각을 만끽하는 녀석들이 드물지 않았다.

80년대 해직당한 교수와 언론인 그리고 제적당한 대학생들은 도서관에서 금서들을 찾아내고 번역 출판하여 생계를 유지했으며, 더 '불온'한 것들은 복사해서 '암흑의 경로'를 통해 유통시켰다. 지하출판물은 서점들로서는 위험하지만 매력적인 수익원이기도 했다. '불온물의 메카'인 광화문 '논장서적'을 비롯한 대학가 서점들은 지하출판물을 감춰놓고 단골들에게 팔았다. 그때 막 복사기가 보급되기 시작했으니, 그 기

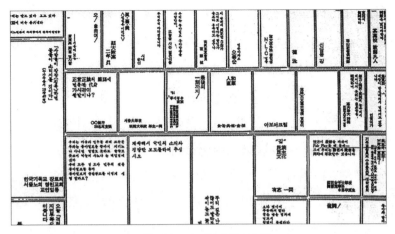

1975년 『동아일보』 광고 취소에 맞선 격려광고

술혁신 덕분에 복사물이 대량보급되자 이를 일일이 검열하기는 거의 불가능해지기도 했다. 대학생들은 그 '불온 원서'를 읽느라 일본어나 영어 실력이 놀랍게 향상되기도 했다. 세상만사가 그렇듯이 검열 또한 긍정적 효과도 더불어 가져온다.

'판금도서 목록이 베스트셀러 목록이다' '베스트셀러는 검열관이 만든다'는 말이 널리 회자되었다. 모든 것의 유통을 활성화하는 자본의 속성은 이런 식으로도 작동되었던 것이다. 그러나 '금지에 의한 베스트셀러'는 검열관이나 인쇄자본, 유명짜한 저자들의 힘에 의해서만 결정되는 것이 아니다. 70~80년대 『사상계』 『동아일보』 『창비』는 그 저작자들에 의해서만이 아니라, 백지광고의 '일육군중위'와, 정말 이민 갔을지 못내 궁금한 그분, 점심을 굶은 돈으로 『창비』를 사보았던 무명씨들에 의해서도 만들어졌다. 유명씨들과 무명씨들은 서로를 만드는 관계인 것이다. 아, '창비 아저씨'를 잊어서는 안된다.

'창비 아저씨'가 했던 일은 물론 호구지책이었지만, 꼭 그런 것만은 아니었다고 믿는다. 아마도 별 학력이 없었을 그 아저씨가 줄줄이 외워대던 김지하 신경림 리영희 백낙청 등등의 이름은 그 처자식의 일용할 양식과 학비를 만들어내는 요술방망이에 그치지 않았으리라. 거의 40년 전에 그 아저씨의 눈동자에서 읽은 것, 아직도 생생하게 기억하는 것은 뭔가 의미있는 일을 하고 있다는 자부심이었다. 직업에서 자부심을 느낄 수 있는 인간이 오늘 한국에서 과연 몇이나 되랴.

1988년 월북작가 해금 이후 문학에 대한 국가검열은 크게 약화되었으며, 권력의 억압에 의해 반(半)자동적으로 대항담론의 중심이 되는 반사효과도 거의 사라졌다. 이제 핵심은 자본검열이다. '조중동'이 이를 나날이 입증해 보여주고 있음은 단적인 사례 중 하나이나. 하시만 '조중동'만 비판하고 마는 것은 속 시원할지 몰라도 적지 않게 싱거운 동어반복이기도 하다. 최근 신경숙 표절파문에서 보듯이,『창비』역시 경제자본으로서 또 상징자본으로서 자본검열의 주체가 될 수 있다는 비판이 제기되고 있음도 동시에 숙고해야 마땅하다.

자본은 양날의 칼이다. 재화와 담론을 물 흐르듯 유통시킬 수도 있는 거대한 힘이기도 하지만, 검열을 보이지 않고 자연스러운 것으로 만들어 '검열의 완정(完整)'을 초래할 수도 있다. 출판자본으로 꽤 규모를 갖추게 된 오늘의『창비』는 다른 의미의 리트머스 시험대에 올라 있는 게 아닐까. 그 시험대의 판정은 숱한 무명씨들이 오늘의『창비』에서 무엇을 느끼는가에 따라 달라질 터이다.

폐간의 좌절을 딛고 무크로 활로를 뚫다

김이구

80년대의 무크바람과 신작집 씨리즈의 발간

지금은 좀 낯설지만 1980년대의 문화운동, 문학운동을 특징짓는 말로 '무크시대' '무크운동'이라는 말이 널리 쓰였다. 매거진(magazine)과 북(book)의 합성어인 '무크'(mook)는 '부정기간행물' 또는 '잡지형 단행본'이라고도 불렸는데, 잡지처럼 기획과 편집을 했으면서도 월간이나 계간 등으로 일정한 간격을 두지는 않으면서 연속적으로 간행하는 형식의 출판물이다.

10·26사건으로 유신정권이 무너지자 80년 봄 민주화에 대한 기대가 뜨겁게 분출했지만, 5월 계엄확대와 야만적인 광주민주항쟁 탄압으로 시국은 꽁꽁 얼어붙었다. 80년 7월말 군부권력은 172개 정기간행물의 등록취소 조치로 『창작과비평』 『문학과지성』 『씨올의 소리』 『뿌리깊은

金二求 문학평론가, 소설가, 창비교육 기획위원. 저서로 『우리 소설의 세상 읽기』 『어린이문학을 보는 시각』 『해묵은 동시를 던져버리자』 등이 있음.

나무』등 영향력 있는 주요 잡지들을 폐간함으로써 비판적 지성과 저항문화를 말살하고자 하였다. 계엄하에서 출판물에 대한 검열이 계속됐고 이른바 불온도서에 대한 압수, 판금 등도 강화됐지만 이러한 상황이 민주화의 열망과 민중의 변혁 의지를 잠재울 수는 없었다. 노동, 문화예술, 지역 등 각계각층의 목소리는 오히려 다양한 노선으로 분화하며 분출하였고, 각종 동인지 발간과 '소집단운동'이 개화하여 문화 부문에도 게릴라식 대응이 일상화되었다.

　　80년 5월의 또 한차례 정변이 있고부터 무크바람이 제대로 일기까지는 얼마간의 시간이 필요했다. (…) 그리하여 1983년에는 '무크시대' 또는 '무크운동'이라는 표현이 일반화될 정도로 수많은 잡지형 단행본들이 출간되고 또 화제에 올랐다. 물량으로 치자면 아직도 기존의 잡지들과 견줄 바가 못되지만, 그 기세나 실제 문화적 공헌에 있어서 오히려 기성 매체를 압도하는 느낌이라 '무크시대'라는 이름도 전혀 과장만은 아니며, 대다수의 무크 편집자들이 시대적 상황에의 대응양식으로서 잡지형 단행본 발간에 대한 자기인식을 지녔다는 점에서 '무크운동'이라는 표현도 그럴듯하다고 하겠다. (백낙청 「1983년의 무크운동」, 백낙청·염무웅 편 『한국문학의 현단계 III』, 창작과비평사 1984, 12~13면)

무크를 표명한 선두주자는 표지의 제호 바로 밑에 "민중의 최전선에서 새 시대의 문학운동을 실천하는 부정기간행물(MOOK) 창간호"라는 문구를 내건『실천문학』이었다. 자유실천문인협의회의 기관지로 이 잡지가 출범한 것은 80년 3월인데, 70년대 양대 문학계간지로도 일컬어지던『창작과비평』과『문학과지성』이 폐간되자 기존 매체로 충족되지

않던 새로운 기운들과 계간지의 공백을 타
개하려는 노력이 상승작용을 하면서 본격적
인 무크바람을 일으켜나갔다.

『창작과비평』이 폐간된 시기에 발간된 창
비의 신작시집, 신작소설집, 신작평론집도
잡지 발간이 허용되지 않는 시대적 상황에
대응하는 '무크' 형식의 접근으로 70년대 민
족문학운동을 이으며 발전시키고자 한 것이
었다. 계간지처럼 창작, 비평, 사회과학, 시

무크시대의 선두주자였던
『실천문학』 창간호(1980. 3)

대 담론이 한자리에서 치열하게 소통하는 자리는 되지 못했지만, 창비
편집진의 기획으로 간행된 신작집 씨리즈는 엄혹한 상황을 타개하며
시대에 대응하는 창작과 담론의 거점이 되었다.

계간지가 폐간된 직후부터 준비한 합동시집이 81년초에 13인 신작시
집 『우리들의 그리움은』(염무웅·이시영 편)으로 첫선을 보였고, 82년에는
신작평론집 『한국문학의 현단계』(김윤수·백낙청·염무웅 편)와 21인 신작시
집 『꺼지지 않는 횃불로』(김윤수·백낙청·염무웅 편)가 잇따라 나왔다. 83년
에는 신작평론집을 연속 기획해 『한국문학의 현단계 II』(백낙청·염무웅
편)로 내놓았다. 84년에는 17인 신작시집 『마침내 시인이여』(신경림·이시
영 편)와 신작평론집 『한국문학의 현단계 III』(백낙청·염무웅 편)이 이어졌
고, 신작소설집을 처음 기획해 14인 신작소설집 『지 알고 내 알고 하늘
이 알건만』(염무웅·최원식 편)도 나왔다. 85년에는 16인 신작시집 『그대가
밟고 가는 모든 길 위에』(신경림·이시영 편), 신작평론집 『한국문학의 현단
계 IV』(백낙청·염무웅 편)와 12인 신작소설집 『슬픈 해후』(염무웅·최원식 편)
가 잇따라 나왔다.

문학 쪽에서 이렇게 장르가 분화된 신작집 형태로 창작 지면을 마련하고 문학론을 펼쳐가는 한편 비문학 분야에서는 '창비신서'의 기획들을 통해 어느정도 잡지 기능을 대체하였다. 민족문학론·민중문학론·제3세계론이 민족주의와 긴밀히 상호작용하는 점을 염두에 두면서 기획된 『한국민족주의론』(송건호·강만길 편)이 82년에 나왔고, 이 기획을 이어역시 신작 논문들을 청탁해 엮은 『한국민족주의론 II』(송건호·강만길 편)가 다음해 나옴으로써 '무크' 성격을 띠었다. 이후 85년에는 '민중적 민족주의'라는 부제를 단 『한국민족주의론 III』(박현채·정창렬 편)까지 출간되어 민족주의의 지향을 민중적인 것으로 끌어올렸다. 이 씨리즈에는 계간지에서 활약했던 역사·정치·경세 분야의 핵심 필자들과 몇몇 새필자들이 참여하여 동학농민전쟁, 독립협회, 좌우합작운동, 4월혁명, 남북한의 통일론, 역사교육, 노동운동, 한일 경제관계 등의 주제로 진전된 논의를 펼쳤고, 민족문학론 점검과 대중문화 비판, 문화패 문화운동, 학생운동까지 실천적 과제들을 날카롭게 다루었다. 한편 역시 '창비신서'에 포함된 『한국문학의 현단계』 씨리즈에도 현장 문학비평과 문학론 외에 연극, 미술, 대동놀이, 영화운동, 철학 분야의 문제제기를 담은날카로운 평론과 약간의 비문학 분야 서평을 수용하였다.

날개 단 창비 무크와 시의 열기

80년대의 창비 신작시집은 70년대 민족문학을 대표하는 시인들의 건재와 함께 80년 전후에 등단한 시인들의 활력을 보여주면서 김용택 서홍관 오봉옥과 노동자시인 정명자를 신인으로 발굴하기도 하였다. 긴급조치와 유신독재 치하에서 「오적(五賊)」 등 신랄한 현실풍자 작품으로 저항문학의 상징이 된 김지하가 오랜 감옥 생활 이후에 문단에 복귀한 후 「다라니」 등 신작을 이 지면에 발표했고, 남민전 사건으로 투옥 중이던 김남주 시인의 옥중 시 「나의 칼 나의 피」 등 8편의 시가 김솔연 (金率然)이란 필명으로 집중 수록되었다.

'시의 시대'라는 80년대의 시의 활기를 반영하듯 신작시집이 계간지의 공백을 재빠르게 대체하여 간행되었다면 신작소설집은 84년에 비로소 첫권이 간행되었다. 표제작인 박완서의 「지 알고 내 알고 하늘이 알건만」과 현기영의 「아스팔트」, 송기원의 「새로 온 사람들」, 김향숙의 「부르는 소리」 등 단단한 작품이 실린 첫 신작소설집은 좋은 반응을 얻었고, 신인으로 선보인 김영현도 이후 활발한 작품활동으로 문단의 주목을 받았다.

"분단현실과 민족문제에 대한 80년대의 심화된 인식과 치열한 극복의지를 담아낸" 신작소설집 「지 알고 내 알고 하늘이 알건만」

신작평론집에는 새로운 단계의 민족문학론을 추구한 백낙청의 「민족문학의 새로운 고비를 맞아」 「리얼리즘에 관하여」 등이 발표됐고, 민족문학론의 계승과 분화를 반영하는 채광석 김정환 성민엽 김명인 현준만 등의 젊은 목소리도 적극 수용되었다. 특히 『한국문학의 현단계 III』에 발표된 김도연(金度淵)의 평론 「장르확산을 위하여」는 운동성·현장성·대중성·집단성을 추구하는 문학운동의 활로를 제시한 것으로서 현장 문학운동가들의 화두가 되었다. "이제까지 문학의 고전적 3분법(시·소설·희곡)에 포함되지 않는 주변장르의 중요성 대두는 민중문학의 가능성이 실험되는 시점에서 장르 개념에 대한 기존의 인식을 상당히 수정해야 할 만큼 대단한 흐름을 형성하고 있다"(『한국문학의 현단계 III』 288~89면)는 인식에서 르뽀·수기·전단문학 등 '생활감정을 반영하는 민중차원의 다양한 장르들'을 적극 수용하는 장르 통합과 확산을 제안하였다. 근대문학의 견고한 장르 개념을 해체하면서 "시대의 요구에 맞는 새로운 장르 형태의 개발과 기존 장르 자체의 변형, 때로는 장르 간의 만남을 통한 총체적 문학양식의 실험"(같은 글 289면)을 제기한 것은 당대의 다기한 문학·문화운동의 현장 분위기를 반영하면서 이론적 활로를 개척한 것이었다.

일종의 무크로 간행된 신작집들은 기존 『창작과비평』 독자들과 민족민중문학을 지향하는 80년대 젊은 문학인들의 갈증을 채워주고 호응을 얻었기 때문에 대부분 초판이 순조롭게 소진되었으며 단행본처럼 2쇄, 3쇄가 긴행되었다. 그중에서도 84년 간행된 17인 신작시집 『마침내 시인이여』는 '다라니' 파문과 베스트셀러 1위 기록 등 큰 화제를 낳았다.

김지하 시인 출옥 후 창비는 판금과 압수 등 수난을 당하면서도 김지하 시선집 『타는 목마름으로』(창비시선 33)와 신작 『대설 남(南)』 등을 과감히 발간해왔는데, 『마침내 시인이여』에도 김지하 시인에게서 장시 「다라니」를 받아 수록했다. 책이 출간되자 불교계와 속인들의 타락상을 신랄하게 풍자한 「다라니」에 대해 승려들이 거세게 반발하여, 아현동 창작과비평사 사무실로는 항의전화가 빗발쳤다. 중앙승가대학의 젊은 승려들을 중심으로 시집의 편자인 신경림, 이시영 시인과 김지하 시인의 집 앞에 가서 진을 치고 있기도 하고, 창비 사무실에까지 몰려와서 '불을 지르겠다' '김지하 시인을 죽여버리겠다' 등의 폭언을 하고 묵주로 책상을 내려치기도 했다. 이런 험악한 사태를 당한 창비측은 김정환 시인에게 요청해 시인이 창비 사무실에 나와 앉아 번역을 하며 지원하기도 했고, 당시 민중불교운동을 펴던 여익구씨가 불교계와 김지하 시인을 중재하려는 노력을 하기도 했다.

승려시인 석성일(釋性日)이『불교신문』 3월 28일자에 「다라니」를 거칠게 비판한 시 「산가(山歌) ― 김지하의 '다라니'를 보고」를 발표하는 등 사태가 가라앉지 않자, 창비측은 4월 6일『마침내 시인이여』편자와 창비 발행인 명의로 「김지하의 장시 '다라니'에 대한 우리의 입장」이라는 성명을 내놓았다. "장시 「다라니」는 불교 자체를 비판한 시가 아니고 오히려 대승적인 불교의 진리를 바탕으로 불교 세속화 과정에서 예시된 인간의 비리를 사회 풍자의 형태로 쓴 시로서 불교계 일각의 물의는 저자·편자·발행자의 본의와 전혀 무관한 것" "이 작품은 김지하씨가 집필 중인『대설 남』의 둘째대목 가운데 일부로 저자는 불교뿐 아니라 기독교·유교·회교·도교 등 각 종교에 대한 문명사적 관점에서의 비판을 시도하고 있는 것"이라고 해명했다(『경향신문』 1984년 4월 9일자). 현실비판의 날카로운 풍자문학에 불교계가 과민하게 반응해서 일어난 필화사건이었다.

70년대의 대표적 저항시인 고은 조태일 김지하 양성우 정희성 등과 떠오르는 청년시인 하종오 이영진 김정환 나해철 김용택 김용락 이은봉 등의 신작이 실린『마침내 시인이여』는 출간된 지 한달여 만에 교보문고와 종로서적의 비소설부문 베스트셀러 2위에 올랐다(「시집이 베스트셀러에 ― 17인이 엮은『마침내 시인이여』」, 『중앙일보』 1984년 2월 29일자). '다라니' 파문 등 어려운 일도 있었지만 베스트셀러로서 뜻밖의 순항을 이어갔다.

17인의 모음시집『마침내 시인이여』가 연 10주째 베스트셀러 1위를 기록하고 있어 시집 출판의 새로운 전기를 마련하고 있다. 이같은 현상은 시가 80년대의 가장 활발한 문학장르로 평가받고 있는 점도 있지만 시가 쉬워지고 재미있으며 구체적인 소설적 플롯을 가미, 독자의 흥미를 유도한 점도 지적하지 않을 수 없다.『마침내 시인이여』는 현재 4판을 발행했으며 발행부수는 기만부를 헤아리고 있는 것으로 알려졌다. (…)『마침내 시인이여』의 베스트셀러 기록은 다른 시집 출간에도 대단한 활기를 불어넣어 70년대까지 시집의 자비출간이란 해프닝을 넘어서 한동안 시집 출간의 러시를 예고하고 있다.(이용우 기자「시집 '마침내 시인이여' 마침내 '날개' 달다」,『동아일보』1984년 4월 23일자)

이와 같은 호응을 기존 문학지와 잡지에 식상한 독자층을 사로잡은 무크바람과 연결시켜, "『마침내 시인이여』는 무크가 베스트셀러 1위에 올랐던 대표적인 첫 케이스로 각 출판사가 동인시집 및 시집 출간의 활기를 더욱 자극시켰으며 묶음시집 출간의 기록을 세운 계기가 됐다"(「출판계 신선한 바람 '무크지'」,『동아일보』1984년 8월 3일자)는 기사도 이어졌다. 평론가 염무웅은 84년의 시단을 총평하는 자리에서『마침내 시인이여』를 거론하며 "근자 수삼년간 지속되어온 시의 열기가 그 절정에 달하는 듯한 느낌"이라고 하면서, 발표매체의 확장과 기성문단체제의 분해, 기존 시와 시인 개념의 붕괴를 진단하고 "이제 농촌과 노동현장의 육성적 생활언어는 점점 더 우리 시단을 압도해올 것"으로 예고하였다(「84년의 시단을 돌아보며」,『중앙일보』1984년 12월 25일자).

부정기간행물『창작과비평』의 파장과 복간의 의미

80년대의 무크바람을 타고 또는 무크바람을 일으키며 발간된 신작집 등이 계간지의 공백을 메우는 발표매체의 역할과 시대담론의 장을 제공하는 기능을 담당했고 대중적인 호응까지 받기도 했지만, 85년에 접어들면서 창비 편집진은 새로운 모색을 하게 된다.

부정기간행물들의 양적 팽창 자체가 문화운동의 중대사이던 시기는 분명히 지났으며, 이제는 무크지들의 질적 심화와 더불어 보다 정규적인 매체의 확보·변혁이 당면의 과제로 되었다. 아니, 지금이야말로 진심으로 나라의 장래를 생각하고 이 사회의 지적 풍토를 염려하는 사람이라면,『창작과비평』만 한 잡지라도 있어서 정리할 것은 정리하고 북돋울 것 북돋우는 작업이 진행되기를 갈구할 때가 아닌가 한다.

이 책은 그러한 상황인식에서, 그리고 정기간행물을 못 낸다고 하여 무작정 기다리고만 있을 수는 없다는 심경으로 만들어졌다. 그러므로 이 부정기간행물은 그간의 단행본출판의 한 갈래를 수렴하면서 말하자면 『창작과비평』57호로도 실망스럽지 않으려는 거창한 포부를 지니고 나온 셈이다. (「책머리에: 부정기간행물『창작과비평』을 내면서」,『창작과비평』부정기간행물 1호, 1985, 4면)

삼사년간의 무크 활성화 기간이 지나자 '무크지의 질적 심화'와 '정규적인 매체의 확보·변혁'이라는 과제가 절실해졌다. 이에 대응하여 기획된『창작과비평』'부정기간행물 1호'는 표지디자인에서부터 내용 구성까지 이전의『창작과비평』과 비슷했고, 표지에 '57'이라는 숫자를 크게 부각하여 '계간통산 57호'임을 표명하였다. 그간의 '장르별 무크'에서 '종합형무크'로 전환하여 차원높고 집중된 역할을 하는 매체를 내놓은 것이다. 박노해의 첫

『창작과비평』 부정기간행물 1호(1985)

시집 『노동의 새벽』을 비롯해 주요 문학적 성과들을 자상하게 검토하고 민족·민중문학이 새 단계의 문턱에 와 있다는 진단을 하는 백낙청의 평론 「민중·민족문학의 새 단계」가 권두에 실렸고, 좌담 「80년대의 문학」(염무웅 전영태 김사인 이재현)에서도 문학 현장의 쟁점과 주요 작품들을 꼼꼼히 짚어보았다.

'집중기획: 한국자본주의 논쟁 1'로 기획된 박현채와 이대근의 논문은 특히 사회과학계와 운동권의 비상한 관심을 모았다. 70년대 후반부터 한국사회 성격과 변혁운동 노선을 둘러싸고 치열하게 전개된 몇갈래 이론투쟁은 팸플릿, 사회과학 도서 등을 통해 드러나기도 했는데, '사회구성체논쟁'으로도 불리던 논쟁의 대립점을 한국자본주의의 성격을 보는 서로 다른 관점으로 명쾌하게 수렴한 것이다. 국가독점자본주의론과 주변부자본주의론으로 대립된 이 논쟁은 출판사 등록취소 사태 등으로 창비 지면에서 직접 이어지지는 못했으나 변혁노선 논쟁에 다시 불을 댕기는 계기가 되었고, 문학과 사회과학적 인식을 잇는 창비 본래의 역할을 부활시켜가는 모습을 보여주었다.

부정기간행물 『창작과비평』의 발간은 문학판과 지성계의 환영을 받은 것 이상으로 당국을 긴장시켰다. 85년 10월 하순 책이 발간된 뒤 한 달이 조금 지난 12월 9일, 날벼락처럼 서울시는 창작과비평사의 출판사 등록을 취소해버렸다. 5공 정부와 정보기관의 합작으로 창비의 숨통을 끊는 조치가 서울시의 손을 빌려 행해진 것이다. 무크로 출간된 『창작과비평』을 두고 등록취소된 계간지를 복간한 것이라 간주하여 '출판사 및 인쇄소의 등록에 관한 법률 제5조 2항'을 적용해 아예 출판활동을 봉쇄한 이 조치는 정당성을 상실한 것으로 『창작과비평』지의 부활에 대한 당국의 공포가 어떠했는지 웅변해준다.

창작과비평사 등록취소에 항의하는 범지식인 2,853명 건의문 전달 장면(1985. 12. 문공부 매체국장실).
왼쪽부터 이우성 이효재 박완서 이호철 박연희 황순원.

상식을 배반하는 이러한 폭거에 반발하여 자유실천문인협의회, 민주
언론운동협의회, 민중문화운동협의회 3개 단체는 즉각 '창작과비평사
를 원상복구시켜라'라는 성명을 내고 농성에 돌입했고, 이후 항의운동
은 출판인, 한국문인협회, 국제펜클럽 한국본부 등의 참여로까지 번져
갔다. 또한 일본 출판인들의 성명 발표, 세계펜대회 결의안 채택 등으
로 해외의 반응이 다음해까지 이어졌다. 전국적으로 진행된 서명운동
에는 불과 2주 만에 각계 인사와 시민 2,853명이 서명했으니, 85년 12월
26일 문단과 학계의 원로인 황순원 박연희 이우성 이효재 등은 직접 문
화공보부에 찾아가 건의문과 서명록을 전달했다. 청와대와 안기부에
도 이를 보내 창작과비평사 등록취소 철회를 촉구했다. 건의문에는 최
종적으로 대학교수 583명, 문화예술계 592명, 언론출판계 219명, 종교계
366명 등 총 3,147명이 서명한 것으로 집계됐는데, 창비와 가까운 인사
들은 물론이고 모윤숙 윤석중 김동리 김남조 등도 참여했으며 노무현

문재인 등 변호사와 바둑기사 조훈현까지 서명했을 정도로 큰 공감대가 형성됐다. 이러한 지식계와 시민사회의 뜨거운 움직임과 김윤수 대표를 비롯한 창비 인사들의 끈질긴 교섭으로 86년 8월 5일 창비는 출판활동을 재개하게 되었다. 비록 '창작사(創作社)'라는 반쪽 이름으로 신규등록을 할 수밖에 없었으나 군사정권의 탄압을 이겨낸 모두의 승리였다.

창비 편집진은 그동안 중단됐던 신작시집, 신작소설집 기획을 다시 추진해 87년 1월에는 23인 신작시집 『저 푸른 자유의 하늘』(신경림·김종철 편)을 펴내고, 잇따라 3월에는 13명의 단편을 엮은 '87 창비신작소설집' 『매운 바람 부는 날』(염무웅·최원식 편)을 펴낸다. 1월의 박종철 고문치사사건, 4월엔 개헌 논의를 일절 금하는 '호헌조치' 발표로 정국이 요동치는 가운데 「4·13호헌조치에 대한 문학인 193인의 견해」 성명 발표 등 민주화 요구는 더욱 거세졌다. 창비 편집진은 이한열의 죽음으로 '직선제 개헌'과 '호헌 철폐'를 외치는 가두시위가 절정에 달했던 6월, 시위대열에 적극 참여하면서 또다시 계간지 형태의 부정기간행물을 준비하고 있었다. 그리하여 대통령 직선제 개헌과 민주화 조치를 약속하는 '6·29선언'이 나오기 직전 마무리된 이 '부정기간행물'은 『창비 1987』이란 제호로 나왔지만 사실상 『창작과비평』 58호에 다름아니었다.

'백낙청 엮음'의 형식을 취한 이 무크에서 엮은이는 "오늘의 민족적 위기에서 우리 문학이 그 맡겨진 민족주체적 대응의 몫을 다해야 한다는 주장과 더불어, 지식인 일반이나 전체 민중의 대응 또한 그러한 창조적 작업의 활기 속에서만 슬기롭게 진행될 수 있다는 '창비' 편집진 본래의 신념은, 어떤 방식으로든 실천에 옮겨져야 할 만큼 오늘도 유효한 것"이라고 하면서 "편자가 여기 『창비 1987』이라는 이름의 잡지형 단행본을 엮어내는 것은 그러한 판단에 의한 것이며, 같은 뜻에서 창작사의 편집진 여러분들은 온갖 협조와 수고를 아끼지 않았다"라고 밝혔다(「책머리에」 2~3면). 민주화의 열기 속에서도 점검할 것을 놓치지 않으며 문학의 주체적 실천을 담아내려는 노력을 무크에 집약한 것이다. 이 시기에는 경인지역 노동자들이 기획해 노동자의 생생한 생활기록과 현장사례 등을 담은 노동무크 『함성 1: 함께 사는 우리들』(1985)도 출간했으며, 여성편집위원회에서 기획한 여성문제 전문 무크 『여성』(1985~)의 출간도 맡았다. 『여성』 무크는 3호까지 나오고 나서 정기간행물 『여성과 사회』로 발전하였다.

6월민주항쟁이 개헌과 부분적 민주화를 이끌어낸 이후 전국적 노동운동이 불붙었고, 88년 들어서는 대학생과 사회단체의 민족통일운동이 열기를 띠어갔다. 이런 정세 속에서 창비는 88년 2월 '창작과비평사' 명의를 완전히 회복하였고, 88년 봄호로 감격 속에 복간호를 발간하게 된다. "이 중요한 고비에서 다방면의 작업들을 일관된 민중·민족운동의 관점으로 정리하고 통합해줄 문화적 구심작용"(「책머리에」 2면)을 자처했듯이, 복간된 『창작과비평』은 90년대를 앞둔 역동적인 시기에 민족운동과 문학운동을 관통하는 자기 역할을 재정립해나간다.

판금도서 영업부터 창비 책 팔아주기 운동까지

한기호

1984년에 창비는 대단한 전성기를 맞이했다. 연초에 출간된 17인 신작시집『마침내 시인이여』가 대형서점 베스트셀러 종합 1위를 10주 이상 달렸다. '중놈 중년'이라는 단어가 들어 있는 김지하의 장시「다라니」가 스님들의 격렬한 항의를 받는 파동을 몰고 오기는 했지만 신작시를 모은 시집이 종합 1위를 달린 것은 이례적이었다. 5, 6월에 출간된 강만길의『한국 근대사』『한국 현대사』는 그해 인문 베스트셀러 1, 2위에 올랐다. 가을에 출간된 14인 신작소설집『지 알고 내 알고 하늘이 알건만』도 반응이 무척 좋았다. 이 책을 통해「깊은 강은 멀리 흐른다」로 등단한 김영현의 소설들은 이후 엄청난 문학논쟁을 불러일으켰다.

1983년 창비는 크리스마스 선물용으로 '한국전래동화집' 씨리즈를 별도 제작해 3,000질을 서점에 배본했다. 이때 '한국창작동화집'과 '세

韓淇皓 한국출판마케팅연구소장.『기획회의』『학교도서관저널』 발행인. 창작과비평사 영업국장 역임. 저서로『새로운 책의 시대』『베스트셀러 30년』등이 있음.

계민화집' 세트도 각각 1,000질씩 제작해 동시에 배본했다. 제작기일이 늦어져 크리스마스 직전에야 배본해놓고 나는 크리스마스가 지나서야 지방출장을 갔는데 서점의 매장이나 창고에서 그 책들을 거의 발견할 수가 없었다. 이미 모두 팔려나간 것이다. 감상적이고 허황된 꿈만 좇게 만드는 경조부박한 책이 주류를 이루던 아동출판시장의 현실을 타개하기 위해서는 어린이의 고민과 현실을 사실적으로 그린 어린이문학이 필요하다는 자각으로 1977년부터 출간하기 시작한 창비아동문고는 이 작은 이벤트 이후 판매가 급증했다. 주문이 너무 폭증하는 바람에 영업부 직원들은 새벽까지 지방서점에 보낼 책을 포장하는 일이 반복되곤 했다.

뿐만 아니었다. 판금서적의 판매도 적지 않았다. 김지하 시선 『타는 목마름으로』는 대학가 서점에서 비밀리에 팔았는데도 한달에 1~2만 부가 꾸준히 팔렸다. 리영희의 『전환시대의 논리』는 정가 1,700원을 올릴 수도 없어 정가가 3,000원인 『북미 최후의 석기인 이쉬』와 끼워서 4,700원에 팔았는데도 아무런 저항 없이 잘 팔렸다. 이밖에도 『8억인과의 대화』(리영희 편역), 『신동엽전집』, 『국토』(조태일), 『북치는 앉은뱅이』(양성우), 『땅의 연가』(문병란), 『순이 삼촌』(현기영) 등도 열심히 팔았다.

나는 창비에 1983년 8월 1일부터 출근했다. 영업부에 입사한 나는 한 달 반 동안 창고를 정리했다. 창고에 책이 마구잡이로 쌓여 있어 담당자가 아니면 창고의 서가에서 책을 뽑을 수 없는 것을 누구나 쉽게 찾을 수 있도록 바꾼 것이었다. 그 일을 하다가 창고에 판금서적이 잔뜩 쌓여 있는 것을 확인했다. 내가 얼마나 보고 싶던 책들이었나! 나는 이 책들을 그해 추석 연휴 직전에 대학가 서점에 과감하게 풀었다. 추석 명절에까지 경찰들이 대학가 서점들을 단속하지는 않을 것이라 판단하고는 현금을 받고 책을 깔았다. 책과 현금을 교환하고는 계산서를 없애버렸다. 처음에 영업부 간부들은 걱정을 많이 했지만 1987년에 검찰이 판금도서 해제조치를 내릴 때까지 이 일이 계속됐어도 아무런 문제가 발생하지 않았다.

당시 대학가의 인문사회과학 서점은 문화운동의 중요한 거점이었으며 판금서적의 유통망이었다. 그들이 추천하는 책이면 인문사회과학 서적을 3천부 이상 판매하는 것은 일도 아니었다. 오히려 판금서적이라야 판매가 쉬웠다. 그래서 '좌파 상업주의'라는 말이 나돌기도 했다. 당시 창비 영업부 책임자는 1982년의 『타는 목마름으로』 사태로 안기부에 잡혀가서 얻어맞은 경험이 있어 판금서적을 판매할 엄두를 내지 못하고 있었던지라 대학가 서점의 원성을 샀다. 그걸 풀어버린 것이었다.

1985년에 창비는 자신감을 완전히 회복했다. 1981년 이후 창비는 신작시집과 신작소설집뿐 아니라 신작평론집 『한국문학의 현단계』, 인문사회과학 논문집 『한국민족주의론』 등의 부정기간행물을 해마다 펴내고 있었다. 이 씨리즈들은 1980년 여름에 계간 『창작과비평』이 강제 폐

『한국문학의 현단계 I』(1982)과 『한국민족주의론 I』(1982).
계간지 폐간 시기에 신작 평론과 사회과학 논문을 각각 묶어내며
계간지의 역할을 대신했다.

간된 이후 신인 발굴과 작품 발표의 장이 되어주었다. 이런 노력들을 종합한 책이 1985년 10월에 출간된 부정기간행물 1호 『창작과비평』(통권 57호)이었다.

이 책의 반응은 뜨거웠다. '집중기획 ― 한국자

본주의 논쟁 1'에 두 논문이 실렸는데, 박현채의「현대 한국사회의 성격과 발전단계에 관한 연구(1)」과 이대근의「한국자본주의의 성격에 관하여」가 그것이다. 두 논문은 당시 운동권의 양대 입장을 대변하는 것으로 알려지면서 '사회구성체논쟁'의 기폭제가 되었다. 이 책은 1만부 이상 팔렸지만, 대학가 서점들에서는 64면으로 전지 두장이면 내용이 모두 담기는 두 논문만 제본한 복제본을 잔뜩 쌓아놓고 엄청나게 팔고 있었다. 나는 이를 어떻게든 제지하려 했지만 회사에서는 적발 시 경고는 하되 문제삼지는 말라고 했다. 아마 불법 복제본은 10만부 이상 팔려나갔을 것이다.

하지만 이 책으로 말미암아 중대 사태가 발생했다. 표지와 차례에 '부정기간행물 1호'임을 명시, 강조했음에도 불구하고 서울시는 머리말에 속간임을 상세히 해설했다는 등의 이유로 등록 취소된『창작과비평』을 허가받지 않고 복간해 '출판사 및 인쇄소의 등록에 관한 법률' 제5조 2항을 위반했다며 출판사 등록을 취소해버렸다.

하지만 창비를 괴롭힌 일은 따로 있었다. 창비아동문고가 창비의 '물질적 기반'이라고 판단한 문공부가 창비아동문고의 '사상성'을 문제삼은 일이었다. 당시 문공부는 하수인에 불과한 한국간행물윤리위원회로 하여금 창비아동문고에도 '민중론'이 침투해 폭력혁명을 조장한다는 보도자료를 내놓게 했다. 이 자료를 당시의 일간지들은 대체로 무시했다. 연합통신에서는 문학·출판 담당기자가 기사를 쓰라는 요구를 거부하자 중앙청을 출입하는 다른 기자가 기사를 썼다. 그 기사를 KBS와 MBC가 받아 저녁 9시 뉴스에 방영했다.

그들이 증거로 내놓은 작품 중 하나가 이오덕 동시집『개구리 울던 마을』에 나오는「쉬는 시간」이었다. 이 동시는 아이들이 쉬는 시간에 운동장에 나와서 자치기 놀이를 하는 장면을 그리고 있다. 그 작품에 '쳐라' '까라' 하는 단어가 나온다 해서 폭력혁명을 조장했다는 어이없는 혐의를 씌운 것이었다. 그뿐 아니었다. 해방 후 최고의 장편동화로 손꼽히는 권정생의 『몽실 언니』는 1984년 문공부 추천도서로 선정됐지만, 그런 작품을 다시 판금도서 목록에 올려놓고는 이 책을 학생에게 생일선물로 준 교사들을 줄줄이 징계위원회에 회부하기도 했다. 이러니 책의 판매부수는 급격하게 줄어들기 시작했다.

등록 취소로 신간을 펴낼 수 없는데다 잘 팔리던 창비아동문고마저 갑자기 판매가 부진해지자 창비는 극도의 어려움을 겪기 시작했다. 나는 궁여지책으로 절판된 소설의 판형을 4·6판에서 국판으로 키우고 표지만 바꿔 다시 펴내 신간이라고 배본했다. 서점들은 그런 책이나마 어떻게든 팔아주려고 애를 썼다. 하지만 8개월 가까이 신간이 나오지 않자 서점에서 수금할 것이 없었다. 그러나 광주의 도매상인 종합서점을 비롯해 몇몇 서점은 장부 잔고가 마이너스가 되고 있음에도 불구하고 지불을 해주기도 했다. 창비를 사랑하는 독자들의 애정도 줄을 이었다. 창비 책을 무조건 구매하는 '영구독자'들의 수가 날로 늘어났으며 이들을 중심으로 창비 팔아주기 운동이 줄을 이었다. 여기에는 이수인(영남대 교수), 이주영(교사) 등 주변 인물들의 적극적인 도움이 컸다.

창비를 배척하는 움직임 또한 없지 않았다. 경일제책사의 경우 지불을 해주지 않더라도 창비가 정상화될 때까지 일을 맡아 해주겠다고 했지만, 한 인쇄소에서는 일을 못하겠다면서 지형을 실어다 사무실에 내려놓고 갔다. 한 지업사에서도 종이 공급을 중단했다. 서슬이 퍼런 독재정권의 탄압에 창비가 버티지 못할 것이라고 내다봤던 것이기에 이들을 탓할 수도 없었다.

사회적 비판 여론을 의식해 문공부는 8개월 만에 '창작사'란 이름의 새 출판사 등록을 받아주는 타협책을 내놓았다. 하지만 창비가 앞으로 우량도서 출판에만 매진하겠다는 인터뷰를 해야만 한다는 굴욕적인 전제조건이 달려 있었다. 이것이 9시 뉴스를 통해 보도되는 바람에 창비는 더욱 어려움을 겪게 되었다. 인문사회과학서점연합회(약칭 인사회)에서 성명서를 발표했는데, '창작사'에서 나오는 책은 한권도 팔지 않겠다는 결의가 포함되어 있었다. 우여곡절 끝에 이 결의는 철회되었지만 '창작사' 책의 판매는 부진했다. 이후 창비는 1987년 6월항쟁의 성과로 1988년 봄에 『창작과비평』을 복간하고 출판사 이름도 원상회복될 때까지 많은 어려움을 겪어야만 했다. 1987년 7월에 부정기간행물 『창비 1987』을 내놓았지만 『창작과비평』 57호에 비해 판매부수는 절반에도 미치지 못했다.

　1988년 3월 1일 『창작과비평』이 8년 만에 복간됐다. 복간호인 59호는 17,000부가 발행됐지만 1주일도 되지 않아 매진되어 2쇄 5,000부를 다시 찍었다. 곧이어 3쇄 5,000부를 추가로 발행할 수 있었다. 5공화국 정부가 지식인들을 모욕주기 위해 얼마나 집요하게 창비를 괴롭혔는지가 널리 알려지면서 창비의 명예는 점차 회복되기 시작했다. 창비는 그 어려움을 겪으면서도 직원들의 급여와 제작비를 단 하루도 미루지 않았다. 그게 가능했던 것은 일부의 비판과 우려에도 불구하고 창비의 존속을 열망하는 독자들의 열의와 유통업체의 지원이 꾸준했기 때문이다.

제4기

1988~2003

물적 기반과 세계적 시야를 갖추다

1988. 3. 『창작과비평』 복간
1994. 3. 24. ㈜창작과비평사 설립
1996. 1. 『창작과비평』 창간 30주년
2003. 6. 27. 파주사옥 이주

계간지가 폐간되고 출판사 등록마저 취소되는 엄혹한 80년대를 헤쳐온 창비는 1987년 6월항쟁 이후 점진적인 민주화 진행과 세계사적인 탈냉전의 진전으로 조성된 국내외의 커다란 지각변동에 대응해서 스스로 새로워지려는 노력을 기울여, 창비의 역할과 출판의 새로운 위상을 모색한다. 그 결과 질적·양적 성장을 이룰 수 있었다.

우선 담론의 개발에서는 이념적 경직성이 완화하는 상황에 걸맞은 도약과 새로운 종합을 추구했는데 그 핵심에 '분단체제론'이 있다. 이미 80년대 중반부터 '부정기간행물 1호'『창작과비평』(1985)에 이어『창비 1987』(1987)을 통해 당시의 사회구성체논쟁이 분단현실을 추상적·교조적으로 이해하는 한계가 있다고 지적한 바 있는 창비는 그로부터 더 나아가 한반도 현실에 대한 좀더 총체적이고 체계적이면서도 실사구시적인 인식을 추구한 결과 분단체제론을 제기한 것이다.

적대적이지만 다분히 상호의존적인 남북한 각각의 체제로 이뤄진 한반도가 일정한 자기재생산능력을 갖추면서도 내재적으로 불안정한 하나의 체제를 이루고 있으니 그것이 곧 분단체제이다. 분단체제에서 혜택을 입는 기득권세력이 남북 양쪽에 형성됨에 따라 양쪽의 기득권층이 얼마간 공통된 이해관계를 갖고 세계체제의 기득권세력과도 음양으로 공조하여 한반도 분단을 존속시키는 현실을 총체적이고 체계적으로 인식하지 않고서는 그것을 극복할 수 없다는 것이 분단체제론이 제기한 중요한 문제의식이다. 분단체제가 남북한 각각의 지배층의 이익에 기여하고 있기 때문에 분단체제를 극복하려면 그런 남북한 각각의 내적 개혁과 변혁 없이는 불가능하다. 곧 민주화와 통일이 내적으로 연관된 것이라는 것이 분단체제론의 핵심 메시지이다. 그리고 이것은 세계체제의 하위체제로서 존재하기에 분단체제의 극복은 세계사적 변혁에도 일정하게 기여할 수 있다.

이같은 분단체제론에 힘입어 1987년 6월항쟁으로 쟁취한 직선제 개헌을 비롯한 민주화 과정이 구체제를 제대로 청산한 것이 아니라 구체제와의 타협에 기초한 이행이고, 그것이 이전보다 한결 개선된 질서이긴 하지만 수많은 일시적 타협, 특히 권위주의적 산업화를 추진했던 세력과 민주화세력 사이의 일정 정도 힘의 균형이 형성된 불안정한 체제임을 날카롭게 분석하는 '87년체제론'을 제기할 수 있었다. 또한 2000년 남북의 두 정상이 만나 발표한 6·15공동선언을 계기로 분단체제가 '해체기'로 진입했음을 지적하면서, 이 선언이 범한반도적 위기상황의 직접적인 산물인 동시에 남북 각자가 현상고수나 대외종속보다 상호 간의 화해협력 및 점진적 통합에서 새로운 활로를 찾고자 하는 능동성과 저력의 산물임도 짚어내는 이론적 진전을 보였다.

분단체제를 완결된 체제로 보지 않고 세계체제의 한 작동양태로 파악하는 특성 덕에 창비는 시야를 확대하여 국민국가론, 더 나아가 근대적응과 근대극복이 두가지 성격의 단일과제임을 지적한 '이중과제론' 등으로 담론을 확장할 수 있었다. 이와 더불어 1970~80년대의 한국 민족주의에 대한 반성 속에서 동아시아에 주목한 동아시아 논의가 창비 담론의 하나로 확장되어, 분단체제와 세계체제를 연결하는 동아시아 지역 차원의 정세론과 문명론을 아우른 이론작업과 연대운동의 길도 열렸다. 문학 영역에서는 진영개념을 적극적으로 해체하고 분단체제론의 성과를 수용하여 분단체제의 '해체기'에 대응하는 민족문학론의 새로운 방향설정을 위한 비평적 탐구를 다각도로 수행하였다. 그리고 그 관점에서 새로운 시대적 감수성을 표현하는 작가들을 발굴하고 비평하는 작업이 이뤄졌다.

이러한 성과는 창비의 조직적 혁신에 힘입은 바도 없지 않다. 1994년 3월 주식회사로 전환해 (주)창작과비평사를 설립하였고, 김윤수 대표가 초대 대표이사 사장을 맡았다. 95년 2월에는 이시영 대표이사 부사장이 취임해 김윤수 사장과 함께 회사 경영을 맡았다. 1996년 창간 30주년을 맞아 그동안 편집인 직할체제이던 편집운영을 바꾸어 새로 취임한 최원식 주간에게 권한을 대폭 위임하는 동시에 젊은 편집위원들의 참여도 크게 확대하는 체제가 형성되었다. 99년 4월에는 40대인 고세현 대표이사 사장이 취임해, 평사원으로 입사해 두루 경력을 쌓은 내부 직원이 경영을 책임지게 되었다. 창비의 경영과 자본의 분리는 이때부터 이미 시행되어 관행으로 정착했다.

그러나 이러한 창비의 혁신을 통한 성장이 순조롭게 진행된 것만은

1994년 5월 마포 용강동 사무실 새 현판식 기념촬영.
왼쪽부터 고세현 이시영 강만길 백영서 신경림 유재건 백낙청 설준규 최원식 김영희.

아니다. 1987년 이후 민주화의 진전이 구체제와의 타협에 기초한 이행인 만큼 곡절을 겪는 것은 불가피했다. 90년대를 앞둔 1988년 창비는 숙원인 계간지 복간과 함께 '창작과비평사' 명의회복이 이루어지자 설레는 감격 속에 복간호(봄호, 통권 59호)를 내놓는다. 백낙청 박현채 유재건의 평론·논문과 좌담 「민족문학과 민중문학」, 신경림·황석영의 작품, 광주항쟁을 노동자의 시각에서 그려낸 신인 홍희담의 중편 「깃발」 등이 실린 복간호는 창비의 부활을 알리며 세간의 화제가 되었다. 이듬해 겨울호에는 금기의 땅 북한에 다녀온 뒤 외국에 머물던 황석영 작가가 쓴 북한방문기 「사람이 살고 있었네」를 입수하여 450매를 한꺼번에 수록하였다. 북한을 여러차례 방문하여 그 실상을 직접 눈으로 본 남쪽 작가가 북한사회의 이모저모를 묘파한 이 글은 독자의 비상한 관심을 모아, 잡지는 발매되자마자 매진되었고 곧 중쇄를 찍어 배포하였다. 그러나 이 글로 인해 이시영 주간이 국가보안법 위반으로 안기부 조사를 받고 구속 기소되고 편집담당자인 김이구도 기소되는 등 민주화시대에 역행하는 필화사건이 일어났다. 이는 80년대의 막바지를 장식하는 창비와 작가에 대한 구시대적 탄압이었으며, 분단 장벽을 넘어 독자의 알권리를 확충하고자 한 창비의 의지를 보여준 사건이었다.

그러나 계간지의 복간 이후 새로운 단계에 부응하여 저항을 넘어 책임을 감당하는 다양한 담론의 제기와 창작의 개척이 곧 궤도를 찾았고, 이전보다 민주화로 한결 개선된 상황에서 단행본 출판은 좋은 기회를 맞았다. 90년대에 접어들면서 창비는 민족민주출판의 흐름을 이어가면서도 기존의 지식인, 학생과 본격문학 독자들 위주의 출판에서 다양한 교양서와 대중독자를 위한 책의 출판으로 시야를 넓힌다. 유홍준의 『나의 문화유산답사기』를 비롯해 각 분야의 전문가가 쓴 교양서, 작가들의 에세이가 꾸준히 간행되었고, 어린이책에서는 논픽션과 그림책, 저학년문고를 새로 개척하는 등 세분화와 전문화도 진전되었다. 이 시기에는 80년대에 이른바 '사회과학 출판'에 뛰어들었던 출판사들 역시 민주화시대에 다양하게 새로운 출판의 길을 모색하였다.

1990년 11월, '창비신서'가 출범한 지 16년 만에 100권째를 간행하였으며, 이듬해 11월에는 '창비시선'이 역시 16년 만에 100권을 돌파한다. 87년에 먼저 100권을 돌파한 '창비아동문고'도 판형을 키우고 삽화를 강화하는 등 좀더 독자에게 다가가는 모습으로 간행된다. 고은의 대형 연작시 『만인보』(1986~2010, 전30권), 송기숙 장편 『녹두장군』(1989~94, 전12권), 김남주 옥중시전집(1992, 전2권) 등 굵직한 작품을 간행하고, 『한국현대대표시선』(1990~93, 전3권), 『한국현대대표소설선』(1996, 전9권) 등 문학사를 정리하는 선집도 기획하여 내놓았다. 망명생활 후 수감되었다 문단에 복귀한 황석영의 장편 『오래된 정원』(2000), 『손님』(2001)의 간행은 작가의 건재를 확인시켜주었다. 한편 소규모로 운영되던 진보적 학술단체의 지원에도 적극 나섰다. 그들의 정기간행물인, '법과사회'이론연구회의 반년간지 『법과 사회』, 민족문학사연구소의 반년간지 『민족문학사연구』, 한국여성연구회의 연간지 『여성과 사회』, 영미문학연구회의 반년간지 『안과밖: 영미문학연구』의 출간을 맡아 지원하였다.

어린이책 분야에서는 97년 '좋은 어린이책 원고 공모'의 비창작부문 당선작 『옛날 사람들은 어떻게 살았을까』를 내놓으면서 그동안 '창비아동문고'로만 간행되던 책의 체재가 다양화하기 시작하였다. 저학년 창작 씨리즈인 '신나는 책읽기'(1999~), 저학년 대상 기획인 '이 세상 첫 이야기'(1999~2001, 전6권)를 간행해 독자층을 저학년으로 넓혔다. 2003년 무렵부터는 그림책 분야로 본격 진출해 '우리시그림책' 씨리즈를 시작했고, '재미있다! 우리 고전' 씨리즈도 야심차게 출범했다.

90년 3월 간행한『소설 동의보감』(전3권)의 대중적 성공은 창비로서는 예상치 못한 행운이었다. 고(故) 이은성 극작가가 조선시대 명의(名醫) 허준의 일대기를 그린 이 미완의 장편은 그 강력한 흡인력으로 남녀노소 독자를 사로잡으며 3년여 동안 베스트셀러 자리를 지켰고 350만부 이상이 판매되었다. 93년 5월 첫권이 간행된 유홍준의『나의 문화유산답사기』는 우리 문화예술의 아름다움을 일깨우며 시대적 변화의 흐름을 타고 여행문화를 바꿔놓았고, 인문서 최초의 밀리언셀러가 되었다. 남민전 사건 연루로 빠리에 머물던 홍세화의『나는 빠리의 택시운전사』도 깊이있는 사유로 '똘레랑스'(tolérance)를 각인하며 독자들의 많은 사랑을 받았다. 문학에서도 94년 3월 간행된 최영미 시인의 첫 시집『서른, 잔치는 끝났다』가 90년대 전환기의 감성에 호소하며 폭발적인 화제를 일으켰다. 공지영의『인간에 대한 예의』(1994), 신경숙의『오래전 집을 떠날 때』(1996)도 사회의식과 감성이 어우러진 문학작품의 힘을 보여주었다. 이러한 작품들이 대중독자를 확보하며 베스트셀러가 되자 평단 일각에서는 '상업주의'와 '문학권력'의 시각으로 비판하기도 하였다. 90년대 초중반기 이러한 책들의 성공은 창비가 꾸준히 출판분야를 넓히고 전문화하며 안정적인 경영을 할 수 있는 토대가 되었다. 그런 만큼 사업성과 공공성의 조화를 위한 노력을 게을리 하지 않되 그간 쌓아올린 성취에 합당한 영향력은 지켜나갔다.

창비는 출판의 양적·질적 성장을 기반으로 국제교류를 강화한다. 1996년에 창간 30주년 기념 국제학술대회 '새로운 전지구적 문명을 향하여'와 1998년에 통권 100호 발간 기념 학술토론회 'IMF시대 우리의 과제와 세기말의 문명 전환'을 열었다. 특히 창간 30주년 기념 국제학

창간 30주년 기념 국제학술대회 환영소연회(1996. 4. 24).
왼쪽부터 리영희, 강만길, 커밍스, 필드, 까갈리쯔끼, 백낙청, 앤더슨, 고병익, 이우성.

술대회에는 페리 앤더슨(Perry Anderson), 브루스 커밍스(Bruce Cum-
mings), 와다 하루끼(和田春樹), 노마 필드(Noma Field), 보리스 까갈리
쯔끼(Boris Kagalizki) 등 세계 유수의 석학들이 참여하여『창비』에 대
한 국내외의 관심을 확인시켜주었다. 창비는 계간지 지면에 외국 논객
들의 날카로운 글을 발굴해 꾸준히 싣는 것은 물론 2000년대 이후에는
국내외에서 국제학술대회를 협력해 열고, 동아시아 비판적 지성과의
토론을 주도적으로 조직하는 등 국제교류를 더욱 활성화해나간다. 그
러한 교류와 상호 이해의 일환으로 일본에서 백낙청의『분단체제론』
(2001)을 비롯해 주요 필자들의 저술이 번역 출간되었고, 창비에서 '동
아시아의 비판적 지성' 씨리즈를 기획해 간행하는 등 상호소통의 공간
이 넓어진다.

　『창비』복간과 함께 만해문학상을 부활했는데, 1975년 2회 시상 이후

군사독재시대에 수상자 선정이 자유롭지 못해 중단했던 것을 되살려서 만해 한용운의 정신을 잇는 빼어난 작품에 시상하였다. 신동엽창작기금도 매년 지원이 필요한 역량있는 문인에게 수여하는 전통을 이어갔다. 97년말에는 김영한(金英韓) 여사가 2억원을 출연해 이를 기금으로 백석문학상을 제정했으며, 99년부터 계간『창작과비평』을 통해 수상작을 발표하였다. 미등단 신인 작품은 투고원고 중에서 우수작을 찾아 그때그때 계간지에 '신인작품'으로 소개해왔는데, 94년 창비신인평론상, 98년 창비신인소설상을 제정해 운영하다가 2000년부터 창비신인문학상으로 통합해 시, 소설, 평론 세 부문에서 신인작가 발굴을 정례화하였다.

21세기 들어와 서울을 벗어나 새로운 출판단지를 조성하려는 출판인들의 계획이 파주출판도시로 열매를 맺어갔다. 창비도 이에 참여해, 21세기의 새로운 비전을 그리며 파주에 사옥을 짓고 이전을 준비하였다. 97년말 'IMF 사태'를 초래한 국가적 경제위기로 출판계도 어려운 시기였지만, 창비의 수많은 스테디셀러와 2001년 MBC 텔레비전 프로그램 「!느낌표」 선정도서로 밀리언셀러가 된『괭이부리말 아이들』등의 힘으로 어려움을 이겨내고 2003년 6월 파주에 입주하였다. 경기도 파주시 교하읍 문발리 513-11번지 500평 대지에 건축가 김석철의 설계로 완공된 4층짜리 새 사옥은 창비의 21세기를 펼쳐갈 보금자리였다.

『창작과비평』 창간 30주년, 통권 100호 발간, 그리고 비판적 종합지성의 산실로의 발돋움을 이룬 이 기간에 창비는 창간 30주년에 주창된 '법고창신(法古刱新)'의 자세로 창간 이후 견지한 올곧은 정신을 변치 않고 지키면서 나날이 새로워지고자 노력하였다.

기회와 위기: 두 세기의 갈림길에서

강영규

최원식 선생은 1970년대 후반부터 『창작과비평』 지면에서 문학평론가로 활약했으며 80년대 중반부터는 편집위원회에 합류해 활동했다. 그리고 1996년에서 2005년까지 계간지와 출판사의 편집주간을 맡았다. 그의 주간 재임기간은 창비로서는 창간 30주년에서 40주년에 걸치는 시기였고, 한반도와 세계적으로는 세기말과 세기전환기의 격변을 겪는 때이기도 했다. 특히 한국사회는 90년대초 문민정부의 등장을 필두로 강한 개혁 드라이브 속에서 사회 전반적으로 변화의 파고가 높았다. 이같은 중요한 시기에 창비호(號)의 10년 순항을 책임졌던 그에게 당시의 항해기록을 청해 들었다.

강영규 선생님과 창비의 첫 인연이 궁금합니다. 아마도 1960년대 후

姜瑛奎 창비 계간지출판부장.

반 청소년시절에 독자로서 계간지 『창비』를 처음 접하셨을 것으로 짐작됩니다. 그때 선생님께 『창비』는 어떤 잡지였습니까? 그리고 1972년 약관의 나이로 『동아일보』 신춘문예 평론부문에 당선하시고 1977년 겨울호에 「가사(歌辭)의 소설화 경향과 봉건주의의 해체」라는 글을 발표하시면서 『창비』의 필자로서 등장합니다. 필자로서 『창비』는 또 어떤 잡지였습니까?

최원식 『창비』가 창간된 게 1966년인데, 그때 저는 고등학생이었습니다. 그때나 이때나 현실에 좀 무딘 편이어서 저에게 창비는 아직 도착하지 않았었습니다. 『창비』를 처음 본 거는 서울대 1학년 때로, 제가 다니던 교양과정부의 학부장이신 정명환(鄭明煥) 선생이 발표한 이효석론(「위장된 순응주의」, 1968년 겨울호)이었어요. 그 글은 '이효석 신화'를 해체하고 문학이 사회 속에서 어떠한 자리에 있어야 하는지를 밝힌 아주 중요한 평론이죠. 그리고 2학년 때 동숭동의 문리대 소극장에서 강연회가 열려서 가보니 얼굴이 하얀 분이 김수영 시를 낭송하면서 말씀하시는데, 다 알아듣지는 못해도 아주 새로운 얘기예요. 그분이 바로 백낙청 선생이고, 그때 얘기한 게 바로 '시민문학론'이었어요. 정말 열심히 청중에게 당신이 전하고 싶은 것을 말씀하는 자세와 그 내용이 정명환 선생의 평론과 같은 맥락으로 통하는 것이어서 아, 『창비』라는 잡지를 어떤 분들이 만들고 어떻게 이끌어가는가 짐작하게 됐죠. 그렇지만 그때는 제가 그 잡지의 필자가 되리라고는 생각도 못했죠. 그러고는 대학원 시절 김흥규(金興圭) 선배, 그분은 제 고등학교 선배이기도 한데, 고려대를 마치고 서울대 대학원에 와서 같이 다녔는데, 제가 늘 추축(追逐)하던 선배였어요. 제가 국문과에 가고 또 『동아일보』 신춘문예 평론으로 나간 것도 그 선배를 따라한 셈인데 저를 창비에 소개한 것도 나중에 알고보니 김선배였더군요. 김홍규 선배 앞에는 임형택(林熒澤) 선배가 계셨지요. 참, 『동아일보』 신춘문예는 당선을 한 게 아니고 입선이에요. 가작으로 됐을 경우 입선이라고 그러는데 저는 공교롭게도 김종철(金鍾哲) 선배하고 같이 공동 가작이 되었죠.

하여튼 대학원 다니면서 서울 덕성여고 야간 국어선생을 하고 있는데, 전화가 왔대서 받아보니 염무웅 선생입니다, 그래서 깜짝 놀랐어요. 백선생님과 함께 창비를 이끌어가는 그 유명한 평론가가 전화를 했으니. 받아보니 원고 쓴 거 있으면 가져와보라고 그래서 리포트를 냈던 것들 대강 고쳐서 갖다줬지요. 참 영문을 모르고.(웃음) 보시더니 괜찮은 거 같다고, 잘 고쳐보라고 그래서 열심히 고쳤지. 그런데 어느날 염선생이 백선생님하고 같이 보자고 해서 갔더니 정명환 선생님 원고 얘기를 하시면서 그 이효석론보다 낫다고 볼 수가 없다, 그러니까 이거는 반려할 수밖에 없겠다 하시더군요. 그러다가 제가 77년에 계명대 교수로 가고 그때 박사과정도 들어가서 다시 용기를 내서 염무웅 선생한테 논문을 하나 보여드렸더니 이번엔 싣겠다는 연락이 와서 그렇게 곡절 끝에 『창비』의 필자로서 데뷔를 하게 된 거지요.

강영규 필자로서는 재수를 하신 셈이네요.(웃음) 그럼 데뷔 후에는 어떠셨나요? 계간지 총목차를 보니 적어도 2~3개호 간격으로 글을 발표하시면서 맹활약을 하시던데요.

최원식 정말 난생처음 재수를 했네.(웃음) 백선생님이나 염선생님이 무명의 신인에게 최고의 기회를 베푸셨어요. 그래서 폐간되기 전인 1979년 겨울호까지 무려 4편의 글을, 논문 2편에다가 평론 2편을 썼는데, 그때는 목차에서 강조하는 글 제목 바탕에다 검은 칠을 했는데, 요새 말로 하면 '강추' 비슷한 거지. 4편 중에 2편에 검은 칠을 했으니까

최원식

1949년 인천 출생. 문학평론가, 인하
대 명예교수, 한국작가회의 이사장.
『창작과비평』 편집주간, 인천문화재
단 대표 역임. 주요 저서로『민족문학
의 논리』『생산적 대화를 위하여』『문
학의 귀환』『제국 이후의 동아시아』 등
이 있다.

최고의 격려를 받은 셈이죠. 그 글을 발표하고 나서 놀란 것은, 『창비』
의 독자가 얼마나 광범한지 알게 된 건데, 그러니까 문인들뿐 아니라 당
시 지식인사회는 다 봤다고 해도 좋을 거 같아요. 말하자면 『창비』의 필
자가 된다는 것은 70년대에 반유신 민주화운동에의 동승이고, 그 운동
속에서 형제가 되는 감동이 있었어요. 그때는 정말 『창비』 나오기를 고
대했어요. 그래서 좋은 글을 기고한 필자를 만나면 처음 만나도 오랜 친
구처럼 잘 읽었다 격려해주고, 말로만 듣던 뛰어난 작가들, 유명한 지식
인들을 창비에 오면 다 만났지요. 창비의 식구들과 필자들 전체가 동지
이자 형제이자 선후배인, 우애의 공동체였어요.

　　그때는 제가 대구에 있었으니까 가끔 상경할 적마다 창비에 들르면,
그게 훈련이고 공부였어요. 한국사회에서 문학이 어떤 자리에 있어야
할지 그리고 이 현실 속에서 문학을 공부하는 것의 의의는 무엇인지를
끊임없이 되묻게 되니까, 관념을 살아 있는 현실 속에서 그냥 몸에 붙이

는, 저로서는 정말 살아 있는 공부였지요. 예를 들면, 어느날 창비에 왔더니 염선생님이 어디 좀 같이 가재요. 가보니 명동성당이에요. 당시 명동성당은 민주화의 성지잖아요. 모모한 민주화운동 인사들을 만나는 일도 좋았지만 미사보를 쓰고 마당 가득히 앉아 있는 일반신도들의 광경을 잊을 수 없죠. 그날 강론을 광주대교구의 윤공희(尹恭熙) 대주교가 했는데 무척 감동적이었어요. 그때 들은 말 중에 '억눌린 자를 들어올리고'라는 표현이 있는데, 제가 나중에 평론에서 그 '들어올린다'는 말을 많이 썼죠.(웃음) 하여튼 창비는 저에게 기회일 뿐 아니라 저 자신을 완전히 새롭게 만들어낸, 진짜 살아 있는 학교였다고 말씀드릴 수 있습니다.

강영규 말씀처럼 활발한 평론활동을 펼쳐오시다가 계간지가 1980년 여름호로 폐간된 이후 1985년 '부정기간행물 1호'『창작과비평』(통권 57호)부터는 백낙청 염무웅 이시영 선생님과 함께 편집위원으로 이름을 올리십니다. 이때가 연배가 30대 중반이셨고 1982년 이미 첫 평론집 『민족문학의 논리』를 간행하신 뒤군요. 창비의 '간판 필자'로서만이 아니라 내부인사로 관여하시게 되는 정황을 말씀해주시죠. 특히 이즈음은 『창비』가 한편으로는 지식인의 필독서이자 공론장으로 인식되는 동시에 폐간과 출판사 등록취소라는 수난을 겪는 시기이기도 해 남다른 심경이었을 것 같습니다.

최원식 『창비』가 폐간되기 전부터 염무웅 선생이 12·12사태(1979)를 지나며 계속 아, 좀 조짐이 안 좋다, 안 좋다 그러시더니 1980년 여름호를 끝으로 드디어 폐간이 됐죠. 사실은 가을호에 저도 글을 쓰고 있었어요. 동학에 관한 글인데, 결국 그 글은 나중에 1981년『현상과 인식』이라는 계간지에 게재됐습니다만, 하여튼『창비』의 폐간은 정말 충격이었죠. 그리고 제가 82년에 대구 생활 5년을 마치고 인하대로 왔는데, 정확한 연도는 기억이 잘 안 나지만, 마포경찰서 뒤에 창비가 있을 때는 분명한데, 출판사의 편집위원을 하라고 백선생이 말씀하신 기억이 나요. 잡지가 없어진 대신 여러 형태의 출판을 했거든요. 염선생이 저를 데리고 같이 '신작소설집'이라는 형태로 여러 작가의 작품을 엮어서 내고, 시는 이시영 시인이 '신작시집'으로, 평론 쪽에서도 백선생이 '한국문학의 현단계'라는 타이틀로 묶어서 내기도 했죠. 그러니까 잡지를 대신해서 무크나 단행본 형태로 여러가지 출판을 시도했는데, 그때 저도 말석에 끼어서 훈련을 받은 셈이에요. 이 시기 가장 큰 사건은 물론 1985년의 출판사 등록취소죠. 그 자체가 충격적인 일이있지만, 더 놀라운 것은 마포경찰서 뒤의 창비 사무실로 사람들이 물밀듯이 밀려오는데 마치 문상을 오는 것 같은.(웃음) 사무실 안에 사람이 가득한데 밤이 돼도 가지도 않고.

그때 임형택 선배하고 제게 일석(一石) 이희승(李熙昇) 선생한테 등록취소 반대서명을 받아오라는 임무가 주어졌어요. 그래서 일석 선생님 댁으로 찾아뵈었죠. 일석 선생님이 조용조용하게 말씀하시면서 위로해주셨는데, 본인도 뜻은 같지만 서명은 조금 어렵다, 그때 대종교(大倧敎) 계열의 현정회(顯正會) 이사장을 맡으셔서, 그래도 매일 아침 조간신문 받으면서 민주화의 좋은 소식 나기만 기다리고 있다, 창비 일도 잘되기를 바란다고 정성스럽게 말씀하시는데 서명은 받지 못했지만 서슬퍼런 군부독재 시절의 따뜻한 장면으로 지금도 뭉클해요. 일석 선생은 은사지만 제가 학교 다닐 때는 이미 은퇴한 지 오래셔서 댁에서 이렇게 뵌 것은 처음이자 마지막인데 창비 덕(?)에 딸깍발이 선비의 체취를 체감했습니다. 하여튼 이만큼 창비 사태는 파장이 컸습니다.

강영규　저도 이번 인터뷰를 위해 자료를 찾다보니 당시 등록취소 반대 서명은 그야말로 전국적인 범지식인 운동에 가까운 것이더군요. 해외에서의 지지도 있었고요. 그런 민주화의 열기와 기운이 모여 1987년 6월항쟁으로 꽃피우고 그 덕분에 1988년 계간지 복간과 출판사 명의회복을 하게 됩니다. 그리고 창간 25주년(1991년 봄호)을 거쳐 1996년 봄호로 창간 30주년을 맞으며 편집주간으로 취임하십니다. 역시 창비 안팎의 사정을 듣고 싶습니다. 당시 창비뿐 아니라 한반도와 세계사적으로도 격변기였습니다. 신임 주간으로서 어떤 포부를 가지셨는지, 『창비』를 어떤 방향으로 이끌고자 하셨는지 궁금합니다. 『창비』 특집에서는 자본주의 근대, 페미니즘, 생태주의, 새로운 문명 등의 주제어가 자주 눈에 띄더군요.

최원식　1999년 『중앙일보』에 '창비학교'라는 이름으로 당시의 창비에 대한 기사가 나왔는데, 이걸 보니까 좀 상기되는 면이 있어요(기획연재 '지식인 地圖가 바뀐다 〈25〉 창비학교', 「'저항'에서 '대중 속으로' 변신 모색」, 『중앙일보』 1999년 8월 17일자). 제가 주간을 맡았을 때는 어떤 면에서는 행복한 시절이기도 해요. 1993년에 문민정부가 들어서서 어찌됐든지 간에 예전처럼 쿠데타 또는 정변이 일어나서 지식인들이 탄압받고 대거 구속되는 일로부터는 일단 자유로워진 시대가 됐으니까. 또 하나는 이 시기 창비가 어떤 점에서는 안정됐다고 할까요, 『중앙일보』 기사에서 고세현 사장이 이런 말을 했어요. "그동안 기업이면서도 동인 내지 운동그룹의 형태를 띠고 있던 창비에 기업 이미지를 적극 부여하겠다." 그러니까 창비가 이제 운동조직으로부터 운동도 하면서 출판사라는 기업으로서 물적 토대를 쌓는 또는 제도적 정비를 해가는 이중과제의 실천시기죠. 공교롭게도 『소설 동의보감』(1990)을 비롯해 베스트셀러, 스테디셀러

'창비학교'를 다룬 『중앙일보』 기사(1999년 8월 17일자)

들이 나와서 물적 토대를 마련하는 데 기여했죠. 물론 당시 문민정부에 대해 비판적인 여론이 지식인사회에 강하게 있었지만, 당시 일본의 지식인사회도 문민정부 초기의 개혁 드라이브에 깜짝 놀랐어요. 사실 우리도 놀랐죠. 김영삼정부 초기의 지지도는 90퍼센트까지 갈 정도였어요. 3당 합당(1990)이 신군부, 구군부와 연합했다는 점에서 비판을 받았지만 그의 초기 개혁은 퍽 단호해서 국내외가 다 놀랐었죠. 그리고 오랫동안 운동하던 분들의 일부도 그쪽에 참여해서 문민정부 이후 창비를 비롯해 그동안 저항의 거점이었던 쪽의 위치가 이중적이 됐어요. 저항도 하지만, 또 한편으로 일종의 책임을 나누는 자리로. 저항과 책임이라는 이중성을 부여받은 시기입니다. 그래서 한편으로 저는 운이 좋을 때에 주간을 한 셈이고, 또 한편으로는 그 때문에 새로운 곤경에 처한 때

이기도 하죠.

강영규 당시는 정치사회적인 면에서도 격변기지만 문화나 문학 장에서도 큰 변화가 일던 시기였습니다. 창비가 견지해온 문학이념 차원에서도 고민이 크셨을 것 같아요.

최원식 70년대 민족문학, 민중문학, 리얼리즘 등, 문민정부 이후 왕년에 저항의 거점이었던 시절의 문학의 양식 또는 비평담론의 지배력 내지 장악력이라고 할까, 이런 것들이 급속히 해체되는 시기였기 때문에 뭔가 새로운 돌파구를 마련해야 했지요. 그런 면에서 행운이면서 불운인 거예요. 저에게 우선 맡겨진 과제는 진영논리로부터 탈피해서, 저항으로부터 변화된 상황, 저항의 본질을 보존하면서 변화된 상황에 직면한 새로운 문학, 새로운 사회론으로의 창조적·비판적 계승을 이루는 것이었죠. 저는 그때 '누워서도 볼 수 있는 창비를 만들겠다' 그런 얘기를 한 기억이 나요. 그 함의는 짐작하시겠지만 다른 차원의 소통을 시도하고 싶다는 것이지요. 물론 이때도 백선생님이 편집인이셨으니 편집의 최종 사항은 그분이 지도를 하셨지만요. 그리고 몇사람이 주도하는 식으로부터 여러 사람이 함께 구축해가는 씨스템을 만들고 싶다, 그러니까 창비 내부적으로는 새로운 사람들로 편집진을 계속 보강해가면서 씨스템을 만들어가려 했고, 대외적으로는 탈진영 하려고 애썼어요. 그런데 한편으로는 그게 너무 잘돼서 탈인 경우도 없지 않았으니, 이제 시절이 복잡해진 셈이에요.

강영규 그뒤로 두번째 평론집 『생산적 대화를 위하여』(1997)가 나오고, 각종 연구서와 편저서 다수를 내신 뒤에 세번째 평론집 『문학의 귀환』(2001)을 내셨습니다. 「문학의 귀환」은 1999년 여름호에 발표된 평론인데, 여기서 제기하신 '리얼리즘과 모더니즘의 회통'을 두고 창비 안팎에서 일대 논쟁이 벌어지게 됩니다. 가령 창비 안에서는 백낙청 선생님이 이의를 제기하셨던 것으로 알고요. 최근 90년대 창비의 문학담론에 대한 재평가랄까 관심이 다시 환기되고 있는데, '회통론'의 발상자로서 그때와 지금을 어떻게 보시는지요?

최원식 회통론을 썼을 때는 이렇게 큰 논란이 날 줄은 몰랐는데,(웃음) 그런데 문제의 글은 「문학의 귀환」이 아니고 「'리얼리즘'과 '모더니즘'의 회통: 작품으로의 귀환」이에요. 이 글은 원래 대산문화재단이 주최한 '현대한국문학 100년'이란 심포지엄(1999. 9)에서 발제된 것인데 그해말에 민음사에서 출판되었어요. 90년대에 바깥으로는 쏘비에트형 사회주의의 몰락, 안으로는 문민정부의 출범이라는 여건 속에서 지식인들 중에서도 이제 절차적 민주주의가 일단 됐기 때문에 민주화운동도 이제는 됐다, 한국사회가 이제는 됐다,라는 생각을 가진 분들이 꽤 많았어요. 90년대 들어서면서 그런 안도감, 민주화와 산업화를 동시에 달성한 사회라는 그런 느낌이 도착해 있었어요. 한국문학에서도 오랫동안 짙어져온 강한 사회성으로부터 썰물이, 리얼리즘의 썰물 현상이 일어났죠. 우리가 보지 못했던 새로운 작품들의 모습이 드러나고 그들이 거의 주류적 위치에 들어서던 속에서, 저는 왕년의 리얼리즘을 새로운 상황 속에서 어떻게 보존하느냐의 문제로부터 시작한 거예요. 회통론은 우선 탈진영논리의 표현인데, 양쪽으로부터 욕을 많이 먹었어요. 그러다 후일 언젠가 신문을 보니 최근 10년간 가장 주목받는 평론으로 뽑혀 놀랐지요. 하여튼 리얼리즘 쪽으로부터는 일종의 투항이고 포기처럼 보인다고 비판받았고, 모더니즘 쪽에서는 리얼리즘이 모더니즘을 포식한다는 오해를 받았는데, 저는 이 상황에서 리얼리즘을 보존하기 위해서라도 모더니즘을 포용할 수밖에 없다는 현실적인 생각이었어요. 주간으로서 『창비』라는 잡지, 나아가 우리 문학에 이미 도착한 탈진영을 이론적으로 받치려는 실용적 시도였는데, 이를 바탕으로 두개의 경향 사이의 대화가 성숙하여 다른 차원이 열리기를 바란 측면도 있지요. 의상(義湘)의 말씀을 빌리면 "자성을 지키지 아니하고 인연 따라 나툰다(不守自性隨緣成)"쯤 될까요. 문제의식은 거기에 있었어요. 그런데 제 방식이 서툴러서 복잡해졌죠.

젊은 시절의 최원식

백선생님이나 저나 신경숙을 평가하는 데서는 같죠. 제가 김영하까지 끌어들인 데 대해 백선생님이 비판적이라고 그러셨는데, 사실 보면은 어떤 때는 또 백선생님이 저보다 더 나아가신 것도 있어요. 저는 배수아에 대해서 좀 유보적인데, 백선생님은 배수아를 높이 평가하시고. 하여튼 90년대 문학이 처한 곤경을 돌파해서 이 속에서 새로운 상황에 직면한 새로운 문학의 출현을 염원한 것이 회통론의 충정이라고 받아주시면 감사하겠어요.(웃음)

강영규 흥미진진한 얘기가 발목을 붙잡지만 2000년대로 건너뛸 수밖에 없겠습니다. 앞서 여쭤본 평론집에서도 그렇지만 창비 지면에서도 90년대말과 2000년대초를 거치면서 '동아시아'라는 지역 내지 대상이 점점 중요하게 부상합니다. 일찌감치 1985년에 『전환기의 동아시아 문학』이란 책을 임형택 선생님과 공편하셨고, 또 서남재단의 동아시아 관련 학술총서 간행이나 대산문화재단의 한·중·일 동아시아문학포럼 등의 사업에도 깊이 관여하셨습니다. 어쩌면 인천문화재단 초대 대표를 맡으시고 『황해문화』 창간을 주도하신 것도 이와 관련된 활동으로 볼 수 있겠습니다. 게다가 2015년초 출간된 정년기념논총 제목도 '민족문학론에서 동아시아론까지'죠. 동아시아 그리고 인천이라는 지역(region/local)에 대한 선생님의 주목은 따로 떨어진 게 아닐 수 있겠다는 생각이 듭니다.

최원식 1993년 봄호 특집 제목이 '세계 속의 동아시아, 새로운 연대의 모색'이에요. 그 특집의 기조논문으로 「탈냉전시대와 동아시아적 시각의 모색」이라는 글을 썼는데, 사실은 제가 쓰고 싶어 쓴 게 아니고 조직의 명령이었죠.(웃음) 민족문학론의 새로운 출구전략 중의 하나가 동아시아였어요. 다른 하나는 아까 얘기한 회통론이었고. 민족문학은 물론 민족주의는 아니고 민족문학과 세계문학을 항상 쌍으로 놓고 같이 사유하자는 게 백선생님 지론이고 그것이 중요한 지평이 됐지만, 그래도 민족문학에는 역시 민족이라는 말에서 연상되는 일국주의적인 면이 있게 마련이죠. 저는 민족문학과 세계문학 가운데 동아시아를 넣는 것이 방편이 되지 않을까 생각했어요. 민족문학에는 강한 일국주의와 함께 반대의 경향, 일종의 공허한 서구적 보편주의가 있잖아요. 이 둘 사이에 동아시아라는 단위를 놓음으로써 민족문학에서 연상되기 쉬운 일국주의를 넘어서고, 다른 한편으로는 공허한 보편주의로 빠지지 않으면서 둘 다를 넘어서는 훈련을 할 수 있겠다고 생각했어요. 1993년 그 동아시아 특집 이후에 그야말로 동아시아가 무척 중요한, 시쳇말로 뜨는 담론이 된 데는 보람도 없지 않았지만, 또 그러면서 겪을 수밖에 없는 여러 함정들이 있기 때문에 요새는 동아시아에 대해서도 다시 그 자

체를 불지르자, 이런 생각도 하
고 있어요.

강영규 90년대의 변화된 시
대상황과 진영논리의 극복이라
는 구도 안에서 민족문학론의 내
재적 곤경, 그 방편으로서의 회
통론과 동아시아가 다 얽혀 있
는 얘기군요. 이런 인식틀을 제
대로 이해하려면 유연하고도 복
합적인 사고가 필요하겠습니다.
2006년에는 『창비』 창간 40주년
을 맞아 주간에서 물러나시고 그

『창작과비평』 2000년 여름호에 수록된
촌평 「동방일사를 추모함」 육필 원고

해 설립된 사단법인 세교연구소 이사장에 취임하십니다. 그때부터 지
금까지 10년간은 대학교수로서 정년하기 직전까지에 해당하는데, 창
비 편집위원직은 계속 유지하신 채이지만 전보다는 약간의 거리감이
랄까 객관화랄까가 있을 듯합니다. 지금 돌아보는 선생님 주간 재임기
(1996~2005)에 창비가 잘하고 못한 일은 무엇일까요? 올해 표절과 문학
권력 논란의 와중에는 90년대 창비를 '상업주의로의 투항'이라고 단정
하는 시선도 있었습니다만.

최원식 아까도 말씀드렸듯이 창비는 그때가 행운이기도 하고 다른
한편으로는 새로운 곤경에 부딪힌 그런 시기잖아요. 당시 창비는 보수
에 포위돼 있었어요. 보수의 포위를 뚫고, 한편으로 탈진영을 함으로써
지식인사회 또는 문학사회 안에서 지난 시대의 저항의 거점과는 다른
창비의 새로운 자리를 잡게 하자는 게 90년대 이후 제게 주어진 임무였

다고 생각해요. 그래서 상업주의에 투신했다는 식의 시각은, 그렇게 보고 싶은 사람들은 그럴 수도 있겠지만, 저 자신은 천만 아니라고 생각합니다. 단적으로 얘기해서 창비에서 작품집을 낸 작가들의 가장 큰 불만이 뭔지 아십니까? 다른 잡지는 다 그 출판사에서 낸 책에 대해 온갖 평론을 내면서 띄워주는데, 창비는 오히려 비판을 한다고요.(웃음) 요새는 『창비』 지면에 작가조명이다 해서 인터뷰나 작가론도 싣지만, 그 전에는 일절 없었거든요. 오히려 창비는 비평에 무척 엄격했죠. 작품에 대해 칭찬을 하더라도 그와 함께 한계를 같이 보려고 하는 비평의 정도(正道)를 걸으려 했다고 봐요. 물론 지금까지 저를 비롯해서 창비의 모든 비평이 그 차원을 다 달성했느냐는 다른 문제지요.

강영규 최근의 문학권력 논란에서는 2000년대 초반에 나왔던 '주례사 비평'이란 말이 다시 회자되면서 비평의 위기론 역시 반복되는 감이 있습니다.

최원식 어떤 분이 그랬지만 주례사 비평도 필요할 때가 있어요. 아니, 주례 없이 결혼 못하잖아요?(웃음) 비평이란 살아 있는 작가와 대화를 하는 거죠. 그 대화를 잘 이끌어서 그분의 문학이 더 좋은 데로 나아가게 기여하는 게 살아 있는 비평인데, 그러려면 그 방식도 사람에 따라, 작가에 따라 다양해야죠. 제가 쓴 평론이나 추천사 가운데는 저의 비평적 판단을 완전히 내려놓고 쓴 것은 거의 없다고 생각해요. 물론 살아 있는 사람과의 대화니까 때로는 칼날을 수그리기도 하고 또 어떤 때는 강하게 밀어붙이기도 하지만요. 그런 점에서 창비가 상업주의에 투항했다는 말은 저로서는 납득이 잘 안되죠. 다만 제가 주간으로 있을 때를 돌아볼 때 아쉬운 것은 회통론도 그렇고 특히 동아시아론이 문학론하고 제대로 결합이나 동행이 안되었다는 점이에요. 그러니까 담론만 있고 문학하고는 떨어지는 거죠. 그때 제기한 그런 담론들을 문학장 안으로 제대로 끌고 들어와서 좀더 치열하게 창작과 비평의 조응점으로 토론하지 못한 게 걸립니다. 최근 우리 주변에서 일어나는 여러 사태가 제가 주간으로 있을 당시 새로운 변화를 모색하되 문학과, 창작활동과 더 긴밀하게 연관짓지 못했던 데서 비롯하지 않았나, 그러니까 단적으로 말해서 민족문학론, 민중문학론, 리얼리즘 같은 왕년의 그 논(論)을 넘어서려는 다양한 모색은 있었지만 단일한 표어로서 새롭게 모양짓지 못한 것이 오늘날의 위기라면 위기를 자초한 것이 아닌가, 그런 생각이 듭니다.

강영규 긴 시간 귀한 말씀 감사합니다. 마무리 삼아 창비의 다음 50년에 바라는 바를 청해 들으면서 인터뷰 마치겠습니다.

최원식 백선생님이 이끌어오신 『창비』 50년을 진심으로 축하합니다. 백영서 주간도 애썼어요. 황금기라 할 수 있을 다음 50년을 책임질 새 주간과 편집위원들이 아마 잘하시리라고 믿습니다. 한가지만 말씀드리자면, 창간으로 돌아가자, 이런 말씀을 드리고 싶어요. 그러니까 일종의 르네상스운동이죠. 그동안, 특히 최근 창비가 담론 중심적인 면이 없지 않았다고 봐요. 그런데 창간 초기호들을 보면 담론을 의식적으로 만들어내려 하지 않아도 그냥 생동하는 현실과 맞부딪침으로써, 담론을 넘어서 곧바로 사상이 되었던 게 아닌가, 그래서 발랄하고 창조적이고 비판적인 현실 대응력을 보여주는, 정말 살아 있는 잡지들의 행진이었다고 생각해요. 이 점에서 새 주간과 편집위원들과 실무진이 힘을 합쳐서 다시 담론을 넘어서 그냥 사상이 되는, 21세기의 새로운 현실을 발견하는, 그래서 생동하는 사상이 되는 그런, 다음 50년이 되기를 바랍니다.

(2015. 12. 9. 마포구 서교동 세교연구소)

'창비키드'에서 집단지성으로 집필하는
필자가 되기까지

황혜숙

   1993년『나의 문화유산답사기』(이하『답사기』) 1권을 펴내면서 일약 '답사붐'을 일으킨 유홍준(兪弘濬) 교수는 베스트셀러 저자일 뿐만 아니라 '국민 가이드'라는 애칭이 붙을 정도로 전국민의 사랑을 받는 명망가이다. 그는 수차례의 인터뷰에서『창작과비평』과의 인연과 그 영향에 대해 말한 바 있고,『답사기』가 책으로 나오기까지 백낙청 선생과 출판사 창비의 기여에 감사의 뜻을 전한 바 있다. 자칭 '창비키드'인 유홍준 교수는 창비 50년을 누구보다 기꺼이 함께 기뻐해주었다.

   황혜숙   선생님은 여러 인터뷰에서 계간『창작과비평』과의 인연을 들려주신 적도 있는데요. 선생님께서『창비』를 읽으시면서 어떤 영향을 받았는지,『창비』창간 50주년을 맞아 젊은 세대에게 그 경험을 들려주

黃惠琡 창비 교양출판부장.

유홍준

1949년 서울 출생. 미술사학
자, 명지대 석좌교수. 문화재
청장 역임. 주요 저서로『나의
문화유산답사기』『화인열전』
『완당평전』등이 있다.

셨으면 합니다.

유홍준　제가 1967년 봄에 서울대 문리대에 입학했어요. 그리고 젊은
세대들은 이해하기 힘들겠지만 당시만 하더라도 책이 그리 많지 않은
세상이었습니다. 읽고 싶은 책이 많지 않았던 거죠. 또 원서를 굉장히
중요시했지만 구하기가 쉽지 않았고요. 그러던 때에『창작과비평』이 창
간되었죠.『창비』에 실린 글이, 내 생각과 적성에 맞았다고 할까, 성격
에 맞았달까, 그래서인지 창간호를 시작으로 대학교 졸업 때까지 하나
도 빼지 않고, '독자의 소리'까지 읽었죠. 이게 나뿐만이 아니고 동시대
를 살았던 사람들이 같이 겪은 당시 지식인사회의 분위기라고 할까요?
그래서 요즘에 글을 쓰거나 정년퇴임 이후 인터뷰하면 요샛말로 나는
'창비키드'라고 얘기하죠. 유독 내가 애착이 강했는지도 모르겠어요,
다른 사람보다.

황혜숙 『창작과비평』 출간 당시의 지식인사회 분위기나 문단은 어땠는지요?

유홍준 문단의 전체 흐름을 볼 때, 문학평론 하는 분들은 뭐라고 평할지 몰라도 소비자 입장, 독자 입장에서는 1960년대말에서 70년대초가 한국문학의 전성기였던 것 같아요. 『창작과비평』하고 『문학과지성』이 있고, 그다음에 시인들이 활발하게 활동했고. 어쩌면 그 시대는 사회과학보다 문학이 더 우리 사회를 이끌어가는 선지적인 장르가 아니었나 생각해요. 내가 전공하고 몸담고 사는 미술계의 경우에는 1980년대에 들어서야 『창작과비평』 수준의 논의를 했거든요. 김윤수(金潤洙) 선생님이 그냥 단기필마로 『창작과비평』에 글을 쓰면서 계봉을 했지만, 같이 문화운동으로서 민족문화운동에 동참하게 된 거는 그로부터 15년 지나서라고 보니까 『창작과비평』이 준 영향은 뭐 이루 말할 수 없죠.

황혜숙 1993년에 『답사기』 첫권이 출간된 이래 20년 넘게 400만에 가까운 독자들의 사랑을 받았습니다. 처음에는 이 글을 잡지 연재로 시작하셨죠?

유홍준 『답사기』는 내 인생 설계에 없었어요. 이런 책을 쓰겠다고 마음먹고 답사를 다녀서 쓴 책이 아니에요. 내 필요에 의해 젊은 미술학도를 상대로 쓴 거라고 볼 수도 있고요. 그냥 대안공간에서 열었던 '젊은이를 위한 한국미술사'라는 내 공개강좌 수강생들을 데리고 한국문화를 가르친다, 전도한다 하는 마음으로 성지순례하듯이 답사를 다녔죠. 84년부터 시작했으니까요. 그러다가 91년에 『사회평론』이 창간되면서 거기에 연재를 했죠. 친구들하고 같이 만든 잡지였는데, 잡지니까 뭐 재미있는 코너를 하나 만들자는 의견이 나왔죠. 당시 주변에 있는 친구들이 내 답사에 잘 따라다녔거든요, 안병욱 교수나 고(故) 최재현 교수나.

그 친구들이 답사 다니면서 한 애기를 『사회평론』에 써달라고 해서 연재를 시작했죠. 그런데 형편이 안되어 원고료도 없고 해서 저는 세번만 쓰려고 했어요. 그리고 국문학 하는 사람, 민속학 하는 사람, 역사학 하는 사람이 돌아가며 쓰기로 했는데, 제가 세번 쓰고 났더니 딴 사람들이 그런 식으로는 못 쓰겠다고 해서 할 수 없이 계속 연재를 했죠.

황혜숙 어쩌다가 창비에서 이 책을 내게 되셨어요?

유홍준 『사회평론』 창간호가 나오자마자 백낙청 선생님이 일부러 찾아오셔서 글을 아주 잘 썼다고, 연재 끝나면 창비에서 책으로 내자고 하시더라고요. 그래서 제가 "선생님께서 이렇게 격려해주시니 열심히 쓰겠습니다마는 연재 원고가 책으로 묶일 만큼 그 잡지(『사회평론』)가 오래가지는 못할 것 같습니다" 그랬거든. 그런데 그 말이 반은 맞고 반은 틀린 게 됐어요. 학자들이 만드는 잡지라 매니지먼트에서는 허점이 많잖아요. 그래서 『답사기』 1권은 여기서 연재를 했는데, 이후에 『사회평론』은 또다른 잡지 『길을 찾는 사람들』과 통합돼서 『사회평론/길』이 발행됐죠.

황혜숙 저도 그동안 선생님의 답사를 여러차례 따라다녀봤는데, 정말 대단한 경험들이었습니다. 실제로 『답사기』를 새로 낼 때마다 최근에는 '명사답사단'을 조직해서 다녀오기도 하시는데, 전에는 학생이나 답사회원 들을 데리고 다니셨다고 들었어요. 답사 때 재미있었던 에피소드가 있다면 소개해주세요. 모두가 부러워하는 답사거든요.

유홍준 『답사기』 첫째권이 나온 기념으로 창비 식구들과 답사를 가기로 했죠. 강진 해남으로 갈까 하다가 기왕이면 다음번에 쓸 답사처로 가는 것이 유리할 것 같아 전북 부안 변산반도로 갔어요. 백낙청 고은 임형택 구중서 등 원로 선생님들과 이시영 시인을 비롯한 문인들도 같이 갔는데, 다들 아주 좋아하며 이런 분위기에서 유홍준의 『답사기』가 나왔구나, 라면서 씨리즈를 계속 펴내라고 격려하고 주문도 하셨어요.

그러다 6권째부터는 아예 출간 전에 답사단을 꾸려 『답사기』 예행연습을 했죠. 6권에선 강만길, 송재소 선생님 해설에서 많은 힌트를 얻었고, 친구인 지리학자 김덕현, 기근도 교수를 초청해 내가 부족한 분야를 보완하기도 했죠. 그러는 사이 『답사기』는 나 혼자의 창작이 아니라 이 시대의 집단지성을 대표해 집필하는 것이 되었다는 느낌을 받았습니다. 지금 준비하는 '서울편'에서는 이런 면을 더 살려보려고 해요. 나의 『답사기』가 아니라 우리의 『답사기』로 가는 것이 유종의 미를 거둬들이는 길이라고 생각해요.

황혜숙 2013~14년에 출간한 『답사기』 일본편은 일본의 유명 출판사인 이와나미쇼뗀(岩波書店)에서 번역 출간이 됐는데, 그때 이와나미가 '한국에서 한집에 한권씩 있는 책이다'라는 문안으로 광고를 했습니다.

남한강 명사답사 당시 단양에서 '군수 환준량 선정비'를 설명하는 유홍준(2015. 1. 5)

『답사기』가 처음 나왔을 때에는 제본소에서 교보문고에 트럭째로 책을 실어 날랐다는 전설적인 얘기도 들었는데요. 혹시 당시에 그런 인기를 실감할 만한 에피소드는 없었는지요?

유홍준 내가 영업부 직원이 아니라 잘은 모르지만 하여튼 그 당시는 지금하고는 물류 같은 게 달랐겠죠. 대체로 소매서점들은 도매상에서 출판사 책을 받아서 가져가는 식일 텐데,『답사기』2권이 나올 때 초판을 얼마나 찍느냐고 물었더니 영업부에서 하는 얘기가 "글쎄, 초판을 일단은 5만부 찍는데, 인쇄기가 몇부까지 돌아갈지는 모른다"고 하더라고요. 왜냐하면 당시에는 5만부 찍는 것이 지금과 달라서 시간상으로도 굉장히 오래 걸렸죠. 해서 한번에 아무리 많이 찍어봐야 3만부 정도일 텐데, 이미 선주문이 그 이상 들어와 있다고 했으니까요. 당시 내가 알기로 20만부 정도까지는 쉬지 않고 계속 찍어냈을 거예요. 그리고 도매상 등 물류업체의 트럭들이 제본소에서 대기했다가 싣고 가고. 요즘은 인쇄기술이 발달했어도 책이 그만큼 나가지는 않으니까 이해하기 힘들 수 있겠지만, 그땐 그랬어요. 2권을 찍을 때 많은 사람들이 창비가 위험한 일을 하고 있다고 걱정하고 비웃었죠. 1권 잘 나갔다고 2권도 잘 나간다는 보장은 없는데 저렇게 무지막지하게 찍어도 되는가 했대요. 통상 1권을 능가하는 2권이 없으니까.

황혜숙 정말 엄청났네요. 1, 2권만 그런 게 아니라『답사기』는 계속 잘 나가서 완전히 스테디셀러가 되었잖아요. 뭔가 글쓰기의 전략이 있으셨던 것 같아요.

유홍준 나도 글 쓰면서 그게 굉장한 고민이었죠. 1권이 저렇게 사랑받는데, 그냥 후속 권을 안 쓰면 1권을 잘 썼다는 소리는 들을 텐데, 2권을 잘 못 쓰면 '에이, 괜찮은 줄 알았는데 별거 없다'고 할 테니 결국

2015년까지 출간된 『나의 문화유산답사기』 국내편(1~8권)과 일본편(1~4권)

1권의 명예마저 깎아먹잖아요. 그래서 취한 전략이 2권을 좀더 어렵게 쓰는 거였어요. 1권을 읽은 사람하고 읽지 않은 사람하고 독서 수준이 다를 수밖에 없잖아요. 그러니까 독자들이 1권을 읽었다는 전제하에 쓴 게 2권인데 다시 한번 보세요. 석굴암의 경우, 어떻게 석굴암 하나를 갖고 3부작으로 쓰겠습니까? 그런데 이상하게도 독자들은 어려워서 좋았다고 그러더라고. 거기서 깨우친 게 굉장히 많았어요. 흔히 사람들이 대중성이라고 하면 쉽고 수준 낮은 것이라 생각하는데, 쉬워야 하는 건 맞지만 수준이 낮아야 한다는 생각은 틀렸다는 것을 알았죠. 그리고 저자로서 꼭 갖춰야 하는 것은 자기 형식을 만들어내야 한다는 점이에요. 독자로 하여금 끝까지 읽게 하는 것, 그건 확실히 형식의 힘일 겁니다. 문장력이라고 해도 좋겠죠. 전공서는 끝까지 읽겠다는 준비가 된 사람이 읽는 거니까 관계없지만, 일반도서라면 필자는 독자를 끌고 가야 한다는 생각을 버리지 말아야죠. 그건 필자의 사명이기도 하죠.

황혜숙 흥미롭네요. 석굴암 부분은 어떻게 쓰셨어요?

유홍준 그 과정과 내용은 사실 지금은 기억이 잘 안 나요. 그걸 어떻게 기억하겠어. 하도 여러 자료를 읽어서. 석굴암에 관한 논문을 보니까 한 300개 되던데, 거기에 자연과학자들까지 다 동원해가지고 이제까지 석굴암에 대해 코멘트한 사람을 빼놓지 않고 다 찾아서 읽고 공부했어요. 석굴암이 만들어진 과정, 망가져가는 과정, 그것의 신비를 밝히려고 노력한 학자들, 이렇게 3부작으로 썼죠.

황혜숙 3권은 그럼 더 어렵게 쓰셨어요?

유홍준 세번째 책은 정보도 많이 넣었지만 무엇보다도 우리의 '미학'이라는 점을 염두에 두고 얘기를 시작했죠. 쉽게 얘기하면 본래 인문학을 비롯한 학문은 가치체계를 짓는 거죠. 여기저기 막 흩어져 있는 현상을 가치의 줄거리로 탁 정리하면 뿌리와 줄기가 어떻고 나무가 어떻고 하는 것이 보이죠. 그게 정치학, 사회학이든 미술사든. 그러니까 나는 미술사라는 학문의 골격부터 그 세포조직까지 이렇게 가치체계를 짓고 싶었어요. 그런 뒤 내 눈에 들어온 그 개념과 형체를 독자들에게 제시하고 싶었죠. 이를테면 백제의 미학은 '검이불루 화이불치(儉而不陋 華而不侈)'라고 했죠. 검소하지만 누추하지 않고, 화려하지만 사치스럽지 않다는 그 개념을 갖고 백제미술을 보는 것과 그런 미학이 없이 보는 건 달라요. 제가 그동안 답사 다니고 글쓰면서 한 공부가 그전에 책으로 한 공부보다 더 많은 것 같아요. 그 공부는 미술사에 국한된 것만은 아니죠. 국문학과 역사, 민속학에 관해 대충 알던 것을 글로 쓰려니까 정확히 알아야 돼서요. 요즘 많이 말하는 학문 간의 소통, 통섭이니 하는 것이 『답사기』에서 자연스럽게 구현되었다는 생각도 들고요. 그래서 제가 『답사기』 1권하고 7권을 비교하면 저 자신의 성장도 읽힌다고 생각하는 거죠.

황혜숙 『답사기』에 대한 전설적인 이야기는 언제 들어도 흥미진진하네요. 화제를 돌려보자면, 선생님의 대학시절과 지금의 젊은이들 상황은 많이 달라졌는데요. 요즘 젊은 세대는 어떤 것 같으세요?

유홍준 요즘 세대로 치면『창작과비평』을 읽는 사람은 좀 특수하다고 볼 수밖에 없어요.『창비』는 고사하고 종이신문이라도 봤으면 참 좋겠어요. 그러니까 종이신문을 보면『창비』가 손에 자연스럽게 잡힐 텐데, 하물며 종이신문을 거의 보지 않는 젊은 사람들이『창비』를 읽기가 쉽지 않을 것 같아요. 물론『창비』도 젊은 세대에게 어떻게 다가갈까 하는 것을 잘 계산해봐야겠지만요. 일단은 요새 잡지는 그래도 종이신문을 읽는 사람들이 읽는 게 아닌가 생각해요. 나 역시 지금은 옛날처럼『창비』를 꼼꼼하게 읽지는 못하죠.

황혜숙 지금의『창비』가 선생님이 젊었을 때와는 많이 다른가요?

유홍준 『창비』가 그때나 지금이나 나르지 않은 섬이 있다면 '한국의 현재 사회를 냉철하게 보겠다' 하는 자세라고 봐요. 1960년대, 70년대, 80년대만 하더라도 검열이 있어서 문학을 중심으로 세상에 대해서 코멘트해왔다면, 지금은 사회과학적 관점도 깊이 들어가 있고 아주 직설적이고 현장적인 것까지 받아들이고 있다고 봐요. 그래서 아주 잡다하게 변화하는 사건이나 사회를 어떻게 받아들이면 좋을지 정리가 잘돼 있다는 것은 아주 큰 힘이라 할 수 있죠.

황혜숙 지금의 젊은 세대에게『창비』를 어떻게 읽어야 하는지 들려줄 말씀이 있으신지요.

유홍준 젊은 사람 중에서 그래도 앞으로 지식인으로 살아가면서 무엇인가 할 의지와 꿈을 갖고 있는 사람이라면 내가 어렸을 때, 젊었을 때 보았듯 줄 그으면서『창비』를 봐야죠. 내 경험으로 보자면, 젊었을 때의 장점은 그때 생각하고 보고 배우고 익힌 것이 지금까지도 살아 있다는 점이에요. 어제 본 거는 다 잊어버려도 40년 전에 보고 가슴에 새긴 것은 지금도 갖고 있으니까요. 젊은 세대들이『창비』를 많이 봤으면 좋겠다고 생각하는데, 우선 우리집 애들도 안 보고 내 학생들도 보지 않고 있는 게 현실이죠.

황혜숙 마지막으로 창간 50주년을 맞는『창작과비평』에 한말씀 부탁드립니다.

유홍준 한 시대의 지성의 방향을 짓는 이런 잡지가 있다는 것은 중요한 자산입니다. 일본의『세까이(世界)』와 서구의『옥토버』(*October*) 같은 잡지가 있듯이 말이죠.『창작과비평』은 그런 세계적인 잡지를 쭉 놓고 봤을 때에도 굉장히 자랑스러운 거죠. 또 그런 출판사에서 책이 나왔다는 것도 나 개인에겐 참 영광이죠. 요새 신문을 보니까 '세리키드'인 프로골퍼 박인비가 박세리를 넘어섰다고 대서특필하더군요. 그러면 창비키드인 유홍준이 창비의 옛 필자들이 해보지 못한 20년 스테디셀러를 해냈다는 것은 최소한『창작과비평』에 날 만한 일이 아닌가요.

황혜숙 정말이네요. '창비키드'인 선생님께서 이렇게 멋진 모습으로 오래도록 사랑받는 필자가 되었으니까요. 긴 인터뷰와 귀한 말씀 감사드립니다. 50년『창작과비평』과 함께 오래오래 독자들의 사랑을 받는『답사기』가 되기를 기원합니다.

(2015. 6. 16. 명지대 인문캠퍼스 문화유산자료실)

출판현장에서 시대 흐름을 읽어내다

문경미

세교연구소에서 고세현(高世鉉) 상임고문을 만났다. 편집사원으로 창비에 입사하여 많은 책을 만들었고 1999년부터 2011년까지 대표이사를 맡아 회사를 이끌었던 그는 창비가 출판사로서 단단하게 성장하는 데 큰 기여를 했다. 창비 연혁을 참고하면서 시대의 변화에 따른 회사의 굴곡과 출판물의 특징들을 짚어보고자 질문을 만들었고, 그는 30년 재직기간 동안의 변화와 사업 다변화를 모색했던 현장경험을 파노라마처럼 펼쳐서 생생하게 들려주었다.

문경미 창비에는 언제 입사하셨고 입사 계기는 무엇인지요?

고세현 1981년 12월에 입사했어요. 당시 학생운동 출신들이 학교를 떠나면 노동현장에 들어가는 흐름이 있었는데, 나 자신은 모든 사람이

文景美 창비 편집2국장.

고세현

1955년 군산 출생. 출판인,『창작과비평』편집장 및 편집위원, 창비 대표이사 역임. 역서로『역사로서의 사회주의』『토스카나의 우아한 식탁』등이 있다.

다 그래야 한다는 생각도 아니었지만 내 능력에도 부치는 일이라고 생각했지요. 그때 한길사에서 일하던 학교 선배 김사인씨가 창비에서 일해보지 않겠느냐고 제안했죠. 나도 창비를 익히 들어 알고 있던 터라 그곳이라면 한번 해볼 만하겠다 싶어서 입사하게 되었습니다.

문경미 좀 건너뛰어서, 출판사 등록취소와 그 이유에 대해서 말씀해주세요. 그리고 '창작사'로 명칭 변경을 했다가 계간지가 복간되기까지도 좀 짚어주시지요.

고세현 1985년 12월에 '출판사 등록취소'가 되었는데, 그 빌미는 그해 10월 간행된 부정기간행물『창작과비평』57호였습니다. 당국의 허가 없이 '사실상의 정기간행물'을 간행했다는 거지요. 그 가운데 '집중기획: 한국자본주의논쟁 1'이란 꼭지가 있었는데, 거기 실린 글 두편이 훗날 민주화운동권에서 '사회구성체논쟁'의 시발점이 되고 NL-PD논쟁의 원조가 되기도 하죠. 당시 편집부장이던 제가 아이디어를 내고 박현채, 백낙청 선생님이 동의하셔서 추진하게 되었습니다. 원래 논쟁이란 게 대개 한쪽에서 주장을 펼치면 다음에 반박 글이 실리는 구도로 흘러가는데, 이 기획은 서로 다른 입장의 두 글을 함께 수록했습니다. 말하자면 미리 짜고 한 거지요.(웃음) 박현채, 이대근 선생이 양쪽의 대표주자로서 대립된 논지를 펼쳤어요. 다른 사회과학 출판사와 급진적인 매체에서 선수를 빼앗겼다고 아쉬워했죠.

등록취소 자체는 각계의 서명운동 등으로 오랫동안 사회에 큰 파장을 일으켰는데, 그동안에 겪은 어려움이나 저간의 사정에 대해서는 이시영 선생님이나 다른 분들이 말씀하시는 걸로 알고 있습니다.

1986년 8월 '창작사'란 이름으로 출판사 등록을 하는 과정에서 당국이 임재경 선생님과 나의 퇴사를 조건으로 내걸었는데 회사에서 거절했다고 합니다. 정작 당시에는 어른들이 얘기해주지 않아서 이 사실을 몰랐고 10년이 흐른 다음 30주년 기념 인터뷰에서 김윤수 선생님이 언급하셔서 알게 되었습니다. 여하튼 1987년 7월 부정기간행물『창비 1987』(통권 58호)을 간행하고 다음해 1988년 봄호로 계간지를 복간하죠. 그때부터 계간지 편집장을 맡아 일했어요. 편집장이라고는 해도 문학 쪽은 잘 모르기도 하고 편집위원들이 거의 문학을 하시는 분들이라 저는 역사나 사회과학 쪽의 기획에 주로 참여했지요. 1987년 6월항쟁 이후로는 회사 살림이 넉넉지는 않았지만 대체로 좋은 분위기였다가 1989년 겨울호에 '황석영 북한방문기'를 실어 당시 이시영 주간이 구속되는 일이 있었습니다. 물론 회사로서는 상당히 큰 충격이었지요.

문경미 어려운 고비가 참 많았던 1980년대를 꿋꿋하게 헤쳐온 후 1994년 회사가 (주)창작과비평사가 되었는데요, 법인으로 바뀌게 된 이유와 그 이전과 비교할 때 새롭게 변화한 부분이 있다면 무엇인지 들려주세요.

고세현 주식회사 전환 문제는 당시 제가 관여할 일이라기보다는 어른들의 일이었고, 저는 단지 사업체 성장과정의 자연스러운 단계로 이해하고 있습니다. 저는 1991년 조사연구실장을 맡으면서 계

350만부 이상 판매된 베스트셀러
『소설 동의보감』(전3권, 1990)

간지 편집위원을 겸해서 글도 한두편 쓰고 지상토론이나 인터뷰를 기획하기도 했어요. 그러다가 1993년 무렵부터는 편집국장으로서 다시 편집실무를 지휘했지요.

문경미 1990년대에는 『소설 동의보감』(상·중·하), 『나의 문화유산답사기』(1~3) 등이 크게 화제가 되면서 전국민의 필독서로 자리잡았습니다. 당시 출판 상황의 특징이나 베스트셀러 탄생에 담긴 이야기를 들려주시면 흥미로울 듯합니다.

고세현 당시는 말하자면 이념적 경직성이 완화되는 시기라고 할 수 있습니다. 이러한 변화가 창비에는 약이 될 수도 독이 될 수도 있었고 창비가 거기에 적응하면서 나름의 정체성을 유지하는 게 쉬운 일만은 아니었지요. 그러다보니까 상반된 비판을 받기도 했는데, 가령 우리가 당시의 상황에 적응하는 면모를 보이는 데 대해서는 "아, 창비가 변했다. 어떻게 이럴 수 있나?"라고 하거나, 그러면서도 그 색채를 유지하는 데 대해서는 "지금 세상이 얼마나 변했는데 창비는 아직도 저러고 있나?"라며 비판했습니다. 참 난감했어요. 그래도 백낙청 선생님이나 다른 분들이 상당히 지혜롭게 대처했습니다. 내가 볼 때, 적어도 단행본에

는 좋은 기회였다고 봅니다. 반면에 계간지는 진보개혁 담론의 중심적 위치가 흔들린 측면이 있어요. 다른 매체가 대신 그 중심을 차지했다기 보다는 세상 자체가 커지면서 잡지만으로 포괄될 수 없을 정도로 문화적·사회적 영역이 확장된 거지요. 예전 1970년대와 같은 정도로 계간지의 사회적 역할을 기대하기는 어려운 상황이었습니다.

베스트셀러에 얽힌 얘기들을 하자면 『소설 동의보감』의 출간 배경에는 이진섭 선생이 계셨습니다. 예전부터 창비를 많이 도와준 분이었는데, 그분이 작가인 고(故) 이은성 선생과 친분이 있었어요. 유족께서 고인의 미완성 원고 출판을 바랐는데 이진섭 선생이 그 원고를 백낙청 선생님께 한번 검토해달라고 전달한 거죠. 편집부에서는 재미있고 유익한 작품이라는 데 동의하여 출간을 결정했습니다. 당시 함께 일하던 심동찬이라는 친구가 맨 먼저 읽고 "베스트셀러가 될 거다"라고 했는데, 그 정도로 많이 팔릴 거라고는 예상하지 못했지요. 『나의 문화유산답사기』는 문화유산에 대한 새로운 접근이 돋보이는 저작이었습니다. 단순히 문화유산 자체에 대한 해설서가 아닌, '답사'를 하면서 파생하는 여러 에피소드들이 흥미를 끄는 원고였는데 거기에는 저자 자신의 민주화운동 경험이나 진보적인 시각 등이 녹아 있었지요. 『사회평론』에 연재 첫회가 발표되었을 때 편집회의에서 출간하는 게 좋겠다고 판단해서, 아마도 백낙청 선생님이 저자인 유홍준 선생님을 직접 만났을 텐데 유선생님이 다른 여러 곳의 출간 제의를 거절하고 창비에서 내기로 했던 것 같습니다. 또 하나, 『나는 빠리의 택시운전사』가 있습니다. 저자인 홍세화 선생님과 친분이 두텁던 문화운동가 임진택 선생이 원고를 전해주셨는데, 저자가 1979년 프랑스 체류 중 '남민전 사건'에 연루되어 망명한 분이라 당시 상황에서는 조금 조심스러운 면이 없지 않았지만 충분히 의미있는 책이라고 판단했지요. 베스트셀러 시집인 최영미의 『서른, 잔치는 끝났다』는 김사인 선생이 연결을 해주셨어요. 당시 베스트셀러들은 어떻게 보면 편집진에서 아이디어를 내고 기획

90년대 베스트셀러가 된 『나는 빠리의 택시운전사』(1995)와 『서른, 잔치는 끝났다』(1994) 초판본

해서 '만들어낸' 것이라기보다는 그때까지 창비가 쌓아온 신뢰도 그리고 인맥을 바탕으로 '찾아와준' 것이었다고 볼 수 있지요. 이러한 단행본들은 당시 1990년대의 시대적 분위기가 반영된 책들이었고, 창비로서는 나름대로 시의적절한 적응을 한 셈이에요. 앞에서 90년대적 상황이 적어도 단행본에는 좋은 기회였다고 말한 것은 그런 의미예요.

한편으로는 1990년대 초중반 많이 팔리는 책들이 나오면서 회사 내에서 영업 부문의 발언권이 강해진 점도 주목할 만합니다. 당시 영업 책임자가 한기호씨인데 상당히 에너지가 넘치고, 제 생각으로는 출판영업자 중에선 드물게, 아마도 최초로 책을 제대로 알고 영업한 분이라 기억합니다. 운전을 못하는 사람이 자동차를 판매한다면 어떻겠어요? 그처럼 책을 모르는 사람이 책을 판다는 건 어려운 일이지요.

문경미 그렇군요. 역동적으로 움직이면서 회사가 지금 모습으로 자리잡힌 시기라고 느껴집니다. 그런데 1997년 IMF경제위기를 겪었을 때 많은 기업들이 도산하는 등 나라 전체가 심각한 위기를 맞았는데요, 이때 창비는 어떤 경영전략으로 상황을 돌파했는지 궁금합니다. 또한

당시 직원들의 자세도 평상시와는 달랐을 듯싶습니다.

고세현 잇따른 도매상의 부도로 출판계 전체가 큰 타격을 입었습니다. 당시는 출판유통 구조가 상당히 낙후되고 영세한 때였는데, 베스트셀러를 낸 출판사들이 피해액이 큰 건 당연한 일이었지요. 그런데 창비는 내 기억으로는 피해가 크긴 했어도 그렇게 극심한 상황은 아니었던 거 같아요. 영업자들도 피해를 최소화하기 위해 제대로 대처를 한 것이죠. 특별한 경영전략이 있었다기보다는 매사 조심했고 임직원의 임금 동결이나 상여금 포기 정도로 견뎌냈던 거 같습니다.

문경미 직원들이 모두 함께 노력해서 위기를 헤쳐나간 셈이네요. 불황을 견뎌내고 2003년에는 경기도 파주출판도시에 새 사옥을 짓고 이주하며 '(주)창비'로 사명을 바꿔 이곳에서 2006년 계간지 창간 40주년을 맞았습니다. 1999년부터 대표이사를 맡아 이 과정을 통솔하셨는데, 파주사옥 입주는 어떤 의미를 띠는 것일까요?

고세현 내가 1999년 3월에 대표를 맡게 됐는데, 그때까지 창비는 대체로 학자나 문인 들이 경영책임을 맡았어요. 해직교수 분들은 회사를 맡았다가도 복직되어 학교로 돌아가게 되었고, 문인의 경우도 자신의 정체성을 회사 경영으로만 한정짓기는 쉽지 않지요. 회사가 작을 때는 이러한 방식이 가능했고 다들 열심히 해서 많은 성과도 내셨지만, 1990년대를 거치는 동안 회사 규모가 커지면서 계속 그런 식으로 하기는 어려워졌지요. 말하자면 '다른 데 한눈팔 여지가 없는 사람'이 처음으로 본격적으로 회사 경영을 맡은 것이지요. 그렇게 해서 창비가 기업으로서 짜임새를 갖추는 계기가 되지 않았나 생각해요. 그 뒤 TV프로그램에 『괭이부리말 아이들』이 추천도서로 선정돼 베스트셀러가 되는 등 여러 행운도 따르고 해서 회사 살림이 안정되고, 사옥을 지어서 파주로 이전하는 일도 아주 순조롭게 진행되었지요. 새 CI를 공표하고 '창비'로 사명을 변경한 것은 내부적으로는 심기일전의 계기이면서 외부적으로는 이미지를 쇄신하는 기회가 되었습니다. 회사 발전에서 2003년 파주 이전이라는 것은 중요한 단계였다고 생각합니다.

파주사옥 입주식(2003. 9. 25)에서
인사말을 하는 고세현 대표이사

문경미 파주사옥에서 창비는 문학과 어린이 부문에서 큰 성장을 이뤘고 청소년책도 본격적으로 내기 시작했습니다. 출판부문이 확장되고 전문화되는 과정에서 대표이사로서 가장 역점을 둔 과제가 있다면 무엇인지요.

고세현 2000년대 들어 창비가 성장했다고 하지만 창비만 성장한 건 아니지요. 전체적인 경제규모나 문화산업 내지는 출판시장의 규모가 커진 것을 감안하면 창비만 특별히 대단한 성장을 이룬 것은 아니었어요. 오히려 그 정도로 못 컸더라면 좀 미미한 존재가 되었을지도 모르지요. 어쨌거나 그러한 성장은 우리들의 노력의 결실이기도 하고 시장상황, 독서시장과 잘 맞아떨어진 것이기도 합니다.

문학출판에서는 기존의 계간지 편집위원회와는 별개로, 물론 인원이 겹치기도 하지만, 시소위원회와 소설소위원회를 중심으로 적극적인 기획을 해서 화제작을 많이 출간했고 독자들의 반응도 좋았지요. 어린이책 분야에서는 신수진씨가 기억납니다. 1977년 시작한 창비아동문고로 지속되던 어린이책 출판 부문에서 새로운 아이디어를 통해 분위기를 쇄신하는 데 공헌한 편집자입니다. 물론 당시 어린이책 시장이 활성화되는 시기여서 창비뿐 아니라 사계절 등 여러 출판사들 규모도 비약적으로 커졌습니다. '청소년'이라는 명칭에 대해서는 고민이 있었습니다. 청소년문학은 물론 청소년에 적합한 책이라고 할 수 있지만 어른도 청소년도 함께 읽을 수 있는데 굳이 독자를 청소년으로 한정짓는 것이 맞을지 망설였지요. 그러나 함께 일하는 후배들이 모두 그쪽을 지지해서 나로서는 마지못해서 흐름을 따랐는데 결과적으로 타이밍은 잘 맞은 거 같아요. 우리나라 출판기업의 규모는 그리 크지 않아서 한 출판사가 여러 범위를 커버하기가 어려워요. 그런데도 창비는 적어도 문학, 청소년, 어린이 등에서는 각각의 한 분야에만 집중하는 출판사들과 비교해도 경쟁력을 갖추고 있다고 생각합니다.

'역점을 둔 과제'가 무어냐고 물었는데 특별히 얘기할 만한 것은 없고, 내가 대표이사로서 경영에 임한 자세를 말하는 걸로 대신하지요. 나는 그때그때의 매출이나 실적에 신경쓰기보다는 장기적으로 힘을 발휘할 조직이나 인재관리에 좀더 중점을 두었어요. 물론 매출이 장기간 계속 하락했다면 그렇게 하기 어려웠겠지만 운이 좋아서든 어쨌든 그런 일은 안 일어났으니까요.(웃음) 일반적으로 자기 실적에만 연연하는 'CEO 경영의 폐단'은 창비에서는 없었다고 말할 수 있습니다. 그리고 그것은 무엇보다도 회사에서 저를 전적으로 신뢰하고 맡겨줬고 또 후배들이 잘 받쳐준 덕분이었다고 생각합니다.

문경미 단기적인 성과보다 내실을 중시하신 덕분에 회사가 안정궤도에 올라 단단하게 발전할 수 있었던 게 아닐까 싶습니다. 창비는 단행본 전문 출판사로서는 과감하게도 교육출판에 뛰어들었습니다. 새로운 교과내용과 달라진 학생 정서에 맞추어 중고등학교 국어 및 문학 교과서를 만들면서 업계에 새바람을 불어넣었는데요, 어떤 각오로 교육출판 사업을 시작하셨는지요.

고세현 아까 청소년출판은 마지못해서 흐름을 따랐다고 했는데 교과서의 경우는 좀 다릅니다. 처음 발상이나 추진과정에서도 내가 적극적으로 나섰지요. 2000년대에 들어 민주정부가 자리잡는 과정에서 우리도 '제도권'을 고민하지 않을 수 없었어요. '대항세력'에서 '대안세력'으로, 말하자면 그런 문제의식이었지요. 민주화의 추세에 맞추어 국어나 국사 등도 국정에서 검정으로 바뀌는 상황에서 이른바 제도권을 그냥 두고볼 것이 아니라 필요에 따라 적절하게 활용하겠다는 생각을 한 거지요. 우리가 소월이나 미당을 훌륭한 시인으로 기억하고 그 시들을 달달 외듯이 고은, 신경림 이런 분들의 시도 일반 국민들이 기억하게 할 만하지 않을까 하는 거였지요. 당시에 몇몇 분께 자문하는 과정에서 국문과 교수인 친구가 한 말인데요, "교과서 이외에 평생 거의 책을 읽지 않는 국민이 많을 터인데, 그 사람들에게는 어떤 교과서로 배우느냐가 엄청나게 중요하다"라고 얘기하더군요.

그런데 기존의 교과서출판은 교과서 자체보다는 주로 참고서, 입시경쟁, 사교육 이런 데 편승해 수익을 내는 구조였는데 우리도 그렇게 할 수는 없는 일이었지요. 그래서 나는 당시에 우리가 성공적으로 진입한 청소년 독서시장과 교과서를 연계시켜보자는 생각을 했습니다. 청소년 책 출판을 유리한 발판으로 삼아서, 청소년책에 실리는 글이 교과서에 활용될 수도 있고 독서가 수업시간에도 자연스럽게 연결되면 좋겠다는 생각을 했지요. 어쨌든 국정에서 처음 검정으로 바뀌는 적절한 타이밍을 노려 진입한 것이 성공을 거두기는 했는데, 정권이 바뀌면서 역주행

하는 분위기라서 내용을 좀더 혁신적으로 바꾸지 못한 점이 아쉽기는
했습니다.

문경미 앞으로도 기존의 출판영역에서 전문화를 이루고 동시에 새
로운 도전을 할 수 있도록 직원들이 꾸준히 노력해야겠습니다. 시대변
화에 따른 현장의 고민에서부터 크고 작은 고비와 주요 도서에 얽힌 사
연에 이르기까지 생생하게 들려주셔서 지난 20여년 창비의 역사가 일
목요연하게 정리되는 듯합니다. 유익한 시간이었습니다. 감사합니다.

(2015. 5. 26. 마포구 서교동 세교연구소)

"좋은 소설 많이 쓰세요.
그때 울컥 눈물이 났어요"

강경석

1990년대에 대학을 다니며 문학에 심취했던 세대에게 여성문학은 한국문학이 지어 보인 첫번째 표정이었다. 『창작과비평』을 통해 데뷔한 공선옥(孔善玉)은 그 대표주자의 한사람으로 회자되곤 했다. 광주항쟁과 그 이후를 다룬 중편 「씨앗불」(1991)로 작가생활을 시작한 이래 20여년간 쉼없는 창작열과 자기갱신으로 그는 한국문학의 소중한 자산이되었다. 그와 창비의 인연은 용강동 시절과 파주 시대에 걸쳐 지속되고있다. 늦봄에서 여름으로 접어들 무렵, 공선옥 작가의 이야기를 듣기 위해 세교연구소에 자리를 마련했다.

강경석 오늘 공선옥 선생님 모시고 『창비』 창간 50주년을 기념하는 인터뷰를 하게 되었습니다. 아시다시피 공선옥 선생님은 창비에서 많

姜敬錫 문학평론가, 『창작과비평』 편집위원. 주요 평론으로 「모든 것의 석양 앞에서: 지금, 한국소설과 '현실의 귀환'」 등이 있음.

공선옥

1963년 전남 곡성 출생. 소설가. 진솔한 삶의 체험을 바탕으로 우리 사회의 소외된 이웃에 따뜻한 관심을 표하는 작품을 써왔다. 주요 작품으로 『명랑한 밤길』 『꽃 같은 시절』 『그 노래는 어디서 왔을까』 등이 있다.

은 소설집과 장편소설을 출간하셨습니다. 90년대 이후 창비의 문학적 지향이 무엇이냐고 묻는다면 작가 공선옥의 존재가 답변의 한 부분이 될 수도 있겠지요. 처음 인연을 맺은 얘기로 인터뷰를 시작해보죠.

공선옥 제가 글쓰기를 업으로 삼게 된 계기가 『창비』 1991년 겨울호에 「씨앗불」이라는 중편을 발표한 것이었어요. 그때 난생처음으로 소설이라는 걸 써봤어요. 저는 문학교육을 정식으로 받아보지 않아서 그게 소설인지 아닌지, 중편인지 단편인지도 모른 채 그냥 씌어지는 대로 썼는데 나중에 사람들이 중편소설이라고 해서 아, 이런 게 중편소설이구나, 처음 알았어요. 그렇게 첫 인연을 맺고 창비에서 책을 내게 되어서 제가 근 20여년을 작가라는 이름으로 밥을 벌고 살아왔습니다. 저로서는 어찌되었든 창비가 굉장히 고맙죠.

그전에는 사실 『창비』라는 문예지를 의식하지 못했어요. 그런데 가만히 떠올려보니까 제가 어렸을 때 한자로 '創作과批評'이라고 씌어진 잡지가 우리집 변소에 걸려 있던 기억이 나더라고요. 창비 40주년 기념식에 축사를 하라고 하는데 그때서야 생각이 났어요. 예전 시골 화장실에는 화장지가 없었잖아요. 그 이야기를 잠깐 했는데 기념식장에서 하는 말로는 부적절했을지 몰라도 어찌되었든 그게 사실이었어요. 아마 시골사람들이 『창비』가 뭔지 몰라서 그랬겠죠. 그때까지도 제가 살던 시골에서는 지푸라기가 화장지 대용으로 쓰였는데 책은 아주 질 좋은 화장지가 되었던 셈이죠. 그걸 어디 화장지로만 쓰나요. 다리가 저리도록 하염없이 앉아서 글자를 들여다보는 거죠. 그렇게 저는 『창비』를 처음으로 접했어요. 그러고 나서 세월이 한참을 지난 뒤, 이 잡지가 얼마나 한국문학계 또는 사회에 대해 중요한 책임을 맡고 있는 줄 모르는 상태에서 우연한 계기로 글을 발표하게 된 거죠.

강경석 그런데 왜 읽어보지도 못한 잡지에 투고를 하셨어요?

공선옥 당시 제가 구로공단에서 미싱 일을 했어요. 아이도 어렸고 생활이 무척 힘든 상황이었죠. 우선 극단적으로 가난하면 사람이 피폐해지잖아요. 그런데 어느날 신문을 봤더니 민족문학작가회의라는 단체에서 시민을 위한 문학교실을 연다,라는 광고가 떴더라고요. 정말 우연이었어요. 그래서 거기를 갔어요. 문학을 배운다기보다 세상 구경을 하고 싶었어요. 반복되는 육체노동에 세상 사람들은 어떻게 사나 알 기회가 없잖아요. 강사로 나온 윤정모 이시영 김남일 선생님 이런 분들이 얼마나 유명한 작가인지도 잘 몰랐어요.

그러다 아마 1989년이나 1990년 무렵이었을 거예요. 거기서 야유회를 간다고 이만원씩 회비를 내라는 거예요. 그런데 작품을 낸 사람들에게는 면제를 해준다고 그래서, 이만원 아껴보려고 부지런히 글을 썼지요. 그게 표면적인 이유였고 속으로는 내가 왜 이렇게 힘든지 가난해서 힘든 것보다도 무엇 때문에 이렇게 정신적으로 짓눌리는 느낌이 드는

지 알아보고 싶더라고요. 글로 한번 정리해보면 그 원인이라도 알 수 있지 않을까 하는 생각에요.

그런데 그게 좋다고 투고를 해보라면서 윤정모 김남일 선생님이 창비를 소개했던 것 같아요. 그래서 원고지 사용법이니 뭐니 다 무시하고 쓴 것을 우편으로 보냈는데 어느날 연락이 왔더라고요, 주인집으로. 봄이나 여름쯤 투고했는데 가을쯤에 연락을 받았어요. 돈을 주겠다기에, 얼마냐고 물었더니 육십만원인가를 주겠다고 해요. 그때 월급이 한 십이만원 정도 되었거든요. 잔업까지 딱 채워서 하면 그 정도였는데. 아이 탁아소비랑 방세 내고 나면 일이만원 갖고 겨우 살아야 될 상황이었어요. 그린데 육십만원을 준다니 와, 글을 써서노 돈을 벌 수 있는 거구나, 그러면 앞으로 글을 써야 되겠다 싶어서, 책상 대용으로 밥상 하나를 사고 모나미볼펜 스무자루랑 마침 우리집 앞 골목의 문방구가 폐업한다며 근으로 달아서 넘긴다기에 갱지로 된 원고지를 몇근 사다 쌓아놓고 막 쓰기 시작했어요. 그런데 잘 안 나오더라고요. 그래도 어찌되었든 간에 죽을 둥 살 둥 해서 버는 것보다 낫겠다 싶었어요. 끙끙대면서 썼는데『창비』에서 계속 실어주시더라고요. 정말 운이 좋았죠.

강경석 첫 소설집『피어라 수선화』(창비 1994)에 수록된 중단편들이 상당한 문제작이었습니다.

공선옥 사실은 아무 곳에서도 원고청탁이 안 왔어요.『창비』에서도 청탁받은 건 아닌데 그냥 줬어요. 그런데 계속 실어주시더라고요. 물론 그것 가지고 먹고살기는 힘들었죠.『창비』에서 실어준다고 해도 일년에 한번이 고작이지, 나만 실어줄 수는 없는 거잖아요. 지금 기억으로는 가물가물한데 그 사이사이에 잡일을 좀 했겠죠. 집에서 미싱 일을 받기도 하면서 근근이 버텨낸 것 같아요.

강경석 정식 문학수업은 받지 못하셨다고 해도 독서체험이라든지 전부터 취미가 있었겠지요.

공선옥 글쎄요. 초등학교 때 글짓기 선수로 몇번 뽑혀 나간 적은 있어요. 반공 글짓기 같은 거죠. 사실은 제가 소설을 많이 안 읽었어요. 그런데 지금도 강렬한 기억으로는 저보다 두살 많은 언니가 어디서 갖고 왔는지『벌레 먹은 장미』라는 소설이 있었어요. 어른들

젊은 시절의 공선옥

몰래 이불 속에서 주로 봤거든요. 그게 지금도 잊을 수가 없어요. 그뒤에 김이연이라는 작가가 또 있었어요. 80년대 초반에. 제목을 잊어버렸는데 역시 야릇한 소설이었어요. 그러고 나서는 본격문학이라고 할 수 있는 소설은 박범신의『죽음보다 깊은 잠』, 그게 굉장히 많이 팔렸죠. 한수산 선생 작품들하고『부초』같은 본격 작품보단『성이여 계절이여』같은 대중적인 것들이 저한테 영향을 끼친 것 같아요.

그리고 80년대 중반에 친구의 대학생 오빠가 보던 '제3세계총서'가 있었지요. 응구기 와 시옹오의『피의 꽃잎』같은 거요. 물론 그게 창비에서 나온 것인 줄은 나중에야 알았지만 그 책들이 저한테는 정말 좋았어요.

강경석 「씨앗불」을 창비에 싣는다고 연락주신 분은 누구셨나요?

공선옥 김이구 선생님. 그분이 워낙에 말투가 오리지널 충청도 양반이잖아요. 말이 좀 느려요. 답답한 감도 좀 있지요. 아마 그분이 교정도

투고 당시의 「씨앗불」 원고. 공선옥의 필체와 당시 편집을 맡았던 김이구의 글씨가 눈에 띈다.

다 보셨을 텐데, 제가 원고지 쓰는 법 공부를 제대로 못해가지고 애를 좀 많이 쓰셨을 것 같아요. 그후로도 오랫동안 김이구 선생님한테 연락을 받았죠. 그래서 저한테는 김이구 선생님이 굉장히 고마운 분으로 남아 있죠. 그땐 창비 하면 김이구 선생님이 직원의 다인 줄 알았죠.

강경석 1991년부터 지금까지 20여년 세월이 흘렀는데 그간 창비하고 작업을 많이 하셨기 때문에 김이구 선생님 말고도 교분이 있었던 분들이 계시죠? 그밖에 기억나는 일화들이 있으시면 곁들여서 말씀해주세요.

공선옥 확실히 창비 사람들은 약간 다른 느낌이 있어요. 특별히 뭔 교육을 받으시는지는 몰라도 좀 다른 게 있어요. 지금 옆에 있는 강영규 씨처럼 대부분 보면 참 점잖으시더라고요. 농담 같은 거 별로 안하고 다들 모범생 같은, 진중하고 절대 작가를 안 속일 것 같은 그런 이미지들이더라고.(웃음) 지금은 그만두셨는데 『자운영 꽃밭에서 나는 울었네』

(2000) 낼 때의 공병훈씨 기억도 나고. 저한테 '완소공'(완전 소중 공선옥)이라고 해주신 황혜숙씨도 있고요.(웃음)

편집위원 중에는 이시영 선생님이 먼저 떠오르네요. 민족문학작가회의에 문학교실 수강하러 갔을 때는 이시영 선생님이 창비에 계신 줄도 몰랐죠. 제가 「목마른 계절」(『창비』 1993년 여름호)이라는 소설을 발표했을 때 시집을 한권 부쳐주시더라고요. 거기 포스트잇에다가 공선옥씨, 「목마른 계절」 같은 소설, 생생한 걸로 좋은 소설 많이 쓰세요, 이렇게 적어주셨어요. 그때 울컥 눈물이 났어요. 참 고마워요, 지금도.

백낙청 선생님은 워낙에 어른이시니까 저는 굉장히 어려울 줄 알았는데 가까이 있으면 그 어려운 느낌이 싹 사라지고 제가 천진난만하게 굴게 되더라고요. 최원식 선생님은 워낙에 그분 자신이 천진한 얼굴이시고. 그리고 창비에서 주관하는 신동엽창작기금 받았을 때 거금 칠백만원을 받고 아마 상보다도 그 상금에 감동을 해가지고 수상소감을 발표하는데 갑자기 울컥 울어버렸어요. 몇년 전에 만해문학상 받을 때는 나는 울지 않았는데 우리 아들이 갑자기 튀어나와서는 인사말을 하더라고요. 우리 어머니한테 이렇게 큰상을 주셔서 참 감사 어쩌고 하다가 그만 옛날 나처럼 어어엉, 울다가, 죄송합니다, 하면서 단상을 내려오더라고. 중학교 1학년짜리 머시마가.(웃음)

강경석 이렇게 선생님과 연을 맺어온 『창비』가 이제 창간 50주년이 되었어요. 그간 창비가 해온 문학을 어떻게 보셨는지도 궁금하네요.

공선옥 계간지 한권을 처음부터 끝까지 읽으려면 저 같은 경우는 굉장히 시간 많이 걸리더라고요. 마음먹고 한 일주일 정도는 공부하듯이 읽어야 될 두께잖아요. 그럼에도 불구하고 시하고 소설은 꾸준히 읽거든요. 그런데 사실은 소설보다도 시가 되게 좋아요. 창비에서 나온 시집들이 저는 굉장히 좋거든요. 다른 데 실리는 시들은 더 어려워요. 거의 암호 수준인 것 같아요. 신경림 이시영 김기택 시인의 일련의 시들. 나희덕 시까지는 쭉 보아와서 즐겨 읽지요. 확실히 좀 생생한 작가를 창비도 소중하게 생각하지 않는가 싶네요.

강경석 시대가 변해가는 데 따라서 창비의 역할에도 변화가 있을 수밖에 없을 텐데 앞으로 창비가 어떤 방향으로 나가면 좋을지에 대해서도 말씀을 좀 주세요.

공선옥 글쎄요. 나는 우리나라의 모든 씨스템들이 다 오래돼가지고, 어떤 세월이 주는 권위라는 게 꼭 좋기만 한 거냐에 대해서 삐딱한 마음이 없지 않아요. 90년대 초반에 제가 『창비』에 글을 낼 때만 해도 문학권력 같은 말은 없었거든요. 그런데 어느 순간 상업적으로 성공을 거두면서 문학도 또 하나의 산업처럼 되어가는 것 같아요. 그런 현상들은 좀 곤란하다 싶고, 요즘 세상이 딱 짜인 판이라 젊은 사람들이 진입하기가 너무 어려운데 그런 것이 다 권위의 작용 때문이 아닐까 생각해요. 그래서 한편으로는 창비가 50주년을 맞아서 그런 것까지를 고민해야 하지 않을까 싶어요.

어떤 기업이 50년이 되면 그것이 또 하나의 틀이 되어버리는 것인지도 모르잖아요? 시간이 주는 권위나 아우라가 생겨가지고. 그게 우리 사회 전반에서 젊은이들이 고통받는 쪽으로 작용하는 게 아닌가 싶어요. 그런 독소 같은 것도 들여다보면서 고민을 하는 것이 진짜 교양이지 않은가 하는 생각이 들어요.

강경석 창비가 지난 50년간 쌓아온 일종의 권위에 안주하지 말고 갱신해나가는 모습을 보여야 된다는 말씀이시죠?

공선옥 신인작가 발굴도 저 때는 독자투고였는데 어느덧 제도가 되었더라고요. 창비신인문학상뿐 아니라 다른 출판사들도 무슨 상 무슨 상. 그래서 또 하나의 권위를 입히는 거예요, 외피를. 정말 민주적으로 독자투고 좋잖아요. 세상이 갈수록 공고한 틀이 되는 그런 것이 저는 버겁고 달갑지가 않아요. 제도나 씨스템으로 옭아매지 말고 오히려 그것을 깨버리는 발상이 중요한 것 같습니다. 창비도 그랬으면 좋겠어요.

강경석 오늘 가벼운 대화시간이었는데 묵직한 화제까지 아우르게 된 것 같습니다. 혹시 더 하고 싶은 말씀 있으신가요?

공선옥 요새는 진지하지 말고 명랑해지라는 요구가 너무 많아요. 나는 좀더 심각해졌으면 좋겠어요. 옛날엔 너무 심각해서 문제였는데 요즘은 명랑해지지 않으면 안될 것 같은 분위기가 득세를 해요. 좀 촌스러워도 진지하게 할 것은 진지하게 하자는 거지요.

강경석 마지막 두 말씀이 중요한 것 같습니다. 씨스템에 안주하지 말고 끝없이 열린 자세를 견지해라, 그리고 꾸준히 진지한 태도를 유지해라.

공선옥 50주년은 참 대단한 거죠. 80년대에 그런 고난을 겪고도 살아남아서 참 고마운 일이죠. 그렇지만, 그리고 외람된 주문일 수도 있겠지만 그 50년이 주는 권위의 이면을 생각해볼 필요도 있지 않을까 싶네요.

강경석 예, 귀한 시간 내주셔서 감사드립니다. 이것으로 마치겠습니다.

(2015. 5. 30. 마포구 서교동 세교연구소)

죽음으로 넘어가는 삶의 절정에서

임홍배

김남주(金南柱, 1946~94)는 1974년 『창작과비평』 여름호에 「진혼가」 「잿더미」 등 8편의 시를 발표하면서 창작활동을 시작했다. 같은 책의 편집후기에는 '신인' 김남주에 대하여 "뚜렷한 방향감각과 확고한 역량을 갖추고 있어 앞으로의 활동이 크게 기대된다"고 씌어 있지만, 정작 본격적인 문학수업을 받은 적도 없고 시인이 되겠다는 생각은 꿈에도 해본 적이 없다는 그가 처음으로 시에 눈뜬 것도 『창비』를 통해서였다. 시인 자신의 회고에 따르면[1] 1969년 전남대 입학 후 알게 된 선배 박석무(현 다산연구소 소장)가 『창비』 68년 가을호에 실린 김수영의 「그 방을 생각하며」 「푸른 하늘을」 「사령(死靈)」 「거대한 뿌리」 등을 '분노'와 '절규'의 몸짓으로 낭송해주었고, 이를 계기로 '시라는 것에 관심을 가지고' 읽기 시작했다는 것이다. 또한 김수영이 번역하여 68년 여름호

林洪培 문학평론가, 서울대 독문과 교수. 저서로 『괴테가 탐사한 근대』 『독일 통일 20년』 (공저) 등이 있음.

『창비』에 게재된 네루다의 「야아, 얼마나 밑이 빠진 토요일이냐!」 같은
시는 달달 외울 정도로 심취했다고 한다. 무지렁이 농사꾼의 아들 김남
주에게 이처럼 "나의 출생과 성장의 배경과 감성과는 사뭇 다른 그런
시들"이 신선한 충격으로 다가온 이유를 그 자신은 "어쩌면 그들의 시
의 내용과 정서, 현실에 대한 관심과 지향이 나의 그것과 일치된 데가
있었기 때문인지도 모른다"고 술회한 바 있다.[2] 부연하자면 김수영과
네루다의 시에 공통된 팽팽한 정신적 긴장, 특히 김남주가 나중에 찾아
서 읽은 네루다의 다른 시들이 보여주는 결연한 혁명적 투혼이 곧 김남
주 자신이 나아갈 시적 지향과 조응했기 때문일 것이다.

　농촌생활을 배경으로 삼은 김남주의 시와 80년대 옥중시의 웅혼한
울림이 김수영보다는 신동엽의 영향권에 속한다는 것은 주지의 사실이
다. 그런데 온몸으로 온몸을 밀고가는 시적 실천을 주문했던 김수영의
요구를 문자 그대로 목숨을 바쳐 수행한 시인이 김남주라는 것도 엄연
한 사실이다. 이와 관련하여 1968년 가을호 『창비』에 실린 김수영의 유
고 「생활현실과 시」(1964년 집필)를 일별할 여지가 있다. 이 글에서 김수
영은 당대 시단을 향해 "우리 시는 우리의 생활현실과 너무 동떨어진
소리를 하고 있다"고 질타하면서 "우리나라의 현실을 가장 잘 대변할
수 있는 시는 어떤 시인가? 가장 밑바닥에서 우러나오는 가장 절박한
시를 쓰려면 어떻게 하면 되는가?"라고 묻고 있다(404면). 그러면서도
김수영은 "브레히트 같은 시가 나오려면, 지금의 한국의 사회 사정하고

---

1 이하 회고담은 김남주 「나를 뒤흔든 문학체험: 암울한 대학생활을 비춘 시적 충격」,
　『창작과비평』 1993년 여름호 113~24면 참조. 김남주 『불씨 하나가 광야를 태우리라』
　(시와사회사 1994)에 재수록.
2 『불씨 하나가 광야를 태우리라』 25면.

김남주
1946년 전남 해남 출생. 시인. 1994년
작고했다. 강고한 민중적 역사의식을
바탕으로 시대의 모순에 치열하게 맞
서는 힘찬 시세계를 보여주었다. 주요
시집으로 『진혼가』 『조국은 하나다』
『사상의 거처』 등이 있다.

는 엄청나게 다른 자유로운 사회가 실현되어야 한다"라고 일종의 단계
론을 피력하면서, 당시 상황에서 '브레히트 같은 시'를 쓰라고 요구하
는 것은 마치 "이북 시인들에게 형이상학적 시를 쓰라는 말과 같은 난
제"라고 토로하고 있다(같은 곳). 김남주가 시를 쓰기 시작하면서 "왜 이
나라에서 씌어진 시에는 (⋯) 압제와 착취에 대한 적극적이고, 직정적이
고, 전투적으로 대응한 시가 없을까?"[3]라고 자신에게 되물었을 때 그
는 짐작건대 김수영의 물음을 자신의 시적 과제로 이어받은 것으로 보
인다.

　알다시피 김남주 시의 원체험은 그가 태어나서 자란 농촌생활과 창

3 같은 책 29면.

작활동 시기의 거의 절반을 차지하는 옥중체험이다.『창비』1970년 여름호에 실린 김준태의「산중가(山中歌)」「보리」같은 시를 읽고서 김남주는 '야, 이런 것이 시라면 나도 쓰겠는걸' 하는 느낌이 들었고 "농촌에서 일하고 궁색하게 사는 농민들의 생활의 냄새가 물씬물씬 풍겨났다"[4]고 한다. 70년대 중후반의 초기 시편에는 이러한 농촌생활의 정서가 짙은 시들이 한 축을 이루며,『창비』1975년 봄호에 실린「추곡」같은 시는 "10여년 뒤『섬진강』의 김용택이 집중적으로 시도하게 될 농촌시의 선구적 전형"[5]으로 평가된다. 그렇지만 79년말 남민전 사건으로 투옥된 이후 대지의 기반을 박탈당한 유폐상태에서 한때 삶의 터전이었던 농촌은 돌아갈 수 없는 고향과 가족에 대한 사무치는 그리움의 땅으로 남게 된다.

김남주가 남긴 519편의 시 가운데 360여편이 옥중에서 씌어진 것이며, 그가 시를 처음 쓴 것도 감옥 안에서였다고 한다. 그의 처녀작에 해당할「잿더미」와「진혼가」역시 72년말 유신반대 투쟁을 위해 만든 지하신문『함성』지 사건으로 이듬해 체포되어 모진 고문을 당했던 경험을 반추한 것이다. 특히 훗날 옥중시의 원형이라 할「잿더미」가 "70년대의 어떤 시적 흐름과도 구별되는, 독특한 색조를 띠고"[6] 있는 것은 80년대 내내 시인이 0.7평의 감방 안에서 온몸으로 감당한 처절한 투쟁의 결의가 집약되어 있고, 그런 점에서 시인 자신의 운명을 예감케 하기 때문일 것이다.「잿더미」가 "김남주 문학의 가장 순수한 원형이고 그의 창

---

4 같은 책 23면.

5 염무웅「역사에 바쳐진 시혼 — 김남주를 다시 읽으며」,『김남주 문학의 세계』, 창비 2014, 94면.

6 김사인「김남주 시에 관한 몇가지 생각」,『김남주 문학의 세계』114면.

조성의 가식 없는 얼굴이며 그의 상상력과 언어적 활력의 살아 있는 기초"[7]라 할 수 있는 것은 그런 의미에서 김남주의 80년대 옥중투쟁을 고스란히 선취하고 있기 때문이다. 『창비』76년 여름호에 실린 「눈을 모아 창살에 뿌려도」에서도 김남주는 "이제/어둠이 너의 세계다/너의 장소 너의 출발이다/너는 지금/죽음으로 넘어가는/삶의 절정에 서 있다"라며 자신의 삶을 변혁투쟁에 바칠 결의를 거듭 다지고 있다.

김남주가 감옥에 있던 80년대는 공교롭게도 계간 『창비』가 폐간된 시기와 거의 겹친다. 필기구조차 없이 은박지에 못으로 새기거나 면회 온 사람에게 구술하여 힘겹게 감옥 바깥으로 유출되어 흩어져 있던 그의 시들이 『진혼가』(청사 1984), 『나의 칼, 나의 피』(인동 1987), 『조국은 하나다』(남풍 1988) 등의 시집으로 묶여 나왔지만, 여기에 수록된 시들 중 상당수는 다시 시인 자신의 손길을 거쳐야 할 '초고' 상태일 수밖에 없었다. 이런 연유로 출옥 후 시인의 퇴고를 거쳐서 옥중시전집 『저 창살에 햇살이』 1, 2권(창작과비평사 1992)이 나왔는데, 머리말에서 김남주는 '일부 시인과 평론가들이 80년대 시문학을 전면적으로 부정하고 반성하자고 하는' 경향에 대해 '오늘의 현실이 어제와는 다르다고 해서 어제의 역사적인 실천과 문학적 대응을 오늘의 잣대로 잰다는 것은 무책임할 뿐 아니라 어떤 저의마저 감지케 한다'고 의구심을 표한 바 있다. 이제 문학사와 역사의 일부가 된 80년대 김남주의 옥중시에 관해서는 앞으로 더 곡진한 연구가 따라야겠지만 예컨대 김사인이 "한편의 좋은 시, 한순간의 눈부신 깨달음은 그 자체로서 하나의 혁명이다. 그것의 존재만으로도 세상은 그 이전과 다른 것이기 때문이다. 80년대 김남주의

---

7 염무웅, 앞의 글 91면.

시들은 바로 그러했다"[8]라고 평한 통찰은 여전히 유효하리라 믿는다.

1988년 12월, 9년 3개월 만에 출감한 김남주는『솔직히 말하자』(풀빛 1989),『사랑의 무기』(시선집, 창작과비평사 1989),『사상의 거처』(창작과비평사 1991),『이 좋은 세상에』(한길사 1992) 등의 시집을 냈다. 여기에 수록된 시들도 상당수는 옥중시지만, 시쓰기를 철저히 전위적 투사의 실천과 일치시키고자 했던 옥중시와 달리 출옥 후 생활세계로 돌아온 김남주는 "나의 시도 생활에 뿌리를 박고 (…) 외롭고 힘겹게 노동하며 살아가는 사람들의 가슴을 적시는 이슬이 되어야 할 것"[9]이라며 새로운 모색을 시도한다. 그러나 비통하게도 김남주는 그가 새롭게 찾아가려 했던 길을 몇걸음 더 옮기지 못하고 병마와의 싸움에서 끝내 지고 말았다. 유고 시집『나와 함께 모든 노래가 사라진다면』(창작과비평사 1995)에 대한 해설에서 조태일은 다음 세상에서 — 광야를 불사르는 들불이 아니라 — 어둠 속에서 깜박깜박 빛나는 개똥벌레를 노래하는 시인으로 환생하기를 꿈꾸는 김남주의 시「개똥벌레 하나」를 인용하면서 이렇게 글을 맺고 있다. "이제 남주는 우리 곁을 떠나 그 영혼은 저 하늘나라(서방정토)에서 살고 있다. 그러나 그가 남긴 숨가쁜 시들은 이 대지 위에 남아서 어둠이 있는 곳마다 저 개똥벌레처럼 불 밝히고 있는 것이다. 마침내 맑은 이슬이 영글 때까지. 시인의 어머니인 대지에 바치는 순결한 사랑으로."[10] 김남주보다 다섯살 위의 평생지기 문우였던 조태일은 이 천도제의 만가를 바치고 김남주보다 다섯해 뒤에 생을 마감했으니 하늘나라에서 다시 만나 김남주의 시가 캄캄한 어둠 속에서 '개똥벌레처럼 불

8 김사인, 앞의 글 111면.
9『불씨 하나가 광야를 태우리라』381면.
10 조태일「삶의 모짊과 껴안음의 따뜻한 시」,『창작과비평』1995년 봄호 394면.

20주기를 맞아 간행된 『김남주 시전집』과
『김남주 문학의 세계』(2014)

밝히고 있는' 소식을 전해주었으리라.

2014년 2월 시인의 20주기에 즈음하여 『김남주 시전집』(창비)을 펴내고 연희문학창작촌에서 조촐한 출판기념회를 가졌다. 생시에 가까웠던 박석무 김준태 황석영의 회고담에 이어 박광숙 여사와 아들 토일이도 자리를 함께했다. 시인의 서거 당시 다섯살 꼬마였던 토일이가 어느새 스물다섯살의 씩씩한 청년으로 상성한 모습을 보면서 만감이 교차했다. 언젠가 김남주는 '금토일'로 이어지는 음양오행의 운행처럼 순탄한 삶을 살기를 바라는 뜻으로 아들 이름을 그렇게 지었노라고 털어놓은 적이 있다. 고난의 가시밭길을 헤쳐온 아비의 심경이 새삼 상기되면서 부디 그 비원이 이루어지길 소망한다.

한반도 현실을 딛고 세계로 넓힌 시야

유희석

창비의 세계화를 일단 그 사업과 담론이 서구 및 비서구 지역의 중요한 담론들과 조우하여 성찰의 지평을 대대적으로 확대·심화하는 과정으로 이해한다면 싸르트르의 「현대의 상황과 지성」, C. W. 밀즈의 「문화와 정치」 등의 번역문을 게재한 계간 『창작과비평』의 창간호로 거슬러 올라갈 수 있다. 창비의 '세계화'가 어느 한날 불현듯 이뤄진 일이 아니라는 뜻이다. 창간호 이후의 목차를 보면 알 수 있듯이 창비는 꾸준히 국외의 학자 및 운동가의 최신 문장들을 한국어로 옮겨 독자에게 소개해왔다. 그런데 창비의 세계화를 지면 차원을 넘어서 생각해본다면 번역을 통한 소개뿐만 아니라 우리 시대 비/서구 지식인들과의 공식·비공식 연대 및 쌍방향 교류 역시 그 못지않게 중요할 것이다. 그같은 교류에 중점을 둔다면 창비의 세계화도 역사적인 시각으로 평가할 문제다.

柳熙錫 문학평론가. 전남대 교수, 영문학. 『창작과비평』 편집위원. 평론집 『한국문학의 최전선과 세계문학』 『근대 극복의 이정표들』, 역서 『지식의 불확실성』 등이 있음.

가령 1980년대의 창비는 60, 70년대의 창비와 여러모로 변별되는 점이 있다. 그런 차이는 세계화에 초점을 맞춰 살펴볼 때도 확연하다. 1980년 들어 신군부에 의해 잡지가 폐간되고 출판사 등록까지 취소된 이래 1988년에 창작과비평사라는 이름을 되찾고 잡지도 복간될 때까지 '밖'으로 관심을 돌리기가 어려웠다. 게다가 1980년대 내내 민족문학 논쟁이 때로는 패권적이랄 정도로 격화되었기 때문에 창비의 세계화 사업이 그만큼 더디게 진행될 수밖에 없었다. 이렇게 본다면 잡지 복간이 창비의 세계화에서도 중요한 국면인 셈이다. 1987년 6월항쟁의 문화적 성과이기도 했던 『창비』 복간이 세계화 사업과 구체적으로 어떻게 연관되는지는 다긱도로 따져볼 문제겠지만, 6월항쟁이 열어놓은 새로운 소통 및 운동 공간을 활용해 그간 민족문학 담론의 낡은 관성을 해체하고 비평의 자세를 새로이 가다듬기 시작하면서 창비의 세계화도 본격적인 궤도에 올랐다고 말할 수 있다. 복간되고 불과 한해 지나 가시화된 현실사회주의의 붕괴와 그에 발맞춘 구미 포스트모더니즘의 대대적인 공세가 개시되었으니, 이 또한 창비의 시야와 관점을 전지구적으로 넓힐 수 있는 절호의 기회이자 도전이었다.

요컨대 쏘비에트연방의 해체와 독일 재통일이 국내의 진보진영에 가한 충격을 발본적인 반성과 성찰로써 지혜롭게 수렴하고 민족문학의 새로운 지양을 모색하는 과정에서 창비의 세계화 사업도 본격적인 궤도에 올랐다고 할 수 있다. '창비 50년사'의 네번째 시기에 해당하는 1988년부터 2003년에 이르는 시간 동안 진행된 창비의 세계화 사업을 낱낱이 소개할 수는 없지만 그 기간에 하나둘 세워갔던 종요로운 이정표 정도는 짚어볼 수 있겠다.

우선 1991년 봄호에 실린 '특집 I: 창간 25주년기념 토론회'를 언급할 만하다. 각각 강만길의 「우리 민족·변혁운동론의 어제와 오늘」과 백낙청의 「90년대 민족문학의 과제」 및 토론문이 실린 이 특집은 80년대와는 사뭇 달라진 안팎의 정치문화적 환경 속에서 변혁운동과 민족문학의 구심점을 새로이 모색하는 장이었다. 통념상 얼핏 세계화와는 무관한 듯하지만 창비 세계화의 내실(內實)이라는 점에서는 빠뜨릴 수 없는 항목이다. 한국어로 계간지 지면에 발표되어 수신자들이 제한된 아쉬움이 있지만 창비의 세계화에 필수적인 외연의 확대도 내부의 구심력을 제대로 갖추지 못하고서는 성취할 수 없음을 일깨워주는 특집이었다. 같은 호에 실린 도정일의 평문 「포스트모더니즘 — 무엇이 문제인가」를 비롯해 B. 까갈리쯔끼·김수행의 대담 「뻬레스뜨로이까의 좌절과 사회주의의 장래」도 그같은 모색의 세계적 지평을 확대하기 위한 일환이었다.

하지만 복간 후에도 산발적으로 전개된 창비 담론의 대외발신과 국제연대 사업에서 결정적인 이정표로는 역시 창간 30주년을 꼽아야 할 것이다. 이 전후로 다양한 행사와 담론 기획이 구상되었는데, 1995년 겨울호 특집에 '변혁운동과 녹색사상'이라는 제목을 걸고 나눈 데이비드 하비, 프레드릭 제임슨, 마사오 미요시, 백낙청 간의 대화도 그중 하나였다. 또한 창간 30주년 기념호(1996년 봄호)에 실린 임형택의 「19세기 서학에 대한 경학의 대응」이라든가 유재건의 「맑스와 월러스틴」 등의 중후한 논문들과 국내에는 처음으로 소개된 J. 스탤러브라스의 「싸이버스페이스의 탐험」은 모두 창비 담론 세계화 사업의 폭과 깊이를 인상적으로 보여준다. 다른 한편 1996년 봄에 열린 창간 30주년 기념 국제학술대회는 창비의 세계화와 연관하여 특히 기억할 만한 족적을 남겼다. 백낙청 편집인과 최원식 주간 등과 저명한 외국학자들, 가령 페리 앤더슨,

좌담 「변혁운동과 녹색사상」(1995년 겨울호). 왼쪽부터 미요시, 제임슨, 하비, 백낙청.

브루스 커밍스, 와다 하루끼, 노마 필드, 보리스 까갈리쯔끼 등이 대거
참여한 이 학술대회는 동년 4월 25일과 26일에 서울대학교 경영대 국제
회의장과 호암관에서 열렸고, 지면으로는 그해 여름호 특집 '새로운 전
지구적 문명을 향하여'라는 제목과 부제 '민중과 민족·지역 운동들의
역할' 하에 네 참석자의 발제문이 독자들에게 소개되었다. 순서대로 열
거한다면 백낙청 「새로운 전지구적 문명을 향하여」, 페리 앤더슨 「문명
과 그 내용들」(신광현 역), 브루스 커밍스 「비교론적 시각에서 본 시민사
회와 민주주의」(성은애 역), 보리스 까갈리쯔끼 「신자유주의의 고뇌」(유희
석 역) 등이다.

 '민중과 민족·지역 운동들의 역할'이라는 부제가 암시하듯이 네 발
제자들의 발제문은 제각각 일국 단위의 관습적 사고를 뛰어넘는 새로
운 시야와 실천의 모색을 선보였다. 애초에 창비 담론의 간판 격인 민
족문학론이 분단의 현장인 한반도에 뿌리를 두되 '세계문학'을 지향했
듯이, 세계 각국의 유수한 실천적 학자들을 불러들인 이 학술대회의 기

본 취지도 세계를 향해 개방된 문제의식을 견지하면서 한국 민중운동의 당면 과제를 실사구시의 자세로 성찰하는 데 있었다. 물론 서구문명을 개념사로 정리하고 그런 정리를 비평으로 끌어올린 페리 앤더슨과 전지구적 자본주의의 지배이데올로기인 신자유주의를 비판적으로 해부한 보리스 까갈리쯔끼의 발제가 한반도 특유의 상황 및 지역의 실천 과제와 직결된다고 보기는 어렵다. 그러나 두 학자 모두 한국 민중운동의 세계적 연대를 추진한다고 할 때 결코 간과할 수 없는 중대한 통찰을 제공하는 것만은 사실이다. 한국전쟁 연구의 권위자인 커밍스의 경우는 한국 민주주의의 성취와 시민사회의 독특한 활력 및 진취성을 하버마스를 비롯한 여러 이론가들의 다양한 시민사회론에 비추어 고평한 바, 한국 시민사회의 발전에 이바지한 창비의 역할을 새삼 되새기게 하는 논문이었다.

이처럼 1988~2003년 사이에 진행된 창비 세계화 사업에서 창간 30주년 국제학술대회를 결정적인 도약으로 파악한다면 이 학술대회의 알찬

창간 30주년 기념 국제학술대회 '새로운 전지구적 문명을 향하여'(1996. 4. 26)

내용은 바로 이듬해인 1997년 12월에 느닷없이 찾아온, 이른바 IMF사태에서 새로이 빛을 발하는 면이 있었다. 경제 영역에서도 박정희 개발모델에서 제대로 탈피하지 못한 댓가가 어떤 것인가를 뼈저리게 실감케 한 그 사건은 일국 단위의 사유와 실천이 갖는 한계를 진지하게 살펴보고 새로운 담론의 지평을 성찰하는 데 귀중한 자극을 주었는데, 창간 30주년 기념 국제학술대회의 초점이 바로 그 지평에 맞춰져 있었던 것이다. 이렇게 보면 IMF사태에 대한 창비의 대응도 창비 세계화에서 중요한 이정표의 하나로 손꼽음직하다. 1998년 여름호(통권 100호) 특집인 'IMF시대 우리의 과제와 세기말의 문명 전환'이 그것이다. 최원식 박명규 임규찬 이시제의 발제문과 종합토론이 실린 이 특집은 창비 담론의 세계화 사업이 2000년대에 어떻게 진행될지를 예시하는 하나의 예고편이었다. 창간 30주년을 맞아 '새로운 전지구적 문명'의 건설이라는 장기과제를 제시했다면 통권 100호의 특집에서는 그러한 장기과제를 한반도라는 ─ 더 좁혀서 남한이라는 ─ 국지적 현실에서 어떻게 실행에 옮길지를 더욱 구체적으로 고민한 것이다.

계간 『창작과비평』에 실린 번역논문들에서도 드러나듯이 이러한 고민은 2000년대 중반 이후 세계체제와 분단체제의 연관성을 밝히는 작업으로 이어졌다. 동아시아적 시각과 인식을 벼리고 심화하면서 연대의 깃발을 내세운 것도 사실상 그런 작업의 일부였다. 이처럼 한반도의 현실에 발을 딛고 세계로 시야의 지평을 넓혀간 창작과비평사는 2003년에 '마포시대'를 뒤로하고 파주로 옮겨가면서 회사의 이름도 사람들의 귀에 익은 '창비'로 바꾸었다. 세계화/지구화시대인 21세기의 벽두에 창비는 법고창신(法古刱新)이라는 정신에 진정으로 값하는 새로운 모험에 나선 것이다.

한국문학에 대한 끈질긴 지지와 응원

정홍수

만해문학상

1973년 창비는 "만해 한용운 선생의 업적을 기념하고 그 문학정신을 계승하여 민족문학의 발전에 이바지하고자 한다"는 취지로 만해문학상을 제정한다. 굳이 제정 취지를 참고하지 않더라도 만해 선생의 이름으로 창비의 첫 문학상이 만들어진 것은 자연스러운 일이기도 했을 테다. 주지하다시피 창비 문학담론의 실질적인 출발점이기도 한 「시민문학론」은 참다운 한국적 시민문학의 기원과 가능성을 만해 한용운의 문학에서 찾고 있다.

"님을 '침묵하는 존재'로 파악한 데에 그의 현대성이 있다면, 현대의 침묵이 어디까지나 님의 침묵임을 알고 자신의 사랑과 희망에는 고갈을 안 느낀 것이 종교적·민족적 전통에 뿌리박은 시인으로서 그의 행복

鄭弘樹 문학평론가. 평론집 『소설의 고독』 『흔들리는 사이 언뜻 보이는 푸른빛』이 있음.

이었다. (…) 한용운은 그의 시대를 '님의 침묵'의 시대로 밝혀놓았다. 그것은 3·1운동의 드높은 시민의식과 그 시민의식의 기막힌 빈곤을 동시에 체험했고 체험할 줄 알았던 시인만이 할 수 있는 일이었다."(백낙청 「시민문학론」,『창작과비평』 1969년 여름호 493면;『민족문학과 세계문학 1/인간해방의 논리를 찾아서』, 창비 2011, 69면)

『창작과비평』 1974년 여름호 '사고(社告)'란은 만해문학상의 첫 영예가 신경림 시집『농무』에 주어졌음을 알린다. 그리고 이듬해인 1975년에는 천승세의 단편소설 「황구의 비명」과 「폭염」이 수상의 영예를 안았다. 그런데 만해문학상은 이로부터 돌연 중단되었다가 13년 뒤인 1988년이 되어서야 고은 시인을 3회 수상자(『만인보』 1~3권)로 선정한다.

도대체 무슨 사정이 있었던 걸까. 여기에는 지금이라면 잘 믿기지 않는 기막힌 정치현실이 조연으로 등장한다. 이른바 초헌법적 조치로 불린 '긴급조치'가 그것이다. 박정희 유신체제는 1974년 일체의 헌법개정 논의를 불허하는 긴급조치 1, 2호를 발동한 이래, 1975년 5월에는 긴급조치 9호를 통해 '긴급조치 위반' 사실을 알리거나 보도하는 행위까지 일절 금지한다. 1976년 제3회 만해문학상 수상자 선정을 앞두고 유력하게 떠오른 후보는『황토』(1970)의 김지하 시인과『국토』(1975)의 조태일 시인이었다. 그런데 민청학련 사건으로 구속되었던 김지하 시인은 그 무렵 잠시 감옥에서 나왔다가 다시 구금되어 무기수로 복역 중이었고, 조태일 시인의 시집『국토』는 나오자마자 긴급조치 위반으로 판금을 당했다. 수상자 선정이 그 자체로 불법이 될 수밖에 없는 상황이었던 것이다. 이렇게 해서 만해문학상은 중단되고 만다.

1979년 10·26으로 유신체제가 종말을 고하자 상을 재개할 수 있는 분위기가 만들어졌지만, 이번에는 1980년 신군부의 초법적 조치로『창작

제2회 만해문학상 시상식(1975. 6). 뒷줄 왼쪽부터 정택근 백낙청 염무웅 신경림,
앞줄 왼쪽부터 한영숙 김광섭 천승세 김정한 이호철 신동문.

과비평』 잡지 자체가 강제 폐간된다. 만해문학상은 다시 1988년『창작
과비평』이 복간될 때까지 기다려야 했다. 조태일 시인은 1995년 시집
『풀꽃은 꺾이지 않는다』로 제10회 만해문학상을, 김지하 시인은 2002년
시집『화개(花開)』로 제17회 만해문학상을 수상한다. 이렇듯 시대의 격
랑과 함께해온 만해문학상은 1회 신경림 시인부터 2014년의 29회째 수
상자 소설가 한강에 이르기까지 그 수상자들의 면면만으로도 시대현
실에 응전해온 한국문학의 생생한 역사를 느끼기에 부족함이 없다. 대
상을 시와 소설에 국한하지 않고 희곡과 평론을 포함하는 '한국어로 된
문학적 업적'으로 넓혀둔 것도 만해문학상만의 특별함이다. 그 때문에
임형택『실사구시의 한국학』(2000년, 제15회), 유홍준『완당평전』(2003년,
제18회), 강만길 자서전『역사가의 시간』, 박형규 회고록『나의 믿음은
길 위에 있다』(2010년 공동수상, 제25회)가 각기 그 성취에 걸맞게 수상의
영예를 안을 수 있었다. 또 하나 특기할 이름은 2004년 제19회 만해문

학상 수상자인 북한 작가 홍석중(장편 『황진이』)이다. 2000년 6·15공동선언이 가져온 남북 화해 분위기를 감안하더라도 이 수상은 분단 역사에서 기념비적인 사건이라 할 만한데, 2004년 12월 13일 만해문학상 심사위원단은 금강산에서 상패와 상금을 직접 수상자에게 전달함으로써 그 수상의 의미를 한껏 높였다.

금강산에서 개최된 제19회 만해문학상 시상식(2004. 12. 13). 오른쪽부터 홍석중(수상자) 정도상 이선영.

"이 소설에서 확인되는 작가의 뛰어난 상상력과 창조력은 우리가 언제부턴가 잊고 있던 소설적 서사의 진수를 복원하는 한편, 독자로 하여금 풍부하고 긴장된 이야기의 흐름 속에 한눈팔지 않고 빠져들게 한다. 거대서사와 작은 에피소드들이 빈틈없이 연결되는 가운데, 주인공인 황진이를 비롯한 많은 인물들의 성격과 심리 묘사는 대단히 치밀하고 절실하다. 또한 사실과 야사, 고전적인 속담과 살아 있는 비유, 민중적 비속어와 품위있는 시적 표현, 북한의 언어와 남한의 언어가 자연스럽게 녹아 있어 독자들은 이 소설이 북한문학의 한 성과임을 잊어버리게 된다."(제19회 만해문학상 심사평, 심사위원 이선영 정희성 오생근, 『창작과비평』 2004년 가을호)

신동엽문학상

만해문학상 다음으로 오래된 창비의 문학상은 '신동엽문학상'이다. 1982년 제정 당시에는 '신동엽창작기금'이었으나, 2004년 제22회 때부터 '신동엽창작상'으로 명칭을 변경했고, 2012년 제30회부터는 '신동엽문학상'으로 개칭하여 운영해오고 있다. 이 상의 제정은 만해문학상의 순탄치 않은 역사와도 맞물린다. 만해문학상의 재개를 준비하던 중『창작과비평』강제 폐간이라는 느닷없는 횡액을 맞게 된 창비 편집진은 고심 끝에 상의 부활을 포기한다. 잡지가 사라진 마당에 문학상만 주는 게 무슨 의미가 있겠는가 하는 판단이었다. 그러나 달리 생각해본다면, 창비의 문학상은 잡지가 사라진 공간에서 작게나마 한국문학에 대한 지지와 응원을 표하는 방법일 수도 있었다. 이런 상황에서 고(故) 신동엽 시인의 부인인 인병선(印炳善) 여사가 당신이 상을 제정하겠다는 의사를 창비 쪽에 전해왔다. 사재를 출연하여 후배 문인들의 창작을 지원하고 신동엽 시인의 문학정신을 기리겠다는 귀한 뜻이었다.『창작과비평』은 신동엽 시인의 문학적 터전이기도 했던 터라, 잡지의 강제 폐간을 지켜본 인병선 여사의 안타까움도 그만큼 컸으리라 짐작해본다. 논의 끝에 창비와 인병선 여사가 재원을 공동 부담하여, 수여되는 기금은 유족이, 운영 경비는 창비가 맡기로 했다. 그리고 2명에게 수여할 때는 창비가 1인의 기금을 더 내어 운영하였다. '신동엽창작기금'이라는 최초의 명칭에서 짐작할 수 있듯, 이 상은 작가들이 창작에 전념할 수 있도록 사전에 작가들을 지원하는 방식을 취했다는 점에서 특별한 문학상 운영의 시도이기도 했다.

"신동엽창작기금에서 마련한 이 상은 일반적인 문학상들과 달리 역량있는 작가가 우리 문학을 빛낼 뛰어난 작품의 창작에 전념할 수 있는

제1회 신동엽창작기금 수여식(1982)의 한 장면. 왼쪽부터 김윤수 조태일 이문구(수혜자).

여건을 마련해주기 위한 성격을 지닙니다. 수상자의 선정에서는 신동엽의 문학정신을 폐쇄적인 마음이 아니라 열린 마음으로, 창조적으로 계승한 작가여야 한다는 것, 시와 소설 어느 장르에도 구애받지 않는다는 심사기준을 가지고 있습니다."(제정 취지, 창비 홈페이지)

1982년 제1회 기금 수혜자는 소설가 이문구였고, 1990년 출간된 장편소설 『산너머 남촌』은 그 수혜의 결실이었다. 2회부터 5회까지, 그리고 9, 10회는 두명의 수혜자를 배출했다. 11회(1993년)부터는 한명에게 지원을 해오다 2011년 29회부터 다시 시와 소설로 나누어 문단 경력 10년 이하의 시인, 소설가의 문학적 성취를 대상으로 상을 수여하고 있다. 전성태 김종광 최종천 천운영 손택수 박민규 박후기 박성우 오수연 김애란 안현미 송경동 김미월 김중일 황정은 박준 조해진 김성규 최진영 박소란 김금희 등 2000년 이후 수상자의 면면만 보아도 한국문학의 새로운 가능성을 지원하는 이 상의 성격이 잘 드러난다. 11회 이후 지금은 유족의 유지를 이어받아 창비에서 단독으로 운영하고 있다.

백석문학상

또 하나 창비의 문학상을 대표하는 것이 백석문학상이다. 백석 시인의 연인이었던 자야(子夜) 여사(본명 金英韓)가 백석의 문학을 기리는 사업을 창비 쪽에 제안한 것이 이 상의 태동 배경이다. 1997년 자야 여사가 출연한 2억원의 기금을 토대로 결성된 백석문학기념사업 운영위원회(위원장 백낙청, 운영위원 최원식 이시영 정형모 이정재)는 그 첫 사업으로 백석문학상을 제정한다. 뛰어난 시적 성취를 보인 시집에 주어지는 이 상은 1999년 제1회 수상자를 내게 되는데, 이상국 시인(시집 『집은 아직 따뜻하다』)과 황지우 시인(『어느날 나는 흐린 酒店에 앉아 있을 거다』)이 공동으로 수상의 영예를 안았다. 이후 최영철 김영무 신대철 박영근 이시영 정양 고형렬 김정환 김해자 안도현 박철 도종환 최정례 엄원태 전동균 백무산 등 한국 시단을 대표하는 시인들이 수상자의 반열에 올랐다. 2007년 수상자인 김정환은 50대에 이르러 시집 『드러남과 드러냄』으로 생애 첫 문학상을 수상하게 된 영예와 소회를 재치있는 수상소감에 담아 화제가 된 바 있다. 수상소감의 제목이 '그것, 참.'이다.

"그(백석)를 기려 제정된 상을 53세의, 덥데데한, 그에 비해 문학인생이 쓸데없이 길고 요란하고 지리했던 내게 주다니. 사양하자니 인생 더 요란해질 것 같고. 그것, 참. (⋯) 1930년대 영문학을 전공한 백석이 '사투리를 구사하며 토속적이고 향토색 짙은 서정시'를 썼다면, 이것은 민족주의적인 것일까? 내가 보기에는, 제임스 조이스가 그랬듯, 모국어와 국제어(혹은 제국어) 사이 간극을 통해, 망국의 설움으로 더 선명해진 언어의 흔들림을 통해 더 우월한 언어를 창조하려는 '국제적' 혹은 언어예술적 노력의 산물 아니었을까? 백석은 견결한 고전주의자가 아니

제1회 백석문학상 및 제7회 신동엽창작기금 수여식(1994. 4. 23)

었을까? 자신의 작품이 유행하되, 너무 '민족-낭만주의적'으로 읽히는 작금의 현실이 혹시 못마땅하시다면 나의 수상이 백석 선생께 혹시 위로가 되실까? 근데, 백석 선생도 '백선생'일세. 그것, 참. 속설을 꿰뚫고 백석문학과, 백석문학상과 나를 연결짓느라 엄청 애쓰셨을 심사위원 선생님들께도 물론 감사."(『창작과비평』 2007년 겨울호) 기금으로 운영되는 상인 만큼 어려움이 없는 것도 아닐 터인데, 기금의 소진과 관계없이 창비 쪽에서는 백석문학상의 계속적인 운영을 약속하고 있다.

창비신인문학상·창비장편소설상·창비청소년문학상

창간 이래 오랫동안 투고된 원고를 통해 새로운 얼굴을 발굴하는 전통적인 방식을 유지해오던 창비는 90년대 들어 공모 형식의 창비신인문학상을 만든다. 2015년 제15회 창비신인시인상을 받은 김지윤, 제

18회 창비신인소설상을 받은 김수, 제22회 창비신인평론상을 받은 김요섭까지 창비신인문학상은 이제 한국문학을 이끌어갈 참신하고 역량 있는 신인의 등용문으로 자리잡았다. 한편 창비는 2007년 '창비장편소설상'을 제정하여 서사문학의 본령인 장편소설의 활기를 북돋는 데도 힘을 쏟고 있다. 제1회 수상작인 서유미의 『쿨하게 한 걸음』부터 제7회 수상작인 정세랑의 『이만큼 가까이』까지 참신한 상상력에 힘찬 서사를 갖춘 작품들이 수상의 영예를 안았다. 그밖에 창비는 제1회 김려령의 『완득이』, 제2회 구병모의 『위저드 베이커리』 등 화제의 수상작을 연이어 배출한 창비청소년문학상(2007년 제정) 등을 운영하고 있다.

제5기
2003~2015

21세기, 세계 속의 창비를 향하여

2003. 6. 27. 파주사옥 이주
2003. 10. 1. (주)창비 사명 변경
2006. 1. 『창작과비평』 창간 40주년
2009. 4. 28. (주)미디어창비 설립
2014. 6. 11. (주)창비교육 설립
2015. 11. 서울사옥 건립

2003년 6월 파주출판도시로 이전하면서 처음으로 자기 사옥을 마련한 창비는 9월 26일 입주 기념식을 갖고 새로운 출발을 안팎에 널리 알렸다. 파주 심학산 자락에서 창비는 21세기에 대응하는 창조적이고 열린 출판문화의 주역으로 거듭나겠다는 각오로 새 사명과 CI를 공표하였다. 70년대부터 이미 독자에게 친숙한 '창작과비평(사)'의 약칭인 '창비'로 사명을 바꾸고, 현대적이고 젊은 감각으로 디자인된 로고를 비롯한 새 CI를 적용하기 시작했다. 창비는 파주시대에 출판과 그 인접분야로 사업을 확장하고 해외진출에서도 꾸준히 성과를 거두어 '한국 속의 창비'에서 '세계 속의 창비'로 발돋움하였다.

파주시대 창비가 크게 발전하게 된 데는 출판기업으로서 짜임새를 갖추어나간 고세현 대표이사의 역할이 중요하다. 1999년부터 전문경영인으로서 대표이사를 맡아 2011년까지 회사를 이끈 그는 단기적인 성

파주사옥 입주식(2003. 9. 26)

과보다 내실을 중시하였다. 그의 이런 경영방침 아래 직원들이 모두 함께 노력해서 '아시아금융위기'(IMF경제위기)를 이겨내고 회사가 안정궤도에 올라 튼실하게 발전할 수 있었다. 그 대표적인 성과가 바로 2003년 파주출판도시에 새 사옥을 짓고 이주한 것이고, 그후로도 창비는 다변화된 출판 영역에 진출한다.

이 시기 한국은 1997년에 발생한 아시아금융위기를 극복하는 과제를 부여받고 출범한 김대중의 국민의정부(1998~2003)와 노무현의 참여정부(2003~2008)로 이어지는 이른바 '민주화 10년'을 맞았다. 창비는 특히 2000년 6월 남북한 정상 간에 합의한 통일방안이 담긴 '6·15선언'으로 분단체제의 해체가 시작되고 바야흐로 한반도가 '통일시대'를 맞이하고 있다는 시대인식을 갖는다. 그리고 한반도식의 단계적이고 점진적인 평화통일이 진행되는 '통일시대'로 진입했으므로, 이 시대적 특성에 부합한 남북의 점진적 통합과정과 연계된 총체적 개혁의 실천의지를 다잡는 것이 창간 이래 지켜온 '창조와 저항의 자세'를 새롭게 정립하는 창비의 소명이라고 생각한다. 이 점에서 다른 진보담론과 구별되기에 단순히 대항세력보다는 대안세력 형성에 기여하려는 입장을 90년대 이래로 취해왔고, 새로운 정세에서 책임있는 대안세력으로서 미래지향적인 한반도 발전모델을 정립하는 일에 깊은 관심을 보였다. 이는 금융위기 이래 거세진 신자유주의에 제대로 대응하는 길을 모색하려는 것이기도 했다.

창비는 그 과제를 제대로 수행하기 위해 2006년 『창작과비평』 창간 40주년을 맞아 내부 혁신을 꾀한다. 내부 혁신은 인적 쇄신의 형태로 제기되기도 하는데, 이에 창비는 종래부터 지켜온 편집진의 (세대교체가 아닌) 세대간 협력이란 원칙에 입각해 대처해왔다. 이 방식이야말로 창간 이래의 기본노선을 유지하면서 장기적인 발전방향을 잡는 동시에 변화하는 상황에 기민하게 대응하는 데 효과적이라는 믿음에 서였다. 백낙청 편집인과 새로 취임한 백영서 주간을 비롯해 세대를 달리하는 편집위원진의 협력관계는 더욱 긴밀해진다. 이러한 창비 특유의 조직력과 더불어 내부에 인터넷 게시판 씨스템을 갖추고 편집회의를 강화하여 기획과 편집을 하고, 엄밀한 자체 평가와 분석을 진행한다.

『창작과비평』 40주년 기념호

　창간 40주년을 준비하는 과정에서 내부적으로 종합지인 『창비』의 체재를 그대로 유지할 것인가를 놓고 깊이 논의하면서 문학지와 정론(政論)지로 분리하는 방안도 진지하게 검토했지만, 결국 '문학 중심의 종합지'라는 현 체재를 유지하기로 결정했다. 격변하는 한반도 정세에 관한 정확한 인식에 근거한 담론과 정세판단을 제공하는 지적 구심점이 필요한데, 『창비』가 여러 한계에도 불구하고 상대적으로 가장 준비된 후보자라는 자체 판단에서였다.

　백영서 주간은 취임과 더불어 '운동성 회복'을 통해 계간지를 쇄신하자는 제의를 한다. 이미 한국의 주류문화에서도 무시할 수 없는 존재가 된 창비가 제도권의 경계를 넘나드는 유연한 활력을 몸에 붙여, 시대의 요청에 적극 응답하는 과제를 수행해가자는 것이다. 이 과제는 힘겹게 쟁취한 한국의 민주주의가 이명박정부(2008~2013)와 박근혜정부(2013~현재)로 이어지는 보수정권의 집권으로 시련을 겪는 '역행의 시대'가 찾아와 더욱 절박해진다. 이에 창비는 분단체제 극복의 의지 없이는 한국에서 민주화가 제대로 진전될 수 없다는 의식을 날카롭게 벼리며, 진보개혁세력의 발전적 재편과 결집을 위해 힘쓴다. 2012년 대통령선거 국면에서 '변혁적 중도주의'에 기반한 정치연합을 제기하는 등, 장기 과제와 중단기 과제를 동시에 사고하면서 그것을 적절히 배합하는 실천을 지향한 자세를 견지하고자 한 것이다. 그래서 2013년의 새 정부 출범을 앞둔 시점에서 '2013년체제론'을, 2014년 세월호참사를 겪고 한국사회와 한반도의 '대전환의 길'을 제안한 바 있다. 이러한 '창비식 담론'은 현실문제에 직핍해 날카롭게 비평하고 대안을 제시하는 논쟁적 글쓰기인 '창비식 글쓰기'에 의해 뒷받침되어야 한다는 것이 40주년의 또 다른 목표로 제시된 바 있다.(이 뜻을 살리기 위해 2011년 '사회인문학평론상'을 제정해 매년 젊은 사회비평가에게 시상하고 있기도 하다.)

또한 위기와 대전환의 시대에 문학이란 무엇인가를 다시 물으면서 문학과 시대의 상호작용, 문학의 정치성과 리얼리즘 논의의 심화, 실험적인 문학과 대중의 소통에 대한 요구, 그리고 한국문학의 보람을 세계문학과 소통하는 길과 그 매개로서의 동아시아문학 등 문학과 현실을 연계하는 주요 담론을 이끌어왔다. 특히『창작과비평』2008년 겨울호에 발표된 진은영의 글(「감각적인 것의 분배: 2000년대의 시에 대하여」)은 창비 지면을 중심으로 전개된 후속 논의들과 더불어 '문학과 정치'라는 논제를 대중적으로 확산시키는 중요한 역할을 하였다. 원로 평론가 백낙청도 이 과정에서 리얼리즘론과 근대의 이중과제론을 연결짓는 심화된 논의 및 자본주의 근대에서 문학예술이 갖는 고유한 역할과 의의에 대한 천착을 보여주는 등 문학적 견해가 다른 젊은 후배들과도 적극 소통하며 토론하였다. 이 논의는 2000년대 문학론 혹은 근대문학 종언론에 대한 비판적인 논쟁들로 연결된다. 이후 한기욱이 주도하여 논쟁한 장편소설론 및 서구비평담론 수용에 대한 비판적 논쟁, 리얼리즘 문학론의 현대적 갱신과 탐색에 대한 연속기획 역시 창비적 관점의 문학담론 연구와 성찰을 담아낸 과정이라고 할 수 있다. 비평과 함께 창작 면에서도 기록할 만한 성취가 뚜렷하다. 계간지 및 블로그에서 기획된 장편연재는 박민규의 『핑퐁』(2006), 신경숙의 『엄마를 부탁해』(2008), 공선옥의 『꽃 같은 시절』(2011), 김애란의 『두근두근 내 인생』(2011), 한강의 『소년이 온다』(2014), 황정은의 『계속해보겠습니다』(2014) 등 2000년대 이후 한국문학의 귀중한 성과로 연결되었다.

이 시기에 담론과 연구, 교류와 연대를 확장하고 심화하기 위한 몇가지 새로운 기획이 시작되었다. 시시때때로 발생하는 주요 의제들을 기동성 있게 다루기 위해 『창비주간논평』(weekly.changbi.com)을 2006년에 창간해, 각계 전문가들의 날카로운 진단과 비판이 담긴 칼럼을 웹과 전자우편으로 매주 전달하였다. 그 성과의 일부는 『A4 두장으로 한국사회 읽기』라는 단행본들로 묶여지기도 했다. 『창비주간논평』은 정치사회적 이슈뿐 아니라 문화평도 함께 다루는 데 이어 2014년부터는 서평지도 겸하며 현재까지 꾸준히 발간되고 있다.

창비 안팎의 다양한 학자·문인·시민활동가 등 각계 전문인들이 참여하는 사단법인 세교연구소의 창립(2006년, 초대 이사장 최원식)은 정치, 사회, 통일, 문학쟁점 등 우리 사회의 현안들을 파고드는 협동연구에 시동을 건 것이었다. 편집진 내부의 공부모임을 확대 발전시킨 세교포럼을 매달 개최하여 현재까지 108차를 기록한 한편, 주요 현안에 대해서는 '정치혁신의 방향과 수권정당의 가능성'(2014. 4. 18), '세월호 시대의 문학'(2015. 4. 16) 등 공개 심포지엄을 열어 대응하고 있다. 세교연구소는 창비가 2005년 매입한 서울 서교동 사옥(마포구 서교동 370-17번지)에 사무실을 두고 활동했다. 서교동 사옥은 파주로 이전한 창비가 갖게 된 지리적 제한성과 접근성의 한계를 극복하기 위해 마련한 것이었다.

'세계 속의 창비'로 가는 발걸음도 이어졌다. 계간지 창간 40주년을 기념해 열린 국제심포지엄 '동아시아의 연대와 잡지의 역할: 비판적 잡지 편집인 회의'를 계기로 창비는 한반도와 동아시아에서 창비가 해야 할 역할이 무엇인지 다시 성찰하고, 동아시아의 비판적 잡지들과의 상호 교류와 협력을 조직하였다. 일본의 『세까이(世界)』『겐다이시소오(現代思想)』 및 오끼나와의 『케에시까지(けーし風)』, 중국어권의 『두슈(讀書)』『인터아시아 문화연구』(Inter-Asia Cultural Studies) 『대만사회연구(臺灣社會研究)』 등 한·중·일·오끼나와·대만 잡지들이 참여한 '비판적 잡지 회의'는 2년마다 회의를 열며 홍콩 및 동남아로까지 구성원을 넓혀 오끼나와 문제, 양안(兩岸) 문제, 한반도 분단과 통일 등 핵심현장의 과제들에 대해 현장의 생생한 목소리를 듣고 깊이있는 토론을 벌여왔다. 그리고 외국 독자들이 창비의 담론들에 더 쉽게 접근할 수 있도록 창비 웹사이트에 영문판, 일본어판을 개설해 계간지에 실린 주요 논문과 평론, 시평을 번역 수록하였다.

그밖에 창비가 출판한 책들은 국내는 물론 해외에서도 주목받는 일이 점점 늘어났다. 창비가 엄선해 출간한 시, 소설, 평론 들은 대산문학상, 요산문학상, 임화문학예술상 등 주요 문학상의 단골 수상작이 되었다. 고은 신경림 황석영 이시영 등 민족문학운동의 선두에 섰다가 이후에도 꾸준한 성과를 내고 있는 원로·중진 작가들의 대표작은 물론 90년대 이후 두드러진 활동을 보인 최영미 신경숙 은희경 이승우와 같은 작가들의 화제작이 독일, 프랑스, 스웨덴, 미국, 일본 등 세계 각국의 주요 출판사에서 번역 출간되었다. 신경숙의 장편 『엄마를 부탁해』는 30여개 언어로 번역 출간되었고, 2011년에는 '맨아시아 문학상'을 받았다. 2003년 출간을 시작한 그림책은 짧은 기간에 궤도에 올라, 『넉 점 반』을 비롯한 많은 책들이 프랑스, 일본, 미국, 중국, 대만 등 여러 나라에서 속속 출간되었다.

볼로냐 국제아동도서전에서 라가치상 대상을 받은
『마음의 집』(2010)과 『눈』(2012)

특히 창비가 낸 한국 작가 김희경과 폴란드 화가 이보나 흐미엘레프스카의 그림책 『마음의 집』이 2011년 볼로냐 국제아동도서전 라가치상 논픽션 부문 대상을, 같은 화가의 『눈』이 2013년 라가치상 픽션 부문 대상을 받아 크게 화제가 되었다. 출판의 양적 성장 속에서도 질적 수준을 지켜나감으로써 인문, 교양, 어린이청소년 분야의 다양한 책들이 한국출판문화상과 문화관광부 우수도서 등에 매년 선정되었다. 백낙청 최원식 백영서 유홍준 등의 주요 저술도 특히 일본, 중국 등 아시아권에서 주목하여 번역 출간되었다.

이 시기에 창비는 분단의 장벽을 뛰어넘어 북한 작가에게 만해문학상을 수여하기도 하였다. 2004년 7월 제19회 만해문학상 수상작으로 북한 작가 홍석중의 장편 『황진이』를 선정해, 12월 13일 금강산 구룡연 부근의 식당 목란관에서 조촐한 시상식을 열고 상패와 상금을 수여하였다.

파주출판도시로 근거지를 옮기고 창립 40주년을 맞으면서 창비는 출판산업의 미래에 대응하는 창비의 위상을 설계하고 변화의 발걸음을 시작하였다.

출판분야에서는 교육출판과 청소년출판 부문으로 새롭게 진출하였다. 2007년 9월 교과서출판부를 설립하여, '2007 개정 교육과정'에 따라 '중학교 국어' '고등학교 국어' '문학' 교과서를 개발해 전국 중고교 수십만명의 학생들이 창비 교과서로 공부하는 시대가 열렸다. 이후 '2009 개정 교육과정'에 따라 '중학교 국어' '고등학교 국어' '문학' '독서와 문법' 교과서를 개발해 보급하였고, 2014년 6월 (주)창비교육을 설립해서 교육출판 영역을 더욱 발전시킬 수 있는 기반을 닦았다. 청소년출판은 2007년 '창비청소년문학' 씨리즈의 시작으로 첫발을 떼었는데, 2008년 출간한 제1회 창비청소년문학상 수상작『완득이』가 작품성과 재미로 큰 인기를 얻으며 청소년소설 붐을 일으키기도 하였다. 2011년에는 다양한 분야의 청소년책 원고를 발굴하기 위해 제정한 '창비청소년도서상'의 교양기획 부문 1회 수상작으로『멋지기 때문에 놀러 왔지』와『토요일의 심리 클럽』이 선정되어 '창비청소년문고'로 출간되었다. 2011년 청소년출판부, 2014년 교양출판부가 출범함으로써 창비의 출판부서는 문학출판부, 인문사회출판부, 어린이출판부, 계간지출판부와 더불어 6개 출판부 체제로 확대되어, 독립성과 자율성을 갖고 창비의 출판정신을 구현하는 책을 출간하고자 힘쓰고 있다.

이 시기에 창비는 한국현대문학사 100년의 주요 중단편 소설을 정선한 '20세기 한국소설'(2005~6, 전50권)을 기획 간행하였고, 세계문학 100년의 걸작 단편을 정선한 '창비세계문학 단편선'(2010, 전9권)도 내놓았다. '세계문학 독서의 새로운 기준'을 제시하려는 창비의 기획은 2012년부터 '창비세계문학' 전집 간행으로 확대되었다. 창비시선은 출범 34년 만에 300번을 출간하고 이후에도 빼어난 시집을 활발히 간행하여 2016년 현재 400번 돌파를 앞두고 있다. 2007년 간행한『백낙청 회화록』(전5권)은 총 133명의 지식인과 나눈 좌담, 토론, 인터뷰 등을 엮은, 한국지성사 40년을 조망할 수 있는 기록이다. 어린이청소년 부문에서는 2003년 창간한 계간『창비어린이』가 어린이청소년 문학과 출판의 흐름을 짚어보고 비평하는 매체로서 목소리를 내고 있다. 시와 그림의 만남이 예술적 성취로 어우러진 '우리시그림책' 씨리즈(2003~14, 전15권)와 고전소설의 재미와 의미를 되살려낸 '재미있다! 우리 고전' 씨리즈(2003~8, 전20권)의 간행은 창비의 전통과 특색을 살린 기획으로 호평을 받았다.

21세기 디지털시대, 독자의 시대, 평생교육의 시대가 도래함에 따라 창비는 새로운 매체들을 통해 다양한 만남의 장을 열어 독자와의 소통을 확대하고 있다. 2012년 고세현 대표이사가 후진에게 기회를 주고자 물러나고, 편집자 출신으로 영업직 경력까지 쌓은 강일우가 대표이사로 취임하면서 전통적인 출판영역은 물론이고 새로운 매체 분야에의 진출도 더욱 활기를 띤다.

전통적인 출판영역에서 좋은 책을 간행하는 데 힘쓰는 한편, 독자들에게 좀더 확장된 써비스를 제공하기 위해 새로운 시도도 마다하지 않았다. 2009년 설립한 (주)미디어창비는 초기에는 단순한 녹음과 영상촬영을 중심으로 업무를 시작했으나, 매체환경의 변화에 따라 새로운 개념의 오디오북인 '더책' 사업과 인터넷방송 창비 팟캐스트 제작을 지원하는 등 점차 그 영역을 넓혀가고 있다.

2010년 3월에는 창비 문학블로그 '창문'을 개설하여 계간지 지면 외에서도 장편소설, 산문, 만화 등을 연재했고, 2013년 1월 팟캐스트 '라디오 책다방'(김두식·황정은 진행)을 시작했다. 이후 '김사인의 시시(詩詩)한 다방' '진중권의 문화다방' '서천석의 아이와 나' 등 개성있는 방송

법학자 김두식과 소설가 황정은이 진행을 맡아 화제가 된 팟캐스트 '라디오 책다방' 녹음 현장

이 이어지고 있으며, 2015년 '라디오 책다방' 제2기(박혜진·송종원 진행)가 출범했다. 온라인 외에도 독자, 시민과 상시적으로 만날 수 있는 공간인 북까페 '인문까페 창비'를 2012년 서울 서교동 사옥에 열었다. 시낭송회, 북토크 등 신간을 낸 저자와의 만남 행사를 비롯해 창작 강좌 등 다양한 강좌를 진행한 '창비야간학교', 인권영화 상영 등 여러 프로그램이 인문까페 창비에서 개최되었다.

창비는 2016년 계간지 창간 50주년을 맞는다. 2015년 하반기에 이른바 '표절 및 문학권력 논란 사태'를 겪게 되어, 창비는 진지한 내부성찰의 기회를 갖는 한편 물적인 토대를 구축하면서도 결코 공공성을 저버리지 않았다는 의연함을 적극 천명하며 새로이 각오를 다지는 기회로 삼고자 했다. 그 시련 속에서도 "한국문학의 품위와 인간에 대한 예의를 지켰다는 기록만은 남겼다"(백낙청 '2015년 창비 통합시상식 인사말')는 겸허한 자부는 창비의 소중한 유산으로 남을 것이다. 마침 협소한 구 서울사옥을 매각하고, 2015년 11월 제2사옥을 마포구 서교동 475-34, 35번지에 신축 완공하였다. 시민교육을 담당하기 위해 2016년 2월 설립된 사단법인 '창비학당'(초대 이사장 염무웅)의 강좌가 새 터전에서 시작되는 등 창비의 여러 사업이 독자와 더욱 긴밀하게 연결될 수 있게 되었다. 50년 전 첫 출발을 했던 그 마음가짐으로 창비는 새로운 50년을 설계하며 또 한번의 내부 혁신을 위해 일년 남짓 준비해온 인적 쇄신도 단행하였다. 50년을 계간『창작과비평』과 함께해온 창간 편집인 백낙청을 위시하여 발행인 김윤수 및 주간 백영서가 퇴임했다. 새로운 50년을 이끌어나갈 발행인 겸 편집인 강일우 대표이사와 한기욱 편집주간 체제가 출범한 것이다. 서울사옥 건립과 한기욱 주간 체제로의 진로 결정은 이제 펼쳐질 제6기(2016~)에 대한 창비의 의지가 집약된 창비 역사의 새로운 이정표이다.

창간호에서 '창조와 저항'의 거점이 될 것을 자임하며 그 "먼 길을 어찌 다 가며 도중의 괴로움을 나눠줄 사람은 몇이나 될까" 하고 자문한 적이 있다. 50년간의 궤적을 돌아보면 수많은 필자와 독자가 창비와 함께해왔다. 창간 당시 창비가 멀리 내다본 '기약된 땅'을 향해 꾸준히 쉼없이 걷는 일로 그 성원에 보답할 것이다.

제도와 운동을 넘나드는 지식인의 길

이지영

백영서(白永瑞) 선생은 중국사 전공자이자 창비의 주도적 지식인으로서 동아시아 담론을 세운 것으로 널리 알려져 있다. 그리고 창비 '공채 1기' 직원이기도 하다. 편집부 기자로 처음 창비에 발을 들여놓은 그는 나중에 창비 퇴직자 사우회가 생기면 회장을 맡고 싶다는 말을 종종 하곤 한다. 그가 입사한 1978년은 마침 필자가 태어난 해여서 그간 창비와 함께한 세월의 무게가 새삼 크게 다가왔다. 이번 인터뷰는 그가 계간 『창작과비평』 편집주간으로 재직하던 2015년 봄, 인문까페 창비에서 이루어졌다.

이지영 선생님은 1970년대 대학시절 반독재운동에 참여해 옥고를 치른 후 창비에서 한동안 편집자로 근무하셨고, 대학으로 돌아간 이후

李智映 창비 청소년출판부장.

로는 편집위원으로서 활동해오셨습니다. 벌써 40년 가까이 되는 세월인데, 처음에 어떻게 창비와 인연을 맺게 되셨는지 궁금해요.

백영서 찾아보니 『창작과비평』 1979년 봄호 편집후기에 "백영서·이혜경 두 젊은 일꾼을 맞아들여 편집진을 대폭 강화했다"라는 구절이 있더군요. 그러니 1978년 하반기에 창비에 입사한 모양이에요. 1974년 민청학련 사건으로 옥고를 겪은 후 리영희(李泳禧) 선생에게서 개인적으로 지도를 받았어요. 말하자면 제도 밖의 사제관계였지요. 그런데 당시 선생이 『8억인과의 대화』 『우상과 이성』 같은 책을 내면서 필화사건에 휘말리셨어요. 그때 제가 재판과 구명탄원 과정에서 실무를 담당했는데, 그러면서 이른바 '공동정범'이었던 백낙청 선생과도 알게 됐어요. 당시 저는 해직기자들과 함께 '청람'이란 출판사에서 일하고 있었는데, 백선생이 창비로 오라고 하시는 거예요. 길게 망설이지 않았어요. 『창비』는 모든 젊은이들에게 그렇듯이 교과서 같은 저널이었기에 거기서 일하고 싶다고 생각했죠.

이지영 편집위원이 되신 건 1989년으로 알고 있습니다.

백영서 네, 89년 봄호부터였습니다. 복간 직후였죠. 하지만 잡지가 폐간되고 '창작사'란 이름으로 출판사를 할 때도 저는 창비와 계속 관계가 있었습니다. 직원으로 근무하기도 하고 비상근직 기획위원으로 활동하기도 했지요. 창비는 저에게 단순한 직장이 아니라 학교였어요. 모교인 서울대에서 제도권 교육을 받았다면, 독자이자 편집자로서 배운 곳은 창비라고 할 수 있지요. 한가지 에피소드가 있는데, 1981년쯤 마포의 열악한 건물에서 근무할 때 『정경문화』(『정경연구』가 1979년 6월 이후 제호 바뀜)라는 경향신문 월간지에서 스카우트 제안을 받았어요. 월급도 많이 주는데다 정치적으로 엄혹한 상황에서 훨씬 안정적인 직장이였죠. 고민 끝에 백선생께 상의드렸더니 저를 야단치시더라고요. '지금 가는 것이 편할지 모르겠으나 나중에 후회할 짓을 왜 하느냐. 고생돼도 여기 있어라'라는 말씀이었지요. 보통 직장이라면 불가능한 얘기였겠지만, 창비가 학교이고 백낙청 선생이 스승이고 제가 제자였기에 가능했어요.

이지영 젊은 시절 선생님을 그토록 사로잡았던 『창비』의 매력은 무엇일까요? 다른 문예지나 학술지와 구분되는 독특한 문화랄지 지향점이 있다면요?

백영서 보통 '쌍두마차'라고 표현하곤 하는데, 『창비』는 문예지와 정론지의 성격을 모두 지닌 종합지입니다. 창간호부터 유지해온 특성인데, 다른 잡지와 가장 차별화되는 부분이죠. 그리고 '창비학교'라는 표현에서도 알 수 있듯이 상업적인 출판보다는 운동성·공공성을 실현하는 데 목표를 뒀어요. 이 두가지 특징을 겸비했기에 오랜 생명력을 유지해왔다고 봅니다. 잡지를 뜻하는 'magazine'의 어원을 찾아보면 'market'과 관련이 있어요. 여러 사람들의 지식과 정보가 오가고 그것을 중개한다는 뜻을 담고 있다고 봐야죠. 그런데 『창비』는 단순히 지식을 중개하는 데 그치지 않고 발신하고자 하는 메시지가 있다는 점에서 다릅니다. 요즘 용어로 말하자면 창비 담론인데, 예컨대 1970~80년대 신문에 창비를 광고할 때 "민족민중운동의 산실"이라는 헤드카피를 붙이곤 했어요. 지금도 『창비』는 그 정신을 이어받아 '비판지성의 거점'이 되어야 한다고 생각합니다. 한반도에 뿌리내린 대항 이념의 발신을 목표로 한다는 점에서 다른 잡지와는 다르죠.

이지영 문학 쪽으로는 "한국문학의 요람"이라는 표현도 자주 쓰였는데, 이처럼 문학과 정치라는 양 날개의 균형을 맞춘 것이 『창비』의 특

백영서

1953년 인천 출생, 역사학자, 연세대 교수. 『창작과비평』 편집주간 역임. 동아시아담론의 지적 공론화를 이끌며 학문의 사회적 실천에 힘써왔다. 주요 저서로 『사회인문학의 길』 『동아시아의 귀환』 『핵심현장에서 동아시아를 다시 묻다』 등이 있다.

징이 아닐까 싶네요.

백영서 그렇죠. 문학만 전문으로 하거나 정론만 전문으로 하는 잡지에 비해서는 집중도나 분량 면에서 『창비』가 뒤처질 수 있어요. 하지만 두가지를 겸하는 데서 고유의 생명력이 유지돼온 것은 사실입니다.

이지영 지난 2006년 『창비』 창간 40주년 기념으로 개최된 국제심포지엄이 출발점이 되어 '동아시아 비판적 잡지 회의'가 지금까지 이어지고 있습니다. 중국의 쑨 거(孫歌), 대만의 천 광싱(陳光興), 일본의 이께가미 요시히꼬(池上善彦) 등 동아시아를 대표하는 비판적 지성들과 함께 활동하고 계신데, 어떠한 계기로 이를 기획하셨는지요?

백영서 2001년 안식년을 맞아 타이뻬이와 나고야에서 각 반년씩 머물렀을 때 여러 지식인들을 만나 일종의 네트워크를 형성하게 되었습니다. 1993년부터 제가 창비에서 기획해온 동아시아 담론을 실천했다고나 할까요. 그전에는 일방적인 발신에 가까웠거든요. 창간 40주년을 맞아 잡지의 넓이와 깊이, 중국어 표현으로 말하자면 광도(廣度)와 심도(深度)를 더하자는 목표를 세웠어요. 이중에서 광도, 즉 너비에 해당하는 것이 동아시아 지역으로의 확산이라는 판단하에 '동아시아 비판적 잡지 회의'를 개최하게 된 것이죠. 그 회의에 대한 평가가 좋아서 이후에도 타이완, 상하이, 오끼나와 등을 오가며 회의를 이어가고 있지요. '동아시아의 비판적 지성' 씨리즈 출간도 그와 밀접히 연관된 것이라 볼 수 있고요.

이지영 동아시아의 지식인들 사이에서 『창비』에 대한 인식이나 평가는 어떤가요?

백영서 잘못 얘기하면 자화자찬이 될 텐데.(웃음) 안식년 때 동아시아 지식인들을 만나보니까 일본인들은 『창비』에 대해 이미 잘 알고 있고, 중국어권에서는 이름을 들어본 정도였어요. 그런데 『창비』에 대해 자세히 설명하면 다들 찬탄을 금치 못하는데, 어떻게 그렇게 오랫동안

전6권으로 출간된 '동아시아의 비판적 지성' 씨리즈(2003)

유지되면서 1만명 넘는 독자를 보유하느냐는 거였어요. 유사한 비판적 잡지, 그중에서도 비교적 대중적으로 성공한 잡지라 할 수 있는 일본의 『세까이(世界)』도 부침이 있거든요. 그러면서 자연스레 『창비』가 성공한 비결이 뭐냐는 질문이 이어지는데, 제가 꼽는 내재적 원인은 문학과 정론의 결합이에요. 그리고 외재적으로는 한국 민주화세력의 지지에 힘입은 바가 있지요. 그래서 정당성을 획득하고 많은 사람들의 지지를 얻을 수 있었다고 봅니다.

이지영 창간 40주년 때 야심차게 시작한 또다른 사업이 『창비주간논평』(weekly.changbi.com)입니다. 일년에 네번 출간되는 계간지의 한계를 극복하고 최신 이슈에 대해 빠르게 목소리를 내기 위해 도입했는데, 일반 뉴스매체와 차별되는 특장점이라면 무엇일까요?

백영서 『창비』를 만들면서 힘든 점 중 하나가 계간지라는 특성입니다. 특집을 기획하고 나서 잡지에 발표되는 것은 석달 후인 거예요. 계간지라는 매체가 사안을 깊고 종합적으로 보기에는 적합하지만, 시사적인 변화에 바로바로 대응하지 못한다는 한계가 있죠. 그래서 창간한 것이 『창비주간논평』이에요. 원래는 당시 염종선 계간지 편집장이 온라인칼럼 형식과 격주간 발간으로 기획을 했는데 내부적으로 좀더 논의하면서 주간 단위로 발행하기로 했죠. 제호는 제가 제안했고, 창간 작업은 한기욱 편집위원이 기획위원회를 꾸려 실무팀과 함께 진행했어요. 발행주기가 짧다보니 지금도 김종엽 기획위원장과 기획위원들, 실무를 담당하는 계간지출판팀의 노고가 큽니다. 『창비주간논평』은 보통의 주간지처럼 많은 사건을 다루려고 하지는 않았어요. 시사에 발빠르게 대응하되 정보(news)가 아닌 관점(views)을 전달하는 주간지를 만들려고 한 것이죠. 또한 계간지와 주간지가 서로 영향을 주고받으면서 창비 담론의 발신력을 높이고자 했어요. 그리고 내부적인 목표를 하나 더 들자면 필자의 저변 확대였어요. 계간지가 미처 싣지 못한 필자들을 『창비주간논평』에서 폭넓게 수용하면서 이들의 필력이나 관점을 공유해보는 계기가 될 수 있겠다 한 거죠. 마지막으로 든 목표는 확실히 효과를 거두었는데, 창비의 담론을 세상 곳곳에 퍼져나가게끔 하고자 했던 애초의 목표를 잘 달성했는지는 독자들이 판단할 몫이겠지요. 다만 프레시안, 오마이뉴스, 최근에는 허핑턴포스트코리아 등의 매체에 고정으로 연재되고, 『창비주간논평』에 실린 칼럼을 모아서 낸 책 『A4 두장으로 한국사회 읽기』(2008~10)가 어느정도 반향이 있었던 것을 생각하면 일정한 성과는 있었다고 봅니다.

이지영 창비 40주년에 문을 연 세교연구소 역시 내년에 10주년을 맞게 됩니다. 한달에 한차례씩 열리는 정기포럼이 어느덧 100회를 넘어섰더군요. 설립 과정에 대해서 들려주세요.

백영서 세교연구소 설립은 '창비학교'에 들어온 이후 오랫동안 생각했던 제 꿈의 실현이나 다름없었습니다. 하지만 당초 목표했던 씽크탱크 역할을 잘했는지는 자신있게 답하기가 어렵군요. 사실 세교연구소의 정기포럼에는 전신이 있는데, 바로 『창비』 편집위원회의 공부모임입니다. 일상적인 편집회의와 별개로 정기적으로 주제를 정해 공부하고 발표하는 모임이 있었는데, 그것이 공식화된 셈이죠. 그런데 세교연구소가 설립된 후로는 한국사회의 정책적 대안을 발신하는 기능도 했으면 좋겠다는 바람을 추가로 가졌지요. 계간지에서 하기 어려운 한국의 시민운동단체들과 연계하는 허브 역할은 어느정도 해냈는데, 연구 기능에 대해서는 아쉬움이 남아요.

이지영 조금 개인적인 질문을 드리자면, 백영서 선생님은 중국사를 전공하고 대학교수로 있으면서 현재의 정치 사회 이슈에도 목소리를 내고 계십니다. 그처럼 현장성과 운동성을 중요하게 생각하게 된 계기가 있을지요?

백영서 한국의 다른 역사학자들과는 글쓰기 주제부터 지식 생산의 방식까지 좀 다른 면이 있긴 하지요. 사실 저는 창비에서 일하는 편집자로서의 정체성이 더 강해요. 2014년에 출간한 저서 『사회인문학의 길』에서 밝힌 것처럼 저는 '제도로서의 학문'과

'제도로서의 학문'과 '운동으로서의 학문'의 결합을 강조한 저서 『사회인문학의 길』(2014)

'운동으로서의 학문'이 결합되어야 한다고 봅니다. 그것은 저뿐 아니라 편집인인 백낙청 선생을 비롯해 계간지에 관여하고 있는 모든 사람들이 공유하고 있는 문제의식이에요.

최근 대학가에서 많이 얘기되는 것이 수월성(excellence)인데, 그 평가기준이라는 것이 누가 영어논문을 국제 연구지에 더 많이 발표하느냐예요. 저는 그보다는 연구가 사회와 어떻게 연결되는가, 즉 연관성(relevance)이 더 중요하다고 봅니다. 여기서 연관성은 좁은 의미의 사회참여만을 뜻하는 게 아니죠. 이러한 연관성이 수월성 평가에 포함되어야 한다고 봅니다. 창비의 강점도 거기에 있는데, 앞으로도 한반도와 동아시아의 담론을 이야기할 때 그런 지향을 가져야 한다고 생각해요.

이지영 『창비』에 기고하시는 분들도 비슷한 생각일 것 같아요.

백영서 맞습니다. 다들 『창비』에 글 쓸 때 가장 어려워해요. 학술지에 논문 발표할 때는 심사위원이 기껏해야 두명이에요. 그런데 창비는 백낙청 편집인의 글조차 편집위원들이 초고를 읽고 수정요구를 하잖아

요. 그러고 나서 책이 나오면 독자들이 보고, 편집부와 편집위원회에서도 합평회를 해서 의견을 내죠. 요즘 유행하는 초학과적(trans-disciplinary) 연구는 창비에서 이미 오래전부터 이루어져왔어요.

이지영 한국의 지식사회에서 창비의 위상은 여러모로 독특한데, 특히 제도권과 비제도권을 아우른다는 점에서 그렇습니다. 이를 대학과 비교한다면 어떤 공통점과 차이점이 있을까요?

백영서 재미난 질문이네요. 일반적으로 대학이 지식 생산의 거점이라면 저널은 유통과 전파를 주로 담당하죠. 그런데 현재는 이러한 구분이 문제가 된다고 봅니다. 지금의 대학이 지식을 제대로 생산하고 있는가, 직접적으로 말해서 미국에서 수입한 학문을 재가공해서 전파하기만 하는 것은 아닌가, 한국의 정세와 세계의 정세를 우리 현실에 밀착해 설명하는 제대로 된 지식을 생산하고 있는가라는 질문에 대해 전 회의적입니다. 그렇다보니 대학 외부에서 지식 생산에 관심을 갖게 되는데, 창비가 대표적이죠. 특집 등을 통해서 지식 생산을 유도한다고 할까요. 늘 성공하는 것은 아니지만 글 생산자들에게 주문생산을 함으로써 의제 설정을 하고 새로운 쟁점을 만들어간다는 점에서 지식 생산을 하고 있다고 생각합니다. 창비가 70, 80년대만큼 강력한 영향력을 발휘하지는 못한다고 보는 분도 계시겠지만 지향점은 분명합니다. 대학이 사회적 맥락에 닿아 있는 지식 생산을 제대로 못하고 있기 때문에 창비가 그 역할을 일부 담당하는 거예요.

이지영 2006년 주간에 취임하면서 '운동성 회복'을 창비의 새로운 방향으로 제시하셨는데, 어떤 이유에서였고, 또 지금 돌아보면 그 성과에 대해 어떻게 평가하시는지요?

백영서 당시는 노무현정부가 후반기에 들어서며 '진보의 위기'가 거론되고 신자유주의 시장논리가 점점 강화되던 때였어요. 그런데 창비는 김대중 국민의정부와 노무현 참여정부의 이른바 '민주화 10년'에 책임의식을 느끼고 경세론(經世論)을 펴는 데 치중한 게 아닌가, 그러다보니 날카로운 현실비판력이 약화된 것이 아닌가 하는 자성을 하게 됐어요. 그래서 창비 혁신의 기본방향을 '운동성 회복'으로 잡았지요. 노무현정부에 이어 이명박정부가 들어서면서 개혁진보 세력의 쇄신과 결집이 더욱 요구되는 시대였기에 창비도 운동성을 강화할 필요가 있었지요. 추상적이고 근본주의적 진보 이념이 아니라 한반도 현실에 밀착한 진보적 대안을 '논쟁적 글쓰기'랄까 '창비표 글쓰기'를 통해 제시해보려고 편집인을 비롯한 편집위원 동료들과 협력해 다각도로 애썼다고 자부해요. 물론 그 성과야 독자가 평가해야 하지 않을까요. 단지 저 자신은 단행본과 잡지를 두루 책임진 편집주간인데, 창비 사업의 규모와 분야가 확대되어가는 추세에 치여 그 과제에 혹 소홀한 점은 없었는지 『창비』 창간 50주년을 앞두고 돌아보게 되네요.

이지영 50주년을 앞두고 창비가 해결해야 할 과제가 있다면 어떤 것일까요?

백영서 창비가 그동안 비판받아온 지점 중 하나가 담론이 자기폐쇄적이라는 거예요. 비슷비슷한 사람들이 계속하다보니 사회문제에 대한 신선한 시각이 부족하고, 기존 담론에 대한 돌파력이 예전보다 떨어진다는 것인데, 저는 그런 얘기를 들을 때마다 『창비』를 처음 본 때로 되돌아가봅니다. 중학교 시절 저도 이른바 '문청'이었는데, 김승옥(金承鈺) 소설가를 좋아해서 그의 작품 「다산성」 연재를 보려고 『창비』를 처음 사봤어요. 물론 잘난 척하려는 마음도 있었지요.(웃음) 그런데 정작 눈길을 사로잡은 건 고등학생 때 읽은 김준태 시인의 시였어요. 학교 문예반에서 한 거라곤 서정적인 시어들을 달달 외우는 것뿐이었는데, 투박한 용어로 농촌 현실과 감성을 전달하는 것을 보고 충격받은 거죠. 그후 대학에 가서 다시 『창비』를 읽으면서 세상을 이론적으로 설명하는 방법을 익히게 됐고요. 그때의 경험에 미루어볼 때 이제 감성적으로, 또한 이론적으로 독자에게 신선한 충격을 줄 만한 작업을 준비해야 할 것입니다. 변혁의 주체는 무엇보다 '사람'이에요. 제도 안에 있든 밖에 있든 성취동기가 강한 사람들이 있느냐 없느냐가 중요한데, 창비도 마찬가지입니다. 창비 직원들을 비롯해 편집위원들이 얼마나 변화하고자 하는가가 중요해요. 우리도 그중 한몫을 담당해야지요.

이지영 마지막 말씀 깊이 새기겠습니다. 좋은 말씀 감사합니다.

(2015. 4. 23. 마포구 서교동 인문까페 창비)

동아시아 속의 『창작과비평』

김항

『창작과비평』과 동아시아 네트워크

2006년 『창작과비평』 창간 40주년을 기념하여 창비는 '동아시아 비판적 잡지 회의'를 서울에서 개최했다. 이후 이 회의는 2015년 홍콩 회의까지 지속되고 있으며, 동아시아 비판적 잡지 네트워크의 외연적 확장과 동아시아 차원의 공통 의제 발굴을 위해 노력하고 있다. 물론 이 회의를 주도한 주체를 하나의 집단이나 개인으로 환원할 수는 없겠지만 창비가 물질적으로나 내용적으로나 핵심적인 지주(支柱) 역할을 하고 있음은 부인할 수 없는 사실이다. 1990년대 중반 이후 본격적으로 제시된 창비의 동아시아 담론이 지면을 뛰어넘어 사람과 사상 차원에서 실

金杭 연세대 국학연구원 HK교수, 『창작과비평』 편집위원. 저서로 『말하는 입과 먹는 입』
『제국 일본의 사상』 등이 있음.
* 이 글은 와다 하루끼 교수와 2015년 6월 11일 서울에서 만나 이루어진 대면 인터뷰를
토대로 집필했다──필자.

질적 네트워크로 발돋움한 성과가 동아시아 비판적 잡지 회의인 셈이다.

그러나 창비가 동아시아 차원에서 지식인 및 시민의 네트워크를 만들어낸 것은 1990년대 후반부터가 아니다. 비판적 잡지 회의처럼 다양한 지역의 사람들이 공개적으로 연대를 구축한 것은 2000년대 들어서이지만, 이미 1970년대에 일본의 시민운동가들과 비판적 지식인들 사이에서 비공식적으로 유통되어 읽히던 '『창비』 해적판'이 한국과 일본을 아우르는 동아시아 네트워크를 추동하고 있었기 때문이다. 물론 『창비』에 관여하던 한국측 지식인들과 해적판을 탐독하던 일본의 시민/지식인들이 직접 교류를 한 것은 아니다. 하지만 직접적인 교류가 차단된 까닭에 1970년대에서 80년대에 걸친 '비가시적' 네트워크는 더욱 절실했다. 특히 해적판을 공유했던 일본의 시민과 지식인에게는 일본의 개혁을 위해서 반드시 한반도를 경유한 사유가 필요하다는 '방법으로서의 한반도' 의식이 강했기 때문이다. 토오꾜오대에서 러시아사를 가르치던 와다 하루끼(和田春樹) 교수는 그런 문제의식하에서 『북한 현대사』 『한국전쟁』 『역사로서의 사회주의』 등의 저서를 집필하였으며, 이 책들은 창비에서 번역·출간되었다.

와다가 한국 문제에 본격적인 관심을 갖고 관여한 계기는 1973년의 김대중(金大中) 납치 사건이었다. 사건의 진상규명을 위한 시민운동에 참여한 것이다. 물론 와다의 한반도에 대한 관심은 전후 일본이 식민지 지배 및 아시아 침략에 무책임한 자세로 일관한 데서 비롯되었기에 1950년대로 거슬러 올라간다. 중국문학 연구자 타께우찌 요시미(竹内好)나 일본사 연구자 이시모다 쇼오(石母田正)의 작업에 영향을 받으면서 전후 일본이 메이지에서 패전에 이르는 파국의 길을 자기비판하고 진정한 개혁을 성취하기 위해서 아시아를 반드시 경유해야 한다는 의

와다 하루끼

1938년 일본 오오사까 출생. 역사학자, 토오꾜오대 명예교수. 러시아사와 북한 현대사 연구에 뛰어난 업적을 남겼으며 일본을 대표하는 행동하는 진보 지식인으로 알려져 있다. 주요 저서로 『김일성과 만주항일전쟁』『한국전쟁』『북한 현대사』등이 있다.

식을 키워왔던 것이다.

　이런 맥락에서 그는 1965년의 한일조약에 반대했고 김대중 납치 사건으로 대변되는 박정희 독재정권의 폭압을 한국의 문제로서만이 아니라 제국일본의 청산되지 못한 역사 문제로 간주했다. 특히 1975년 김지하(金芝河)가 일본 민중에게 보낸 성명은 그에게 커다란 충격이었다. 와다는 이 성명을 시민운동 동료들과 함께 듣고 이해하기 위해 한국어 공부를 시작했다. 또한 『동아일보』 광고중단 사태와 마주하여 이를 지원하기 위해 시민 모금운동을 전개함과 동시에 한국어 강습회를 조직한다. 이런 과정 속에서 한국의 지하그룹에서 비밀문건을 받아 번역해서 발표하기도 했다. 이렇게 와다는 1970년대 중반 이후 일본의 자기비판을 위한 '방법으로서의 아시아'라는 시좌 속에서 한국 문제에 관여함과 동시에 한국어 학습을 통해 시민운동을 전개했던 것이다.

　와다와 『창비』의 만남은 이 과정에서 이뤄졌다. 당시 토오꾜오에 있던 한국어책 서점에서 『씨올의 소리』와 『창작과비평』의 해적판을 발견한 것이다. 『창작과비평』은 10권 합본으로 판매되었다고 하는데 그는 서툰 한국어 실력에도 전권을 구매했다. 이후 일본 시민운동 진영에 알려진 리영희 선생의 필화사건 등을 계기로 동료들과 함께 읽기 시작했고, 78년부터는 몇편의 논문을 골라 번역출판을 기획하기에 이른다. 그 성과가 『分斷時代の民族文化──韓国〈 創作と批評 〉論文集』(社會思想社 1979)이었다. 와다는 1966년 『창비』 창간호에 실린 백낙청의 창간사를 번역했다. 이때 그는 백낙청의 사유의 원대함에 깊은 감명을 받았다고 회고한다. 다루는 대상이 시공간적으로 광범위한 사정거리를 갖고 있으며, 스스로가 처한 사회의 개혁을 위해 지식인의 네트워크를 만들어나간다는 발상이 인상깊었다고 한다. 이 책에 번역자로 참여한 이들은 이후 저명한 한국학 연구자가 된 미즈노 나오끼(水野直樹, 쿄오또대학), 미야지마 히로시(宮嶋博史, 성균관대), 타까사끼 소오지(高崎宗司, 쓰다주꾸대학) 등이다. 와다를 비롯한 젊은 연구자들의 노력으로 한국의 동시대 지식세계가 처음으로 일본에 소개될 수 있었던 것이다.

한국의 민주화와 동아시아 공동체 구상

와다 하루끼와 『창비』의 인연은 그렇게 1970년대 후반부터 시작되었다. 1980년대 들어서는 폐간 처분을 받은 『창비』의 상황을 일본에 적극적으로 소개하면서 전두환 독재정권의 실상을 알리는 데 주력했고, 와다 개인적으로는 같은 해 같은 달에 태어난 동갑내기 백낙청의 넓고 깊이있는 사유를 일본의 시민/지식인과 공유하기 위해 노력한다. 백낙청의 글을 비롯한 『창비』의 여러 글이 단순히 정치적 논의나 역사, 문학, 사회과학 등 분과학문에 구애받지 않고 한반도의 역사와 분단 전반을 폭넓게 바라보는 시좌를 제공했기 때문이다. 그렇기에 와다는 『창비』를 일본뿐 아니라 동아시아 차원에서도 드문 진실한 종합잡지로 인식했다

『창비』 창간 30주년 기념 국제학술대회(1996. 4. 24)에 참여했을 당시의 와다 하루끼

고 한다. 일본의 『세까이(世界)』와 비슷한 수준의 지적 세계를 갖추면서
도 훨씬 급진적인 비판성을 간직한 것으로 간주한 셈이다.

이렇게 『창비』와 직접적인 교류 없이 『창비』를 적극적으로 읽고 전파
한 와다가 『창비』에 직접 글을 게재한 것은 1988년의 일이다. 그가 한국
에 처음 방문한 것은 1990년의 일로, 그 이전에는 한국정부에 비판적이
고 적극적으로 반대운동을 전개했다는 이유로 입국이 불가능했다. 노
태우정권이 들어서고 형식적 민주화가 진행되던 와중인 1990년, 와다
는 처음으로 한국을 방문한다. 『동아일보』가 주관한 심포지엄에 참석하
기 위해서였다. 그 심포지엄에서 와다는 '동북아시아 인류 공생의 집'
을 향해 동아시아 국가 및 시민사회가 함께 노력해야 함을 주장했다. 이
후 당시 민주당 주최의 심포지엄 참석을 위해 또 한차례 한국을 방문한
뒤 그는 「'동북아시아 공동의 집'과 조선반도」라는 글을 『창비』(1995년
봄호)에 기고한다. 이 글은 한국의 민주화, 소련의 붕괴, 냉전 종식 등의
커다란 변화가 있었지만 동북아시아는 한층 더 평화를 위해 공동의 노

력을 기울여야 함을 역설한 것이다. 일련의 커다란 변화에도 불구하고 여전히 한반도의 분단이 남아 있기 때문이며, 한반도의 분단 극복 없이 동아시아를 중심으로 한 세계평화의 실현은 절대로 불가능하다는 확신의 발로였다. 일본은 동아시아 공동체를 실현한다는 미명하에 대동아공영권이라는 제국주의 이데올로기로 아시아의 민중을 짓밟은 경험이 있는 반면, 한국은 식민지시기 이래 오랜 기간 고난의 시대에 있었고 민주화를 자기 손으로 이룩한 힘이 있었기에 『창비』 지면에 그 구상을 발표한 것이다.

그의 글이 '동아시아'를 주제로 했다는 것은 의미심장하다. 와다는 물론 러시아사를 전공한 역사학자이다. 그러나 그의 리시아 연구의 중심은 소련이라는 공산주의 국가 자체에 대한 관심이라기보다는, 소련 성립 전과 후의 러시아 민중사에 대한 관심이었다. 이른바 러시아 '지역학'이라기보다는 러시아를 매개로 근대의 제국주의, 식민주의, 사회주의운동의 교차점에서 민중이 어떤 삶을 영위했는지가 주된 관심사였던 셈이다. 이는 러시아를 통해 일본의 근대를 고민하려는 의지의 산물이었으며, 한반도에 대한 관심도 이런 맥락 속에서 이뤄진 것임은 이미 언급한 바 있다. 그렇게 탐구되는 일본의 근대는 일본이라는 '일국가'에 대한 관심이 아님은 말할 필요도 없다. 그가 러시아와 한반도를 통해 탐구하려 했던 일본은 어디까지나 동아시아(혹은 동북아시아)의 맥락 속에서만 의미를 갖기 때문이다.

『창비』는 이러한 그의 근원적 사유를 지탱한 중요한 한 축이었으며, 그런 의미에서 『창비』는 동아시아 네트워크를 비가시적인 형태로 1970년대부터 추동해온 것이라 할 수 있다. 1990년대에 이르러 그 네트워크는 서서히 가시적인 형태로 세상에 알려진다. '동북아시아 공동의

집'이든 '동아시아 공동체'이든,『창비』는 냉전이라는 정치지형의 지각 변동 속에서 동아시아가 어떤 미래를 그려나갈 것인지를 고민하는, 고민해야 하는, 하나의 핵심적 장으로 자리매김되고 있었던 것이다.

21세기의 비판적 공론장과『창비』

와다는 1970년대부터 시작된 자신과『창비』의 인연을 회고하면서 비교적 발언이 자유로웠던 일본사회와 대비하여 한국의 엄혹한 언론상황을 언급했다. 70, 80년대의 일본에서『창비』에 실린 글들을 읽을 때 느낀 무게감을 강조한 것이다. 엄혹한 언론상황 속에서도 비판의 의지를 굽히지 않은『창비』를 통해 와다는 일본의 여타 잡지에서는 느끼지 못했던 말의 힘을 실감했다고 한다. 그런 의미에서『창비』는 그에게 한국의 민주화운동 차원뿐 아니라 공론장에서의 말의 힘 차원에서도 중요한 매체였던 것이다.

그런 와다가 21세기의『창비』에 바라는 것으로 말의 무게를 되찾고 지키는 일을 주문한 것은 당연한 일이다. 그는 다음과 같이 말했다.

일본은 무슨 말을 해도 자유로웠습니다. 하지만 무엇을 말해도 사람들이 들어주지 않는 상황이 있었습니다. 그러나 언론이 억압되어 있던 러시아, 소련, 한국에서는 한단어, 한구절을 써도 그것을 받아들이는 독자가 있는 상황이었습니다. 이러한 상황 속에서 지식인은 글을 쓰고 저항하고 있었죠. 그래서 힘든 상황이었지만 말 자체, 말의 힘, 박력에 대한 경의가 존재했던 사회였습니다. 그를 위해 사람들은 목숨을 걸기도 했고요. 그런 점에서 글을 쓰는 사람들에게는 행복한 시대였다고도 할 수 있을 것입니다. 지금은 무엇을 말해도 자유입니다. 일본도, 한국도, 러시아도 그렇죠. 그래서 모든 논의가 수많은 주장 속에서 매몰되어버리는 상태가 되었습니다. 그런 점에서 말하면 사회가 획일화되어 사회를 하나의 방향으로 이끌어가려는 이들이 언론을 조작하거나 하는 것은 음지에서 더욱 계속되고 있는 것이죠. 억압적인 관여라고 말한 철학자도 있습니다만, 획일화되는 사상, 컨트롤되는 사상이라는 것이 생겨나버렸습니다. 특히 일본에서는 그렇죠. 그에 대해 저항하는 힘은 말과 사상이 가진 무게와 힘을, 발신하는 쪽이나 받아들이는 쪽, 양측이 만들어가지 않으면 안된다고 봅니다. 문제를 좀더 예리하게 분석하는 분석력, 그리고 그것을 더욱 생생하게 표현할 수 있는 표현력이 더욱 필요한 상황입니다. 이런 것을 갈고닦아서 공통의 뭔가(사상)를 만들어내는 것이 중요하다고 생각합니다. 『창작과비평』은 물론 훌륭한 잡지인데, 중요한 것은 『창작과비평』의 독자들이 위대했다는 점입니다. 그런 게 존재했다는 거죠. 그것을 젊은 세대 안에서 다시 새롭게 만들어가는 것이 과제가 아닐까요. 그것을 실제 어떻게 할 수 있을 것인가에 대해서 저는 독자가 얼마 없는 고독한 사람이라 할 말은 없지만, 그런 것이 필요하겠죠. 잡지가 살아있다는 것은 잡지를 이해하고 받아들이는 독자가 있다는 것이니까요. 이 관계를 어떻게 만들어갈 수 있을지가 중요할 것이라 생각합니다.

『창비』가 훌륭했던 것은 『창비』를 만든 이들뿐 아니라, 아니 그보다 더 중요하게는, 그것을 읽은 이들이 훌륭했기 때문이라는 와다의 지적은 깊은 울림을 갖는다. 러시아든 한반도든 일본이든, 연구자로서 세상을 마주할 때 언제든 '민중'이라는 생생한 주체를 잊은 적 없는 와다에게 『창비』는 단순한 잡지가 아니라 『창비』를 『창비』이게끔 한 무명독자들의 집단지성 그 자체였던 것이다. 물론 그 무명의 독자 속에는 와다 자신이 포함되어 있다.『창비』를『창비』로 존립하게 한 것은 한국이라는 일국적 독자들만이 아니라는 이야기다. 와다의 회고에서『창비』는 한국과 일본을 아우르는 동아시아 개혁을 위한 시민운동 속에서 기억되고 있다. 현재『창비』의 동아시아 네트워크는 와다가 열심히 번역하고 전파했던 일본 내 해적판의 네트워크보다 자유롭고 광범위하고 풍부하다. 그러나 과연 그 네트워크가 해적판의 네트워크보다 말의 무게와 힘을 체감하고 있는 것일까? 말의 자유가 말의 힘을 빼앗아가는 역설적 시대에 50주년을 맞이한『창비』의 고민이 여기에 있다. 이미 한국만이 아니라 동아시아를 주요한 거점으로 삼은『창비』에게 50주년이라는 결절점은 동아시아 네트워크 속에서 말의 무게와 힘을 복원할 수 있느냐는 묵직한 과제를 던져주고 있는 셈이다.

새로운 상상력으로 갱신하는 시적 현실

신용목

1

그동안 우리 시는 특유의 장르적 민첩성을 통해 시대를 증언하고 미래를 예견했으며, 독자들은 그런 시와 함께 메마른 삶을 견디고 한국근현대사의 불행에 맞설 힘을 얻었다. 그러나 우리 시의 진보가 꼭 역사적 질곡에 의한 것이었다고만 말할 수는 없다. 시대의 변별적 개성을 특수화하여 제시하는 것과 별개로 시의 직접적인 배경은 그것이 가진 언어적 전통일 것이다. 시는 그 부정성으로 현실을 지향할 뿐 아니라 자신의 언어를 지향함으로써 새로운 세계를 개척해왔다. 언어를 갱신하려는 노력은 시의 영역만 확장시킨 게 아니라 현실을 에워싼 상상력의 지평도 넓혀왔다. 시가 현실 속에 있는 한 언어의 새로움은 현실의 새로움을

慎鏞穆 시인. 시집『그 바람을 다 걸어야 한다』『바람의 백만번째 어금니』『아무 날의 도시』 등이 있음.

환기할 수도 있기 때문이다. 2000년 이후 창비의 시가 현실의 구조와 함께 언어적 전통에도 주목하며 그 득실을 함께 나눈 것은, 이 두가지 역할 규정 속에서 변화된 시대를 포착하고 새로운 미래를 모색하기 위해서였다.

그것은 21세기의 도착과 더불어 폭발적으로 전개된 미학적 도전과 동행하는 일이었지만, 과도한 형식 실험의 기류 속에서 부정의 정신을 잃어버린 낭만성이나 현실을 경유하지 않은 환상성에 대해서는 예민하게 경계했다. 반면 생활과 역사의 실감을 놓치지 않고 사회에 대응하는 시들을 변함없이 주목하면서, 언어에 의해 운반되는 가상과 그 실체를 통해 근원적 질문에 닿고자 하는 시도에 각별히 관심을 기울였다. 한동안 시단을 달군 '시와 정치' 논쟁이 그 문제의식을 통해 환기했던바, 시는 현실로부터 가장 멀리 떨어져 있으면서도 현실의 구조를 적실히 보여주는 것이라는 믿음이, 창비의 시가 시대의 변화 속에서도 문제적 입지를 점할 수 있었던 바탕일 것이다. 요컨대 2000년 이후 창비의 시는, 서정적 주체의 권위로 세계를 제도하는 고전적 편견을 수정하는 자리에서 다채롭고 이질적인 목소리를 수용하면서도 시대적 고투를 포기하지 않았다고 할 수 있다.

2

이질적이고 다채로운 발화의 등장은 시대가 개인에게 가하는 경험의 질량이 변하였기 때문이며, 그로 인해 시의 감각이 변하고 따라서 시의 역할도 변하였다고 할 수 있다. 예컨대 국가산업자본주의에서 글로벌

금융자본주의로의 변화는 노동의 형태와 관념을 변화시켰으며 노동시를 적대와 모순으로 단순화할 수 없는 담론의 반경 너머로 안내했다. 그러나 1980년대 운동으로서의 문학과 접맥되는 과정에서 민중문학의 중요한 범주로 자리했던 노동시가 그 생명력을 다했다고 말할 수는 없다. 알다시피 전선은 사라진 것이 아니라 희미해지는 방식으로 더욱 넓어졌고 그만큼 자본의 폭력성은 한층 강해졌기 때문이다. 2000년 이후 백무산 송경동 최종천 황규관 문동만 등의 작업은 노동의 근원에 대한 반문과 불가피한 실존의 양상이 복잡하게 용해된 절박한 계급적 증언에 해당하는 것이다.

노동문학의 중심으로 활동해온 백무산은 현실을 고발하는 특유의 직설적 화법과 살아 있는 비유를 유지하면서도, 치욕스러운 일상에 대한 고백을 망설이지 않음으로써 시대를 새롭게 각성하고자 하였다. "착취한 돈으로 자선사업을 팔아먹고/파괴해놓고 녹색을 팔아먹고/도둑을 만들어놓고 치안을 팔아먹고/차별을 만들어놓고 평등을 팔아먹고/자신을 팔기 위해 진실을 팔아먹고/죄를 만들어놓고 종교를 팔아먹"(「주인님이 다녀가셨다」, 『그 모든 가장자리』, 창비시선 345, 2012)는 현실을 직시하면서, 자본과 불평등과 차별의 일상에 점점 익숙해져가는 우리에게 "꿈꾸지 않는 자의 절망은 절망이 아니다"(「기대와 기댈 곳」, 『거대한 일상』, 창비시선 294, 2008)라고 일갈하는 육성은 그 아포리즘적 구호에도 불구하고, 삶과 생명과 우주의 경계에서 현실의 변혁을 새롭게 모색하고자 하는 계급성의 발현이라 할 만한 것이다.

송경동(宋竟東) 시의 비범함은 그에게 따라다니는 '거리의 시인'이라는 수사에 내포된 '열성'만으로 다 담아낼 수 있는 것이 아니다. 그의 시가 노동시의 새로운 가능성을 제시하고 있다고 평가받는 이유는 현실의 부조리를 손쉬운 대결이나 전망으로 환원하는 데 그치지 않고 좀더 근원적이고 보편적인 차원에서 환기하고 있다는 점에 있다. 가령, 일상적으로 벌어지는 개인사찰을 소재로 하면서도 "내 과거를 캐려면/최소한 저 사막 모래산맥에 새겨진 호모싸피엔스의/유전자 정보 정도는 검색해와야지/ (…) /그렇게 나를 알고 싶으면 사랑한다고 얘기해야지"(「혜화경찰서에서」, 『사소한 물음들에 답함』, 창비시선 310, 2009)라고 말함으로써, 공안의 폭력과 야만을 존재의 깊이와 관계의 본질로 분쇄하는 방법론을 선보이고 있다. 요컨대 그의 시들은 구체적 현장에서 출발하지만 자본과 권력의 문제를 고발하는 데 머물지 않고 그것을 포착하는 시선을 무한히 확장시킴으로써 그 허구성을 자연스레 일깨운다.

3

전통적인 문법을 지키면서도 섬세하고 깊어진 방식으로 서정시의 갱신을 이끌어온 시인들이 창비의 시를 굳건히 지키고 있다는 것은 새삼스러운 일이 아니다. 그들은 실존의 비극성을 낭만적인 수사로 포장하지 않고 그것과 절박하게 동행함으로써 서정시의 전통적 방법론을 한층 개성있게 발전시켰다. 예컨대 삶의 생생한 현장성을 드러냄으로써 현재적 삶을 새롭게 뒤돌아보게 만들지만, 시대적 불행을 담론의 틀 안에서 해석하고 공감하는 식의 방법론을 답습하지 않는다. 타자의 불행을 쉽게 아우르거나 자연의 섭리로 통합하는 대신 그들의 고통에 최대한 근접하려는 자세를 통해 내면의 개별성을 예각화하는 것이다. 김선우 문태준 손택수 이영광 박성우 최금진 김성규 등이 이에 해당하겠지만, 아주 오랜 침묵 뒤에 시집을 엮은 김사인과 근년에 이르러 자신의 시세계를 확고히 한 문인수도 여기에 이름을 보태야 할 것이다.

　문인수(文仁洙)는 단문을 통해 짧게 호흡을 끊어가면서 특유의 정적인 긴장감을 생성하는 기법으로 인간 실존의 비극성을 담담하게 일깨우는 장인의 면모를 보여주었다. "독거노인 저 할머니 동사무소 간다. 잔뜩 꼬부라져 달팽이 같다./ (⋯) 이년의 꼭지야 그 언제 하늘 꼭대기도 넘어가랴./주전자 꼭다리 떨어져나가듯 저, 어느 한점 시간처럼 새 날아간다"(「꼭지」,『배꼽』, 창비시선 286, 2008)처럼, 그는 모든 대상을 잘 짜여진 풍경으로 전환시킴으로써 아름다움의 절정을 추구하지만, "세상을 향한 단 한마디 원망도 없이, 그저/"죄송합니다. 정말, 죄송합니다." 짤막한 유서를 남기고 갔다.//헌 냄비엔 이제 라면 대신 안친 번개탄 세장,/한줌 재 속엔 또한/세 모녀의 마지막 목소리가 서로,/도란도란 젖으며 짤막하게 식어갔다"(「의논이 있었다」,『나는 지금 이곳이 아니다』, 창비시선 385, 2015)에서는 예리한 시선을 통해 기구하게 살다 가는 삶의 변방을 세계의 중심으로 돌려놓고자 하는 정신을 잃지 않는다.

　김사인(金思寅)은 오체투지로 대상에 파고드는 정성과 섬세하고 정갈한 언어를 통해 기발한 상상력과 화려한 문법 없이도 시가 근원에의 질문으로 충만할 수 있다는 것을 매섭게 증명하였다. 세상살이의 고난과 고통을 곡진하게 표현하는 그는 기꺼이 손가락 세개로 도루코 쎄트를 파는 장돌뱅이가 되고(「덕평장」,『가만히 좋아하는』, 창비시선 262, 2006), 나 어린 처녀의 외간남자가 되기도 한다(「부뚜막에 쪼그려 수제비 뜨는 나어린 처녀의 외간남자가 되어」,『가만히 좋아하는』). 특히 그가 폐지 줍는 노인의 뒤에서 "늦은 밤 그 방에 켜질 헌 삼성 테레비를 생각하면/기운 씽크대와 냄비들/그 앞에 선 굽은 허리를 생각하면/목이 멘다/방 한구석 힘주어 꼭

짜놓았을 걸레를 생각하면"(「바짝 붙어서 다」,『어린 당나귀 곁에서』, 창비시선 382, 2015) 이라고 쓰면, 그 나지막한 읊조림에도 불구하고 읽는 이를 존재론적 예감 속으로 몰아간다. 이는 전통적인 서정성을 가장 비루하고 초라한 곳까지 밀고감으로써 오히려 그 한계를 극복하는 귀한 사례라 할 만하다.

문태준(文泰俊)은 소란한 문명과 불가피한 욕망으로 들끓는 앞마당을 벗어나 환몽과 기억의 세로가 얽혀 있는 뒤란을 마련함으로써, 2000년 이후 우리 시단의 동요 속에서도 가장 묵직하게 서정시의 중심을 지키고 있는 시인으로 평가받아 마땅하다. "새는 내 머리맡을 돌다 깊은 산으로 사라졌다/ (…) /누군가 나를 부엉이 눈 속으로 데려가리라"(「새」,『수련거리는 뒤란』, 창비시선 196, 2000)에서 뿌리깊은 토속적 세계의 원형을 차분한 직정으로 그리던 그는, "오늘은 이별의 말이 공중에 꽉 차 있다/나는 이별의 말을 한움큼, 한움큼, 호흡한다/먼 곳이 생겨난다/나를 조금조금 밀어내며 먼 곳이 생겨난다"(「먼 곳」,『먼 곳』, 창비시선 343, 2012)처럼,

현실의 구조와 언어적 전통을 함께 주목한 2000년 이후 창비의 시집들

삶을 관조적인 시선으로 따라가는 듯하다가도 마침내는 세계의 핵을 통과해내는 경지로 우리 시에 깊이를 더하였다.

자신의 가족사와 변방의 삶을 민중적 서사성 위에서 깊이있게 구현해온 손택수(孫宅洙)의 시는, 전언 이전에 실감을 통해 일상의 순간들을 전복시키는 저력을 보여주었다. 그는 "등짝에 살이 시커멓게 죽은 지게자국을 본 건/당신이 쓰러지고 난 뒤의 일이다/ (…) /적막하디적막한 등짝에 낙인처럼 찍혀 지워지지 않는 지게자국/아버지는 병원 욕실에 업혀 들어와서야 비로소/자식의 소원 하나를 들어주신 것이었다"(「아버지의 등을 밀며」, 『호랑이 발자국』, 창비시선 222, 2003)는 진솔한 언술로 실존의 비극적 실체를 꿰뚫어보는 한편, 나아가 "한 량 두 량 목련이 떠나간다/꽃들이 전차 창문을 열고 손을 흔든다/저 꽃전차를 따라가면, 어머니 아버지/신혼 첫밤을 보내신 동래온천이 나온다"(「목련 전차」, 『목련 전차』, 창비시선 264, 2006)처럼 모든 존재의 쓸쓸함을 대지의 모성으로 뜨겁게 끌어안음으로써 허망한 삶에 건강한 생명력을 부여하는 저력을 보여주었다.

김선우(金宣佑)는 여성과 몸을 숙주로 사랑과 혁명의 핵심적 가치를 실천적으로 구현하고자 하는 노력을, 이영광은 자신의 일상에 정념을 적극적으로 투영하되 그를 통해 윤리적 영토를 확인하고자 하는 집요함을 보여주었다. 김선우가 "꽃을 기억하는 사람의/꽃이 아니라//꽃이 기억하는 열매까지/보여주어라//꽃으로 보여주어라"(「목련 열매를 가진 오후」, 『나의 무한한 혁명에게』, 창비시선 344, 2012)라고 노래할 때, 그것은 구호와 선언이 지향하는 가상의 시공간으로서가 아니라 어머니의 땅에서 깊이 무르익고 있는 무한한 지평으로서의 사랑과 혁명이다. 그래서 전쟁과 학살로 얼룩진 시대의 현장에서, "죽은 사람들이 밀려드"는 묘지로 돌변한 축구장에서 "해골처럼 덜그럭거"리는 "해를 차며 아이들이 달린"(「축구장 묘지」, 『나의 무한한 혁명에게』)다고 말하는 그의 슬픔은 어느 기도보다도 절대적인 연대의 형식이다.

이영광(李永光)이 가진 묵직한 정념은 진솔한 사색을 원천으로 삼는다. 그러나 "실직과 가출, 취중 난동에 풍비박산의 세월이 와서는 물러갈 줄 모르는 땅/ (…) /가시숲에 긁히며 돌아오는 지친 새들도, 아까징끼 바르고 다시 놀러 나온 아이도, 장기휴직중인 104동의 나도 사실은 실전의 정예들//목숨 하나 달랑 들고 참전중이었으니./아픈 천국의 퀭한 원주민이었으니"(「아픈 천국」, 『아픈 천국』, 창비시선 318, 2010)라고 말하는 그의 정념은 그것을 관장하는 시대를 강하게 환기함으로써 궁극적으로 시를 세계에 대한 윤리적 질문과 깊이 연루되게끔 만들고 있다. 그리고 그의 윤리적 지향은 자기 자신을 겨냥함으로써만 세계의 중심에 닿을 수 있다는 극진한 사실로부터 좀처럼 놓여나지 않는다. "병들지 않으면 낫지도 못해/그는 병들었다/ (…) /나는 재앙이 필요하다/나는 천재지변을 기다린다"(「저녁은 모든 희망을」, 『나무는 간다』, 창비시선 366, 2013)는 고백처럼, 그는 새로운 세계로 향하는 외부의 길을 내부에서 닦는 겸허함을 통해 대결과 전복의 논리를 새롭게 구축한다.

4

언어의 논리로 그 뜻을 드러내는 유비적인 방법론으로부터 최대한 멀어진 자리에서, 시의 의미를 언어의 감각으로 환기하는 방식을 선택한 시인들이 2000년 이후 창비의 시 한축을 이끌어왔다. 이장욱 조연호

진은영 정재학 김중일 이제니 등의 시는, 정련된 의미를 산출하는 일로부터 스스로를 차단하고 오히려 인식의 지평을 뒤흔드는 일에 자신을 집중한다. 사회와 시대의 의미체계가 딛고 있는 상투성에 균열을 가함으로써 저 심층에 갇혀 있는 미지의 빛을 확인하고자 하는 것이다. 이는 현실을 직접적으로 겨냥하는 전통적 방법론의 시대적 한계를 체험하고 시의 부정성을 언어적 과정을 통해 구현하고자 하는 사례들이라고 할 수 있다. 요컨대 그들은 사회의 모순과 대결하되 사회와 무관한 자리에서 싸우며, 새로운 세계를 염원하되 그것을 규정하지 않는 방식으로 바란다.

이장욱(李章旭)이 "저 바다 너머에서 해일이 마을을 덮쳤다. 바로 그 순간 생일이 찾아오고, 죽어가는 노인이 고개를 떨어뜨리고, 연인들은 처음으로 입을 맞추고"(「생년월일」, 『생년월일』, 창비시선 334, 2011)라고 할 때, 각각의 사건들은 천재지변의 순간을 표면적으로 나눠가질 뿐이다. 여기에는 세계의 질서를 발견하겠다거나 어떤 진리를 환기하겠다는 의지가 없다. 그의 시는 언표화된 "모든 것이 서로를 예외로 만드는 순간에/금방 태어난 표정"(「장화 신은 고양이」, 『생년월일』) 같은 것이어서, 사물은 물론 사유와 감각까지 모두 사물화된 채 자기의 위치를 고수한다. 세계는 좀처럼 주체의 권위에 포섭되지 않고 원근법의 시선으로 통일되지 않는다. 그의 시는 부정한 현실에 대해 그와 똑같은 논리 및 방법으로 싸우는 것이 아니라, 주체와 객체, 중심과 주변, 표준과 비표준 등 적대와 모순을 낳는 현실을 애초부터 설정하지 않음으로써 역설적으로 세계의 본모습을 투명하게 복원한다.

진은영(陳恩英)은 시가 정치에 대한 응답이라는 사실을 미학적으로 구현하는 드문 시인이다. "세상에서 강을 제일 증오하던 왕이 있었다/

그는 죽었다/태어나 정치가가 되었다"(「망각은 없다」, 『훔쳐가는 노래』, 창비시선 349, 2012)라는 표현은, 신화와 환상의 감각적인 결합을 통해 현실 정치의 비극성을 새롭게 재해석한 결과물이다. 그래서 그가 "확인할 수 없는 존재가 있다/깨진 나팔의 비명처럼/물결 위를 떠도는 낙하산처럼/투신한 여자의 얼굴 위로 펼쳐진 넓은 치마처럼/집 둘레에 노래가 있다"(「있다」, 『훔쳐가는 노래』)고 말할 때, 병렬된 이미지의 불연속체는 그 자체로 현실의 폭력성에 의해 소외되고 배제되고 상처 입은 존재들에 대한 증언이 된다. 그에게 시쓰기는 자본과 권력에 의해 현실로부터 망각된 주체들을 본래의 자리로 소환하는 과정인 것이다. 그래서 그의 시 곳곳에서 확인되는 이국적인 감각은 그 자체로 정치적 의지라고 불러도 무방할 것이다.

조연호(趙燕湖)의 작품은 언어를 가장 순수한 차원으로 돌려놓음으로써 시적 효과를 발휘한다. 그의 시에서 단어와 문장의 의미는 음운 형상 속에서 잠시 그 실마리를 드러내고는 이내 멀어진다. 그러므로, "하나의 영혼이 둘 이상의 신체로 덮여가는 날에/격이 낮은 언니의 밤에/접혀 있는 발이 아코디언처럼 소리를 펼치고 있는 건/밤이 인간의 청동빛 위를 걷고 있기 때문이다"(「아르카디아의 광견」, 『천문』, 창비시선 312, 2010)라는 표현에서 우리는 어떠한 의미론적 해석을 덧낼 필요도 없다. 정서나 감각은 문맥 뒤에서 도사리고 있을 뿐, 그의 시는 어휘와 어휘의 결합을 통해 의미의 낯선 충돌을 이끌어냄으로써 거기로부터 새로운 세계, 그의 표현대로라면 "우주가 음사된 우리들의 세계"(같은 시)를 창조하고 있는 것이다. 그의 시는 기표와 기의의 틈을 최대한 벌려놓은 채 거기에 드나드는 순간적인 의미들로 하여금 낯선 세계의 예감을 실어 나르게 만든다.

김중일(金重一) 시의 구조는 사회적 구조에 근거하지 않으며 마찬가지로 사회적 구조의 부분도 아니다. 그러나 사회적 구조의 총체성을 가져간 곳에서 미학적 얼개를 통해 전혀 다른 사회적 구조물을 완성한다. 김중일이 "매일매일 출소해서/세상 모든 열쇠를 뒷주머니의 열기 속으로 다 삼켜버린/매단 별이 몇개인지 셀 수도 없는 태양이란 탕아를/다시 독방 속에 가둔/붉게 녹슨 저녁의 철문"(「삭어버린 마음」, 『아무튼 씨 미안해요』, 창비시선 347, 2012)이라고 쓰는 세계는 현실의 이곳도 미지의 저곳도 아니다. 어쩌면 이곳의 것들로 만든 저곳의 풍경이라고 해야 할 것이며, 한편으로는 저곳을 통해서만 드러낼 수 있는 이곳의 이야기라고 해야 할 것이다. 그래서 김중일의 시가 현실과 관계 맺는 작용과 반작용의 양상은, 단일한 알레고리 기법을 넘어선 자리에서 세계의 결핍에 저항하며, 궁극적으로 그 결핍을 채우고자 하는 입체적인 노력에 해당한다고 말할 수 있다.

　　5

　최근까지 우리 현대시의 집단적 과제는 서정시의 오랜 규율이었던 '주체'와 '동일성'의 원리를 한계와 모순을 생산하는 원인으로 지목하고 그것을 미학의 지평 바깥으로 몰아내는 것이었다. 그러한 노력은 주체에 의해 밀려난 타자를 발견함으로써 그에게서 배제된 진실과 박탈된 권리를 복구하는 임무를 충실히 수행하는 과정이었다. 그러나 현실에 대한 깊이있는 성찰을 결여한 채 가공된 이미지를 병렬적으로 축적해가는 경향이 오히려 현실의 유토피아적 상상력을 고갈시킬 수 있다는 우려가 꼭 무고한 것만은 아닐 것이다. 창비의 시는 그러한 사례를 전위적 가치로 인준하는 담론 전유의 욕망을 경계하는 한편, 전통적 방법론의 나태한 반복과도 냉정하게 결별하면서 2000년대 이후를 지나가고 있다. 무엇보다도 그것이 전통적이든 전위적이든 현실을 대체하기 위해 현실을 홀연 삭제하는 것이 아니라 현실에서 꾸는 꿈으로 더 큰 시적 현실을 구축하고자 하는 믿음을 포기하지 않는 것이 '창비의 시'가 가진 자부와 긍지라고 할 수 있을 것이다.

소설이 역사와 현실을 껴안았을 때

송종원

문학사를 이해하는 관습적인 방법 중 하나는 십년 단위로 작품들의 경향과 변화를 추적하는 것이다. 당연하게도 이러한 방법은 허구적 결과물을 양산하기 쉽다. 그것이 시든 소설이든, 문학사의 시간이 십년 단위에 맞춰 새롭게 조정될 리는 만무하다. 그럼에도 불구하고 선명하고 선정적인 도식을 원하는 부류에서는 현상의 맥락을 성급히 파악하거나, 또는 과장된 세대론 등을 들고 나와 문학의 변화를 과잉 포장하고는 했다. 가령 작품의 환상성과 관련한 몰역사적 접근이나 파국적 상상력에 대한 과장된 비평적 언사, 또는 포스트 IMF 세대론 등이 그렇다. 이러한 담론들은 특정 미학의 영역이나 이념적 논리를 초과하며 작성된 2000년대 한국문학의 다양한 실상을 포착하기엔 역부족인 면이 없지 않다.

宋鐘元 문학평론가, 『창작과비평』 편집위원. 주요 평론으로 「사실, 역사, 그리고 시」「텅 빈 자리의 주위에서」 등이 있음.

창비의 비평적 감식안은 저와 같은 담론들의 태도에 거리를 유지하면서 작품들을 들여다볼 유의미한 기준을 만들어내려 노력해왔다. 90년대 중후반부터 창비는 진영논리를 탈피하려는 노력은 물론이거니와 그간 꾸준히 유지해온 태도 즉 "역사를 묻고 역사에 대한 스스로의 책임을" 동시에 묻는 민족문학론의 지향을 지켜왔다. 다시 말해 현실 지형의 변화에 민감하게 반응하면서 동시에 '문학이 무엇인지 다시 묻는 일'을 게을리하지 않았다. 변화하는 역사적 상황 속에 유동적 현실을 포착해낸 작품들에 대한 선호는 창비가 가진 기본 입장이기 때문이다.

시대의 격변에 맞닿아 있던 민중들의 삶을 정직하게 대면하려는 소설에 창비는 주목했다. 한국사의 비극인 6·25에 숨겨져 있던 진실과 80년 광주의 악몽을 진솔하게 상대했던 소설들, 가령 황석영의『손님』(2001), 공선옥의『그 노래는 어디서 왔을까』(2013), 한강의『소년이 온다』(2014) 등이 대표적이다. 여기에 80년대 사회변혁을 꿈꾸며 이념과 이상을 좇았던 이들의 삶을 그린 황석영의『오래된 정원』(2000)과 공지영의『별들의 들판』(2004), 그리고 현기영의『누란』(2009) 등을 더할 수도 있다. 세 작품은 한국사회의 변화가 얼마나 유의미한 세상으로의 이동이었는지 되묻는 작업을 펼쳤다.

한국역사의 거대서사에서 배제된 인물들의 삶을 그려냄으로써 역사의 복수성(複數性)을 환기시킨 작품들도 있다. 근대화과정에서 소외된 삼류인생들을 희극적이면서도 서정적으로 그린 은희경의『마이너리그』(2001)가 대표적이다. 초라한 주변부 인생들에 내재하는 풍요로운 삶의 신비를 그려낸 송기원의『사람의 향기』(2003) 역시 빼놓을 수 없다. 천명관의『칠면조와 달리는 육체노동자』(2014)에 담긴 다수의 작품들은 주류에서 벗어난 삶을 사는 사람들이 겪는 절박한 현실과 삶의 활력을 그려냈으며, 하강하는 사회 분위기 속에서 간신히 존재하는 사람들의 목소리를 개성있는 언어로 구사한 황정은의 『파씨의 입문』(2012)이나 『계속해보겠습니다』(2014)는 구체적 현실을 날카롭게 소설로 옮긴 작품이었다.

분단체제가 만들어낸 비극적 삶의 형상을 곡진하게 그려낸 작품들도 창비의 소설선을 채웠다. 탈북여성이 남한으로 건너와 정착하는 과정에서 겪게 되는 수모를 그려 분단체제의 상처를 고스란히 드러낸 정도상의 『찔레꽃』(2008), 탈북 후 국제유랑민으로 살아가는 로기완의 삶을 추적하며 타인의 삶과 비극을 고스란히 이해하는 방법을 구하려 한 조해진의 『로기완을 만났다』(2011), 남한에 거주하는 탈북자의 시선으로 우리 사회의 병폐를 바라보며 우리의 삶의 터전이 얼마나 병들어 있는지를 낱낱이 파헤친 전수찬의 『수치』(2014) 등이 여기에 속한다. 분단과 이산의 문제를 냉정하면서도 아프게 그려낸 작품으로는 전성태의 『늑대』(2009)와 『두번의 자화상』(2015)에 실린 소설들도 빼놓을 수 없다.

역사와 개인 혹은 역사와 소설 사이의 문제를 질문하는 소설들도 있다. 역사에 짓눌렸던 개인이 역사와 화해하는 과정을 그린 작품으로 정지아의 『행복』(2004)이나 『봄빛』(2008)이 있다면, 기록된 역사를 초과하는 소설적 진실을 찾아 헤매는 작품으로는 김연수의 『나는 유령작가입니다』(2005)가 있다. 이 소설들은 모두 역사가 무엇이고 소설이 무엇인지 질문하는 감각의 자장에서 쓰였다. 소설을 통해 역사와 현실에 대한 감각을 기묘하게 비틀면서 리얼리티에 대해 질문하는 이장욱의 『고백의 제왕』(2010) 역시 이 부류에 속한다. 이들은 모두 역사 내지 현실과 소설 사이에서 둘의 관계를 새롭게 조정하는 작업을 했다.

우리 시대의 청춘들이 어떤 현실을 살고 그것과 부딪혀 어떤 대응을 보이는지 확인할 수 있는 작품들도 빠질 수 없다. 도시의 생태, 청춘의 성장과 관련한 서사를 재기발랄한 감각으로 그려낸 김애란의『달려라, 아비』(2005)나 한국사회의 억압과 폭력성에 온힘을 다해 분노하고 절망하는 젊은 인물들을 충격적으로 그린 김사과의『미나』(2008)와『영이』(2010)에는 2000년대를 통과하는 우리 시대 청춘의 자화상이 그려져 있다. 소소하면서도 꾸밈없는 문체로 젊은 세대의 비극적 일상과 그 안에서 형성된 따뜻한 인간미를 놓치지 않은 김미월의『아무도 펼쳐보지 않는 책』(2011)과 막막한 현실을 살아가면서도 자기 주위 사람들의 삶에 관한 관찰을 놓지 않고 함께 버티며 살아가는 지혜를 배우는 김금희의『센티멘털도 하루 이틀』(2014)도 우리 시대 청춘의 초상을 엿볼 수 있는 소설집이다.

근대화과정 속에서 우리가 상실한 어떤 감각과 감수성을 환기시키는 것은 물론이거니와 그를 통해 우리의 현재를 되돌아보게 하는 소설 역시

우리 사회의 고통과 희망의 진실성을 담은 2000년대 이후 창비의 소설들

창비에서 출간됐다. 2000년대 한국문학의 사건이기도 했던 신경숙의
『엄마를 부탁해』(2008)는 모성신화와 무관한 자리에서 우리 삶의 배후
가 되어주었던 어머니의 구체적 모습을 감각적으로 되살려, 우리 사회
의 성장에 토대가 되었던 어떤 저력을 확인하게 했다. 김애란의『두근
두근 내 인생』(2011) 역시 압축적 근대화의 병폐가 드리워진 현실 속에
서도 완전히 소멸하지 않은 우리 내면의 힘을 다시 한번 확인시켜준 작
품이었다.

현실의 폭력성에 맞서 일그러진 형상의 삶을 살아가는 인물들을 독
특한 미감으로 그려낸 소설들도 있다. 천운영의『바늘』(2001)은 동물적
생존을 이어나가는 인물들을 통해 우리 사회를 살아가는 사람들의 징
신적·육체적 불구성의 문제를 건드리는 데 성공했고, 강영숙의『날마
다 축제』(2004)는 인간의 의식을 짓누르며 찾아오는 현실의 그로테스크
함을 주변부적 삶을 통해 그려냈다. 한강의『채식주의자』(2007)는 식물
성의 삶을 꿈꾸는 인물을 통해 우리 사회의 폭력성과 병리성을 예리하
게 가시화했으며, 편혜영의『재와 빨강』(2010)은 파국을 맞은 도시를 알
레고리로 내세우며 그 안에서 삶이 괴물의 형상으로 변해가는 과정을
그렸다. 불안한 가족관계를 중심으로 우리 사회의 잔혹성을 환기시킨
김숨의『국수』(2014) 또한 이 계열의 작품으로 거론할 수 있겠다. 기묘한
분위기를 지닌 이 소설들은 모두 우리 사회가 얼마나 건강한지를 독특
한 미학으로 되묻는 작업이었다.

다양한 소재와 화소를 소설이라는 장르 안으로 용해시키는 데 능숙
한 작품들도 있다. 박민규는『핑퐁』(2006)과『더블』(2010)에서 여러 하위
문화적 요소들을 접속시킨 서사나 장르 간 경계를 허무는 작업에 발군
임을 증명했다. 윤이형의『큰 늑대 파랑』(2011) 역시 장르적 요소를 소설

에 끌어들여 가파른 절벽과도 같은 현실의 한계를 미묘하게 감각화했다. 김중혁의『좀비들』(2010) 또한 대중문화적 요소와 장르적 장치를 소설로 끌어들여 독특한 방식의 이야기를 발명해냈다. 창비는 이들의 실험적 작업을 현실과 무관하지 않은, 현실을 발언하는 새로운 수사법으로 보았다.

의뭉스러운 익살과 입담을 장기로 내세우며 비루한 인간 군상들의 삶을 흥미롭게 그려낸 소설들도 있다. 성석제의『황만근은 이렇게 말했다』(2002)는 엉뚱한 삶을 살아가는 사람들의 기묘한 활기를 형상화했고, 손홍규의『봉섭이 가라사대』(2008)는 인간적 삶이 지켜내야 할 가치와 덕목을 평균 이하의 삶을 살아가는 사람들을 통해 그려냈다.

냉정한 관찰력을 토대로 우리 사회에 만연한 욕망의 형태들을 해부한 소설들 역시 창비에서 출간되었다. 권여선의『분홍리본의 시절』(2007)은 날카로운 윤리적 의식으로만 포착할 수 있는 보통사람들의 추악한 욕망들을 들여다보는 작업을 해냈고, 은희경의『태연한 인생』(2012)은 완강한 통속과 상투의 세계는 물론이거니와 예술가연하는 인물의 속내까지도 해부의 대상으로 삼아 우리 사회에 대한 신랄한 욕망의 보고서를 작성해냈다. 정미경의『프랑스식 세탁소』(2013)는 다양한 전문직 종사자들의 삶에 깃들어 있는 세속적 욕망의 세계를 초월적 미의 세계와 충돌시키며 그려내는 독특함을 보였다. 공지영의『도가니』(2009)는 우리 사회의 기득권자들이 얼마나 악랄하게 시스템을 활용하여 자신의 이익과 안위를 지켜내고 있는지 고발하는 데 성공했다. 최진영의『팽이』(2013)는 자본의 착취와 무한경쟁의 삶 속에서 폭력적인 내면을 구성해가는 것과 동시에 어떤 인간성을 상실해가는 사람들의 모습을 위태롭게 그렸다.

일상의 평화 속에 숨겨진 위선과 위기를 섬세한 시선으로 포착하거나 거기에 값싸지 않은 위안의 시선을 던져놓은 작품들도 있다. 하성란의 『푸른수염의 첫번째 아내』(2002)는 일상의 허약함을 여지없이 드러내며 비극의 끝을 향해 집요하게 달리는 힘을 보여주었고, 이혜경의 『꽃그늘 아래』(2002)는 고요한 일상이 파괴되는 순간을 맞은 인물들이 희망도 절망도 없이 묵묵히 자신의 삶을 버텨내는 모습을 감동스럽게 그렸다. 김인숙의 『그 여자의 자서전』(2005)은 상실했던 삶의 의미를 우연한 사건들과 마주치며 서서히 회복해가는 과정을 섬세한 필치로 그려냈고, 윤성희의 『감기』(2007)는 불행을 마주한 인물들이 그것에 포획되지 않는 윤리적 상상력을 발휘하여 제 삶을 계속 이어나가는 독특한 방식의 성장서사로 만들어졌다. 각자의 상처를 짊어지고 사는 고독한 개인이 고립된 일상에서 타인에게 점점 더 다가가는 과정을 세련되게 그려낸 조경란의 『일요일의 철학』(2013)도 기억해야겠다.

창비가 2000년대에 출간한 소설들은 그간 창비가 지켜온 가치를 일정부분씩 내장하고 있다. 익히 알려져 있듯이 창비는 작품의 사회적 맥락을 중시했으며, 그에 따라 작품이 담고 있는 우리 사회의 고통과 희망의 진실성에 집중했다. 달리 말하자면 지금이 어떤 시대이고 이 시대에 관해 질문하는 문학적 방식이 무엇인지를 묻고 또다시 묻는 과정 속에서 작품을 바라보면서 그에 걸맞은 작품집을 출간해왔다. 창비가 고수한 '문학적 실천' 혹은 '리얼리즘의 운동성'과 같은 추상적 명제들, 이 명제들을 구체화하는 여러 작업 속에는 2000년대 창비가 출간한 소설들이 포함되어 있을 것이다.

현실과 대결하며 대안을 모색하는 인문정신

염종선

창비가 출간한 인문사회서는 '창비신서' 씨리즈가 주종을 이루었던 2000년대 이전과 개별 단행본 중심인 그후의 시기로 구별된다. 씨리즈 물이든 단행본이든 창비 인문사회서가 추구한 기본 방향은 우리가 처한 사회현실과 대결하며 더 나은 세상을 위한 새로운 대안을 모색하는 것이다. 이 두가지 과제가 한몸을 이루며 실답게 성취되었을 때 창비의 인문정신은 빛을 발했다.

2000년대 이후의 인문사회 저자들을 살펴보기 전에 그 앞시기부터 활동한 대표저자들을 돌아본다면 리영희 박현채 강만길 백낙청 임재경 유홍준 홍세화 박석무 임형택 송재소 등을 꼽을 수 있다. 초창기 '창비신서' 1세대 간판 저자들의 문제작에 뒤이어 1990년대에 들어서면 유홍준의 『나의 문화유산답사기』, 홍세화의 『나는 빠리의 택시운전사』 같은

廉鍾善 창비 편집이사.

사회성과 예술성을 두루 갖춘 인문 에세이들이 폭발적인 대중의 사랑을 받았다. 이 시기에 창비에서 재출간된 박석무 편역 『유배지에서 보낸 편지』도 여전히 살아 있는 다산(茶山)정신을 일깨우며 변함없는 스테디셀러로 자리잡았다.

2000년대의 초입에는 세계사에 기록될 비극적인 사건이 있었다. 2001년 9월 11일, 미국의 뉴욕과 워싱턴에서 이른바 9·11테러사건이 일어났다. 이른 아침 텔레비전 화면에서 세계무역센터가 무너지는 충격적인 장면을 지켜본 한국의 독자들에게 아랍과 무슬림은 생소한 미지의 영역이었다. 국가보안법 위반으로 복역하고 나온 문명교류학자 정수일(鄭守一)이 옮긴 『이븐 바투타 여행기』(전2권, 2001)는 이슬람권에 대한 이해가 전무하다시피 한 당시 한국사회에서 큰 반향을 일으켰다. 그는 연이어 자신의 학문을 집대성한 『실크로드학』(2001)을 집필했고 『이슬람 문명』(2002), 『소걸음으로 천리를 가다』(2004), 『한국 속의 세계』(전2권, 2005), 『초원 실크로드를 가다』(2010) 등의 묵직한 저서들을 펴냈다. 그리고 옥중에서 집필하여 출옥할 때 가지고 나온 초고 뭉치를 토대로 세계 최대 규모의 역작인 『실크로드 사전(事典)』(2013)을 완성해 그해 한국출판문화상을 수상했다.

인문사회 분야에서 창비가 가장 중요하게 천착해온 주제는 한반도 문제라고 할 수 있다. 백낙청(白樂晴)의 『분단체제 변혁의 공부길』(1994), 『흔들리는 분단체제』(1998), 『한반도식 통일, 현재진행형』(2006) 같이 한반도의 독특한 현실을 자본주의 세계체제와의 연관 속에서 '분단체제론'으로 정립하고 발전시킨 저작들과 『2013년체제 만들기』(2012) 등 근년의 사회비평서들이 이 범주에 속한다. 한반도 문제에 관해서는 권헌익·정병호의 『극장국가 북한』(2013), 박명규의 『남북 경계선의 사

2000년대 이후 창비의 주요 인문사회 필자인 정수일 진중권 서경식 엄기호 김두식

회학』(2012), 홍석률의 『분단의 히스테리』(2012) 같은 저서도 주목할 만하다.

건축가이자 도시설계자인 김석철(金錫澈)의 저서들도 2000년대 창비의 목록을 특색있게 빛내준다. 『희망의 한반도 프로젝트』(2005), 『한반도 그랜드 디자인』(2012)은 남한에 국한되지 않는 한반도 차원의 국토 재편 프로젝트로서 실천적인 차원의 분단체제극복 기획을 선보인다. 자서전 『도시를 그리는 건축가』(2014)와 건축 교양서 『세계건축기행』(1997)도 독자의 꾸준한 사랑을 받고 있다.

임형택(林熒澤)은 이미 오래전부터 창비와 함께 작업해온 국학자이자 비평가이다. 2000년대 들어 『실사구시의 한국학』(2000), 『한국문학사의 논리와 체계』(2002), 『한국학의 동아시아적 지평』(2014) 등 중후한 역작을 저술했다. 한문학자 송재소(宋載卲) 역시 창비의 오랜 저자로서 『다산시 연구』(초판 1986, 개정증보판 2014), 『한시 미학과 역사적 진실』 (2001) 등의 본격 학술서뿐 아니라 『중국 인문 기행』(2015) 같은 교양서로 문향과 풍류가 어우러진 기행문학을 선보여 독자대중의 호평을 받았다.

문학평론가 최원식(崔元植)은 일찍이 1985년에 임형택과 더불어 『전환기의 동아시아 문학』을 엮어내며 척박한 한국의 풍토에서 '동아시아론'을 처음 제기했고, 이후 백영서와 더불어 창비 동아시아 담론의 초석을 다졌으며 '서남학술총서' 발간을 이끌었다. 그는 저서 『제국 이후의 동아시아』(2009)와 공편서 『동아시아인의 '동양' 인식』(2010) 같은 주요 저작을 냈다.

중국사학자 백영서(白永瑞)는 창비에서 동아시아론을 본격적으로 발전시키고 한반도적 상황과 접목하고자 했다. 그는 『동아시아의 귀환』 (2000), 『핵심현장에서 동아시아를 다시 묻다』(2013) 등 주요 저서 외에 '동아시아의 비판적 지성'(전6권)을 엮어내며 동아시아의 문제적 지식인을 한국지성계에 본격적으로 소개했다. 창비의 동아시아에 대한 연구와 집필작업은 유용태 박진우 박태균이 공저한 『함께 읽는 동아시아 근현대사』(전2권, 2010~11), 김항의 『제국일본의 사상』(2015) 등 여러 저작으로 이어지고 이옥순의 『인도현대사』(2007) 등 더 넓은 영역의 아시아로 범위가 확장된다.

2000년대 들어 『창작과비평』 편집위원을 비롯한 젊은 학자들의 참여가 두드러졌다. 김종엽 이남주 최태욱 김영희 유희석 유재건 임홍배 이욱연 황정아 등이 참여한 '창비담론총서'의 『이중과제론』 『87년체제론』 『신자유주의 대안론』(이상 2009), 『세계문학론』(2010)은 21세기 창비의 사회적·비평적 담론을 갈무리한 기획으로 수록글 한편 한편이 주목에 값한다. 이필렬의『에너지 대안을 찾아서』(1999)는 한국사회에서 선도적으로 환경과 에너지 문제를 제기한 저서이다.

대법관을 역임한 김영란의『판결을 다시 생각한다』(2015), 법학자 김두식의『불멸의 신성가족』(2009), 사회학자 김동춘의『미국의 엔진, 전쟁과 시장』(2004), 엄기호의『단속사회』(2014), 역사학자 박태균의『이슈 한국사』(2015), 그리고 소장 사학자 김태우의『폭격』(2013)은 중후한 내용 못지않게 유려한 필치로 언론과 독자들의 주목을 받은 저술이다. 철학자 김상환의『니체, 프로이트, 맑스 이후』(2002)와, 그도 일원으로서 참여한 서양근대철학회의『서양근대철학』(2001), 『서양근대철학의 열 가지 쟁점』(2004), 『서양근대윤리학』(2010), 『서양근대미학』(2012), 『서양근대종교철학』(2015)으로 이어지는 철학 씨리즈는 창비의 목록을 풍부하게 해주었다. 탁석산의『한국인은 무엇으로 사는가』(2008) 등도 우리에게 삶의 철학이 지니는 중요성을 환기해주었다.

담론이나 인문학적 연구 못지않게 중요한 것이 당대 현실에 대한 적극적인 참여다. 긴박한 사회적 현안을 다룬 책들로는 2010년 발생한 천안함 침몰사건을 다룬『천안함을 묻는다』(강태호 엮음)와『과학의 양심, 천안함을 추적하다』(이승헌 지음), 2014년 세월호사건 유족들의 절절한 아픔을 담아낸『금요일엔 돌아오렴』(416세월호참사작가기록단 지음), 트라우마에 대한 사회적 치유의 문제를 환기시킨『천사들은 우리 옆집에 산다』(정혜신·진은영 지음) 등이 있다. 특히『금요일엔 돌아오렴』은 2015년 한국출판문화

세월호 유가족들의
증언과 고백을 생생히 담아낸
『금요일엔 돌아오렴』(2015)

상을 수상하고 다수의 언론에서 '올해의 책'으로 선정되는 등 크게 주목받았다. 그밖에 일찍이 난민문제를 제기한 『여기가 당신의 피난처입니다』(이호택·조명숙, 2010), 차별받는 특수고용노동 문제를 다룬 『사장님도 아니야 노동자도 아니야』(이병훈 외, 2013) 같은 책도 중요한 목록이다.

　현안 대응에서 빼놓을 수 없는 것이 정치와 정책 관련한 문제이다. 앞서도 언급했던 백낙청의 『2013년체제 만들기』와 『백낙청이 대전환의 길을 묻다』(2015)가 대표적인 저작이다. 전자는 '87년체제'의 질곡을 극복하고 한반도에 새로운 체제를 만들기 위해 무엇을 할 것인지를 탐구하고, 후자는 정치, 경제, 교육, 노동, 남북관계, 여성, 환경 등 7개 분야 전문가와 '한국사회의 대전환'을 키워드로 대화를 나누며 대안을 모색한다. 이일영의 『혁신가 경제학』, 정대영의 『한국경제 대안 찾기』(이상 2015), 박창기의 『혁신하라 한국경제』, 이기정의 『교육대통령을 위한 직언직설』(이상 2012) 등도 한국사회가 당면한 문제들과 현장에서 대결하는 책이다. 현실에 대해 누구보다 치열하게 고민한 학자로서 우리가 잊지 말아야 할 이름이 있다면, 『한국의 진보를 비판한다』(2012), 『개혁적 진보의 메아리』(유고집, 2015)의 고(故) 김기원 교수와 『북조선 연구』(2010)의 고 서동만 교수이다. 이들은 아까운 나이에 작고한 너무나 귀한 창비의 인문사회 필자이다.

　창비 인문사회서 목록에서 해외의 저자들이 기여하는 바도 크다. 『자본주의는 미래가 있는가』(2014), 『유토피스틱스』(1999) 등의 이매뉴얼 월러스틴(Immanuel Wallerstein), 『한국현대사』(2001)의 브루스 커밍스(Bruce Cumings), 『맑스 '자본' 강의』(2011)의 데이비드 하비(David Harvey), 『북한 현대사』(2014), 『한국전쟁』(1999)의 와다 하루끼(和田春樹), 『종속국가 일본』(2008)의 개번 매코맥(Gavan McCormack), 『남자들은 자꾸 나를 가르치려 든다』(2015)의 리베카 솔닛(Rebecca Solnit), 『제국의 눈』의 천 광싱(陳光興), 『아시아라는 사유공간』(이상 2003)의 쑨거(孫歌) 같은 석학의 저작이 두드러졌다. 물론 열악한 환경 속에서 번역의 악전고투를 묵묵히 수행해준 수많은 옮긴이들의 수고로움은 더말할 나위 없다.

교양서로는 서경식의 『나의 서양미술 순례』(초판 1992, 개정판 2002), 『나의 서양음악 순례』(2011)를 필두로 김두식의 『불편해도 괜찮아』(2010) 『욕망해도 괜찮아』(2012), 진중권의 『진중권이 만난 예술가의 비밀』(2015) 등이 근년에 나온 책으로 돋보인다. 만화는 창비가 새로이 개척하고 있는 장르이다. 국가인권위원회와 함께 기획한 만화 『십시일반』(2003), 『사이시옷』(2006), 『어깨동무』(2013)는 일찍이 입소문을 타고 교육현장에서 없어서는 안될 인권교과서로 자리잡았고, 최호철 유승하 김수박 김성희 최규석 앙꼬 윤필 등의 만화작가들이 개성 넘치는 작품을 펴냈다. 특히 최규석의 『송곳』은 2015년 최고의 화제작으로 노동만화라는 새로운 도전이었을 뿐 아니라 사회성과 예술성이 결합하여 주는 감동이 어떤 것인지를 잘 보여주었다.

제한된 지면 안에 창비 인문사회서 수백권의 내력을 짜임새 있게 담아내는 것은 애초에 불가능한 과제였는지도 모른다. 일부 저자와 저작의 이름을 열거만 한 것에 그친데다가 더 나쁘게는 수많은 훌륭한 저자와 저작을 거론하지 못한 결례를 범했지만, 창비의 다음 50년에도 날카로운 비평감각으로 시대를 헤쳐가는 인문사회서들이 더 많이 나오길 기대하며 여기서 글을 마무리하고자 한다.

운동성의 회복과 동아시아 연대

백지운

2003년, 오랜 마포시대를 뒤로하고 파주사옥으로 옮기면서 창비는 새로운 도약을 시작한다. 그중에서도 『창작과비평』 창간 40주년을 맞은 2006년은 창비가 이제껏 걸어온 길에 발딛되 정치적·문화적으로 달라진 시대의 의미를 성실히 새기며 쇄신을 도모하는 중대한 계기였다. 40주년을 맞아 창비가 내세운 기치는 '운동성의 회복'이었다. 『창작과비평』 40주년 기념호(2006년 봄호)에서 백영서 주간은 일상의 타성에서 벗어나는 동시에 일상으로 돌아가 현장에 뿌리내리는 긴장을 강조했다. 그것은 창비가 이미 주류문화에 진입했다는 우리 사회 일각의 비판을 겸허히 받아안으면서 시대적 과제에 헌신하겠다는 다짐이기도 했다. 그러나 새로운 시대가 요구하는 운동성은 과거 독재정권시대의 민족민주운동과는 다른 차원이었다. 2006년 제1회 '동아시아 비판적 잡지

白池雲 서울대 통일평화연구원 HK교수, 『창작과비평』 편집위원. 저서 『동아시아의 지역질서』(공저) 등과 역서 『열렬한 책읽기』 『위미』 『귀거래』 등이 있음.

회의'에서 백낙청 편집인이 한 발언처럼, 대의가 확실하던 시대의 운동성이 아닌, 복잡해진 현실에 기반한 새로운 시대의식의 비전을 찾아야 했다. 그것은 한반도의 개혁과제, 분단체제의 극복, 동아시아 지역연대, 나아가 세계체제의 전환을 통해 새로운 인류문명을 내다보는 중층적이고 장기적인 안목을 요구하는 것이었다.

『창비』40주년 기념호는 '6·15시대, 무엇을 할 것인가'라는 특집으로 새로운 시대의식 탐색의 첫발을 내디딘다. 때마침 남과 북이 획기적인 통일방안에 합의한 6·15공동선언이 채택됨에 따라, 다가오는 '통일시대'에 대한 인식과 그에 따른 실천방안을 점검하는 다채로운 관점의 글들이 모였다. 6·15정상회담 이후 남북의 인식 변화가 갖는 의미를 날카롭게 지적하고 남북이 협력하여 각자의 개혁을 실천할 것을 주장한 서동만의 「6·15시대의 남북관계와 한반도 발전구상」, 한국사회의 양극화 문제를 남북문제와 연결하여 한반도 단일경제권, 동아시아 분업관계 및 네트워크형 전략투자 등 신개념을 제시한 전병유의 「양극화와 한반도경제」는 6·15시대 사회인식의 방향성을 제시하는 무게있는 글이었다. 또한 김엘리의 「탈분단을 위한 남북여성들의 연대적 실천」과 현무암의 「동아시아와 코리안 디아스포라」는 각각 여성과 코리안 디아스포라의 관점에서 6·15시대를 보는 시각의 유연성과 복수성을 끌어내었다. 마지막으로, 한반도 통일 문제를 동아시아 지역협력 나아가 세계적 차원의 억압체제의 극복으로 연결시킨 유재건의 「역사적 실험으로서의 6·15시대」는 6·15시대의 세계사적 의미를 명확하게 제시했다. 최근 악화일로를 걷고 있는 남북관계를 생각하면 당시의 이같은 선구적인 지적 노력들이 결실을 맺지 못한 것이 아쉽기만 하다. 그러나 창비가 오랫동안 제기해온 민족·민주 문제와 분단체제론, 동아시아론 그리고

문인, 평론가, 인문사회과학자, 시민운동가 등
창비 안팎의 다양한 지식인들로 구성된 세교연구소의 창립총회(2006. 1. 6)

자본주의 근대의 적응 및 극복이라는 일련의 과제 속에 남북문제가 핵심적인 고리로서 향후에도 지속적으로 심화된 사유를 요구하는 것만은 분명하다.

'운동성의 회복'을 위해 창비는 창간 40주년을 계기로 몇가지 획기적인 사업을 개시했다. 그중 대표적인 것이 세교연구소의 설립이다. 2006년 1월 사단법인 세교연구소는 학문의 과학적 인식과 현장의 생생함, 그리고 문학적 상상력 사이에 '다리를 놓는다'는 모토를 알리며 정식 출범했다. 연구소가 위치한 서교동의 옛 이름인 '세교(細橋)', 즉 '잔다리'라는 뜻에 기반한 것이다. 우애와 사회성을 바탕으로 민주화와 자주화를 진전시키고 성평등적·생태친화적 사회를 실현하여 통일시대와 동북아 평화체제라는 이정표를 향한다는 취지 아래, 세교연구소는 문학과 사회과학 그리고 현장의 시의적 이슈들을 주제로 2016년 1월 현재

총 108차의 월례 정기포럼과 13회의 공개 심포지엄을 개최했다. 매월 열리는 정기포럼이 회원들을 중심으로 사회적 쟁점에 대한 이해를 돕거나 전반적인 사회인문학적 교양을 함양하는 역할을 했다면, 공개 심포지엄에서는 외부의 학술·활동단체들과 결합하여 시대적 현안 중 의미있는 주제를 발굴하고 문제의식을 공유해왔다. 가령 연전의 공개 심포지엄으로 '중국 사회주의의 변화를 어떻게 볼 것인가'(2013.11)에서처럼 한반도 바깥 정세에 대한 심도있는 분석을 진행하는가 하면, '세월호 시대의 문학'(2015.4)에서는 온 국민을 비탄에 빠뜨린 세월호가 남긴 상처의 의미를 뼈아프게 되새기는 자리를 마련하기도 했다.

두번째로 들 수 있는 것이 웹주간지 『창비주간논평』(weekly.changbi.com)의 창간이다(2006.5.1). 오프라인 잡지 『창작과비평』에서 운동성을 회복하는 노력을 경주하는 것은 당연한 과제지만, 계간지의 특성상 다양한 현안과 쟁점에 시의적절하게 대응하는 데 한계가 있었다. 또한 계간지에 실리는 글들이 상당한 사유와 이론적 깊이를 수반하는 만큼 때

2006년 5월 창간된 『창비주간논평』(weekly.changbi.com)

로 지나치게 무겁다는 독자들의 의견을 숙지하고 있던 차였다. 이러한 문제의식을 기반으로 '창비주간논평'은 대중에게 좀더 쉽게 다가가는 글쓰기를 지향하면서, 당면한 이슈를 날카롭고 신속하게 다루는 정론과, 문학적·문화적 교양의 폭을 지속적으로 넓히는 시론, 양축을 중심으로 하였다. 그리고 차츰 각종 문화평, 연재만화, 서평 등이 추가되면서 지면이 한결 풍요로워졌다.

'운동성의 회복' 면에서 창비가 이뤄낸 또 하나의 중대한 진전은 동아시아 지식인들과의 연대를 강화한 점이다. 1990년대부터 창비가 발신해온 동아시아론에 대해서는 국내외의 호응이 작지 않았다. 사회주의권 붕괴 이후 시대의 진보적 방향을 전면적으로 재설정해야 할 요구에 호응하여, 자본주의적 근대와 사회주의적 근대를 동시에 넘어설 새로운 문명적 비전 탐구라는 과제를 제기한 동아시아론은 창비의 소중하고 자랑스러운 업적임에 분명하다. 그러나 일방향적이고 담론 중심이라는 한계 또한 부인할 수 없었다. 그런데 2000년대 들어 중국, 일본, 대만, 오끼나와 등 동아시아 각지의 진보적 지식인들과 실질적인 교류가 시작되면서 이러한 한계를 넘어설 계기들이 봇물처럼 터져나오기 시작했다.

그 첫 성과물이 '동아시아의 비판적 지성' 씨리즈(2003)이다. 천 광싱(陳光興)의 『제국의 눈』, 쑨 거(孫歌)의 『아시아라는 사유공간』, 추이 즈위안(崔之元)의 『중국은 어디로 가고 있는가』, 왕 후이(汪暉)의 『새로운 아시아를 상상한다』, 사까이 나오끼(酒井直樹)의 『국민주의의 포이에시스』, 야마무로 신이찌(山室信一)의 『여럿이며 하나인 아시아』 이렇게 총 6권으로 기획된 이 씨리즈는 대만, 중국, 일본 각 지역의 역사적·사회적 맥락에서 독자적인 비판적 거점을 세우고 현장에서 치열하게 싸워온 지식인들의 자전과 논문, 대담 등을 모은 것이다. 한국의 독자들에게 살아 있는 당대 동아시아 지성의 목소리를 생생하게 전달한 이 학문적·담론적 성과는 창비의 동아시아 연대의 새로운 서막을 열었다.

2006년 4월 『창작과비평』 온라인 일본어판(jp.changbi.com)의 발행은 이처럼 동아시아의 독자들과 소통하려는 창비의 성실한 염원이 만든 작은 결실이다. 또한 이는 창간 이후 『창비』가 지속적으로 추구해온 '세계적 시각'을 확보하려는 노력의 일환이기도 하다. 매호마다 특집과 비중있는 원고들을 번역해 발신하는 수고가 적지 않지만, 동아시아의 거대한 문명자산을 기반으로 새로운 세상을 여는 길을 동아시아 독자들과 함께 밟아가는 즐거움에 비한다면 아무것도 아닌 것이다.

동아시아 연대의 본격적인 출발은 2006년 6월 '동아시아 비판적 잡지 회의'에서 시작된다. 『창비』 창간 40주년 기념 국제회의와 겸해 서울 프레스센터에서 열린 제1회 비판적 잡지 회의의 주제는 '연대로서의 동아시아'였다. 대만의 『대만사회연구(臺灣社會研究)』, 오끼나와의 『케에시까지(けーし風)』, 일본의 『겐다이시소오(現代思想)』『세까이(世界)』『임팩션』(Impaction)『젠야(前夜)』, 중국의 『두슈(讀書)』『민젠(民間)』, 그리고 『인터아시아 문화연구』(Inter-Asia Cultural Studies) 등의 잡지들이 초대된 가운데, 지구화와 탈제국, 아시아의 평화구축, 동아시아의 평화와 진보, 운동의 매개로서의 동아시아 등 다양한 의제가 제출되었다. 이후 비판적 잡지 회의는 2008년 타이베이에서 '화해의 조건'을 주제로, 2010년 진먼(金門)섬에서 '화해의 장벽의 3대 문제', 2012년 서울에서 '동아시아, 대안적 발전모델의 모색', 2013년 오끼나와 나하(那覇)에서 '연동하는 동아시아: 진정한 지역평화를 향하여', 2015년 홍콩에서 '식민 아시아'를 주제로 총 여섯차례 개최되었다. 이같은 일련의 회의를 통해 지난 십여년 동아시아 각지에서 비판적 활동을 벌여온 지식인들과 탄탄한 인적 네트워크를 형성한 것은 창비에는 더없이 소중한 자산이다. 이 네트워크를 기반으로 동아시아의 근대와 탈근대, 평화와 진보 같은 근원적 문제를 일회성에 그치지 않고 지속적으로 더불어 사유하는 플랫폼이 만들어졌을 뿐 아니라, 동아시아 각 현장과의 신선한 소통을 자양으로 창비의 동아시아론 또한 한결 성숙해질 수 있었던 것이다.

창비의 교육출판, 새로운 길

박종호

교과서 개발, '조마조마'한 심정으로

"제가 참 조마조마한 심정이었습니다. 하나는 검정에 통과되지 않으면 회사로서는 막대한 손해를 보는 거니까 그랬던 것도 있고, 그 점에서는 강일우 사장도 조마조마했겠죠. 또 2012년 한해 제가 박근혜 후보에게 밉보일 일들을 많이 했잖아요? 이게 안되면 누구 때문에 안됐다는 소리를 들을 것 같아서 그것 때문에 내가 더 조마조마했던 겁니다."

2013년 초겨울, 서교동 인문까페 창비에서는 '2009 개정 교육과정'(이하 2009 교육과정)에 따라 창비에서 출원한 교과서 5종(중학교 『국어』, 고등학교 『국어I』 『국어II』 『문학』 『독서와 문법』)의 검정 통과를 축하하는 모임이 열렸다. 집필자들과 내부 직원, 외부 협력사 직원 등이 함께한 이 자리에서 백낙청 선생은 인사말씀을 하면서 '조마조마'란 말을 되풀이해서 들

박종호 서울 신도림고 국어교사. 창비 '문학' 교과서 대표집필자 및 『국어교육, 어떻게 할 것인가』 공저자.

는 이들에게 의미심장한 웃음을 선사해주셨다.

창비에서 교과서를 만든다고? 누구나 의문을 가져볼 만한 일이 일어났다. 창비가 교육출판, 그 가운데도 중고등학교 국어 교과서 출판에 참여하게 된 과정을 더듬어볼 필요가 있다.

2003년, 참여정부 당시 김진경 선생(시인, 청와대 교육문화 비서관 역임)이 '교육혁신위원회'의 교육개혁 방안 중 일부인 교과서 발행제 개선과 관련해 대형 참고서 출판사 외에 능력있는 단행본 출판사의 참여가 절실하다며 창비와 몇몇 출판사들에 교과서 편찬사업 참여를 제안했다. 이를 계기로 창비는 교과서 개발에 관해 검토를 했고 "해볼 만하다"는 결론을 내리고 교과서 사업을 시작하게 되었다.

"국어하고 국사를 고려했다가 국어 쪽으로 집중하게 된 건 두가지 이유인데 하나는 우리가 문학 전문 출판사이니까 필자들도 많이 알고 좋은 글도 많이 아니까 가능하지 않겠나? 또 하나는 창비가 보는 관점에서 좋은 작품을 더 많은 독자에게 읽힐 수 있는 기회를 확보하는 게 중요했어요." 당시 창비 교과서사업을 결정할 때 고세현 사장, 강일우 이사, 김이구 이사(당시 직함)와 함께 논의에 참여한 계간 『창작과비평』 백영서 주간의 회고처럼, 교과서사업 참여 결정은 창비로서도 새로운 사업 분야로 나아가는 중요한 선택이었다.

주말, 방학도 잊고 밤을 새우면서 만든 교과서

창비가 국어 교과서 개발사업을 시작한 것은 2003년 봄부터 준비기간을 거친 뒤, 2007년 9월 교과서출판부(김이구 이사 총괄)가 출범하면서부터이다. 2009년 6월에는 교과서사업본부로 확대되었고, 2014년 6월에는 ㈜창비교육이 설립되어 교육부문 출판의 전문화를 꾀하고 있다.

'2007 교육과정'에 따라 창비에서 개발한 국어 교과서

　검정 교과서 개발 및 보급 과정은 이렇다. 교육부 교육과정 고시, 집 필진 구성, 교과서 개발, 교과서 검정 출원 및 심사, 검정 결과 발표, 수 정본 제출, 최종 합격 발표, 교과서 전시본 배포, 학교의 교과서 선정, (사)한국검인정교과서의 교과서 주문 취합, 교과서 생산, 교과서 보급 등 20여개 단계를 거친다. 검정 교과서 개발 고시부터 검정 출원 시기까 지는 보통 1년 6개월가량 시간이 주어지는데, 이명박정부 때인 2009 교 육과정 시기에는 이마저도 1년 남짓으로 축소되어 많은 어려움을 자아 냈다.

　앞서 '2007 개정 교육과정'(이하 2007 교육과정) 시기에는, 1차년도에 중1『국어』, 2차년도에 중2『국어』와 고등학교『국어』, 3차년도에 중3 『국어』와 고등학교『문학I』『문학II』교과서 개발을 이어갔다. 모두 검 정 통과가 되었고, 학교에서는 창비 교과서 채택을 둘러싸고 한바탕 '전쟁'이 벌어졌다. 그 결과 중학교는 선전, 고등학교에서는 뚜렷한 성 과를 거두었다. 학교 현장의 교사들, 교과서 출판사들 사이에서 '국어 교과서는 창비가 강하다!'는 인정을 받은 셈이다. 그러다가 2011년 8월

'2009 교육과정'이 고시되면서 다시 중학교『국어』, 고등학교『국어I』『국어II』『문학』『독서와 문법』교과서를 개발, 출원하기 위해 작업에 매달려야 했다. 이전 교육과정에 따라 개발한 교과서 중 일부가 학교 현장에서 사용되기도 전에 새로운 교육과정이 고시되어 새 교과서를 개발해야 하는 어처구니없는 일이 발생한 것이다.

이렇게 진행된 1~2기 교과서 개발의 주요 경과를 살펴보자. 2007년 2월 '2007 교육과정' 고시, 2008년 11월 중1『국어』검정 출원, 2009년 8월 중1『국어』검정 합격, 2010년 8월 중2『국어』및 고등학교『국어』검정 합격, 2011년 8월 중3『국어』및 고등학교『문학I』『문학II』검정 합격, 2011년 8월 '2009 교육과정에 따른 교과 교육과정' 고시, 2012년 4월 중학교『국어』교과서 6권 검정 출원, 2012년 8월 중학교『국어』교과서 검정 합격, 2013년 1월 고등학교『국어I』『국어II』『문학』『독서와 문법』교과서 출원, 2013년 8월 고등학교 교과서 4종 검정 합격.

한마디로 집필팀, 편집팀, 조판팀, 디자인팀은 숨쉴 틈도 없이 달리고 달려서 교과서를 만들어야 했고, '전일근무 체제'를 유지하다시피 했다. 주말과 방학을 반납하고 방방곡곡에서 모여 밤을 하얗게 새우면서 만든 교과서인 셈이다. 교과서 집필팀은 국어교육의 각 영역별 전공 교수·연구자들과 현장 교사들로 구성하였다. 고등학교『문학』의 경우 현장 교사들이 주축이 되어 집필을 했고, 2기 교과서 개발 때는 다른 출판사에까지 영향을 미치기도 하였다. "교과서 집필에 참여하면서 교사로서 교육과정과 수업의 전문가라는 말을 얻게 되어 참 행복했다." "좀더 크게 수업이나 교과서를 보게 되고, 배운 게 많다. 학생들이 교과서 학습활동을 어떻게 받아들이는지 생생하게 알게 되었다." "교육의 본질에 대한 고민을 깊게 하게 되었고, 무겁지 않은 교과서, 창비라는 로망과의 만남을 잊을 수 없다"라는 집필 참여 교사들의 고백에서 창비 교과서가 집필자 선정이나 운영에서도 이전의 다른 출판사가 시도하지 못한 새로운 변화를 만들어냈음을 확인할 수 있다.

편집팀도 처음에는 경험이 없어 고생을 많이 하다가, 교과서 개발 경험이 있는 편집자들이 합류하면서 작업을 마무리할 수 있었다. 그런데 편집자들은 교과서 편집 말고도 해야 할 일이 많았다. 지도서, 자습서, 평가문제집, 내신문제집, 교수 학습 자료, 수능 문제집, 각종 홍보물까지 한정된 기간 안에 집중 개발함으로써 그 피로도가 극심하여 후유증이 남기도 했다. 또한 후발 주자라는 약점을 극복하기 위해 자체 개발한 온오프라인 교수 학습 프로그램인 '똑똑샘'을 들고 전국의 학교를 찾아다니며 시연하고 상담하느라 애쓴 '대외협력팀' 식구들, 김경언 박동흠 이교성 최창호 이주경 김성삼 곽문영 씨 등의 노고도 잊을 수 없다.

학급문집, 교육총서, 청소년시선 발간

창비는 국어 교과서 발행을 하면서 그 성과를 학생들과 나누고자 하는 교육사업을 기획하였다. 2013년부터 교사와 학생들이 함께 참여하는 학급문집 만드는 일을 북돋우고 알리기 위해 '우리 반 학급문집 만들기' 행사를 한겨레신문사와 함께 열었다. 이 행사에는 한국작가회의와 서울시를 비롯하여 여러 광역시도 교육청이 후원을 맡아주었다. 전국에서 1천여개 학급을 선정해서 학급문집을 만들어주고, 창비교육에서 그 성과를 모아 '전국 중고생 글모음'인『나도 할 말 있음』『나도 생각 있음』『꾸물꾸물 꿈』을 출간하기도 하였다. 또한 국어교육의 이론적 실천과 현장의 실천을 묶어서 국어교육의 길을 함께 찾아가는 마당으로 '창비교육총서'를 기획하고『국어교육, 어떻게 할 것인가』를 시작으

창비청소년시선 1·2번 『의자를 신고 달리는』과
『처음엔 삐딱하게』(2015)

로 『새로 쓰는 현대시 교육론』을 내고, 『현대소설 교육론』『고전문학 교육론』『문법 교육론』으로 이어가려고 한다.

또한 청소년들에게 감동과 재미를 듬뿍 안겨주면서 동시에 청소년의 삶의 갈피에서 길어올린 생각과 느낌을 청소년의 목소리로 노래하는 '창비청소년시선'을 기획하여, 공동 시집인 『의자를 신고 달리는』 『처음엔 삐따하게』와 『자물쇠가 철컥 열리는 순간』(조재도 시집)을 출간하였다. 이밖에도 『즐거운 토론 수업을 위한 토론 교과서』『선생님과 함께 떠나는 문학 답사』(1·2) 등을 출간하였다.

교육출판의 새로운 길을 열어가기를

2015년 9월, '2015 개정 교육과정'이 고시되면서 3기 창비 교과서 개발도 시작하였다. 중학교 『국어』, 고등학교 『국어』『실용 국어』『문학』『독서』 교과서를 순차적으로 이어갈 터인데, 앞선 두번의 교과서 개발 경험을 바탕으로 현장의 능력있는 교사들과 연구자들이 더 많이 결합하고 한층 성숙한 편집 씨스템이 어우러져 이루어낼 성과를 기대한다. 여기에 2015년부터는 현장 교사를 위한 직무연수, 온라인연수 등을 기획하여, 세종시교육청·인천시교육청 등과 협력하여 교육연수기관으로 자리잡기 위해 힘쓰고 있다.

창비가 하면 새로운 길이 열린다. 교육출판, 교과서 개발, 교육연수에서 창비만이 할 수 있는 일을 계속해서 만들어가면 좋겠다. 현장에서 길

어울린 성과를 모아 만든 교과서, 단행본, 다채롭고 재미있는 교육연수 등에서 의미있고 흥미로운 기획들을 쏟아내면 좋겠다.

그래서 우리 학생들이 창비 교과서와 책을 읽고 자기를 표현하고 다른 사람의 생각을 이해하는 방법을 배우고, 좋은 말과 아름다운 글로 삶과 사회의 진실에 다가설 수 있기를 바란다. 나아가 문학이 주는 감동, 삶의 진실을 찾아서 떠나는 여행을 즐길 수 있는 시민으로 성장하면 좋겠다.

이오덕 이후의 시대를 개척하다

원종찬

필자는 마포 시절부터 창비와 인연을 맺었다. 창비는 심학산 아래 파주출판도시에 여느 출판사보다 일찍 둥지를 튼 편이다. 필자가 사는 인천에서는 마포로 가기보다 파주로 가는 자유로가 앞이 더 훤해서 좋았다. 그러나 처음 가서 본 출판도시는 썰렁하기 짝이 없었다. 새로 지은 사옥은 창이 심학산 쪽으로 나 있는지라 들어서는 길 쪽에서 보면 꼭 등을 보이고 웅크린 듯했다. 필자는 출판도시로 들어설 때 자유로휴게소 옆길을 이용했다. 휴게소에서 어묵, 떡볶이, 호떡 같은 것을 사 들고 가면 어린이책 편집자들이 크게 환호하며 모여들었던 기억이 난다. 그만큼 출판도시는 섬처럼 외진 데 자리하고 있었다. 출판도시 안에는 가게가 보이지 않았으며, 회의를 마치고 뒤풀이를 하려면 일산 신도시까지 나와야 했다. 지금은 출판도시가 꽉 들어차서 어디 주차하기도 힘든 사

元鍾讚 아동문학평론가, 인하대 한국어문학과 교수.『창비어린이』창간 편집위원 역임. 저서로『아동문학과 비평정신』『동화와 어린이』『한국 근대문학의 재조명』등이 있음.

정이 되었으니 격세지감이다.

돌이켜보면 창작과비평사가 파주로 이전해서 이름을 창비로 바꾼 2003년은 우리 아동문학의 역사적 전환점이었다. 그해에 전설적인 아동문학가 두분이 별세했다. 동요의 아버지라고 불린 윤석중(尹石重) 선생과 아동문학비평의 대명사 이오덕(李五德) 선생이 돌아가신 것이다. 두분의 상징성으로 보아 이는 우리 아동문학사에서 한시대의 마감이라고 해도

아동문학계에 새로운 논의의 장을 마련한
계간 『창비어린이』 창간호(2003년 여름호)

과언은 아니다. 특히 이오덕 선생은 1977년 '창비아동문고'를 탄생시킨 핵심 주역의 한사람이었는바, 창비 어린이책의 역사에서 파주시대는 '이오덕 이후의 시대'라고 이름 붙일 수 있다. 바야흐로 아동문학의 21세기가 눈앞에 펼쳐진 새로운 시대의 시작이었다.

이와 같은 역사적 전환점에서 계간 『창비어린이』가 창간되었다. 2003년 여름에 창간호를 낸 『창비어린이』는 '비평의 사각지대'라고 일컬어지던 아동문학계에서 새로운 시대의 창작 방향을 둘러싼 치열한 논의를 이끌어냈다. 김이구 편집위원이 기초한 「창간의 말: 전환기 아동문학과 『창비어린이』」의 일부를 살펴보자.

우리 아동문학이 그동안 매여 있던 굴레에서 용솟음해 벗어나오려는 '두겹의 탈출'을 주목해야 한다. 그 하나는 폐쇄적인 문단구조로부터 벗어남이고, 다른 하나는 헐벗은 당위의 문학으로부터 벗어남이다. 분단시대 아동문학에 지워진 과제를 제대로 감당하지 못했을뿐더러, 독재정권

시기에 최소한의 양심과 이성을 지켜내지 못한 이른바 제도권 아동문학
은 이제 껍데기만 남게 되어, 이로부터 벗어나는 일은 거의 자연적으로
이루어지고 있다고 보아도 좋을 것이다. 또다른 하나는 '어린이를 위한
문학'이라면서 정작 '어린이의 요구'를 빠뜨린 당위와 의무로부터 벗어
나는 일이다. 어린이를 위하고 동심을 추구한다는 명분으로 문학 자체로
부터도 멀어지고 아이의 현실도 바로 보지 못한 낡은 인식을 멀리 벗어
던져야 할 시점이다.

　여기서 말하는 '두겹의 탈출—폐쇄적인 문단구조와 헐벗은 당위의
문학으로부터 벗어남'이란 20세기적 관행의 청산을 가리킨다. 위의 글
은 "살아 있는 비평정신으로 아동문학의 새 시대를 힘차게 열어가고자
한다"는 선언으로 이어지는데, 이로써『창비어린이』의 창간 시점과 놓
인 자리를 짐작할 수 있다. '우리 아동문학, 어디까지 왔나'를 특집으로
내건 창간호는 김이구·이오덕의 '일하는 아이들' 개념 논쟁을 받아안
은 필자의「'일하는 아이들'과 '유희정신'을 넘어서」라는 평론으로 인
해 이오덕 비평의 '일하는 아이들'과 '유희정신' 개념을 둘러싼 논쟁으
로 확대되었다. 2000년대 아동문학은 농촌 아이들뿐 아니라 도시 아이
들, 소년기 아동뿐 아니라 유년기 아동의 삶을 함께 껴안고 이오덕 이후
의 과제를 해결해야 한다는 김이구와 필자의 문제의식에서 비롯된 논
쟁이었다.

　그럼 이와 같은 지향에 발맞추어 창비의 어린이책 출판은 어떤 실질
적인 변화를 이뤄왔는가? 오늘날 창비 어린이청소년책 출판부서에서
펴내는 씨리즈는 '첫 읽기책' '신나는 책읽기' '창비아동문고' '내가 만
난 역사 인물 이야기' '수학과 친해지는 책' '창비청소년문학' 등이다.

과거의 씨리즈는 오로지 '창비아동문고' 하나였고, 주된 독자는 초등학교 고학년이었다. '창비아동문고'가 2000년대 들어와서는 유아 그림책부터 청소년소설에 이르기까지 연령별·갈래별로 다양하게 분화 발전하고 있다는 사실이 씨리즈 이름에서 한눈에 드러난다.

그런데 이는 비단 창비의 어린이책 출판에 국한된 양상은 아니다. 주목되는 것은 창비의 어린이책 출판이 이러한 변화를 이끌면서 나름대로 전환기 아동문학의 방향타 역할을 해왔다는 데 있다. 과거에는 '창비아동문고'를 통해서 단행본 어린이책 출간을 이끌었다면, 지금은 여러 방면의 개척적인 성과를 통해서 국내 어린이책 출판사들의 참여와 경쟁을 이끌어내고 있는 것이다.

사실 우리 아동문학의 커다란 변화는 1990년대부터 시작되었다. 크게 보면 1987년 6월항쟁 이후 모든 방면에서 이뤄진 변화이지만, 어린이의 삶과 긴밀한 관계에 있는 아동문학 부문에서의 변화는 가장 극적이고도 전폭적인 양상을 보였다. 본디 아동문학은 근대사회의 산물로서 도시 중산층 핵가족을 기반으로 한다. 병영적 통제하의 일그러진 형태일망정 도시화·산업화가 꾸준히 진행돼오다가 어떤 경계를 넘어서 삶의 방식이 질적으로 바뀐 것은 1990년대라고 할 수 있다. 이때 비로소 시민사회가 성립하고 국민소득 1만 달러를 넘어섰으며, 소비영역에서 소외되었던 생산자, 곧 민중이 소비자, 곧 시민으로 자리잡았다. 지금은 거의 모든 유수의 출판사에서 어린이책을 발행한다. 어린이책 출판계에서 1990년대 이후 '빅뱅'을 경험한 것은 이와 같은 사회성격의 변화에서 말미암는다.

필자가 기억하기로 1990년대 창작과비평사에서는 『창작과비평』 창간 30주년에 이우성 선생에게서 받은 휘호이기도 한 '법고창신(法古刱新)'

이 중요한 화두의 하나였다. 어린이책 부서는 김순이 홍창의 신수진으로 이어지면서 혼자 편집을 맡는 구조였는데, 1995년 4월 '창비아동문고'의 법고창신을 이루고자 비공식적으로 '아생모'(창비아동문고를 생각하는 모임)라는 자문위원회를 만들었다. 다소 뜻밖이라고 여길는지 몰라도 '아생모'는 백영서『창작과비평』편집위원, 번역자 김경희, 그리고 필자로 처음 구성되었다가 백영서 교수 대신 김사인 시인이, 다시 김사인 시인 대신 번역자 김경연이 들어오면서 점차 틀이 잡혔다.

여기에서 나온 가장 획기적인 제안은 새로운 창작의 흐름을 자극하고 신인작가의 발굴을 도모하기 위해 '좋은 어린이책' 원고 공모를 신설하자는 것이었다. 창작부문(동시·동화·소년소설)과 기획부문(지식·정보책)으로 나누어 상금 1천만원과 볼로냐 국제아동도서전 참관을 부상으로 내걸었다. 지금은 흔해졌지만 그때까지는 이런 아동문학상 공모가 없었기에 '좋은 어린이책' 원고 공모는 아동문단에서 크게 주목되었고 당선작마다 선풍적인 인기를 끌었다. 이 공모를 통해 채인선(제1회 당선

작『전봇대 아저씨』), 박기범(제3회 당선작『문제아』), 김중미(제4회 당선작『괭이부리말 아이들』) 등 신인작가들이 속속 얼굴을 내밀었는데, 특히 첫 당선작 채인선의『전봇대 아저씨』는 판타지 장르 논쟁을 불러일으키면서 문단을 뜨겁게 달구었다.

채인선의『전봇대 아저씨』를 둘러싼 논쟁은 동화를 보는 시각의 차이뿐 아니라 익숙하지 않은 것에 대한 저항심리가 보태지면서 더욱 논란이 된 전환기

기존의 생활동화와 차별화되는 판타지로
논란을 불러온『전봇대 아저씨』(1997)

특유의 사례라고 할 수 있다. 1990년대 아동문학의 르네상스는 이른바 386세대 학부모가 주요 구성원이던 '어린이도서연구회'의 활동과 분리되지 않는다. 어린이도서연구회는 과거 제도권에서 배제되거나 저평가받던 10대 동화작가를 선정해서 널리 알렸고, 전집류보다 단행본 출판을 장려하면서 바람직한 어린이책 출판을 선도하고 있었다. 전국 시군구 단위로 조직된 하부조직 '동화읽는어른' 모임에서 소화하는 책만도 수천권에 달했으며, 이 독서시민단체에서 선정한 추천도서는 공신력을 띠고 빠르게 홍보되었다. 어린이도서연구회의 추천도서 목록에는 '창비아동문고'가 가장 많은 편수를 차지하고 있었다. 그런데 여기에서 제1회 당선작 『전봇대 아저씨』가 긍·부정으로 평가가 크게 엇갈리는 바람에 아예 추천도서 목록에서 빠져버리는 사태가 발생한 것이다.

어린이도서연구회에서 신망이 두터운 권정생 박완서 백낙청 세분의 본심을 통해 당선된 작품임에도 '이런 작품을 당선작으로 내다니 창비가 변했다'는 의견이 분분했다. 당시에 필자는 '동화읽는어른'을 대상으로 하는 강연에 많이 초대되었다. 필자가 보기에 채인선 동화를 낯설어하면서 의혹의 눈길을 보내는 이유는 대개 이러했다. 『전봇대 아저씨』는 '생활동화'가 아니라 '공상동화'이고, 주인공은 가난한 '산동네 아이'가 아니라 대도시 아파트에 사는 '중산층 자녀'가 아니냐? 필자가 물었다. 솔직히 여기에 앉아 있는 여러분은 산동네에 사느냐, 대도시 아파트에 사느냐? 오늘날 대도시 아파트에 사는 아이들이 소수 부유층 자녀라고 생각하느냐? 더욱이 과거 우리 아동문학은 십대 소년층을 주된 독자로 삼았지만 지금은 그 아래 유년층이 주요 독자로 떠오르고 있는데 그들을 위한 동화가 과거처럼 꼭 '생활동화'여야 하느냐? 과거 이오덕 비평의 시대에는 학령 전 아이들을 위한 그림책 장르 같은 것은 아예 논의 대상에도 오른 적이 없지 않으냐?

'창비아동문고'가 워낙 고학년 대상으로 씨리즈를 이어왔기 때문에, 자유분방한 상상력과 공상에 바탕을 둔 저학년 대상의 판타지는 낯설게 보이는 것이 사실이었다. 그래서 새로 만든 것이 '신나는 책읽기' 씨리즈였다. 김옥의 『학교에 간 개돌이』(1999), 채인선의 『그 도마뱀 친구가 뜨개질을 하게 된 사연』(1999), 임정자의 『어두운 계단에서 도깨비가』(2001) 같은 공상동화(판타지)는 저학년 아이들로부터 많은 사랑을 받았다. 저학년 독자를 위한 창작은 날로 커지는 수요에 비해서 성과는 상대적으로 부진한 실정이다. '좋은 어린이책' 원고 공모의 당선작도 거의 고학년 위주라서 2009년부터는 고학년 부문과 저학년 부문을 나누어 따로 뽑기로 했다. 가장 최근에 선보인 '첫 읽기책' 씨리즈는 유치원부터 초등 1학년을 대상으로 좋은 반응을 얻고 있다.

한편, 1990년대 아동문학의 르네상스기에 새로운 어린이책을 경험한 아이들이 2000년대로 넘어와서는 청소년 독자로 떠올랐다. 청소년문학을 아동문학과 성인문학 사이의 사각지대에 방치할 수 없는 단계에 이른 것이다. 그리하여 2007년에는 필자와 박숙경 김경연 박상준으로 구성된 창비청소년문학 기획편집위원회가 만들어졌다. 여기에서 오늘날의 청소년에게 쉽게 다가갈 수 있는 새로운 소재와 형식의 청소년소설 씨리즈를 기획했는데, 당시에는 청소년소설 전문 작가들이 거의 없었기 때문에 동화를 발표해온 작가들과 소설을 발표해온 작가들이 함께 참여하는 앤솔러지를 먼저 선보이고자 했다. 그 결과로 필자가 엮은 '10대의 선택에 관한 여덟편의 이야기' 『라일락 피면』(2007), 박상준이 엮은 '10대를 위한 SF 단편집' 『잃어버린 개념을 찾아서』(2007), 김경연이 엮은 '10대의 사랑과 성에 대한 일곱편의 이야기' 『호기심』(2008) 등

세 권의 단편집이 나와서 이목을 끌었다. 공선옥 성석제 최인석 표명희 박정애 듀나 송경아 등의 작가들이 이 앤솔로지에 참여했다. 이어서 새로 '창비청소년문학상' 공모를 제정했다. 제1회 당선작 김려령

청소년소설 붐을 일으킨 창비청소년문학상 당선작
『완득이』(2008)와 『위저드 베이커리』(2009)

의 『완득이』, 제2회 당선작 구병모의 『위저드 베이커리』를 비롯한 성과들이 줄을 이으면서 청소년소설에 대한 관심이 폭발했고 이후로 청소년소설의 위상도 대폭 바뀌었다.

이렇게 해서 창비의 어린이책은 유아 그림책부터 청소년소설에 이르기까지 남김없이 채워지게 되었다. 연령별·갈래별 씨리즈마다 아동문학사에 기록될 만한 문제적 작품과 스테디셀러로 자리잡은 성과들이 빛을 발한다. 2000년대 우리 아동문학의 가장 큰 과제는 장르 또는 창작 스타일의 불균형을 바로잡는 일이었다. 창비의 어린이책 부서가 파주로 이전해서 이뤄낸 그간의 성과들은 이 과제가 어느정도 성공적으로 해결되었음을 보여준다. 물론 "창비가 예전 같지 않다"는 비판이 없지 않거니와 정반대로 "창비는 맨날 똑같다"는 양극단의 반응들과도 마주치곤 한다. 이럴 때마다 다시금 떠올리는 화두가 '법고창신'이다. 비록 순탄대로는 아니었지만, 파주시대의 창비 어린이책 출판은 『창비어린이』의 비평적 활기를 바탕으로 '이오덕 이후의 시대'를 개척했다고 평가할 수 있다.

창비 책의 해외번역 현황과 과제

이순화

우리나라 주요 서점 베스트셀러 순위에는 항상 번역서가 다수 포함되어 있다. 소설은 물론 경제·경영서, 자기계발서에 이르기까지 분야도 다양하다. 1990년 이후 가장 비약적으로 성장한 아동출판은 저작권 수입에 의한 번역서 출판으로 시장이 확대되었고, 이후 출판시장이 드라마틱한 성장세를 보이며 한국은 세계에서 번역서를 가장 많이 출판하는 나라가 되었으니, 베스트셀러의 구성이 그러한 것은 어쩌면 당연한 결과일 듯하다.

그 반대인 한국 책의 해외진출 상황은, 2000년대 들어 신경숙 황선미 김영하 조경란 등이 해외에서 크게 주목받는 성과를 이루고, 2014년까지 수출계약 실적이 약 1만건에 달하고 있음에도 해외 독자들에게 대중적으로 알려질 만큼의 시장성을 평가받은 작품은 소수에 불과한 정도

李順嬅 창비 총무부장 및 저작권팀장.

이다. 이에 출판계는 아직 갈 길이 멀다며 서로를 다독이거나 여러 통로로 저작권 수출 활성화를 위한 토론의 장을 마련하는 등 다방면의 노력을 기울이고 있는 형편이다. 이런 출판상황 속에서 창비의 저작권 수출 사례와 과정을 소개하며 회사가 지나온 발자취를 함께 돌아보면서 앞으로의 전망과 과제를 제시하고자 한다.

1970~80년대: 번역의 태동

한국 책이 해외에 소개되는 일이 아주 드물 때인 이 시기에는 주로 일본의 지식인들이 한국의 진보적 문학운동 및 저술활동에 대한 관심과 연대의 의미로 창비의 책들을 일본에 번역 소개했다. 계간지에서 뽑은 『창작과비평』 논문선(『分斷時代の民族文化』, 社会思想社 1979), 『창작과비평』 좌담집(『民衆の結晶』, 現代書館 1981) 출간에 이어 강만길의 『분단시대의 역사인식』(學生社 1984), 『한국현대사』(高麗書林 1985), 『한국근대사』(高麗書林 1986), 리영희의 『전환시대의 논리』(御茶の水書房 1985)가 출판되었다. 백낙청의 『민족문학과 세계문학』I, II를 중심으로 번역한 백낙청 평론집(三一書房 1982: 御茶の水書房 1985), 그리고 문학작품으로는 신경림의 『농무』(梨花書房 1977), 고은의 『조국의 별』(新幹社 1989), 황석영의 『객지』(岩波書店 1986)와 『무기의 그늘』(岩波書店 1989), 17인 신작시집 『마침내 시인이여』(青木書店 1984) 등이 출판되었다.

1990년대: 대형 화제작 출판을 계기로

1990년대에 창비는 『소설 동의보감』 『나는 빠리의 택시운전사』 『나의 문화유산답사기』 같은 대형 베스트셀러를 연이어 출간하면서 국내

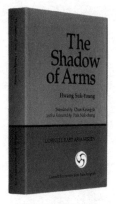

『무기의 그늘』영문판
The shodow of Arms

독자로부터 폭발적인 반응을 얻었다. 이런 반응과 관심은 국내외의 한국학 관련 연구자와 한국문학 번역에 열의를 갖고 있던 번역가들이 본격적인 활동에 나서는 계기가 되었다. 90년대에 번역출판된 대표적인 책으로는 백낙청의『민족문학과 세계문학』을 들 수 있는데, 일본 외에도 중국 원쉐(文學)출판사와 번역계약을 체결해 학술교류의 좋은 예를 보여주었다. 그리고 1994년 황석영의『무기의 그늘』을 미국 코넬대학 동아시아프로그램(Cornell University East Asia Program)과, 1996년 홍세화의 『나는 빠리의 택시운전사』를 일본 미스즈쇼보오(みすず書房)와, 유홍준의『나의 문화유산답사기』1~3권을 일본 호오세이(法政)대학출판부와, 1997년 이은성의『소설 동의보감』을 중국 헤이룽장(黑龍江)출판사와 계약하였다. 1995년 신경림 시선집이 프랑스 갈리마르(Gallimard)에서, 1996년 고은의『조국의 별』이 독일 주어캄프(Suhrkamp)에서 나와 창비의 책이 좀더 먼 곳의 독자 손에 닿을 수 있게 되었다.

사실 이때는 창비가 해외진출에 대한 구체적인 계획이나 추진의지를 가지고 있었다기보다 한국 내에서의 뜨거운 호응이 번역가들의 자발적 참여를 불러와 해외출판이 가능하게 된 것이 아닌가 싶다. 계기가 어찌되었든 이때만 해도 한국 출판계의 저작권 수출이 별로 없던 시절이기에 창비의 성과는 번역본을 발간한 현지의 상업적 성공과는 무관하게 큰 의미를 갖는다. 공식적인 기록을 남기지 않고 여러 해외 학술지나 문예지에 소개된 작품도 다수 있을 것으로 추측된다.

2000년대: 한국문학번역원·대산문화재단의 기여에 힘입어

2000년대에 들어서면서 한국문학번역원(약칭 '번역원')이 출범하고 그 이전부터 한국문학의 해외번역 지원에 많은 노력을 기울여온 대산문화재단의 활동이 활발해지면서 저작권 수출은 큰 전환점을 맞게 된다. 2001년 설립된 번역원이 2005년 프랑크푸르트도서전에서 한국이 주빈국으로 선정된 것을 계기로 착수한 '한국의 책 100' 프로젝트는 한국을 대표하는 도서를 선정해 번역을 지원하는 사업으로, 국내 출판사들은 이를 통해 해외진출에 꼭 필요한 자료를 국가예산으로 비교적 쉽게 마련할 수 있게 되었다. 이후 번역원과 대산문화재단은 샘플 번역, 초록(抄錄) 번역 등 지원사업을 다양화하면서 출판업계에 지속적으로 기여하고 있는데, 저작권 전문인력이 없는 출판사에는 더없이 절실한 도움이 아닐 수 없다. 번역원 기능의 한계에 대해서는 따로 다루어야겠지만 번역원의 설립은 분명 출판사에 많은 기회와 가능성을 제공해주었음에 틀림없다. 창비 역시 번역원의 지원사업으로 고은 시선『만인보』가 미국(Green Integer)에서 출판된 것을 비롯해 황석영「이웃 사람」, 김영하「크리스마스 캐럴」, 한강「내 여자의 열매」, 공지영「귓가에 남은 음성」등을 모아 독일(DTV)에서 출판하게 되었고, 이시우의『민통선 평화기행』(독일 Axel Dielmann Verlag), 강만길의『고쳐 쓴 한국현대사』(영국 Global Oriental) 같은 저술도 번역 출판되었다. 번역이 가장 어려운 분야인 시집으로는 신경림 시집『농무』(독일 Brandes & Apsel)의 출판도 빼놓을 수 없는 번역지원 성과이다.

이밖에도 2000년 이후 번역 출판된 책이 크게 늘었으니 연도별로 소개하면 다음과 같다.

2001년 백낙청의『흔들리는 분단체제』가 일본 크레인(クレイン) 출판사
　　　에서 출간.
2002년 황석영 중편「한씨연대기」와「잡초」「낙타누깔」「장사의 꿈」「삼
　　　포 가는 길」을 묶은 황석영 단편집이 프랑스 쥘마(Zulma)에서,
　　　『오래된 정원』이 일본의 대표적인 출판사 이와나미쇼뗀(岩波書
　　　店)에서 출간. 김중미 동화『괭이부리말 아이들』이 일본 코오사
　　　이도오(廣濟堂)에서 출간.
2003년 황석영 장편『무기의 그늘』이 쥘마,『소설 동의보감』이 대만 마
　　　이뗀(麥田)에서 출간.
2004년 은희경 장편『마이너리그』가 중국 베이징 쭤자(作家)에서, 황석
　　　영 장편『손님』이 이와나미쇼뗀에서 출간.
2005년 황석영 장편『손님』이 미국 쎄븐 스토리즈(Seven Stories)에서
　　　출간.
2006년 고은 시집『남과 북』이 미국 투펠로(Tupelo)에서 출간.
2007년 황석영 중편「한씨연대기」가 스웨덴의 대표적인 출판사 보니에
　　　르(Bonniers)에서 출간.
2008년 송진헌 그림책『삐비 이야기』가 프랑스 쏘르비에(Le Sorbier)에
　　　서, 김재홍 그림책『영이의 비닐우산』이 프랑스 디디에(Didier
　　　Jeunesse)에서, 최향랑 그림책『십장생을 찾아서』가 프랑스 찬옥
　　　출판사(Editions Chan-ok)에서, 권문희 그림책『석수장이 아들』
　　　과 정순희 그림책『새는 새는 나무 자고』가 디디에에서 출간.

　　2000년대 저작권 수출의 성장배경에는 90년대 이후 출판의 다양화와
세계화, 정보화라는 환경적 요인, 우수한 작품의 대거 등장, 편집 및 디

자인의 전문화와 세련화 등이 있다. 이를 바탕으로 에이전트들이 저작권 수출에 더욱 적극적으로 나선 점도 빼놓을 수 없다. 한마디로 팔 것이 많아진 셈이다. 또한 이 시기에는 유아·초등 교육출판물이 중국에 많이 수출된바 심지어 스티커북까지도 계약되었다고 할 정도였다. 저작권 수출도 중국의 경제성장세와 호흡을 함께할 정도의 성과를 기록하던 때라 할 수 있다.

2000년대에 출판계가 모두 중국시장에 집중할 때 창비는 조금 다른 행보를 택했다. 2005년 볼로냐아동도서전과 프랑크푸르트도서전에 부스를 연 이후 해마다 직접 부스를 차리고 도서전에 참가해 창비 책을 소개하면서 유럽이나 일본 출판사들과 주로 그림책 계약을 많이 하게 되었다. 특히 '우리시그림책' 씨리즈는 따뜻한 색채와 아름다운 그림으로 유럽 관계자들의 마음을 사로잡았다. 『넉 점 반』(윤석중 글, 이영경 그림), 『영이의 비닐우산』(윤동재 글, 김재홍 그림), 『쨍아』(천정철 글, 이광익 그림), 『새는 새는 나무 자고』(정순희 그림), 『시리동동 거미동동』(권윤덕 그림), 『길로 길로 가다가』(인강 그림), 『석수장이 아들』(권문희 그림), 『고양이는 나만 따라 해』(권윤덕 글·그림) 등의 그림책이 일본, 유럽, 미국에서 출판되었는데, 그중 『영이의 비닐우산』은 일본에서 번역 부문 '2006년의 그림책 베스트' 2위에 선정되는 등 작품의 우수성을 인정받았다. 중국 출판사에서도 그림책 계약 요구가 있었지만 작가나 창비 모두 당시 중국 출판의 질과 계약 후속관리에 대한 불안과 우려를 떨칠 수 없어 계약에 적극적으로 임하기 어려웠다. 유럽에서의 출판성과가 지속되었으므로 중국의 경우는 천천히 가도 되겠다고 생각한 것이었으나 그 시기는 생각보다 빨리 찾아왔다.

2010년 이후: 외면할 수 없는 중국시장, 분야와 지역의 다변화

케이팝(K-POP)이 전세계 젊은이를 열광케 하면서 한류가 동남아를 휩쓸고 중동까지 거세게 흘러간 뒤 미국 뉴욕을 거쳐 남미까지 진출하며 한국의 문화적 영향력이 폭발적으로 확대되었는데, 그 여파는 출판시장에까지 미쳤다. 영화 「완득이」가 동남아 국가에서 개봉된 이후 김려령의 원작소설 『완득이』의 번역출판 신청이 인도네시아와 베트남으로부터 연거푸 들어왔으니 말이다. 한류 열풍으로 2010년 이후에 창비에서 번역계약이 가장 크게 증가한 상대국은 역시 중국이다. 천천히 가려고 했던 중국과는 창비 아동서를 중심으로 많은 계약성과를 거두었다. 중국 출판계는 그림책에서부터 동화책, 소설, 논픽션 등 다양한 분야에 관심을 보이는데, 제리(接力) 출판사가 『넉 점 반』을 훌륭하게 출판함으로써 중국 출판시장에 대한 불안감을 어느정도 해소한 후 계약은 해마다 증가하고 있다.

『눈』(이보나 흐미엘레프스카 글·그림), 『샘마을 몽당깨비』(황선미 글, 김성민 그림), 『엄마 사용법』(김성진 글, 김중석 그림), 『꼬리 잘린 생쥐』(권영품 글, 이광익 그림), 『나의 린드그렌 선생님』(유은실 글, 권사우 그림), 『검정 연필 선생님』(김리리 글, 한상언 그림), 『무지막지 공주의 모험』(김미애 글, 정문주 그림), 『째깍째깍 시간 박물관』(권재원 글·그림), 『용감한 유리병의 바다여행』(김란주 글, 남주현 그림), 『쪽』(정호선 글·그림), 『내 거야』(정순희 글·그림), 『들키고 싶은 비밀』(황선미 글, 김유대 그림) 등이 2010년 이후 중국과 계약한 책으로, 이렇듯 출판 역시 중국은 더이상 외면할 수 없는 시장이다. 중국은 초판 발행부수가 많지만 도서가격이 낮아 선인세 외에 추가 인세가 발생하려면 한국에서보다 세배는 많이 팔려야 하는데 중국의 높은 교육열로 아동서는 추가 인세가 들어오는 경우도 꽤 있는 편이다.

어린이책의 중국 수출 성과가 괄목할 만
하다 하더라도 창비의 책 중에서 저작권 수
출로 가장 큰 성과를 거둔 것은 역시 신경
숙 장편『엄마를 부탁해』다. 2011년 4월 미
국 크노프(Knopf) 출판사에서 영문판을 펴
내 사전주문만 10만부를 돌파했고,『뉴욕타
임즈』와『퍼블리셔스 위클리』의 베스트셀
러 목록에 이름을 올렸다. 2011 아마존 선정
'문학·픽션 부문 올해의 책 베스트 10'에 뽑
히기도 한 이 소설은 전세계 36개국에 판권

『엄마를 부탁해』영문판
Please Look after Mom

을 수출했다(2016년 2월 기준). 출판에이전트인 KL매니지먼트의 노력으
로 거둔 이와 같은 성과는 한국 출판계 전체로 보아도 손 꼽힐 만한 성
공사례이다.

　2011년에는 백낙청의『흔들리는 분단체제』영문판이 "THE DIVI-
SION SYSTEM IN CRISIS: Essays on Contemporary Korea"라는 제목
으로 버클리 캘리포니아대학출판부에서 출간된 것을 비롯해 다수의 저
서가 일본과 대만 등지에서 나왔고, 백영서 저서『동아시아의 귀환』과
동아시아 관련 논저를 엮어 번역한『思想東亞: 朝鮮半島視角的歷史與實
踐』이 중국 싼롄슈뎬(三聯書店)에서 간체자본으로 출간되었다. 2012년
에는 황석영의『오래된 정원』이 미국 쎄븐 스토리즈에서 출간되었다.

　2015년 1월에는 유홍준의『나의 문화유산답사기: 일본편』을 이와나
미쇼뗸에서 번역 출간하였다. '일본 속 조선을 가다'라는 제목으로 1권
규슈편과 2권 아스카·나라편을 출간한 것인데, 한국어판 부제인 '빛은
한반도로부터'(1권)와 '아스카 들판에 백제꽃이 피었습니다'(2권)를 그

『영이의 비닐우산』 브라질판
O Guarda-chuva Verde

대로 살려 책의 주제의식을 분명하게 전했다. 일본 유력 일간지인 『아사히신문(朝日新聞)』은 2015년 1월 6일 석간기사를 통해 이 책의 번역 출간 소식을 비중있게 소개했는데, 한국에서 20만부 이상 발행된 베스트셀러임을 밝히면서 서로 상대방의 문화를 알고 존중하자는 책의 메시지를 전달했다.

한가지 더 빼놓을 수 없는 것은 『영이의 비닐우산』이 2011년 브라질에서 출판된 뒤 교육부 우수도서로 선정되어 전국의 학교 및 국공립도서관 약 1만여곳에 배포되면서 한국 그림책의 우수함을 남미에까지 알린 일이다. 브라질은 해마다 수종의 우수도서를 선정해 전국의 국공립도서관을 비롯한 다양한 어린이 시설에 보급해왔으며, 시각장애인을 위한 점자책, 오디오북으로 제작하기도 했다고 한다. 이처럼 그간 축적한 경험을 바탕으로 다양한 조력자들과 파트너십을 구축하여 양적으로 성장한 것은 물론 의미있는 출판에도 기여하게 되어 보람을 느낀다.

앞으로 무엇을 해야 하나

창비는 저작권 업무를 담당하는 인력이 없던 초창기에도 창비와 한국을 대표할 수 있는 뛰어난 저술·작품 들을 기회가 될 때마다 소개하는 식으로 저작권 수출을 해왔다. 2000년대 후반부터는 전문인력을 두어 공공기관과의 협력, 영문 및 중문 도서자료의 확충, 에이전시들과의 협업, 각종 도서전 참가를 통한 세계 각국으로의 판권 수출과 양질의 계약 추진, 사후 관리 등에 힘써왔다. 해외에서 쉽게 주목할 수 있는 베스트셀러뿐 아니라 좋은 문학작품, 인문사회서, 그림책, 어린이 논픽션 등 해외 출판사의 성격과 요구에 맞게 홍보하여 그동안 적지 않은 성과를 이루었다.

여기에 머물지 않고 더 큰 발전을 이루기 위해서는 무엇보다 세계시장에 통할 보편적 주제의 양서가 많아야 할 것이다. 외국의 출판관계자들을 상대하다보면 가장 한국적인 것이 세계적인 것이라는 구호는 환상임을 깨닫는 순간이 많다. 이러한 상황에서 창비가 출판사로서 해야 할 일이라면 언어권별로 각각의 에이전시와 파트너십을 맺어 지속적인 소통을 통해 신속하고 적합한 콘텐츠의 교류가 가능하도록 네트워크를 구축하는 것이다. 우리와 잘 맞는 각국의 현지 에이전시를 발굴하여 관계를 지속하는 것이 관건인데, 아직은 이러한 곳이 소수이지만 점차 확대해나갈 계획이고 또 그래야만 한다. 그밖에 해외에서 동시출간이 가능하도록 기획단계부터 우수한 출판사와 파트너십을 맺는 적극적인 접근도 고려해볼 만하다. 중국과 대만의 경우 동시 출간을 희망하는 규모 있는 출판사가 종종 있고 때때로 국가 지원이 뒷받침되는 경우도 있으니 적극적으로 활용이 가능하다. 그러기 위해서 저작권 담당자는 지역별 동향과 트렌드에 대한 전문성을 높이고 콘텐츠에 대한 안목을 키워야 한다. 이러한 노력이 바탕이 될 때 더 많은 세계의 독자들이 우리 책과 만날 기회가 열릴 것이다.

백
낙
청

1938년 대구 출생. 문학평론가, 서울대 명예교수, 창비 명예편집인. 1966년 계간 『창작과비평』을 창간했으며 민족문학작가회의 이사장, 시민방송 RTV 이사장, 6·15공동선언실천남측위원회 상임대표 등을 역임했다. 민족문학론을 전개하고 분단체제의 체계적 인식과 실천적 극복에 매진해온 우리 시대의 대표적 지성이다. 『민족문학과 세계문학』『통일시대 한국문학의 보람』 등의 평론집, 『흔들리는 분단체제』『한반도식 통일, 현재진행형』『어디가 중도며 어째서 변혁인가』『백낙청이 대전환의 길을 묻다』 등의 사회평론서와 『백낙청 회화록』 등 다수의 저서가 있다.

한결같되 날로 새롭게 나아가는 창비

백영서 심진경 한영인

백영서 2015년 내내 창비 50년사를 위해서 그동안 창비에 관여하신 여러 분을 인터뷰해왔는데 한해가 저물어가는 오늘이 그 마지막 순서입니다. 50년 역사 그 자체이신 백낙청(白樂晴) 선생님을 모시고 창비 역사와 관련된 주요 사실과 중요한 해석 지점을 정리하는 시간을 가지려고 합니다. 오늘은 특별히 여러 세대와 성별을 아울러 세사람이 질문자로 나섰습니다.

백낙청 50년사의 일부로 관여하신 여러 사람을 인터뷰하는 기획은 참 좋은 것 같아요. 그동안에 정리된 것들을 대부분 봤는데 목소리가 다

白永瑞 연세대 사학과 교수. 창비 편집주간 역임. 저서로『동아시아의 귀환』『핵심현장에서 동아시아를 다시 묻다』『사회인문학의 길』등이 있음.

沈眞卿 문학평론가. 저서로『떠도는 목소리들』『여성, 문학을 가로지르다』『한국문학과 섹슈얼리티』등이 있음.

韓永仁 문학평론가,『창작과비평』편집위원. 평론으로「'문학과 정치'에 대한 단상」등이 있음.

심진경   한영인

양하기도 하고, 또 그걸 읽으면 창비가 어느 개인의 작업이라기보다 집단의 작업이었음이 실감나거든요. 그 계획을 마무리하면서 나한테 특별한 자리를 마련해준 것을 감사하게 생각합니다. 다른 분들은 시기별로 나누고 그 시기에 한해서 얘기를 들었는데, 그러다보니 그분들도 하고 싶은 얘기를 다 못했고 독자 입장에서도 토막토막 끊어지는 것이라, 한번 꿰어줄 필요가 있겠습니다. 이는 어느 한사람이 할 수 있는 작업이 아니지만 내가 처음부터 깊이 관여를 해왔으니까, 그런 정리를 하는 데 도움이 될 수 있지 않을까 합니다. 세분이 인터뷰어로 나서셨지만 그냥 자연스럽게 대화하는 자리가 됐으면 싶어요.

　백영서 저희가 이 작업을 준비하면서 50년을 다섯 시기로 나누고 각 시기마다 중요한 분들을 인터뷰했는데, 아무래도 기억의 부정확함도 있고, 회고란 게 그렇듯이 지금의 시점에서 돌아보면서 간과되거나 반대로 지나치게 부각되는 면도 있게 마련이죠. 그래서 그걸 크로스체크

할 필요도 있는 것 같아요. 소홀히
다룬 부분이 있다면 좀더 확실하게
해두기도 하고요.

한영인 제가 먼저 질문을 드리는
걸로 시작하겠습니다. 먼저 국문학
계에서 창비에 대한 연구가 진행되
면서 창비의 창간배경이나 당시 상
황에 대해서는 어느정도 알려진 바
있습니다. 그래서 여기서는 덜 언급
되었거나 설명이 필요한 사항에 대
한 질문을 드리겠습니다. 1966년 창

백영서

간 이후 「시민문학론」(1969년 여름호)을 발표하시고 미국으로 떠나신 뒤
염무웅 선생이 『창비』를 맡았다고 할 수 있겠는데, 학계에서는 이 시기
를 두고 창비가 초기에 가지고 있던 서구중심성을 탈각하고 민족적인
색채가 강해진 때로 평가하는 흐름이 강합니다. 다른 자리에서 선생님
을 모시고 얘길 들었을 때, 미국에 계시면서도 염무웅 선생을 통해서 『창
비』를 받아보며 그 흐름에 대해 모두 수용하셨고, 돌아와서도 거부감
없이 수용할 수 있었다는 말씀을 해주셨지요. 그 시기의 다른 정황이나
염무웅 선생의 역할 같은 것들에 대해 말씀해주시죠.

백영서 제가 한말씀만 첨언하면요. 이런 질문과 오늘 자리가 왜 중
요하냐면, 이미 창비는 특히 그 초기의 역사는 연구의 대상이다, 그렇기
때문에 연구자들을 위해서도 정확한 기록을 남겨두는 것이 필요하다고
말씀드리고 싶습니다.

백낙청 답변자의 책임이 더 무거워지는 것 같네요.(웃음) 염무웅 선

생이 맡으시면서 창비가 더 민중적이고 민족적이 됐다고 지금의 연구자들이 그런다고 하셨지만, 사실은 나 자신이 전부터 하던 얘기고, 창간 30주년 때 『창비문화』에서 고은명씨하고 대담을 했는데, 내가 세번하고, 염무웅 김윤수 이시영 선생들이 한번씩 해서 총 6회에 걸쳐서 나갔는데, 거기 그 얘기가 나옵니다. 그 대화들은 창비 연구의 기초자료가 돼야 한다는 생각이고, 새삼 연구자들이 꺼내기 전에 이미 나온 이야기가 적지 않다는 걸 말씀드립니다. 그 시절에 염선생의 역할이 참 컸어요. 간단히 이야기하면 이렇습니다. 내가 다시 미국 유학을 가면서 그때까지 『창비』가 일조각에서 발행되다가 신구문화사 쪽으로 옮기고 신동문 선생이 대표가 되는 잡지사 '창작과비평사'를 창립했어요. 그전에는 문우출판사나 일조각에서 일종의 위탁발행을 하던 체제였죠. 그때 신구문화사와 약속된 것은, 이종익 회장이 전적으로 지원하고 신동문 선생이 책임을 지되, 염무웅 선생이 편집장이 돼가지고 실질적인 편집을 주도한다, 이런 거였어요. 실은 그전부터 신구문화사 쪽에서 말하자면 우리를 땡긴 거였어요. 그쪽으로 오면 훨씬 활성화될 거라고. 신동문 선생은 염선생이나 내가 신뢰하는 선배였고요. 그래서 그렇게 약속을 하고 갔는데, 그게 잘 이행이 안됐습니다. 그러다보니 신동문 선생도 자기가 근무하는 회사의 이종익 회장과 염무웅 선생 사이에서 입장이 난처해졌겠지만, 일선에서 이걸 감당해야 하는 사람이 염선생이었어요. 그래서 잡지가 합본호도 한번 내고 한호는 결호가 되기도 하고, 염선생도 도저히 안되겠다고 잠시 떠났다가 나중에 맘먹고 되돌아오고, 이런 곡절이 있었죠. 정말 그때는 염선생 아니었으면 거의 폐간될 판이었어요. 그렇게 잡지를 유지한 공로가 있는데다가 염선생은 나하고 달리 한국 문단이나 작가들하고 안면이 넓고, 또 서울대 출신이라 인맥도 많았고요. 염선생이 이렇게 고생해가며 후에 창비의 대표적인 필자로 알려진 사람들 상당수를 그때 발굴한 셈이죠. 가령 문인 중에서는 나 없는 사이에『창비』지면을 화려하게 장식한 분이 신경림, 황석영 두분이죠. 두분은 창비 출신은 아니지만 데뷔하고 한동안 쉬고 있다가「농무」등 일련의 시들로 신경림 선생이 화려하게 재등장하셨고, 황석영은『객지』를 내놨지요. 이문구씨는 사실 내가 도미하기 전에 이미『창비』에 단편을 발표하고 알던 사이지만, 처음에 염선생이 연락을 해서 알게 됐어요. 그 둘은 연배도 같고 거기다가 염선생이 태생은 충청도가 아니지만 공주에서 학교를 나왔으니 절반은 충청도죠. 충청도 사나이들끼리 의기투합해가지고 가까워졌는데, 그래서 염선생이 맡고 있는 동안 이문구씨가「장한몽」을 연재했죠.「장한몽」은 참 공이 많이 들어간 장편소설인데 원고료를 제때 못 줘가지고 서로가 고생한 모양이에요. 강만길 선생도 그때 처음 등장하셨고요.

백영서 아마 리영희 선생님도 그때……

백낙청 리영희 선생은 초창기에 임재경 선생을 통해 알게 돼서 내가 떠나기 전에 번역자로『창비』에 등장하셨지만, 필자로 활약하신 건 염선생이 할 때였어요. 그리고 박현채 선생은 처음 글을 주신 때는 내가 귀국한 후예요. 귀국한 직후 그분을 만나서 글을 받기로 했는데, 그러나 거기도 말하자면 염선생이 터놓은 관계였지요. 그러니까 중요한 필자 발굴도 그렇고 어려운 시기에 살아남은 것 자체도 큰 공로였죠. 그러면서 잡지의 체질도 많이 바뀌었는데, 나 자신을 돌이켜보면 창간 당시에, 창간호의 권두논문 같은 걸 보면 그야말로 근대주의자의 면모가 역여하다고 할 수 있지요. 그러나「시민문학론」을 쓸 때만 해도 이미 꽤 달라져 있었고, 미국 가 있는 동안에 내 나름대로 공부하면서 달라진 바도 있어요. 또 염선생하고 계속 연락을 취하면서 잡지는 매호 받아봤어요. 한면도 안 빼놓고 다 읽었죠. 다 읽고 코멘트도 해 보내고. 그랬기 때문에 염선생이 체제를 바꿔놓는 동안에 가만히 있었던 게 아니고 나도 이미 동화돼가고 있다가 돌아와서는 쉽게 다시 손잡고 일할 수 있게 됐던 거죠.

백영서 창간 준비과정에 대해 꽤 알려진 얘기이긴 합니다만 제가 인터뷰한 채현국 선생의 경우 제가 알고 있는 것과 약간 차이 난다고 할 수 있는 게, 황병기 선생과 김상기 선생의 역할인 것 같아요.

백낙청 김상기 선생은 채현국, 한남철(당시 필명, 본명은 한남규), 이종구, 임재경, 이렇게 나와 창간 초기에 아주 긴밀하게 협력한 다섯사람 중의 하나이고, 황병기 선생은 별도의 인맥인데, 사실은 『창비』 30주년 때 그 얘기를 다 했어요. 그러니까 지금 창비를 연구하는 학계인사뿐 아니라 채현국 선생을 인터뷰하는 백영서 교수도 '아, 30주년에 백선생이 얘기한 것과는 다르네요' 이렇게 지적하셨어야 돼.(웃음) 여섯이 같이 어울린 건 아니에요. 채현국 선생은 처음부터 우리와 같이 논의를 하면서 황병기씨가, 그는 나와 초등학교와 중고등학교 동기인데, 돈도 대주고 한 것처럼 얘기했는데, 그건 그렇지 않아요. 황병기씨하고 같이 했으면 아마 큰 돈을 댔을 겁니다. 그는 집안이 사업도 하고 돈도 있었죠. 그런데 그러지 말고 우리끼리 가난하게 해보자, 이렇게 방향을 정했죠. 사실은 황병기씨가 거의 만반의 준비를 하고 있다가 선선히 물러선 거예요. 제1기에 해당하는 시기는 정확하게 기억하기 어려워요. 그때 활동을 한 사람은 지금 최소한 70대거든요. 그러니까 기억력이 흐려질 수밖에 없지. 채현국씨 얘기를 일일이 다 교정할 생각은 없는데,(웃음) 내가 인쇄소 사업을 하다가 『창비』를 시작했다고 했는데 그건 터무니없는 오보

젊은 시절의 백낙청

예요. 그때 내가 서울대 전임강사인데 무슨 인쇄소 사업을 하겠어요. 가업도 아니고. 채선생이 뭐하고 혼동을 했냐면 70년대 중반이나 후반에 내가 창제인쇄소라는 걸 창립했어요. 인쇄도 모르는 사람이 인쇄소를 시작한 거는 누가 돈을 대주겠다면서 돈 있으면 뭘 하고 싶냐고 물어요, 그런데 초기에 조그만 계간지를 하다보니까 제작처 어딜 가나 괄시받죠. 인쇄소에서 그런 설움을 하도 많이 당해서, 돈 있으면 인쇄소를 하나 차려보겠다, 그래가지고 시작했다가 당연히 한동안 죽을 쒔죠.(웃음) 그러다가 조태일씨가 들어와서 질서를 잡았지. 조태일씨가 관리능력이 있고 엄청 성실한 실무인이거든요. 그래서 나중에 조태일씨한테 넘겨줬어요. 거저 준 건 아니지만 (웃음) 조태일형 입장에서는 어쨌든 자기가 감당할 수 있는 조건으로 인수해서 좋아한 걸로 알아요. 인쇄소사업이란 게 그 이야긴데 채현국씨가 시기상으로 그걸 혼동한 거예요. 그 돈이 사실은 채현국씨가 하는 탄광 쪽에서 나왔는데, 박윤배라는 친구를 통해서 나왔어요. 셋이 모두 친구 사이긴 했지만 때로 채현국씨와 입장이 갈리기도 한 것이, 박윤배라는 친구가 처음에는 흥국탄광에 광부로 갔다가 워낙 능력이 있어서 현장소장을 해요. 그때까지만 해도 채현국 아버님의 총아였는데, 이 친구가 나중에 노조를 조직합니다. 그래서 파업을 일으키기도 하고. 그러니까 파업을 주동하는 소장 친구하고 업주인 아버지 사이에서 채현국씨 입장이 굉장히 난처했죠. 그렇지만 두사람의 우정은 깨지지 않았어요. 어쨌든 어떤 일들은 서로 모르게 진행된 것들이 있는데 인쇄소 자금도 그런 사례입니다. 자세한 경위를 이야기하자면 너무 길어집니다만, 박윤배 이야기는 제가 30주년 인터뷰에서도 좀 했지요.

한영인 『창비』의 평판을 높여준 제2기, 그러니까 1974년부터 1980년 폐간 직전까지의 『창비』의 성격을 보면 민족민중문화운동을 선도해오면서 문학만이 아니라 미술이나 다른 연행예술 같은 장르에 대한 조명이 꽤 많았는데 그후에는 그런 관심이 떨어지면서 문학 위주로 재편되는 것 같습니다. 창비가 의도한 결과인지, 아니면 인적 구성의 변화 때문인지 궁금합니다.

백낙청 제2기를 74년부터 잡은 거는 그때 출판사가 생겼기 때문인 것 같아요. 그런데 66년 창간에서 74년까지 이르는 사이에 어떻게 보면 출판사가 생긴 것 이상의 큰 변화도 있었고 위기도 있었죠. 아무튼 이른바 제2기에도 사실 창비가 민족문화운동을 이끌었다고 하기는 힘들지만 그때까지만 해도 문화운동 쪽에 이론작업 같은 게 부족했기 때문에 이따금씩 『창비』에 실리는 한두편의 평론이 상당한 영향을 미쳤다고 볼 수 있죠. 그러다가 문화운동이 점점 확산되고 성장하면서 창비의 영향력이 축소되는 거는 너무나 당연했지요. 창비가 이것저것 다 하는 게 꼭 좋은 건 아니니까 문학에 치중한 것은 의도적이었다고도 할 수 있는데, 동시에 창비가 또 하나 열중한 것이 한국사회 분석의 이론적 산실 역할이었어요. 80년대의 사회구성체논쟁의 발단이 되기도 했는데, 이후 운동권의 논쟁이 대체로 관념 과잉으로 흐른 데 반해 창비는 민족문학론에 근거해서 분단체제론을 전개하는 등 그나름의 성과를 냈다고 자부합니다. 그러니까 문화 전반을 다루다가 문학으로 축소했다고만

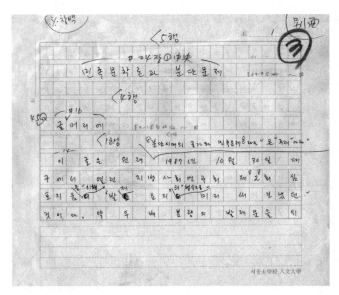

『민족문학의 새 단계』(1990)에 수록된 「민족문학론과 분단문제」 육필 원고

볼 수는 없을 것 같아요.

백영서 다음 질문은 시기가 전체에 걸칠 수도 있는 건데요, 『창비』가 복간된 이래로 조직도 많은 변화를 겪어왔습니다. 기본적으로 선생님이 편집인을 쭉 혼자 하면서 주도하시고 그때그때 상황에 맞춰서 조력자라 할까요, 도움이 되는 파트너들과 더불어서 일을 해오셨죠. 그런 조직은 드문 사례라고 생각합니다. 예를 들면 경영에 관해서는 한때 염무웅 선생님도 참여하셨고, 그뒤로 정해렴 고세현, 그리고 현재 강일우 사장이 있지요. 또 기획에는 염무웅 김윤수 이시영 최원식 선생 등을 비롯해 저도 조금 관여했고요. 그리고 편집위원회는 90년대 이후 젊은 인사들이 많이 결합하면서 그 구성을 봐도 저희 내부 용어로는 노·장·청 삼결합이라 하는 세대 간의 조화를 이루는 형태로 이끌어왔는데, 그런 것에 대해 어떻게 평가하시는지 말씀해주시면 좋겠습니다.

백낙청 백주간 말씀에 여러가지가 좀 뒤섞여 있습니다. 1988년 복간 이후로 고세현 사장의 경영체제를 갖추기까지만 해도 10년 이상의 세월이 있으니 그사이, 또는 그후에 일어난 일들을 나눠서 살펴보지요. 복간 이후 내가 편집인으로 복귀했습니다. 그전에도 내가 미국 가 있을 때하고 내가 국내에 있으면서 다른 분이 발행인, 편집인이 된 경우는 내용이 달라요. 내가 국내에 있는 한은 아무래도 실질적인 편집인 역할을 했고, 어떤 면에서는 실질적인 발행인 역할도 했어요. 85년에 창비가 등록취소 됐잖아요. '창작사'라고 이름을 바꿔서 다시 등록을 허가할 때의 조건 중 하나가 백낙청은 손떼라는 거였어요. 백낙청 임재경이 손떼고, 처음에는 이시영 고세현도 손떼라, 이랬죠. 그런데 그때 사장이던 김윤수 선생이 당국과의 협상을 맡아 하셨는데 건강도 안 좋은 김선생이 고생하신 건 말로 다 못하지요. 아무튼 당국의 요구에 대해 '아니, 이시영, 고세현은 생계가 걸린 사람인데, 손떼면 이 사람들 굶어죽으라는 얘기냐, 안된다'고 딱 자르셨죠. 고세현씨는 그때까지만 해도 그냥 편집사원이었지만 과거의 운동권 경력 때문에 그랬던 건데 그냥 넘어갔어요. 이시영 주간은 업무국장으로 발령내는 편법을 썼죠. 사실은 계속 출판사 주간으로 자기 하던 일을 했고요. 임재경 선생은 그렇게 깊이 관여하고 있던 건 아닌데도 해직 언론인이니까 손떼라고 했던 건데, 좋다 뗀다 그런 거죠.(웃음) 그건 순순히 들어줬고. 나도 떼라고 하니까 떼겠다 그랬어요. 하지만 그건 서로 눈감고 아웅한 거죠. 당국에서도 자기들 명분을 세우기 위해, 백낙청을 손떼게 만들었다라고 보고하려 한 거고요. 나는 손뗐다고 그랬지만 김윤수 선생과 나의 관계로 보나 뭘로 보나 계속 실질적인 역할을 했던 거예요. 어쨌든 복간이 되면서 내가 정식으로 편집인으로 다시 복귀를 했죠. 그러다가 주식회사 체제로 바뀌는 게 94년이고, 그다음에 최원식 주간이 들어서는 게 96년이에요.

백영서 미국 가시는 것도 관련이 있지 않나요?

백낙청 미국 간 것은 98, 99년이에요. 그전에 96년초에 민족문학작가회의 회장을 더는 피할 수 없어 맡았어요. 잡지 일을 도저히 혼자서 할 수 없어서 편집위원이던 최원식 선생에게 주간을 맡아달라 했고, 10년 후에는 백영서 주간으로 이어졌는데, 말하자면 협업체제죠. 편집인은 그대로 있고 편집에 관여는 하되 현장에 가깝게 업무를 지휘하는 일은 주간이 맡는 체제가 된 거예요. 98년 후반기와 99년 상반기에는 내가 미국 하바드대학에 연구교수로 가 있게 되죠. 이때쯤 창비는 아무래도 전문적인 경영이 필요한 상황이었어요. 그전까지는 좀 어정쩡한 체제였거든요. 편집인이라는 사람이 어떤 점에서는 발행인 역할을 겸하는 면도 있고, 정식 발행인 겸 사장은 김윤수 선생이고, 이시영 부사장이 상근자로서 일을 하지만 전문경영자는 아니거든. 시인이잖아요. 그래서 세사람의 어정쩡한 협업체제가 이루어졌다고 볼 수 있죠. 거기에 나중에 최원식씨가 편집 쪽에 가담하고. 아무튼 이대로는 안되겠어서 99년에 잠시 베이징에 무슨 일이 있어서 갔다가 돌아오는 길에——

백영서 선생님 평론선 『全球化時代的文學與人』(中國文學出版社)의 출판기념회였죠.

백낙청 그래요, 거기서 돌아오는 길에 한국에 와서 의논을 모아가지고 고세현 당시 전무를 사장으로 임명했고 그때부터 창비가 전문경영체제로 들어선 겁니다. 그전에도 창비가 구멍가게 시절일 때 빼고는 오너 경영이라고 할 만한 것을 해본 적이 없지만, 그때부터는 완전히 전문경영 체제로 갔어요. 오너 사장이 아닌 경우에도, 그가 CEO(최고경영자)나 COO(현장총괄책임자)에 불과한가를 구별하는 것은 인사권과 재무권을 갖느냐 하는 거예요. 그런데 고세현 사장은 인사권과 재무권을 완전히 행사했거든요. 지금 강일우 사장도 그렇고요. 물론 임원인사라든가 큰 투자를 새로 한다고 할 때는 나와 의논을 하지만요. 이것도 창비가 자기식으로 진화하며 개발한 체제죠. 그리고 주식회사 체제를 만든 얘기인데, 사업이 점점 커지고 90년대초부터 형편이 좀 나아지기 시작했잖아요. 『소설 동의보감』, 유홍준의 『나의 문화유산답사기』도 나오고. 그러니까 개인회사라는 불안정한 상태를 벗어날 필요가 커졌죠. 주식회사가 아니라면 결국은 대표자의 개인 소유물이에요. 김윤수 선생이니까 우리가 안심하고 창비를 그의 사유재산으로 놔두고 일을 했지만, 어쨌든 창비는 일종의 공공재산인데 그걸 어느 개인의 사유재산으로 둔다는 건 참 불안한 일이거든요. 그래서 주식회사로 전환한 것이 94년이고. 지금 질문한 범위를 벗어날지 모르지만, 2003년에 우리가 파주에 사옥을 지어서 나옵니다. 또 한번의 큰 변화의 계기라고 볼 수 있죠. 그리고 노·장·청 삼결합을 얘기하셨는데, 이것은 중국사를 연구한 백영서 선생이 아주 좋아해서 소개한 표현이고 우리가 그러려고 노력은 했죠. 그러나 그게 잘 이뤄졌다고 보기는 어려워요. 아무래도 청이 약했어. 그래서 다른 데 가면 장년 행세할 사람들이 창비에 와서 청년세대를 대표한다고들 했는데(웃음) 앞으로는 좀 달라질 거예요.

백영서 그 표현을 쓰게 된 연유는 특정한 출판사나 잡지사의 계승형태와 비교해서 나온 건데, 가령 문학과지성사는 세대를 확 바꿔버리는 세대교체의 방식인데, 우리는 그렇지 않다는 점을 대비해서 얘기한 겁니다.

백낙청 문지하고 우리는 완전히 다른 방식이죠. 우선 『문학과지성』은 우리하고 같이 폐간됐지만, 그뒤로 우리처럼 끈질기게 당국을 괴롭

히면서 복간을 요구한다든가 '유사복간' 행위를 한다든가(웃음) 그러지를 않았죠. 그분들이 어떤 생각을 했는지 모르지만, 88년에 복간이 허용됐을 때 『문학과지성』은 복간하지 않기로 선택하고 그 대신 『문학과사회』라는 이름으로 등록을 내면서 편집진도 확 바꿔버렸죠. 그건 그것대로 좋은 면이 있어요. 창비는 또 창비대로 우리가 추구하는 목표가 있고 추진하는 사업이 있는데, 그 사업은 그렇게 주기적으로 동인그룹을 교체하면서, 바꾸면서 해갈 수 있는 사업은 아니라고 봤어요. 그래서 우리는 다른 길을 택했던 거죠. 최근에 문학동네는 사장과 1세대 편집진이 한꺼번에 퇴진했는데 왜 창비는 안 그러냐는 비판이 있었지만, 창비는 오너 경영을 안했으니까 이제 와서 오너 사장이 물러날 일도 없었고, 50주년을 맞아 편집인이 퇴임한다는 계획은 벌써 1년 넘어 전부터 추진해온 거니까 새삼 그걸 발표하며 법석을 떨 이유도 없었지요.

창비 50주년을 맞아 편집인에서 물러난 백낙청(2015. 11. 25).
김윤수 발행인과 백영서 편집주간도 함께 퇴임했다.

백영서 그 대목에서 제가 이 글을 읽는 독자를 위해서 좀 보충한다면,『창비』는 다른 잡지와 달리, 여러 사람의 의견이 오가는 교류의 장만은 아니다, 거기에다 창비 나름대로의 담론, 저희는 '창비 담론'이라고 하는데, 나름대로의 견해를 발신하는 성격이 강하기 때문에 상황에 맞춰서 변화는 하되, 어떤 연속성을 가져야 하는 처지가 강해서 이런 맞춤형 시스템을 만들었다, 그런 생각이 듭니다. 그런데 제가 연속성이라고 표현했지만, 또 미묘한 변화들이 시기별로 다 있거든요. 그중의 하나가 90년대 이후의 변화가 아닐까요. 예컨대 80년대까지만 해도 한국사회 전반도 그렇고 창비도 그렇고 어느정도의 진영논리랄까, 강한 자기주장이 있었죠. 앞서의 질문에서는 민족민중문화라는 걸로 설명했는데, 90년대 들어와 창간 30주년과 최원식 주간 체제로 되면서 좀더 폭넓은 개방이라 그럴까, 진영논리를 벗어나서 유연하게 상황에 대비하면서 창비 입장을 재정리하는 주요한 변화가, 또 성취가 있었다고 생각해요. 그런데 그 과정이 최근의 사태와 더불어 논란의 대상이 되기도 합니다. 그런 변화를 오늘의 논의와 연관해본다면, 그중에서 리얼리즘과 모더니즘의 회통이라고 해서 포용적인 입장을 취했는데, 그와 관련해서 최원식 주간이 제기한 회통론과 선생님의 입장 사이에 내부논쟁이 있었고 지금까지도 계속 이어지고 있죠. 이에 대해 설명해주시고 넘어가도 좋지 않을까 합니다.

백낙청 글쎄요. 그 내부논쟁이라는 건 사실 작다면 작은 논쟁이지만, 또 어떻게 보면 중요한 문제였죠. 실은 지금까지도 최선생하고 나 사이에 의견차이가 남아 있어요. 바꿔 말하면, 의견차이가 있다고 해서 창비 내에 중대한 균열이 생긴 건 아니고 원만한 협업체제가 유지돼왔지만, 생각의 차이는, 최선생은 그건 별 차이가 아니라고 생각하고 나는 굉장히 중요한 차이라고 생각해요. 이 말만 들으면 최선생은 유연한데 나는 독단적인 게 되지.(웃음) 하여간 그렇습니다. 그런데 80년대에도 창비는 어떤 경직된 진영논리를 편 적이 없다는 점을 먼저 강조하고 싶어요. 바로 그랬기 때문에 당시의 소장층으로부터 혹독한 비판을 받았죠. 요즘처럼 SNS 같은 게 없어서 그렇지, 있었다면 굉장했을 거예요, 당시 그들의 기세를 봐서는. 그런데 그 중요한 논객 중의 한사람은 얼마 전에 우리 세교연구소에서 열린 어떤 국제모임에 와가지고, 그때 자신들의 목표가 백낙청을 '장송(葬送)'하는 것이었다고 했는데, 그때 내가 장송 안 당했거든요.(웃음) 도리어 계속 반론을 펼쳤어요. 문학사 연구하는 사람들이 그 기록을 돌이켜볼 필요가 있는데, 나에 대해서 한참 공격한 사람들이 내가 논리적으로 반박했을 때 재반론은 거의 없었습니다. 그냥 딴소리하거나 아니면 옛날에 하던 소리를 그대로 또 하거나였어요. 80년대를 그렇게 넘겼습니다.

그런데 70, 80년대가 워낙 엄혹한 시대니까, 독재세력과 반독재·민주화세력이란 진영은 없을 수가 없었고, 문학 하는 사람들도 거기 깊이 끼어들어서 참여하고 활동을 하다보면 안 좋은 의미의 진영논리에 어느 정도는 감염되게 돼 있습니다. 그래서 90년대에, 최선생을 주간으로 모시기 전부터지만, 가령 내가 「지구시대의 민족문학」이라는 글을 93년에 썼는데요. 그때 이미 신경숙 얘기를 하고 김기택 얘기도 하고 그러거든요. 당시에 소위 우리 진영에 속하는 사람들이 엄청 서운해했어요. 그러니까 그런 진영논리에서 창비는 처음부터 거리를 두었지만 싸우며 살다보면 우리도 모르게 감염된 면이 있었고, 또는 논리까지는 아니더라도 우리의 문학적인 인식의 범위, 독서의 범위가 좁아진 것도 사실이에요. 이걸 좀 넓혀야겠다 하는 생각이었고, 최선생이 주간이 되면서 그걸 본인의 중대한 임무 중의 하나로 받아들였죠, 나도 지원을 했고요. 그런데 우리는 완전히 진영논리에 빠졌다가 거기서 '개방'으로 전향한 입장이 아니기 때문에, 적당히 넓히면서도 이제까지 견지해오던 창비의 자세를 그대로 지켜나가는, 이 두가지를 동시에 하는 게 중요했죠. 그 점에서도 최선생하고 나는 원칙적으로 합의했는데, 실행과정에서는 좀 온도차가 있었어요. 리얼리즘 문제에 대해서는요, 최선생은 내가 최선생의 회통론을 비판한 데 대해서 아무래도 당시에 서운해했고, 지금도 자신의 충정을 잘 몰라줬다고 야속해하는 면이 있을 거예요. 최선생이 보기에 속류 리얼리즘이 판을 치다가 이게 90년대 들어와가지고 완전히 배제당하잖아요. 그런 통에 그가 말하는 최량의 리얼리즘까지도 함께 묻혀버릴까봐 걱정해서 최량의 리얼리즘과 최량의 모더니즘이 회통하면서 같이 갈 수 있다는 주장을 함으로써 어떤 의미로는 리얼리즘이 몰리던 시기에 그걸 옹호하고 보존하려는 충정에서 한 얘기인데, 물론 나는 그 충정을 이해합니다. 이해하고 인정을 하는데, 문제는 최량의 리얼리즘이라는 개념 자체가, 그러니까 최선생의 리얼리즘과 모더니즘의 개념은 문학사가(文學史家)의 개념이에요. 일제시대부터 있던 그런 사실주의와 모더니즘의 대립이 기본인 데 비해서, 우리 시대의 리얼리즘론에는 속류론자들도 물론 많았지만 1974년에 염무웅 선생이 「리얼리즘론」을 쓰고 그후로 여러 논의가 이어지는데, 그것은 이미 최선생이 말하는 리얼리즘과 모더니즘의 회통을 이루는 다른 차원의 리얼리즘이거든요. 그런데 최선생은 거기에 대한 인식이 별로 없는 것 같아요. 나를 비롯해서 수많은 사람들이 땀 흘려서 한국비평사에 그래도 남을 만한 어떤 작업을 해놨는데, 최선생은 마치 그것이 없었던 것처럼, 그보다 낮은 차원의 리얼리즘론과 모더니즘론의 회통을 얘기하니까, 첫째는 그동안 우리 비평사에 대한 왜곡이고, 둘째는 좀 다른 차원의 리얼리즘론이 추구하던 바를 너무 가볍게 외면하는 것이다. 이래서 비판했던 거죠. 그런데 요즘 봐도요, 최선생은 그냥 계속 자기 길로 가고 있어.(웃음) 내가 솔직히 평가한다면 최원식 선생의 장기는 첫째 그는 문학사가이고 본인도 그렇게 얘기하죠. 그리고 작품에 대한 감각이 있어요. 그래서 평론가로서 볼 때에는 문학사가다운 식견이랄까 축적된 공력하고 작품에 대한 비평가적 감각이 결합돼서 나오는 글들, 그런 건 다른 사람들이 따라가기 어렵게 잘 쓰고 좋은 글이 많아요. 하지만 이론적 작업이 그의 장기는 아닌 것 같아.(웃음)

심진경 인터뷰 준비를 하면서 나름대로 자료를 좀 찾아봤는데요, 창비 담론에 관한 연구도 상당히 축적됐지만, 백선생님의 이론적인 논의들에 대한 연구논문도 어느 학술정보 싸이트를 보니까 167편이 있더라고요. 문학을 비롯한 여러 분야에서 지금까지 선생님께서 해오신 작업, 그리고 그것이 한국사회의 담론지형에 끼친 영향력이 상당하다는 방증인 것 같았습니다. 그런데 최근에 우리 모두를 고심참담하게 했던 신경숙 작가 표절 문제가 빌미가 되어 여러가지 이유로 창비와 백낙청 선생님에 대한 공격과 비판이 이어졌습니다. 그런 문제와 관련해서 질문을 드리고 싶은데요. 일단 이 사건을 둘러싸고 문학과 표절에 대한 심도있는 논의와 토론보다는, 창비 그리고 백선생님에 대한 일방적인 공격과 비판이 훨씬 많았던 것 같습니다. 80년대에 급진적 리얼리즘론자로 활동했던 분들을 포함해 문학권력 비판을 전면에 내세우는 젊은 비평가들이 그런 비판을 주도했는데요. 그분들 입장에서는 일련의 사태의 중심에는 창비의 상업주의적 타락이 있다, 이렇게 보는 것 같습니다. 그 근거로 민족문학론, 민중문학론, 리얼리즘론을 주장하던 창비, 특히 백낙청 선생님이 1990년대 이후 그러한 문학적 노선과는 관련없어 보이는 신경숙 문학을 발굴하고 그에 대한 상찬을 아끼지 않았다는 것입니다. 그러나 그러한 비판은 선생님 입장에서는 조금 억울한 얘기일 수도 있을 것 같습니다. 실제로 신경숙 문학의 가치를 언급했던 「지구시대의 민족문학」에서 선생님은 신경숙의 「풍금이 있던 자리」나 「모여 있는 불빛」만이 아니라 그와 함께 공선옥의 「목마른 계절」 같은 작품 또한 중요하게 언급하거든요. 그것은 어떤 측면에서는 한곳에 안주하거나 고여 있지 않고 끊임없이 쇄신을 모색하는 선생님의 이론적 탐구의 맥락 속에서 파악해야 할 것 같습니다. 그리고 거기엔 시대의 변화에 걸맞은 리얼리즘의 쇄신이라는 맥락에서 신경숙의 소실이 중요한 참조지점이 될 수 있다는 판단이 있었던 것 같습니다. 당시 선생님께서 신경숙 소설을 발굴하고 높이 평가한 지점이 무엇이었는지, 그리고 그것이 선생님의 리얼리즘론의 전개과정에서 어떤 의미를 갖는 것인지를 여쭈어보고 싶습니다.

백낙청 내가 신경숙 문학을 발굴했다고 그러면 억울해할 사람이 많을걸요?(웃음) 신경숙이 80년대말에 등단한 작가잖아요. 그런데 「풍금이 있던 자리」(1992)가 나올 때까지 나는 신경숙을 모르고 있었어요. 『문학과사회』에 나온 걸 보고서 알게 됐고, 최원식 선생도 아마 그때 상당히 괄목상대를 했을 거예요. 그래가지고 우리가 청탁을 해서 받은 게 「모여 있는 불빛」이고요. 그런데 신경숙을 무슨 내면세계의 탐구자라든가 발견자라느니, 흔히 말하는 사인화(私人化) 경향, 그런 걸 칭송하는 게 아니고 그것과 다른 차원에서 신경숙의 성과를 평가해준 예는 당시로선 드물었을 거예요. 그래서 이것을 나쁘게 보는 사람들은 민중민족문학론 또는 리얼리즘론을 주장하던 백아무개가 신경숙의 그런 면을 인정해줌으로써 자신은 저쪽에 투항을 했고, 신경숙에겐 전국민적인 작가로 행세할 수 있는 기반을 마련해줬다, 이렇게 말하는데, 나로서는 오히려 신경숙 나름의 리얼리즘 성과를 모르고 있다가 뒤늦게 알아주면서 기존의 논의를 확대 발전시켜왔다고 생각합니다. 그래서 공선옥 김기택 고은 황석영 등과 함께 신경숙의「풍금이 있던 자리」나「모여 있는 불빛」을 거론했고 그 뒤로『외딴방』(문학동네 1999)이 나왔을 때 따로 작품론을 쓰기도 했지요. 하지만 그사이에 나온『깊은 슬픔』(문학동네 1994)이 엄청난 대중적 성공을 거두었지만 그건 비판적으로 언급했어요. 그런데 지금 와서요,『외딴방』이 시시껄렁한 작품인데 백낙청이가 안목이 너무 없어서, 또는 벌써부터 상업주의에 오염되기 시작해서 잘못 짚었다, 이렇게 말하면 나는 할 말이 없어요. '아 그러세요? 저는 아니거든요'(웃음)라고 말하고 끝내는 수밖에 없죠. 그리고 심선생이 "우리 모두를 고심참담하게 했던 신경숙 작가 표절 문제"라고 하셨는데 솔직히 나는 모두가 '참담'했다고 생각지 않아요. 신경숙 때문에든 창비 때문에든 혹은 백낙청 때문에든 한바탕 신바람을 낸 분들도 적지 않았다는 현실을 직시하는 게 리얼리스트의 자세겠지요.

『외딴방』이후에도 말하자면『깊은 슬픔』계열의 작품을 쓰긴 합니다만『엄마를 부탁해』만 해도 그런 계열이 아니지요. 심선생은 어떻게 생각하실지 모르지만, 나는 이것도 훌륭한 작품이라고 봐요.『외딴방』만은 못해요. 내가 따로 작품론을 쓰지는 않았지만,「우리 시대 한국문학의 활력과 빈곤」(『창작과비평』 2010년 겨울호)에서 최근 10년 사이에 나온 우리 장편소설 중 두드러진 성과로 박민규의『죽은 왕녀를 위한 파반느』(예담 2009)하고『엄마를 부탁해』(창비 2008)를 주로 거론했어요. 둘 중에서는 박민규의 장편이 더 뛰어나다고 생각했지만,『엄마를 부탁해』

에 대해서도 더러 비판을 하면서도 여하튼 좋은 작품이라 주장했어요. 여성적인 시각에서 보더라도 흔히 전통적인 모성성을 너무 치켜세워서 가부장주의를 강화했다고 비판하는데, 그렇게 볼 면이 없지는 않지만 첫째는 모성이라는 게 꼭 가부장제도가 전유한, 가부장제도에 속아서 바보짓하는 것이냐 하면 그렇게만 볼 수 없는 면들이 있어요. 또 하나는 신경숙이 마지막 한방이 있어요. 그렇지 않아요? 어머니 자신도 가부장 제 속에서 살아온 자기 인생이 좋은 인생이 아니라는 것을 깨달아서 딸은 그렇게 살지 말아야 된다는 걸 아주 확실하게 얘기하고, 실제로 어머니가 그 이미지대로만 산 여자는 아니라는 게 나중에 밝혀지잖아요. 그래서 나는 여성적인 시각에서도 그만큼 해내기도 쉽지는 않은 거라고 생각합니다. 물론 처음부터 기존의 젠더 관념을 해체하는 걸 목표로 하는 전복적인 작품들하고는 다르죠. 그런 작품들에 비해서 어떤 면에서 못하며, 또 어떤 면에서는 그들이 못 가진 미덕을 가지고 있는지, 이렇게 따져봐야 할 것 같아요. 그다음에 나온 작품은 별로 안 좋았어요.『어디선가 나를 찾는 전화벨이 울리고』(문학동네 2010)는 신경숙이 또 변죽을 울리는구나, 꼭 써야 할 게 따로 있는데 그건 안 쓰고 이러는구나(웃음) 하는 느낌이 들었어요.

심진경 선생님께서 87년체제 이후 새롭게 전개되는 현실에 부응하고자 다양한 이론적 논의를 전개해오셨는데요. 리얼리즘론의 변화와 확장도 결국 그것과 깊은 관련이 있는 것 같습니다. 80년대 급진적 리얼리즘론을 극복하기 위한, 더욱 유연하고 변화에 민감한 새로운 리얼리즘론 말이지요. 그런데 최근 창비를 비판하는 사람들은 이번 신경숙 사태를 계기로 해서 상업주의나 문학권력의 문제에 대한 비판의 연장선상에서 선생님의 이론적 구도에 대한 비판을 제기하기도 하는 것 같습니다. 앞서 『엄마를 부탁해』에 대한 입장을 말씀하셨지만 선생님의 의도와 달리 많은 사람들은 『엄마를 부탁해』와 같은 대중적 상업성이 강한 소설을 본격소설로 상찬하시는 데서 그 비판의 근거를 찾기도 하는 것 같습니다. 이러한 항간의 시각에 대해 선생님은 어떻게 생각하고 계시는지, 그리고 이와 함께 창비의 문학비평담론은 87년체제 이후에 모색해온 다양한 주제 이후에 앞으로 어떻게 변화할 것으로 예측하시는지, 그러니까 기존 문학의 재정비인지 아니면 새로운 문학이론의 발견으로 가는 건지요? 제가 최근 평문을 읽기로는 계속해서 갱신 쪽으로 가시는 것 같습니다만.

백낙청 리얼리즘에 대해서 쭉 관심을 갖고, 또 리얼리즘론을 처음 제기할 때의 초심에 충실한 탐구를 하겠다는 생각은 해오고 있지만, 근래에는 내가 리얼리즘이라는 단어를 그다지 내세우지 않아요. 최근에 발표한 「근대의 이중과제, 그리고 문학의 ‘도’와 ‘덕’」(『창작과비평』 2015년 겨울호)에서는 리얼리즘과 사실주의를 구별하는 기존의 입장을 되풀이했지만, 진정한 리얼리즘에 미달하는 사실주의조차 그렇게 우습게 볼 일이 아니다 하는 정도지 본격적인 리얼리즘론이라는 건 내가 안 쓴 지가 오래됩니다. 어찌 보면 1990년의 시점에서, 그때가 소련·동구권이 무너지고 문학이념으로서의 사회주의사실주의 이론의 영향력이 한국평단에서 꺾였을 때인데, 그 시점에서 내가 「민족문학론과 리얼리즘론」(벽사 이우성 교수 정년퇴직기념논총 『민족사의 전개와 그 문화』 하권, 창작과비평사 1990; 백낙청 평론집 『통일시대 한국문학의 보람』, 창비 2006에 수록)이라는 꽤 긴 글을 쓰면서 나로서는 일단의 정리를 마쳤다고 생각했어요. 결론에 가서 우리가 어쨌든 리얼리즘이라는 걸 포기할 수는 없지만 어느 지점엔가는 리얼리즘이라는 이 거추장스러운 말을 사용하지 않게 되기를 바란다는 식으로. 그래서 한편으로는 리얼리즘론의 옹호이면서 다른 한편으로는 리얼리즘 개념에 대한 점진적 해체를 시도했다고 볼 수 있습니다. 그리고 이런 양면적인 태도가 그후에도 지속돼왔어요. 그러니까 이게 여러 사람을 헷갈리게 만들죠.(웃음) 하지만 그 얘기를 여기서 길게 할 필요는 없을 것 같네요. 신경숙 사태를 맞아 많은 사람들이 내가 리얼리즘을 포기하고 가령 문학동네나 문지의 입장하고 구별할 수 없는 그러한 쪽으로 갔다고 비판했다 하셨는데, 그건 사실이 아니기 때문에 나는 신경을 안 써요. 다만 나의 리얼리즘론이 한계에 도달했는지 여부는, 나 자신이 리얼리즘의 어떤 한계, 단순히 속류 리얼리즘의 한계가 아니라 리얼리즘이든 무슨 이즘이든 형이상학적인 이념으로 고정될 가능성 자체를 일찍부터 경계해왔으니까 그런 사유의 궤적을 되짚어보면서 논의해준다면 고마운 일이겠지요.

백영서 리얼리즘을 갱신해서 더 새로운 차원에서 그 원래의 정신을 활용하시는 건데, 90년대 이후 창비 담론의 전개과정하고도 연관되어 있는 것 같아요. 창비가 90년대 전후로 많이 변하는데요. 한국문학사 연구하는 분들의 평을 보면, 문학사뿐 아니라 역사학에서도 그런데, 70, 80년대까지 창비의 역할은 무척 높게 평가하는 반면, 90년대 이후에는 일반적으로 저평가를 하는 것 같아요. 그러다가 최근의 사태를 겪으면서 아예 비난 모드로 가는 데 대해서 저도 90년대 이후에 창비에서 활동한 사람으로서 이해가 안 가고 화도 나는데, 창비 내부로 시선을 돌려 왜 그런 일이 생길까라고 하면, 물론 밖에서는 사회분화가 이루어지고 다양한 논의들도 생겼으니까 예전처럼 창비가 대안운동의 중심이자 유일한 대안담론의 발신처는 분명 아니죠. 그런 외부정황 말고 창비 내부가 다양한 논의의 갱신을 하는 과정에서 일반인들이 알기 쉬운 단일한 깃발이랄까 명료한 키워드를 제시했어야 하지 않나, 가령 이런 리얼리 즘이 아니라 무엇이다,라는 식으로 제시해야 했는데 그걸 안한 건지 못한 건지. 또다른 차원에서는 비문학 쪽에서 분단체제론이 모든 담론의 중심에 있고 그것이 다른 것들과 연결되며 확장되는데, 그런 작업이 유기적으로 엮이지 않으면서 일반인들한테 강한 인상을 주지 못한 게 아닌가 생각도 해봤습니다.

백낙청 창비가 발신하는 여러 담론들 사이에 유기적인 연관성이 부족해서 그 위력이 충분하지 못하다는 지적이라면 수긍하는 게 마땅하지요. 그런데 깃발 얘기는요, 원래 부대가 나설 때 필요하고 운동에 필요한 게 깃발이지, 문학하는 데 깃발이 뭐 필요해요? 70, 80년대는 운동이 치열하고 창비가 그 운동을 함께하다보니까 그랬는데, 민족문학론은 하나의 문학적인 담론인 동시에 운동의 깃발이었죠. 그런데 운동의 깃발이 되면 담론은 속화되게 돼 있어요. 그래서 현실적으로 절실한 필요가 없을 때는 빨리 깃발을 내리고 담론개발에 충실하고 작품에 충실해야 하죠. 지금 와서 새로운 깃발을 안 올렸기 때문에 전파력이 없다 하는 거는, 물론 사실이지만 새로운 깃발을 올리는 것 자체가 이 시대에 안 맞고, 특히 문학잡지가 할 일은 아니라고 봐요. 그렇다고 우리가 민족문학의 깃발을 완전히 내렸느냐, 어떤 사람들은 그랬다고 주장하지만 민족문학론이든 리얼리즘론이든 민중문학론이든 애당초 그것을 제기할 때의 초심이랄까 문제의식은 우리가 쭉 견지해왔다고 믿습니다. 그래서 우리 내부회의에서 누가 한 얘기지만, 큰 깃발 한개보다도 작은 깃발을 여러개 들 때가 아니냐. 나는 그게 이 시대 상황에 대한 정확한 인식이라고 봐요. 그러니까 리얼리즘이라는 깃발, 민족문학이라는 깃발, 민중문학이라는 깃발, 세계문학이라는 깃발, 동아시아문학이라는 깃발 등을 좌르륵 여러개 들고 나가서 그때그때 그 깃발 아래 오고 싶은 사람을 오게 해주는 게 더 효과적이고 시대에 맞는 거지요. 그런데 지적하시듯이 그러다보면 장사가 잘 안되죠.(웃음) 커다란 하나의 깃발이 펄럭이고 있어야 사람이 모이기 쉬운 거 아니에요? 그러고 사람들이 볼 때에도 아, 저게 뭐하는 동네다, 그럴 텐데. 아쉽지만 나는 민족문학이라든가 리얼리즘 그런 걸로 하나의 큰 깃발을 들 수는 없는 상황이고 안 드는 게 옳다고 봐요. 오히려 이제는 큰 깃발이라면 '창비'라는 깃발을 들면 돼요. 창비라는 깃발을 들면 아는 사람들은 아, 저 깃발 밑으로 가면은 작은 깃발들이 많다더라, 그중에 내 취향에 맞는 깃발도 있을 거다, 이래가지고 모이도록 하는 게 옳다고 봅니다. 이번 사태를 겪으면서 창비가 욕을 엄청 먹었지만은 인지도가 그만큼 높아졌거든요.(웃음) 인지도가 곧 브랜드가치가 되지는 않죠. 인지도와 훌륭한 실적이 합칠 때 그게 브랜드가 되는 건데. 나는 우리가 전부 다 잘했다는 건 아니지만, 욕하는 내용과 같은 그런 못된 짓은 한 적이 없기 때문에, 그리고 그들이 간과하는 훌륭한 자산을 쌓아놓은 게 많기 때문에, 지금 욕먹으면서 형성된 인지도가 브랜드가치로 환산이 돼서(웃음) 창비라는 깃발을 높이 들고 있으면 앞으로 점점 많은 사람들이 모일 거라고 봅니다. 다만, 그랬을 때 그들의 다양한 취향을 충족시킬 수 있으면서도 완전히 잡동사니라는 인상은 안 주는 그런 여러개의 깃발이 필요하다고 봅니다.

그렇게 눈에 띄는 깃발 중에 하나가 분단체제론이죠. 그런데 그건 사회과학담론 아니냐고 말할지 모르지만, 실제로 기존 사회과학의 영역 속에 포괄될 수 없는 담론입니다. 어떤 의미에서는 기존의 사회과학 개념을 전복하는 담론이에요. 월러스틴이 '사회과학으로부터의 탈피'라는 표현을 썼는데, 'unthinking social science' 같은 작업에 해당하는 담론입니다. 그러니까 넓은 의미의 인문학 담론이고, 문학담론과의 친연성이 대단히 높은 담론이에요. 그런데 그 담론을 구체적인 문학비평이나 문학이론으로 유기적으로 연관시키는 게 부족했다, 이렇게 비판한다면 맞습니다, 그건 맞는데, 그러나 문학담론이 전혀 없다고 주장하는 사람들에겐 그야말로 좀더 내용을 들여다보시라 말하고 싶어요. 나 개인으로 말하면 한편으로 분단체제론을 전개하면서 문학비평을 계속해온 사람입니다. 그러면 이게 완전히 따로 노는 작업을 했느냐? 나는 그렇게 생각지 않아요. 내가 황석영의『손님』론을 쓴 적이 있는데 거기서는 의도적으로 분단체제론과『손님』작품평을 결합하려는 노력을 하기도 했습니다. 그리고 분단체제론은 더 차원을 높이면 근대에 대한 이중과제론으로 나가는 것이고, 남한사회의 실천노선으로 내려오면 이른바 변혁적 중도주의로 가는 것이기 때문에 각기 그 차원에서 문학담론하고 결합할 가능성이 열려 있다고 봐요. 이중과제론하고 세계문학 작품을 연결시킨 사례는 이미 있잖아요. 가령 임홍배 교수가 괴테론(『괴테가 탐사한 근대』창비 2014)을 쓰면서도 그랬고요. 변혁적 중도주의는 일종의 정치적인 실천노선이니까 그걸 문학하고 바로 접목하기는 어렵지만 그것도 변혁적 중도주의가 무엇이라고 규정하기보다는 뭐가 변혁적 중도주의가 아닌가 이렇게 쳐내는, 일종의 방법론적인 개념이거든요. 그런 것을 몸에 익히고 문학작품이나 현실을 보면 문학평론가로서도 플러스가 되지 손해가 되지는 않는다고 생각하죠. 그리고 최근에 쓴 내 글을 언급하셨는데, 그 글 나름대로 내가 전개해온 문학 바깥에서의 담론, 인문학 내지 사회과학의 담론, 이중과제론, 이런 것들과 문학비평을 결합하려는 하나의 시도지요. 얼마나 성공했는지는 독자들이 판단할 문제지만, 창비로서는 앞으로 그런 시도들이 다른 분들 손에서도 더 많이 나오면 좋겠다는 생각입니다.

한영인 선생님께서는 창비 50년사에서 창비를 대표하는 개인으로 이해되고 있는데, 저는 창비라는 집단의 역사와 백낙청이라는 개인의 역사는 다를 수 있다고 생각합니다. 그래서 정권의 탄압이나 출판사 등록취소 같은 창비의 수난과는 구별되는 백낙청 개인이 힘겹고 위태롭게 느낀 순간은 따로 있을 것 같거든요. 덧붙여서 보람있거나 기뻤던 순간도 있겠고요. 이처럼 개인으로서 힘겨웠던 그리고 즐거웠던 순간에 대한 얘기가 궁금합니다.

백낙청 30주년 때인가 언제 인터뷰하면서, 내가 진짜 힘들었던 거는 탄압받고 그런 게 아니고, 구멍가게 하던 시절에(웃음) 돈이 안 돌아서 직원 월급 간신히 주고 어음 막고 그런 일이었다는 얘기를 한 적이 있습니다. 그게 참 힘들었어요. 염무웅 선생도 이번에 그런 얘기를 하신 걸로 아는데, 내가 『8억인과의 대화』 사건 때문에 잠시 편집인에서 물러나면서, 그때는 내가 발행인이기도 했는데 다 내려놓고 염선생이 승계했죠. 염선생도 그때 경영자로서 어음조각 만지면서 얼마나 고생했는가 하는 얘기를 하고 있습니다. 그런데 은행거래 얘기도 하셨지만 창비는 은행에서 어음을 떼고 자시고 할 급이 못됐어요. 그야말로 구멍가게니까 우리가 쓰는 어음이라는 거는 소위 '문방구 어음'이라는 거죠.(웃음) 당시에 문방구에 가면 어음용지를 팔았는데, 출판계에서는 거의 그걸로 통했어요. 그건 부도가 나도 민사소송은 할 수 있지만 자동적으로 은행거래가 정지되지는 않지요. 또다른 이점은, 사정이 급하면 좀 봐달라 그럴 수 있는데,(웃음) 은행어음은 그게 안되잖아요. 그런데 은행어음이 꼭 필요할 때가 있거든요. 은행도(銀行渡) 어음이라고 하는데, 인쇄용지 같은 걸 살 때는 현금 아니면 은행도 어음을 줘야 돼요. 그럴 때 남의 은행어음을 빌려오는 거지. 당시 어음을 빌려준 분이, 그 두분은 내가 꼭 기록에 남겨야 할 분인데, 한분은 돌아가신 내 사촌형님 백낙신(白樂晨) 도화지질 사장, 그분은 내가 인쇄소 차렸을 때 사장도 해주셨어요. 그냥 이름만 빌려주는 사장이었지만요. 그 형님이 나를 끔찍하게 여기고 참 고맙게 해주셨죠. 또 하나가 앞서 말한 박윤배라는 친구예요. 그때는 박윤배가 흥국탄광에서 나와서 자기 사업을 차렸을 때인데, 그 회사 어음을 참 선선히 빌려주곤 했어요. 그쪽의 경리직원이나 간부들은 아주 죽을 지경이지, 불안하고.(웃음) 내가 한번 사고를 내기도 했어요. 제날에 못 갚으면 날 도와준 사람이 부도가 나는 참 중대한 문제였는데, 요즘처럼 전자거래가 있는 것도 아니니까 해당 지점에 돈을 들고 가서 넣어야 돼요. 그런데 가져가다가 교통이 막혀가지고 네시까지인가 하는 마감을 못 지켰어요. 그러면 1차 부도라는 게 나요. 다만 1차 부도 이후 곧 돈을 넣었기 때문에 완전 부도는 막았지만 기업하는 사람으로서는 1차 부도만 나도 신용이 떨어집니다. 그 회사 직원들 입장에서는 웬 날벼락이에요.(웃음) 은행에서 전화 와가지고 당신네 어음 왜 안 갚느냐, 부도났다 이러니까. 그런데도 박윤배는 워낙 대인이라서 허허 웃으면서 계속 도와줬지요.

신세진 사람 얘기 하는 김에 한사람을 더 얘기하면 염선생이 맡았을 때도 박윤배니 채현국이니 이런 친구들이 가끔씩 도와줬지만 그런 푼돈 가지고는 안될 지경에 가 있었지요. 이미 우리도 규모가 커진데다, 영인본 사업을 시작해서 퍽 많이 팔렸고 『창비』를 보급하는 데도 크게 기여했지만 외판사업은 관리를 잘해야 돼요. 나가서 파는 것만이 중요한 게 아니야. 판매사원과 수금사원 관리를 잘해야지, 그 친구들이 떼어먹고 달아나기 시작하면 걷잡을 수가 없죠. 그런데 관리가 서투니까 사고가 자꾸 터지고 계속 고생을 했어요. 게다가 좀 팔릴 만한 책 내면 판금당하지.(웃음) 그럴 때 문제를 일거에 해결해준 사람이 김우중 전 대우그룹 회장입니다. 김우중과 박윤배가 나하고 경기중학 입학동기인데 그 둘은 입학하자마자 가출을 했다가 1년을 끓어요. 그래갖고 나보다 한해 뒤에 졸업을 했는데, 둘이 굉장히 가까웠죠, 어릴 때부터. 박윤배가 김우중에게 가서 얘기한 거예요. 낙청이가 저렇게 고생하는데 너 좀 도와줘라. 그런데 김우중이 사실 공적으로는 규탄받을 일도 많지만(웃음) 심성이 좋은 친구예요. 박윤배가 연결해줘서 찾아가서 지금 돈으로 치면 엄청난 금액을 받았어요. 물론 절대 비밀이었죠. 유신 말기인데 그게 알려지면 그도 작살나는 거고. 물론 나도 김우중한데 돈 받았다 해서 내 사상이나 정치적 소신이 바뀐 건 전혀 없었지만 사실이 알려져서 이로울 게 전혀 없었지요.(웃음) 아무튼 그를 보호하기 위해서나 스스로 불필요한 오해를 피하기 위해서 입 꽉 다물고 수십년을 지냈어요. 그러다가 2007년 『백낙청 회화록』을 낼 때 책 뒤에 연보를 쓰면서 유신 때, 어려울 때 김우중이 도와준 적이 있다는 정도로 밝힌 바가 있죠. 그러고는 한 이십년 멀리 지내다가 작가회의 이사장 때 불쑥 찾아갔어요. 아무래도 돈을 좀 마련해놓아야 내가 임기 마치고 풀려날 것 같은데 큰돈 만들 길이 없었거든요. 그가 선뜻 5억원을 주겠다고 했는데, 얼마 후 IMF 사태가 터지는 바람에 지체되기는 했지만 결국 약속이행을 했어요. 그 참에 창비도 은행융자 3천만원을 그의 주선으로 받아서 위기를 넘겼고요. 그래서 박윤배나 김우중이나 돌아가신 사촌형님이나 다 잊을 수 없는 분들이에요.

이렇듯 경영 때문에 어려움이 심했고, 또 하나는 다른 성격의 어려움이었어요. 80년 봄에 내가 서울대로 복귀했는데 사실 70년대에 창비를 그만큼 활발하게 할 수 있었던 것은 박정희가 나를 짤라준 덕이기도 하죠.(웃음) 물론 그때 해직교수협의회 활동도 하고 그랬지만 어쨌든 창비 일에 주력할 수 있었는데, 80년대에 학교에 돌아가니까 정말 힘들어진 거예요. 육체적으로나 시간상으로. 그러다가 전두환이 나를 도와주려고 그랬는지 모르지만 『창비』를 폐간시켰어. 우리 지성사에서는 큰 불행이지만 개인적으로는 나를 살려준 거야.(웃음) 그래서 잡지 대신에 단행본 사업을 키우면서 그나마 영문과 교수직하고 병행할 수 있었는데, 지금 50주년을 맞아 온통 창비가 화제지만 그때 나한테는 교수직이 생계가 걸린 직업일 뿐 아니라 원래 영문학이 내 전공이자 내가 좋아하는 학문이기도 해서 창비 일만 할 수는 없었지요. 더구나 복직했을 때 나는 이게 국민들이 나를 위해 되찾아준 직장이다 하는 생각이었기 때문에 열심히 해야겠다는 마음이었는데, 그러려니까 참 힘들었습니다. 두가지 다 하기가 힘든 상황이었어요. 그래서 창비에서도 내가 더 열심히 해서 할 수 있는 일을 못한 게 많지만, 학교에서도 늘 그랬죠. 왜, 맞벌이하는 부모가 자식 보면서 안타까운 거 있잖아요. 조금만 더 도와주고 돌봐주면 엇나가지 않을 자식이 엇나가기도 하고…… 제자들 볼 때도, 아이고 내가 강의 끝나자마자 창비로 뛰어가지 않고 쟤들하고 더 많은 시간을 보내고 그러면 훨씬 더 잘 키워줄 수 있겠는데……

백영서 지금 말씀은 처음 듣습니다.

백낙청 그러다가 88년에 잡지가 복간되고 나니까 더 힘들어졌습니다. 기쁜 일이기는 하지만 한동안 제가 신체적으로도 무척 힘들었고요.

백영서 편집위원 제도를 도입하는 것도 관계가 있었나요?

백낙청 편집위원 제도는 어차피 하는 거였지만 그때 여러 사람이 도와줬기에 가능했죠. 그러다가 이걸 나 혼자서는 계속 못하겠는데 어떻

할까 하다가 결국에 최원식씨를 발견한 거예요. 물론 내가 처음 발굴한 인물은 아니지만 오래 같이 일하면서 맡겨도 되겠다 생각한 거죠.

한영인 다음 질문은 답변하시기 곤란한 것일 수도 있는데요. 외부에서 창비를 박하게 평가하자면 백낙청이라는 중심 또는 뿌리가 있고, 그 사람의 뜻이 에피고넨들에 의해 관철되고 반복·강화되는 담론공동체다, 이런 시선이 있습니다. 이런 세간의 반응에 대해, 창비 내부에도 여러 이견과 갈등이 존재한다고 수차례 언급하신 적이 있는데, 그런데도 여전히 이런 관점과 비판이 불식되지 않는 걸로 봐서, 창비는 그렇지 않은데 외부에서 일방적으로 오해한다, 이렇게만 설명하기에는 한계가 있는 것 같아요. 최근 사태와 관련해서 창비에 대한 이런 인식이 다시 반복, 강화되고 있고요.

백낙청 이번 일을 겪으면서 창비는 백아무개의 에피고넨들이 한다, 이런 시각이 강화된 면도 있겠지만, 자발적으로 따라주는 경우하고 강력한 1인체제를 구축하고 있기 때문에 감히 거역을 못하는 것하고 다르잖아요. 그런데 후자라고 주장하는 사람들도 많이 있었죠. 창비가 저렇게 나쁜 짓을 하고 후진 동네가 됐으면(웃음) 자진 폐간을 하거나 휴간을 하거나 최소한 편집위원 몇이라도 뛰쳐나와야 되는데 워낙 1인체제가 강력하다보니까 이탈자가 하나도 없다는 거였지요. 그런데 1인체제가 강력하면 이탈자가 더 많이 생긴다는 걸 우리가 김정일, 김정은 체제를 보면 압니다.(웃음) 강력한 유일체제를 갖고 있기 때문에 탈북자가 오히려 많이 생기는 거예요. 창비에서 그런 일이 안 생긴 것은, 나는 우리가 내부에 여러 이견이 있음에도 불구하고 치열하게 토론해서 어떤 공통분모를 찾아냈기 때문에, 끝까지 완전한 의견일치는 없었지만 이 정도 선에서 대응하고 다른 사람들은 그걸 양해한다, 여기까지는 합의이

된 거예요. 그래서 내가 퇴임 인사말에서도 '우리는 무엇보다도 공부하는 집단이 되고자 했고, 내부에서 서로 비판하고 토론하는 분위기를 만들어왔다, 그리고 위기를 맞았을 때의 결속력은 거기에서 나온 것이다' 이런 말을 했던 거지요. 나는 그렇게 해석하는데, 이걸 두고 밖에서 또 '그러니까 에피고넨들이지'라고 말하면, 대한민국에는 최소한 그런 언론자유는 있는 나라니까(웃음) 내버려두는 수밖에 없고요. '에피고넨'이라는 말은 괜히 사람 기분 나쁘게 하는 말이지만, 어떤 학파가 형성되고 거기에 중심적인 인물이 있다고 할 때, 그 사람의 기본노선에 동조하니까 그 근처에서 놀게 되는 거고. 그러면 그 노선을 함께 발전시키고 자기도 그걸 추구하는 데 전력을 기울이는 것이 공부하는 도리 아니겠어요, 우리 옛날 선비들이 다 그랬고요. 그런 관점에서 본다면, 나는 사실 우리 창비 동료들에 대해서 좀 불만이야. 나를 좀더 따라주지 않고(웃음), 내 글도 건성으로 읽는 사람이 많고…… 그러지 말고 공부 좀 더 해서, 에피고넨이라는 소리를 듣건 말건(웃음), 한층 철저히 동조를 해줬으면 하는데 그게 부족한 게 나는 오히려 불만이죠.

한영인 사람들의 관심을 끌고 있는 또 한가지가 백낙청 이후의 창비일 것 같습니다. 계간지 편집인을 드디어 내려놓게 되셨는데요. 그런데 이것이 큰 변화의 계기가 되리라는 기대보다는 얼마나 달라지겠느냐 냉소하는 풍조가 있는 것 같습니다. 선생님께서는 여전히 부족하다고 말씀하셨지만, 또 아까 백영서 선생님이 연속성이라고 부른 그것들이 내부적으로 잘 구축되어 있기 때문에 혹은 외부에서 보기에는 그 나물에 그 밥일 수도 있기 때문에 별다르지 않을 것이다, 이렇게 보는 의견이 있습니다. 여기에 대해서는 어떻게 생각하시는지, 내가 물러남으로써 창비가 뭐가 달라지면 좋겠는지가 있으면 함께 말씀해주시죠.

백낙청　그게 어떤 나물이고 어떤 밥이냐부터 제대로 알고 논의를 하면 좋겠어요.(웃음) 그동안에 괜찮은 밥을 지어왔고 괜찮은 나물을 무쳐왔다면 기본적으로 그걸 계승하면서 새로운 걸 시도해야지 무조건 단절하는 게 좋은 일은 아니잖아요. 그래서 내가 편집인을 물러난다고 해서 전체 창비사업에서 완전히 손떼는 건 아니라고 인사말에서도 밝혔어요. 창비의 대주주라는 사실을 떠나서도, 내가 50년 동안 창비 잡지를 해왔는데 앞으로 새로운 사람들이 이걸 끌고나가더라도 잘되기를 바라면서 도와줄 수 있는 일이 있으면 도와줘야겠다 하는 생각을 먹는 게 자연스럽지 않나요? 그거까지 다 차단해야 된다고 하는 사람들의 그 억하심정이 뭔지……(웃음) 어쨌든 계간지에 대해서는 칼같이 끊겠다고 말했습니다. 내가 처음부터 시작한 게 계간지이고 특히 근년에는 주로 계간지 일을 해왔거든요, 다른 일은 거의 다 손놓고. 그렇기 때문에 사실은 백아무개에 대한 의존도가 너무 높아질 우려가 있었어요. 실제로 그렇게 말하는 분들도 많이 계셨고요. 아무튼 그 누구도 영원히 편집인을 할 수는 없으니까 이 시점에서 그만두면서, 백낙청이 없는 계간 『창비』를 해가는 실험을 이제부터 해보라는 거죠. 그 도전을 그들이 감당하는 게 중요하지요. 그러려면 내가 세교연구소나 창비학당 같은 다른 분야에서 조언도 하고 그럴 테지만, 계간지만은 하여간 완전 손놓을 테니까 한번 해봐라, 이게 중요하다고 봐요. 그러니까 내 나름대로는 영향력을 행사할 여지가 있고 영향력이 반드시 나쁜 거는 아니지만 계간지에 관해선 일단 끊는 게 더 중요하다고 판단해서 그렇게 했어요.

백영서　저도 한말씀 드리면, 저도 에피고넨이네 하는 그런 얘기를 듣죠. 항간에는 '백낙청과 그 아이들' 그러기도 하고. 그 아이들 중에 장자가 될지 차자가 될지는 모르지만(웃음) 저도 처음에는 민망했다가 언짧았다가 하다가 나중에 이렇게 생각을 바꿨어요. 그게 뭐가 문제인가. 아까 학파를 얘기하셨는데, 저도 연세대에서 국학연구원장을 맡으면서 학파를 만들어보고 싶었는데 그게 제도 안에서는 잘 안되더라고요. 보직을 그만두고 나면 다 없어져버리다시피 하니까. 또 외국의 유명한 학자의 학파는 수용하려고 하면서 한국에서 자생적으로 일어난 사상에 대해서는 그 학파가 형성되는 걸 왜 문제삼는가 한번 생각해보자, 그렇게 말이죠. 창비의 앞날을 생각하면 백선생님이 물러나시는 게 위기지만 또 기회일 수도 있다, 아까 분단체제론을 포함한 창비의 기존 담론에 대해 왜 공부를 더 안하느냐라고 백선생님이 불만을 표현하셨는데, 저는 오히려 앞으로 더 잘될 가능성이 있다, 그러면 사는 거다, 이렇게 봅니다. 안 계시는 데서, 부재한 상태에서 자발적으로 공부를 해서 자기들의 담론으로 소화하고 각론을 만들어내고 발전하면 사는 건데, 그런 점에서 저는 오히려 기회가 될 수 있다고 생각합니다.

백낙청 선생님 가시면 우리는 어떻게 해요, 이렇게 울고 나와야지.(웃음)

심진경 아니, 안 계셔도 계시는 거죠.(웃음) 아까 말씀하신 공부하는 집단이라는 그 말씀이 인상적이었고, 결국 창비를 둘러싼 많은 얘기들이 창비 담론에 대한 공부가 충분치 않았기 때문에 나올 수도 있겠다, 이런 생각이 듭니다. 앞으로 좀더 많은 공부들이 뒤따라야 될 테지요.

한영인 저도 한국에는 학파 전통이 부재한 상황이라 이런 현상을 지식인들이 낯설게 본다는 생각을 갖고 있었는데, 선생님 말씀을 들어보니 그 연원도 꽤 깊겠구나, 일종의 식민주의적 콤플렉스일 수도 있겠고 더 면밀하게 살펴볼 문제가 아닌가 생각하게 됩니다. 이제 마무리 질문을 드립니다. 창비는 이제 구멍가게 시절과는 너무나 다른, 일종의 복합

그룹처럼 운영되고 있는데요. 선생님께서도 그렇고 다른 관심있는 분들이 늘 염두에 두고 있는 게 사업성과 운동성이죠. 전문경영인 체제도 말씀하시고 했지만, 창비는 비판담론의 생산지인 동시에 경영으로 꾸려가는 회사이기 때문에 그것의 결합 문제, 이것이 저는 앞으로 창비가 대중에게 어떻게 인식되느냐에 중요한 문제라고 봅니다. 이와 관련된 전망이나 바람이 있다면 말씀해주시고요. 이제 50년 반환점을 돌게 되는데, 앞으로 또 한번의 50년까지 창비가 어떤 역할을 하면 좋을지 전망도 들어보고 싶습니다.

백낙청 또 한번의 50년은,(웃음) 그건 알 수가 없고요. 다만 가령 계간 『창비』나 창비에 모이는 지식인집단이 한 10년, 20년 후에 어떤 모습이 될지는 앞으로 몇년 사이에 드러날 거라고 봅니다. 거기엔 여러 요인이 작용하겠지만 가장 큰 것 중의 하나가 정말 백아무개 없는 계간지를 만들어가면서 그걸 중심으로 한 지식인집단이 얼마나 치열하게 공부하고 운동을 하느냐, 요게 몇년 사이에 드러나지 않겠어요? 처음에 한두해는 잘나가는 것 같다가 나중에 안 그럴 수도 있고, 아니면 처음에만 좀 삐걱거릴 수도 있고 그렇지만, 아무튼 한 1년 지켜보면 윤곽이 드러날 거라고 봐요. 그리고 회사가 지금 엄청 커져 있습니다. 물론 아직 단행본 출판사 중에서도 아주 큰 곳은 못돼요. 가령 민음사, 시공사, 문학동네보다 규모가 훨씬 작지요. 창비는 주식회사 창비가 있고 미디어창비, 창비교육이 있고 또 돈 쓰는 연관 단체들이 있잖아요.(웃음) 그중 하나가 세교연구소, 다른 하나가 이번에 창립된 창비학당. 그룹 전부가 돈 버는 회사라면 아마 외형도 훨씬 더 커질 텐데 세개의 돈 버는 회사가 열심히 벌고 또다른 두군데서는 쓰기에 바쁘고.(웃음) 게다가 계간지라는 것도 대단히 고비용 구조죠. 그렇기 때문에 사업성에 어떤 한계가 있는데, 이

걸 운동성과 결합하는 문제는 사실 창비가 사업기반이 어느정도 생기면서부터 계속 고민해왔어요. 전문경영인 체제로 돌아선 것이 99년이고 처음 사장이 된 사람이 고세현씨죠. 고세현씨는 운동의 동지라고 할 만한 사람인데, 사실은 경영능력도 발휘했죠. 물론 90년대 창비를 비난하는 사람은 그때 이미 창비가 맛이 갔다 그러지만 우리로선 오히려 그걸 결합하려는 의지가 강했고, 지금 고세현씨 뒤를 이은 강일우 사장은 학생운동권 출신은 아니에요. 그러나 원래 편집사원으로 들어온 사람을 고사장이 발탁해서 영업을 비롯해 각 분야의 훈련을 시켜가지고 사장직을 물려준 인물인데, 그렇기 때문에 창비의 문화랄까 이념에는 충분히 동화가 된 사람이지요. 적어도 그런 최고경영자나 후배들의 뒷배를 봐줘야 하는 내 입장에서, 그리고 이제까지 주간을 하던 백영서 선생이나 아니면 다음 주간을 맡을 한기욱 선생이나 모두 운동성과 사업성을 결합할 필요에 대해서는 절실히 느끼고 있어요. 이걸 어떻게 잘해나가느냐가 지혜를 발휘할 대목인데, 아까 나를 가리켜 문학평론가이자 사상가이자 경영자, 그런 얘기도 했잖아요. 그런데 나는 우리 시대에 경영이라는 게 무척 중요하고 지식인들이 경영에 대한 인식을 다소나마 가질 필요가 있다고 봅니다. 물론 문학하는 사람이 손수 경영자가 되는 일은 드물지만요. 사실 옛날 우리 개념으로는 사농공상(士農工商)이라고 해서 선비하고 제일 먼 게 상인이에요. 나도 창비를 구멍가게 시절부터 운영하면서 그렇게 양자를 멀리 둔 게 당연하구나 하는 걸 느낄 때가 많았습니다. 둘을 병행하기가 특별히 어려웠어요. 특히 초기에는 글을 읽고 쓰는 선비의 일을 해야 할 때는 장사 생각이 나고, 장사를 하려고 하면 지식인으로서 할 일이 생각이 나고,(웃음) 집중이 안되고 굉장히 혼란스럽고 힘들었어요. 그런데 내가 농사는 안 지어봤지만은 선비가 농사를 지으면 그런 갈등은 적을 것 같아요. 공인(工人)이 되더라도 덜할 거고요. 그런데 상인이 되려면 머릿속이 완전히 달라지거든요. 하지만 현대세계에서 경영이라는 것이 나는 옛날식으로 말하면 병학(兵學)에 해당한다고 봐요. 옛날 선비들이 으레 병서를 읽고, 또 그중에는 실제로 야전에 나가서 전쟁을 지휘하는 사람들도 있어서 병학을 중시했는데, 현대의 병학이라면 물론 사관학교에서 배우는 군사학도 여전히 필요하지만 그보다 오히려 경영학이 더 거기에 해당되지 않느냐 싶어요. 오늘날 진짜 큰 싸움은 돈 싸움이거든요. 세계에서의 싸움이 자본의 싸움이고 기업의 싸움이고. 그런 차원에서 생각하면 옛날의 선비들이 글 짓고 경서 읽고 하면서도 병서도 읽어야 했듯이 오늘의 지식인은 순전한 지식작업만이 아니고 경영을 통해서 얻는 현실에 대한 지식, 인식과 감각, 이런 것들을 갖춰야 제대로 된 발언을 하고 현실을 올바로 진단해서 대응책을 제시할 수 있지 않겠냐는 거지요. 그래서 나 개인의 경우에는 사농공상 중 거리가 제일 먼 사(士)와 상(商)을 결합시키고 그때그때 집중력을 발휘하는 시도를 오랜 시간에 걸쳐 했는데, 물론 전문성이라는 게 따로 있죠. 기업경영의 전문가가 있고 담론이나 창작의 전문가가 다 따로 있지만, 양자를 원천적으로 분리하는 사고방식이나 생활방식은 넘어서는 공부를 해야 하지 않나, 그런 생각입니다. 그래서 내 나름대로 개발한 감각을 앞으로 창비가 운동성과 사업성을 잘 결합하는 데 조금이라도 보태겠다, 이렇게 말하면 또 거봐라, 손뗀다는 게 말짱 헛소리 아니냐(웃음) 그럴 사람도 있겠지만 나는 건강이 유지되고 판단이 흐려지지 않는 동안은 그런 경험을 가진 사람으로서 옆에서 눈에 띄는 게 있으면 말해주는 게 나의 책무라고 생각합니다. 단, 계간지에 관해서는 전략적으로(웃음) 내가 손을 떼겠다는 것이고, 나하고 같이 물러나는 백영서 주간이 그래서 더 잘될 거라고 하셨지만 나도 앞날을 밝게 봅니다.

백영서 이 정도로 마무리하려고 합니다. 창비 50년사를 쓰는 데 여러 사람들이 동참해 서술하고 인터뷰도 하는 바람에 다양한 목소리가 나오는데요, 그러다보니 서로 사실관계의 충돌도 있고 그런 걸 바로잡기도 하면서 또 연결시키는 작업이 중요한데, 오늘 모임이 그런 의미가 있겠다 싶어요. 음악에 비한다면 50년사의 하모니를 이루는 데 오늘 선생님 말씀이 주선율을 이룰 것 같아서 큰 도움이 되었습니다. 수고해주신 분들께 감사합니다. 이렇게 마무리하겠습니다.

(2015. 12. 16. 마포구 서교동 창비서교빌딩 50주년홀)

백낙청 481

창비 50년의 담론

소시민의식을 비판하며
민족문학론을 준비하다

이혜령

「시민문학론」(1969)이 『창작과비평』에 게재되기 전 비평가 백낙청은 전후문학의 기수이자 조선일보 편집국장인 선우휘와 대담을 나눈다. 1968년초에 『사상계』가 「작가와 평론가의 대결 ─ 문학의 현실참여를 중심으로」[1]라는 제하에 마련한 이 자리에서, 대담을 진행한 백낙청이 첫 화제로 꺼낸 것은 싸르트르의 앙가주망에 대한 입장으로 야기된 참여문학 논쟁이었다. 1967년 10월 12일 세계문화자유회 한국본부가 개최한 「작가와 사회」 원탁회의에서 불문학자 김붕구는 친소(親蘇)적인 경향으로까지 나타났던 싸르트르의 앙가주망이 곧 문학의 실패일 뿐만 아니라 필연적으로 프롤레타리아혁명의 이데올로기로 귀착된다고 주장했다.[2] 이러한 주장은 『소시민』의 작가 이호철에 의해 매카시즘

李惠鈴 성균관대 동아시아학술원 HK교수. 저서로 『한국 근대소설과 섹슈얼리티의 서사학』 『인터뷰: 한국 인문학의 지각변동』(공저) 『흔들리는 언어들』(공저) 등이 있음.

을 유도할 수 있다고 비판되었듯이,[3] 냉전 분단체제하에서 참여문학이
궁극적으로 직면하게 되는 벽이 무엇인지 보여주는 예이다. 김붕구는
1959년 싸르트르 문학론의 핵심적 저작인『상황 II』(1947)에 수록된『문
학이란 무엇인가』를 한국어로 처음 번역했지만 싸르트르로부터의 영
향 속에서 들어 있을지도 모른다고 판단한 맑스주의나 사회주의를 불
식시켜야 했다.[4] 한편 선우휘는 김붕구의 주장을 지지하며 1967년 10월
19일자『조선일보』에「문학은 써먹는 것이 아니다」라는 글을 발표한다.
『창비』는 염무웅의 작가론「선우휘론」을 통해 선우휘의 이러한 입장을
포함하여 대표적으로 이어령에 의해 "인간성의 새로운 창조" "행동" 등
의 어휘로 옹호된 선우휘의 문학에 대한 전격적인 비판을 제기했다.[5]

---

1 선우휘·백낙청「작가와 평론가의 대결 ― 문학의 현실참여를 중심으로」,『사상계』
  1968년 2월호.
2 김붕구의 글「작가와 사회」는『세대』1967년 11월호에 게재된다. 이듬해 1968년 봄까
  지 이어진 참여문학 논쟁의 대강은『경향신문』1968년 3월 20일자 5면의「논쟁 제자
  리걸음, 문학의 사회참여」등 기사 참조.
3 이호철「작가의 현장과 세속의 현장 ― 김붕구·선우휘 씨 소론에 대한 의견」,『동아일
  보』1967년 10월 21일자. 이호철은 작가란 자신이 처한 현실에 가장 민감하게 반응하
  고 고발해야 하지만, 이데올로기는 완강히 거부해야 한다는 입장을 제시한다. '이데올
  로기'란 작가에게 외부적이고 부과된 것이라는 논리를 통해 표현의 자유를 규제하는
  매카시즘을 비판하려 한 것이다. 그러나 이러한 방식의 '이데올로기'에 대한 이해는 오
  랫동안 한국사회에서 표현의 자유가 사상의 자유를 포함한다는 것을 은폐해온 근거
  중 하나다.
4 김붕구가 번역한『문학이란 무엇인가』는 1959년 신태양사출판국에서 간행되었다. 그
  는 이 번역본에서 engage의 번역어로 '구속'을 택했는데, 이러한 어휘선택은 1972년
  문예출판사 번역본에서도 관철된다. 한편 한국에서의 싸르트르 수용에 대한 개괄로는
  윤정임「사르트르 한국 수용사 연구 ― 사르트르의 비평을 중심으로」,『프랑스문화예
  술연구』36집, 프랑스문화예술학회 2011 참조. 냉전 분단체제에서의 싸르트르 번역과
  수용의 선택적 맥락을 초점화한 논의로는 박지영「번역된 냉전, 그리고 혁명: 사르트르,
  마르크시즘, 실존과 혁명」,『서강인문논총』31집, 서강대 인문과학연구소 2011 참조.

선우휘 문학은 좌우익의 대립 속에서 증발해버린 개인의 거처를 주된 제재로 삼아 해방 이후 지속되고 있는 한반도의 사회적 상황과 개인의 상태를 말하고는 있지만 정작 그 가운데 격발되는 행동이나 저항이란 그것의 의미 없음을 증명하는 것에 지나지 않으며, 그의 문학에 흐르는 경향은 어떤 실제적인 위험과 도전도 무릅쓸 의사가 없는 소극적 개인주의임을 밝힌 염무웅의 「선우휘론」 또한 참여문학론의 개진이었다. 아울러 1968년 새해 벽두는 김수영-이어령의 불온시 논쟁이 겹쳐져서 문학의 사회참여를 둘러싼 뜨거운 웅성거림을 만들어내고 있었다. 상론하기는 어렵지만, 이 논쟁에서 확인할 수 있는 바는 전후문단에 화려하게 등장한 비평가인 이어령이 당대 문단 속에서 수행한 비평이란 사실 검열적인 기능으로 수렴될 수 있다는 사실이었다.

1967년 연말과 1968년 봄까지 이어진 문학의 사회참여를 둘러싼 논쟁은 이어령과 선우휘 등 전후문학의 이데올로그들이 1950년대 중후반에 싸르트르를 참조하며 내세운 참여가 싸르트르에 대한 오인일 뿐만 아니라 한갓 포즈였음을 드러냄으로써, 김동리와 조연현 등에 대해 이어령과 선우휘가 했던 것보다 진정한 분리를 수행하게 된다. 주지하듯이 김동리, 조연현 등은 순수문학의 깃발 아래 대한민국 정부수립 전후부터 한국전쟁기에 이르기까지 문단의 검열기구로 기능하고 있었다. 이 분리가 진정한 이유는 선우휘와 이어령이 결코 감행한 바 없는 분단체제의 항상적인 심문과 규율을 돌파하려는 시도와 그 위험을 감수할 수밖에 없는 것이기 때문이다. 1965년 남정현의 「분지」 필화사건과 1970년 김지하의 「오적」 필화사건이 잘 보여주듯이, 작가와 비평가 들

5 염무웅 「선우휘론」, 『창작과비평』 1967년 겨울호.

이 자유로운 창조적 상상력과 그 소산의 소유자로서 자신을 주창한다는 것이 곧 사법적 심판대에 오를 수 있다는 의미임은 언제라도 증명될 수 있었다. 『사상계』 대담에서 문학의 논의라면 그것이 사회주의 리얼리즘에 대해서도 말할 수 있도록 '당국'에 건의해보겠다고 말할 정도로 관용적이었으나 그 관용이 '당국'에 의해서 받아들여질 리 없다는 사실에 대해서는 모른 척했던 선우휘에게, 백낙청은 분단체제와 그 억압적 상황이 위협하고 있는 것은 다름 아닌 자유, 문학이라는 자유, 자유로서의 문학임을 말한다. 싸르트르의 가장 중요한 개념이랄 수 있는 자유를 간취하여 백낙청이 제시한 참여문학이란, 던져진 '상황'에의 '참여', 즉 기투(project)였던 셈이다. 『창비』는 싸르트르적 의미의 '참여문학'을 가장 충실하게 번역, 실천하고자 한 그룹이었다고 해도 과언이 아니다. 참여문학 선언서로 알려진 싸르트르의 『현대』지 창간사는 『창비』의 창간호에 번역 게재되었으며, 당시 횡행하던 순수문학 비판의 방향성을 제시한 백낙청의 「새로운 창작과 비평의 자세」는 창간사를 대신한 것이나 마찬가지였다. 이 글은 '순수'에 대한 비판이 곧 "문단의 풍조를 우리의 변칙적 경제 사회구조의 일환으로 파악하는 동시에 인간에 대한 어떤 궁극적 이상의 차원에서 비판하고 또 변화시"키는 차원 속에서 이루어져야 한다고 주장하는데, 이는 곧 참여문학의 인식론적·윤리적 지평이었다.[6] 문학으로서 자유를 행사한다는 것은 "실제로 자기가 몸으로 느끼고 살고 있는 전부"인 현실을 "철저히 살고, 그것을 정직하게 표현하는 것"이며,[7] '자유'란 분단체제하의 남한에 살게 된 상황에 대한 명확한 인식이 없이는 그 의미가 무엇인지 알 수 없으므로 꿈꿔질 수조

---

6 백낙청 「새로운 창작과 비평의 자세」, 『창작과비평』 창간호, 1966. 1, 9면.
7 선우휘·백낙청, 앞의 글 157면.

차 없다. 리얼리즘은 '시민문학'이 필연적으로 요구하는 표현의 방법이자 세계관이란 주장[8]은 참여문학에 대한 이해 속에서 이미 깊숙이 예비되어 있었던 것이다. 곧 보겠듯이, 「시민문학론」 그 자체가 한국의 정치적·사회적 상황에 대해 이전보다 더욱 명료해진 인식과 진술을 담고 있다는 점에서 참여문학의 실천이자 리얼리즘 비평의 심화였다. 또한 문학을 '자유'로서 행한다는 것은 이렇게 인식된 현재의 상황과 관련하여 더 나은 공동체의 미래에 대한 상상, 열망, 실천을 통해서 이루어지는 것이다. 그러므로 참여문학이란 다른 어떤 문학적 지향보다 그러한 상상과 열망을 표현할 자유를 필요로 한다는 점에서, 그 자유의 쟁취를 위해 실천한다는 점에서 내면이나 미의식의 차원으로 해소될 수 없는 것이었다. 다른 한편 참여문학은 현재의 정치적 억압과 사회문제에 대한 즉각적 행동을 촉구하는 문학이란 의미로만 제한되어서는 안되었다. 그것은 또한 아직 도래하지 않은 '잠재적 독자'를 위한 미래의 문학이기도 하며, 미래에 대한 상상력은 현재만이 아니라 역사와 기억을 터전으로 삼기 때문이었다. 시민문학이란 개념이 순수/참여 논쟁과 아울러 '소시민' '소시민의식'을 중요한 문학적 지향으로 내세운 입장에 대한 지양에서 나왔던 소이는 여기에 있다.

1980년대까지 한국 지식인에게 '소시민'이란 레터르는 자신의 안존을 위해 정치 사회적으로 불의한 상황에 눈을 감는 태도를 취하는 자라는 의미로 통용되어왔다. 이러한 통념에도 소시민을 쁘띠부르주아라는 특정한 사회계급이나 계층이라기보다 현실에 미온적인 태도나 의식상태를 뜻하는 경향이 농후하다. '소시민'이란 어휘는 4·19를 기점으

---

8 백낙청 「시민문학론」, 『창작과비평』 1969년 여름호 472면.

로 삼는 1960년대 세대임을 천명한 일군의 비평가들——대표적으로는 김주연, 김현, 김치수, 김병익 등에 의해서 문학비평적인 언어로 등장하여 논쟁의 대상이 되었다. 그 시작을 1969년 2월 『아세아』에 실린 김주연의 「새시대 문학의 성립——인식의 출발로서의 60년대」라는 글이 열었고, 이 글을 둘러싸고 서기원 등에 의해 비판이 제기되자 김현, 김치수 등이 옹호하는 양상으로 소시민 내지 소시민의식의 내용이 구체화된다. 요컨대 소시민이란 자신의 '의식' 내지 '내면'을 인식하는 자기성찰적 인간을 뜻하며, 그것은 문학적 언어의 매개를 통해서만 현현되는 문학적 자아라는 것이다. 이들의 주장에 대한 비판은 '소시민'이 역사나 현실에 대한 외면을 담고 있으며, 찬양되고 있는 '언어에 대한 각별한 의식' 내지 '소시민의식'도 그 의미내용이 모호하다는 것으로 요약된다. 전후문학을 옹호하면서 이들을 비판한 서기원과의 논쟁에서 김현은 연이은 반론을 게재[9]하여 "소시민의식을 드러낸다는 것은 자기자신의 왜소함을 인정함에도 불구하고 자기가 사회 혹은 상황에 참가되었다는 것을 확인하는 행위를 말하는 것"[10]이라고 주장한다. 김현의 말에도 싸르트르의 뉘앙스는 배어 있지만 앙가주망의 의미는 상황 속의 존재라는 의미로 제한되었음을 알 수 있다. '소시민의식'으로 천명된 60년대 세대란 4·19 이후 유신체제로 치닫던 정치적·사회적 상황이 야기한 긴장과 불안으로 각인된 자의식을 드러내는 주체에 다름 아니었

---

9 서기원 「전후문학의 옹호」, 『아세아』 1969년 5월호; 김현 「분화 안된 사고의 흔적——서기원씨의 「전후문학의 옹호」를 논박한다」, 『서울신문』 1969년 5월 6일자; 서기원 「대변인들이 준 약간의 실망」, 『서울신문』 1969년 5월 17일자; 김현 「오히려 그의 문학작품을——서기원씨의 「대변인들이 준 약간의 실망」의 실망」, 『서울신문』 1969년 5월 29일자.
10 김현 「오히려 그의 문학작품을」.

다. 실제로 참여문학 논쟁의 열띠고도 차가운 온도는 당시의 얼어붙어가던 정치적·사회적 상황을 반영하고 있었다. 1968년 1월 무장공비 침투사건, 『청맥』의 편집자들을 비롯한 많은 지식인이 연루된 통일혁명당 사건 등을 기화로 반공통치체제가 강화되었으며, 그같은 상황은 4·19에 의해 형성된 지식인들의 공론장을 경색시키기에 충분했다. '소시민의식'은 그런 상황에서 지식인의 위축을 드러내는 정직한 표현임에는 틀림없으나, 그럼에도 이들의 주장에서 문제적인 것은 사회존재론적 구속과 그 구속이 좀처럼 벗어날 수 없는 것임을 의식하는 자아의 의식을 표현한 데서 60년대 세대 문학을 근대성의 진정한 개화로 평가했다는 점이다.[11] 이는 어떤 의미에서 전도된 의식이었는데, 「시민문학론」을 통해 비판된 소시민의식의 미화는 곧 "새로운 형태의 순응주의"[12]였다.

한국이 겪어온 식민과 전쟁, 분단이라는 역사적 경험과 저발전이라는 당대의 조건은 문학과 사회의 근대성 문제를 특정한 사회경제적, 정치적 조건이나 제도가 아니라 이처럼 '정신'이나 '의식'으로 상정하는 경향으로 나타났다. 아울러 총체적 현실과 관계된 인간의 삶 속에서 그 정신과 의식의 발현을 보여주는 문학은 독자적인 영역이자 가치를 지닌 것으로 생각되었다. 백낙청의 「시민문학론」도 예외는 아니었지만, 그는 시민이나 소시민을 명백한 물질적 기초에 근거한 사회학적 개념이라기보다는 생활태도와 정치의식 내지 세계관의 유동적인 개념으로 간주했다. 그럼으로써 서구의 역사적 경험과 사회상은 물론 특정한 세

---

11 소시민 논쟁에 대해서는 다음을 참조. 전상기 「문화적 주체의 구성과 소시민의식: '소시민' 논쟁의 비평사적 의미」, 『상허학보』 13집, 상허학회 2004; 김미란 「'시민-소시민 논쟁'의 정치학: 주체 정립 방식을 중심으로 본 시민, 소시민의 함의」, 『현대문학의 연구』 29호, 한국문학연구학회 2006.
12 백낙청 「시민문학론」 497면.

대의 그것을 상대화할 수 있었다. 그는 "'소시민'과 대비시켜 우리의 미래를 위한 이상으로 내걸려는 '시민'이란, 프랑스혁명기 시민계급의 시민정신을 하나의 본보기로 삼으면서도 혁명 후 대다수 시민계급의 소시민화에 나타난 역사의 필연성은 필연성대로 존중해주고, 그리하여 그러한 필연성을 기반으로 하여 — 또는 그와 다른 역사적 배경인 경우 그와 다른 필연성을 기반으로 하여 — 우리가 쟁취하고 창조하여야 할 미지·미완의 인간상"[13]이라고 말한다. 시민의식은 "시민은 남의 노예도 아니거니와 남을 노예로 삼지도 않는다는 원칙은 시민과 촌민의 관계에 대해서도 적용되지 않으면 안된다"[14]라는 간명한 말로 설명된다. 이는 르네상스에서 계몽주의, 프랑스혁명과 제국주의에 걸친 근대 서양의 역사와 문학사 비평을 통해 도출된 주장이었다. 진정한 시민이란 프랑스혁명을 경험한 유럽에서도 실현되지 않은 것이었다. 프랑스혁명 이후 일어난 부르주아에 의한 혁명적 이상 즉 시민적 이상의 퇴조는 현재까지도 회복되지 않았는데, 영국문학의 독특한 소시민성에 대해 언급하면서 식민지를 소유, 경영한 서구를 비판한다. 아프리카, 아시아, 라틴아메리카에서의 식민지 지배와 식민 쟁탈전에 대한 자기비판이 없이는 서구에서 진정한 시민의 출현을 기대할 수 없다. 이러한 의미에서 '시민'은 근본적으로는 탈식민적 주체여야 했다.[15] 물론 이는 제국/식민지의 역사만이 아니라, 일국 내의 도시/시골의 상황에도 적용된다. 이

---

13 같은 글 465면.
14 같은 글 476면.
15 세계적 차원에서 '참여문학' 내지 앙가주망이란 당시 프랑스에 대항한 민족해방투쟁을 벌인 알제리 전쟁, 냉전의 열전 형태로 수행되었지만 반제국주의 전쟁 성격이 강했던 베트남전쟁 등에 대한 지식인들의 비판적 입장으로도 표명되었음을 환기해도 좋을 것이다.

러할 때, 식민지를 경험한데다가 새로운 강대국이 작용한 세계질서인 냉전에 의해 분단된 남한, 도시/시골의 극심한 이원화를 바탕으로 근대화를 진행시키고 있는 남한은 역설적으로 진정한 시민의 출현을 기대할 수 있는 곳이다. 그러나 서구의 역사 속에서 이미 증명되었듯이 시민이란 특정한 조건 속에서 저절로 만들어지는 주체는 아니었다. 당대 자본주의 사회에 긴박된 자신의 세속성과 비겁성에 대한 자각인 소시민의식, 그것의 언어적 표현으로 국한된 문학적 기능을 강조하는 세련된 순수문학론으로서의 소시민의식과 대비되는 시민의식은 또한 지금-여기의 경험에 대한 성찰적 인식에서 출발한다.

소시민 논쟁에 대한 언급으로 시작하는 백낙청의 「시민문학론」은 소시민의식을 문학의 근대성으로 간주하는 이들에 대한 개입이자 그 이상이었다. 4·19에 대한 이해가 전적으로 갱신되고 있었기 때문이다. 그는 1960년대 지식인의 정체성 확립의 경험적·인식론적 준거가 된 4·19가 휴전선 이남에 국한되었으며, 주로 도시에 한정되었고, 미국의 호의적 반응에 힘입은 것이기에 한계적인 것이라 주장했다.[16] 이러한 4·19 이해는 일부 비평가들의 '60년대 세대'의 특권화를 겨냥한 것이기도 했다. 4·19 경험의 특화는 곧 도시-서울 경험의 특권화로, 그것은 도시-서울이 분단 과정에서 일어난 역사지리적 단절과 외세의 개입에 의해 형성된 것이라는 사실을 망각하기 쉽다. 이에 '60년대'에 대한 비판은 과감한 것이었다. "4·19정신의 위축과 변질의 시기로서의 60년대는 (…) 시민의식의 퇴조와 새로운 소시민의식의 팽배라는 현상으로도 특징지어진다."[17]

---

16 같은 글 495면.
17 같은 글 496면.

자신의 시대를 변질, 타락한 시대로 규정하는 시간의식은 특별한 역사적 의식 내지 역사적 인간의 사유를 요구한다. 그것은 역사와 기억 속에서 새로운 공동체의 미래를 위한 성찰과 사유의 메시지를 찾는 작업을 의미했다. 「시민문학론」이 18세기 이래 서양의 역사, 사상, 문학에 대한 비판과 나란히 조선시대와 식민지 시대의 역사와 지배적인 사상과 의식상태, 무엇보다 그것을 잘 드러낸 문학에 대한 비평 속에서 구축되고 있는 사정은 여기에 있다. 3·1운동과 4·19, 한용운과 김수영을 교직하는 독해에 의해 그 의미가 명백해진 시민문학이란, 역사 속에서 시민의식이 발현되고 고양된 시간을 끊임없이 환기함으로써 그 시간 이후의 시간, "어두운 시대"인 지금-여기를 역사적 인간의 삶이 이루어지는 장소로 획득해내는 문학이었다. 그런 의미에서 시민문학론은 민족문학론을 예비하고 있었다.

창비 민족문학론의 전개와 새로운 도약

유희석

　무릇 개념이란 외연(外延)을 잡기 나름이지만 엄밀해야 한다. '민족
문학'도 마찬가지다. 길게 잡는다면 우리의 민족문학은 '서세동점'의
물결이 점점 거세지면서 민중의 자각이 싹트기 시작한 17~18세기로도
거슬러올라갈 수 있다. 하지만 『창작과비평』이 발신해온 민족문학을 중
심으로 본다면 일단 식민지시대에 발생하여 분단시대의 자장 속에서
성장한 문학과 좀더 직접적인 연관성을 띤다.

　물론 그 연관성도 세분해서 볼 필요가 있다. 일제시대 특히 1920년대
'조선심(朝鮮心)'으로서의 민족문학과 해방 직후에 분출된 민족문학,
그리고 이후 분단시대의 민족문학이 동일한 함의를 갖는 것은 아니기
때문이다. 일제강점기에는 민족문학이라는 용어도 일제의 사상 탄압과
검열이 일상적으로 자행되던 시대적 제약을 떠나서는 그 의미를 제대

柳熙錫 문학평론가, 전남대 영어교육과 교수, 『창작과비평』 편집위원. 평론집 『한국문학
의 최전선과 세계문학』 『근대 극복의 이정표들』, 역서 『지식의 불확실성』 등이 있음.

로 밝히기 어렵다. 가령 염상섭(廉想涉, 1897~1963)의 발언은 그런 제약을 확인해주는 바 있다. "민족문학으로 말하면 모든 문학이 '개성'에서 출발한다고 할 수 있음과 같이 모든 문학은 또한 그 민족적 개성을 포유(包有)하고 있다는 점으로 생각하여 모든 문학은 결국에 민족문학 아닌 것이 없다고 생각합니다."[1] 이같은 보편주의적 발언이 나온 시점, 즉 1935년은 일제에 대한 저항의식을 담을 수 있는 문학 개념이 봉쇄되던 식민 치하임을 상기해야 마땅하다.

이것이 일제시대 민족문학에 대한 유일무이한 정의는 아니고 그때 이미 민족문학은 계급문학과 긴장관계에 있었다. 하지만 일제강점기 민족문학은 계급과 민족을 대립시키는 도식성과 일제 지배계급의 분쇄정책에 의해 파산한 계급문학과는 다른 행로를 걸었다. 민족문학은 "해방 직후 임화 등에 의해 최초의 논리적인 문학이념으로의 정식화가 이뤄"진바,[2] 동족상잔에 이어 반공체제가 구축된 1950년대에조차 그 명맥이 완전히 단절되지 않았다. 물론 50년대에는 우파 문인들이 민족문학을 반공의 이념적 구실로 악용하는 사례도 드물지 않았지만, 1960년 4·19혁명을 거치면서 지식인들과 민중이 새롭게 각성하고 김수영(金洙暎, 1921~68)과 신동엽(申東曄, 1930~69) 같은 걸출한 작가들이 그같은 각성을 탁월하게 작품으로 구현하기 시작하면서 민족문학도 담론과 작품 창작 양면에서 비약의 전기를 맞게 되었다.

그런 비약에 주목할수록 식민지시대와 해방 직후의 민족문학, 분단시대의 민족문학 사이에 어떤 단절과 연속성이 있는지 파악하는 것도

1 염상섭 「모든 문학은 민족문학」, 『염상섭 문장 전집 II: 1929~1945』, 소명출판 2013, 528면.
2 신승엽 『민족문학을 넘어서』, 소명출판 2000, 53면.

결코 간단한 문제가 아니다. 다만 유신체제가 공고화된 70년대 들어 반외세 의식과 민중의 호응이 가세한 민족문학이 이전 시대와 구분되는 결정적 도약의 계기를 맞았다는 데만은 이견이 없을 듯하다. 그 계기 중 하나가 계간 『창작과비평』의 창간(1966)인바, 70년대에 들어서야 비로소 민족문학은 민족적 위기의식의 한 표현인 동시에 엄연한 역사적 개념으로서의 위상을 획득하기 시작했다. 단적으로 백낙청의 「민족문학 개념의 정립을 위해」(1974)와 염무웅의 「식민지 문학관의 극복문제: 민족문학관의 시론적 모색」(1978)를 떠올릴 수 있다. 이들은 민족문학을 변화무쌍한 현실에 따라 변천하는 역사적 개념으로 설정하면서 현실참여 의지를 다지는 것이 문학 본연의 길과 행복하게 합치된다는 짐을 자신있게 천명한 것이다. 그같은 자신감은 작품 생산으로 뒷받침되었으니, 최원식이 「민족문학론의 반성과 전망」(1982)에서 정리한 대로 70년대는 그동안 다양한 개념과 문맥에서 사용되어온 민족문학이 가치지향성을 띠고 '정립'된 시기라고 할 수 있다. 좀더 구체적으로, 60년대의 참여문학론, 시민문학론, 농민문학론, 리얼리즘 문학론이 수렴되면서 그 구심점으로 민족문학론이 모색된 것이다.

그 점을 주목한 임홍배는 백낙청과 염무웅의 비평을 중심에 놓고 60년대 이후 민족문학의 시대적 흐름과 변모를 이렇게 정리한 바 있다.

어림잡아 『창비』 창간(1966)을 전후한 무렵부터 70년대까지를 민족문학론의 형성기 내지 정립기로 본다면, 80년대에는 민족문학의 민중적 지향이 뚜렷해지면서 특히 87년 이후로는 민족문학 전체를 두고 볼 때 일시적으로 민족문학론의 내적 분화양상이 두드러지기도 하며, 90년대에 들어서는 백낙청·염무웅의 글에서도 민족문학의 위기가 진지하게 거론될 만큼 이전의 두 시기가 갖는 본질적 연속성과도 구별되는 새로움이 느껴진다. 그러나 지금 시기의 새로움에 대한 백낙청·염무웅의 대응논리는 이미 7, 80년대의 비평적 모색에서 어느정도 예비되어왔다고 생각된다.[3]

임홍배의 정리에서 특히 주목할 점은 80년대 "민족문학의 민중적 지향"도 양면성이 있었다는 사실이다. 민중적 지향을 강조하는 급진 담론의 등장은 기존 민족문학의 지평을—소재나 주제, 작가의 신원 등에서—대대적으로 확장한 반면, 다른 한편으로는 70년대 민족문학을 소시민문학으로 낙인찍는 과도한 주장을 펼침으로써 민족문학의 심화와 발전을 이루는 데 일정한 제약을 초래하기도 했다.

물론 일제 카프문학을 발전시키려는 계급문학론자들조차 자신의 지향성을 민중적 민족문학으로 규정한 데서도 알 수 있듯이 민족은 여전히 일종의 상수(常數)였다. 최소한 그런 면에서는 계급문학도 민족문학의 발전에 더없는 자극이자 다그침이었다. 하지만 종합적으로 보면, 산업예비군을 양산한 70년대의 압축적 근대화와 80년 5월 광주민중항쟁 속에서 움튼 계급문학이 70년대의 민족문학과 대립각을 세우면서 치열한 논쟁을 벌였지만 기왕에 확대된 민족문학의 지평을 제대로 담아내지는 못했다. 게다가 주로 민족문학의 '주체'를 두고 벌어진 그같은 논쟁은 계간 『창비』가 신군부에 의해 폐간되면서 더 격화된 면이 있었다. 특히 "87년 이후로는 민족문학 전체를 두고 볼 때 일시적으로 민족문학론의 내적 분화양상이 두드러"졌기에 그 분화양상도 좀더 섬세하게 파악해야 하는 문제가 된다.

---

3 임홍배 「창비 30년, 민족문학론의 어제와 오늘」, 『창작과비평』 1996년 봄호 66면.

70년대 이후 민족문학론의 분화와 논쟁 양상을 좀더 엄밀하게 파악하기 위해서는 박정희시대와 신군부시대로 나뉘는 70년대와 80년대를 본질적으로 단절보다는—지그재그의 궤적으로나마—발전적 연속성이 강한 하나의 시기로 묶어 보는 시각이 요구된다. 민족문학이 "엄격한 의미에서 1970년대로 끝났다"는 진단보다는 "민족문학의 핵심은 계승되고 있"었다는 판단에[4] 방점을 찍어야 한다는 뜻이다. 그런데 이처럼 80년대를 민족문학이 더욱 발전한 시기로 파악하면서 전 시대의 알맹이가 80년대로 이월되는 과정을 제대로 살피기 위해서는 반드시 세계사적 시야가 필요하다. 돌이켜보건대 민족문학의 논쟁적 성격이 강렬하게 분출되고 창작 이념으로서 작가들에게도 가장 생산적인 자극으로 작용한 때는 70년대라는 평가가 충분히 가능하다. 그런데 그 과정에서도 세계사의 현실이 관철되고 있었다. 가령 70년대는 베트남전으로 표상되는 제3세계 민족해방운동이 뜻깊은 결실을 본 시대였고, 민족문학의 발흥과 힘찬 전진도 그 기운을 알게 모르게 받았기에 가능했던 것이다.

70년대 벽두에 베트남 참전을 체험한 황석영 같은 작가에 의해 「객지」(1971)와 「한씨연대기」(1972) 같은 문제작이 나온 것도 우연이 아니었다. 그런데 냉전도 아니고 열전도 아닌 상태가 지속된—북에서는 유일체제가, 남에서는 유신체제가 합작하면서 하나의 체제를 더 확고하게 형성한—한반도 상황에서는 베트남전 종전(1975. 4. 30)과 같은 극적인 사건을 기대하기 어려웠다. 훗날 '87년체제'로 명명된 시대에 들어 민족문학은 민족해방노선(NL)과 민중해방노선(PD)의 발전적 결합을

---

4 최원식 「민족문학론에서 동아시아론으로」, 백영서·김명인 편 『민족문학론에서 동아시아론까지』, 창비 2015, 28면.

지향하는 동시에 '소시민'으로 대변되는 민중들과 중산층의 미세한 삶의 결을 변증법적으로 종합하지 못하고서는 문학다운 문학으로 자립하기 힘든 상황에 처한 것이다.[5] 작품과 비평 차원에서 그런 종합을 어느정도 이룩했기에 70, 80년대에 다른 어떤 조직이나 단체보다 창비가 민족문학(운동)의 구심점 역할을 했다고 자평할 수 있다. 70년대 민족문학을 두고 '소시민'이라는 딱지를 남발한 80년대 소장비평가들의 급진성은 일제시대 카프의 관념성을 제대로 떨치지 못한 면이 많았고, 그런까닭에 실제 삶을 다루는 당대의 다양한 문학 흐름을 읽는 실천적인 비평의 몫을 다하지도 못한 것이다.

게다가 그런 급진성은 87년 6월항쟁을 기점으로 더욱 일면적인 노동계급 중심주의로 치닫기도 했다. 그렇다면 민중적 민족문학을 지향한 (소장)비평가들이 87년 6월 시민혁명이 열어놓은 창조적 공간을 온전히 활용하지 못했다는 평가도 가능할 것이다. 바로 그렇기 때문에 80년대 민족문학의 행보도 무척이나 더딜 수밖에 없었지만, 더딘 행보 속에서나마 민족문학은 6월 시민혁명의 성취를 이어받았다. 그 과정에서 『창비』의 복간(1987)이 이루어진다. 그로써 창비는 세기말인 90년대를 내다보면서 민족문학의 '새 단계'를 구상할 수 있게 된다.

그러나 민족문학의 새 단계라는 것은 그 함의가 극도로 착잡할 수밖에 없었다. 무엇보다 민족문학을 둘러싼 대내 및 대외의 지정학적 조건들이 맞물려 작용하면서 민족문학의 고투도 진지전의 형식을 띨 수밖에 없었기 때문이다. 대내적으로는 6월항쟁의 성취가 '온전한 민주화 과정'으로 접어들지 못하고 노태우와 민정당으로 표상되는 개량된 수

---

5 구체적인 논의는 백낙청 「통일운동과 문학」 특히 4절 '유월 이후를 보는 시각' 참조. 『민족문학의 새 단계』, 창작과비평사 1990, 124~30면.

구세력과의 밀고 당기는 기나긴 여정으로 이어졌다. 대외적으로는 베를린 장벽의 철폐(1989)와 독일 통일(1990), 그 이듬해 쏘비에뜨연방의 해체가 국내 개혁세력의 지지부진한 전진 및 분열과 맞물리면서 문학의 상황도 착잡해진다. 80년대에 민족문학의 깃발을 급진화했던 논자들이 '변신과 탈주'를 시도함으로써 상황이 더 꼬여간 면도 있었다. 다른 한편 기왕에 축적해놓은 민족문학의 알맹이를 어떻게 계승할 것인가를 두고 고민이 더 깊어지기도 했다. 게다가 90년대 들어 본격화된 포스트모더니즘의 대대적인 공세는 또다른 성격의 도전이었다. 민족과 민중 개념을 세계화시대의 실정에 맞게 설정하지 않고서는 그런 공세를 감당할 길이 없었던 것이다. 바로 그런 맥락에서 민족문학의 기사회생도 세기말의 화두가 되어야 했다.

이런 복합적인 위기에 맞서 창비의 민족문학은 동서냉전의 결정적 해체를 초래한 세계체제의 거대한 전환이 한반도에 구체적으로 어떤 영향을 끼치고 있는가를 예의주시하면서 안팎으로 전열을 다시 정비하기 시작했다. 이는 군부독재라는 자명했던 적의 실체가 무대에서 퇴장함으로써 벌어진 위기지만 그것만으로는 설명하기 힘든 역사적 현실이 엄존했음을 뜻한다. 즉 비교적 구심점이 강력했던 70년대 민족문학은 87년 이후 안팎의 대대적인 도전에 직면했으니, (87년 이후 국면에서 잠시 위세를 떨쳤던) 노동해방문학의 파괴적 원심성을 지혜롭게 견제해야 하는 과제는 말할 것도 없이, 민족을 상대화하면서도 역사적 의의가 달라진 상황에 처한 자신을 계승해야 하는 곡예가 더없는 도전으로 다가왔던 것이다. 실제로 백낙청은 분단체제의 근본적 제약이 문학에 가할 수 있는 한계를 의식하면서 90년대초에 이렇게 논한 바 있다.

우리의 민족문학운동이 그런 악순환에 빠져들었다고는 믿지 않는다. 고은, 신경림 같은 우리시대 최고 수준의 시인들로부터 김영현·방현석·김하기 등 90년대초 작단의 가장 유망한 신예에 이르기까지, 민족문학의 대의에 동참하는 창조적 성과들을 우리는 여전히 자랑할 수 있는 처지다. 하지만 민족민주운동 전체의 새로운 위기는 문학에서도 엄연하다. 민중적인 민족문학을 외치면서도 다수 독자들로부터 외면당하는 문학, 가장 민족적이기에 가장 떳떳한 세계문학이라고 내세우면서도 민족언어와 민족적 생활 고유의 보람을 살리지도 못하고 국제적인 흐름에도 무감각한 문학──이런 것의 대명사가 '민족문학'이 되어버릴 위험이 전혀 없다고 누가 장담할 것인가.[6]

백낙청의 이런 우려가 단순한 기우만은 아니었다. 90년대로 접어들면서 벌어졌던 국내외의 대대적인 지각변동 속에서 민족문학의 좌표를 80년대만큼 확실하게 잡고 나아가기가 힘들었기 때문이다. 87년 시민항쟁이 성공적으로 완수된 이후 백낙청은 조심스럽게 '민족문학의 새 단계'를──이는 그의 네번째 평론집(1990) 제목이기도 하다──제시했지만 실제로 펼쳐진 새 단계의 양상은 복잡다단했다. 이 새로운 단계는 87년 6월항쟁의 성과를 '작품'으로 반영하는 민족문학의 새로운 도약 가능성을 가리키는데, 그런 가능성을 제시하자마자 구미 포스트모더니즘의 공세와 더불어 앞서 임홍배도 언급했다시피 민족문학의 위기가 정론처럼 통용된 것이다.

이렇게 보면 90년대는 고은 신경림 현기영 황석영 박완서 등의 선배

---

6 백낙청 「90년대 민족문학의 과제」, 『창작과비평』 1991년 봄호 100면.

세대가 뒷배를 여전히 받쳐주는 상황에서도 민족문학의 새로운 방향전환을 적극적으로 (암중)모색한 시대라고 할 수 있다. 무엇보다 그런 모색은 한때는 민족문학운동의 구심점 역할을 했으나 점차 자유롭고 진취적인 문학의 구상에 족쇄로 작용한 진영 개념을 적극적으로 해체하는 비평 작업으로 나타났다. 그런 해체는 신경숙 공선옥 공지영 등 새로운 시대적 감수성을 발산하는 작가들을 발굴하고 평가하는 방식으로 진행되었는데, 다른 한편 민족문학의 새로운 방향 설정을 위한 탐구 또한 멈추지 않았다. 자본주의 근대에 대한 본격적인 성찰도 그런 탐구의 일환이었다. 이는 민족과 민족주의가 근대의 역사적 산물임을 고려해볼 때 당연한 분석작업이기도 했다. 군사독재와의 지난한 싸움으로 인해 그 같은 성찰이 유예된 점도 없지 않았지만, 바야흐로 지구화시대가 선포되고 전지구적 자본주의가 역사의 무대를 장악한 터라 근대주의의 극복을 지향하는 근대의 비판적 성찰은 더욱 긴요했던 것이다. 이러한 성찰은 근대의 적응과 극복(=이중과제론)으로 점차 발전하게 된다.

90년대 후반 이후 창비는 민족문학의 '해소' 내지는 '해체'를 기정사실화하는 외부의 공세에 맞서 진영 개념의 해체와 신예의 발굴 등 내실을 다지는 데 주력했다. 전체적으로 기동전보다는 진지전에 가까운 대형이었다. 지루한 진지전은 세기말까지 이어졌다. 그 과정에서 특히 주목할 사건은 역시 2000년 6·15남북공동선언이었다. 민족문학을 지향한 문인들에게도 뜻깊은 '사건'인 6·15남북공동선언은 해방 후 사실상 처음으로 남북 작가들이 만나 서로의 문학을 두고 토론할 수 있는 자리를 만들어냈다. 2004년 북의 작가 홍석중이 『황진이』로 제19회 만해문학상을 받은 것도 상징적인 사건이었지만, 실제로 한동안 북을 체험하며 그런 체험을 작품으로 담아낸 작가들 역시 적지 않았던 것이다. 하지만 6·15가 열어준 국면에서 70, 80년대의 민족문학으로 회귀하는 것은 바람직하지도, 가능하지도 않았다. 현재적인 관점에서 민족문학의 핵심적 유산을 어떻게 슬기롭게 계승할 것인가 하는 것도 난감한 숙제로 남게 된다.

6·15남북공동선언이 민족문학이 처한 진퇴양난에 출구를 열어준 것이라고 단언하기는 어렵다. 어떤 점에서는 '통일시대'를 내다본 6·15선언으로 인해 민족문학의 진로는 더 착잡해진 면도 있었다. 물론 6·15가 '통일문학'의 가능성을 진지하게 타진하게 한 계기가 된 것도 사실이기에 민족문학은 단순히 폐기처분할 것이 아니라 그 역사적 궤적을 더욱 진지하게 탐구해야 하는 대상으로 남았다. 그런 탐구가 6·15 이후에도 중단되지는 않았다. 그러기는커녕 창비는 국적과 이념에 얽매이지 않는 분단체제 극복을 위한 노력을 계속하면서 그에 실질적으로 부합하는 문학을 모색하기 시작했다. 2000년대 후반 『창비』 지면에서 촉발되어 평단으로 퍼져나간 '문학과 정치' 논쟁도 그런 모색의 일부였다.

이 대목에서 한가지 강조해둘 점은, 민족문학의 유산을 새로이 해석하고 민족문학론의 문제의식을 발전시키지 못하고서는 분단체제의 극복을 지향하는 문학도 문학 본연에 충실하기 어렵다는 사실이다. 그런 극복에 매뉴얼이란 것이 있을 수는 물론 없는 일이고, 각자 또 다같이 진지한 모색과 공부의 과정에 참여해야 가능한 것이다. 그 과정 가운데는 70년대 민족문학의 산실이었던 자유실천문인협의회(1974~87)를 이어받은 민족문학작가회의가 2007년 12월 8일에 사단법인 한국작가회의(Writers Association of Korea)로 명칭을 변경한 작업도 포함된다. 필자는 이 명칭 변경의 의의를 다음과 같이 풀이한 바 있다. "2007년 당시 민족문학에 헌신한 작가회의의 회원들이 중지를 모아 '문학'의 수식어를 '민족'에서 '한국'으로 바꾼 것은, 1989년 현실사회주의가 붕괴되기 시작하면서 더욱 가속도가 붙은 세계화의 흐름에 역동적으로 대응하기 위한 전략적 선택이었다."[7]

창비의 민족문학론은 '작가회의'와 더불어 이렇게 '한국문학'으로 방향전환을 해냈다. 하지만 중요한 것은 문학 앞에 '민족'을 떼고 '한국'이라는 수식어를 붙였다는 점 자체가 아니다. 민족문학의 현재적 유산을 온전히 계승하고 한반도의 분단체제를 혁파하려는 노력은 2010년대 중반에도 치열하게 계속되고 있다는 점이 핵심이다. 물론 이제 그런 노력은 더이상 민족문학이라는 이름을 빌리고 있지는 않다. 그렇다고 창비가 그 이름에 담긴 뜻마저 포기한 것은 아니다. '문학이 무엇인지를 다시 묻는' 백낙청의 비평작업에서 볼 수 있듯이 민족문학은 분단체제 극복을 위해 더욱 박차를 가하면서 민중의 참다운 실감을 살리는 문학다운 문학으로 다시 태어나는 중이다.

---

7 졸고 「민족문학, 한국문학, 87년체제」, 『한국문학의 최전선과 세계문학』, 창비 2013, 15~16면.

1970년대 창비의 민중담론과 종교의 대화

이기호

1

1970년대 중반 이후 '민중' 담론이 자리잡기 전까지 한국사회에서는 '우리'를 어떻게 호명할지가 하나의 큰 이슈였다. 해방 이후 — 비록 분단된 상태로나마 — 국가가 세워지기 전까지는 국민이라는 표현이 낯설었고 백성 혹은 평민 등의 표현은 봉건적 냄새를 풍겼을 것이며, 시민이라는 표현은 서구의 부르주아 개념의 냄새가 나는 데 반하여 한국의 경제사가 이를 뒷받침해주지 못했기 때문이다. 게다가 분단 이후에는 북에서 선점한 인민이라는 표현을 쓰기에는 당시의 반공주의가 이를 허용하지 않았을 터이다. 한국전쟁 이후에 교육받은 이른바 4·19세대에 해당하거나 4·19정신에 공감하는 지식인들은 해방 전의 봉건적 분

李起豪 한신대 정조교양대학 교수, 평화와공공성센터장. 저서로『아시아 정치변동과 사회운동의 변화』(공저) 등이 있음.

위기와 제국주의적 유산을 청산하고자 한 것은 물론 포괄적 의미의 근대화와 새로운 시대적 흐름에 대한 갈망이 컸다. 그러한 기대와 열망을 가졌던 지식인들에게 1960년대는 5·16군사쿠데타로 인해 4·19가 만들어낸 공간을 민주화·근대화·분단극복이라는 시대적 과제를 역동적으로 끌어갈 수 있는 모멘텀으로 발전시키지 못한 시대였으며, 이에 대한 아쉬움과 반성이 그들의 사고 전반에 깔려 있었다. 민(民)에 의한 저항으로 새로운 정치적 공간이 활짝 열렸지만 이 공간은 당시의 열망을 숙성시키는 공간으로 성장하지 못했다. 오히려 정치권의 무능과 이어진 군사쿠데타로 집권한 독재권력의 심화, 성장지상주의에 따른 반쪽짜리 근대화, 그리고 냉전체제의 심화로 인한 분단체제의 고착화는 민(民)이 갈망한 역사의 흐름에는 완전히 역행한 것이었다.

2

박정희정권은 개인을 통한 근대화, 곧 '근대적 개인'의 탄생이 아니라 '조국근대화'를 통한 '애국심으로 무장한 국민'의 탄생을 기대했다. 여기에는 두가지 개념이 미묘하게 중첩되는데, 하나는 근대화이고 다른 하나는 민족이다. 두 개념은 단어로만 보면 당시의 시대적 요구를 반영하는 단어였기에 국가이데올로기로는 국민을 설득하기 좋은 프레임을 갖춘 셈이다. 박정희정권은 근대화를 하나의 지향점으로 보았고 그 추진세력을 국민으로 여겼으며 국민을 만들기 위해 민족의 개념을 이용했다. 1972년의 유신헌법은 이러한 민족적 특수성에 기반을 둔 한국식 민주주의로 정당화하고자 했다. 따라서 이 시기는 분단을 고착화하는 박정희정권의 국가관 및 국민 만들기 프로젝트와는 다른 새로운 '우리'에 대한 개념이 필요했다. 당시 지식사회에서는 여기에 대해 두가지 대응이 나타났다. 하나는 서구적 맥락을 하나의 보편적 흐름으로 이해하고 개인과 자유를 주장하는 자유주의적 대응이다. 다른 하나는 군사독재와 분단체제 극복을 위한 아래로부터의 저항의식을 가진 새로운 민을 추구하는 흐름이다. 창비는 후자에 속한 것으로 판단되는데, 1969년 발표된 백낙청의 「시민문학론」은 아직 맹아기였던 민중담론에 주요한 단서를 제시했다.

당시 백낙청은 경제적 계급으로서 실재하는 '시민'보다는 '시민의식'에 초점을 둘 것을 강조했다. 당시 유행하던 소시민(쁘띠부르주아지) 논쟁에 대해 당시의 사회적 계급 혹은 계층을 분석적 개념으로 정의내리기보다는 사회변화를 지향하는 민의 흐름, 곧 운동성의 개념으로 이해할 것을 주장했다. 당시 우리 사회는 그만큼 유동적이었고 여러 변화의 갈래가 갈등하면서 흐름을 만들기도 하는 혼돈을 배경으로 하고 있었기 때문이다. 이러한 시민성 개념은 그후 민중담론의 중요한 한 축을 형성하게 된다. 「시민문학론」에서 백낙청은 어설픈 계몽이나 흉내낸 근대화보다는 있는 그대로의 '민'을 드러내고 이들이 어떻게 당시의 어려움을 극복해가며 역사를 만들어가는가에 주목한다. 이 과정에서 실학 전통을 비롯해 동학과 3·1운동 등 성공하거나 완성하지 못했더라도 역사적 물꼬를 바꾸고자 했던 저항의 흐름에 주목한다. 결국 이는 시민성을 갖춘 '민'의 도도한 흐름을 일컬으며 한국적 맥락에서 '민족'담론과 연결되었다.

따라서 당시 박정희정권이 주장한 민족담론과 창비의 민족담론은 충돌할 수밖에 없었다. 지배담론으로서의 민족담론과 저항담론으로서의 민족담론은 스스로의 뿌리와 지향점 그리고 정체성의 문제를 얼마나 풍부하고 설득력있게 대중으로 하여금 느끼고 의식하게 하는가에 그 경쟁의 성패가 달렸던 것으로 보인다. 바로 이 지점에서 큰 차이를 드러내는 새로운 주체 담론이 '민중'인 셈이었다. 박정희의 민족담론이 새롭게 '국민' 만들기를 통해서 이루어진 것이라면, 창비의 민족담론은 우리의 전통을 재발견함으로써 '민중'을 찾아내고 해석하는 가운데 만들어지는 것이었다. 적어도 70년대 '국민'이 동원과 강요된 반복을 통해서 만들어지는 담론이었다면 '민중'은 시대적 공감과 역사적 대화를 통해서 형성되는 과정을 겪게 된 것이다.

3

1970년대 창비가 종교와 대화를 하게 된 것은 이러한 역사적 흐름의 주체를 어떻게 형성할 것인가라는 맥락에서 '민중'이라는 담론을 매개로 이루어졌다. 『창비』는 창간 초기에는 종교에 대해 큰 관심이 없던 것으로 보인다. 대부분의 종교는 국가이데올로기에 기여하는 방향으로 작동했는데, 서구에서는 기독교가 제국주의 지배이데올로기로서 기능했으며, 해방 후 한국의 기독교 역시 이승만정권에 동조하는 친정부적 성향을 가지고 있었거나 혹은 성경을 문자 그대로 따르며 현실과는 담을 쌓는 개인주의적 성향이 주류를 이루었기 때문이다.

그러나 이즈음 『창비』는 한용운을 재해석하면서 불교와 동학 그리고 실학을 소개하는 등 국가종교와 민족종교를 구별하는 노력을 기울이기 시작했다. 예컨대 1970년 겨울호에는 안병직의 「만해 한용운의 독립사상」이 소개되고 1972년 겨울호에는 염무웅의 「만해 한용운론」이, 그리고 1973년 봄호에는 한용운 자신의 「조선불교유신론」이 이원섭 역주로 게재되었다. 창간 10주년을 맞이한 1976년 봄호에는 한기두의 「불교유신론과 불교혁신론」이 실렸다. 불교의 민중성과 변혁성을 공통분모로 하는 이들 불교사상은 이후 불교를 다른 각도에서 보게 하는 계기가 되었다. 1976년 여름호에는 김영태의 「불교혁신론 서설」이, 연이어 1979년 여름호에는 만해 탄생 100주년 기념논문이 두편 실렸다. 특히 이 가운데 안병직의 「'조선불교유신론'의 분석」은 한용운을 불교사상가이자 동시에 사회사상가로 조명했다. 안병직은 만해의 사상에서 독립된 인격을 가진 주체로서의 개인, 곧 자아의 발견을 강조하고 이는 서구에서 제기된 근대적 시민의식의 핵심적 요소라는 점에서 진보성도 갖추고 있음을 역설했다. 적어도 1969년 「시민문학론」 이후 제기된 만해의 사상을 근대적 사상이자 시민의식의 내발적 담론임을 입증하는 과정에서 불교사상의 유신론과 혁신론을 통해 근대적 담론과 변혁적 담론의 기반을 마련하고자 노력했다.

반면에 창비와 기독교의 만남은 불교나 만해사상과의 만남처럼 문헌의 발견과 인물 및 사상의 재해석을 통해서라기보다는 이미 당시에 변혁운동에 뛰어들기 시작한 기독교의 현실참여, 곧 에큐메니즘(Ecumenism, 세계교회주의) 운동을 실천하던 목사들과의 대화를 통해 이루어졌다. 『창비』에 처음 소개된 기독교 민중담론은 우리나라의 목사의 것이 아니라 일본 토오꾜오대학 교양학부 교수인 아라이 사사구(荒井獻)의 『예수와 그 시대』였다. 이 책은 일본에서 1974년에 출간된 것인데 『창비』가 그 일부를 1975년 가을호에 서남동의 번역으로 실었다. 이 책은 예수의 스토리텔링이 전승된 방식과 신약성경의 맥락을 분석하여 신앙으로서의 예수보다 역사와 현실로서의 예수를 드러내는 시도였다. 여기에는 4대 복음서인 마태, 마가, 누가, 요한 복음 등을 중심으로 12제자의 행적을 비교 분석하고 있는데, 그 핵심은 예수를 당신의 아버지인 하나님보다 당대에 고난받던 이들과 함께하는 예수로 재해석하는 것이었다. 아라이의 논문은 결국 권력에 맞서는 예수, 그리고 권력의 이데올로기로 작동하는 율법 및 그 기관들과 맞서는 민중 속의 예수를 조명하는 것이었다.

이를 통해 『창비』의 다양한 독자들은 기독교에 대한 새로운 관심을 갖게 되었고, 당시 기독교 안에서 뜨겁게 논란이 된 민중신학도 더욱 발전하고 대중화하는 길을 열었다고 평가할 수 있다. 1977년 겨울호에 실린 강문규의 「제3세계의 기독교」는 당시 한국의 상황에서 기독교를 어떻게 해석할까를 대중적 언어로 명확하게 설명하고 있다.

기독교의 확장은 곧 자신들의 식민적 지배개념 속에서 서구교회의 연장에 지나지 않았다. 따라서 그 결과란 즉 식민지에서 크리스찬이 된다는 것은 곧 전통적 공동체로부터의 분리 내지는 이탈을 가져왔고 지금까지의 생활양식과 문화로부터의 소외를 가져왔던 것이다. (강문규 「제3세계의 기독교」, 1977년 겨울호 366면)

곧 제국주의의 이데올로기로서의 기독교는 식민지 대중을 근대화한 것이 아니라 제국에도 속하지 못하고 본래의 자국에서도 이탈되는 소외된 대중의 길이었으니, 이 점에서 제국의 이데올로기가 아니라 제3세계의 기독교로서 새로운 위상을 부여할 필요를 명확히 했던 것이다. 그러기 위해선 아시아 기독교가 아시아의 역사 속에서 자신의 위상을 찾는 역사적 접근과 이를 통한 토착화운동이 필요하다. 이 경우, 제국의 이데올로기로 기능한 서구 기독교에 대립하며 동시에 이로부터 해방을 이뤄야 하는 시대적 과제를 가지게 됨으로써 제3세계의 기독교는 '해방'과 그 주체로서 '민중'을 부각하게 된다. 그럼에도 기독교가 특정한 민족종교로 변하지 않는 이유는 이러한 해방이 궁극적으로는 하나님이 창조하신 인간의 비인간화에 대한 저항이라는 보편성과 맞물려 있기 때문이고 여기에서 민중과 함께하는 예수가 새롭게 부각되는 것이다.

이밖에도 1976년 겨울호에서는 서남동의 『전환시대의 신학』에 대한 변선환의 서평을 통해 칼 바르트와 에밀 부르너, 그리고 폴 틸리히 등 당시 신학 논쟁의 계보가 소개되었다. 또한 1964년 본회퍼의 옥중서신이 저자 서남동에게 영향을 주었으며 이는 '전환시대 신학'의 근간을 이루게 되었음을 설명하였다. 변선환은 성서적 신학을 사제적 종교, 예언적 종교 그리고 묵시문학적 비전으로 나누고, 이 가운데 휴머니즘을 추구하는 묵시문학적 비전이 '제3의 기독교'의 핵심에 해당한다고 주장했다. 특히 '제3의 기독교'는 역사와 대화하는 과정으로서 미래에 대한 문을 열어놓고 역사화와 인간화를 소망하며 이를 추구하는 것이기에 위르겐 몰트만의 '희망의 신학'을 넘어서는 것으로 서남동의 신학을 평가한다.

한층 구체적이고 깊이있는 창비와 기독교의 대화는 1978년 봄호에 실린 박형규와 백낙청의 대담(「한국 기독교와 민족현실」)을 통해 이루어졌다. 이 글에서는 그간 『창비』에 소개된 기독교의 해방과 민중 담론을 박형규의 경험과 실천에 비추어 알기 쉽게 소개하고 있는데, 몇가지 주목할 주제가 있다. 기독교와 불교의 대화 가능성을 비롯해 과학과 신학, 기독교와 공산주의, 그리고 기독교와 민족 등 이른바 열린 기독교가 당면하는 문제들을 다뤘다는 점이다. 특히 주목할 부분은 기독교가 분단을 극복하는 과정에서 어떠한 역할을 할 것인가에 대한 대화이다. 박형규는 이분법적 논리가 가져올 위험성을 경계하고 분단체제 혹은 반공주의 또한 그런 논리에 빠지기 쉽기 때문에 기독교가 어떤 하나만을 옳다고 하는 것이 아니라 상생할 수 있는 미래를 만들어갈 것을 강조한다. 이에 대해 백낙청은 기독교인뿐 아니라 비기독교인도 민중이라는 담론을 공유하고 해방을 실천해가기 위해서는 보편적 개념으로서의 민족, 현재진행형으로서의 민족 개념의 필요성을 주목한다.

그래서 세계를 위해 존재하는 교회는 우선 우리 민족을 위해 존재해야 하겠고 그것은 곧 교회와 교인들이 기독교 외부의 동포들과의 철저한 민족적 동질감, 민족적 연대의식에서 출발해야 할 것 같습니다. (박형규·백낙청 대담 「한국기독교와 민족현실」, 1978년 봄호 19면)

백낙청은 기독교가 한반도에서 제3의 기독교로 뿌리내리고 보편적 종교로서 힘을 얻기 위해서 민족담론과 연결되어야 한다고 주장한다. 분단체제의 극복 없이 보편적 담론을 형성하기가 어려우며, 동시에 민족담론은 기독교와 다른 종교들을 엮어낼 수 있는 동질감 혹은 공감대의 담론이라는 것이다. 곧 해방신학을 바탕으로 민중담론을 제시한 기독교인들이 비기독교인과 연대하고 나아가 당시 시대적 모순의 핵심으로 파악된 분단체제를 극복하기 위해서는 민중과 민족의 두 담론이 결합할 필요성을 제기한 것이다.

4

1970년대 창비의 민중담론은 문학 및 역사를 비롯한 사회과학뿐 아니라 종교담론에서도 발견된다. 만해의 조선불교유신론에 대한 해석에서 보이듯, 자아의 발견과 보편적 인권사상이 우리의 저항문화, 곧 민족의 역사에 내재해 있음을 강조했다. 만해의 조선불교유신론에 대한 창비의 해석은 불교가 이를 견인하고 계몽하며 동시에 사회변혁의 사상으로 전개되었음에 주목한다.

한편 이미 민중담론과 해방신학의 이론체계를 구축한 기독교와는 분단극복으로 연결될 수 있는 가능성을 타진하며 민족이라는 공통분모를 만들어 종교 간 협력을 꾀하고, 동시에 민족담론이 국가에 포섭되지 않은 채 분단체제를 극복해갈 것을 강조했다. 70년대 창비의 담론에서 명확하게 논쟁되지는 않았으나 당시 창비의 민중담론에 내포된 민족담론은 세계의 다양한 민족들이 국가로부터 억압당하지 않고 존중될 수 있음을 시사했다고 할 수 있다. 이는 민족담론이 내셔널리즘에 갇히지 않고 평등·자유·우애와 연결될 수 있는 기초를 마련한 것으로 볼 수 있다.

70년대 제기된 민중담론과 민족문제는 1980년대 대학가를 중심으로 화두가 되어 1987년 민주화를 이루어내는 사상적 밑거름이 되었다. 그러나 1980년대의 민중담론은 70년대 창비에서 보인 것처럼 인문학이나 사회과학 혹은 종교와의 폭넓은 토론을 통해서 그 깊이와 의미가 확장되기보다는 민주화세력의 주체를 호명하는 운동론의 전략적 개념으로 더 많이 활용되었다. 민중담론과 민족담론이 결합되기보다는 이른바 소외되고 억눌린 사회적 약자를 포괄적으로 지칭하는 계급담론의 성격으로 전개되었다. 80년대 민주화운동의 가장 중요한 과제 중의 하나는 조직운동이었는데, 노동자, 농민, 빈민 등을 비롯한 다양한 그룹을 관통하는 조직개념의 핵심에 '민중'이 자리한 것이다. 80년대 '민중'은 조직화에는 성공을 했지만 1987년 이후 우리 사회 구성원 모두를 포괄하는 개념으로 발전하지 못했고, 80년대말에는 경실련 같은 새로운 시민단체가 등장하면서 '민중'으로는 우리 사회를 포용하지 못할 뿐 아니라 오히려 분열시킨다는 비판을 받기도 했다. 특히 민중담론의 산파역을 담당한 제3의 기독교운동은 이 시기부터 '민중과 시민'을 둘러싼 당시의 논쟁에 거의 참여하지 않았다. 오히려 그 자리는 현실을 분석하는 사회과학담론과 현실적 힘의 논리가 차지했으며 여기에 신문을 중심으로 한 언론이 가세함으로써 '민중'은 특정 세력들을 지칭하는 개념으로 협애화되었다. 곧 정치적 게임으로 변질된 셈이다.

그러나 2000년대 이후 우리 사회의 당면과제로 다시 등장한(실은 매우 뿌리 깊은 문제에서 자라난) 빈부격차와 분단문제를 되새겨볼 때, '민중'은 '시민' 그리고 '민족'과 새로운 대화를 필요로 하는 여전히 살아 있는 담론으로서 재조명될 필요가 있다. 특히 민중담론이 지닌 종교적 힘과 인문학적 힘은 단지 현실을 분석하는 과학의 개념이 아니라 동시대의 현실 문제를 직시하고 공감해내는 능력과 상생의 미래를 전망하는 상상력을 갖추고 있다는 점에서 인문학과 종교가 다시 그 역량을 담아내어 성찰해야 할 과제가 아닐까 생각한다.

민중문화론 전통의 발견과 예술의 현장성

한영인

　남한의 '민중문화론'은 국가장치의 억압적 폭력과 공동체의 급진적
인 해체를 수반한 박정희정권의 개발독재를 그 시대적 배경으로 하며,
이에 대항하기 위해 제출된 '민중론'을 그 이념적 기반으로 가진다. 동
시에 그것은 민족문화운동의 일환이기도 했다. '가장 민족적인 것이 곧
가장 민중적인 것이고, 가장 민중적인 것이 곧 가장 민족적인 것이다'
라는 박현채의 유명한 경구가 대표하듯 1970년대 들어 '민중적인 것'과
'민족적인 것'은 서로 간의 유기적 결합을 공고히 했으며 민중문화론은
민족문학론의 핵심적 논의의 심급을 구성했다. 따라서 1970년대 민족
문학론을 주도적으로 제출한 창비에서 민중문화론(운동)에 대한 깊은
관심을 나타낸 것은 당연한 일이었다. 『창작과비평』의 지면을 통해 발
화된 민중문화론은 민중의 삶과 생활에 기반을 둔 문학(문화)에 주목해

韓永仁 문학평론가, 『창작과비평』 편집위원. 평론으로 「'문학과 정치'에 대한 단상」 등이
　있음.

야 할 필요를 요청하는 글과 민요, 탈춤, 마당극, 민속인형극, 민중미술 등 구체적인 민중문화 형식을 탐구한 글 들로 구성되어 있다. 이 글들은 1970년대 들어 본격적으로 수록되었지만 『창비』는 서구지향적이라고 평가받던 창간 초기에도 조동일의 글을 꾸준히 수록하는 등 민중문화에 대한 당대의 높은 관심을 공유하고 있었다.

조동일은 「전통의 퇴화와 계승의 방향」(1966년 여름호) 「민요와 현대시」(1970년 봄호) 「조선후기 가면극과 민중의식의 성장」(1972년 여름호) 등의 글을 통해 전통에 대한 주체적 계승의 필요성을 역설하면서 민요와 가면극 등 구체적인 민중예술 장르의 특질을 논구하였다. 「전통의 퇴화와 계승의 방향」은 조동일이 1965년부터 『청맥』에 연재한 「시인의식론」의 연장선에 있는 작업인데, 「시인의식론」에서 그는 고대시가에서부터 현대시에 이르기까지의 한국 시문학 전체를 고찰의 대상으로 삼으면서 지배층에 봉사하는 시인과 피지배층의 정서와 사상을 대변하는 시인이라는 계급적 대립구도를 추출해낸 바 있다. 여기서 정립된 이러한 대립구도는 「전통의 퇴화와 계승의 방향」에 이르러 중세 평민문학에 대한 강조로 나타난다. 중세 평민문학이라는 문제틀은 조선시대의 문학을 관념적이고 상층문화 중심으로 파악해온 관점에 대한 학술적 비판인 동시에 민중을 역사의 담당자로 호명하는 정치적 실천의 과정이기도 했다.

이 글에서 조동일에 의해 "스스로 역사를 창조하는 건실한 의식으로 충만된 세력"(376면)으로 호명된 민중은 이제 역사창조의 주체인 동시에 문학창조의 주체로 떠오르게 된다. 그는 일제식민지 시대에 교육받은 지식인과 서구문학에 대한 비판적 정리 없는 지식을 자랑하는 지식인, 그리고 새로운 사회의 구조와 법칙을 어떻게 수립할 것인가 하는 근본적인 문제에는 관심이 없고 일정한 기능적인 지식만을 생활의 도구로 삼는 지식인 주도의 문학은 청산될 필요가 있다고 주장하면서 "지금까지 근대적인 문화창조에서 흔히 제외되어왔던 농민은 물론 어부, 품팔이꾼, 공장노동자 등이 성장해 시야가 좁고 경험이 고갈되기 쉬운 지식인 출신 작가들의 결함을 크게 보충할 필요가 있다"(377면)고 했는데, 이러한 주장은 지식인문학의 종언을 주창한 1980년대 민중문학론의 핵심 테제를 선도적으로 제시한 것으로 볼 수 있다.

「민요와 현대시」는 앞선 글에서 제시한 '민족적 자아의 탐색'이라는 과제에 대한 실천적 답변이다. 전통적 민중문학의 대표적 장르인 민요의 성격을 규정하는 데 많은 분량을 할애한 이 글에서 그는 민요가 세계를 실천적인 각도에서 인식하고 이를 직접적으로 표현한다는 점에서 현실을 그저 관념적으로 파악하고 간접적으로 표현하는 데 그치는 현대시와 구별되는 높은 현실성을 체화하고 있음을 논증한다.

한편 1970년대 들어 민중론이 제출되고 민족적 연행예술 장르에 대한 관심이 높아지면서 『창비』도 탈춤, 마당극, 노래, 판소리, 춤, 굿, 민중미술 등 다양한 연행예술 장르에 대한 폭넓은 논의를 담아내기 시작했다. 관련해서는 심우성과 김흥규, 조동일 등의 글을 꼽을 수 있다. 심우성은 「한국 민속인형극 소고」(1972년 겨울호) 「동래 들놀음 연희본 해설」(1973년 겨울호) 등을 통해 민속극에 대한 자료를 수집하고 그 내용을 독자들에게 소개하였다. 그는 민속이 국가에 의해 박제화되고 상품화되는 것을 비판하면서 진정한 '민중의 습속'을 민중사의 커다란 맥락에서 발견해내야 함을 주장했는데, 이 과정에서 그가 주목한 것이 바로 민속극이었다.

심우성에 의하면 민속극은 춤과 노래와 재담이 하나가 된, 분화될 수 없는 짜임새에서 발전해온 민중의 종합예술이었다. 하지만 당시 민속극에 대한 인식은 서구극에 대한 결여태라거나 복고적 취향에 영합한다는 식에 머물러 있었다. 심우성은 이러한 당대의 인식을 비판하며 민속극이야말로 민중의 의지가 승화한 독창적인 예술형태이며 따라서 이를 적극적으로 전승, 발전시켜야 한다고 역설했다. 거기에는 민중의 예술을 체득하고 창조하는 일은 오늘날 현실의 한복판에 서서 우리 사회가 필연적으로 제기하는 문제에 실천적으로 뛰어드는 일에 다름 아니라는 민중론적 사고가 기저에 깔려 있었다.

이러한 관점은 조동일의 「조선후기 가면극과 민중의식의 성장」에서도 유사하게 드러난다. 여기서 조동일은 민중의 미의식과 세계관을 가장 잘 보여주는 구비문학의 대표적인 장르로 판소리와 가면극에 주목한다. 그에 따르면 이 두 장르는 조선후기에 생겨나거나 조선후기에 이르러 획기적인 발전이 이루어진 것인데, 조동일이 조선후기에 주목한 것은 그가 조선후기의 사회변동에서 내재적 근대화의 길을 발견하려한 역사학계 등이 제출한 내재적 발전론을 강력한 입론으로 삼고 있었기 때문이다. 그에 의하면 조선후기는 봉건사회를 청산하려는 역사적 전환과 이에 따르는 민중의식의 성장이 함께 이루어진 시기이며, 판소리와 가면극은 이러한 민중의식의 성장을 극적으로 보여주는 장르였다. 그는 조선후기 상업도시의 성립과 함께 농촌가면극이 도시가면극으로 전환되었다고 주장하면서, 이러한 도시가면극은 양반의 권위를 철저하게 공격하며 관념론적 허위를 비판하고 이로부터 자유롭고자 하는 민중의 의지와 현실주의적 가치관을 명료하게 형상화시킨 예술 장르라고 말한다.

이상의 글들이 가면극과 인형극 등의 민중 연행 장르에 대한 이념적 논의라면 허술의 「전통극의 무대공간」(1974년 여름호)과 김흥규의 「꼭둑각시놀음의 연극적 공간과 산받이」(1978년 가을호) 등은 민중예술의 형식적 특성에 대한 고찰을 담은 글이라고 할 수 있다. 허술의 「전통극의 무대공간」은 전통극 무대의 형태 및 기능의 특수성을 발견하고 그 특수성이 필연적으로 요구하는 공연형식의 특성을 검토하는 것을 목표로 하여, 전통극에 대한 형식적 분석을 통해 그에 내재해 있던 독자적인 표현역량과 현실주의적 태도를 검출해낸다. 한편 김흥규는 「꼭둑각시놀음의 연극적 공간과 산받이」에서 아직까지 전승되고 있는 유일한 민속인형극인 꼭두각시놀음에 대한 기존 연구들이 해소하지 못한 핵심적인 문제, 즉 "꼭둑각시놀음의 연극적 원리 해명"(82면)이라는 과제를 본격적으로 검토한다. 그는 이 문제를 해결하는 데 결정적인 역할을 하는 인물로 '산받이'를 꼽은 후, 산받이의 역할을 면밀히 검토함으로써 꼭두각시놀음의 연극적 원리를 밝히고자 했다.

김흥규는 창비의 민중문화론과 관련해서 빼놓을 수 없는 필자이다. 그는 앞선 글 외에 판소리에 관해서도 여러편의 글을 남긴 바 있다. 그가 발표한 「판소리의 이원성과 사회적 배경」(1974년 봄호) 「판소리의 서사적 구조」(1975년 봄호) 등의 글은 판소리의 역사적 전개, 수용층의 역할, 개별 작품의 역사적 변화 등에 대한 심도있는 연구를 담고 있다. 이는 판소리를 기본적으로 민중의 강건한 에너지를 표현하기에 매우 적합한 민중예술의 하나로 바라보면서도 양반층의 수용양상에 대해서도 균형 잡힌 시각을 견지한다는 점에서 1970년대 민중문화 담론이 가닿은 하나의 성취라고 할 수 있다. 『창비』에는 이외에도 서종문의 「변강쇠가 연구」(1976년 봄호~여름호)를 비롯한 판소리 연구 및 자료들도 실려 있다.

이제까지 살펴본 1970년대 창비의 민중문화론은 내재적 발전론에 입각해 조선후기 민중예술의 가치와 가능성을 적극적으로 되살리고자 하는 의도에 근거해 있었다. 그 결과 민중문화는 1970년대 대학가에서 저항문화(counter-culture)로 자리잡고 점차 노동운동계로도 확산되어갔다. 하지만 1980년대에 들어서서 민중문화론은 내용과 형식에서 다소간의 변화를 겪게 된다. 그 변화의 중심에는 이른바 '서울의 봄'이 자리하고 있었다. 극도의 억압적 통치체제였던 긴급조치가 해제된 후, 대학을 중심으로 대규모 운동의 기운이 생성되기 시작한 것이다. 1980년 봄 수천, 수만명의 학생들이 함께 모여 장기간의 대중집회를 개최하면서 이런 집회의 형식에 부합하는 새로운 민중예술의 필요성이 대두하였다. 1970년대에 싹튼 마당극과 민속극은 이러한 새로운 집회 프로그램의 빼놓을 수 없는 요소가 되었고 대중은 폭발적인 열기로 마당극이라는 새로운 민중적 연희에 화답했다. 이 과정에서 '계급성'과 '운동성'이 강화되었음은 물론이다.

1980년 봄호에 실린 임진택의 「새로운 연극을 위하여: '마당극'에 관한 몇가지 견해」는 주류 예술계 밖에서 성장해온 민중예술로서의 마당극 운동의 현황을 공식적이고 체계적으로 정리한 최초의 글로 꼽힌다. 임진택은 글을 시작하면서 서구극을 식민주의적으로 도입하여 운용하고 있는 현실태에 대해 날카롭게 비판한다. "민중생활의 연장이며 그 표출인 전통 민속극 연희가 갖는 기본 속성에 견주어볼 때 오늘날의 연극은 오히려 연극의 본질에 대해 반란을 획책한 것"(98면)에 불과하다는 것이다. 그리고 이때 마당극은 이러한 현대의 불구화된 연극의 문제점을 넘어설 수 있는 대안으로 제시된다. 민중의 연극인 마당극은 민중의 실체와 현실, 고난과 희비애락을 담고 있는, 민중이 주인 되는 연극이라는 것이 임진택의 주장이다. 그는 이 글에서 「금관의 예수」「청산별곡」

「노비문서」 등 1970년대 주요 마당극 작품을 소개하면서 실제적인 작품 비평에도 임하고 있다. 같은 해 여름호에 실린 장만철의 「새 연극의 현장」 역시 그해 봄에 공연된 「장산곶 매」 「진동아굿」 「돼지풀이」 등의 작품에 대한 분석을 담고 있다.

창비는 이외에도 1980년대 군부독재정권에 의해 계간지가 강제 폐간된 기간에 부정기간행물 형식을 취한 『한국문학의 현단계』 씨리즈에 채희완·임진택의 「마당극에서 마당굿으로」와 임진택의 「살아 있는 판소리」, 안종관의 「한국연극, 이대로 좋은가」, 유해정의 「새로운 대동놀이를 위하여」, 김방옥의 「문학적 연극의 위기: 70년대 이후의 창작극에 미친 전통극의 영향을 중심으로」 등의 글을 수록하면서 당대의 민중문화 담론을 소개하고 보급하는 데 지원을 아끼지 않았다. 한편 창비는 제3세계 민중문화운동을 소개하는 데도 앞장섰다. 1985년 '제3세계총서'의 열번째 책으로 펴낸 아우구스뚜 보알(Augusto Boal)의 『민중연극론』이 대표적이다. 이 책은 빠울루 프레이리(Paulo Freire)와 함께 브라질 민중운동에 참여하면서 서구 연극이 갖고 있는 미학의 제국주의적 성격을 극복하는 제3세계 연극미학의 기초를 마련한 아우구스뚜 보알의 연극론으로서, 아리스토텔레스에서 브레히트에 이르는 서구의 극예술을 제3세계적 입장에서 철저히 규명하였다.

민중문화운동과 관련해서 또 하나 주목할 것은 민중미술에 대한 창비의 지속적인 관심이다. 관련한 대표적 필자로는 「예술과 소외」(1971년 봄호)를 필두로 「춘곡 고희동과 신미술운동」(1973년 겨울호) 「광복 30년의 한국미술」(1975년 여름호) 등의 글을 발표한 김윤수를 꼽을 수 있다. 훗날 창비의 편집위원과 발행인을 맡기도 한 김윤수는 1971년 김지하와 염무웅의 주선으로 미술평론을 발표하면서 창비와 인연을 맺게 된다. 이때 기고한 「예술과 소외」는 정신의 건설을 등한시한 박정희정권의 근대화가 결과한 인간소외가 예술의 소외와 어떻게 관련되는지를 밝힌 글이다. 김윤수는 이 글에서 '근대화-서구화-서구 예술-세계성'이라는 허구적 관념의 지배가 전통문화와 전통예술에 대한 거부를 낳고 이것이 다시 민족문화와 민족예술의 실체성을 추상화하고 모호하게 만들어버림으로써 결국 예술이 자기 자신과 대중으로부터 이중의 소외를 겪게 되었다고 주장한다. 그는 이러한 소외를 극복할 대안으로 예술가의 공동체로의 귀환을 강조하는데, 예술의 현실참여 이론을 정교하게 구축하면서 도출해낸 이러한 결론은 순수예술이라는 허상을 타격하면서 건강한 예술의 성격이 무엇인지를 곱씹게 해준다.

한편 김윤수의 역할은 이러한 예술이론을 구축하는 이론가의 그것에 머물지 않았다. 그는 서울대 미학과 후배인 김지하와 함께 '현실과 발언'을 결성했으며 그 활동을 통해 형성된 인맥을 창비로 끌어들이는 역할을 담당하였다. 창비가 역사학과 사회과학은 물론이고 미술, 노래, 연극 운동 등의 예술과 수평적인 교섭을 할 수 있었던 배경에는 김윤수를 통해 연결된 많은 예술가들의 참여가 있었던 것이다.

이렇게 창비는 가면극과 민요를 포함하는 조선후기 평민문학에서부터 연극운동과 노래운동, 그리고 미술운동에 이르기까지 다양한 민중문화-예술운동의 든든한 거점이 되어왔다. 건강한 공동체적 삶에 대한 지향과 제3세계적인 관점의 체득을 골자로 하는 창비의 민중예술론은 문화산업의 논리가 모든 예술시장을 통어하고 있는 현재 우리가 진정 지켜나가야 할 예술의 정신이 무엇인지를 다시 묻게끔 한다는 점에서 여전히 숙고해볼 만한 현장성을 지니고 있다.

민중적 관점, 세계문학을 재발견하다

『창작과비평』과 '제3세계문학론'

오창은

독재자, 우고 차베스와 한국 언론

2013년 3월 5일, 우고 차베스 베네수엘라 대통령이 사망했다.

먼 나라 대통령의 죽음이었지만 이 소식은 한국 언론에서도 비중있게 다뤄졌다. 『조선일보』(2013.3.7)는 "차베스 집권 기간 베네수엘라 정치는 후퇴하고 경제는 곤두박질쳤다"고 했고, 『한겨레』(2013.3.7)는 사설을 통해 "중산층 이상 가진 자들의 저항을 억누르기 위한 인권탄압과 사법·언론 통제는 차베스에게 독재자란 오명을 덧씌웠다"고 평가했다. 당시 한국 언론은 차베스에 대해 냉혹한 평가를 내렸다. 실패한 포퓰리즘 정치가, 열렬히 혁명을 꿈꾸다 독재의 늪에 빠진 다변가 등과 같은 논평도 있었고, '빈민의 벗이자 반미의 상징이면서 독재자이기도 한 인물'이라는 분열적인 입장 표명도 있었다.

吳昶銀 문학평론가, 중앙대 교양학부대학 교수. 저서로 『비평의 모험』 『모욕당한 자들을 위한 사유』 『절망의 인문학』 등이 있음.

하지만 다른 관점에서 접근한 '독재자 차베스'의 면모는 놀라웠다. 차베스는 꾸바조차 관광객을 유치하기 위해 골프장을 건설할 때, 집 없는 사람을 위해 골프장을 압류해 주택을 지은 빈민의 친구였다. 그의 재임기간 중에 베네수엘라 빈곤율은 50%가 줄었고, 극빈율은 70%나 감소했다. 베네수엘라가 남미에서 가장 평등한 국가로 일컬어지는 것은 차베스의 공로였다. 차베스는 『돈끼호떼』를 100만부 인쇄하여 민중에게 배포한 일화로도 유명하다. 이는 문맹률을 낮추고 민중민주주의를 확대하기 위한 조치였다.

차베스는 '볼리바르 혁명' 때문에 세계정치사에서도 중요한 존재로 기록되고 있다. 그는 무장투쟁을 통해 세상을 바꾼 것이 아니라, 제헌의회를 통한 헌법 개정이라는 평화로운 방법으로 정치혁명을 이뤄냈다. '볼리바르 혁명'은 '사회정책이 정부부처에 의해 좌우되는 것'이 아니라 '정책을 입안하는 과정에 국민이 참여할 수 있도록 보장한다'는 내용을 담고 있었다. 그렇기에 차베스의 장례식에 세계 55개국 정상이 참석하여 애도를 표했다.

새삼스럽게 차베스를 거론하는 이유는 그의 사망 당시 천편일률적이었던 한국 언론의 보도태도 때문이다. 그에 대한 온당한 정치적 평가를 한국 언론은 해내지 못했다. 서구적 관점이 곧 한국 언론의 입장이었고, 서구의 이익과 한국의 이익을 동일시하는 태도가 일반적이었다. 서구인들에게 영혼을 강탈당한 한국인의 모습이 '차베스 보도'에서 적나라하게 드러났다.

한국적 관점에 입각한 주체적인 태도로 아시아, 아프리카, 라틴아메리카의 상황에 주목했던 때가 있었다. 1970년대에는 '제3세계론'과 '제3세계문학론'이 중요 담론으로 부상했고, 1980년대에는 반(反)제국주의 담론이 대학가를 휩쓸었다. 그런데 1990년대를 거치면서 신자유주의 세계질서의 위력이 막강해졌다. 한국사회도 자본주의적 세계체제에 포박되어 지구적 관점과 서구적 관점을 동일시해야 하는 상황에 처했다.

1970년대 중반, '제3세계문학론'을 주도했던 한 주체가 『창작과비평』이다. '제3세계문학론'은 과거의 유산이 아니다. 차베스 사망을 부정적으로 보도한 한국 언론의 태도에 비춰볼 때, 자기관점을 갖지 못하는 것은 '타자의 망각'과 같다. 타자와의 관계성을 상실하면 주체는 소멸하고 만다. 주체와 타자 사이의 갈등이야말로 자기발견의 토대이자, 생명 활동의 기본 전제이다. 한국문학의 주체성은 '제3세계로 상징되는 타자와의 관계 설정'에 있다고 본다. 1970년대 '제3세계문학론과 창비담론'에 대한 재평가작업이 가치있는 이유가 바로 여기에 있다.

1970년대 한국사회와 제3세계적 현실 인식

'제3세계'라는 용어는 2차대전 이후 자본주의체제와 사회주의체제가 본격적으로 대립하면서 만들어진 명칭이다. 이러한 구분은 제1세계, 제2세계, 제3세계 하는 방식으로 세계를 진영 간 대립으로 바라보면서 생겨났다. 미국을 비롯한 자본주의 국가를 제1세계로, 소련을 중심으로 사회주의 국가들을 제2세계로, 그리고 아시아·아프리카·라틴아메리카를 제3세계로 불렀다. 역사적으로 따져보자면, '제3세계'라는 개념이 영향력을 갖기 시작한 것은 1955년부터다. 인도네시아 반둥에서 '아시아-아프리카 회의'가 4월 18일부터 24일까지 개최되었다. 이 회의는 '반둥회의'라고도 불리면서, 반식민주의, 민족주의에 입각한 자기결정권, 평화주의의 원칙 등을 강조하는 비동맹회원국들의 연대의 자리가 되었다.

제3세계문학론은 제3세계 민족과 민중의 관점에서 문화적·문학적 독자성을 확보하자는 문학담론이다. 민중적 관점에서 아시아·아프리카·라틴아메리카 문학과 연대성을 갖고, 민족문학과 세계문학의 재편을 시도한 논의라고 할 수 있다.

제3세계문학론은 '민중적 관점'과 '제3세계와의 연대', 그리고 한국문학과 식민주의 극복을 과제로 제시한다. 제3세계문학론을 적극적으로 펼친 백낙청은 「제3세계와 민중문학」(『창작과비평』 1979년 가을호)에서 제3세계문학을 '민중적 관점에서 리얼리즘적 지향을 통해 제3세계의 여러 민족과 민중에게 안겨진 현단계 인류역사의 사명에 부응하는 문학'이라고 규정했다. 제3세계문학의 기본성격은 1) 제3세계 민중의 관점에서 2) 민중현실에 기반을 둔 리얼리즘적 세계관을 확보하여 3) 서구 중심의 세계문학을 극복하고 탈식민주의적 세계문학을 구축하는 것이라고 할 수 있다. 무엇보다 중요한 쟁점은 한국문학이 제3세계문학과 어떻게 연대할 것인가였다. 1970년대 '제3세계문학론'은 '민족문학론'이 제기하는 분단현실에 대한 주체적 인식과 민중주의적 관점이 결합하는 자리에서 움튼 문학이론이라는 데 의미가 있다.

'창비담론'으로서 '제3세계문학론'이 구체화된 것은 『창작과비평』 1979년 가을호 특집으로 '제3세계의 문학과 현실'을 게재하면서였다. 백낙청은 앞의 글에서 서구지향성을 극복한 '제3세계적 관점'을 적극 피력했고, 구중서는 「라틴아메리카의 지적 풍토: 제3세계와 라틴아메리카」라는 글에서 라틴아메리카가 저항성을 갖게 된 맥락을 살피며 니카라과의 시인 에르네스또 까르데날을 소개했다. 『말콤 엑스』의 번역자인 이종욱은 「아프리카문학의 사회적 기능」에서 나이지리아의 치아누 아체베, 콩고의 실바인 뱀버, 세네갈의 다비드 디옵, 케냐의 제임스

응구기(응구기 와 시옹오) 등의 작가들과 '네그리뛰드 운동'(흑인 정체성 회복운동)에 대해 기술했다. 그는 아프리카문학에서 '날카로운 유머와 풍자'가 돋보이는 것은 억압적 현실과 관계가 있다고 보면서, 민중의 자각을 위한 아프리카 작가들의 힘겨운 노력을 높게 평가했다. 김종철은 「식민주의의 극복과 민중: 프란츠 파농의 작품에 대하여」에서 서구제국주의 지식담론에 대해 날카롭게 비판했고, 더 나아가 제3세계문학의 한국적 전개를 위해서는 '민중생활에의 헌신과 리얼리즘적 관점의 확보'가 중요하다고 강조했다. 이외에도 김정위의 「이슬람세계와 그 문화」, 백영서의 「중국형 경제발전론의 재평가」는 일국주의적 관점을 벗어나려는 다양한 시도로 볼 수 있다.

『창작과비평』은 이 특집을 기획하기 이전에도 1977년 겨울호에 강문규의 「제3세계의 기독교」라는 글을 게재했다. 이 글은 세계교회협의회(WCC)의 활동을 중심으로 제3세계의 교회들이 '지배와 의존'의 관계를 극복하고 '보편적 종교로서 공통의 가치관을 모색'하고 있다는 내용을 담고 있다. 그리고 1978년 봄호에 실린 박태순의 「문학의 세계화과정」은 주체적 관점에서 한국문학과 서구문학의 관계설정이 다시 이뤄져야 함을 강조했다는 측면에서 제3세계문학론과 닿아 있다.

제3세계문학론은 1970년대의 엄혹한 현실과 한국문학이 대결하면서 형성된 문학담론이었다. 세계자본주의의 하위체제로 남한 자본주의가 재편됨으로써, 박정희정권은 자본주의 고도성장을 주도하며 민중에 대한 억압을 일상화했다. 대재벌 중심의 경제정책을 펼치면서 중소기업의 경제활동이 위축되었다. 이농정책이 급속히 추진되면서 도시노동자의 과잉으로 민중의 삶은 더욱 고단해졌다. 전태일 분신과 광주대단지 사건 등 민중의 저항도 끊이지 않았다. 이렇다보니 박정희정권은

1972년 '유신체제'를 통해 '긴급조치'를 일상화하는 폭압적인 정치체제를 유지해야만 했다. 한국 작가들은 반독재민주화운동의 주요 거점으로 '자유실천문인협의회'를 1974년 11월 18일 결성했고, 표현의 자유를 포함한 한국사회의 민주화를 위해 세계 작가들과의 연대를 강화했다. 민중의 숨결에 예민한 작가들의 문장이 날카로운 비수가 됨에 따라 필화사건도 연이어졌다. 『창작과비평』 1975년 여름호 판매금지 조치가 있었고, 이어 창작과비평사에서 간행한 조태일의 『국토』와 『신동엽 전집』도 판매금지되었다. 이문구의 『오자룡』 필화사건, 양성우의 『겨울공화국』 필화사건 등 작가들에 대한 탄압이 끊이지 않았다.

　그간 서구문학 편향적이었던 한국 작가들은 한국의 억압적 현실 속에서 유럽문학과 한국문학, 아시아·아프리카·라틴아메리카문학과 한국문학의 관계를 객관적으로 살필 수 있게 되었다. 한국문학이 처해 있는 현실이 제3세계문학의 현실과 더 닮아 있고, 한국사회가 안고 있는 모순도 서구 제국주의의 영향 아래 파생되었다는 깨달음이 제3세계문학론의 정립으로 나아가는 계기를 마련해주었다. 무엇보다 문학이론가들의 존재조건이 바뀐 것이 담론의 급진화에 중요한 영향을 미쳤다. 1974년 문학평론가 백낙청과 김병걸이 대학에서 해직되었고, 1976년에는 염무웅 등 460여명이 교수재임용제도로 인해 대학에서 대량 해직되었다. 억압적 정치체제 아래서 존재의 위기를 경험한 문학평론가들은 한국사회의 현실인식에서 더 날카로운 비판적 면모를 보였다. 이 시기에 민중문학론과 제3세계문학론이 중요 담론으로 예각화되었고, 논의의 내용도 급진적인 면모를 띠었다. 이론은 정교해짐으로써 현실을 좀더 잘 해석해낼 수도 있다. 하지만 현실과 좀더 잘 뒤섞일 때 삶을 바꿀 수 있는 큰 힘을 발휘한다. 제3세계문학론도 1970년대 엄혹한 한국현실이 만들어낸 인식론적 전환의 힘을 가진 문학담론이었다.

식민주의의 극복과 지식인의 과제

'제3세계문학론'의 담론 생성에 중요한 역할을 한 비평가는 백낙청, 구중서, 김종철, 박태순, 임헌영이었다. 백낙청은 「한국문학과 제3세계 문학의 사명」(1978)을 시작으로, 앞에서 언급한 「제3세계와 민중문학」, 「제3세계 문학의 현재와 가능성」(1981), 「제3세계의 문학을 보는 눈」(1982) 등을 꾸준히 발표했다. 구중서도 「제3세계 문학으로서의 한국문학」(1982)를 통해 민족주의적 관점에서 한국문학과 제3세계문학의 연대를 주장했다. 김종철은 「흑인 혁명과 인간해방」(1978), 「식민주의의 극복과 민중」(1981), 「제3세계 문학과 리얼리즘」(1982) 등을 통해 '민중주의적 관점과 리얼리즘적 세계관'을 강조했다. 임헌영은 『아랍민중과 문학』(1979)을 편역했고, 「제3세계 문학과 한국문학」(1979)에서는 '반제국주의적 저항문학으로서의 민족문학'을 강조했다. 이렇듯 1970년대 중후반에 제3세계문학론은 한국문학의 중요 담론이었고, 1980년대에는 신식민주의 비판과 반제국주의 운동에 영향을 미쳤다.

민중적 관점에서 제3세계문학을 바라볼 수 있는 이론적 토대 형성에는 '해방신학'이 중요한 자양분이 되었다. 라틴아메리카의 '해방신학'은 1970년대부터 번역 소개되면서, 제3세계의 현실에 대한 재인식의 기회를 마련해주었다. 헬더 까마라의 『평화혁명』(1974)과 『황무지를 옥토로』(1975)가 간행되었고, 해방신학의 선구자인 구띠에레스의 『해방신학』(1977)도 분도출판사에서 출간되었다. 이들 저작을 통해 라틴아메리카의 현실이 알려지자 한국현실을 객관화할 수 있는 계기가 마련되었다. 시인 김남주는 프란츠 파농의 『자기의 땅에서 유배당한 자들』(1978)

을 번역 소개했고, 파농의 다른 저작인『대지의 저주받은 자들』(1979)과 R. 자하르의『프란츠 파농 연구』(1981)도 출판되었다. 이들 저작은 서구 중심의 세계관을 전복함으로써 탈식민주의적 관점이라는 지적 충격을 던져주었다. 무엇보다 중요한 사건은 김지하의 '로터스상 특별상' 수상 (1975)이었다. 아시아·아프리카 작가회의가 수여하는 '로터스상'은 '제 3세계의 노벨문학상'이라고 불렸다. 김지하는 1974년 민청학련 사건으로 사형언도를 받은 후, 무기징역으로 감형되었다가 석방되었다. 그리고 다시 1975년에 반공법 위반으로 수감되어 한국 민주주의운동의 상징적 존재가 되었다. 김지하 시인 석방을 위한 전세계 작가들의 연대도 이어졌다. 그의 로터스상 특별상 수상을 계기로 한국 작가들은 아시아·아프리카 문학에 관심을 갖게 되었고, 김지하를 노벨문학상 후보로 추천하려는 움직임도 생겨났다.

창비는 백낙청을 중심으로 제3세계문학론이라는 담론을 형성했을 뿐 아니라, '제3세계총서'를 간행하여 한국문학을 풍부화하는 데 결정적인 기여를 했다. 1978년 알렉스 헤일리의『말콤 엑스』(상·하)가 번역되었을 때는 '제3세계총서'라는 명칭을 달고 있지 않았으나, 1981년 J. G. 니이하트의『빼앗긴 대지의 꿈』이 출간되면서 제3세계문학과 관련된 연속적 기획물로서의 면모를 갖추게 되었다. 이후 '제3세계총서'는 팔레스타인 작가 가싼 카나파니의『태양 속의 사람들』(1982), 이종욱 편역의『현대아프리카시선』(1983), 아시아·아프리카·라틴아메리카문화회의가 엮은『민중문화와 제3세계』(1983), 그리고 마지막으로 남아공 작가 나딘 고디머의『가버린 부르조아 세계』(1988)까지 총 16권이 간행되었다. 나딘 고디머가 1991년 노벨문학상을 수상하면서『가버린 부르조아 세계』는 스터디셀러의 반열에 오르기도 했다. 창비의 '제3세계총서'

는 한국문학이 제3세계의 실재하는 텍스트와 교우하는 중요한 역할을 했다. 한국 독자들이 번역을 통해 인도, 나이지리아, 세네갈, 케냐, 팔레스타인 문학을 읽을 수 있었고, '제3세계총서'는 자칫 추상적인 담론에 머물 수 있는 제3세계문학론을 구체적 실물로서 경험할 수 있는 기회를 제공했다. 비록 1980년대에는 독자들의 큰 호응을 얻지는 못했지만, 지금 시대에 오히려 돋보이는 기획이라고 할 수 있다. 현재 창비, 문학동네, 민음사, 글누림 등의 출판사에서 나오는 세계문학 씨리즈들은 모두 제3세계문학의 성취를 적극적으로 포용하고 있다. 그런 의미에서 창비의 '제3세계총서'는 한국문학이 세계문학의 일원으로서 역할을 모색하는 데 중요한 토대가 되는 작업이었다고 평가할 수 있다.

제3세계문학론의 핵심은 '제3세계적 관점에서 이뤄지는 서구문학 중심주의의 극복'이다. 이는 식민지를 경험했던 비서구지역에서 식민주의의 잔재가 온존하면서 모순을 확대재생산하는 현실을 냉정하게 인식하는 것과 연관이 있다. 제3세계와 한국사회는 역사적 관점에서 식민지 경험을 공유했고, 지금 시대에는 세계 자본주의체제 아래에서 하위체제로 기능하는 모순적 상황을 감내하고 있다. 형식적 민주주의는 이뤄냈음에도 권위주의적 정치체제로 인해 민중생활이 피폐화되고 있는 상황 아래에 있었다는 점에서도 공통성을 지닌다. 제3세계문학론은 민중적 관점에 입각한 사회의식의 심화, 한국문학과 세계문학의 관계에서 주체적 관점의 정립, 제3세계 작가들과의 연대라는 측면에서 1970년대 '저항적 문학담론'의 중요한 축이었다.

창비의 '제3세계문학론'은 1980년대에 '동아시아담론'으로 이어져 연속적 측면과 단절적 측면을 함께 지니게 되었다. 최원식은 「민족문학론의 반성과 전망」(『민족문학의 논리』, 창작과비평사 1982, 368면)에서 '제3세계문학론'이 "라틴아메리카·아프리카·아랍 등에 치우쳐" 있었다고 반성한 후, "우리가 바로 소속해 있는 아시아, 더 구체적으로 동아시아"에 대한 관심을 촉구했다. 더 나아가 "제3세계 민중의 관점"에서 "동아시아적 양식을 창조"함으로써 민족문학론이 풍부해질 수 있다는 제안을 했다. '제3세계문학론'과 '동아시아 담론'은 '민중적 관점'의 강조라는 측면에서 연속성을 지니며, '동아시아 지역 블록화'라는 측면에서는 단절적 측면이 있다.

현재적 관점에서 제3세계문학론은 서구 중심의 보편주의적 세계문학에 대한 상상을 극복하고, 한국문학의 위치를 인식론적으로 재발견하기 위해 '어떤 연대를 구상할 것인가'가 쟁점으로 남는다. 동아시아 국가들이 세계체제에서 차지하는 위치가 강해지면 강해질수록, 대안적 세계체제 구축과는 거리감을 형성하는 아이러니한 상황이 발생하고 있다.

21세기 민중적 제3세계문학론의 부활

지난 2015년 10월 6일 민음사는 1976년 3월 창간 이래 40여년 동안 간행해온 『세계의문학』을 폐간하겠다고 선언했다. 1970년대 해외 문학이론과 철학이론, 문학작품을 번역 소개하여 한국문학에 기여했던 『세계의문학』 폐간 소식은 적지 않은 파문을 일으켰다. 일각에서는 한국문학의 위기를 보여주는 징후적 사건이라고 평했고, 일각에서는 전지구적 차원에서 문학이 왜소화되고 있음을 보여주는 사례라고도 평했다.

『세계의문학』은 '한국문학의 세계화, 세계문학의 한국화'를 표방하며, 서구 유럽을 중심으로 한 '포스트모더니즘' 등과 같은 문학담론을 확산시켰다. 물론 보르헤스와 가르시아 마르께스 등 라틴아메리카문학을 한국에 소개한 공로도 컸다. 하지만 한국문학이 서구 유럽을 중심으로 상상하는 관행을 고착시키는 데 영향을 미친 매체이기도 했다. 『세계의문학』 폐간이 안타까운 만큼이나, 제3세계문학론의 전통을 잇고 있는 문예지들의 행보에 눈길이 머문다. 대표적인 매체로 계간 『ASIA』를 들 수 있다. 2006년 여름호로 창간해 2016년 봄호로 40호를 간행하는 『ASIA』는 한국어와 영어로 발간함으로써 한국문학과 아시아문학의 교류를 지속하고 있다. 또다른 매체로 『지구적 세계문학』을 빠뜨릴 수 없다. 전세계 각국의 학자와 문인 들이 참여하고 있는 이 매체 또한 2013년 창간해 2016년 봄호로 제7호째를 간행한다. 아시아·아프리카·라틴아메리카 문학연구소가 펴내는 『Barima』도 2013년부터 나오기 시작해 3호까지 출판되었다.

1970년대 한국사회의 중요 문학담론이었던 제3세계문학론의 꿈은 현재 전지구적 차원에서 실제적인 작품 교류와 작가들의 직접적인 만남을 통해 실현되는 양상이다. 1997년부터 민족문학작가회의(현 한국작가회의)는 '세계 작가와의 대화'를 추진해왔다. 한국 작가들은 '베트남을 이해하려는 젊은 작가들의 모임' '팔레스타인을 잇는 다리' '인도를 생각하는 예술인 모임' 등을 결성했고, 서구중심주의를 벗어난 문인들과의 교류를 확대했다. 2007년 11월 7일 전주에서 열린 '2007 아시아·아프리카 문학 페스티벌'은 1970년대 '제3세계문학연대'가 한국사회에서 구현된 중요한 한 사례이기도 하다. 『세계의문학』 폐간이 서구 중심주의의 위기라면, 『ASIA』 『지구적 세계문학』 『Barima』의 간행은 '제3세계문학운동'의 실천 양태라고 할 수 있다. 제3세계 작가와의 지속적인 만남은 '한국문학은 어떤 정체성을 갖고 타자성을 인식하며, 타자들과 교류할 것인가'라는 건강한 문제의식을 환기시키고 있다. 이렇듯 제3세계문학론의 역사적 자산은 지금도 유효한 혈맥으로 한국문학 저변에 흐르고 있다. 제3세계문학론의 민중주의적 문제의식은 끊기듯 이어지듯 그렇게 한국문학의 정체성 한 부분을 차지하고 있는 셈이다.

그런 의미에서 창비의 문학담론 또한 제3세계문학의 민중적 관점이 지닌 건강성을 유지하면서, 개별 국가들의 문학이 연합하여 구성하는 세계문학적 보편성에 이르는 길을 탐색할 필요가 있다. 한국사회는 여전히 베네수엘라를 후진사회로 한심한 듯 바라보고 있으며, 우고 차베스를 독재자로 기억하려 한다. 타자성을 지워버린 주체의 발언은 울림과 공명을 생성해내지 못한다. 그렇기에 1970년대 제3세계문학론의 경험은 소중하다. 창비의 현재는 '제3세계문학과의 연대'라는 급진적 운동의 부채를 안고 있음을 기억해야 한다. 창비가 간행했던 '제3세계총서'는 지울 수 없는 창비의 과거이자 영광으로 여전히 실재하고 있다.

실학담론의 황금시대를 열다

김진균

1. 실학연구의 황금시대

1970년대에 실학담론을 주도하던 연구자 중의 한 분인 이우성 선생은 1999년 『한국실학연구』 창간사에서 이 시기를 회상하며 "실학연구의 황금기"라고 일컬은 바 있다. 1970년대에 황금시대를 구가하며 실학이라는 첨예한 학술 연구가 하나의 사회적 담론으로 자리잡은 데에는 창비의 역할이 지대하였다. 『창작과비평』을 플랫폼 삼아 강단 학계는 대중과 소통할 수 있었고, 독자들은 고급교양으로서 실학담론에 접근할 수 있었던 것이다. 창간 이후 1980년까지 계간 『창작과비평』 지면에 수십건의 실학 관련 학술 논문과 좌담 들이 족출(簇出)한 정황이 황금시대의 양상을 짐작하게 한다.

金鎭均 성균관대 인문학연구원 학술연구교수. 저서로 『모던한문학』 『한문학과 근대 전환기』 『한국학의 학술사적 전망』(공저) 등이 있음.

실학을 다룬『창작과비평』의 첫번째 글은 1967년 여름호에 이성무 선생이 기고한「초정 박제가의 북학의」였는데, '실학의 고전'이라는 씨리즈 제목을 달고 있었다. 박제가의 생애와 사상을 소개하고『북학의』를 발췌 번역하였는데, '실학의 고전' 씨리즈는 대개 이 첫 글의 형식에 따라 실학자들을 소개하고 있다. 송찬식 선생이 박지원, 한영우 선생이 정약용, 정구복 선생이 유형원, 한영국 선생이 유수원, 정창렬 선생이 우하영, 정석종 선생이 이익, 이돈녕 선생과 박종홍 선생이 최한기를 다루면서, 1970년 봄호까지 총 9회에 걸친 연속기획물을 게재하였다. 이 중 철학 전공자였던 박종홍 선생의 논문을 제외한 8편의 논문을 모은『실학연구입문』이 역사학회의 이름으로 간행되었는데, 이 책은 실학의 개념과 범위를 규정하는 데에 강력한 인상을 주었다. 다시 말하면 현재 우리가 갖고 있는 실학에 대한 인상은 이 시기『창작과비평』의 실학 기사들에 기인하고 있다고 할 수 있는 것이다. 이후 '실학의 고전'만이 아니라 근대사를 다루는 단편 논문들에서도 실학과 관련된 논의가 왕성하였으며, 박지원의 산문이나 정약용의 한시 등 실학파의 문학을 다루는 학술 논문들도 여럿 게재되었다. 이 무렵 창비가 실학에 각별한 관심을 두고 있었음을 짐작할 수 있다.

1966년의 창간호만 놓고 보면『창작과비평』이 실학에 대해 이런 각별한 관심을 보일 것이라고 예상하기는 어려웠다. 창간호 권두논문「새로운 창작과 비평의 자세」에서 백낙청 선생은 "우리의 서민문화, 그리고 실학파의 작품이야말로 한국 고유의 문학유산이며 주체적 근대화의 발판"이라는 고전연구자들의 주장을 요약하고, "실제로 주어진 역사에서 한국사회와 한국문학의 독자적 근대화가 이루어지지 않았다는 사실"에서 서민문화와 실학사상은 생명력을 가진 전통이 될 수는 없다고 하였다(16면). 이러한 인식은 고전연구자들의 입장에서는 서운할 일이기도 한데, "우리의 민속예술과 실학사상에 대해 새 세대의 대다수 문학인이 아는 바도 없고 알려고도 않는 것은 섭섭하기 이를 데 없는 일"이라고 일단 이들의 서운한 감정을 헤아리고 나서, 그러나 "산 전통의 유무를 가리는 데는 이러한 섭섭한 사실이야말로 결정적"이라고 쐐기를 박았다(같은 곳). 20세기 중반의 문학인들과 독서대중에게 실학은 살아 있는 전통이 아니라는 선언이었다. 이 선언의 기본 취지는 아무런 문학적 전통도 없는 시대에 문학과 사회과학적 교양의 통합으로 창작과 비평의 자세를 새롭게 하자는 것이었다.

그럼에도 불구하고 『창작과비평』에 1967년부터 '실학의 고전'이 연속기획물로서 등장한 것이다. 백낙청 선생은 창간호 권두논문에서 보였던 위의 입장을 이후 여러차례 부정하였는데, 1996년 봄 『창작과비평』 30주년 기념호에서는 창간호 권두논문에 대해 "엘리뜨주의 및 전통 경시 성향"(「기념호를 내면서」)을 가졌었다고 반성하였다. "전통 경시"는 위의 입장을 두고 말하는 것이리라. 한데 '실학의 고전' 씨리즈에 붙은 편집자의 간단한 말에는 "전통의 새 평가에 이바지하고자 한다"고 하였다. 아는 바도 없고 알려고도 안하는 문학인과 독서대중에게 실학 전통이 되살릴 만한 가치가 있음을 적극적으로 알려야 하는 입장으로 전환된 것이다. 넓게 보면 실학 고전이 사회과학적 교양의 일부로 적극 포섭되어 『창작과비평』의 지면에 족출하게 된 것은, 실학 고전이 생명력을 가진 전통으로 재인식될 가치가 있음을 이해하고 전통 중시의 입장으로 선회한 것이라고 할 것이다. 염무웅 선생의 회고에 의하면 실학 관련 논문의 필자들은 모두 '우리문화연구회'라는 동아리 회원이고 염무웅 선생도 서울대학교의 빈 강의실에서 진행되던 동아리 모임

을 더러 참관한 적이 있어서, 필자들을 직접 찾아다닐 수 있었다고 한다
(「『창작과비평』『문학과지성』을 말한다—김병익 염무웅 초청 대담」, 『동방학지』 165집,
2014). 이러한 인맥도 창비의 담론에 실학을 포섭하는 하나의 계기가 되
었겠으나, 더 중요한 계기는 실학 전통의 가치를 새롭게 평가할 만한 가
능성들이 발견되었기 때문일 것이다.

　　고전연구자들이 주장하던 '주체적 근대화의 발판'은 처음에는 역사
적 상상에 가까운 것이었고, 창간호 권두논문도 그 사실을 적나라하리
만치 객관적으로 평가한 것이었다. 그러나 식민사관의 정체성론을 극
복해야 한다는 고전연구자들의 당위에서 출발한 역사적 상상은, '주체
적 근대화의 발판'의 내용을 확충하고 증거를 재해석하여, 이 시기에 이
르면 산업화 시대에 대응하는 '내재적 발전론'으로 완성되고 있었다.
자본주의적 근대를 향한 도정으로 조선후기 사회를 해석하는 내재적
발전론은 지금까지 여러 방향의 비판을 받은 바 있지만, 이 논리가 완성
되어가던 1960년대 후반엔 시대에 대한 연구자들의 적극적 참여 의지
가 도달한 새로운 사유로서 긍정될 수 있었다. 실학사상은 내재적 발전
론의 여러 증거 중 가장 중요한 것으로 재해석되었다. '실학의 고전' 씨
리즈는 역사학계의 이러한 분위기에 창비가 공명하여 기획된 것이었
다. 시대에 대한 대응으로서 창작과 비평의 자세를 새롭게 하자는 창비
의 입장이 시대에 대한 대응으로서 연구의 자세를 새롭게 하려는 일각
의 실학연구자들의 입장과 공명하여, 전통 경시에서 전통 중시로의 선
회를 이루는 대목이다.

2. 창비담론과 실학

이제 실학담론은 진보적 학술운동으로 재인식되었으며, 이 시기 『창작과비평』은 이러한 재인식의 견인차 역할을 하였다. 강만길 선생은 1974년 겨울호에 실린 「실학론의 현재와 전망」에서, 실학연구를 '분단시대 사학'의 핵심 영역으로 설정하였다. 강만길 선생의 '분단시대 사학'은 역사학이 분단을 극복하는 담론으로서 근대화와 민족 문제의 성격 규명에 초점을 맞추어야 한다는 주장인데, 이 글에서 처음 선을 보였다. 실학과 관련된 근대화와 민족 문제는 이 시기 실학연구가 도달한 진보성의 핵심이기도 하였다.

> 우리가 가정한 '분단시대 사학'에 있어서의 실학자는 근대지향적 사상가나 민족주의자일 것이 요청되었지만 '분단시대 이후의 사학'이나 그것을 지향하는 사학에 있어서는 민중의 편에 서서 그 권익을 옹호하는 진보적이고 양심적인 지식인으로서의 실학자, 민중에게서 진정한 민족의 주체를 구하고 민족 내부의 모순을 타개하기 위한 이론 전개에 앞장섰던 사상가로서의 실학자가 요구될 수도 있을 것이며 따라서 그들의 사회사상이나 경제사상이 한층 더 빛을 내게 될 것이다. (1139면)

실학사상에서 민족주의와 근대지향성을 탐색해온 연구 경향이 분단시대 사학의 특징이라면, 분단시대 이후를 지향하는 사학은 그 특징을 발전시켜서 진보적이고 양심적인 지식인의 상을 추구해야 한다는 주장이다. 진보적이고 양심적인 지식인은 사회사상과 경제사상의 측면에서 국가의 도덕성을 추동해내는 세력이 된다. 이 시기의 역사학은 식민사학의 정체성론을 완전히 극복하고 조선후기 역사에서 민족주의와 근대지향성을 발견해내었는데, 여기에 더 나아가 진보성과 양심을 확충해야 한다는 것이다. 실학을 통해 분단시대의 극복과 진정한 의미의 도덕적 민족국가 수립의 과제를 제기하여, 시대에 대한 대응으로서의 역사학의 이념을 천명한 것이다.

1976년 가을호에 실린 이우성·강만길·정창렬·송건호·박태순·백낙청 선생들의 좌담 「민족의 역사, 그 반성과 전망」에서 백낙청 선생은 강만길 선생의 논의를 언급하며, 대한제국 시대에 이루었어야 할 "국가주의적 내셔널리즘"과 광복운동 과정에서 완성했어야 할 "국민주의적 내셔널리즘"이 모두 결핍되어 있는 상태에서 당시의 목표인 "민족주의적 내셔널리즘"을 통해 모두를 아울러 완성하고, 동시에 내셔널리즘의 극복이라는 세계주의에도 참여해야 한다는 이중과제론을 제기한다. 근대적응과 근대극복이라는 이중과제가 사회에 대한 실천적 대응 논리라면, 민족주의와 근대성의 내재적 발전론은 사회에 대한 학술적 대응 논리였다. 학술적 대응 논리가 개척한 가장 첨예한 성과물이 실학이었던바, 실학담론이 창비담론에 기여한 바와 창비담론이 실학담론을 포섭한 경로를 여기서 가늠해볼 수 있다.

이 좌담에서 백낙청 선생은 창비로서도 실학의 문제에 많은 힘을 기울여왔다고 이야기하였다. 실제 그러하였다. 창간 이후 이때까지 십여 편의 연구논문이 실학을 표제로 달고 게재되었고, 경제사·농민운동사 등 실학과 관련되는 조선후기 연구논문 또한 적지 않게 발표되었다. 이들 연구논문은 전체적으로 하나의 기획 성격을 지니고 있었는데, 조선후기 사회변동과 실학지식인의 동향을 연계하여 설명하는 내재적 발전론의 입장에 있는 실학연구를 부각하는 것이었다. 1972년 여름호부터 경제사·문학사·민중운동사·사회사상사로 나누어 학계의 논의를 종합하는 연재를 기획하였는데, 이중 사회사상사는 연재가 실현되지 않았다. 짐작건대 사회사상사로는 주로 실학사상이 다루어졌을 터인데 필자와 연구성과의 중복이 원인이지 않았을까 싶다. 이 연재 기획의 전체 구도를 파악해본다면, 자본주의 맹아로서 상공업의 발전과 농업기술 혁신이 경제사적 배경으로 자리잡고, 평민문학과 민중의식의 고양이 문화적 현상으로 등장하며, 중세 해체 과정에서 사회경제적 지위가 더욱 취약해진 농민들의 대규모 민중봉기가 사회적 위기로 만연한 것으로 조선후기를 바라보는 것이다. 여기서 사회사상사로서 실학이 다루어졌다면 이러한 조선후기 사회에 대한 지식인의 대응으로서 실학사상이 설명되는 구조가 되었을 것인데, '실학의 고전' 씨리즈가 이미 실학사상의 핵심 개념과 범주를 제기하고 있었던 것이다.

'실학의 고전' 씨리즈를 묶어 발간한 『실학연구입문』의 서론에서 이우성 선생은 실학을 동양의 중세적 세계주의를 이루던 주자학에 의해 "각 민족의 몰자각한 상태가 지속"되던 조선후기에 "자아의 자각"으로 "우리나라의 실지 사정에 입각한 실제적인 사고를 세워놓은 학풍"으로 규정하였으며, "그들이 지향하는 새로운 차원이란 바로 근대로의 방향으로 통하는 길"이라고 하였다. 여기서 주체적 자각을 기반으로 하는 '민족'과 새로운 시대를 지향하는 '근대'가 실학연구의 중심 개념으로 설정되어 있음을 볼 수 있다. 실학의 범주는 유형원과 이익을 묶는 '경세치용파'와 박지원을 중심으로 한 '이용후생파', 김정희로 대표되는 '실사구시파'라는 단계별 개념화를 통해 정리하였다. 가장 대표적인 실학자로 거론할 수 있는 정약용은 경세치용파와 이용후생파를 종합하여 실사구시파를 추동하는 위치로 정리하였다. 이처럼 정리된 실학의 개

넘과 범주에서 당시 실학연구에 관여된 담론의 핵심 가치를 추출해볼 수 있다. 당시 실학담론의 핵심 가치는 바로 민족주의, 근대, 실사구시 그리고 비판적 지식인이었던 것이다.

3. 담론으로서의 실학연구

담론은 지식장에서의 권력 투쟁 도구이다. 실학연구자들은 실학담론을 통해 당시 학계에서 헤게모니를 쟁취해갔던 것이다. 여기서 당시의 한국학계가 사회에 대한 대응이라는 학술의 임무를 자각하며 도달한 이념으로서의 민족주의, 지향으로서의 근대, 방법론으로서의 실사구시가 실학담론의 핵심으로 부상하며 실학연구의 황금시대가 형성될 수 있었던 점에 주목해야 한다. 사회에 대한 대응으로서의 학술적 에너지가 창비와 결합하여 황금시대를 만들어낸 것이다. 이념과 지향과 방법론을 갖춘 실학연구자들이 지식장에서 투쟁 대상으로 삼은 것은 남한 사회의 비인간적 퇴영의 흐름이었다. 거칠게 제기하자면, 식민지 시기의 식민사관, 해방 후의 변방 인식, 군사독재정권 시대의 개발근대화주의 모두를 투쟁 대상으로 삼은 것이다.

식민사관은 근대적 실증주의를 무기로 조선 근대사의 성격을 타율성과 정체성으로 규정하였다. 때문에 타율성에 대항하는 민족주의, 정체성에 대항하는 근대지향, 실증주의에 대항하는 실사구시 정신은 식민사관을 근저에서 정교하게 파괴할 무기가 될 수 있었다. 한편 20세기 중반 세계적 냉전체제의 양극을 이루는 소련과 미국은 사회주의 진영과 자본주의 진영으로 세계를 나누어 각각에 그 진영의 표준으로서 보편성을 강요하고 있었다. 양쪽 모두 동아시아를 변방으로 취급할뿐더러, 한국은 일본과 중국 사이의 더 깊은 오지로 인식하고 있었다. 이처럼 당시 세계사적 표준으로 인식된 서구의 19세기적 민족주의와 근대지향을 한국사에서 발견함으로써, 변방에서 중심을 향해 학술적 지분을 주장할 수 있었던 것이다. 『실학연구입문』의 서문이 하와이에서 열린 한국학 국제대회에서 발표된 것은 이러한 사실을 더욱 분명하게 짐작하게 해준다. 또 한편 군사독재정권의 개발근대화주의는 20세기 중후반 남한 사회의 가장 커다란 질곡이 되었으며, 민중들의 삶을 직접적으로 착취하는 논리가 되었다. 실학연구는 군사독재정권의 비도덕성을 지목하며 진보적이고 양심적인 지식인 상을 통해 도덕적 근대국가를 제시하였다. 군사정권에 의해 『창작과비평』이 강제 폐간되고, 편집인과 더불어 실학담론을 주도한 분들도 구금되거나 대학에서 해직과 복직을 반복하던 대목에서 정약용의 『목민심서』가 번역 간행된 것은 도덕적 근대국가를 갈망하는 학술적 절규였던 것이다. 정약용이야말로 진보성과 양심에서 가장 두드러진 실학사상가로서 근대계몽기부터 실학연구의 구성 과정에서 핵심적 대상이었기에, 근대국가의 도덕을 묻는 담론을 구성하는 데에 가장 훌륭한 자료로 활용될 수 있었다.

이 황금시대를 돌아보니 21세기의 지금으로선 격세지감마저 든다. 1990년대에 들어서면서부터 실학은 사회적 담론으로서의 성격이 흐려지고 강단 연구로 정체되면서 활력이 현저히 약해졌다. 이제 『창작과비평』 지면에서도 실학 관련 글들은 공소(空疏)하다. 한때의 왕성한 연구성과를 기반으로 교과서의 한 부분을 차지하게 되었으니 그것으로 충분한 일이라고 생각할 수도 있겠지만, 나로서는 실학담론의 사회적 성격을 회복해야 할 시점이 도래했다고 여긴다. 1996년 『창작과비평』

30주년 기념 기획 '창비와 나와 우리 시대'에서 이호철 선생은 "작금의 창비에는 창간 때의 지표인 '실사구시(實事求是)'가 여전히 해묵은 '지표'로서는 살아 있지만, 언제부터인가, 그것은 공중에 경중 떠서 관념으로만 떠돌고 있어 보인다"(『『창작과비평』과 나』)라고 했는데, 실사구시라는 지표를 실학담론으로 연계하여 해석하여도 의미심장할 발언으로 생각된다.

4. 포스트 황금시대의 실학연구

20세기말부터 실학연구는 정체성의 위기를 겪고 있다. 실학은 서구적 근대에 대한 콤플렉스에서 빚어진 허구적 개념이라는 김용옥 선생의 문제제기나, 실학연구를 한국사에서 서구의 민족-근대의 모델 찾기로 규정한 강명관 선생의 문제제기는 일견 타당한 것으로 보인다. 여기서 다시 분명히 해야 할 사실은, 실학이 20세기 한반도의 역사적 경험을 통해 구성된 학문이지 본디 있던 학문이 아니라는 점이다. 역사적 경험을 통해 구성되지 않고 선험적으로 존재해온 학문은 본디 없다. 유독 20세기 한반도의 역사적 경험을 통해 구성되어왔다고 해서 실학이 실체가 없는 학문이라고 생각할 이유는 없다. 이 논리에 대해서는 임형택 선생이 대응한 바 있다(『실사구시의 한국학』 2000). 그러나 실체가 없다는 주장에 담긴 고심을 외면하고 관성에 편승해서 실학연구가 계속 기존의 방식으로 실학을 구성해나가기만 한다면, 실학은 오히려 실체를 잃고 역사적 경험을 통해 해체되어갈 것이라고 생각한다. 해체되어도 아쉬울 것이 없다고 생각한다면 그만이겠으나, 나로서는 20세기 한반도의 역사적 경험을 담은 실학을 허물어버리고 폐허에서 새로운 누각을 구상하는 것이 반드시 옳은 일은 아니라 여긴다.

1980년대 이후 실학연구는 연구자의 양적 증가와 더불어 대상 범주가 확대되었다. 그러나 오히려 실학연구는 근대적 공동체로서의 사회에 대한 학술적 대응이라는 에너지를 상실하고, 기능적 지식의 확산으로 정처 없이 흘러가는 양상이다. 서양 지식의 유입에 주목하여 북학 사상만을 실학으로 남기자는 주장도 지두환 선생과 안병직 선생을 거치면서 하나의 흐름을 구성하였다. 공동체적 가치를 외면하고 자본주의적 근대만을 핵심 가치로 삼자는 것으로 읽힌다. 한편으로는 범주가 확대되고 한편으로는 범주가 축소되는 두 편향이 별다른 논쟁 없이 공존하였다. 이런 상황에서 실학을 확대하거나 축소하는 흐름보다 실학의 실체를 의심하는 질문이 오히려 더 실학담론의 핵심에 가닿는 방향으로 보인다. 실학의 실체를 묻는 주장에 담긴 고심은 민족주의와 근대주의의 폐단에 대한 우려였고, 민족주의와 근대주의의 폐단에 고통받는 약자에 대한 대변이었다. 자본과 국가는 민족 총화를 통해 근대화를 달성하자는 구호로 착취를 호도하는 데에 민족주의와 근대주의를 악용하고, 약자들의 처참한 삶을 민족주의와 근대주의의 깊은 그늘에 방치하였다.

최근에는 실학자들을 해석해온 민족주의와 근대주의에서 초점을 옮겨 중세 성리학과의 관련성을 중심으로 실학을 재해석하는 경향도 보이고, 동아시아 차원으로 확장하여 동아시아 실학담론을 구상하려는 경향도 보인다. 철학적 보편성 혹은 중세 동아시아 천하의 지역적 보편성이라는 측면에서 보편성 경향이라 할 수 있겠다. 실학이라는 20세기적 학술 현상이 포착한 조선후기 실학사상가들의 당대 학술 활동을 성리학이라는 중세철학적 보편성으로 해석할 수는 있겠지만, 실학사상가들의 다기한 사상 중에서 민족적 특수성과 근대성을 주목한 1970년대 실학연구의 사회적 문제의식은 일단 외면되는 셈이 된다. 중국과 일본으로 실학담론을 확장하는 경우 한국의 문제의식이 확산되기보다는, 중국에서는 고증학으로부터 나온 실사구시의 방법론이 부각되어 결국 고증학 범주로 귀결되는 양상이 보이고, 일본에서는 양명학 전통의 실심실학(實心實學)에 견인되어 양명학적 태도로 귀결되는 양상이 보인다. 1970년대의 실학연구가 중심으로 삼아온 핵심 개념을 이념적으로 발전시키기는 어려워지는 것이다.

21세기 이후 창비에서 구호 차원이 아닌 연구 논문으로서 실학담론이 드물어진 것은 학계의 이런 상황이 원인이 된 것으로 보인다. 20세기 한반도의 역사적 경험을 통해 창비와 함께 성장한 실학담론을 돌아보니, 사회적 성격을 회복하는 길이 실학의 황금시대를 돌이키는 방법이 될 것으로 믿게 된다. 당시 실학연구에서 내재적 발전론의 해석에 의거해 자본주의 맹아를 거론한 것은 근대화의 과제에 대한 대응이었다. 중세적 국가의 잔인한 처우로 삶의 기반을 잃은 농민들의 저항과 이에 대한 비판적 지식인의 사유에 민족주의의 프리즘을 들이댄 것은 도덕적 근대국가에 대한 갈망이었다. 여기에 착종된 민족주의와 근대주의는 그것 자체로는 투명할 수도 있어서, 남한을 지배하는 자본과 권력이 고스란히 수탈의 논리를 덧씌웠다. 실사구시의 방법론조차 실용적 가치 혹은 실증주의로 퇴화시켰다. 어쩌면 투명한 개념을 자본과 국가와 나눠 쓴 실학연구자들의 무책임함을 지적할 수도 있을 것이다.

이제 실학연구에서 자본과 권력의 오염을 벗겨내면 무엇이 남을까. 20세기의 역사적 경험으로서의 실학연구의 핵심은 여전히 남아 있으며 민족주의와 근대주의도 이 핵심에 부속되어 있을 뿐이라고 생각하는데, 바로 비판적 지식인이라는 가치가 그것이다. 나로서는 비판적 지식인이라는 가치를 중심으로 민족주의를 공동체에 대한 책임으로 전환하고, 근대주의를 윤리적 근대에 대한 요청으로 전환하며, 실사구시의 방법론을 현실 대응과 실천으로 전환하여 실학연구의 황금시대를 다시 열 수 있을 것으로 믿는다. 자본과 권력이 서로 도와가며 약자들의 지옥으로 만들어버린 공동체에서 더욱 새로운 창작과 비평의 자세를 모색해야 하며, 더더욱 지식장에서 투쟁 정신을 가다듬어야 할 것이다. 공동체의 일원임을 자각하는 비판적 지식인의 자세가 여전히 우리에게 요청되고 있음을 깨닫는다.

교양이 된 분단시대의 역사인식

이경란

1. 역사담론의 공론장, 『창작과비평』

1980년대를 거치면서 젊은이들은 윗대 사람들과 다르게 역사를 느끼고 이해하였다. 이들은 한국의 역사과정을 '내재적 힘으로 발전'해가는 '민족'의 역사로 당연하게 받아들였다. 그리고 많은 이들이 분단된 채 살아가는 현실 때문에 한국사회는 내적 발전과정이 가로막혀 있다고 생각하였다. 나아가 남한과 북한을 한국 역사과정으로 통합해서 보아야 하므로 분단 이후 만들어진 남한 자본주의체제를 당연한 사회발전의 단계로 이해하는 '근대화론'에 문제를 제기하기도 했다.

'내재적 발전론' '민족사학' '분단시대의 역사인식'이라 불리는 이 역사담론들이 지식대중 속에서 사회와 역사를 인식하는 핵심 담론으로

李暻蘭 연세대 국학연구원 역사와공간연구소 전문연구원. 저서로 『일제하 금융조합연구』 『일제 파시즘 지배정책과 민중생활』(공저) 등이 있음.

자리잡았음을 보여주는 현상이었다. 이 담론들이 국가가 강제로 주입한 것이 아니라 역사학계가 지식대중과 소통하고 역사적 과제의 해법을 찾아가는 과정에서 형성되었다는 점이 흥미롭다. 박정희정권의 '한국적 민족주의·민주주의론'과 대응하면서 민족 민주 민중 통일이라는 관점을 역사적으로 검증하여 통합한 것이다. 이때 역사학계의 담론이 사회로 확산되어간 핵심 공론장이 1960년대말 창간된 『창작과비평』이었다.

사회적 의제를 실현하고자 했던 다양한 분야의 전문가들은 『사상계』 『청맥』 『창작과비평』과 같은 종합잡지에 글을 쓰거나 편집위원으로 활동하고 사회운동에 참여하기도 했다. 역사학자들의 현실인식과 역사담론도 그 속에서 다방면으로 깊어지고 확장되며 진화해갔다. 이 글은 역사학자 집단이 창비와 함께 만들어갔던 역사담론인 내재적 발전론과 민족사학, 그리고 분단시대의 역사인식의 의미를 살피고, 그것이 어떻게 연대하고 확장되어갔는지 살펴보려 한다.

2. 한국 역사학계의 혁신과 『창작과비평』

새로운 역사담론이 등장하고 『창비』와 같은 잡지가 담론의 공론장이 될 수 있었던 사회 분위기는 4·19혁명 전후로 형성되었다. 우선 1950년대의 사회개혁 담론이 위기를 맞이했고 그에 대한 새로운 모색이 필요했다. 쿠데타로 권력을 잡은 군사정부는 『사상계』로 표상되던 실천적 지식인들이 제기해왔던 '민족' '민주주의' '근대화'라는 사회의제를 자신의 아젠다로 사용하기 시작했다. 사회적 과제에 대한 제안이 보편화되었다는 점에서 큰 성과를 거둔 것이지만, 그 담론이 해결하지 못한 문제가 남아 있었기에 혼란은 컸다. 그동안 주장해왔던 근대화 담론은 서구를 모델로 하는 근대화 전략이었다. 그것으로는 근대화의 주체와 내용, 진행과정과 방향의 본질을 명확히 제시하기는 어려워진 시점이 되었다. 사람들은 군사정부가 내건 근대화 구호와 경제개발정책이 실천적 지식인들이 제안했던 근대화와 분명히 다르다고 느꼈지만 무엇이 같고 다른지 잘 알 수 없었다.

1950년대말부터 대학가에서는 자유민주주의론을 회의적으로 바라보는 대신 사회민주주의나 혁신 계열의 활동 또는 맑시즘에 대한 관심이 높아져갔다. 봉쇄되어 있던 지적 욕구와 비민주적이고 반통일적인 사회 분위기를 뚫어보고자 하는 열망의 분출이었다.[1] 이들은 『사상계』의 지적 전통을 학습하면서도 그것을 넘는 다른 근대성 또는 사회질서를 모색하였다. 1964년부터 1967년까지 발간된 『청맥』은 신식민주의에 반대하는 신민족주의(제3세계 민족주의와 민족해방운동), 자주적 통일론, 내포적 공업화론, 철학에서의 주체성을 새로운 방향으로 제시하고 식민사관을 비판하면서 지식대중 속으로 파고들었다.[2] 『청맥』의 폐간과 더불어 그 문제의식은 창비 속으로 합류해 들어갔다.

창비가 새로운 역사담론으로서 '분단시대의 역사인식'을 제안할 수 있었던 배경에는 역사학계의 혁신이 자리잡고 있었다. 진보적 한국사 연구자들은 1950년대 초반의 식민사관 비판과 1960년대 초반의 민족주

---

1 50년대와 60년대 초반 대학 내의 교수와 학생의 지적 교류를 비롯한 학생층의 동향에 대해서는 박태순·김동춘 『1960년대의 사회운동』, 까치 1991, 50~64면 참고.
2 박태순·김동춘 「통혁당 사건과 『청맥』」, 같은 책; 하상일 「1960년대 『청맥』의 이데올로기와 비평사적 의미」, 『한국문학이론과 비평』 33집, 2006. 12. 참고.

의와 근대화에 관한 토론, 1965년 역사학계의 한일회담 반대성명을 거
치면서 1967년 한국사연구회를 결성하였다. 한국사연구회는 해방 직후
까지 역사담론의 중심에 있던 맑스주의적인 사회경제사학이나 신민족
주의사학을 역사인식의 자기전통으로 삼아 '민주주의'와 '민족'의 지
향과 내용을 한국역사의 연속성과 구체적인 사회현실, 그리고 사회의
전망 속에 녹여내야 한다고 보았다. 이들은 일본에서 식민사학의 부활
과 비판이 동시에 일어나고 북한과 중국 학계가 자국의 내적 발전 연구
에 집중하는 모습을 보면서 크게 자극받았다. 또한 아시아의 비동맹운
동과 제3세계운동의 성장을 보면서 한국을 세계체제의 일부로 인식하
고 주체적인 전망을 만들어야 한다는 시각을 공유해갔다.[3]

창비는 한국사연구회의 연구성과를 1970년대 저항담론의 역사인식
론으로 삼았다. 역사에 대한 창비의 관심은 잡지에 실린 글의 편수와 출
간서에서도 확인된다. 1966년 가을호에는 A. 하우저의 문화사, 한국의
노동운동사에 관한 글이 실렸다. 특히 한국사에 대한 관심이 높았다. 문
화사나 문학사와 더불어 한국사 관련 글이 창간호부터 1980년까지 발
간된 『창비』의 거의 모든 호에 최소 1편에서 최대 3~4편까지 실렸고,
이 글들은 주제별로 묶여 단행본으로 발간되었다. 창비가 출간한 인문
서적의 대부분이 역사와 관련된 내용이며, 그중에는 역사학자들이 쓴
역사서가 많았다.

---

3 한국사연구회 집단의 역사인식과 현실인식은 여러 방면에서 연구되었다. 조선후기사
연구의 활성화와 내재적 발전론에 대해서 박찬승 「분단시대 남한의 한국사학」, 『한국
의 역사가와 역사학(하)』, 창작과비평사 1994; 김인걸 「1960, 70년대 '내재적 발전론'
과 한국사학」, 김용섭교수정년기념 한국사학논총간행위원회 『한국사 인식과 역사이
론』, 지식산업사 1997; 조광 「한국현대사학의 전개와 한국사연구회의 활동」, 『한국사
연구』 90호, 1995. 9. 참고.

3. 내재적 발전론의 교양화

초기의 창비는 한국역사의 정체후진성론을 극복하기 위해 조선후기 실학사상과 사회경제적 변화 속에서 근대사회의 내적 가능성을 찾고자 했다. 1967년 여름호부터 1970년 봄호까지 이어진 '실학의 고전' 씨리즈에서 실학자들의 사상을 밀도있게 소개한 데 이어 실학 개념, 조선후기 사회경제 변동과 실학지식인의 관계, 농민층 분화와 새로운 경제주체의 등장, 상업과 독립수공업의 발전, 조선후기와 한말 문학의 변동을 다루면서 조선후기 사회상을 주체적 발전상으로 이해할 수 있는 폭을 넓혔다. 한국역사의 정체성론과 타율성론을 뿌리부터 흔드는 내용이었다. 나아가 중세 한국사회 내부에서 근대사회로 발전할 수 있는 주체적 근대화의 힘이 있었음을 입증함으로써, 당쟁으로 얼룩지고 부패가 만연한 사회라서 필연적으로 식민지화될 수밖에 없었다는 식민사관을 극복하고자 했다.

특히 창비는 다산 정약용에게 관심을 갖고 다산연구회가 공동작업한 『목민심서』 역주본(1978~85)과 『다산시선』(1981) 『다산산문선』(1985)과 송재소의 『다산시 연구』(1986) 등을 출간하여 다산 연구의 초석을 마련하였다. 이들은 다산사상 속에서 중세 한국사회의 갈등과 모순을 근본적으로 해결하려는 사회개혁의 방향을 찾고, 그것에서 한말 일제하의 근대화, 나아가 현재 사회개혁의 방향으로 이어지는 역사적 맥을 복원하고자 했다.

한국사학계에서는 한말과 일제강점기에 진행된 근대화의 성격에 대한 규명과 민족문제의 해결, 즉 반제반봉건이라는 시대적 과제의 검토가 이어졌다. 한말 근대화과정에서 개화파, 독립협회, 대한제국, 척사위정세력, 민중운동 등 다양한 주체들이 반제반봉건 과제를 수행하는 모습과 그 각각의 사회개혁 방향의 차이를 추출하였다. 이를 통해 한국사회 내부에서 근대화를 추진할 수 있는 역량이 구축되고 있었으며 그 내용과 전망이 다양했음을 드러냈다. 누가 근대화의 주체이며 그 내용과 방향에 무엇을 담아야 하는지를 좀더 깊게 성찰하게 되었다. 나아가 일제강점기 식민지수탈의 근대성을 검토함으로써 60~70년대 사회의 화두였던 근대화 문제가 역사적 뿌리를 가진 주제임을 알려주었다. 더불어 민족주의와 사회주의 운동세력을 비롯한 여러 항일민족운동세력이 지향한 국가상과 근대화 문제를 연결시킴으로서 1960년대부터 사회적으로 진행된 '근대화' 논의는 새로운 단계로 접어들었다.[4]

실학과 근대화에 대한 논의 속에서 창비가 가장 관심을 기울인 것은 역사인식의 문제였다. 1976년 강만길과 이우성이 엮은 『한국의 역사인식』은 1960년대에서 70년대에 이르는 한국사학계의 사학사 연구성과를 총정리한 업적이었다. 『삼국사기』와 『삼국유사』부터 고려, 조선 전기, 조선 후기의 사학사, 개화사상가 및 애국계몽사상가의 사관을 정리하고 일제관학자들의 식민사관을 비판하면서 우리 근대역사학의 성립·발달을 살펴본 뒤 해방 후 민족사학론까지 다루고 있다. 이 책을 통해서 한국사연구회 그룹과 창비는 내재적 발전의 시각으로 한국역사를 재해석하는 역사인식을 사회에 제시하였다. 이는 이후 모든 대학의 역사연

---

4 이런 문제의식은 1980년대를 거치면서 항일민족운동 주체들의 '신국가건설론'에 대한 연구로 구체화되었다. 이들은 근대화 과정을 자본주의화의 과정으로 일괄하려는 종래의 일반적 경향에서 벗어나 있었기 때문에 반공을 국시로까지 끌어올린 박정희정권과는 대립할 수밖에 없었다.

구자들과 대학생들의 '교양'이자 역사연구의 입문으로 자리잡았다.

4. 민족사학과 '분단시대의 역사인식'

창비는 1976년 봄호의 창간 10주년 기념 좌담회 「『창비』 10년: 회고와 반성」에서 10년간의 동향을 살피는 한편, 가을호에 「민족의 역사, 그 반성과 전망」이라는 좌담회를 연이어 기획하였다. 한국사 연구자인 이우성, 강만길, 정창렬과 더불어 언론인 송건호와 소설가 박태순이 좌담회에 참여했고 『창비』 발행인인 백낙청이 사회를 맡았다. 이들은 창비와 한국역사학의 관계를 정리하는 한편, 실천적 역사학자들과 창비가 어떤 지점에서 만나고, 사회에 무엇을 발언하고자 했는가를 이야기하였다.

이들은 기존 역사학을 "항상 도망갈 길을 갖고 있었다"고 평가하면서, 역사학은 민족문제라는 시대의 과제를 해결하는 데 기여하는 '민족사학'이어야 한다는 데 인식을 같이했다. 이들은 당시의 시대적 과제는 한말 대한제국에서 이룩하지 못한 국가주의 내셔널리즘, 광복운동을 통해서 완성하지 못한 국민주의 내셔널리즘, 그다음 단계에 부각된 민족주의적 내셔널리즘을 완성하는 일이라고 보았다. 현대사회는 완성되지 못한 과거의 과제들이 분단모순에 중첩되어 있는 상황임을 인식하자는 '분단시대의 역사인식'이 필요함을 강조하였다. 저항사학적 성격을 갖는 식민지시대의 '민족사학'으로는 민중주체의 민족통일이란 과제를 해결할 수 없으므로 중첩된 과제에 맞도록 민족사학론을 새롭게 재평가·재이해한 결과였다.[5]

그런 인식에서 창비는 학생들과 국민의 의식을 지배하는 국정교과서

체제에 문제를 제기하였다. 강만길은 국정교과서 체제 속에서 관철되는 '주체적 민족사관'이 역사의 밝은 면만을 강조하였기 때문에 민족이 역사를 스스로 만들며 책임져야 한다는 사실을 받아들이지 못하게 한다고 비판하였다. 그 대신 민족분단 상태를 비롯한 민족 내부의 모순과 갈등을 드러내면서, 분단 극복을 염두에 두고 민중의 역할을 강조하는 역사서술로 바뀌어야 한다고 주장하였다.[6]

창비는 이 '분단시대의 역사인식'을 자기의 역사담론으로 선언했고, 1978년 강만길은 『분단시대의 역사인식』을 출간하여 이를 체계화하였다. 내재적 발전론이 '분단시대'의 과제와 결합되면서 역사를 바라보는 관점은 전환되기 시작했다. 근대화=자본주의 사회의 건설, 산업화와 성장이라는 등식을 넘어 남북의 사회경제체제와 삶의 양식을 한국역사의 발전과정 속에 담아야 하는 과제가 등장했기 때문이다. 내재적 발전론의 숙성과정에서 역사학계에서 제기된 '근대화의 두가지 길' '변혁운동의 여러 갈래', 근대역사학의 여러 관점, 근현대 국가건설론에 대한 논의와 관심이 이를 반영하였다. 이 역사담론들은 같은 사회 속에도 세상을 보는 시각과 삶의 방식이 다양하게 존재함을 인정하고, 그들 사이에서 벌어지는 대립과 갈등을 어떻게 통합하고 무엇을 지향할 것인가 하는 고민을 담고 있었다.

결국 이들은 분단체제를 극복하는 방안을 찾는 과정에서 대립과 갈등에 묻혀 보이지 않던 다른 흐름과 한국역사 속에 통합과 연대의 비전을 만들어온 역사가 있었음을 발견했다. 그리고 통합과 연대의 논리가

---

5 「책머리에」, 송건호·강만길 편 『한국민족주의론』, 창작과비평사 1982.
6 강만길 「사관과 서술체제의 검토」(1974년 여름호); 강만길 「'민족사학'론의 반성」(1976년 봄호).

변혁운동의 방향이든 국가건설론이든 민중의 삶을 개선하는 사회개혁과 결합되어 있음을 증명하였다. 1980년대 중반 창비가 사회성격론을 중심으로 한 변혁론에 집중했던 배경이다.

또한 창비의 역사담론은 분단이라는 민족과제의 해결방안을 통합과 연대에 기반을 둔 사회개혁과 결합함으로써 국수적인 민족주의론에 빠지지 않고 민족 내부의 통합과 평화공존의 과제로 스스로를 확장할 수 있었다. 또 그 덕에 1970년대 중반부터 조금씩 언급되던 '동아시아론'이 창비의 새로운 역사와 사회 담론으로 자리잡을 수 있게 되었다. 이런 역사인식이 그 속에서 살아가는 개인들, 다양한 갈등구조들, 젠더적 감각, 소수의 삶 등을 어떻게 담고, 민족과 분단, 통일과 동아시아 평화, 나아가 지구적 과제로 떠오른 생태문제와 같은 큰 담론의 틀 속에서 다양한 주체들과 작은 지역들을 통합하는 논리로 나아갈 수 있는가가 이후의 과제로 등장할 수밖에 없었다.

5. 학제적 연대와 저항담론화

1970년대 중후반이 되면서 여러 학문영역의 진보적 연구자들은 창비와 함께 '민족'과 '민중' '민주주의' '여성' 등의 문제들을 제기하면서 담론체계를 통합시켜갔다. 1972년 조태일이 서평에서 신경림을 비롯한 여러 시인들의 시를 두고서 '민중언어'라고 평가한 것처럼 문학 영역에서부터 '민중'에 대한 접근이 이루어졌다. 다른 영역은 조금 늦지만, 전환시대의 기독교로서의 민중신학에 대한 흐름이나 예술가가 민중의 편에 서야 한다는 민족문화론, 식민지교육에서 연장된 분단교육을 넘어

통일교육, 전인교육, 민중 속으로 들어가는 교육을 내용으로 하는 민족교육론, 민중을 위한 경제학, 민족언론, 민중적 민주주의와 분단시대의 사회학 등이 제기되었다.[7]

『창비』는 1977년부터 1979년까지 좌담회를 연속으로 기획하여 각 분야의 새로운 담론들을 가시화시켰다. 「분단시대의 민족문화」 「농촌소설과 농민생활」 「한국 기독교와 민족현실」 「분단현실과 민족교육」 「내가 생각하는 민족문학」 「독자비평 좌담: '창비'를 진단한다」 「국문학연구와 문화창조의 방향」 「오늘의 여성문제와 여성운동」 「대중문화의 현황과 새 방향」 「오늘의 경제현실과 경제학」 등의 좌담은 창비가 한국사회에 대한 지향점을 공유하는 일군의 학자들과 연결되어 있음을 보여주었다. 이들이 함께 만든 저항담론은 70년대 후반부터 80년대 내내 지식인 사회의 '교양'으로 자리잡았다.

창비와 연결된 역사학자들은 여러 분과학문의 연구자들 또는 문학예술인들과 긴밀하게 교류하였다. 문학, 경제학, 한국사, 사회학을 전공하는 각 대학의 교수들은 다산연구회에 모여 『목민심서』를 번역하고 창비에서 출간하였다.[8] 이 자리는 시국을 논의하는 자리이기도 해서, 이

---

7 조태일 「민중언어의 발견──신경림·김지하·김준태·최민·천상병의 시를 중심으로」(1972년 봄호); 변선환 「제3의 기독교──서남동 『전환시대의 신학』」(1976년 겨울호); 박형규·백낙청 대담 「한국 기독교와 민족현실」(1978년 봄호); 김용복 「제3세계의 민중과 종교의 새 역할──종교는 사회변혁의 동력이 될 수 있는가」(1979년 여름호); 강만길·김윤수·리영희·임형택·백낙청 좌담 「분단시대의 민족문화」(1977년 가을호); 성래운·이오덕·김인회·이시영·김윤수 좌담 「분단현실과 민족교육」(1978년 여름호); 변형윤 「민중을 위한 경제학의 모색──박현채 『민족경제론』『전후 30년의 세계경제사조』」(1978년 여름호); 안병무 「민중적 민족주의──한완상 『민중과 지식인』」(1978년 가을호); 이효재 「분단시대의 사회학」(1979년 봄호); 이효재·이창숙·김행자·서정미·백낙청 좌담 「오늘의 여성문제와 여성운동」(1979년 여름호).
8 다산연구회는 1975~76년경부터 이우성 교수를 중심으로 안병직, 김진균, 강만길, 이

들의 상당수가 1980년 '서울의 봄' 당시의 학원민주화운동을 비롯한 1970~80년대 사회운동 속에 직접 뛰어들었다. 실천적 역사학과 역사학자의 실천이라는 화두는 1980년대 중후반 젊은 역사학자들의 새로운 역사단체 설립으로 이어졌다. 이들이 제시한 '순수아카데미즘의 탈피' '당파성과 과학성에 입각한 연구조직' '운동성의 강화' '학술운동' '민중과의 결합' 등의 지향은 면면히 이어져오던 역사연구자들의 실천이란 어떠해야 하는가라는 물음에 대한 새로운 세대의 답이었다.[9]

또한 이 시기 『창비』를 통해서 발신된 사회담론들은 '민족'과 '분단시대'라는 역사인식론을 공유하였다. 창비와 결합한 역사연구자들은 다른 분과학문의 학자들과 소통하면서 민족경제론, 민중신학론 등 당시의 대표적인 저항/대안담론의 영역을 구축하였다. '민족'담론 속에 '민주주의'와 '민중'을 담아내는 창비의 저항담론은 1980년대 초반 『한국민족주의론』(1982, 1983, 1985)으로 모아졌고, 1980년대 사회운동의 주요 담론으로 자리잡았다.

동환, 김경태, 이만열, 이지형, 성대경, 임형택, 송재소, 김시업, 김태영, 정윤형, 박찬일, 정창렬 교수 등이 참여하였다. 강만길 『역사가의 시간』, 창비 2010, 240~57면.
9 박한용 「사상과 운동으로서의 한국 역사학을 위해 — 1987년 이후 학술운동과 한국사 연구단체에 대한 단상」, 『역사연구』 18호, 2008 참고.

사회구성체논쟁

민족경제론과 창비

류동민

1

사회과학에서 대상을 어떤 말로 부르는가는 그저 단어 선택의 문제
가 아니라 이미 그 대상에 어떤 의미를 부여할 것인가를 함축하는 행
위이다. 우리가 살고 있는 시공간을 사회라는 말 대신 굳이 사회구성체
(social formation)라 부른, 1980년대 중후반에서 1990년대 초반으로 이
어진 논쟁은 그 참가자의 수에서나 어찌 보면 별것 아닌 듯한 차이를 가
리기 위해 '죽기 아니면 살기'로 덤벼든 열기에서나, 그야말로 예외적
인 것이었다. 논쟁이 사회구성체라는 용어를 고집한 것은 어떤 사회, 구
체적으로 자본주의 사회가 생성·변화·소멸한다는 사실을 전제하기 때
문이었다. 그러나 사회구성체논쟁이 격렬하게 벌어지던 한편에서 현실

柳東民 충남대 경제학과 교수. 저서로 『서울은 어떻게 작동하는가』 『일하기 전엔 몰랐던
것들』 『마르크스가 내게 아프냐고 물었다』 『프로메테우스의 경제학』 등이 있음.

사회주의는 그 마지막 가쁜 숨을 내뱉다가 스러졌으며, 다른 한편으로는 신자유주의적 금융·세계화가 '역사의 종언'을 운위하면서 굳건하게 자리잡았다. 사회구성체논쟁, 아니 정확하게 표현하자면 그 많던 이론가와 실천가들이 신기루처럼 사라진 것도 그와 같은 현실의 추이 때문이다. 그렇다면 사회구성체논쟁은 그저 혁명에 대한 열망에 사로잡힌 미숙한 이들의 한바탕 꿈에 지나지 않았던 것일까?

2

이미 그 이전에 재야운동권 내부에서 비슷한 논쟁이 있었다고는 하지만, 사회구성체논쟁의 공식적인 기점은 1985년 희비극적 시대의 상징인 '부정기간행물' 1호로 발간된 『창작과비평』에 '한국자본주의논쟁'이라는 기획으로 박현채와 이대근의 글이 나란히 실리면서였다. 「현대 한국사회의 성격과 발전단계에 관한 연구」에서 박현채는 한국사회가 국가독점자본주의 단계에 이르렀다는 주장을 펼친다. 이대근의 「한국 자본주의의 성격에 관하여」가 이른바 주변부자본주의론의 입장을 취하고는 있으나, 그 적극적인 옹호라기보다는 국가독점자본주의론에 대한 회의로 채워져 있다는 점에서, 단연 논쟁의 초점은 한국사회를 국가독점자본주의라고 부를 수 있는가라는 것이었다. 박현채는 1978년에 발간된 글모음집의 제목을 따라 '민족경제론'을 체계화한 경제학자로 유명하니, 사회구성체논쟁은 그 시작에서부터 민족주의 경제학이라는 특수성과 선진자본주의를 대상으로 삼는 국가독점자본주의라는 보편적인 이론 사이의 긴장관계를 그 핵심적 이슈로 삼게 된다.

민족경제론은 박현채라는 특정 개인의 이론이라기보다는 진보적 민족주의 진영의 일반적 정서를 이론화한 것이라 볼 수 있다.[1] 민족경제론의 세가지 구성요소는 민족경제와 국민경제의 괴리라는 명제, 당위의 민족경제로서의 통일론, 그리고 민족적 생활양식론이다.

4·19공간에서 통일운동세력이 내세운 '이북 쌀, 이남 전기'라는 구호처럼, 식민지 경제의 산업구조가 분단으로 말미암아 파행적인 것이 됨으로써 완전한 국민경제를 이룰 수 없다는 인식은 꽤 널리 받아들여지는 것이었다. 민족경제와 국민경제가 서로 괴리된다는 민족경제론의 기본인식은 여기에서 도출되며, "민중의 생활상의 요구"에 기초한다는 측면에서 나름대로 물질적 근거를 갖는 것이었다. "산업에서 상호 밀접한 관계(…)에 있는 남북한이 분립한다는 것은" 도대체 "하나의 국민경제를 생각할 필요조차 없"게 만드는 요인이었으며, "남한 경제재건의 목표와 성격은 식민경제적 생산체계를 국민경제적 생산체계로 재전환시키는 것"으로 설정되었다.[2] 그러므로 민족경제론의 첫째 명제는 자연스럽게 둘째 명제, 즉 통일을 이룸으로써 비로소 제대로 된 국민경제를 만들 수 있다는 주장으로 이어진다.

물론 한국경제가 고도성장을 시작하면서 첫째 명제는 비단 남북분단을 고려하지 않더라도 남한사회 내부에서도 성립하는 것으로 생각된다. 쉽게 말해 경제가 양적으로 성장하더라도 그 성과는 이를테면 매판부문이라 부르건 특권부문이라 부르건 간에 기득권을 지닌 곳으로만

---

1 류동민 「민족경제론의 형성과정에 관한 연구」, 『경제와 사회』 56호, 2002.
2 도예종 「경제적으로 본 통일의 필연성③」, 『영남일보』 1961년 1월 24일자. 도예종은 두차례에 걸친 인민혁명당 사건과 관련되어 1975년에 처형당하는 인물이며 박현채와도 밀접한 개인적 교분을 가지고 있었다.

흘러가고 민중에게는 돌아오지 않는다는 아이디어인 셈이다.[3] 그렇다면, 남북통일로써 민족경제와 국민경제의 괴리를 극복하는 과제에 덧붙여 남한사회 안에서도 그것을 이루어내야 한다는 과제가 생겨난다. 즉, 지역적 개념인 '국민경제' 안에도 민족적 생존권을 뒷받침하는 경제영역(즉 민족경제)과 민족적 생존권을 제약하고 축소·소멸시키는 경제영역이 존재하며, 양자는 상호대립적인 관계에 놓여 있다. 민족경제영역이 충실하게 발전하면 궁극적으로 전체 국민경제가 민족경제화하는데, 이는 현실적으로는 기초산업과 중소기업의 발전에 근거하여 여러 산업들 간의 긴밀한 분업관련 속에 자립경제를 이룩하는 것을 의미한다. 특히 생존기반이 민족경제에 있는 민중들은 계급적 이해와 민족적 이해가 같기 때문에 민족통합의 주체로 등장하게 된다. '민족적인 것이 민중적이며 민중적인 것이 민족적'이라는 박현채의 명제는 여기에서 나온다.

민족경제론에서 가장 많이 비판받은 논의는 셋째 명제, 즉 민족적 생활양식에 관한 것이다. 민족경제를 "한 민족이 민족적 순수성과 전통을 유지하면서 그에 의거 생활하는 민족집단의 생활기반"[4]이라 정의하는 순간, 민족주의가 인류 역사에 드리웠던 어두운 그림자를 읽어내는 것은 어쩔 수 없기 때문이다. 그러나 여기에서는 일단 이 문제는 제쳐두려

---

3 1971년 대통령선거에서 돌풍을 일으킨 김대중 후보의 대중경제론은 굳이 그 원저자 중의 하나가 박현채라는 사실을 감안하지 않더라도 이러한 논리에 기초하고 있는 것이었다. '민족'이라는 외피를 걷어내면, 이러한 인식은 최근 고도성장기의 낙수효과가 사라졌다는 비판적 경제학계의 지적과도 맥을 같이한다.

4 조용범 『후진국경제론』, 박영사 1973, 285면. 이 책은 박현채의 대필인 것으로 받아들여지고 있다. 1980년대 후반에 쓴 글에서도 박현채는 "분단의 극복은 민족적 생활양식의 회복이고 민족공동체의 복원이다"라고 선언한다. 박현채 「분단시대의 국가와 민족문제」, 『창작과비평』 1988년 봄호 260면.

하는데, 그것은 동시에 사회구성체논쟁에서 현실적으로 무시할 수 없던 하나의 축, 즉 한국사회를 여전히 식민지반봉건, 기껏해야 반발짝 진전한 식민지반자본주의라 규정한 입장을 시야에서 배제하기로 하는 결정인 셈이다.

3

나는 사회구성체논쟁의 의미를 박현채(1934~95)와 안병직(1936~)의 이론적 분화, 그리고 그 과정에서 조연으로 등장하여 나름의 이론적 주역으로 서게 되는 백낙청(1938~)이라는 세 사람의 관계 속에서 읽어내려 한다. 그 셋이 이미 1970년대 초반부터 함께 활동한 주요 무대가 바로 『창작과비평』이었다.[5]

박현채는 안병직의 서울대학교 상과대학 선배였으며, 안병직이 여러 차례 밝힌 바와 같이 그를 맑스주의 및 마오쩌둥주의로 이끈 인물이었다.[6] 본업이 한국근대경제사 연구인 안병직이 마오의 식민지반봉건사

---

5 이러한 방식에 대해 가뜩이나 지식권력 혹은 문학권력이 문제가 되는 상황에서 불편하게 생각하는 독자들도 있을 것이다. 그러나 내가 이렇게 하려는 까닭은 그들이 지식계 안에서 차지하는 비중 때문만은 아니며, 사회구성체논쟁의 전반적인 흐름, 말하자면 사회과학적 보편성과 한국적 특수성의 대립 혹은 조화, 한국자본주의의 성장과 그늘, 더 적나라하게 말해 박정희체제의 빛과 그림자에 대한 평가, 나아가 현재 한국사회의 과제와 방향 등에 관해 보여줄 수 있는 인식의 가능한 경로를 이들이 상징하고 있기 때문이다. 참고로 김보현은 박현채의 민족경제론이 저항세력들 사이를 연결하는 담론이었다는 점을 강조하면서 그 중요한 네트워크 중의 하나로 『창작과비평』을 꼽고 있다. 김보현 「박정희정권 시기 저항의 지식-담론, '민족경제론'」, 『상허학보』 43집, 2015.

6 안병직 「민주화운동과 민주주의: 좌익운동을 중심으로」, 안병직 편 『한국 민주주의의 기원과 미래』, 시대정신 2011. 안병직은 1995년 박현채가 의식불명 상태로 있을 때 뒤

회론, 그리고 식민지가 되지 않았더라면 자생적으로 자본주의로 발전할 수 있었을 것이라는 자본주의 맹아론을 받아들이게 되는 계기는 짐작하기 어렵지 않다. 두 사람이 사회구성체논쟁 과정에서 직접적으로 논쟁한 적은 없으나, 이미 창비논쟁 무렵 산업사회연구회 발표장에서 둘 사이의 작은 논쟁이 있었다.[7] 즉, 식민지 조선을 식민지반봉건사회로 보는 안병직의 입장에 대해 박현채는 자본-노동관계가 존재하는 이상 사회구성체상으로는 어디까지나 자본주의라는 점을 강조한 것이다. 또한 1985년 창비논쟁에서 이대근의 글은 안병직의 입장(이라 알려져 있던 것)을 비교적 충실하게 재현한 것이기도 했다. 더구나 이후 한국자본주의의 전개와 더불어 안병직이 극단적으로 입장을 바꾸게 되는 과정은 애초 사회구성체논쟁이 짚고 있던 핵심적인 문제와도 연결된다.

한편 백낙청은 『창작과비평』이라는 판을 벌임으로써 사회구성체논쟁의 흐름을 계속 좇아갔을 뿐만 아니라, 서구적 의미의 정통교육을 거친 영문학 전공자임에도 불구하고 '민족'과 '분단'이라는 화두에 매달린다. 백낙청의 박현채에 대한 평가는 일관되게 긍정적인 것이었으며, 안병직과는 이미 1980년대말부터 내적으로는 긴장관계에 있으면서도 꾸준하게 대화를 시도하였다.[8]

늦게 간행된 회갑기념논문집의 편집자 중의 하나로 쓴 서문에서도 완곡하지만 박현채와 거리를 두는 입장을 표명한다. 이때 핵심적인 이유는 민족경제라는 개념이 현실적으로 검출되기 어려운 범주라는 것이었다. 안병직은 이후 자신의 '전향'이 명확해지면서 박현채로 상징되는 진영에 대해 더욱 비판적인 입장을 분명하게 드러낸다.

7 한국산업사회연구회 엮음 『산업사회연구』 1집, 한울 1988.

8 백낙청은 이미 1974년에 국민경제와 구별되는 민족경제의 개념을 원용했으며, 스스로 민족문학 개념의 정립에서 박현채의 영향이 크다는 점을 인정한 바 있다(김보현, 앞의 글 142면). 한편 이미 정치적 입장이 화해 불가능한 수준으로 벌어진 백낙청과 안병직의 최근의 대화로는 『시대정신』 2010년 봄호에 실린 두 사람의 대담 「한반도의 미래에

4

다시 1985년의 글로 돌아가자. 예의 민족경제론을 주창한 박현채가 한국사회를 국가독점자본주의 단계라 주장한 것은 분명히 어색한 측면이 있었다. 국가독점자본주의란 자본주의가 경쟁단계에서 독점단계, 즉 독점자본주의로 옮아간 뒤에 발생하는 체제위기를 조절하기 위해 국가가 직접 개입하는 단계를 가리킨다. 그러하므로, 한국사회가 국가독점자본주의이기 위해서는 형식논리적으로는 이미 독점자본주의를 거쳤을 뿐만 아니라 체제로서의 자본주의의 위기에 직면하고 있어야 한다는 뜻이다.

박현채는 1980년대 이전에 자신이 쓴 글에서 '국가자본주의'라는 용어는 시대적 제약 때문에 불가피했던 국가독점자본주의의 위장된 표현이었다고 주장했다.[9] 그러고는 1961년의 5·16 군사쿠데타를 국가독점자본주의로의 이행기점으로까지 잡는다. 그러나 『창비 1987』의 좌담 「현단계 한국사회의 성격과 민족운동의 과제」에서 정윤형이 지적하는 바와 같이, 1960년대에 박현채가 제기한 국가자본주의는 "분명히 대외의존적인 경제를 독자적인 국민경제로 개편하는 데 필요한 정책체계"(29면)를 의미하는 것으로 읽힘을 부인하기 어렵다. 반면 같은 좌담에서 윤소영은 "민족해방의 과제라는 특수성 속에서도 국독자〔국가독점자본주의—인용자〕라는 일반성을 검출해내고자 하는 박선생님〔박현채—

대한 국민통합적 인식은 가능한가」를 들 수 있다.

9 정민 「대담: 민족경제론 — 민족민주운동의 기초를 해명한다」, 『현단계』 1집, 1987, 392~93면.

인용자)의 최근의 이론적인 성과가 더 돋보인다"(31면)라며 긍정적으로
평가한다.

　만약 사회주의로의 이행이라는 전망을 걷어내고 일국적 관점에서만
평가한다면, 국가독점자본주의론을 둘러싼 논점은 과연 1980년대 중반
시점에서 한국경제가 그 정도로까지 자본주의적 발전을 이루었는가라
는 것이 된다. 1985년 창비논쟁에서 이대근이 취한 입장, 그리고 그 근
저에 놓인 안병직의 입장은 바로 이 점에서 박현채와 갈라진다. 안병
직은『창작과비평』1989년 겨울호 좌담「민주주의의 이념과 민족민주
운동의 성격」에서 신흥공업국(NICs) 현상을 강조하면서 한국에서는
1960년대부터 비로소 자본주의가 형성되었다고 주장한다. 아울러 종속
이 존재하는 것은 사실이지만, 시간이 지나면서 약화될 것이라는 전망
을 제시한다. 그것은 두가지 주장을 내포하는데, 하나는 당시 한국자본
주의가 사회구성체로서의 독점자본주의라고 할 만큼 성장하지는 못했
다는 인식(34면)이며, 다른 하나는 종래에 안병직 자신이 주장하던 식민
지반봉건 사회구성체론을 폐기한다는 것(27면)이다.[10] 특히 전자와 관
련해서 안병직은 사회구성체를 국가독점자본주의라 주장하는 논의는
"그 사회구성체가 어디로부터 형성되어왔는지, 어떻게 발전하는지, 어
디로 갈 것인가에 대해서 전혀 전망도 없"(같은 곳)다는 점에서 자신은
인정할 수 없다고 말한다. 그러나 동시에 한국자본주의가 "그 자체의
발전동인을 갖고 있"으며 "자립화의 방향을 걷고 있다"(같은 곳)고 주장

---

10 이와 더불어 식민지반봉건 사회구성체에서 주변부자본주의로의 이행경로를 주장하
　던 카지무라 히데끼(梶村秀樹)의 가설을 지지하던 안병직(및 그의 연구그룹)의 입장은
　전환을 겪는다. 곧이어 나오는 것이 나까무라 사또루(中村哲)를 받아들인 중진자본주
　의론이며, 이후 선진화담론을 거치며 뉴라이트적 역사인식으로 이어지는 전초가 된다.
　안병직「중진자본주의로서의 한국경제」,『사상문예운동』2호, 풀빛 1989.

한다. 정리해보면 식민지반봉건사회(그것을 사회구성체라 부르건 아니건 간에)에서 출발하여 주변부적 종속성을 벗지 못하던 한국사회가 1980년대를 거치면서 자립의 전망을 갖춘 제대로 된 자본주의로 옮아가기 시작했다는 것이다.[11]

한편 백낙청은 이미 『창비 1987』의 좌담에서 다른 참석자들의 반론에도 불구하고 끈질기게 분단 그 자체를 "사회구성체의 기본성격의 하나로 규정"(64면)해야 하는 것은 아닌가라는 질문을 던진다. 그 근거로 백낙청은 박현채가 1986년에 쓴 「통일론으로서의 자립적 민족경제의 방향」이라는 글을 든다. 즉, 남한사회 안에서 자립적 민족경제를 먼저 건설하는 것을 소극적 의미로 규정하는 박현채의 논의를 확장한다면, 적극적 의미의 자립적 민족경제는 남북통일을 통해서만 가능하다는 얘기가 아니냐는 것이다(65면). 사실 그렇다고 해서 남북한을 하나로 묶어 사회구성체 혹은 체제로 볼 수 있는가는 논리적으로 분명하지 않지만,[12]

---

11 민족경제론이나 안병직이 궁극적으로는 '정상적인' 국민경제 형성에의 열망이라는 공통의 인식틀을 갖고 있었다는 분석은 여기에서 나온다. 양우진 「현대 한국자본주의 발전과정 연구: 국가자본주의 국면의 형성과 해체의 관점에서」, 서울대학교 경제학과 박사학위논문, 1994. 부제가 보여주듯, 양우진에 따르면 박현채가 국가독점자본주의라 파악한 것은 실은 형성되었다가 해체된 국가자본주의 국면을 가리키는 것일 뿐이다.

12 2000년대에 들어와서 이론적 '전향'을 완료한 안병직이 백낙청의 분단체제론이 체제구성 원리를 결여하고 있다고 혹평하는 것은 국가독점자본주의 사회구성체론에 대해 1989년의 『창작과비평』 좌담에서 비판하던 것과 그 대상만 바뀌었을 뿐 똑같은 논리구성을 취하고 있다. 즉, 마오 쩌둥이 말한 민족모순은 사회구성체 개념 안에 포함될 수 없다는 점을 강조하면서, 분단체제가 내용이 없이 남북체제를 하나로 결합시켜놓은 것에 지나지 않는다는 것이다. 안병직 「우리 시대의 진보적 지식인 — ②백낙청론」, 『시대정신』 2006년 겨울호. 안병직이 극적인 '전향'에도 불구하고 마오 모순론의 언어로 얘기한다는 것 또한 흥미로운 현상이다. 은연중에 '인문학자'로서의 백낙청에 대해 '사회과학자'로서의 자신의 지적 우위를 주장하는 것인 동시에, 박현채에 대한 부친살해적 모티프를 반영한 것일 수도 있다.

어쨌든 이러한 문제의식은 분단체제론으로 이어지게 된다.

박현채와 안병직의 갈라짐은 재벌로 대표되는 독점자본 중심의 성장으로 한국경제가 주변부적 특성을 벗어버리는 데에 성공하였다는 사실로부터 나온다. 이미 3저 호황 시기에 안병직이 중진자본주의론을 도입한 것이 그것을 상징한다. 박현채가 1985년 창비에서 국가독점자본주의론을 제기한 것 또한 반봉건성에 대한 인식은 적어도 1960년대의 시점에 비해 엷어진 것으로 평가할 수 있다. 비록 사후적 합리화의 가능성을 남겨두더라도 5·16쿠데타에서 출발하여 1970년대 초반에 국가독점자본주의로 이행하였다는 그의 주장을 고려한다면, 이를테면 같은 민족해방인민민주주의혁명(NLPDR)이라도 1960년대 중반 시점에 비해서는 강조점이 이동한 것으로 짐작해볼 수 있다. 윤소영은 이 부분을 독점강화–종속심화 테제로 해석하여 불러낸 셈이다.[13] 이른바 신식민지 국가독점자본주의론이 그것인데, 여기에서는 국가독점자본주의를 '단계'가 아니라 하나의 '특성'으로 파악함으로써 독점자본주의 단계도 거치지 않은 한국이 어떻게 국가독점자본주의일 수 있는가라는 비판을 피해간다.

---

13 류동민 「박현채의 민족경제론: 민족의 미학화를 넘어」, 『진보평론』 2015년 여름호. 박현채와 함께 1차 인혁당 사건에 관련되었으나 2차 인혁당 사건에서는 피해를 입지 않은 김금수는 10월유신 및 중화학공업화를 계기로 동료들과 정세판단에서 차이가 생겼다고 술회한다. 동야김금수선생회고록발간위원회 『인간조건을 향한 역정』, 한국노동사회연구소 2015, 145~47면. 그가 1987년 시점에서 제5공화국의 사회경제적 성격을 "독점의 강화, 종속의 심화"(같은 책 197면)라 규정한 것은 시사적이다. 어쩌면 민족경제론적 인식틀에서 출발한 진보세력이 한국자본주의와 노동자계급의 성장이라는 현실을 목도하면서 논리적으로 옮아갈 수 있는 유일한 선택지가 독점강화–종속심화론이었을 수도 있다. 그러나 박현채 자신은 적어도 1988년의 시점에서는 신식민지 국가독점자본주의론에 대해 비판적이었다. 『창작과비평』 1988년 가을호에 실린 박현채·백낙청·양건·박형준 좌담 「민족통일운동과 민주화운동」 참조.

5

한국사회가 사회과학적 연구주제의 보고가 될 수 있는 가장 큰 까닭은 식민지 시대로부터 이어진 남북분단과 내전, 그리고 냉전의 흐름 속에서 민주주의와 경제성장이라는 근대적 과제가 진보를 향한 열망, 빈곤과 죽음(글자 그대로의 의미에서)에 대한 두려움, 강자에 대한 의존과 굴종 및 반발, 그 거울 이미지로 약자와 소수에 대한 억압과 배제 등과 뒤얽히며 그 어느 사회보다도 더 다이내믹한 변화가 생겨났다는 사실에 있을 것이다.

박현채는 한국자본주의가 자본운동의 범세계성에 따라 국가독점자본주의 단계에 이르러서도 여전히 모종의 종속에서 벗어나지 못한다는 점을 포괄하려 했다. 안병직은 한국자본주의가 외부에 대한 종속으로부터 점점 벗어나면서 자립적인 자본주의로 성장해왔다는 인식에 기초하고 있다. 이들 사이의 논점은 한국자본주의를 외적 규정성과 상관없이 하나의 독자적 발전논리를 갖는 실체로 파악할 수 있는가이다. 백낙청의 분단체제론은 박현채 민족경제론의 문제의식으로 회귀하면서 아예 남북한을 포괄하며 세계체제에 의해 규정되는 새로운 체제(어쩌면 사회구성체) 개념을 만드는 것으로 나아간 셈이다. 흥미로운 것은 박현채는 분단모순은 민족모순 안에 포함되는 것으로 이해하면 될 뿐, 별도의 모순으로 설정될 수는 없다고 보았다는 점이다.[14]

안병직의 길에서는 결국 경제성장이 민주주의를 위한 필요조건이 된

---

14 「민족통일운동과 민주화운동」 49면.

다는 점에서 민주주의 그 자체에 대한 인식은 불충분한 것이 되고 만다. '성장해야 살아남는다' 혹은 '살아남은 자는 강하다'라는 인식으로 이어지기 때문이다. 한편 사회주의로의 이행 전망이 닫힘으로써 국가독점자본주의론이 설득력을 잃은 상황에서 박현채가 강조했던 '정치적 민주주의'의 내용은 새로 채워져야 하는 이론적 공백으로 남아 있다. 분단체제를 하나의 사회구성체 수준으로까지 파악하는 백낙청의 길 역시 "민족의 미학화"[15]라는 혐의를 벗어나기 위해서는 민주주의의 내용을 어떻게 설정하는가가 핵심적 과제가 된다. 그렇다면 민족모순과 계급모순이 복합적인 것으로서 현상할 때, 현실의 투쟁을 규정하고 있는 민주주의의 의미는 무엇이며 어떻게 실현될 수 있을 것인가? 아직도 유효한 이 물음이 바로 그 1980년대적 맥락에서 사회구성체논쟁이 제기했던 물음일 것이다.

---

15 카라따니 코오진(柄谷行人)은 자본−네이션−스테이트가 하나로 결합된 강고한 체계임을 강조하면서, 우리가 "느끼는 것", 즉 감성이 우리가 "생각하는 것"을 지배하게 되는 현상을 감성화 혹은 미학화라 불렀다. 가라타니 고진 『네이션과 미학』, 조영일 옮김, 도서출판b 2009.

반(半)국적 인식을 넘어서

분단체제론의 형성과 발전

이남주

분단체제론은 현재진행형

1980년대에 이른바 사회구성체논쟁 등 한국사회의 성격을 규명하려는 노력이 활발하게 진행되었다. 1980년 광주민주화항쟁을 거치면서 온건개혁세력의 민주화 요구를 넘어서는 변혁이 필요하다는 인식이 증가했고, 그러한 변혁운동의 목표와 경로를 올바르게 설정하기 위해 변혁을 가로막는 한국사회의 구조에 대한 이론적 인식이 필요해졌기 때문이다. 분단체제론도 이러한 작업의 중요한 성과이다. 동시에 주목할 점은 분단체제론이 사회구성체논쟁의 한계를 극복하기 위한 노력이었다는 사실이다. 민족문제와 계급문제 혹은 민족모순과 계급모순의 관계에 초점을 맞추어 진행된 당시 사회구성체논쟁은 문제를 해결하기보다는 변혁운동 내의 이론적 혼란을 부채질하고 분열을 가속화하는 결

李南周 성공회대 중어중국학과 교수, 정치학.『창작과비평』편집위원. 저서로『중국 시민사회의 형성과 특징』『동아시아의 지역질서』(공저) 등, 편서로『이중과제론』등이 있음.

과를 초래했다. 이러한 결과가 다른 나라의 경험을 토대로 만들어진 이론들을 상이한 역사적 경험과 사회구조, 특히 분단국가로서의 특수성을 중요하게 고려하지 않은 채 한국, 나아가 한반도에 적용하려는 시도에서 비롯되었다는 사실에 대한 인식이 분단체제론을 제기한 중요한 동기였다.

『창작과비평』 지면에서 분단문제 내지 분단모순의 중요성에 주목한 것은 1970년대로 거슬러 올라가는데, 백낙청이 1991년부터 분단체제라는 개념을 산발적으로 제시하기 시작했고, 「분단체제의 인식을 위하여」(『창작과비평』 1992년 겨울호)에서 처음으로 비교적 상세하게 분단체제론을 논의했다. 당시 사회구성체논쟁 과정에서 많이 회자되고 뜨거운 주목을 받은 여러 개념들이 역사의 무게를 견디지 못하고 소멸한 데 반해, 분단체제론은 20여년의 세월이 흐른 지금에도 실천적 검증을 거쳐 한국 및 한반도 문제를 분석하는 도구로 유효성을 상실하지 않고 있다. 어떻게 이것이 가능했을까?

접근방법의 측면에서는 분단체제론이 선험적인 이론모델에 얽매이지 않고 한국사회의 현실에서 이론을 발전시키기 위한 자원들을 길어온 것이 이를 가능하게 했다. 구조적 측면에서는 분단체제론의 개방성이 현실과의 지속적인 대화를 통한 이론의 갱신을 이루어내며 생명력을 유지할 수 있게 했다. '체제론'이라는 명칭이 주는 인상과 달리 분단체제론은 초기부터 폐쇄적인 자기완결적 구조를 전제로 하지 않았고, 완성된 이론도 아니라는 점을 분명히 했다. 분단체제는 위로는 세계체제, 아래로는 남북한 사회와의 관계 속에서 작동하는 다소 느슨한 체제이며, 분단체제의 작동방식과 그것이 실천에 주는 함의에 대한 개방적 논의가 필요하다는 점을 지속적으로 강조했다. 이렇게 보면 분단체제론은 각 부분 사이의 관계를 규명해 하나의 종합적이고 정합적인 체계를 구축하는 이론모델이 아니라 인식방법에 가깝다. 이에 따라 분단체제론은 체제라는 개념을 너무 느슨하게 사용한다는 비판을 받기도 했다. 그러나 1980년대 지나치게 경직된 구조를 구축했던 급진이론들은 그 이후 전개된 현실변화를 감당하기 어려웠던 반면 분단체제론은 현실변화를 자신의 유연한 구조 속에 용해시키고 또한 스스로를 더 풍부하게 하는 계기로 삼았다. 그 결과 한국사회를 분석하는 개념으로서의 생명력을 지금까지 유지할 수 있었다.

분단체제론의 이러한 정신은 지금도 유효하다. 물론 분단체제론도 현실을 올바르게 분석하기 위한 나름의 이론적 구조를 갖고 있다. 분단체제론이 한국사회에 대한 기존의 접근법들과 가장 크게 차이를 보이는 것은 남과 북을 자기완결적인 사회체제로 간주하지 않고 분단체제를 매개로 작동한다는 점에 주목하는 것이다. 분단체제론에 입각하면 남과 북은 외견상 자본주의체제와 사회주의체제라는 판이한 사회성격을 가지고 있지만 양자는 교묘하게 얽혀 상호작용을 하며, 이러한 상호작용 내에는 분단체제를 재생산하는 동력도 포함되어 있다. 이러한 인식이 남북 사회를 정확하게 분석하고, 이 사회가 안고 있는 문제에 대한 올바른 해결방안을 만드는 데 전제조건이 된다. 분단체제 내에서 남북 사이의 상호작용을 가장 효과적으로 포착하는 개념 중의 하나는 외견상 적대적인 각 단위의 재생산이 상대를 매개로 이루어진다는 것을 의미하는 '적대적 상호의존'이다.

동시에 분단체제는 독립적이고 완결된 체제가 아니라 세계체제, 그리고 남북한 각각의 체제와의 관계 속에서 작동하는 체제이다. 논자들에 따라서 다를 수는 있지만 분단체제론은 이 중 세계체제, 즉 자본주의 세계체제가 가장 근본적인 규정력을 갖는다고 인식한다. 그렇다고 모든 사회문제의 해결이 세계체제 수준의 변혁이 없으면 불가능하다고 주장하는 것은 아니다. 세계체제, 분단체제, 그리고 남북의 각 사회 등의 세가지 차원이 그 속에서 살아가는 구체적인 삶들을 규정하는 힘과 그 작동방식에 차이가 있고 세 차원 사이에 긴장관계도 존재한다. 우리에게 필요한 자세 혹은 접근법은 우리가 직면하고 있는 사회문제들이 각각 어떤 차원의 체제작동과 더 깊은 관계가 있는지를 따져가며 그에 맞는 해결방법을 찾아가는 것이다. 이는 인식적, 실천적 측면 모두에서 변혁주체들의 부담을 크게 증가시킨다. 그러나 이러한 부담을 피하는 방식으로 문제들을 극복할 수는 없으며, 분단체제론은 이 복잡하고 다층적인 과제를 감당하는 인식틀을 제공한다.

분단체제론을 둘러싼 주요 쟁점들

우리 사회를 업그레이드하기 위해서는 분단문제가 해결되어야 한다는 점에 대한 공감대는 꽤 넓지만 정작 분단체제론에 대해서는 소극적이거나 비판적 태도를 취하는 사람들도 적지 않다. 그래서 논쟁이 산발적으로 벌어지기도 했는데, 이때 제기된 주요 쟁점으로는 다음 세가지를 들 수 있다.

첫째 쟁점은 분석단위이다. 국민국가를 분석의 기본단위로 삼는 것은 특히 사회과학 분야의 오랜 관성이다. 이러한 접근법에서는 분단이라는 것이 체제가 작동하는 과정에서 고려할 필요가 있는 우연적이고 환경적인 요인으로 간주됨에 따라, 분단을 사회체제의 성격을 규정하는 요소로 분석에 포함시키는 데 부정적이다. 세계체제론이 이미 국민국가를 분석의 기본단위로 삼는 이론적 전제에 정면으로 도전한 바 있고, 현실도 그러한 접근법에 큰 한계가 있다는 점을 보여주지만, 그럼에도 정작 여러 사회문제에 대한 실제 분석들은 여전히 국민국가를 자기 완결적이고 독립적인 분석단위로 다루려는 이론적 관성이 강하다. 분단체제 혹은 세계체제라는 새로운 분석단위에 대한 요청이 이론적 부담을 증가시키는 것은 사실이지만, 이러한 차원에서 발생되는 영향을 고려하지 않는 이론적 분석이 현실을 제대로 설명하기를 기대하기도 어렵다. 분석단위 문제는 특히 사회과학 분야에서 이론적 쇄신이 가장 절실하게 요청되는 영역 중의 하나이다.

분석단위와 관련해, 분단체제라는 새로운 차원의 분석단위를 설정하는 것을 분단결정론 혹은 분단환원론으로 비판하는 경우도 적지 않았다. 계급, 민족, 생태 등등의 문제가 존재하는데 분단체제론은 이를 모두 무시하고 모든 사회문제를 분단에 귀속시킨다는 오해를 받아왔다. 그러나 분단체제론은 이러한 문제들의 존재와 중요성을 부정하는 것이 아니라 우리 사회에서 이러한 문제들이 출현하고 전개되는 양상에 분단체제가 미치는 영향을 고려해서 파악해야 한다고 주장한다. 이러한 문제들이 고립적으로 존재하지 않는 이상 이는 너무도 당연한 요청이다. 어떤 분석단위의 설정 자체를 환원론 혹은 결정론으로 비판하는 것은 적절한 비판이 되기 어려우며 특히 다른 분석단위와의 상호작용을 강조하는 분단체제론에 대한 비판으로는 더 적절하지 않다.

분단체제라는 분석단위의 도입이 어떤 점에서 현실을 더 적확하게 보여줄 수 있는가가 이 쟁점과 관련한 가장 핵심적인 질문이 되어야 한다. 예를 들면 한국의 민주주의 발전이 직면한 문제들이 분단체제와 어떻게 관련되어 있는가, 무역과 대기업 의존도가 높은 경제구조의 형성에 분단체제가 어떻게 작용했고 이러한 구조를 개혁하는 작업이 분단체제 극복을 위한 노력과 어떻게 결합되어야 하는가, 성평등 실현을 분단체제가 어떻게 가로막고 있는가 등이 이와 관련해 제기될 수 있는 질문들이다. 각 영역에서 분단체제의 영향력은 차이가 있을 수밖에 없다. 그렇지만 분단체제의 작용을 배제한 분석으로는 이러한 질문들에 좋은 답을 찾기 어렵다는 점도 자명하다. 여기서 분단체제 극복과 남과 북의 사회문제 해결 사이의 관계라는, 분단체제론과 관련된 다른 쟁점이 등장한다.

즉 둘째 쟁점은 분단체제 극복과 각 사회개혁 사이의 관계이다. 분단체제론은 통일지상주의로 비판받기도 한다. 그러나 분단체제론이 추구히는 통일은 남과 북 각각의 개혁작업이 한반도 차원에서 분단체제 극복과 유기적으로 연결되는 방식의 통일이다.

현재 통일과 관련한 논의는 여전히 하나의 체제로의 통합을 전제로 진행되는 경우가 많은데 이러한 접근은 분단체제 극복과는 거리가 멀다. 하나의 체제로의 통합은 결국 어느 한 측의 붕괴나 전쟁 등의 무력을 통해서만 실현될 수 있다. 베트남식 통일은 민족적 재앙이라는 점에서 결코 대안이 될 수 없다는 점은 재론할 필요가 없다. 다만 남한 사회에서 북한붕괴론에 대한 기대가 없지 않다. 그러나 지금까지 북한붕괴론은 신기루에 불과했고 오히려 북한 핵개발의 명분을 강화해줄 뿐이었다. 그럼에도 여전히 북한붕괴론에 입각한 흡수통일론이 남한 내 통일논의에서 큰 영향을 미치는 데에는 북한에 대한 현실적인 판단보다는 분단체제하에서 형성된 기득권을 지키고 이를 강화하려는 의도가 작용하고 있다. 문제는 민주개혁세력 내에서도 냉전체제 해체 이후 독일식 흡수통일에 대한 우려로 통일담론 자체에 부정적인 태도를 취하는 경우가 많아졌다는 사실이다. 이러한 인식에서도 남한 개혁과 분단체제 극복이 유기적으로 연결되는 통일작업이 설 자리는 없다.

분단체제론은 통일에 대한 창조적 접근을 강조해왔다. 우선, 복합국가를 통일의 모델로 제시했다. 즉 점진적이고 단계적으로 국가연합(confederation)을 이루어가는 방식이 실현 가능한 동시에 분단체제 극복이라는 목표에도 부합하는 통일방식이라는 점을 강조해왔다. 이는 단순히 상상으로 만들어낸 방안이 아니라 1972년 7·4공동성명부터 2000년 6·15공동선언까지 보수와 진보를 망라한 모든 정부가 추진한 남북합의의 역사를 기초로 하고 있다. 국가연합의 실현은 흡수통일의 추진이 초래하는 무한경쟁을 방지하고 한반도 평화를 정착시키는 제도적 환경을 제공한다. 최근에는 이러한 복합국가모델을 국민국가 사이의 경계 확정을 위한 시도에서 비롯되는 동아시아의 갈등과 분쟁을 해결하는 데 적용할 가능성에도 주목하고 있다.

그러나 여기서 가장 강조하고 싶은 것은 국가연합으로 통일을 실현해가는 것이 분단체제로부터 발생하는 제약에서 벗어나 남과 북 각자의 실정에 맞는 개혁작업을 추진할 수 있는 환경을 만들어낸다는 사실이다. 이러한 과정에서 냉전이데올로기와 이에 결합해 생명력을 유지한 각종 지역주의, 패거리주의를 청산하고, 사회복지를 증진시키며, 개발지상주의나 지나치게 높은 수출의존도에서 벗어나 새로운 경제성장 모델을 창출할 수 있는 기회가 크게 증가할 것이다. 체제통합적 통일모델에서 벗어난다면 남과 북의 사회개혁과 분단체제 극복을 병행추진할 수 있는 통일방안을 얼마든지 만들어낼 수 있다.

셋째 쟁점은 분단체제 극복의 주체이다. 원론적으로 분단체제로부터 불이익을 받는 한반도의 다수 주민이 분단체제 극복의 주체이다. 그렇지만 문제는 그리 간단하지 않다. 우선 남과 북의 대다수 주민이 분단체제로부터 불이익을 받지만 이들이 연합해 분단체제 극복운동을 진행하는 것이 가능하지 않기 때문이다. 또다른 문제도 있다. 현실적으로 분단 현실을 변화시키려는 시도는 정부 간 대화로부터 시작되는 경우가 대부분이다. 그렇다면 기득권 세력들 사이의 대화가 어떻게 분단체제 극복으로 이어질 수 있는가라는 문제가 제기된다. 이 두가지 문제는 분단체제 극복이 아무리 중요하다고 할지라도 실천적으로는 큰 의미가 없고 결국 남한의 개혁에 주력할 수밖에 없다는 결론으로 이어진다.

그러나 당장 남북의 주민이 같이 분단체제 극복을 위한 주체로 나서지는 못하더라도 실천이 불가능한 것은 아니다. 앞에서 강조한 것처럼 통일운동만이 분단체제 극복을 위한 실천은 아니다. 예를 들어 남한에서 민주주의를 위한 노력은 분단체제의 기반을 약화시킨다는 점에서 분단체제를 극복하는 운동의 일환이기도 하다. 그뿐 아니라 분단체제 극복이라는 지평은 남한 사회의 민주주의와 개혁을 위한 실천에도 중요한 함의를 갖는다. 즉 분단체제하에서 민주주의와 사회개혁을 위한 실천은 분단체제로부터 불이익을 받는 모든 사람들이 주체가 되어야 한다. 계급문제나 생태주의 등과 관련해서도 근본주의적 접근만을 택할 것이 아니라 분단체제 극복을 목표로 하는 대연합을 실현시킬 때 각각이 추구하는 목표에 가까이 갈 수 있는 기회가 확대되고 진정한 변혁의 길이 열릴 수 있다는 인식이 필요하다.

이러한 접근은 남북의 기득권 세력들 사이의 대화가 어떻게 분단체제 극복에 기여할 수 있겠는가라는 물음에 대한 답을 찾는 데 중요한 실마리를 제공한다. 정부라고 해서 또는 보수세력이라고 해서 모두 기득권적 측면만 있는 것은 아니고 분단체제로 인한 불이익을 받는 행위자들이 존재할 수 있다. 이러한 분화는 종종 정부가 남북 대화와 협력에 적극적으로 나서게 하는 동력을 제공해주기도 한다. 예를 들어 보수파 내에서는 분단문제에 대해 이념적 접근을 하는 세력이 여전히 헤게모니를 갖고 있지만 실용적 방식의 접근을 선호하는 주장도 점차 증가하고 있다. 이를 기득권 세력이 자신의 이익을 확대하기 위한 행위로만 간주해 부정적 태도를 취할 이유는 없다. 이러한 흐름이 분단체제 극복에 유리한 방향으로 남북관계를 진전시킬 수 있는 기회는 항상 존재한다. 물론 기득권 세력이 이를 자신의 정치적·경제적 이익을 확대하기 위한 계기로 활용할 가능성이 높지만, 그 과정에서 시민들이 앞장서서 분단체제 극복을 위한 공감대를 확대할 수 있다면 이러한 계기들을 다수 한반도 주민의 이익에 부합하는 방향으로 활용할 수 있다.

분단체제 극복을 위해서는 어느 시점에선가 남북의 주민이 같이 주체로 나서야 한다. 당장 어렵다고 해서 영원히 불가능한 것은 아니다. 위의 두가지 변화가 결합되어 남북협력의 공간이 확장된다면 남북의 주민이 분단체제 극복을 위해 더 협력하고 더 적극적인 역할을 할 수 있는 시기도 올 것이다. 분단체제 극복은 점진적이고 단계적인 과정을 거쳐가는 작업이다.

분단체제론의 새 과제

분단체제론은 처음부터 다른 분석단위들과의 상호관계, 그리고 그러한 상호관계의 이론화에 대해 열린 태도를 견지하고자 했다. 분단체제라는 규정성을 고려해야 한다는 인식의 기본틀은 바뀌지 않겠지만 객관적 상황의 변화를 소화하며 더 풍부해져가야 한다. 특히 남북관계, 지역질서, 그리고 세계질서 모두가 급변하는 상황에서 이러한 작업의 필요성은 더 높아지고 있다.

우선 북한의 핵능력 증강이 북한과 다른 행위자들 사이의 상호작용에 큰 변화를 초래하고 있다. 북한의 핵능력이 증가할수록 비핵화는 어려워지고 이는 한반도 평화체제의 건설을 더 어렵게 만든다. 그뿐 아니라 상황의 불안정성도 크게 증가시킨다. 우발적이든 혹은 계획적이든 남북 사이의 군사적 충돌이 빈번히 발생하고 있다는 사실이 이를 잘 보여준다. 북한이 핵개발에 나선 이유 중 하나가 냉전체제의 해체가 그들의 안전에 대한 불안감을 증가시켰기 때문이다. 북핵문제의 해결은 한반도 평화체제 건설과 병행해서 이루어져야 한다는 사실에는 변화가 없지만 그 어려움이 크게 증가했다. 분단체제의 본질적 측면이 더욱 분명하게 드러나고 있지만 분단체제 극복의 어려움은 더 증가한 셈이다. 이러한 역설적 상황을 어떻게 극복할 것인가가 분단체제론의 새로운 과제이다.

또한 분단체제 극복은 한반도 내부에서만 진행되는 작업이 아니라 새로운 지역질서 구축과 함께 진행되어야 한다. 냉전체제는 해체되었으나 새로운 평화적 질서가 구축되지 않은 와중에 미·중의 경쟁이 치열하게 전개되며 동아시아 질서의 유동성이 높아지고 있다. 이러한 상황에서는 남북관계의 변화가 동아시아 질서에 큰 영향을 줄 뿐 아니라 반대로 동아시아 질서가 어떻게 변화하는가가 한반도에 큰 영향을 미칠수 있다. 따라서 분단체제와 동아시아 질서 사이의 관련은 물론이고 동시에 분단체제 극복과 동아시아 평화체제 구축 사이의 선순환관계를 어떻게 구축할 것인가를 규명하는 일도 분단체제론에 제기된 새로운 과제이다.

이처럼 21세기 들어 남북관계는 물론 동아시아 정세가 더 복잡해지고 유동적인 상황으로 진입한 현실은 분단체제론의 한계를 보여주는 것이 아니라 분단체제론적 문제의식의 중요성을 더 증가시키는 것이다. 분단체제론이 지난 20여년과 같이 새로운 상황에 맞게 스스로를 갱신해간다면 앞으로도 계속 변혁을 위한 지침의 역할을 할 수 있을 것이다.

창비의 동아시아론, 창비적 동아시아론

윤여일

동아시아론에 관한 연구는 대체로 '1990년대초 소련과 동구권의 붕괴로'라는 문구로 시작한다. 동아시아론은 분명히 탈냉전의 산물일 것이다. 탈냉전의 시대 상황은 한국지식계에서 동아시아론이 부흥하는 최소한 두가지 조건을 제공했는데, 첫째 철의 장벽과 죽의 장막을 넘어선 지역 지평이 열렸고, 둘째 맑스주의의 영향력이 퇴조하는 지적 혼돈 가운데서 대안적 사회이론이 재구성되어야 했다. 동아시아론은 이러한 지정학적·지적 배경에서 등장해, 이후 세계화·지역화·탈국경화 등의 추세 속에서 확산과 조정을 거쳤으며, 동아시아 경제위기, 중국의 부상, 일본의 군국주의화, 북핵 위기, 한류의 확산에 이르기까지 현실 사건들과 맞물려 담론 효과를 발휘했다.

동아시아론의 전개 과정에 관한 일반론을 요약하면 이상과 같을 것

尹汝一 제주대 SSK 연구팀 전임연구원. 저서로『사상의 원점』『사상의 번역』『상황적 사고』『여행의 사고』『지식의 윤리성에 관한 다섯 편의 에세이』등이 있음.

이다. 하지만 이는 틀린 내용은 아니나 결과론에 가깝다. 시대적·사회적 배경을 밝힌다고 특정 담론의 발생이 온전히 설명되는 것은 아니다. 주관적 의지가 주입되지 않는 한 객관적 조건은 담론으로 응결되지 않는다. 이것이 창비의 활동을 주목하는 이유다. 창비는 동아시아론을 선구적으로 제시했고 여전히 내려놓지 않고 있을뿐더러, 동아시아론을 한국지식계에서 쟁점화시켜내고 나아가 지역적 자산으로 빚어내고자 분주하고 있다.

창비의 동아시아론 역시 탈냉전기인 1990년대 초반의 산물이라 할 것이다. 한국지식계에서 1990년대는 비판적·실천적 사고의 거점이던 기존의 시간과 공간의 범주가 무효화된 채로 맞이한 시간대였다. 사회주의권의 해체는 맑스주의 같은 특정 이론의 쇠퇴를 초래했을 뿐 아니라 인식틀로 기능하던 거대 범주의 상실을 뜻했다. 사회주의는 진보서사 가운데 가장 전위적인 신념을 대표했는데, 인간해방의 노정이라는 시간관이 사회주의권 해체라는 현실에 배반당한 것이다. 또한 베를린 장벽의 붕괴는 사회주의권의 몰락만이 아니라 비판적 사고의 거점이던 공간적 범주, 즉 제1세계-제2세계-제3세계라는 관념의 붕괴도 뜻했다. 대항헤게모니 담론이 기대어온 제2세계가 소멸했으며, 신흥공업국이 부상하자 제3세계도 더이상 균질한 것일 수 없었다. 비판적 지식계로서는 역사적·지정학적 자기인식의 근거가 무너진 셈이었다.

창비의 동아시아론은 이러한 시간적·공간적 축의 전환 가운데서 진보적 전망을 재구성하려는 시도였고, 따라서 거대담론 대신 '실천적 중형담론'[1]을 구축하려는 시도였다고 말할 수 있다. 동아시아론에 관한 많

---

1 백영서·김명인 「발간사」, 백영서·김명인 편 『민족문학론에서 동아시아론까지 — 최원식 정년기념논총』, 창비 2015, 6면.

은 연구는 『창작과비평』 1993년 봄호의 특집 '세계 속의 동아시아, 새로운 연대의 모색'에 수록된 최원식의 「탈냉전시대와 동아시아적 시각의 모색」을 동아시아론의 포문을 연 논문으로 평가하는데, 이 글은 바로 "서구적 근대를 넘어설 새로운 세계형성의 원리"[2]로서 동아시아적 특수성을 탐색했다. 애초 동아시아는 냉전의 도래와 함께 바깥의 힘에 의해 분절된 채로 등장한 지역상이었지만, 최원식은 전환시대의 의지를 담아 동아시아라는 지역상을 새롭게 조형하고자 했으며, "쏘비에뜨 사회주의도 아메리카 자본주의도 그리고 동아시아의 민족해방형 사회주의도 낡은 모델로 떨어져버린 이 시기에 (…) 진정한 동아시아 모델을 창조적으로 모색"[3]하기 위해 '동아시아적 시각'을 제안했다.

이렇듯 창비의 동아시아론은 탈냉전이라는 시대 상황에서 출현했지만, 창비의 사상적 내력에 비춰본다면 단절적인 것도 돌출적인 것도 아니었다. 먼저 창비의 동아시아론은 예의 제3세계론을 계승하고 있었다. 최원식은 이미 1980년대에 '제3세계론의 동아시아적 양식의 창출'[4]을 모색한 바 있으며, 스스로가 동아시아론은 지난 민족민주운동을 성찰하며 인접 지역과 문명으로부터 제3세계적 문제의식을 흡수해 한국 민중이 당면한 과제가 바로 전세계의 과제임을 자각한 데서 싹 틔울 수 있었다고 술회한다.[5] 또한 창비의 동아시아론은 분단체제론으로부터도 연원했다. 분단체제론은 '자주·민주·통일'로 압축되는 변혁의 과제를 두고 선민주후통일(People's Democracy, 민중민주)과 선통일후민주

---

2 최원식 「탈냉전시대와 동아시아적 시각의 모색」, 『창작과비평』 1993년 봄호 224면.
3 같은 글 212면.
4 최원식 「민족문학론의 반성과 전망」, 『민족문학의 논리』, 창작과비평사 1982, 368면.
5 최원식 「천하삼분지계로서의 동아시아론」, 『제국 이후의 동아시아』, 창비 2009, 64면.

(National Liberation, 민족해방)가 대립해온 내력을 성찰하는 한편, 각각의 생산적 의의를 통합하고 그간의 변혁운동노선을 비판적으로 계승하고자 고안되었는데, 분단체제론을 선구적으로 제시한 백낙청은 1992년 「분단체제의 인식을 위하여」에서 "효과적인 동력형성을 위해서는 세계체제와 분단체제에 대한 인식의 구체화 과정에서 동아시아 내지 동북아시아라는 중간항에 대한 체계적 인식이 함께해야 한다"고 주장하며 분단체제론을 지역적 시각과 접목시키고자 했다.[6] 그런 의미에서 창비의 동아시아론은 변화된 시대 상황에서 등장했지만 창비의 기존 문제의식을 발전적으로 계승한 담론이었으며, 창비가 그간 견지해온 담론들과 차별화되기보다는 그것들이 재조합되는 '담론들의 담론'으로 기능했다고 말할 수 있다.

하지만 '80년대로부터 90년대로'라는 시대 변화에서 자기지속은 자기갱신이 있었기에 가능했다. 창비는 힘겨운 80년대를 보냈는데, 계간지 『창작과비평』이 1980년 여름 강제 폐간된 이후 1985년 10월 부정기간행물 『창작과비평』 57호 간행에 이어 1985년 12월 출판사 등록 취소를 겪었다가, 1988년에야 『창작과비평』이 복간되고 출판사 명의가 회복되었다. 이후 『창작과비평』은 사상지적 면모를 현격하게 강화하는데, 즉 『창작과비평』으로서는 1990년대의 전환 국면에서 동아시아를 지적 지평으로 삼았던 것이다. 1993년 봄호에 이르기까지 1990년대의 특집과 좌담 등 주요 기획의 제목을 살펴보면 '1990년대 민족문학을 위한 제언'(1990년 봄호 특집) '오늘의 사회주의와 맑스주의의 위기'(1990년 여름호 좌담)로부터 '사상적 지표의 새로운 모색'(1992년 봄호 지상토론) '변화

---

6 백낙청 「분단체제의 인식을 위하여」, 『창작과비평』 1992년 겨울호 305면.

하는 정세, 통일운동의 전망'(1992년 가을호 특집)으로 이어져 문학에 관한 성찰만큼이나 당대 사회현실에 관한 분석과 전망 수립에 치중했음을 알 수 있다. 이윽고 꾸려진 1993년 봄호의 특집 '세계 속의 동아시아, 새로운 연대의 모색'은 이러한 문제의식을 지역 수준으로 확장하려는 시도였다. 문학잡지라는 각도에서 보자면 분단체제와 민족문학이라는 문제틀의 확대구축 과정으로 파악할 수 있겠으나, 1990년대의 변화된 세계·지역·한반도의 현실 속에서 정신적 좌표를 제시하는 사상지로서의 정체성을 굳혀가려는 노력의 일환이었다고 풀이하는 편이 좀더 타당할 것이다.

이후 창비는 한국지식계에서 동아시아론을 주도하는데, 개개인의 집념 어린 노력만큼이나 집단적 역량이 그 원동력이었다. 그래서 '창비의 동아시아론'을 논할 수 있는 것이다. 창비 이외에 이십여년간 꾸준하게 공조하며 동아시아 시각을 가다듬어간 지식집단은 달리 찾아보기 어렵다. 그 집단적 실천을 간단히 살펴보자면, 첫째 최원식뿐 아니라 다른 논자들의 공동생산을 거쳐 창비식 동아시아론이라고 부를 만한 지적 구성물이 형성되었다. 백낙청은 최원식의 논문을 전후해『창작과비평』을 통해「세계 속의 분단체제를 알자」(1992년 가을호)「분단체제의 인식을 위하여」(1992년 겨울호)「분단시대의 최근 정세와 분단체제론」(1994년 가을호)「민족문학론, 분단체제론, 근대극복론」(1995년 가을호) 등 한반도 분단체제에 관한 자신의 문제의식을 지속적으로 개진하며 창비식 동아시아론의 장력을 형성했으며, 2000년대에 들어서는 동아시아 분단체제에 관해 적극 발언하고 나섰다. 또한 백영서는 1993년 봄호 특집기획에 편집자로서 참여했으며 같은 해「한국에서의 중국현대사 연구의 의미: 동아시아적 시각의 모색을 위한 성찰」을 필두로 동아시아 시각을 구체화하는 논문들을 연이어 발표했다. 분단체제론만이 아니라 민족문학론, 제3세계론 등에 기반을 둔 창비식 동아시아론은 백영서가 힘을 더하며 주변으로서의 동아시아론, 복합국가론, 소국주의론 등으로 이론화를 진전할 수 있었다. 이러한 창비의 동아시아론은 한국지식계에서 '변혁이론으로서의 동아시아' '비판적 지역주의론' '성찰적 동아시아론' 등으로 명명되며 동아시아론의 중심축으로 자리잡았다.

둘째, 문학적 상상력과 경세론적 진단을 아우르려는 창비의 지적 특성이 창비의 동아시아론에도 반영되어 인문학적 모색과 사회과학적 분석이 접맥되었고 이것이 동아시아론 전반을 촉진하는 요인으로 작용했다. 인문학적 모색은 기존의 인식틀을 개조하려는 시도로서 드러나며, 사회과학적 분석은 역내 지역질서 재편 등을 면밀하게 주시하고 탄력적으로 대응해나가려는 면모로서 나타난다. 이로써 창비의 동아시아론은 현실 변동에 반응하면서도 긴 생명력을 갖고 지속될 수 있었다.

셋째, 출판과 학술교류 사업도 거론해야 하는데, 먼저 창비는 여러 종수의 동아시아 관련 서적을 출간했으며, 특히 '동아시아의 비판적 지성' 씨리즈는 번역을 통해 이웃나라 학자의 주요한 사상적 모색을 소개했을 뿐 아니라 번역 논문 선택과 대담에서 한국지식계의 주체적 요구를 반영해낸 산물이었다. 『창작과비평』도 1995년 봄호에 와다 하루끼의 「'동북아시아 공동의 집'과 조선반도」를 수록한 것을 비롯해 한국지식계의 동아시아적 시야를 넓혀줄 이웃나라 논자들의 문헌을 소개하는 데 공헌이 컸다. 특히 2000년대 중반에 이르기까지 여러 출판사에서 기획된 동아시아 관련 씨리즈는 탈민족주의와 탈식민주의의 문제의식에 입각한 일본어 번역서가 주종이었고, 동아시아 관련 회합은 한일관계가 중심이었던 데 비해 창비는 이른 시기부터 중국지식계와의 접점을 넓혀갔다.

한가지 사례로서 1998년『창작과비평』편집진이 베이징대학과『두슈(讀書)』편집부를 방문해 아시아 연대, 전지구화, 민족주의 등을 주제로 토론을 가진 이후 1999년『두슈』8기에 백영서의「세기의 전환기에 동아시아를 다시 생각하다(世紀之交再思東亞)」가 실렸고, 그에 대한 반응으로 2002년『시제(視界)』8집에 왕 후이(汪暉)의「아시아 상상의 계보(亞洲想像的譜系)」와 쑨 거(孫歌)의「주체의 확장과 변방의식(主體的弥散與邊界意識)」이 수록되면서 국민국가 극복, 중심-주변의 구도 성찰에 대한 내용으로 논의가 심화되었다(이후 백낙청 최원식 백영서를 중심으로 창비의 문헌이 중국어권으로 활발히 소개되었다).

이러한 지적 교류를 통해 창비의 동아시아론이 이웃나라 지식계로 알려졌을 뿐 아니라 창비의 동아시아론 자체가 진전할 수 있었다. 1990년대말은 창비 동아시아론의 두번째 전기라고 하겠는데, 1990년대초 창비의 동아시아론이 탈냉전의 추세 특히 중국과의 수교를 배경으로 등장했다면, 1990년대말 창비의 동아시아론은 탈냉전의 추세를 거스른 냉전회귀적 지체 상황 속에서 중국을 비롯한 타지역(일본, 오끼나와, 타이완 등) 지식계와의 교류를 심화하여 이론적 진화를 진행했다고 말할 수 있다. 물론 이 시기는 1998년 동아시아 경제위기와 아세안+3의 출범으로 동아시아 지역의 연계성에 관한 문제의식이 확산되어 창비의 동아시아론 외에도 지역주의론 계열의 동아시아론이 한국지식계에서 대거 부상했는데, 창비는 시대 상황은 공유하되 국민국가 단위의 지역주의론과는 일정하게 차별성을 유지하며 자신의 논의를 전개했다. 그것은 한반도 분단현실에 관한 문제의식을 끈질기게 견지해온 동시에 지역 차원의 지적 연대를 강구했기에 가능할 수 있었다.

이 시기 창비는 탈국민국가주의와 더불어 탈중심주의를 심화해야 수평적인 지역연대가 가능하리라는 전망 속에서 복합국가론, 소국주의론, 주변으로서의 동아시아론 등의 이론적 진화를 거쳤다. 최원식은 「세계체제의 바깥은 없다」를 통해 서구추종적 근대화가 아닌 국민국가적 질서를 넘어선 대안적 근대 창출을 역설하며 '소국주의와 대국주의의 내적 긴장'이라는 형태로 중심과 주변의 문제를 제출했고,[7] 백영서는 한반도의 지정학적 위치에 대한 숙고를 거쳐 주변성에 관한 시각을 다음과 같이 보강했다. "이제 우리는 동아시아 안팎의 '이중적 주변의 눈'으로 새로운 동아시아의 지도를 그리는 작업에 착수한다. 그 과정은 동아시아에서 역사적으로 형성된 주변의 정체성을 새롭게 정립하여 전체 구조를 변화시키는 동력을 확보함으로써 주변에 내재하는 비판성을 제대로 발휘하게 하는 지적·실천적 수행에 다름 아니다."[8] 여기서 '이중적 주변의 눈'이란 동아시아가 세계체제의 주변부에 있으며 또한 한국은 동아시아에서 열위에 있다는 조건에 내재한 지적 시각을 의미했다. 창비는 이처럼 주변성에 관한 시각을 가다듬어 중국과 일본의 대국주의적 성향을 경계하면서 주변부인 한국의 중재적 역할을 강조했다.

이를 둘러싸고는 한국지식계에서 다양한 반응이 나왔다. 현실성이 떨어진다는 회의론부터 한반도중심주의가 아니냐는 혐의론에 이르기까지 비판적 시각도 등장했다. 만약 창비의 동아시아론이 창비'발' 동아시아론으로 촉발된 지적 전개까지를 포함한다고 간주한다면, 그 다양한 반응도 살펴보아야 할 것이다. 창비의 동아시아론을 하나의 담론 형

---

7 최원식 「세계체제의 바깥은 없다」, 『창작과비평』 1998년 여름호 31면.
8 백영서 「주변에서 동아시아를 본다는 것」, 정문길·최원식·백영서·전형준 편 『주변에서 본 동아시아』, 문학과지성사 2004, 36면.

태로서 접근한다면, 그 주장만이 아니라 그 주장이 유통되는 양상, 산출하는 효과 역시 중요하기 때문이다. 비록 여기서 창비발 동아시아론이 불러일으킨 논의를 검토하지는 못하지만, 그래도 강조되어야 할 것은 공동 언어의 소실 현상이 심각했던 한국지식계에서 이 논의는 분명 사상사적 가치를 지닌다는 사실이다. 그리고 창비발 동아시아론이 한국지식계에서 논의를 낳고 활기를 불어넣은 것은 기존의 이론틀, 특히 서양의 사회구성체에서 연원한 이론틀을 그대로 차용하지 않고도 이곳의 현실과 역사를 파악하는 시각을 마련할 수 있다는 기대를 자극했기 때문이라고 풀이할 수 있다.

그렇다면 여기서 창비의 동아시아론을 '창비적 동아시아론'이라는 조어로 옮겨 그 성격과 의의를 좀더 분명하게 밝혀볼 수 있을 것이다. 이때 창비적이라 함은 주체의 역사적 경험과 현실적 조건에 근거해 원리성을 발굴해내려는 지적 의지와 실천을 의미한다. 주체의 내적 의지와 힘을 초과하는 외적 요인에 의해 주체가 규정되는 조건일 때, 주체는 외부 변수에 가장 능동적으로 대처할 수 있는 방법을 모색해야 하며, 그러면서도 독자성과 자립성을 유지하는 경로를 찾아내야 한다. 창비의 동아시아론은 바로 이러한 비대칭성을 현실 조건으로 삼고 있으며, 이 비대칭성에 내재함으로써 자신의 원리성을 연마해낼 때 창비적 동아시아론으로서 제 기능을 할 수 있을 것이다.

2011년 『창작과비평』 봄호의 특집은 '다시 동아시아를 말한다'였다. 여기서 백영서는 「연동하는 동아시아, 문제로서의 한반도」를 통해 창비가 주창해온 동아시아론의 궤적을 돌아보며 분단체제에 매인 한반도의 조건에서 여전히 동아시아적 시각이 요구되는 맥락을 되짚었다. 이어 백낙청은 국가주의를 넘어선 한반도의 국가개조 작업이 동아시아에서 갖게 될 의의를 조명했는데, 이 백낙청 글의 제목은 「국가주의 극복과 한반도에서의 국가개조 작업」이었고, 부제는 '동아시아 담론의 현실성과 보편성을 높이기 위해'였다.

창비의 동아시아론이 등장한 지 이십년이 지난 지금, 창비는 한반도의 원리성을 담보하면서도 타국에 쓰임이 있을 수 있도록 동아시아론을 가다듬는 데 공을 들이고 있다. 그것은 바로 한반도 내에서 동아시아론의 '현실성'을 끌어올리면서 동시에 타국과 공유할 수 있도록 '보편성'(번역가능성)을 주입하는 과정일 것이다. 그렇게 보편성을 내장한 사상이라면, 그것이 출현한 사회에서 쓰임새를 가질 뿐 아니라 다른 사회에 그대로 적용될 수야 없겠지만 다른 사회를 해석하는 데 보탬이 될 수 있을 것이다. 그런 의미에서 창비의 동아시아론은 현실성과 보편성을 연마하는 노정에 있으며, 그 길에서 여전히 추출과 환원의 이중과정을 거듭하고 있다. 동아시아를 지리적 실체로부터 끄집어내 사유 지평으로 삼지만, 다시 그 동아시아론의 원리성을 다지기 위해 부단히 한반도와 지역의 현실로 되돌리는 과정인 것이다. 창비의 동아시아론은 지금도 진행 중이다.

운동으로서의 리얼리즘론,
도전과 갱신의 역사

황정아

　식민지시대 및 해방직후의 시기를 지나 한국문학사에서 리얼리즘
이라는 말이 다시 생명력을 부여받기 시작한 것은 1970년대 무렵이라
고 할 수 있다. 그 시점에 리얼리즘이 전면에 나선 데는 여러가지 요인
을 살필 수 있다. 무엇보다 당시가 급속히 진행된 경제개발이 낳은 심각
한 사회적 문제들이 속속 가시화되고 정치적으로도 이른바 비상사태가
일상화되다시피 한 위기의 시대였다는 사실이 주된 배경이리라 짐작된
다. 그렇듯 '주어진' 조건뿐 아니라 온갖 위기를 정면으로 떠안아야 했
던 주체들이 민중의 이름으로 호명되고 또 스스로를 그렇게 주체화하
기 시작한 점도 당대 현실에 대한 관심과 대결의식을 근간으로 삼는 리
얼리즘의 재등장과 무관할 수 없다.

　70년대초의 리얼리즘 논의는 60년대에 활발히 진행된 참여문학 논쟁

黃靜雅 문학평론가, 한림대 한림과학원 HK교수, 『창작과비평』 편집위원. 저서 『개념 비
평의 인문학』, 역서 『왜 마르크스가 옳았는가』 『도둑맞은 세계화』 등이 있음.

의 연장이자 발전이라 할 수 있으며 사실 한국문학에서 리얼리즘의 역사는 곧 리얼리즘 '논쟁'의 역사였다. 그리고 그 출발점부터 개별 국면 하나하나에 이르기까지 『창작과비평』의 발자취는 그 어느 것보다 뚜렷하다. 1969년 여름호에 실린 백낙청의 「시민문학론」에는 당시 문단 일각이 제기한 소시민문학론에 대한 반박과 더불어 이후 전개될 리얼리즘론의 주요 골격이 드러나 있다. 이 글은 서구에서 시민문학의 전통이 발자끄와 똘스또이 등의 리얼리즘에서 새로운 경지를 개척했다고 보면서 그것이 참다운 "시민문학이 리얼리즘을 요구하는 어떤 필연적인 사유가 있기 때문인가?"라고 묻는다. 그리고 리얼리즘이 무엇인가 하는 점과 관련해서는 일차적으로 당대 현실을 사실적 기법으로 그리는 것을 리얼리즘이라 지칭할 수 있겠으나 '진정한 리얼리즘'은 사회와 인간을 보는 어떤 원숙한 시각과 균형을 담고 있다고 주장한다. 소재와 기법이 전부가 아니고 세계관·인간관 또한 빠뜨릴 수 없는 요소라는 설명으로, 리얼리즘에 요구되는 이런 세계관·인간관은 '시민의식'으로도 표현된다.

여기서도 알 수 있듯이 통상 리얼리즘의 핵심적 특징으로 생각되어 오던 사실적 묘사와 창비가 내세운 리얼리즘은 애초에 간단치 않은 관계로 설정되어 있다. 원숙한 시각과 균형 잡힌 세계관 혹은 시민의식이 결여된 사실적 묘사는 특정한 허구를 현실로 참칭하는 효과적 수단으로만 기능할 우려가 있다. 같은 이유로 나날이 복잡해지는 현대사회를 제대로 그려내기 위해서는 오히려 반(反)사실주의 기법이 적합하다는 주장도 종종 제기된다. 그럼에도 리얼리즘을 말하는 것은 여전히 "시민의식의 구체적 표현이 사실성을 요구하는 원래의 논리가 변했다고 할 수는 없"기 때문이다. 그러니 사실적 묘사는 어떤 층위에서는 리얼리즘의 핵심이고 또다른 층위에서는 핵심이 아닌 요소가 된다.

창비의 리얼리즘론은 이렇듯 리얼리즘이란 무엇이며 왜 리얼리즘인가 하는 질문을 내포하면서 출발했다. 리얼리즘이 무엇인가는 서구에 존재했던 문학사조로서의 리얼리즘(사실주의)과 연관을 가지면서도 그 사조가 역사적으로 노정한 한계에 머물지 않는 다른 종류의 리얼리즘을 추구했기에 제기된 질문이다. 이 추구는 리얼리즘을 새롭게 정의해야 하는 이유를 도무지 납득하지 못하는 숱한 비판과 맞부딪혀야 했으므로 왜 리얼리즘인가에 관한 해명과 탐구를 동반했다. 그런데 지금 여기서 왜 리얼리즘이 요구되는가를 해명하기 위해서는 다시 리얼리즘이 무엇이기에 그러한가를 밀해아 했다. 그렇게 두 질문은 맞물려 있었고 서로의 단서를 붙잡고 이으며 나아갔다.

『창작과비평』 1970년 여름호에 실린 구중서의 「한국 리얼리즘 문학의 형성」 역시 바로 다음 계절에 나온 『문학과지성』의 「한국소설의 가능성 ─ 리얼리즘론 별견(瞥見)」(김현)과 대립구도를 형성하며 리얼리즘의 정의, 그리고 한국문학에서의 리얼리즘의 요구와 가능성에 관한 견해를 제출했다. 특히 자연주의와의 차이를 강조하면서 있는 그대로의 묘사에 그치는 것이 리얼리즘은 아니며 사회적 전모의 충실한 묘사를 통해 새로운 현실을 개척하려는 비전이 중요하다고 지적했는데, 이즈음의 논의에 발자끄 소설에서 이루어졌다는 이른바 '리얼리즘의 승리'에 대한 해석이 빈번하게 거론된 점도 주목할 만하다. 이 글은 "한국적 리얼리즘의 형성이 원만히 성취되는 데에 따라서 오늘의 한국문학이 비로소 근대적인 체질과 능력을 갖추게 될 것이며, 이 리얼리즘의 문학은 한국 현대문학의 창작적 실제와 문학사의 전진에 토대가 되는 원리를 제공하게 될 것"이므로 리얼리즘이 주류를 형성할 필요가 있다고 역설한다.

　뒤이어 나온 염무웅의 리얼리즘 논의[1]도 리얼리즘을 소박모사론으로 규정하는 입장을 반박한다. "객관적 현실의 전체성을 그 발전적 경향에 있어서 민감하게 포착하는 능력"으로서의 작가적 상상력을 갖추지 못할 때 "현실의 일부분에 대한 '객관적' 묘사는 현실 전체에 대한 '주관적' 강조가 될 수도 있고, 사물의 일부분에 대한 정확한 묘사는 자연과 인간현실 전반의 문제에 대한 부정확한 과장이 될 수도" 있다는 것이다. 현실의 깊이를 드러내면서 풍부한 삶에 기여하는 '참된 리얼리즘'은 "본질적으로 반도식적"이며 "시적 환상이나 예언적 비전과 결코 모순되는 것이 아님"을 강조한다.

　70년대초에 전개된 창비의 리얼리즘 논의는 주로 서구문학을 출발점 및 참조점으로 삼아 당대 현실과 리얼리즘의 내적 연관성을 규명하고자 했으므로, 한국문학이 만들어가야 할 리얼리즘이 서구 사조들과 어떻게 같고 다른가를 규명하는 데 많은 관심을 기울였다. 여기에는 또한 개인과 사회를 아우르면서 사회의 전모나 전체성을 포괄하는 작업으로서의 총체성 문제, 서구적 시민계급의 부재 혹은 미성숙이 한국의 리얼리즘 문학에 미칠 영향 등, 리얼리즘을 둘러싸고 이후 더 본격적으로 진행될 주요 논쟁점도 함축되어 있었다. 리얼리즘이 무엇인가뿐 아니라 그것이 왜 요구되는가를 물었다는 점에서 리얼리즘 논의는 한국문학의 현단계 성격과 과제를 규명하는 문제와 이어져 있었고 그럼으로써 민족문학론의 발전을 가져오는 중요한 계기가 되었다고 할 수 있다.

　실제로 같은 시기에 제기된 창비의 민족문학론은 리얼리즘 논의와

---

1 염무웅 「리얼리즘의 심화 시대」, 『월간중앙』 1970년 12월호.

긴밀히 조응하면서 상호 진전과 심화의 과정을 촉발했다. 민족문학론이 본격적으로 전개되고 제3세계문학론이 가세하면서, 70년대초에 이루어진 리얼리즘 논의가 서구 리얼리즘 이론의 자장에 머물러 그 이론의 문제점을 예민하게 의식하지 못했다는 반성도 있었다. 백낙청의 「제3세계와 민중문학」(1979년 가을호)은 그같은 한계를 지적하면서 "민족문학론은 제3세계 민중의 현실의식에 부응하는 온갖 반자연주의적 전통과 실험에 대해 좀더 개방적인 자세를 지님으로써 '리얼리즘'의 말뜻을 둘러싼 부질없는 논란의 수고를 덜어준다"고 이야기한다. 이 글은 제3세계문학의 성과를 상세히 평가하는 가운데 "단순한 기법상의 '사실주의'와 '초현실주의'는 제3세계의 개별적인 문학 및 작가에 의해 얼마든지 신축성 있게 취사선택될 수 있는 것이며, 해당 민족과 민중의 구체적인 상황에 맞는 현실인식과 현실극복의 노력을 작가가 충실히 해내느냐 못해내느냐만이 성패의 결정적 척도"임을 주장한다. 서구의 사실주의 및 자연주의와의 차별성을 추구하면서도 발자끄 등 서구 작가에 여전히 매인 채로 진행되던 리얼리즘론이 한결 확장되어 독자적 내용을 축적하게 된 것이다. 민족문학론은 또한 리얼리즘이 천착해야 할 당대의 현실이 구체적으로 어떤 상황인가 하는 점을 규명하고 민중적 지향성을 강화함으로써 리얼리즘 논의에 내실을 더해주었다.

그에 따라 왜 리얼리즘인가 하는 물음에 답하는 방식도 진전되어, 제3세계 작가일수록 민중의 삶에 더 밀착하고 그들의 아픔을 더 깊이 공유할 가능성이 크며, 따라서 현실에 대한 사실적 묘사를 중시하는 것이 당연한 경향으로 이야기된다. 리얼리즘은 현실에 대한 과학적 인식을 추구한다는 차원에서는 '근대화'의 문제이고 서구의 성취를 뒤쫓는 모양새로 보이지만, 동시에 서구 과학이 노정한 기술주의적 한계를 비판하면서 과학과 기술의 의미를 인간다운 삶의 성취와 결부시키고자 노력하는 점에서는 오히려 서구보다 더 전위적으로 인류의 보편적 과제를 수행할 가능성을 지닌다. 제3세계문학으로서의 민족문학이 갖는 '선진성'도 마찬가지 논리에서 산출되는데, 이후 정식화될 '근대적응과 근대극복의 이중과제'라는 문제의식이 이런 설명 속에 이미 스며 있음을 알 수 있다.

80년대에 걸쳐 창비의 리얼리즘론은 이론적으로 더욱 치밀해진다. 리얼리즘을 소박모사론 혹은 반영론 일반과 구분하는 작업 역시 논리를 강화하면서 여러 각도에서 진행된다. 리얼리즘이라는 용어를 고수하는 한 현실에 대한 사실적 묘사와 반영이라는 층위는 우연적인 것으로 치부할 사안이 아니었고, 반영이냐 아니냐 하는 양자택일이나 반영+α라는 절충으로 넘어갈 일도 아니었다. 창비의 리얼리즘론은 문학작품이 담아야 한다는 '현실' 자체, 그리고 그것을 담기 위해 이루어진다는 '반영' 자체를 탐구하고 해체하는 방식으로 논의를 진행했다. 70년대 리얼리즘 논의에서 현실에 대한 깊이있고 충실한 묘사가 '상상력'의 개입과 작용을 요구한다고 이야기되던 대목은 "인간의 세계는 '현실'로서 인간이 체험하는 그것 이외에 따로 없지만 이 현실의 정확한 인식은 '시적' 창조의 과정에서만 가능"[2]하다는 주장으로 이어진다. 창조가 인식을 비로소 가능하게 한다는 진술은 리얼리즘이 기법만이 아니라 세계관의 차원을 포함한다는 주장을 더욱 발전시킨 것이라 할 만하다. 이렇게 본다면 이른바 과학적 인식과 문학적 인식의 구분 또한 달리 설명되어야 하며, 근대 학문이 과학성을 추구한다는 명목으로 세계관의

---

2 백낙청 「리얼리즘에 관하여」, 『한국문학의 현단계 I』, 창작과비평사 1982.

지향이나 실천적 관심을 폄하하게 된 것이야말로 과학의 본뜻을 저버리는 처사가 된다. 다른 한편 창조적 실천을 통해 인식되는 것은 "진술과 외부사실의 상응(correspondence)을 뜻하는, 또는 진술 자체의 내부적 정합성(coherence)을 뜻하는 협의의 진실성"일 수 없다. 그것은 "'드러나는 것'이자 '이룩되는 것'이고 그 이룩됨은 인간의 인간다운 실천과 무관하지 않"은 진리이며,[3] 이같은 진리와의 관계를 통해서만 리얼리즘의 독자성, 나아가 예술작품의 특이성이 분명하게 설명될 수 있다. 창비의 리얼리즘론에서 거듭 물으며 걸어야 할 '길', 곧 '도(道)'가 거론되는 것도 이런 이유에서다.

80년대는 다른 한편으로 민중문학론이나 노동해방문학론 등의 '급진적' 문학이론들이 프롤레타리아문학과 사회주의리얼리즘을 논하며 민족문학론과 리얼리즘론을 소시민적이라거나 '비판적 리얼리즘'에 그친다고 공격했던 시기이기도 했다. 이런 관점에서는 '리얼리즘의 승리'를 말한 엥겔스의 발자끄론이나 루카치의 발자끄 평가 역시 비판적 리얼리즘에 갇혀 있었던 소산으로 비판받는다. 그러나 비판적 리얼리즘과 사회주의리얼리즘의 엄밀한 구분을 내세우는 급진적 문학론의 논의가 "중요한 문제제기를 담았으면서도 오히려 진지한 모색을 가로막는 효과"를 낳았음은 백낙청이 정치하게 비판한 바 있다.[4] 이러한 구분이 하나의 공식이 되어 작품비평에 적용됨으로써 실제 작품을 판단하는 데서 여러 오류를 양산했고 결과적으로 리얼리즘론의 속류화를 야기했다는 것이다. 그는 엥겔스의 발자끄론이 "당파성의 부족이 진정한

---

3 백낙청 「학문의 과학성과 민족주의적 실천」, 『한국민족주의론 II』, 창작과비평사 1983.
4 백낙청 「민족문학론과 리얼리즘론」, 기념논총 간행위원회 편 『민족사의 전개와 그 문화: 벽사 이우성 교수 정년퇴직 기념논총 下』, 창작과비평사 1990.

리얼리즘의 부족임을 설파하는""일종의 사회주의적 리얼리즘론"이기는 했으나 루카치의 발자끄 상찬이나 마찬가지로 리얼리즘의 승리가 필연적으로 동반하는 패배의 흔적, 곧 "민중과 역사에 대한 믿음의 결핍"을 보지 못했다고 지적한다. 80년대 리얼리즘 논의가 흔히 제출한, 방법이냐 세계관이냐 하는 질문에 대해서도 그 어느 한쪽이나 양자 조합의 문제가 아니며 방법이든 세계관이든 지혜를 위한 방편이라는 견해를 내놓는다.

90년대를 지나면서 급진적 문학담론의 위세는 현격히 꺾인 반면, 리얼리즘은 이번에는 모더니즘을 상대편으로 한 또다른 종류의 '용도폐기론'과 마주하게 된다. 서구에서 흔히 모더니즘이 리얼리즘을 역사의 뒤편으로 몰아내고 대신 들어섰다고 얘기되는 만큼, 이미 70년대부터 리얼리즘의 한 대립항으로 모더니즘에 대한 의식이 있어왔다. 리얼리즘론은 역사와 현실의 불모성과 무의미성을 본질적인 인간조건으로 체험하고 강조하는 모더니즘의 성향을 비판했으며 루카치가 지적한 자연주의와 모더니즘의 근본적인 유사성도 중요한 통찰로 받아들인 바 있었다. 2000년대 초엽의 리얼리즘-모더니즘 논쟁이 보여주는 특징으로는 모더니즘의 승리를 주장하는 논의가 마샬 버먼(Marshall Berman)의 근대성론을 주로 참조했다는 점, 그리고 이 논쟁이 일정하게는 창비의 내부논쟁 성격을 띠었다는 점을 들 수 있다.

이 논쟁을 꼼꼼히 살핀 임규찬의 글[5]이 지적하다시피 리얼리즘의 극복으로 제출된 모더니즘론은 리얼리즘을 여전히 서구의 사실주의와 반영론에 묶어놓는 방식으로 정의한 다음 그로부터의 극복을 주장하는

---

5 임규찬 「리얼리즘과 모더니즘을 둘러싼 세 꼭지점」, 『창작과비평』 2001년 겨울호.

논리를 구사한다. 이는 리얼리즘론이 70년대 이래 끊임없이 서구의 문학사조와 스스로를 차별화해왔다는 사실을 철저히 외면함으로써만 가능한 주장이다. 또한 리얼리즘 운동이 지향하고 실천해온 변화가 이미 불가능해진 세계임을 전제하는 태도는 모더니즘론이 기대고 있는 버먼의 담론이 근대성에 관해서는 극히 유연하게 사유하면서도 근대극복의 지평에 대해서는 사실상 닫혀 있었던 데서 이미 예견되어 있었다고 할 수 있다. 한편, 창비 내부의 논쟁을 야기한 최원식의 논의[6]는 리얼리즘과 모더니즘 어느 한쪽이 다른 쪽을 흡수하는 것으로는 문제가 해결될 수 없다고 보면서 최량의 리얼리즘과 최량의 모더니즘 사이의 '회통'을 이야기한다. 회통론은 리얼리즘을 둘러싸고 수년간 지속되어온 진영논리의 틀을 벗어나고자 하는 노력의 산물이었지만 문예사조사적인 관점을 앞세움으로써 리얼리즘론에 대한 통상적 이해를 승인한다는 우려를 불러일으켰다.

이밖에도 창비의 리얼리즘론은 포스트모더니즘과 해체론의 도전에 맞서 전형과 재현, 당파성과 총체성을 포함한 기본 개념과 명제를 재해석하고 갱신하는 작업을 계속해서 수행해왔다. 실제비평의 측면에서도 통상 리얼리즘 계열로 분류되지 않은 작가들의 작품까지 리얼리즘론의 시각으로 평가함으로써 담론의 함의와 깊이를 더하려는 노력을 기울였다. 『창작과비평』 창간 50주년을 맞이한 창비의 리얼리즘론은 단순한 용도폐기론을 넘어 더욱 깊어진 망각에 직면하여 언제나 그래왔던 것처럼 창조적인 비평담론으로 살아 있는가를 자문하고 있다. 민족문학 개념과 마찬가지로 창비의 리얼리즘론은 "현실에 대한 창조적이고 비

---

6 최원식 「'리얼리즘'과 '모더니즘'의 회통」, 『문학의 귀환』, 창작과비평사 2001.

판적인 대응을 주문"해왔을 뿐 아니라 스스로는 어디까지나 방편일 뿐 "중요한 것은 창조적 대응 자체"[7]임을 기억하고자 했다. 그렇듯 창비가 추구해온 리얼리즘은 무엇보다 운동으로서의 리얼리즘이었으며 스스로를 넘어선 어떤 차원을 내장하고 있었다. 이 차원은 때로 인간다운 삶을 향한 비전과 실천으로 표현되기도 하고 지혜 혹은 진리를 향한 추구로 표현되기도 했다. 리얼리즘 운동이 생명력을 지속할 수 있었던 것은 그렇듯 자율적이고 완결적이기를 고집하지 않아서이기도 하지만, 무엇보다 리얼리즘이라는 방편이 어디까지나 '문학'으로서의 방편이라는 점, 그리하여 문학의 '도'가 발휘하는 남다른 '덕'에 힘입은 것이 아니었을까. 50주년 이후에도 창비의 문학론에서 리얼리즘이 여전히 중요한 화두가 되리라 예상할 수 있는 것은 그간 창비의 리얼리즘론이 수행한 운동이 여전히 현재형으로 지속되어 마땅한 것이기 때문이리라.

---

7 백낙청 「서장: 민족문학, 세계문학, 한국문학」, 『통일시대 한국문학의 보람』, 창비 2006, 27면.

전지구적 자본주의화에 대응하는
'세계문학운동'

윤지관

　창비의 세계문학론은 1990년대초부터 제기되었지만 어느정도 통합적인 담론으로 제출된 것은『창작과비평』2007년 겨울호 특집 '한국문학, 세계와 소통하는 길'을 토대로 한 『세계문학론』(창비담론총서 4, 김영희·유희석 엮음, 2010)의 발간을 통해서였다. '지구화시대 문학의 쟁점들'이라는 부제가 달린 이 책은 위 특집에 실린 글 세편[1] 외에 백낙청의 「지구화시대의 민족과 문학」, 한기욱의 「세계문학의 쌍방향성과 미국 소수자문학의 활력」, 유희석의 「세계문학의 개념들: 한반도적 시각의 확보를 위하여」 등 기왕에 『창작과비평』에 발표된 글 가운데 창비 세계문학론을 대변할 수 있는 논의를 비롯해 여러 필자(이석호 윤지관 백원근 방현석)의 새 원고를 함께 엮었고, 특집의 일부였던 윤지관·임홍배의 대담 「세계문학의 이념은 살아 있다」를 부록으로 실었다.

尹志寬 문학평론가, 덕성여대 영문과 교수. 저서로『민족현실과 문학비평』『근대사회의 교양과 비평』『놋쇠하늘 아래서』『세계문학을 향하여』등이 있음.

이 책의 서장인 「지금 우리에게 세계문학은 무엇인가」에서 엮은이 김영희는 지구화가 심화되면서 "유럽 중심의 기존 정전에 대한 비판과 세계문학 지형도의 새로운 구축을 향한 시도"들이 일어나는 동시에 "전지구적으로 팽창하는 세계적 상품으로서의 작품들이 이 지형도 자체를 허물고 있"다고 진단한다. 이 '복합적인 국면'에서 세계문학에 대한 질문에는 지구화에 따른 "국민국가의 경계의 약화와 민족/국민문학의 향배, 유럽중심주의 극복과 탈식민의 문제, 문학들 간의 번역과 소통의 문제"를 비롯한 현단계 문학담론의 중요한 의제들이 동반된다. 창비의 세계문학론은 지구화 국면에서 문학의 의미를 다시 묻고 세계문학의 이념과 그 실천이라는 맥락에서 민족/국민문학을 재정초하고자 하는 이론적 모색이다.

창비 세계문학론의 토대는 이 책에 실린 백낙청의 「지구화시대의 민족과 문학」에 축약되어 있다. 이 글은 1994년 국제학술대회의 영어 발표문을 번역한 것으로, 백낙청은 전지구적 자본주의화가 인류의 창조적 유산으로서의 문학을 위기에 몰아넣고 있는 현실에 대응하는 실천으로서 '세계문학운동'이 필요하다고 주장한다. 민족과 문학이라는 개념 자체가 지구화와 더불어 도전받고 있고 국민국가가 과거의 권위를 누리지 못하나, 자본주의 세계체제 자체가 국가간체제를 필수요소로하는 만큼 민족이라는 엄연한 현실문제에 대응하지 않고는 효과적인 실천이 불가능하다. 비록 자본의 전지구적 지배가 각 민족 문학전통의 급격한 변모 내지 파괴를 동반한다 하더라도 세계체제에 늦게 진입한 민족이나 국가에는 오히려 자신의 민족적 유산을 복원할 필요성과 서

---

1 정홍수 「세계문학의 지평에서 생각하는 한국문학의 보편성」; 이욱연 「세계와 만나는 중국소설」; 이현우 「세계문학 수용에 관한 몇가지 단상」.

구의 근대문학 전통을 활용할 가능성을 열어준다는 것이다. 이같은 관점에서 그는 지구화가 일정한 단계에 이르렀던 19세기 서구에서 괴테와 맑스가 각기 제기한 세계문학 개념에 주목하고 여기에 내재된 운동적인 측면을 짚어낸다. 이 세계문학 이념이 본격적인 지구화시대에 접어든 현금(現今)에 이르러 더욱 긴요한 것이 되었고 한국의 민족문학운동도 이같은 세계문학운동의 국지적인 실천으로 자리할 수 있다는 것이다.

이 글이 해외독자를 대상으로 한 것인 데 비해 좀더 한국문학에 근접한 백낙청의 논의는 그 1년 전에 발표된 「지구시대의 민족문학」(『창작과비평』 1993년 가을호)에서 개진된 바 있다. 여기서 그는 전지구적 자본주의 시대의 도래와 더불어 괴테의 세계문학 개념에 담긴 '맑스적'인 의미에 주목할 것을 주문한다. "괴테의 발상 자체가 단순히 세계 각국의 고전들을 망라하는 어떤 이상적 독서의 대상이 아니라 물질적 여건의 변화를 토대로 이제부터 이룩해야 할 전혀 다른 차원의 실체, 특히 각국 지식인들의 상호교류와 연대활동을 통해 이룩해야 할 새로운 문학을 뜻"한다고 이해하고, 이 지구시대 세계문학운동의 일원으로서 민족문학운동에 의미를 부여한다. 즉 민족문학은 "한반도라는 국지적 현실을 전지구적 관점에서 인식하는 하나의 모형"이 될 수 있으며 실상 1970년대 이후 리얼리즘론이야말로 '민족문학의 세계문학적 차원을 해명하는 주된 방법'이었다는 것이다.

이상의 입론에서 드러나다시피 세계문학론은 별개의 새로운 담론이라기보다 창비가 그동안 전개해온 민족문학론을 지구시대의 대두라는 새 국면에서 재편성하고 강화하는 작업이라고 할 수 있다. 리얼리즘론과 제3세계론, 그리고 분단체제론 등 민족문학론을 뒷받침해온 담론들이 이 세계문학론에 결합되어 있는 것이다. 이 구도와 맥을 같이하여 한기욱은 '쌍방향 교호작용'으로서의 세계문학, 즉 구미 선진문학에서 주변부의 낙후된 문학으로 나아가는 일방통행이 아니라, 근대의 '주변'을 형성해온 억압받는 주체들의 '밝은' 눈으로 '중심부' 담론 서사의 유럽중심주의를 비판하기도 하는 세계문학운동을 제시하고, 유희석은 나아가서 세계문학을 바라보는 '한반도적 시각'을 모색하기도 한다. 필자의 경우에는 지구화시대에 국민문학들 사이에 형성되는 경쟁체제에 주목하고 국지적인 현실 속에서 창출되는 국민문학들의 창조적 요소들을 동원함으로써 유럽 중심의 보편주의를 극복하고 세계문학의 지형을 새롭게 형성할 가능성을 읽고자 하면서 특히 번역의 의미에 주목한 바 있다.[2]

창비의 세계문학론은 이상과 같은 이론적 모색과 더불어 세계문학적 시각에서의 한국문학 읽기, 중심부 서구문학의 고전 및 당대 작품에 대한 해석, 중국과 일본을 포함한 주변부문학에 대한 소개와 비평적 관심 등 실제비평으로 논의를 확장해왔고,[3] 특히 한·중·일의 문학현실을 토대로 동아시아문학의 지역적 성격이 세계문학의 지형과 맺고 있는 관계를 성찰하였다.[4] 이와 함께 2010년대부터 세계문학 번역을 본격화하여 새로운 시각에서 세계문학의 정전을 소개하고 해석하는 '창비세계문학' 씨리즈 간행을 시작하였다.

2 한기욱 「지구화시대의 세계문학」, 『창작과비평』 1999년 가을호; 유희석, 앞의 글; 윤지관 「경쟁하는 문학과 세계문학의 이념」, 『세계문학을 향하여: 지구시대의 문학연구』, 창비 2013.
3 김영희·백지운·심진경·이현우 대화 「세계문학, 동아시아문학, 한국문학」, 『창작과비평』 2011년 봄호; 『창작과비평』 2013년 겨울호 특집 '오늘, 세계문학을 다시 읽다'(필자: 임홍배, 김동수, 유희석, 백지운).
4 『창작과비평』 2011년 겨울호 특집 '동아시아 지역문학은 가능한가'(필자: 최원식, 윤지관, 백지운, 안천, 한·중·일 작가 5인).

창비 세계문학론은 2000년대 들어와 국제적으로 학계에서 세계문학에 대한 관심이 높아지면서 대두된 지구적 문학연구(global literary studies)의 추세에 부응하고 앞으로 그것과의 교섭도 예상되지만, 현재까지의 논의에서도 그 나름의 뚜렷한 특성을 보여준다. 다음의 네가지 정도로 정리해볼 수 있다.

첫째, 창비 세계문학론은 세계문학에 자본주의 세계체제의 극복에 기여하는 운동적인 의미를 부여한다. 세계문학은 단순히 세계의 민족문학들의 집합도 아니고 보편성의 이름으로 확립된 유럽 중심의 정전 혹은 그 확장도 아니다. 그것은 지구화의 현실에서 그 동력을 얻되 동시에 그같은 추세가 민중의 삶과 인간의 창조적 가능성을 위협하는 현실에 맞선 새로운 문학의 영역을 구축하는 일을 지칭하며 그런 점에서 세계문학은 하나의 이념이자 실천운동이다. 괴테의 세계문학 개념은 서구 학계의 세계문학 논의에서도 중시되지만, 백낙청이 1990년대초 이를 맑스의 『공산당선언』의 언명, 즉 "일국적 편향성과 편협성은 점점 더 불가능해지며, 수많은 국민문학 지역문학들로부터 하나의 세계문학이 형성된다"는 언명과 결합하여 괴테-맑스적 기획이라고 지칭하고 그 운동적 성격을 강조한 것은 주목된다. 이를 통해 괴테의 세계문학 개념을 자본주의체제 극복운동을 위한 이론적 자원으로 끌어들인 것이다. 임홍배가 괴테의 세계문학론을 검토하면서 그것이 근대의 달성과 동시에 근대의 모순에 대한 문제의식과 그 극복의 전망을 안고 있다고 해석하고 아울러 괴테의 『파우스트』와 『빌헬름 마이스터의 수업시대』를 '근대적응과 근대극복의 이중과제'의 관점에서 읽은 것도 그런 맥락에서이다.[5]

괴테와 맑스의 세계문학 기획에 대한 이같은 이해는 창비 세계문학론에서 일관되지만, 그 한계에 대한 지적이 함께 이루어지는 것도 유의할 만하다. 가령 한기욱은 괴테의 세계문학 개념이 유럽중심주의를 벗어나지 못한 점을 지적하는 한편 맑스에게는 '주변부'문학론이 부재하다는 점에서 이들이 "근대 세계 중심-주변 문학 간의 상호관계라든지 이 양자 간의 '쌍방향 교호'의 필요성을 인식하는 데까지" 나아가지 못한 점을 짚는다. 필자는 이와 유사한 맥락에서 괴테나 맑스에게 "민족문학들 사이의 경쟁"이라는 개념이 부재했으며 "'경쟁'과 '쟁패'보다 '소통'과 '교환'을 염두에 둔" 19세기적인 세계문학 전망이 가지는 한계를 짚었다.[6] 괴테-맑스 기획에 대한 이같은 의미부여 및 그 한계에 대한 논의는 지구화가 본격화된 국면에서 19세기적인 세계문학의 전망이 세계시장을 무대로 한 지구문학(global literature)의 번성으로 드러나고 있는 현금의 문학현실에 대한 비판의식을 깔고 있다. 창비 세계문학론은 이같은 지구문학의 발흥이 지구화시대에 창조성의 위기를 야기하고 있다고 파악하고, 국지현실에 터를 둔 각 국민문학의 창조적 성취들을 토대로 한 소통 및 연대를 통해 새로운 세계문학운동, 즉 애초의 괴테적인 세계문학 이념을 구현하는 실천을 강조하는 것이다.

둘째, 창비 세계문학론은 문학창작과 미학에서 리얼리즘의 의미를 천착하고 그것을 지구화라는 새 국면에서 재해석한다. 90년대에 지구화가 지배적 흐름이 되면서 담론상으로는 다양성을 내세운 포스트모더니즘이 부각되는 가운데 창비 세계문학론이 모더니즘과의 대립적인 구

---

5 임홍배 「괴테의 세계문학론과 서구적 근대의 모험」, 『창작과비평』 2000년 봄호; 임홍배 「괴테가 예감한 근대의 이중과제」, 『창작과비평』 2013년 겨울호 및 『괴테가 탐사한 근대』, 창비 2014.
6 한기욱, 앞의 글; 윤지관, 앞의 글.

도에서 리얼리즘의 의미를 재론하는 것에 주목할 필요가 있다. 포스트모더니즘은 모더니즘의 극복을 내세우지만 모더니즘적 성취의 '깊이'를 희생한 다원론에 침윤된 점에서 모더니즘 이데올로기를 재생하고 있다. 포스트모더니즘이 리오따르(J. P. Lyotard)가 말하는 정보사회의 성격을 강조하고 변혁이념을 담지한 대서사의 종언을 내세운다면, 리얼리즘론은 현실을 드러내면서 그것을 넘어서는 '변증법적' 인식과 실천의식을 동반한다. 리얼리즘론은 진작부터 민족문학론과 결합된 미학이념으로, 여기에는 제3세계적 현실에서는 민족해방의 집단적 동력이 문학적 창조력과 맺어져 서구와는 다른 리얼리즘의 성취를 낳았다는 인식이 깔려 있다. 이것은 최근 서구에서 성행하는 세계문학 담론에서 민족/국민문학의 특수성을 넘어서는 보편적인 세계문학을 모더니즘으로 설정하는 흐름에 맞서는 태도로, 백낙청은 이같은 논지를 펼친 까자노바(P. Casanova)에 대해 "현대주의의 현대성에 보편적 가치를 부여"하고 있다고 지적하였다. 까자노바에게는 가령 '근대극복과 근대적응의 이중과제'에 대한 문제의식을 담은 민족문학운동과 그에 결합한 리얼리즘 예술에 대한 인식이 부재하다는 것이다.[7] 필자 또한 까자노바의 세계문학 구상에는 민족적이고 정치적인 '특수한' 민족문학을 국제적이고 '보편적인' 모더니즘과 대비시키는 모더니즘 이후 서양의 일반화된 인식이 바탕에 깔려 있음을 비판하였다.[8]

그렇지만 리얼리즘은 서구적 현대성의 미학적 표현이라고 할 수 있는 모더니즘과의 끊임없는 교섭과 대립 가운데서 갱신되는 면이 있고 지구화시대에 접어들어 새로운 리얼리즘론의 모색이 필요하다는 것이

---

7 백낙청 「세계화와 문학」, 『안과밖』 2010년 하반기.
8 윤지관 「세계문학 담론과 민족문제」, 『세계문학을 향하여』.

창비 세계문학론의 입장이다. 즉 백낙청의 표현대로 지구시대에는 '눈앞에 있는 현실'과 '달리 존재하는 현실'의 뒤섞임이 더 현저해져서 "평면적 사실성과 진정한 리얼리즘의 구별이 더 절실"해졌고, 그만큼 특정한 사실성에 대한 추구가 가지는 의미도 커졌다.[9] 따라서 주변부에서 국지적으로 구현되는 지구시대의 현실에 대한 묘사에는 단순한 사실주의로는 획득하기 어려운 복합성이 있기 마련인데, 세계문학의 주변부에서 발흥하는 일종의 제3세계적 리얼리즘에 대한 평가와 논의는 필수적이다. 한기욱은 가령 가르시아 마르께스를 비롯한 중남미의 '마술적 리얼리즘'이 중심과 주변의 '쌍방향적 교호작용'의 한 방식이 될 수 있음에 주목하고, 지구화 국면의 '가상현실'의 시대에 모사적 리얼리즘과 변별되는 리얼리즘의 의미, 즉 "주변부 특유의 다차원적 현실과 씨름하는 가운데 전설 설화 꿈 환상 같은 반사실주의적 요소까지 포용"하여 현실의 총체성을 추구하는 새로운 예술의 가능성을 읽는다.[10] 유희석도 가르시아 마르께스의 『백년의 고독』을 정독하면서 "지역 특유의 토속성을 세계적 차원으로 승화시킨 사례"로 읽어내고, 이욱연과 백지운은 각각 위 화(余華)와 모 옌(莫言)을 중심으로 역사의식이 동반된 리얼리즘이 주변부 지역의 서사적 전통과 결합하여 특유의 국민문학적 활력을 보여주고 있는 중국 당대문학을 세계문학의 시각에서 분석한다.[11]

셋째, 창비 세계문학론은 서구 이론가들의 세계문학론과 조응하면서 일정한 차별성 및 비판적 입장을 견지하고 있다. 괴테의 세계문학 개념

---

9 백낙청 「지구시대의 민족문학」.

10 한기욱, 앞의 글.

11 유희석 「'세계문학'은 우리에게 무엇인가」, 『창작과비평』 2013년 겨울호; 이욱연, 앞의 글; 백지운 「세계문학 속의 중국문학」, 『창작과비평』 2013년 겨울호.

을 근거로 하는 점은 서구 이론과 마찬가지이나, 괴테-맑스 기획이라는 지칭에서도 엿보이듯 괴테의 개념 자체가 근대가 야기한 근대성의 요소들만이 아니라 근대의 모순에 대한 인식에 근거하고 있음에 착안하고 그 운동성에 역점을 둔 것부터 그러하다. 또 대표적인 서구 세계문학 이론가들인 까자노바나 모레띠(F. Moretti)처럼 월러스틴(I. Wallerstein)의 자본주의 세계체제론을 문학논의에 접목시킨 것은 마찬가지이나, 국지현실을 더 천착하여 한반도에 구조화된 분단체제에 대한 인식을 이론에서뿐 아니라 실제 작품읽기에까지 적용하려고 한다는 점에서 남다르다. 분단체제가 "역사 속에서 형성 변화 중인 세계체제의 한 하위체제인 동시에, 일정한 독지성을 갖고 그 나름의 변동을 겪고 있는 남북한 두 '체제'의 특이한 결합이기도" 하기 때문에 분단체제 극복에 기여하는 민족민중문학은 국지적으로 발현되는 체제모순을 드러내고 극복하는 창조적 성취로서 세계문학적 의미를 부여받고 있다. 까자노바나 모레띠가 공히 간과하고 있는 주변부 혹은 반주변부의 민족/국민문학적 발현이 새로운 세계문학 창조의 자원이 된다는 것이다. 주변부에서의 창조적 성취에는 서구문학의 근대적 성취는 그것대로 보존하고 활용하면서 동시에 근대체제 자체에 저항하고 그 극복을 도모하는, 말하자면 '근대극복과 근대적응의 이중과제'가 구현되고 있다. 비서구 국민/민족문학에는 현재 세계시장의 수요에 부응하는 형태의 '시장적 리얼리즘'의 흐름에 맞서서 괴테-맑스적 의미에서의 세계문학을 추동해나가는 힘이 간직되어 있고, 한국문학의 세계화도 단순히 한국문학을 세계에 알리거나 위상을 높이는 차원이 아니라 이같은 세계문학운동의 일환으로서의 방향성을 담아야 한다는 것이다.

넷째, 창비 세계문학론은 유럽 중심의 세계문학 지형을 재구성할 수 있는 비서구 지역문학의 가능성을 타진하는 가운데 동아시아문학에 대한 점검과 사유를 발전시켜왔다. 1990년대초에 대두한 동아시아담론은 당시 냉전종식과 중국과의 수교(1992)에 따라 동아시아로 시야를 열어가는 과정에서 동아시아를 세계체제와 관련지어서 사유하고 형성하고자 하였다. 미국 및 유럽의 바깥에서 동아시아를 하나의 대안적 공동체로 모색하는 가운데 한반도의 분단체제 극복을 위한 운동이 동아시아 민중의 연대와 이어지고 그것이 기존의 패권질서에 균열을 초래하는 힘이 될 수 있다는 것이다. 동아시아론과 '동전의 양면'이라고 할 수 있는 동아시아문학론 또한 이 시기에 본격적으로 제기되는데, 최원식은 북한과 대만까지 포함하는 한·중·일 문학을 하나로 묶어 보는 훈련을 통해서 이 지역의 평화구축에 기여하고 나아가서 서구에 대한 문명적 대안으로서 세계문학에 참여할 것을 구상하였다.[12]

동아시아문학론을 본격적인 세계문학론과 연동시킨 백낙청은 까자노바가 세계문학의 장을 설명하기 위해 내세운 '문학의 세계공화국'이 유럽 중심의 보편주의를 전제하고 있음을 비판하면서 그 불평등구조에 저항할 동아시아 지역문학의 가능성을 거론한다. 과거 유교문명권 내지 한자문명권에 속하는 한반도 및 중국과 일본, 베트남까지 포함하는 동아시아문학은 그 풍부한 문학적 자산에도 불구하고 세계문학의 변방에 위치해 있고 세계시장에서의 위상도 높지 않다. 그러나 공동의 문화유산과 아울러 일정한 경제능력이 뒷받침되는 등 지역문학으로서 발전의 잠재력이 크기 때문에, 내부적인 격차를 동아시아 연대를 통해 극소화한다면 유럽 중심적인 단일한 문학의 세계공화국이 아닌 다극화

---

12 최원식 「동아시아문학론의 당면문제」, 『생산적 대화를 위하여』, 창작과비평사 1997.

된 연방공화국의 미래상에 기여할 전망을 가질 수 있다.[13] 필자는 동아시아가 세계체제에서 차지하는 비중에 비해 동아시아문학은 세계문학에서의 위상이 크게 떨어지는 불균형을 보이고 있지만 중심부로부터의 이같은 거리 때문에 오히려 동아시아 지역은 유럽보편주의에 대한 도전과 극복의 에너지를 담고 있는 장소이고, 동아시아문학은 문학의 세계공화국의 패권구도를 해체할 수 있는 단초가 될 수 있다고 본다.[14]

창비 세계문학론의 관점에서 동아시아 지역문학을 구성하고자 하는 구상과 실천은 동아시아가 서구중심주의에 맞서는 또 하나의 패권이 되기보다 괴테-맑스적인 기획에 종사하자는 방향이며 따라서 동아시아 내부의 패권직인 요소와 대립까지 연대와 소통을 통해 극복해나가야 하는 과제를 안고 있다.

---

13 백낙청「세계화와 문학」.
14 윤지관「세계문학에 지방정부는 있는가」,『창작과비평』 2011년 겨울호.

하나인 학문과 그것을 위한 제도의 추구

김종엽

1

"한국의 문학인이 사회과학을 모른다거나 다른 면에서 유능한 지식인들이 문학을 모른다는 것은, 있으면 더 좋지만 없어도 견딜 수 있는 '교양'의 부족 정도가 아니라 바로 그들의 직업적인 무능과 현실감각의 결핍을 의미하는 것이다." 『창작과비평』 창간호에 실린 백낙청의 글 「새로운 창작과 비평의 자세」의 한 구절이다.[1] 이 구절은, 창작과 비평의 '과'와 마찬가지로 문학과 사회과학 사이의 '과' 또한 두 항의 병존을 넘어 서로를 전제하며 서로를 통해 서로를 넘어서는 운동 상황을 만들어내는 연결사임을 주장하고 있는데, 이런 지향 속에 이후 창비가 꾸준히 발전시켜온 대안적인 학문/교육론의 기본적인 틀이 내장되어 있다.

金鍾曄 한신대 사회학과 교수, 문화평론가, 『창작과비평』 편집위원. 저서로 『연대와 열광』 『左충右돌』 등이 있음.

하지만 창비의 대안적인 학문/교육론은 창비의 다른 담론, 예컨대 리얼리즘론, 민족문학론, 분단체제론, 근대의 이중과제론 등과 같이 뚜렷한 명칭을 가지고 전개되지는 않았다. 근래에는 "사회인문학"이라는 명칭이 자주 쓰였지만,[2] 그 이전에는 그리고 사회인문학이라는 명칭이 등장한 이후에도 "단일한 인문학" "'하나의 인문학'을 겸하는 '단일한 과학'" "인문적 통일과학" "단일한 과학적 인문학" "총체적 학문으로서의 인문학" 등 약간씩 다른 명칭들이 쓰였다.[3] 이런 점은 창비의 대안적인 학문/교육론이 여타 담론들에 비해 선명함이 덜하고 잠정적인 명칭을 택해왔음을 말해주는데, 그 이유는 대안적인 학문/교육론이 창비가 전개해온 여러 담론들과 복합적인 연관을 맺고 있을 뿐 아니라 근대적 지식체계와의 대결이라는 어떤 의미에서 가장 근원적인 과제를 다루기 때문이다.

하지만 만일 그것이 근대적 지식체계와의 대결에 한정된다면, 그것을 대안적인 학문을 교육과 빗금(/)으로 연결하여 하나로 응집해서 말할 필요는 없을 것이다. 근대적 지식체계와의 대결은 당연히 그것을 제도적으로 뒷받침하는 대학제도와 그것을 정점으로 하는 교육제도 전체와의 대결도 함축한다. 그리고 당연히 이런 교육제도는 그것을 규정하는 동시에 그것에 의해 조정되고 있는 사회 현실 전체를 논의의 대상으로 삼게 한다. 비근한 예로 우리 사회의 가장 큰 문제로 꼽히는 입시문

---

1 백낙청 「새로운 창작과 비평의 자세」, 『창작과비평』 1966년 창간호 18면; 『민족문학과 세계문학 1/인간해방의 논리를 찾아서』, 창비 2011, 395면에서 재인용.
2 '사회인문학'이란 명칭은 연세대 국학연구원장이자 창비 주간이던 백영서가 제기한 것으로, 두 기관은 '사회인문학평론상' 공모전을 통해 그것이 지향하는 학문 이념과 글쓰기의 사회적 확산을 시도하기도 했다.
3 백낙청 「'국제경쟁력'과 한국의 대학」, 『분단체제 변혁의 공부길』, 창작과비평사 1994.

제를 생각해보자. 입시경쟁이 격심한 핵심 이유는 대학 교육을 통해서 얻을 수 있는 더 나은 지위나 수입과 관련된다. 하지만 바로 더 나은 지위와 수입을 얻기 위해서 수험생이 입증해야 하는 것은 자신이 대학 교육에 가장 잘 준비된 존재라는 점이다. 그리고 그것을 입증할 수단은 결국 대학이 제도화하고 있는 근대적 지식체계의 중등 버전에 대한 시험 성적이다. 입시 준비를 위해서 요구되는 경제적 능력과 대학 졸업 후에 얻을 경제적 수입을 이어주는 경첩은 근대적 지식체계인 셈이다. 이 과정에서 교육이 경제적 목적을 위한 수단이 되는 것에 대한 비판은 많이 있지만, 교육과 그것을 근거짓는 지식체계에 대해 문제가 제기된 적은 별로 없다. 근대적 지식체계는 화폐보다 더 당연한 것으로 전제되고 수용된다. 이런 근대적 지식체계에 도전하는 것은 어떤 의미에서 자본주의 경제체제에 도전하는 것보다 더 힘겹고 심층적인 과제라고 할 수 있다. 이하에서는 창비가 추구한 대안적 학문/교육론의 기본 발상을 살펴볼 것이다(2절). 그리고 그런 학문/교육론의 관점에서 그때그때의 학문 및 교육 현실의 여러 문제를 다루어온 과정을 짚어볼 것이다(3절).

2

주지하다시피 근대적 지식체계는 자연과학, 사회과학, 인문학이라는 3분 체계에 근거하며, 그것은 학문분화의 경로와 대학제도의 기본 틀을 규정한다. 3분 체계는 탐구 영역에 따른 분류이다. 이런 상이한 영역을 어떻게 연구하고 또 그런 연구를 통해 도달하고자 하는 지식과 진리의 성격이 무엇인가에 대해서는 세가지 입장이 맞선다. 첫째, 모든 탐구 영역이 자연과학을 표준으로 해야 한다고 보는 통일적 학문론이고, 둘째, 자연과 인간/사회라는 연구 영역 사이에 질적 차이가 존재한다고 보는 이원적 학문론이다. 후자는 가치와 문화의 영역인데 비해 전자는 가치와 무관한 영역이며, 전자는 대상에 대한 우리의 법칙적 해명에 연구대상이 영향을 받지 않는 데 비해 후자는 탐구의 결과로 어떤 지식이 형성되면 그로 인해 사회적 또는 인간적 삶의 상황이 변화된다. 따라서 서로 다른 연구 방법과 지식/진리관을 가진 이원적 학문이 존재한다는 것이다. 마지막으로 자연과학은 과학이지만 인문학은 과학이 아니라는 입장이다(사회과학은 이 사이에서 동요하는 경향을 보인다).

창비는 이런 근대적 지식체계와 세 갈래의 학문론에 정면으로 도전한다. "인간의 학문활동을 인문·사회·자연과학의 이질적인 방법을 지닌 세 분야로 가르는 일은 부당하며, 자연과학·비자연과학의 두 분야로 가르는 것조차 궁극적으로는 바람직하지 못하다"는 것이 창비의 입장이다. 오히려 "모든 학문은 그 대상에 대한 정확하고 체계적인 인식을 추구한다는 점에서 '단일한 과학'이며 (…) 모든 학문은 인간의 인간다움을 구현하려는 실천의 한 형태라는 점에서 모두가 '하나의 인문학'"이라는 것이다.[4]

이런 주장이 함축하는 바를 잘 드러내주는 예는 박현채가 문학과 사회과학의 관계에 대해 논한 것에 대한 백낙청의 논평이다. 박현채는 문학과 예술이 산봉우리의 아름다움을 재현한다면, 사회과학은 산과 산줄기를 지도로 재현한다고 말한다. 그러면서 "화가가 그린 그림으로는 산에 오르는 데는 도움이 되지 않는다. 등산을 위해서는 먼저 지도가 필

---

4 백낙청 「학문의 과학성과 민족주의적 실천」, 『민족문학의 새 단계』, 창작과비평사 1990, 329면.

요하게 된다. (…) 경제학이 인간의 움직임을 그 대상으로 하고 인간회
복을 말한다고 해서 그 속에서 고금의 뛰어난 작가가 그려내고 있는 것
과 같은 인간성의 기미까지를 기대하는 것은 정당한 것은 아니다. 오히
려 이런 것을 그리려고 한다면 독자적인 인식목적을 갖는 사회과학 그
자체의 성립까지도 부정하는 것으로 된다는 것이다."[5]

이에 대해 백낙청은 이렇게 말한다.

비유에서는 논의의 편의상 산을 오르는 행위가 일단 바람직한 인간적
실천으로 설정되어 있는데, 그렇다면 최고의 예술은 등산의 '감동'—더
욱이나 산들을 구경하는 감동—에 국한되는 작업이 아니라 바로 등산
행위 자체와도 맞먹는 별도의 창조적 실천이라는 것이 본고의 주장이기
때문이다. 또한 등산에 관한 뛰어난 작가의 문학이나 미술 작품이 지도
의 정밀성과 그 특수한 용도를 대신해줄 수 없지만, 산에 오르는 데 지도
못지않게—어떤 면에서는 그 이상으로—도움이 되는 '등산소설' 따위
가 없으라는 법도 없다. (…) 사실은 경제학과 지도의 비유도 과학의 탈
실천적 성향과 바로 그런 성향에서 오는 특수한 효용성을 부각시키고는
있지만, 좀더 따지고 들자면 철저한 분과과학으로서의 경제학(소위 주
류경제학)에나 완전히 적중하는 비유이다. 포괄적인 단일 사회과학·역
사과학을 생각할 때는 그것이 엄밀한 지도작성과 독도법에 기초해야 한
다고 말할 수는 있으나, 동시에 사회과학 자체가 그 나름으로 등산의 의
의를 말하고 그 감동을 상기시키는 '인문적' 성격을 이미 겸하고 있다고
덧붙여야 할 것이다. 더구나 과학의 진실추구는 과학자의 실천적인 지혜

---

5 박현채 「문학과 경제—보다 근원적인 상호관계에 대한 인식」, 『실천문학』 1984,
   431면.

사랑의 일환으로서만 진리탐구로 되는 것이라면, 사회과학의 '인문적' 성격은 곧 그것의 '철학'으로의 승화——동시에 종래 모든 철학들의 근본적 변화——를 요구하는 것이라 하겠다. 그러므로 경제학과 문학의 상호보완이란, 원칙적으로 이러한 진리탐구의 경지에 이른 학문과 진리구현의 수준에 달한 창조적 예술과의 관계일 때만 대등한 상호보완이 된다.[6]

여기서 두가지 표현이 핵심적이다. 하나는 '인문적'이고 다른 하나는 '진리'이다. 전자와 관련해서 백낙청은 이렇게 말한다. "자연과학의 성립으로 과학 자체가 완성된 것이 아니라 과학성의 일면이 구현되었을 따름이고 뒤이어 과학이 인간의 실천적 삶까지 그 대상으로 포용하면서 자연과학의 방법에 국한되지 않는 과학의 본성이 좀더 드러났다는 인식은, 앞으로 인간의 지식과 기술이 한층 늘어나는 가운데 과학 자체의 실천적 성격——인간을 인간답게 만드는 역사행위로서의 성격——이 더욱 뚜렷해질 가능성을 숙고하게 만든다. 그런 의미에서 과학의 '인문학적' 성격이 점점 부각되리라고 말할 수도 있을 것이다."[7] '인문적' 성격은 앞서 박현채에 대한 논평에서 지적되었듯이 사회과학에 스며 있어야 하는 것은 물론 자연과학에도 깊이 스며 있어야 할 것인데, 그것이 함축하는 바는 인간을 인간답게 하는 실천성이다. 이런 실천의 통일적 성격이 인문학과 사회과학 그리고 자연과학의 분화에 도전하는 근거이며, 그런 학문을 단일한 '인문학'이라고 명명하는 이유이다.

이런 단일한 인문학은 근대적 지식체계가 전제해온 "진리 개념에 대한 도전"[8] 또한 함축한다. 이 문제를 백낙청은 두가지 이론적 자원을 경

---

6 백낙청 「작품·실천·진리」, 『민족문학의 새 단계』 381~82면.
7 백낙청 「학문의 과학성과 민족주의적 실천」, 『민족문학의 새 단계』 338면.

유하며 다룬다. 근대적 지식체계의 뿌리에 놓인 형이상학에 도전하는 하이데거의 시도와 근대적 지식체계를 떠받치는 서구적 보편주의에 비판적인 제3세계론 및 세계체제론이다. 하지만 백낙청은 근대적 지식체계에 대한 적응과 극복의 이중과제를 실천할 가장 중요한 의미론적 자원인 진리가 동양적 사유 내부에 있다고 본다. 이런 입장이 "'동'과 '서'가 비교적 분명히 구별되던 시절 자체가 이미 지났고, 지금은 기술문명을 두고도 '서기'라고 부르는 것이 역사적인 연원을 따지는 것 이상의 의미를 갖지 않"는바 "동서를 막론하고 '기'만 남고 '도'는 사라지다시피 한 상황"[9]을 도외시하는 갱신된 동도서기론이 아니라, 동양적 사유가 강조해온 도(道)로서의 진리 전통 속에서 근대적 지식체계가 망각한 더 근원적인 진리에 이를 수 있는 "오래된 미래"가 간직되어 있다고 보는 입장이다.[10]

"진·선·미의 동시적인 추구"[11]에 입각한 단일한 인문학이라는 기획에 비하면, 창비가 근래에 집중적으로 사용해온 사회인문학이라는 명

---

8 이 말은 백낙청의 「세계시장의 논리와 인문교육의 이념」의 제4절 제목이기도 하다(『분단체제 변혁의 공부길』 244~50면).

9 같은 글 252면.

10 백낙청 「인문학의 새로움은 어디서 오나」, 『창작과비평』 2014년 여름호 334~57면.

11 백낙청은 또한 이렇게 말한다. "사회인문학에 '사회'라는 말이 들어가는 것이 기존의 '사회과학'을 단순히 포함시킨다는 뜻에 머물 수 없다. 물론 사회과학을 포괄한다는 점에서 현존 학문체계 속의 인문학과 사회과학의 간격을 좁히고 나아가 벽을 허무는 작업이긴 하지만, 그 과정에서 (월러스틴의 표현으로) '사회과학으로부터의 탈피'(unthinking social science)마저 수행할 필요에 직면하게 마련이다. 다시 말해 사회인문학이 인문학을 쇄신하되, "원래의 인문학으로부터 분리되어 발달한 근대 자연과학의 지식과 성과를 수용할뿐더러, 근대과학의 후발 산물이자 문제아에 해당하는 사회과학도 포괄하는 새로운 인문학이 되"려면 "새로운 인식론적 패러다임을 개발해야"하는 것이다."(「사회인문학과 비판적 잡지에 관한 몇가지 생각」, 『동방학지』 152집, 2010, 3~4면)

칭은 다소 폭을 좁힌 듯이 보이고, 그렇게 한 이유는 자연과학을 포함하는 단일한 인문학이라는 야심을 다소 약화시키고 현실적이고 내실있는 과제를 설정하는 데 있는 듯하다. 하지만 사회인문학이라는 명명 역시 내적 의도의 수준에서는 단일한 인문학이었고, 그 점을 항상 상기해왔다. 예컨대 백영서는 이렇게 말한다. "우리가 추구하는 인문학은, 학문의 분화가 심각한 현실에 맞서 파편적 지식을 종합하고 삶(또는 인간의 다양한 가능성)에 대한 총체적 이해와 감각을 길러주며 현재의 '삶에 대한 비평'의 역할을 제대로 하는 총체성 인문학, 곧 학문 그 자체이다."[12]

3

하지만 동아시아적인 "오래된 미래"는 "날로 새로운 현실"과 대면할 수 있어야 한다. 이 대면은 이중적이다. 한편으로 "날로 새로운 현실" 속에서 대안적인 학문/교육을 형성하는 작업이어야 하고, 다른 한편으로는 구체적 현장을 분석하고 그것의 문제를 극복하는 대안을 모색하는 작업이어야 하는 것이다. 전자가 학문의 자기갱신과 근원성의 회복이라면, 후자는 학문의 실천적 소임이라고 할 수 있다.

앞의 과제는 창비의 관점에서는 비판적 잡지로서 자신이 취할 전략적 위치를 설정하는 문제라 할 수 있다. 백낙청은 이 점에 대해 이렇게 말한다. "비판적 잡지의 성공을 위해서는 대학제도에 함몰되지 않으면

---

12 백영서 『사회인문학의 길: 제도로서의 학문, 운동으로서의 학문』, 창비 2014, 35면.

서 대학의 여러 자원을 '기회주의적으로' 활용하는 지혜가 필요하다. 또한 이런 지혜를 발휘하더라도 비유컨대 '유격전의 거점' 이상이 되기 힘들다는 겸허한 자기인식이 요구된다. 유격전으로 시간을 벌고 자원을 개발하는 동안에 제도권 대학을 포함한 전국 규모의 한층 근본적인 변화가 일어나야 사회인문학의 진정한 복원이 가능하다."[13] 비판적 잡지로서 창비는 대학의 외부와 내부의 경계에 위치함으로써 대학에 대한 외압(外壓)과 내진(內進)을 병행하고자 하며, 그럼으로써 새로운 학문/교육을 형성하려는 것이다. 이것이 백영서가 "제도로서의 학문, 운동으로서의 학문"이라는 '이중과제'를 짊어진 것으로서 '사회인문학의 길'을 말하는 이유이다.

따라서 비판적 잡지는 대학제도의 개혁을 지향하기도 하며, 그것을 위해 대학과 그것에 연계된 중등교육 전반까지 그리고 그런 학문/교육에 연결된 세속적 욕망의 세계까지 논구할 필요가 있는데, 이 문제는 뒤의 과제, 즉 구체적 현장에 대한 분석과 대안 모색에 연결된다고 하겠다. 『창비』는 특집, 좌담, 논단, 현장통신 등 다양한 꼭지를 활용하여 학문과 대학의 이념에서 중등 교육의 개혁과 관련된 현안에 이르는 주제를 두루 다루었다.

교육의 이념을 다룬 것으로 중요하게 꼽을 만한 꼭지로는 송건호의 「'민족교육'의 사적 고찰」(1976년 봄호)과 성래운·이오덕·김인회·이시영·김윤수 좌담 「분단현실과 민족교육」(1978년 여름호)을 들 수 있다. 민족문학론과 분단체제에 대한 문제의식이 민족 교육에 대한 탐색으로 이어졌다고 할 수 있다. 80년대 초중반 『창비』는 폐간으로 발간되지 못

---

13 백낙청, 앞의 글 9면.

했고 무크지 형태로 발간되는 시기를 가졌는데, 이 기간에 대안적 학문/교육론은 원론 수준에서 계간지 이외의 지면을 활용하며 꾸준히 발전했지만, 현장성 있는 논의는 87년 민주화 이행 이후에 활발해졌다. 이후 창비는 중요 현안에 거의 대부분 대응했다고 할 수 있다. 예컨대 전교조운동이 중심의제였던 시기에는 유팔무의 「지식인과 교사의 계급적 성격에 대하여」(1990년 가을호)가 게재되었고, 김대중정부의 교육개혁이 화두였던 시기에는 이종각·오성숙·김종엽 좌담 「교육개혁은 이제부터다」(1998년 겨울호)가 게재되었다. 사립학교법 개정운동에 즈음해서는 이수인의 「교육개혁전쟁에서 어떻게 승리할 것인가」(1999년 여름호) 같은 중요한 논문을 실었으며, 학벌사회와 서울대 개혁 문제가 부상했을 때는 안상헌·송호근·김상봉·김종엽 좌담 「학벌사회와 서울대 개혁」(2002년 봄호)을 게재했다. 학령인구의 변동에 따른 지방대학의 위기 문제도 그것이 사회적으로 의제화되기 훨씬 앞서서 다루었다(김종엽 「지방대학의 위기와 교육혁신의 방향」, 2003년 겨울호). 전교조와 참여정부 사이에 네이스를 둘러싼 심각한 갈등 상황이 벌어졌을 때는 심성보의 「네이스의 반인권성과 비교육성」(2003년 가을호)을 실었다. 관련해서 전교조에 대해 비판적 문제의식을 가진 대화를 마련하기도 했다(하승수·장혜옥 도전인터뷰 「전교조, 우리 교육의 대안세력인가」, 2006년 겨울호). 또한 현안에 대응하기 위해 현장통신 꼭지도 적극 활용하여, 1999년 가을호부터 2001년 겨울호까지 중등교육과 대학 문제는 물론이고 시간강사나 전문대 문제에 이르기까지 다양한 주제를 다뤘다.

현안에 대한 대응을 넘어서 대학의 이념과 학문 변동의 토대가 되는 평가체제가 어떤 문제를 가지고 있는지에 대해서도 지속적인 관심을 가졌다. 대표적으로 구기성의 「대학, 그 이상과 현실 사이」(1972년 봄호),

김진균·백영서·방기중·강순원·고재호 좌담 「새로운 대학공동체의 모색」(1988년 겨울호), 임형택·서경희·신정완·백영서 좌담 「주체적이고 세계적인 학문은 가능한가」(2004년 겨울호), 홍덕률의 「대학평가·학문평가를 평가한다」(2004년 겨울호), 김봉억의 「언론사 대학평가의 문제점: '순위표'가 교육의 질로 이어질 수 있는가」(2014년 여름호)를 꼽을 수 있다.

『창비』는 2012년과 2013년에는 정권교체는 물론이고 그 이상의 대전환을 지향하며 2013년체제론을 제기한 바 있는데, 교육 영역에서도 2013년체제에 대한 구상을 전개했다. 관련된 글로는 이기정의 「교육의 2013년체제를 만들자」(2012년 봄호), 윤지관의 「한국 사립대학의 공공성 회복을 위하여 ── 2013년 이후 대학개혁의 이념」(2012년 가을호), 김명환의 「2013년체제를 위한 대학개혁의 첫 단추」(2012년 가을호), 이재훈의 「학벌서열체제를 어떻게 깰 것인가」(2013년 봄호)가 있다.

요약하자면 창비의 대안적 학문/교육론은 인간해방을 위한 하나인 학문과 그것을 위한 제도를 추구해왔다고 할 수 있다. 그것은 지식체계의 수준에서 근대의 이중과제를 감당하기 위한 것이라 하겠다. 이 과제를 한 단계 높은 수준에서 수행하기 위해서는 학문론과 제도적 전제라는 양축에 대한 논의가 더 긴밀하고 깊이있게 연계되는 것이 필요할 것이다.

창비 50년의 자료

(주)창비 및 계열사 역대 대표·이사

1. (주)창비

1974. 1. 10   창작과비평사 설립
1994. 3. 24   (주)창작과비평사 성립(법인 전환)
1994. 4. 20   사업자 등록
1994. 5. 1   개업
2003. 6. 27   파주출판도시 이전
2003. 10. 1   (주)창비 사명 변경

대표이사   김윤수 1994. 3. 24~2003. 3. 31
             이시영 1995. 2. 1~1999. 3. 31
             고세현 1999. 4. 1~2011. 12. 29
             강일우 2011. 12. 30~2016. 2. 현재

이사   김윤수 1994. 3. 24~2009. 3. 31
             마문호 1994. 3. 24~1997. 3. 24
             백낙신 1994. 3. 24~1997. 3. 24
             염홍경 1994. 3. 24~2003. 3. 31
             이시영 1994. 3. 24~2003. 3. 31
             임재경 1994. 3. 24~2003. 3. 31
             홍성우 1994. 3. 24~2003. 3. 31
             고세현 1996. 1. 1~2011. 12. 30, 2014. 3. 31~2016. 2. 현재
             최원식 1997. 3. 24~2009. 3. 31
             백영서 1999. 3. 1~2016. 2. 현재

한지현 2003. 3. 31~2016. 2. 현재

강일우 2010. 12. 1~2016. 2. 현재

백낙청 2012. 3. 31~2016. 2. 현재

한기욱 2015. 3. 31~2016. 2. 현재

감사　　　　한지현 1994. 3. 24~1998. 3. 31, 1998. 6. 30~2003. 3. 31

신병호 2003. 3. 31~2011. 3. 31

이기철 2011. 3. 31~2016. 2. 현재

---

2. (주)미디어창비

2009. 4. 28　회사 성립

2009. 5. 14　개업

2009. 5. 14　사업자 등록

대표이사　　강일우 2009. 4. 28~2016. 2. 현재

---

3. (주)창비교육

2014. 6. 11.　회사 성립, 개업

2014. 6. 25.　사업자 등록

대표이사　　강일우 2014. 6. 11~2016. 2. 현재

발행인

1대   오영근   1966년 창간호~1967년 가을호(7호) *문우출판사 대표

2대   한만년   1967년 겨울호(8호)~1969년 여름호(14호) *일조각 대표

3대   신동문   1969년 가을·겨울 합병호(15호)~1975년 가을호(37호)

4대   백낙청   1975년 겨울호(38호)~1977년 겨울호(46호)

5대   염무웅   1978년 봄호(47호)~1979년 겨울호(54호)

6대   정해렴   1980년 봄호(55호)~1980년 여름호(56호)

7대   김윤수   1985년 부정기간행물 1호(57호)~2015년 겨울호(170호)

8대   강일우   2016년 봄호(171호) 현재

편집인

백낙청   1966년 창간호~1969년 여름호(14호)

　　　　1972년 겨울호(26호)~1977년 겨울호(46호)

　　　　1985년 부정기간행물 1호(57호)~2015년 겨울호(170호)

신동문   1969년 가을·겨울 합병호(15호)~1972년 가을호(25호)

염무웅   1978년 봄호(47호)~1979년 겨울호(54호)

정해렴   1980년 봄호(55호)~1980년 여름호(56호)

강일우   2016년 봄호(171호) 현재

편집주간

백낙청   1966년 창간호~1972년 여름호(24호)

염무웅   1972년 가을호(25호)~1977년 겨울호(46호)

이시영   1985년 부정기간행물 1호(57호)

　　　　1988년 여름호(60호)~1988년 겨울호(62호)

최원식   1996년 봄호(91호)~2005년 겨울호(130호)

백영서 2006년 봄호(131호)~2015년 겨울호(170호)
한기욱 2016년 봄호(171호) 현재

편집위원/편집자문위원/편집고문

*성명은 가나다순이며 개인별 위·해촉 시점을 부기함(연도 표기가 없는 경우는 임기가 다음 연대로 연장되었음을 의미함).

1970년대

[편집위원] 김윤수 백낙청 염무웅

*1978년 봄호(47호)부터 편집위원회 구성.

1980년대

[편집위원] 김윤수(~80년 여름호) 백낙청 신경림 염무웅 이시영(85년 부정기간행물 1호~) 임재경 임형택 최원식(85년 부정기간행물 1호~)

*신경림 임재경 임형택은 1985년 부정기간행물 1호에만 등재.

1990년대

[편집위원] 고세현(92년 봄호~98년 여름호) 고형렬(98년 가을호~99년 겨울호) 김영희(92년 봄호~) 박명규(98년 가을호~) 백영서(89년 봄호~) 염무웅(~91년 겨울호) 이시영(~98년 여름호) 임규찬(94년 겨울호~) 최원식

[편집자문위원] 강만길(91년 봄호~) 김사인(94년 봄호~96년 봄호) 김상환(98년 겨울호~) 김영식(94년 봄호~95년 겨울호) 김영희(~91년 겨울호) 김종엽(98년 겨울호~) 김종철(~92년 겨울호) 박명규(95년 겨울호~98년 여름호) 박현채(~95년 가을호) 설준규(94년 봄호~) 신경림(91년 봄호~) 염무웅(92년 봄호~) 유재건(93년 봄호~) 이병천(~92년 겨울호) 이옥경(92년 봄호~95년 가을호) 이필렬(96년 봄호~) 임규찬(94년 봄호~94년 가을호) 임재경(91년 봄호~) 임형택(91년 봄호~) 진정석(98년 겨울호~) 한기욱(98년 겨울호~) 현기영(93년 봄호~)

*1991년 봄호(창간 25주년 기념호)부터 편집자문위원제 신설.

2000년대

[편집위원] 김사인(05년 봄호~06년 여름호) 김상환(01년 봄호~06년 여름호) 김영희 김종엽(03년 겨울호~) 김항(09년 가을호~) 김현미(08년 겨울호~) 나희덕(04년 겨울호~08년 여름호) 박명규(~08년 여름호) 박형준(06년 가을호~) 백영서 백지연(04년 겨울호~) 백지운(09년 가을호~) 설준규(04년 겨울호~06년 여름호) 염무웅(04년 겨울호~06년 여름호) 유재건(01년 봄호~) 유희석(07년 겨울호~) 윤정숙(06년 가을호~08년 봄호) 이남주(04년 겨울호~) 이시영(04년 겨울호~06년 여름호) 이욱연(04년 겨울호~08년 여름호) 이일영(04년 겨울호~) 이장욱(06년 봄호~) 이필렬(04년 겨울호~) 임규찬(~08년 봄호) 임형택(04년 겨울호~06년 여름호) 임홍배(04년 겨울호~08년 여름호) 조순경(04년 겨울호~06년 여름호) 진정석(04년 겨울호~) 최원식 최태욱(07년 봄호~) 하승창(05년 봄호~06년 여름호) 한기욱(01년 봄호~) 황정아(08년 겨울호~)

[편집자문위원] 강만길 김상환 김종엽 나희덕(01년 봄호~) 설준규 소광섭(01년 봄호~) 신경림 염무웅 유재건(~00년 겨울호) 이시영(03년 여름호~) 이욱연(01년 봄호~) 이필렬 임재경 임형택 임홍배(03년 가을호~) 진정석 한기욱(~00년 겨울호) 현기영

[편집고문] 강만길 소광섭 송기숙 신경림 염무웅(06년 가을호~) 임재경 임형택(06년 가을호~) 현기영

* 2004년 겨울호부터 편집자문위원제를 폐지하고 편집고문제를 신설해 기존 자문위원을 비상임 편집위원 또는 편집고문으로 위촉함.
* 별도 명시 없는 경우는 모두 2004년 겨울호부터 편집위원 또는 편집고문으로 이전.

2010년대

[편집위원] 강경석(15년 봄호~) 고세현(13년 봄호~15년 겨울호) 김사인(12년 여름호~) 김영희 김종엽 김태우(16년 봄호~) 김항 김현미(~12년 겨울호) 도종환(10년 여름호~12년 봄호) 박형준(~10년 봄호) 백영경(13년 가을호~) 백영서(~15년 겨울호) 백지연 백지운 송종원(13년 가을호~) 유

재건 유희석 이남주 이일영 이장욱(~15년 겨울호) 이필렬 정현곤(12년 봄호~) 진은영(10년 가을호~) 진정석(~14년 겨울호) 최원식(~15년 겨울호) 최태욱(~12년 겨울호) 한기욱 한영인(16년 봄호~) 황정아
[편집고문] 김윤수(16년 봄호~) 강만길(~15년 겨울호) 백영서(16년 봄호~) 소광섭(~15년 겨울호) 송기숙(~15년 겨울호) 신경림(~15년 겨울호) 염무웅 이시영(16년 봄호~) 임재경(~15년 겨울호) 임형택 최원식(16년 봄호~) 현기영(~15년 겨울호)

2016년 1월 현재
[편집위원] 한기욱(주간) 이남주(부주간) 강경석 김사인 김영희 김종엽 김태우 김항 백영경 백지연 백지운 송종원 유재건 유희석 이일영 이필렬 정현곤 진은영 한영인 황정아
[편집고문] 김윤수 백영서 염무웅 이시영 임형택 최원식
[명예편집인] 백낙청

계간 『창비어린이』 역대 편집위원 및 기획위원

2003년 여름호(창간호)~2003년 겨울호(통권3호)
편집위원: 김경연 김상욱 김이구 원종찬
기획자문위원: 김경희 김중철 박숙경 백창우 엄혜숙 이억배

2004년 봄호(통권4호)
편집위원: 김경연 김상욱 김이구 원종찬
기획자문위원: 김경희 김중철 박숙경 백창우 엄혜숙

2004년 여름호(통권5호)~2005년 봄호(통권8호)
편집위원: 김경연 김상욱 김이구 원종찬
기획자문위원: 김경희 박숙경 백창우 엄혜숙

2005년 여름호(통권9호)~2006년 봄호(통권12호)
편집위원: 김경연 김상욱 김이구 원종찬
기획위원: 김경희 김제곤 박숙경 백창우 엄혜숙 이지유

2006년 여름호(통권13호)~2007년 가을호(통권18호)
편집위원: 김경연 김상욱 김이구 원종찬
기획위원: 김경희 김제곤 박숙경 백창우 양동훈 엄혜숙 이지유 최은경

2007년 겨울호(통권19호)~2009년 봄호(통권24호)
편집위원: 김경연 박숙경 원종찬 조은숙
기획위원: 김경희 김상욱 김이구 김제곤 백창우 양동훈 엄혜숙 이지유 최은경

2009년 여름호(통권25호)~2011년 봄호(통권32호)

편집위원: 김종휘 박숙경 원종찬 조은숙 최은경

기획위원: 김경연 김경희 김상욱 김이구 김제곤 이지유

2011년 여름호(통권33호)~2012년 겨울호(통권39호)

편집위원: 김제곤 박숙경 오세란 조은숙

기획위원: 김경연 김경희 김민령 김종휘 김지은 원종찬 이지유 최은경

2013년 봄호(통권40호)~2013년 가을호(통권42호)

편집위원: 김제곤 박숙경 오세란 조은숙

기획위원: 김경연 김경희 김민령 김지은 원종찬 이지유 최은경

2013년 겨울호(통권43호)~2015년 봄호(통권48호)

편집위원: 김제곤 김지은 박숙경 오세란

기획위원: 김경연 김경희 김민령 원종찬 이지유 조은숙 최은경

2015년 여름호(통권49호)~현재

편집위원: 김민령 김지은 박숙경 오세란

기획위원: 김경연 김경희 김제곤 원종찬 이지유 조은숙 최은경

* 이상 연대별 가나다순.

시·소설 소위원회 역대 위원

시소위

1990년대(1994년 창설) 고형렬 김사인 이시영 정종목 정희성

2000년대 고형렬 나희덕 박형준 이시영 이장욱 정희성

2010년대(2016년 1월 현재까지) 김사인 도종환 박성우 손택수 송종원 신
용목 이장욱 진은영

소설소위

1990년대(1997년 창설) 백지연 손경목 임규찬 진정석 최원식 현기영

2000년대 김영찬 김영희 백지연 유희석 임규찬 진정석

2010년대(2016년 1월 현재까지) 강경석 백지연 송종원 양경언 유희석 진
정석 한기욱 황정아

＊이상 연대별 가나다순.

창비 임직원 명단

1. (주)창비

강일우(대표이사) 이기철(감사) 염종선(이사) 문경미(국장) 강서영 강영규
권은경1 권은경2 권정민 김경언 김길한 김선아 김선영 김성남
김아름 김영선 김원민 김유리 김유경 김은혜 김정규 김진아
김효근 노민영 박규희 박대우 박동흠 박신규 박아경 박주용
박 준 박지영 박지현 반서윤 백승윤 서채린 손무원 신경애
신나라 신문수 신채용 신혜원 여민희 오승용 유병록 윤동희
윤정우 윤해민 이범현 이상술 이순화 이은혜 이지영 이진혁
이하나 이하림 장민정 장수경 전성이 전유진 정석균 정소영
조경환 지은영 천지현 최연욱 최지수 최진성 최창호 한지영
황숙화 황 민 황 진 황혜숙

2. (주)창비교육

강일우(대표이사) 한지현(감사) 김종곤(이사) 강경석 곽문영 구하라
김성삼 김영옥 김용희 김은주 김지훈 김현기 김현정 나길훈
민윤희 박선영 박정애 서대영 서영희 설민환 윤보라 이교성
이단비 이승우 이영일 이요한 이주경 이지영 이혜선 정도현
정지연 정태모

3. (주)미디어창비

강일우(대표이사) 이기철(감사) 강정구 경덕현 고경우 김은숙
방애림 서정호 오세웅 오찬미 윤상호 이미경 이성주 이세영
이요한 이정아 이태훈 이필근 이효림 조윤주 조현정 홍완영

* 2016년 1월 15일 기준.

창비 노동조합

1. 연혁

1990년	1월 16일 설립
1990~1993년	서울지역출판노동조합 창작과비평사 분회
1994~2000년	서울지역출판노동조합 (주)창작과비평사 분회
2001~2003년	전국언론노동조합 서울지역출판지부 (주)창작과비평사 분회
2004~2014년	전국언론노동조합 출판지부 (주)창비 분회
2015~현재	전국언론노동조합 창비지부

* 2016년 1월 25일 기준 가입자 총원 67명.

2. 역대 위원장

1990~1991년 차지환	2002~2003년 김정혜
1991~1992년 김이구	2003~2004년 신수진
1992~1993년 김형준	2004~2006년 김종곤
1993~1994년 고은명	2006~2008년 안병률
1994~1995년 유용민	2008~2009년 박신규
1995~1996년 신채용	2009~2010년 이지영
1996~1997년 김경언	2010~2012년 강영규
1997~1998년 김성은	2012~2013년 이상술
1998~1999년 강일우	2013~2014년 정소영
1999~2000년 박동흠	2014~2015년 김현정
2000~2002년 염종선	2015~현재 이하림

창비 주관 문학상 역대 수상작

만해문학상

제1회(1974)   신경림 시집『농무』

제2회(1975)   천승세 단편「황구의 비명」「폭염」

제3회(1988)   고은 시집『만인보』(1~3권)

제4회(1989)   황석영 장편『무기의 그늘』

제5회(1990)   현기영 장편『바람 타는 섬』

제6회(1991)   민영 시집『바람 부는 날』

제7회(1992)   김명수 시집『침엽수 지대』

제8회(1993)   이문구 소설집『유자소전』

제9회(1994)   송기숙 장편『녹두장군』(전12권)

제10회(1995)   조태일 시집『풀꽃은 꺾이지 않는다』

제11회(1996)   신경숙 장편『외딴방』

제12회(1997)   백무산 시집『인간의 시간』

제13회(1998)   수상작 없음

제14회(1999)   박완서 소설집『너무도 쓸쓸한 당신』

제15회(2000)   임형택『실사구시의 한국학』

제16회(2001)   정희성 시집『詩를 찾아서』

제17회(2002)   김지하 시집『花開』

제18회(2003)   박범신 장편『더러운 책상』

　　　　　　　유홍준『완당평전』

제19회(2004)   홍석중 장편『황진이』

제20회(2005)   김원일 연작소설『푸른 혼』

제21회(2006)   김규동 시집『느릅나무에게』

제22회(2007)   김영하 장편『빛의 제국』

제23회(2008)   윤영수 소설집『소설 쓰는 밤』

제24회(2009)   공선옥 소설집『나는 죽지 않겠다』『명랑한 밤길』

제25회(2010)   강만길 자서전『역사가의 시간』

　　　　　　　박형규 회고록, 신홍범 정리『나의 믿음은 길 위에 있다』

제26회(2011)   천양희 시집『나는 가끔 우두커니가 된다』

제27회(2012)   이시영 시집『경찰은 그들을 사람으로 보지 않았다』

제28회(2013)   조갑상 장편『밤의 눈』

제29회(2014)   한강 장편『소년이 온다』

제30회(2015)   수상작 없음

신동엽문학상

제1회(1982)　　이문구: 장편『산너머 남촌』(1990) 출간

제2회(1983)　　하종오: 시집『넋이야 넋이로다』(1986) 출간

　　　　　　　송기원: 시집『마음속 붉은 꽃잎』(1990) 출간

제3회(1984)　　김명수: 시집『피뢰침과 심장』(1989) 출간

　　　　　　　김종철: 산문집『아픈 다리 서로 기대며』(1995) 출간

제4회(1985)　　양성우: 시집『그대의 하늘길』(1987) 출간

　　　　　　　김성동: 장편『집』(전2권, 1989~90),『길』(1991) 출간

제5회(1986)　　이동순: 시집『지금 그리운 사람은』(1986) 출간

　　　　　　　현기영: 장편『바람 타는 섬』(1989) 출간

제6회(1987)　　박태순 김사인

제7회(1988)　　윤정모: 장편『들』(1992) 출간

제8회(1990)　　도종환: 시집『당신은 누구십니까』(1993) 출간

제9회(1991)　　김남주: 시집『사상의 거처』(1991) 출간

　　　　　　　방현석: 장편『십년간』(전2권, 1991) 출간

제10회(1992) 곽재구: 시집『참 맑은 물살』(1995) 출간

김하기: 장편『항로 없는 비행』(1993) 출간

제11회(1993) 고재종: 시집『날랜 사랑』(1995) 출간

제12회(1994) 박영근: 시집『지금도 그 별은 눈뜨는가』(1997) 출간

제13회(1995) 공선옥: 장편『시절들』(1995) 출간

제14회(1996) 윤재철: 시집『생은 아름다울지라도』(1995) 출간

제15회(1997) 유용주: 시집『크나큰 침묵』(1996) 출간

제16회(1998) 이원규: 시집『돌아보면 그가 있다』(1997) 출간

제17회(1999) 박정요: 장편『어른도 길을 잃는다』(1998) 출간

제18회(2000) 전성태: 소설집『매향』(2000) 출간

제19회(2001) 김종광: 소설집『경찰서여 안녕』(2000) 출간

제20회(2002) 최종천: 시집『눈물은 푸르다』(2002) 출간 ·

제21회(2003) 천운영: 소설집『바늘』(2001) 출간

제22회(2004) 손택수 시집『호랑이 발자국』

제23회(2005) 박민규 소설집『카스테라』

제24회(2006) 박후기 시집『종이는 나무의 유전자를 갖고 있다』

제25회(2007) 박성우 시집『가뜬한 잠』

제26회(2008) 오수연 소설집『황금 지붕』

제27회(2009) 김애란 소설집『침이 고인다』

제28회(2010) 안현미 시집『이별의 재구성』

제29회(2011) 송경동 시집『사소한 물음들에 답함』

김미월 장편『여덟번째 방』

제30회(2012) 김중일 시집『아무튼 씨 미안해요』

황정은 소설집『파씨의 입문』

제31회(2013) 박준 시집『당신의 이름을 지어다가 며칠은 먹었다』

조해진 장편『로기완을 만났다』

제32회(2014)　김성규 시집『천국은 언제쯤 망가진 자들을 수거해가나』

　　　　　　　　최진영 소설집『팽이』

제33회(2015)　박소란 시집『심장에 가까운 말』

　　　　　　　　김금희 소설집『센티멘털도 하루 이틀』

*'신동엽창작기금'으로 제정된 이래 제22회부터 '신동엽창작상'으로 개칭해 수상자와 수상
작을 함께 발표하고, 제30회부터 '신동엽문학상'으로 개칭해 2인에게 수여.

백석문학상

제1회(1999)　이상국『집은 아직 따뜻하다』

　　　　　　　　황지우『어느날 나는 흐린 酒店에 앉아 있을 거다』

제2회(2000)　최영철『일광욕하는 가구』

제3회(2001)　김영무『가상현실』

제4회(2002)　신대철『개마고원에서 온 친구에게』

제5회(2003)　박영근『저 꽃이 불편하다』

제6회(2004)　이시영『바다 호수』

제7회(2005)　정양『길을 잃고 싶을 때가 많았다』

제8회(2006)　고형렬『밤 미시령』

제9회(2007)　김정환『드러남과 드러냄』

제10회(2008)　김해자『축제』

제11회(2009)　안도현『간절하게 참 철없이』

제12회(2010)　박철『불을 지펴야겠다』

제13회(2011)　도종환『세시에서 다섯시 사이』

제14회(2012)　최정례『캥거루는 캥거루고 나는 나인데』

제15회(2013)　엄원태『먼 우레처럼 다시 올 것이다』

제16회(2014)　전동균『우리처럼 낯선』

제17회(2015)　백무산『폐허를 인양하다』

창비 주관 공모 역대 당선작

창비신인평론상

『레가토』와『비자나무숲』」

제21회(2014) 이은지「징후적 소설과 그 너머: 이기호의『김 박사는 누구인가?』
　　　　　　　가 맴도는 것들」

제22회(2015) 김요섭「역사의 눈과 말해지지 않은 소년: 조갑상의『밤의 눈』
　　　　　　　과 한강의『소년이 온다』에 대하여」

창비신인소설상

제1회(1998) 김윤영「비밀의 화원」(가작)

제2회(1999) 임유미「봄의 계단」

제3회(2000) 김지우「눈길」(가작)

제4회(2001) 권채운「겨울 선인장」
　　　　　　　표명희「야경(夜景)」

제5회(2002) 이상섭「바다는 상처를 오래 남기지 않는다」

제6회(2003) 김주희「소꿉놀이」

제7회(2004) 당선작 없음

제8회(2005) 김사과「영이」

제9회(2006) 당선작 없음

제10회(2007) 임세화「모래늪의 기억」

제11회(2008) 당선작 없음

제12회(2009) 이반장「화가전(畵家傳)」

제13회(2010) 최민석「시티투어버스를 탈취하라」

제14회(2011) 천정완「팽: 부풀어오르다」

제15회(2012) 최정화「팜비치」

제16회(2013) 당선작 없음

제17회(2014) 정영수「레바논의 밤」

제18회(2015) 김수「젠가의 시간」

창비신인시인상

제1회(2001)   최금진 「사랑에 대한 짤막한 질문」 외

제2회(2002)   안주철 「흉측한 길」 외

제3회(2003)   김광선 「조리사 일기 1」 외

제4회(2004)   송진권 「절골」 외

제5회(2005)   김성대 「판화처럼 나는 삽니다」 외

제6회(2006)   고은강 「푸른 꽃」 외

제7회(2007)   당선작 없음

제8회(2008)   백상웅 「각목」 외

제9회(2009)   주하림 「레드 아이」 외

제10회(2010) 김재근 「여섯 웜홀을 위한 시간」 외

제11회(2011) 이지호 「돼지들」 외

제12회(2012) 안희연 「고트호브에서 온 편지」 외

제13회(2013) 전문영 「사과를 기다리며」 외

제14회(2014) 손유미 「장마의 딸」 외

제15회(2015) 김지윤 「만월주의보」 외

창비장편소설상

제1회(2007)   서유미 『쿨하게 한걸음』

제2회(2008)   한재호 『부코스키가 간다』

제3회(2009)   문진영 『담배 한개비의 시간』

제4회(2010)   황시운 『컴백홈』

제5회(2011)   기준영 『와일드 펀치』

제6회(2012)   김학찬 『풀빵이 어때서?』

제7회(2013)   정세랑 『이만큼 가까이』

제8회(2014)   당선작 없음

'좋은 어린이책' 원고 공모

제1회(1997) [창작] 채인선 동화집『전봇대 아저씨』

　　　　　　[기획] 조은수 글『옛날 사람들은 어떻게 살았을까』

제2회(1998) [창작] 이가을 동화집『가끔씩 비 오는 날』

　　　　　　[기획] 편해문 글『동무 동무 씨동무』『가자 가자 감나무』

제3회(1999) [창작] 박기범 동화집『문제아』

　　　　　　　　　　이미옥 장편동화『가만있어도 웃는 눈』

　　　　　　[기획] 당선작 없음

제4회(2000) [창작] 김중미 소년소설『괭이부리말 아이들』

　　　　　　[기획] 신혜원 글·그림『어진이의 농장 일기』

제5회(2001) [창작] 안미란 장편동화『씨앗을 지키는 사람들』

　　　　　　[기획] 당선작 없음

제6회(2002) [창작] 고은명 장편동화『후박나무 우리 집』

　　　　　　[기획] 김성화·권수진 글『과학자와 놀자!』

제7회(2003) [창작] 당선작 없음

　　　　　　[기획] 최향랑 글·그림『요리조리 맛있는 세계 여행』

제8회(2004) [창작] 김기정 장편동화『해를 삼킨 아이들』

　　　　　　　　　　김남중 소년소설『기찻길 옆 동네』

　　　　　　[기획] 당선작 없음

제9회(2005) [창작] 문선이 장편동화『지엠오 아이』

　　　　　　[기획] 유다정 글『발명, 신화를 만나다』

제10회(2006) [창작] 배유안 장편동화『초정리 편지』

　　　　　　　　　　이현 동화집『짜장면 불어요!』

　　　　　　[기획] 벼릿줄 글『썩었다고? 아냐 아냐!』

제11회(2007) [창작] 김소연 장편동화『명혜』

　　　　　　[기획] 김경화 글『레디, 액션! 우리 같이 영화 찍자』

제12회(2008) [창작] 당선작 없음

　　　　　　[기획] 임정은 글『열려라, 뇌!』(우수상)

제13회(2009) [창작_고학년] 이은정 장편동화『소나기밥 공주』

[창작_저학년] 오주영 동화집『이상한 열쇠고리』

[기획] 날개달린연필 글『명탐정, 세계 기록 유산을 구하라!』

제14회(2010) [창작_고학년] 당선작 없음

[창작_저학년] 권영품 동화『꼬리 잘린 생쥐』

[기획] 김연희 글『창덕궁에서 만나는 우리 과학』

제15회(2011) [창작_고학년] 전성현 장편동화『잃어버린 일기장』

[창작_저학년] 김미애 동화『무지막지 공주의 모험』(우수상)

[기획] 정유소영 글『내가 원래 뭐였는지 알아?』

제16회(2012) [창작_고학년] 최양선 장편동화『지도에 없는 마을』

[창작_저학년] 김성진 동화『엄마 사용법』

[기획] 김대현·신지영 글『너구리 판사 퐁퐁이』(우수상)

제17회(2013) [창작_고학년] 진형민 장편동화『기호 3번 안석뿡』

[창작_저학년] 김유 동화『내 이름은 구구 스니커즈』

[기획] 당선작 없음

제18회(2014) [창작_고학년] 임지윤 장편동화『앵무새 돌려주기 대작전』
(우수상)

[창작_저학년] 임선영 동화집『내 모자야』(우수상)

[기획] 최승필 글『사람이 뭐야?』

제19회(2015) [창작_고학년] 유우석 장편동화『보물섬의 비밀』

[창작_저학년] 김애란 동화『멧돼지가 쿵쿵, 호박이 둥둥』

[기획] 권재원 글『좋은 돈, 나쁜 돈, 이상한 돈』

제20회(2016) [창작_고학년] 유현산 장편동화『도둑왕 아모세』

[창작_저학년] 김원아 동화『나는 3학년 2반 7번 애벌레』

[기획] 김주현 글『내 서재에 놀러 와』(가제, 우수상)

최덕규 글『우리 집 베란다에 병아리가 살아요』(가제,
우수상)

『창비어린이』 신인문학상

제1회(2009) [동시] 김유진 「꼬르륵」 외

　　　　　　　[동화] 이반디 「꼬마 너구리 삼총사」

　　　　　　　[청소년소설] 정유선 「엄마, 어디야?」

　　　　　　　[평론] 당선작 없음

제2회(2010) [동시] 김병욱 「만세」 외

　　　　　　　[동화] 임혜령 「여우 자전거」

　　　　　　　　　　　권담 「나는 왕이다」

　　　　　　　[청소년소설] 백아인 「핑크에이드」

　　　　　　　[평론] 김민령 「새로운 이야기 방식과 독자의 자리」

제3회(2011) [동시] 임복순 「월요일 모자」 외

　　　　　　　[동화] 우미옥 「운동장의 등뼈」

　　　　　　　[청소년소설] 당선작 없음

　　　　　　　[평론] 남지현 「사회 현실에 맞서는 그림책의 시선」

제4회(2012) [동시] 김성민 「나비효과」 외

　　　　　　　[동화] 신남례 「새아빠」

　　　　　　　[청소년소설] 범유진 「왕따나무」

　　　　　　　[평론] 김유진 「SF가 이야기하는 '어린이'와 그의 '세계'」

제5회(2013) [동시] 최정희 「밑줄 쫙 별표 다섯」 외

　　　　　　　[동화] 김태호 「기다려!」

　　　　　　　[청소년소설] 박상기 「옥수수 뺑소니」

　　　　　　　　　　　　신현경 「브래지어 집착증」

　　　　　　　[평론] 김윤 「청소년소설과 가족 이야기」

제6회(2014) [동시] 정지윤 「소금」 외

　　　　　　　[동화] 심정희 「너도 늑대 봤지?」

　　　　　　　[청소년소설] 조현주 「땅에서, 날다」

　　　　　　　[평론] 송수연 「다문화 시대, 아동문학과 재현의 윤리」

제7회(2015) [동시] 김준현 「꼴찌」 외

[동화] 황인선 「힙합왕」

[청소년소설] 이채현 「초심자의 행운」

[평론] 이혜수 「송미경 동화에 나타난 환상의 의미」

『창비어린이』 신인평론상

제1회(2004)　정미영 「도시의 언어, 놀이가 되는 문학: 채인선론」(가작)

제2회(2005)　유영진 「몸의 상상력과 동화」

제3회(2006)　당선작 없음

제4회(2007)　오세란 「역사를 소재로 한 어린이문학, 새롭게 읽기」(가작)

제5회(2008)　조군장 「'6학년 동화', 현실에 서서 낭만을 보다」

제6회(2009)　김권호 「일반시인의 동시집을 어떻게 볼 것인가」

* 제6회를 끝으로 『창비어린이』 신인문학상 평론 부문으로 통합.

창비청소년문학상

제1회(2007)　김려령 『완득이』

제2회(2008)　구병모 『위저드 베이커리』

제3회(2009)　배미주 『싱커』

제4회(2010)　추정경 『내 이름은 망고』

제5회(2011)　김이윤 『두려움에게 인사하는 법』

제6회(2012)　정지원 『비바, 천하최강』

제7회(2013)　강윤화 『어쨌든 밸런타인』

제8회(2014)　최영희 『꽃 달고 살아남기』

제9회(2015)　김은진 『푸른 늑대의 파수꾼』(가제)

창비청소년도서상

제1회(2010) [학습] 김지영 글 『문학 시간에 논술하기』(우수상)

[교양] 설흔 글 『멋지기 때문에 놀러 왔지』

김서윤 글·김다명 그림 『토요일의 심리 클럽』

제2회(2011) [교양] 이영숙 글『식탁 위의 세계사』

제3회(2012) [교양] 안소정 글『세한도의 수수께끼』

　　　　　　　[학습] 김슬옹 글『세종, 한글로 세상을 바꾸다』

제4회(2013) [학습] 안영국 글『꿈·RNA』

제5회(2014) [교양] 강창훈 글『철의 시대』

제6회(2015) 당선작 없음

사회인문학평론상

제1회(2011)　　황승현「달동네 우파를 위한 '이중화법' 특강」

제2회(2012)　　정지은「푸어(poor) 공화국, 대한민국」

제3회(2013)　　이영유「2013년 대한민국, 우리가 선거하지 않는 이유」

제4회(2014)　　박가분「변신하는 리바이어선과 감정의 정치」

제5회(2015)　　정현「세월호 이후 정치적인 것의 '세속화'」

해외에 번역된 창비의 책

문학

저자명	도서명	출판사 및 출판년도
고은	시집『조국의 별』	일본 新幹社(1989)
		독일 Suhrkamp(1996)
	시선집(『새벽길』『조국의 별』	미국 Cornell University Press(1993)
	『네 눈동자』)	
	시집『만인보』	스웨덴 Atlantis(2005)
		미국 Green Integer Press(2005)
	시집『남과 북』	미국 Tupelo(2006)
고은 외	시집『마침내 시인이여』	일본 靑木書店(1984)
공지영	장편소설『도가니』	대만 麥田出版(2012)
		일본 新潮社(2012)
		중국 如意文化傳媒集團(2013)
김경욱	소설집『신에게는 손자가 없다』	미국 Dalky Archive Press(근간)
김기택	시집『껌』	멕시코 Bonobos(2012)
김사과	장편소설『미나』	프랑스 De Crescenzo Éditeurs(2013)
김선우	시집『도화 아래 잠들다』	독일 Edition Delta(2009)
김애란	소설집『달려라, 아비』	중국 上海譯文出版社(2012)
		프랑스 De Crescenzo Éditeurs(2012)
		독일 Cass Verlag und Verlagsagentur(2014)
		러시아 LLC PH Literaturnaya ucheba(근간)
김애란	장편소설『두근두근 내 인생』	대만 皇冠文化出版(2014)
		일본 Cuon Inc.(2014)
		프랑스 Éditions Philippe Picquier(2014)
		중국 上海九久讀書人文化實業(2014)
		베트남 Nha Nam Publishing(근간)
		독일 Cass Verlag und Verlagsagentur(근간)
김애란·김인숙·	소설집(「달려라 아비」	프랑스 Éditions Philippe Picquier(2012)
전성태	「그 여자의 자서전」「존재의 숲」)	
김애란·김인숙·	소설집(「달려라 아비」	스페인 Verbum Editorial(2011)
이혜경	「그 여자의 자서전」「그림자」)	
김중혁	장편소설『좀비들』	프랑스 De Crescenzo Éditeurs(2014)
김하기	소설집『완전한 만남』	일본 株式会社 影書房(1993)
박완서	소설집『너무도 쓸쓸한 당신』	미국 Dalky Archive Press(2013)
백무산	시집『인간의 시간』	스페인 Bajo La luna(2011)
송기숙	장편소설『오월의 미소』	일본 藤原書店(2008)
신경림	시집『농무』	일본 梨花書房(1977)
		독일 Brandes & Apsel(2005)

649

	시선집(『농무』『길』『새재』 『쓰러진 자의 꿈』)	프랑스 Gallimard(1995)
신경숙	장편소설『엄마를 부탁해』	중국 人民文學出版社(2010)
		미국 Knopf(2011)
		캐나다 Knopf Canada(2011)
		영국 Weidenfeld & Nicolson(2011)
		프랑스 Oh! Édition(2011)
		네덜란드 J. M. Meulenhoff(2011)
		스페인 Grijalbo RHM(2011)
		포르투갈 Porto Editore(2011)
		베트남 Nha Nam Publishing(2011)
		노르웨이 Norstedts Forlaget(2011)
		이탈리아 Neri Pozza(2011)
		이스라엘 Miskal Publishing(2011)
		대만 台灣光華雜誌(2011)
		폴란드 Kwaity Orientu(2011)
		디기 Dogan Egmont(2011)
		일본 集英社(2011)
		덴마크 Verve(2011)
		인도네시아 PT Gramedia Pustaka Utama(2012)
		브라질 Intrinseca(2012)
		독일 Piper(2012)
		태국 Maebann Publishing(2012)
		스웨덴 Notstedts(2012)
		루마니아 Editura ZIP(2013)
		불가리아 Colibri Publisher(2013)
		인도 Rajpal and Sons Publishing(2014)
		레바논 Arab Scentic Publishers(2014)
		몽골 Selenge Press(2014)
		러시아 Centrepolygarph(근간)
		세르비아 Carobna Knjiga(근간)
		그리스 Iatrikes Ekdoseis(근간)
		헝가리 Konybm olykepzo Kiado(근간)
		핀란드 Into Kustannus(근간)
		체코 Euromedia Groups(근간)
		슬로베니아 Modrijan Zalozba(근간)
은희경	장편소설『마이너리그』	중국 作家出版社(2004)
	소설집『아름다움이 나를 멸시한다』	독일 EOS Verlag(2012)
		일본 Cuon Inc.(2013)
이은성	장편소설『소설 동의보감』	대만 麥田(2003)
		일본 桐原書店(2007)

이승우	소설집 『오래된 일기』	프랑스 Serge Safran Éditeur(2013)
정세랑	장편소설 『이만큼 가까이』	일본 Cuon Inc.(근간)
정호승	시집 『사랑하다가 죽어버려라』	멕시코 Bonobos(2014)
정희성	시집 『시를 찾아서』	일본 藤原書店(2012)
조해진	장편소설 『로기완을 만났다』	러시아 Hyperion Publishing House(근간)
조태일	시집 『국토』	일본 梨花書房(1980)
천운영	장편소설 『생강』	일본 書肆靑樹社(근간)
최영미	시선집(『서른, 잔치는 끝났다』 『꿈의 페달을 밟고』)	일본 書肆靑樹社(2005)
최인석	단편소설 「숨은 길」 (『혼돈을 향하여 한걸음』)	독일 Suhrkamp Verlag(2005)
편혜영	장편소설 『재와 빨강』	프랑스 Éditions Philippe Picquier(2012)
		베트남 Nha Nam Publishing(근간)
		폴란드 Kwaity Orientu(근간)
한강	연작소설 『채식주의자』	베트남 Tre Publishing(2010)
		일본 Cuon Inc.(2011)
		중국 北京文通天下圖書(2013)
		아르헨티나 Bajo La Luna(2013)
		브라질 Devir Livraria(2014)
		프랑스 Les Serpent à Plumes(2014)
		네덜란드 Van Nijgh & Ditmar(2015)
		영국 Portobello, Granta Books(2015)
		미국 Hogarth, Crown Publishing Group(2016)
		폴란드 Kwaity Orientu(근간)
		체코 Euromedia Group(근간)
		이탈리아 Adelphi(근간)
		대만 漫遊者文化(근간)
		스웨덴 Natur & Kultur(근간)
		독일 Aufbau Verlag(근간)
		이스라엘 Saga(근간)
		스페인 Anagrama(근간)
		터키 April Yayıncılık(근간)
	장편소설 『소년이 온다』	영국 Portobello, Granta Books(2016)
		프랑스 Les Serpent à Plumes(2016)
		네덜란드 Van Nijgh & Ditmar(2016)
		미국 Hogarth, Crown Publising Group(근간)
		노르웨이 Pax(근간)
		스웨덴 Natur & Kultur(근간)
		스페인 Anagrama(근간)
황명걸	시 「은수저」(시집 『한국의 아이』)	일본 ホーム社(2009)
황석영	소설집 『객지』	일본 岩波書店(1986)

651

	대하소설 『장길산』 2	일본 シアレヒム社(1995)
황석영·한강 외	소설집(「이웃 사람」 「내 여자의 열매」 외)	독일 DTV(2005)

인문사회 · 교양 · 평론

저자명	도서명	출판사 및 출판년도
강만길	『분단시대의 역사인식』	일본 学生社(1984)
	『한국현대사』	일본 高麗書林(1985)
	『한국근대사』	일본 高麗書林(1986)
	『고쳐 쓴 한국현대사』	영국 Global Oriental(2005)
김석철	『김석철의 세계건축기행』	대만·홍콩·마카오 聯經出版(2010)
리영희	『전환시대의 논리』	일본 御茶の水書房(1985)
리영희 외	『창작과비평』 창간호~통권51호	일본 社会思想社(1979)
박현채 외	『창작과비평』 57호 「한국자본주의논쟁1」	일본 世界書院(1990)
박형규	『나의 믿음은 길 위에 있다』	일본 新教出版社(2012)
백낙청	문학평론선(『韓国民衆文学論』)	일본 三一書房(1982)
	문학평론선(『白楽晴評論選集1』)	일본 同時代社(1992)
	문학평론선(『白楽晴評論選集2』)	일본 同時代社(1993)
	문학평론선(『全球化時代的文學與人』)	중국 中國文學出版社(1998)
	사회평론선(『民族文化運動の状況と論理』)	일본 御茶の水書房(1985)
	사회평론선(『知恵の時代のために』)	일본 オリジン出版センタ(1991)
	사회평론선(『朝鮮半島の平和と統一』)	일본 岩波書店(2008)
	사회평론선(『韓國民主化2.0』)	일본 岩波書店(2012)
	『흔들리는 분단체제』	일본 圖書出版クレイン(2001)
		미국 University of California Press(2011)
	『2013년체제 만들기』	중국 Center for Asia-Pacific/Cultural Studies, National Chiao-Tung University(근간)
백영서	논문선(『思想東亞』)	중국 生活·讀書·新知三聯書店(2011)
		대만 台灣社會研究雜誌社(2015)
서경식	『나의 서양음악 순례』	일본 みすず書房(2012)
오영진	만화 『평양프로젝트』	프랑스 FLBLB(2011)
	만화 『수상한 연립주택』	프랑스 FLBLB(2013)
	만화 『어덜트 파크』	프랑스 FLBLB(2014)
유홍준	『나의 문화유산답사기』 1·2	일본 法政大学出版局(2000)
	『나의 문화유산답사기』 3	일본 法政大学出版局(2005)
	『나의 문화유산답사기 일본편』 1·2	일본 岩波書店(2015)
이병천 엮음	『개발독재와 박정희 시대』	미국 Homa & Sekey Books(2006)
이시우	『민통선 평화기행』	독일 Axel Dielmann Verlag(2007)
		영국 Global Oriental(2008)
이우성	『한국의 역사상』	일본 平凡社(1987)

임형택	『실사구시의 한국학』	중국 山東大学出版社(2010)
전철환	『한국경제론』	중국 延边人民出版社(1990)
최규석	만화『100℃』	일본 Korocolor(근간)
	만화『송곳』	중국 Ginkgo Book(근간)
최원식	평론논문선(韓國の民族文學論)	일본 御茶の水書房(1995)
	평론논문선(東アジア文学空間の創造)	일본 岩波書店(2008)
	평론논문선(文學的回歸)	중국 延邊大學出版社(2012)
한완상·이우성·	『창작과비평』통권 45~53호 좌담	일본 現代書館(1981)
강만길 외		
홍세화	『나는 빠리의 택시운전사』	일본 みすず書房(1996)

어린이·청소년

저자명	도서명	출판사 및 출판년도
구병모	소설『위저드 베이커리』	프랑스 Éditions Philippe Picquier(2010)
		중국 天培文化(2013)
		멕시코 Nostra Ediciones(2015)
		베트남 Alpha Books(근간)
권문희	그림책『석수장이 아들』	프랑스 Didier Jeunesse(2008)
		대만·홍콩·마카오 信誼基金出版(2011)
		중국 Guangxi Normal University Press(근간)
권수진·김성화	교양서『과학자와 놀자!』	대만 新苗文化事業(2009)
권영품	동화『꼬리 잘린 생쥐』	중국 机械工業出版社(2014)
권윤덕	그림책『시리동동 거미동동』	일본 福音書館(2007)
권윤덕	그림책『고양이는 나만 따라 해』	프랑스 Éditions Philippe Picquier(2007)
		미국 Kane/Miller Book Publishers(2007)
		스페인 LATA DE SAL(2013)
권재원	교양서『째깍째깍 시간 박물관』	중국 上海立軒文化傳播(2014)
권정생	동화『몽실 언니』	대만 福地出版(2003)
		일본 Terrainc(2005)
		베트남 TRE Publishing(2007)
		멕시코 Solar, Servicios Editoriales(2008)
권정생·강정훈	동화집(『똘배가 보고 온 달나라』	일본 素人社(1991)
	『사과나무밭 달님』『파랑도』)	
권태선	위인전『장애를 넘어 인류애에 이른	몽골 Enerel our welfare(2012)
	헬렌 켈러』	
김란주	교양서『용감한 유리병의 바다여행』	중국 上海立軒文化传播(2014)
김려령	소설『완득이』	태국 Nanmeebooks(2010)
		중국 上海合爱文化傳播(2011)
		인도네시아 PT. Bentang Pustaka(2012)
		베트남 Alpha Books(근간)

김리리	동화집『검정 연필 선생님』	중국 現代出版社(2015)
김미애	동화『무지막지 공주의 모험』	중국 現代出版社(2015)
김서윤	교양서『토요일의 심리 클럽』	중국 黑龍江教育出版社(2013)
김성진	동화『엄마 사용법』	일본 KIM-NO-HISHI SHA(2013)
		중국 現代出版社(2015)
김소연	동화『명혜』	프랑스 Flammarion(2010)
김종도	그림책『둥그렁뎅 둥그렁뎅』	프랑스 Éditions Philippe Picquier(2011)
김중미	동화『괭이부리말 아이들』	일본 廣済堂出版(2002)
		태국 TPA Press(2004)
		프랑스 Éditions Thierry Magnier(2008)
박기범	동화집『문제아』	일본 汐文社(2005)
배유안	동화『초정리 편지』	프랑스 Flammarion(2010)
송진헌	그림책『삐비 이야기』	프랑스 Sorbier(2008)
		대만 三之三文化事業股份(2008)
손춘익·이영호·	동화집『똘배가 보고 온 달나라』	일본 汐文社(2005)
이현주·정휘창	(『知るもんか!』)	
신여랑	소설『이토록 뜨거운 파랑』	중국 上海合雯文化傳播(2011)
안녕달	그림책『수박 수영장』	중국 Guangxi Normal University Press(근간)
유은실	동화『나의 린드그렌 선생님』	프랑스 Éditions Philippe Picquier(2010)
		중국 机械工業出版社(2014)
윤동재·김재홍	그림책『영이의 비닐우산』	일본 岩波書店(2006)
		프랑스 Didier Jeunesse(2008)
		대만 大穎文化事業股份(2010)
		중국 北京紫图圖書(2010)
		브라질 Grupo SM(2011)
윤석중·이문구 외	동시집(『꽃 속에 묻힌 집』	일본 素人社(1991)
	『해바라기 얼굴』『날아라 새들아』	
	『개구쟁이 산복이』)	
윤석중·이영경	그림책『넉 점 반』	프랑스 Éditions Philippe Picquier(2006)
		일본 福音書館(2007)
		중국 接力出版社(2010)
		대만 和英文化(2011)
이광익	그림책『쟁아』	프랑스 Éditions Philippe Picquier(2011)
		일본 岩崎書店(2011)
이보나 흐미엘레	그림책『눈』	대만 格林文化(2013)
프스카		중국 接力出版社(2013)
		폴란드 Miejska Biblioteka Publiczna(2014)
		스페인 Pujol & Amado(근간)
		브라질 Cosac & Naify EdiÃ§Ãµes Ltda(근간)
	그림책『여자아이의 왕국』	폴란드 Wydawnictwo Entliczek Anna Wanielista-Stolecka(근간)

이보나 흐미엘레	그림책『마음의 집』	일본 岩波書店(2012)
프스카·김희경		대만 格林文化(2013)
이용포	동화『왕창 세일! 엄마 아빠 팔아요』	중국 Guangxi Normal University Press(근간)
이은정	동화『목기린씨, 타세요!』	중국 Guangxi Normal University Press(근간)
이원수·마해송	동화집『꼬마 옥이』『사슴과 사냥개』	일본 素人社(1990)
이현	동화집『짜장면 불어요!』	일본 現文メディア(2010)
	소설『우리들의 스캔들』	중국 上海人民出版社(2011)
		프랑스 Flammarion(2011)
임지윤	동화『앵무새 돌려주기 대작전』	중국 Zhejiang Literature & Art Publishing House(근간)
장철문·정지아· 정종목	'재미있다! 우리 고전' 1~4	일본 白水社(2010)
정순희	그림책『새는 새는 나무 자고』	일본 童心社(2007)
		프랑스 Didier Jeunesse(2008)
	그림책『내 거야!』	중국 浙江少年儿童出版社(2015)
		스페인 Pujol & Amado(근간)
진인깅	그림책『길로 길로 가다가』	프랑스 Didier Jeunesse(2009)
정해영	교양서『패션, 역사를 만나다』	중국 电子工业出版社(2014)
정호선	그림책『쪽!』	대만 讀家文化出版(2011)
		일본 光村教育圖書(2011)
		스페인 Pujol & Amado(2013)
		중국 浙江少年儿童出版社(2015)
지연준·김희경	그림책『열두마리 새』	중국 Guangxi Normal University Press(근간)
천유주	그림책『내 마음』	대만 Alvita Publishing Company(근간)
최양선	동화『지도에 없는 마을』	대만 天培文化(2014)
최향랑	그림책『십장생을 찾아서』	프랑스 Flammarion(2008)
		일본 岩崎書店(2011)
	그림책『숲 속 재봉사』	대만 大穎文化事業股份(2012)
황선미	동화『들키고 싶은 비밀』	일본 現文メディア(2008)
		중국 机械工業出版社(2014)
	동화『샘마을 몽당깨비』	중국 浙江少年儿童出版社(2014)
	동화『뻔뻔한 실수』	중국 江蘇鳳凰小年兒童出版社(2015)

창작과비평사 등록취소 조치에 대한 건의문

지난 12월 9일자로 당국이 '창작과비평사'에 대해 출판사 등록취소 조치를 취한 것은 한국문화의 발전에 관심을 갖고 있는 사람 모두에게 충격적인 일이 아닐 수 없습니다. 이번 조치의 직접적 계기가 된 무크 '창작과비평'이 보기에 따라 다소 형식상의 문제가 있다 하더라도 '창작과비평사'가 지난 20여년간 우리 문화의 발전에 기여해온 바에 비추어볼 때 출판사 등록까지 취소한 것은 납득하기 어려운 일입니다.

더구나 그 과정에 있어서 출판사측에 한차례의 해명할 기회도 주지 않고 일방적으로 출판사 등록 자체를 취소시켰다는 것은 건전한 상식에 비추어 볼 때 있을 수 없는 일이라 생각됩니다.

이번 조치는 '창작과비평사'라는 한 출판사가 없어지는 데 그치는 것이 아니라 우리 문화 전반에 심각한 영향을 미칠 것입니다. 문화는 본질적으로 자율성과 다양성을 기반으로 발전하는 것인바, 이번 조치는 그 기반을 훼손하고 우리 문화를 획일적인 것으로 만들어버릴 우려가 있습니다. 이에 우리는 '창작과비평사' 등록취소 조치에 대해 당국의 신중한 재고가 있기를 요망하는 바입니다.

1985년 12월 26일

—문단 및 예술계: 김동리 황순원 박두진 박화성 김정한 모윤숙 윤석중 최정희 차범석 박경리 전숙희 이호철 김지하 등 586명 일동
—대학교수: 김태길 김기두 김성식 현영학 변형윤 손보기 김용섭 이우성 김종길 노재봉 민두기 이인호 등 576명 일동
—언론·출판계: 최석채 송지영 김관석 송건호 이열모 박권상 김중배 등 214명 일동
—종교계: 지학순 함석헌 김재준 강원룡 박형규 조남기 함세웅 정호경 등 353명 일동
—법조계: 고재호 김제형 이돈명 등 32명 일동
—사회단체 간부: 강문규 김말룡 등 238명 일동
—일반 지식인 및 시민: 공덕귀 서경원 조훈현 등 854명 일동

서명자 명단을 보완하고 나서

1985년 12월 9일자 창작과비평사 등록취소 조치에 항의하는 범지식인 서명운동이 지난해 12월 12일부터 전국적으로 일제히 전개되어 세인의 관심을 모은 바 있다. 12월 24일 일단 이 작업을 완료한 우리는 12월 26일 2,853명의 서명록과 건의문을 문공부, 안기부, 청와대 등에 보내 당국의 부당한 조치에 항의하고, 국민과 여론에 이를 널리 알렸다.

그러나 작업 완료 후에도 전국에서 서명록들이 속속 답지하여 어떠한 형식으로든지 이를 보완하고 정리하여 뒷날에 남겨야겠다는 필요를 느껴 원본과 일일이 대조한 서명자 명단을 새로 보완해 내놓는다.

출판의 자유를 옹호하고 이를 지켜나가려는 범지식인 서명작업의 각계별 서명자 수와 명단은 아래와 같다.

1986.1.10

서명자 일동

문화예술계 592명 / 대학교수 583명 / 언론출판계 219명 / 종교계 366명 / 법조계 32명 / 사회단체 255명 / 일반 지식인 및 시민 1,100명

총계 3,147명

문단 및 예술계(592명)

시인(261명) 감태준(甘泰俊) 강계순(姜桂淳) 강남옥 강민(姜敏) 강신형 강영환(姜永奐) 강유정(姜呦靜) 강은교(姜恩喬) 강인한(姜寅翰) 강태형 강형철 고광헌(高光憲) 고규태 고운기 고은(高銀) 고재종 고정희(高靜熙) 고형렬(高炯烈) 곽재구(郭在九) 국효문(鞠孝汶) 권달웅 권만옥 권선옥(權善玉) 권순자 권혁소 김갑수 김경미 김광협(金光協) 김경희 김규동(金奎東) 김기홍 김남조(金南祚) 김만수 김명수(金明秀) 김명인(金明仁) 김백겸 김봉근(金奉根) 김상묵(金相默) 김상수 김석(金汐) 김수열(金秀烈) 김승희(金勝熙) 김시철(金

時哲) 김연균(金年均) 김영석(金榮錫) 김영재 김영환 김용락 김용택 김원중 김윤현 김재진 김정구 김정환(金正煥) 김제현(金濟鉉) 김종 김종성 김종원(金鍾元) 김종인 김종철(金鍾鐵) 김종해(金鍾海) 김준태(金準泰) 김지하 김지향(金芝鄕) 김진술 김창규 김창범(金昌範) 김창완(金昌完) 김철주 김춘만(金春萬) 김태수 김하늬 김해강(金海剛) 김현 김형근 김형수 김형영(金炯榮) 김혜숙(金惠淑) 김혜순 김홍수 김희수(金喜洙) 나종영(羅鍾榮) 나해철(羅海哲) 나혜원 노영희 노진선(魯珍善) 도종환 마종하(馬鍾河) 모윤숙(毛允淑) 문두근(文斗根) 문병란(文炳蘭) 문익환(文益煥) 문정희(文貞姬) 문형렬(文亨列) 민영(閔暎) 박경석(朴璟錫) 박경원 박금례 박남준 박남철 박남철(朴南喆) 박덕매(朴德梅) 박두진(朴斗鎭) 박명호 박몽구 박문재(朴文在) 박배엽 박봉우(朴鳳宇) 박상천 박선욱 박영근 박영우(朴永祐) 박영웅(朴英雄) 박영희 박용수(朴容秀) 박윤기(朴允基) 박이도(利道) 박재삼(朴在森) 박재화(朴在和) 박정만(朴正萬) 박정희(朴貞姬) 박진숙(朴眞淑) 박찬중(朴贊中) 박태일 박태진(朴泰鎭) 박현태(朴鉉泰) 배창환(裵昌煥) 백학기 서원동(徐源東) 서정춘(徐廷春) 서홍관 선명한(宣命韓) 성귀영(成貴永) 성춘복(成春福) 소재호 송수권(宋秀權) 송재학 송현 신광호(申廣浩) 신경림(申庚林) 신규호(申奎浩) 신달자(愼達子) 신대철 신동문(辛東門) 신석진(辛錫珍) 신중신(愼重信) 신현정(申鉉正) 심종철 안도현 양성우 양은순 오규원(吳圭原) 오봉옥 오정환 오태환 유명선 유안진(柳岸津) 유재영(柳在榮) 유제하(柳齊夏) 윤강로(尹崗老) 윤삼하(尹三夏) 윤석홍 윤재걸(尹在杰) 윤형근 이구재(李玖宰) 이근배(李根培) 이기형(李基炯) 이능표 이달희 이도윤 이동옥 이문재 이병희(李秉姬) 이상국(李相國) 이상익 이선관 이성부(李盛夫) 이성선(李聖善) 이소리 이승철 이시영(李時英) 이윤택(李潤澤) 이영순(李永純) 이운룡(李雲龍) 이원섭(李元燮) 이은봉(李殷鳳) 이정휘 이종석(李鍾奭) 이종욱(李宗郁) 이진행(李珍行) 이창기 이청화(李靑和) 이충이 이향아(李鄕莪) 이형기(李炯基) 인태성(印泰星) 임병태 임정남(林正男) 임종철 장호강(張虎崗) 장석주(張錫周) 장수철(張壽哲) 장영수(張英洙) 장철문(張喆柱) 장효문(張孝文) 전광옥 전무용 전원범 전인순 정규화(鄭奎和) 정대구(鄭大九) 정대호 정동주 정만진 정명자 정봉렬 정상현 정성수(丁成秀) 정안면 정연옥 정영상(鄭永祥) 정원도 정인섭(丁仁燮) 정일근 정중수(丁重秀) 정호승(鄭浩承) 정희성(鄭喜成) 조병희(趙炳喜) 조선애 조영기 조윤호 조재도 조진태 조태일(趙泰一) 주봉구(朱奉求) 진동규(陳東奎) 진을주(陳乙洲) 차정미 최동현 최두석(崔斗錫) 최명학 최승자 최승호 최영철 최은하(崔銀河) 최인호(崔仁鎬) 최하림(崔夏林) 최형 하일 하재봉(河在鳳) 하종오(河鍾五) 허영자(許英子) 허형만(許炯萬) 홍윤숙(洪允淑) 홍일선(洪一善) 홍해리(洪海里) 홍희표(洪禧杓) 황금찬(黃錦燦) 황명(黃命) 황명걸(黃明杰) 황지우(黃芝雨)

소설가(144명) 강병철 강석경(姜石景) 강순식(姜順植) 강용준(姜龍俊) 고원정 구중관(具仲琯) 구혜영(具暳瑛) 권광욱(權光旭) 권유(權兪) 김광수 김광식(金光植) 김국태(金國泰) 김경남 김남일 김동리(金東里) 김만옥(金萬玉) 김문수(金文洙) 김민숙(金玟熟) 김상렬(金相烈) 김성동(金聖東) 김성숙(金聖淑) 김승옥(金承鈺) 김신운(金新雲) 김영현 김용성(金容誠) 김원우 김원일(金源一) 김이구(金二求) 김이리 김익하(金益河) 김인배(金仁培) 김일주(金一州) 김일지(金一枝) 김정숙(金正淑) 김정한(金廷漢) 김주영(金周榮) 김중태(金

重泰) 김춘복(金春福) 김태영 김향숙(金香淑) 김홍신(金洪信) 남정현(南廷賢) 노명석(盧命錫) 류재주 문순태(文淳太) 박경리(朴景利) 박경수(朴敬洙) 박기동(朴起東) 박기원(朴基媛) 박범신(朴範信) 박상기(朴相基) 박순녀(朴順女) 박연희(朴淵禧) 박완서(朴婉緒) 박태순(朴泰洵) 박화성(朴花城) 방영웅(方榮雄) 백시종(白始宗) 백우암(白雨岩) 서동훈(徐東燻) 서영은(徐永恩) 성병오(成炳五) 손소희(孫素熙) 손춘익(孫春翼) 송영 송원희(宋媛熙) 신상성(申相星) 신상웅(辛相雄) 신석상(辛錫祥) 신태번 심만수 안석강(安石江) 양귀자 양순석 염재만(廉在萬) 유기수 유덕희(柳德姬) 유시춘 유익서(劉翼叙) 유재용(柳在用) 유정룡 윤정규(尹正奎) 윤정모 윤진상(尹瑨相) 윤후명(尹厚明) 윤흥길(尹興吉) 이규정(李圭正) 이규희(李揆姬) 이남호 이대환 이덕재(李德宰) 이동희(李東熙) 이린(李麟) 이명한(李明翰) 이문구(李文求) 이문열(李文烈) 이병주(李炳注) 이복구(李福九) 이삼교(李三敎) 이숙자 이순(李筍) 이연철 이영옥(李永玉) 이외수(李外秀) 이은식(李殷植) 이은자(李銀子) 이정호(李貞浩) 이지흔 이창동 이채형 이태호 이혜숙(李惠淑) 이호철(李浩哲) 임철우 전상국(全商國) 정비석(鄭飛石) 정수남(丁秀男) 정영길 정종명(鄭鍾明) 정태륭(鄭泰隆) 정통일(鄭統一) 조갑상(曺甲相) 조성기(趙星基) 조세희(趙世熙) 조해일(趙海一) 천승세(千勝世) 최수철 최인호(崔仁浩) 최인훈(崔仁勳) 최정희(崔貞熙) 최창학(崔昌學) 표성흠(表聖欽) 하근찬(河瑾燦) 한말숙(韓末淑) 한무숙(韓戊淑) 한승원(韓勝源) 허근욱(許槿旭) 현기영(玄基榮) 현길언(玄吉彦) 호영송 홍성원(洪盛原) 홍성유(洪性裕) 황순원(黃順元) 황충상(黃忠尙)

평론가(31명) 구중서(具仲書) 권영빈 김도연(金度淵) 김병걸(金炳傑) 김병익(金炳翼) 김사인(金思寅) 김상일(金相一) 김영호 김우종(金宇鍾) 김종철(金鍾澈) 민병욱 백기완(白基琓) 백승철(白承喆) 백원담 성민엽 송승철 원형갑(元亨甲) 위기철 유인렬 이동하(李東夏) 이명재(李明宰) 이재현 이헌석 임중빈(任重彬) 임헌영(任軒永) 장문평(張文平) 정규웅(鄭奎雄) 진형준 채광석 현준만 황광수(黃光穗)

수필가(12명) 김구봉 김수명(金洙鳴) 김정희(金貞姬) 서정범(徐廷範) 이원복 인병선(印炳善) 전숙희(田淑禧) 정덕룡(丁德龍) 정주환(鄭周煥) 지인선(池仁善) 최징자(崔澄子) 한대석(韓大錫)

아동문학가(16명) 강정규(姜廷圭) 강정훈 권정생 김대옥 김일광 김종영(金鍾榮) 박용덕 박홍근(朴洪根) 송재찬 유기현 윤석중(尹石重) 이주홍(李周洪) 이준희 정채봉 허호석(許虎錫) 손동인(孫東仁)

극작가(10명) 강성희 신봉승(辛奉承) 안종관(安鍾官) 오학영(吳學榮) 이강백(李康白) 이병원(李秉嫄) 차범석(車凡錫) 최인석(崔仁碩) 최재도 홍승주(洪承疇)

미술(82명) 강달원 강요배 강행원(姜幸遠) 구정우 권순철 김경옥 김만선 김민희 김방죽 김봉준 김승동(金承東) 김언경 김영덕(金永悳) 김영란 김용태 김인순(金仁順) 김정(金正) 김정숙 김정헌(金正憲) 김진숙 김태호(金台鎬) 김형구 나원식 나종희 문영태 민정기(閔晶基) 박강원 박건(朴健) 박불똥 박성조(朴性昨) 박세형(朴世亨) 박영률 박용숙(朴容淑) 박종원(朴鍾元) 박진화(朴珍華) 손기환 손승덕(孫承悳) 손영익 손장섭(孫狀燮) 신학철 심정수(沈貞秀) 심정희 안경숙 안규철 안문선 안은희 양은희 엄희용 여운(呂雲) 오수환(吳受桓) 오숙희 원동석(元東石) 유병엽(柳鉼燁) 유연복(柳然福) 유홍준 윤석남 이기연 이나

경(李那瓊) 이만익(李滿益) 이민희(李敏熙) 이상국(李相國) 이성화(李聖化) 이인철 이종구 이종구 이종태(李鍾太) 이철수 이홍원 이환범(李桓範) 장진영 전준엽 정복수 조국정(趙國禎) 주완수 주재환 차명희(車明喜) 최경곤 최열 홍선웅(洪善雄) 홍성담 홍순모 황효창

연극(31명) 강영희 김대호 김만태 김윤기 김천택 문병옥(文秉玉) 민혜숙(閔惠淑) 박남숙 박인배 박제홍 박혜숙 서연호(徐淵昊) 송하련 여균동(呂均東) 오종우(吳鍾佑) 유인택 이경욱 이병현 이수인 이인형 임진택 정관용(鄭寬容) 정이담 주강현 진철수 천호영 최기창 최보근 최영주 하정자 황선진(黃善辰)

건축(2명) 조건영(曺建永) 최종현(崔宗鉉)

음악(3명) 김창남 문승현 백은숙(白銀淑)

대학교수(583명)

강원대 김영(金泳)

경북대(41명) 권기호(權奇浩) 권연웅(權延雄) 김문기(金文基) 김영하(金英夏) 김종윤(金鍾允) 김종택(金宗澤) 김진웅(金辰雄) 김창우(金倡宇) 김철수(金撤洙) 김한식(金漢植) 김형규(金亨圭) 박상욱(朴商煜) 박용철(朴龍喆) 서종문(徐鍾文) 신오현(申吾鉉) 양승영(梁承榮) 오대섭(吳岱燮) 오영수(吳英殊) 이개석(李玠奭) 이덕성(李德成) 이덕형(李德炯) 이병휴(李秉烋) 이백규 이상규 이상태 이선행(李善行) 이수도(李壽陶) 이주형(李注衡) 이충섭(李忠燮) 이치수(李致洙) 이호철(李鎬澈) 임병훈 임종국(林鍾國) 장동익(張東翼) 정시호(鄭時鎬) 정인숙(鄭仁淑) 정동현(鄭東賢) 조철제(趙哲濟) 조화룡(曹華龍) 주보돈(朱甫暾) 한석종(韓錫鍾)

경희대(13명) 구연창(具然昌) 김성식(金成植) 김성태(金星泰) 김태영(金泰永) 도정일 박찬국(朴贊國) 서성한(徐聖漢) 신민규(申玟圭) 신용철(申龍澈) 안규석(安圭錫) 안영수 정복근(鄭福根) 홍원식(洪元植)

계명대(31명) 강길호(姜吉鎬) 고후원(高厚源) 강대인(姜大仁) 김한규(金漢圭) 김근(金槿) 김기협(金基協) 김도형(金度亨) 김무진(金武鎭) 김상기(金相騎) 김세철(金世喆) 김영인(金榮仁) 김영희 김정치(金政治) 노중국(盧重國) 민현기(閔玹基) 박성규(朴性奎) 송영정(宋永程) 신현직(申鉉直) 심호택(沈浩澤) 유건우(柳建佑) 윤영진(尹榮鎭) 윤홍섭(尹鴻燮) 이성복(李晟馥) 이윤갑(李潤甲) 이종오(李鍾旿) 이종한(李鍾漢) 장병옥(張炳玉) 조현정(曺賢正) 최길성(崔吉城) 최미정(崔美汀) 한창수(韓昌洙)

고려대(16명) 강만길(姜萬吉) 김승옥(金承玉) 김우창(金禹昌) 김인환(金仁煥) 김종길(金宗吉) 김채수(金采洙) 김화영(金華榮) 윤용(尹溶) 이동향(李東鄕) 이동환(李東歡) 이문영(李文永) 이상신(李相信) 정규복(丁奎福) 정문길(鄭文吉) 최상룡(崔相龍) 최장집(崔章集)

공주사대(2명) 유경준(兪京濬) 조재훈(趙載勳)

덕성여대(6명) 김명호(金明昊) 김문규 김준호(金俊鎬) 류양선(柳陽善) 윤지관 한상권

동국대(12명) 김장호(金長好) 김정근(金正根) 김한 박강식(朴康植) 박경규(朴慶圭) 오국근(吳國根) 이종찬(李鍾燦) 조은(曹恩) 주종환(朱宗桓) 한용환(韓龍煥) 홍기삼(洪起三) 황필호(黃弼昊)

661

동아대(4명) 이기영 이영기 이훈상 한석정
동의대(3명) 노원희(盧瑗喜) 박동혁 장희창
부산대(8명) 김석준 김양화 박재환 오상훈 윤용출 지두환 채상식 채희완(蔡熙完)
부산산업대(4명) 강혁 이성훈 이재복 이현석
부산여대(14명) 곽동기(郭東基) 김세윤(金世潤) 박민선(朴玟宣) 박령(朴怜) 박종우 배경한(裴京漢) 문현병(文顯丙) 손현숙(孫賢淑) 손홍기(孫洪基) 여운필 이송희(李松姬) 한정숙(韓貞淑) 홍금희(洪今姬) 황수연
서강대(11명) 길희성(吉熙星) 김상준(金相俊) 김욱동 김홍명(金弘明) 박종대 박홍(朴弘) 유재천(劉載天) 이태동(李泰東) 조긍호 조옥라 최재현
서울대(84명) 강광하(姜光夏) 강대건(姜大虔) 고영복(高永福) 권태억(權泰檍) 권태환(權泰煥) 김기두(金箕斗) 김길중(金吉中) 김귀현(金貴賢) 김남두(金南斗) 김명렬(金明烈) 김성곤(金聖坤) 김문환(金文煥) 김영무(金榮茂) 김영식(金永植) 김영중(金榮中) 김용덕(金容德) 김인숙(金寅淑) 김일철(金一鐵) 김종현(金宗炫) 김진균(金晉均) 김태길(金泰吉) 나종일(羅鍾一) 노재봉(盧在鳳) 노태돈(盧泰敦) 민두기(閔斗基) 박남식(朴南植) 박상섭(朴相燮) 박시인(朴時仁) 바한제(朴漢濟) 박희진(朴熙鎭) 박명진(朴明珍) 백낙청(白樂晴) 변형윤(邊衡尹) 석경징(石璟澄) 손봉호(孫鳳鎬) 송낙헌(宋洛憲) 송동준(宋東準) 신용하(愼鏞廈) 심재룡(沈在龍) 안청시(安淸市) 양동휘(梁東暉) 여정동(呂井東) 오생근(吳生根) 오인석(吳麟錫) 원윤수(元潤洙) 이강숙(李康淑) 이계순(李季順) 이동렬(李東烈) 이명현(李明賢) 이민호(李敏鎬) 이병한(李炳漢) 이상옥(李相沃) 이상택(李相澤) 이성규(李成珪) 이성원(李誠元) 이승훈(李承勳) 이인영(李仁暎) 이인호(李仁浩) 이정민(李廷玟) 이정호(李廷鎬) 이종권(李鍾權) 이태수(李泰秀) 임종철(林鍾哲) 임현진(林玄鎭) 장석진(張奭鎭) 장왕록(張旺祿) 전제옥(全濟玉) 정기준(鄭基俊) 정옥자(鄭玉子) 정운찬(鄭雲燦) 정진홍(鄭鎭弘) 조병태(趙炳泰) 조준학(趙俊學) 천승걸(千勝傑) 최갑수(崔甲壽) 최명(崔明) 최종태(崔鍾泰) 최홍기(崔弘基) 하영선(河英善) 한완상(韓完相) 홍기창(洪起倉) 홍두승(洪斗承) 황경식(黃璟植) 황찬호(黃燦鎬)
서울시립대 박한진(朴漢鎭)
성균관대(26명) 김기태(金基台) 김시업(金時鄴) 김지운(金芝雲) 김학성(金學成) 박기순(朴琪淳) 박양규(朴良圭) 방정배(方廷培) 성찬경(成贊慶) 송재소(宋載邵) 신해순(申解淳) 양재혁(梁再赫) 이공범(李公範) 이대근(李大根) 이상일(李相日) 이신복(李信馥) 이우성(李佑成) 이운구(李雲九) 이재호(李在浩) 이지형(李䎐衡) 이효익(李孝翊) 임형택(林熒澤) 임효선(林孝善) 장을병(張乙炳) 조건상(趙健相) 최박광(崔博光) 하정옥(河正玉)
성심여대(10명) 김기중(金基重) 김재환(金在桓) 문병욱(文炳郁) 박민철(朴敏哲) 박정미(朴貞美) 우명섭(禹明燮) 이강렬(李剛烈) 이시재(李時哉) 임종대(林鍾大) 최신호(崔信浩)
숙명여대(2명) 이경의(李敬儀) 이만열(李萬烈)
순천향대 김태현
연세대(36명) 강희철 경규학(慶奎鶴) 김동길(金東吉) 김병수(金秉洙) 김용섭(金容燮) 김찬국(金燦國) 김태봉 김학수 박상용 박영신(朴永信) 박태규 서승환(徐昇煥) 서정익(徐廷

翼) 성내운(成來運) 손보기(孫宝基) 신의순(申義淳) 안병영(安秉永) 안삼환(安三煥) 오세철 오일주 윤기중 윤석범(尹錫範) 이기상 이기수 이상우 이선영(李善榮) 이영기 이제민(李濟民) 이화수 임철규(林喆規) 정갑영 정석해(鄭錫海) 정창영(鄭暢泳) 조혜정(趙惠貞) 최원규 황원구(黃元九)

영남대(47명) 권영규(權寧奎) 권영필(權寧弼) 권이구(權彛九) 권형창(權亨昌) 김기동(金起東) 김상근(金相根) 김욱원(金旭源) 김익수(金益洙) 김종섭(金琮燮) 김종철(金鍾哲) 김혈조(金血祚) 김화경(金和經) 민주식(閔周植) 박상우(朴商雨) 박운석(朴雲錫) 박현수(朴賢洙) 성삼경(成三慶) 성호경(成昊慶) 송용준(宋龍準) 신귀현 염무웅(廉武雄) 배영순(裵英淳) 양행기(楊幸基) 엄상문 여갑기(呂甲基) 원철(元哲) 윤세훈(尹世勳) 윤영천(尹永川) 이규성(李圭成) 이병학 이성대(李成大) 이수인(李壽仁) 이장우(李章佑) 임병주(林炳珠) 장현갑(張鉉甲) 정병국(鄭炳國) 정봉교(鄭奉敎) 정석종(鄭奭鍾) 정순목(丁淳睦) 정용주(鄭容宙) 정은기(鄭恩基) 정종해(鄭鍾海) 정태철(鄭泰喆) 정지창(鄭址昶) 최명옥(崔明玉) 허진영(許眞瑛) 황태갑(黃泰甲)

외국어대(10명) 김우조(金宇朝) 김정위(金定慰) 김진홍(金鎭洪) 박성래(朴星來) 박재우(朴宰雨) 박찬일(朴贊一) 이종윤(李鐘允) 정영림(丁榮林) 정일용(鄭一溶) 최영수(崔榮秀)

울산대(20명) 강종렬(姜鍾烈) 강창석 고인수(高仁秀) 공명복 김성기(金聖基) 김연민 김윤태 김재균 김혜숙 남중헌 도회근 박종진 박주철(朴柱哲) 배종언(裵宗彦) 서정훈 성기옥(成基玉) 신연재 이영덕(李永德) 이학주(李學柱) 임헌

원광대(19명) 김낙필(金洛必) 김도종(金道宗) 김병국(金柄國) 김복규(金樸奎) 노권용(魯權用) 박찬봉(朴贊奉) 박항식(朴沆植) 서경전(徐慶田) 심대섭(沈大燮) 심동복(沈東福) 양은용(梁銀容) 원석조(元奭朝) 유성태(柳聖泰) 이경수(李京洙) 이상비(李相斐) 정순일(鄭舜日) 최병길(崔炳吉) 하재창(河在昌) 채규판(蔡奎判)

이화여대(23명) 강희영 김경태(金敬泰) 김세영(金世永) 김숙희(金淑姬) 김호순(金好順) 박순경(朴淳敬) 박은정(朴恩正) 서광선(徐洸善) 서숙(徐淑) 소흥렬(蘇興烈) 유득준 윤정옥(尹貞玉) 윤정은(尹貞恩) 이규환(李圭煥) 이남덕(李男德) 이동원(李東媛) 이혜순(李慧淳) 이효재(李効再) 장필화 정대현(鄭大賢) 정하영(鄭夏英) 최영(崔暎) 현영학(玄永學)

인제대(6명) 강흥식 김영식 마종락(馬宗樂) 엄국현 조용현(曺湧鉉) 최영순

인하대(11명) 김경인(金京仁) 김대환(金大煥) 성완경(成完慶) 신황호(申晃浩) 윤하선(尹河瑢) 이기영(李基永) 이용현(李容炫) 이충희(李忠喜) 정요일(鄭堯一) 최원식(崔元植) 한영국(韓榮國)

전남대(24명) 김당택(金塘澤) 김동수(金東洙) 김동원(金東沅) 김정수(金貞洙) 김현곤(金賢坤) 나간채(羅看采) 노희관(盧熙寬) 명노근(明魯勤) 문석남(文石南) 박광서(朴光曙) 박만규(朴萬圭) 박양호(朴養浩) 송기숙(宋基淑) 신경호(申炅浩) 윤희면(尹熙勉) 이광우(李光宇) 이상식(李相寔) 이석연(李錫淵) 이정환(李廷晥) 이홍길(李洪吉) 정익섭 조승현(曺勝鉉) 최석만 최협(崔協)

전북대(26명) 강길원 김관우 김영기(金泳起) 김영민 김영정 김용선 김창섭 김홍수(金興洙) 박명규(朴明圭) 신광철(申爌澈) 신양균 위행복 유제호 이석영(李錫英) 이승재 이재

663

돈(李在敦) 이종민(李鍾珉) 이종주 장성수(張星修) 정두희 정원지 정진상 정학섭(鄭鶴燮) 조한경 최준석(崔準錫) 최창순

중앙대(2명) 유인호(兪仁浩) 이종권

청주사대 송규범(宋奎範)

충남대(6명) 박재묵(朴在默) 손명환(孫明煥) 장하진(張夏眞) 전철환(全哲煥) 정명교(鄭明敎) 허수열(許粹烈)

충북대(21명) 곽충구(郭忠求) 구연철(具然喆) 김경훈(金京勳) 김승환 김영남(金榮南) 노경희(盧暻熙) 성현자(成賢子) 안상헌 오광호 유종경 유초하(柳初夏) 윤구병(尹九炳) 이동순(李東洵) 이민홍(李敏弘) 이승복(李承馥) 이옥경(李玉卿) 전영태(田英泰) 전채린(田彩麟) 한기선(韓基善) 한봉래 허석렬(許碩烈)

한신대(26명) 강남훈(姜南勳) 고재식(高在植) 강돈구(姜敦求) 김경모(金景模) 김상곤(金相坤) 김성재(金聖在) 김인걸(金仁杰) 김창락 문동환(文東煥) 박종화(朴宗和) 박판영(朴判榮) 서광일(徐紘一) 설준규(薛俊圭) 송영배(宋榮培) 안병무(安炳茂) 안병우 유봉학(劉奉學) 윤소영(尹邵榮) 이영훈(李榮薰) 이윤구(李潤求) 이현희(李賢熙) 정운영(鄭雲暎) 정태기(鄭泰基) 조흥욱(趙興旭) 차봉희(車鳳禧) 홍정선(洪廷善)

한양대(14명) 김광규(金光圭) 김효명(金曉明) 박병석 박선부(朴善夫) 박영상(朴永祥) 박현서(朴賢緖) 반성완(潘星完) 손예철(孫叡澈) 유병석(柳炳奭) 이강수(李康洙) 리영희(李泳禧) 이완재(李完宰) 정창렬(鄭昌烈) 최내옥(崔來玉)

홍익대 정윤형(鄭允炯)

언론출판계(219명)

언론계(70명) 강정문(姜正文) 고승우 국홍주(鞠興株) 권근술(權根述) 김관석(金觀錫) 김동현 김타이 김영용(金英鎔) 김영환 김유원(金有源) 김인한(金仁漢) 김재문(金載汶) 김중배(金重培) 김창수 김태홍(金泰弘) 김학천(金學泉) 김형배(金炯培) 마상원(馬相元) 문창석(文昌錫) 박권상(朴權相) 박세원(朴世元) 백기범(白基範) 성유보(成裕普) 성한표(成漢杓) 송건호(宋建鎬) 송대헌 송준오 송지영(宋志英) 신홍범(愼洪範) 심재택(沈載澤) 오정환 유장홍(柳壯弘) 윤덕한(尹德漢) 윤활식(尹活植) 이경일(李耕一) 이규만(李圭萬) 이기중(李基中) 이병주(李炳注) 이부영(李富榮) 이열모(李烈模) 이원섭(李元燮) 이인철(李仁哲) 이종덕(李鍾德) 이해학 이현국 임기상 임재경(任在慶) 임채정(林采正) 장미경 장윤환(張潤煥) 장재두 전응휘 전진우 정석화 정시진 정태기(鄭泰基) 정흥렬(鄭興烈) 조영희 최민지(崔民之) 최병선(崔炳璇) 최병진(崔秉珍) 최석채(崔錫采) 최장학(崔長鶴) 최학래(崔鶴來) 표완수(表完洙) 허육 홍사중(洪思重) 홍수원(洪秀原) 홍현미 황의방(黃義坊)

출판계(149명) 강상희 강석모 고서원 고세현(高世鉉) 고윤실 공윤성 공지영 곽노길 김경년 김경혜 김경희(金京熙) 김명인(金明仁) 김순옥 김승균(金承均) 김승란 김신정 김언호(金彦鎬) 김영림 김영종 김영혜 김영호 김용항 김인수 김정수 김정애 김정택 김제완 김종수 김종완 김지향 김진철 김창남 김철미 김충기 김학민(金學珉) 나병식(羅炳湜) 나종학 노동진 목영주 박경미(朴京美) 박경애 박경옥 박경희(朴京熙) 박맹호(朴孟浩) 박순

정 박승옥(朴勝玉) 박애숙 박영주 박윤배 박종만(朴鍾萬) 박지서 박해전 박화양 방송희 방인혁 배선희 백원담 부수영(夫秀英) 서익진 서인영 서정옥 서제숙 서학기 서희자 소 병훈 송인용 신미원 신수열(辛秀烈) 신형식 신혜숙 신홍민 안희태 양복순 양상현 엄정 례 엄주웅 여병연 오연조 오춘식 온현정 우용진 유대기 유종배 유창복 유희정 윤종수 윤형두(尹炯斗) 윤혜현 이갑섭(李甲燮) 이건복 이광구 이경옥 이기열 이기웅(李起雄) 이 덕희 이동숙 이미숙 이범 이상 이석표 이승현 이승환 이영숙 이영주 이영옥 이우회 이 진섭 이태수 이혜정 이호웅(李浩雄) 이희선 임승남 장미정 장재웅 장종택 전경숙 전경 원 전경희 전용호 정남기 정민 정성진 정은주 정인영 정정택 정해렴(丁海廉) 조근태(趙 根台) 조남일 조춘구 조향래 조희제 주은경(朱恩慶) 지영길 진효선 차지환 최내일 최동 전(崔同田) 최병철 최영희 최정자 한기호 한승희 한철희 한홍섭 함영회(咸泳會) 함희숙 허만중 홍사희 황경희

종교계(366명)

신부(37명) 김덕근 김병도 김병상 김승훈(金勝勳) 김영식 김정식(金晶植) 김종국 김재열 (金在烈) 김철호 김택암(金澤岩) 나마진 남국현 박영식 박우성 박종기 박찬윤 박홍 손덕 만 송광섭(宋光燮) 송기인 송진 안경렬(安慶烈) 안충석(安忠錫) 양홍(楊弘) 오재식 오지 영(吳智英) 윤주병(尹周柄) 이기정 이응석 장홍선 정호경 조덕현(曺德鉉) 지학순(池學淳) 최선웅 프라이스 홍인수(洪仁壽) 함세웅(咸世雄)

수녀(250명) 강경숙 강봉순 강영숙 강옥섭 경현옥 고명숙 고미자(高美子) 고정희 고찬 희 구복순 권상숙 권오일 길혜자 김건숙(金健淑) 김경자 김경자 김교순 김길자 김금순 김기복 김동옥 김명숙 김명희 김미곤 김미순 김민순 김보애 김복렬 김선녀 김성현 김 성희 김송숙 김순금 김순례 김순초 김순희 김순희 김영상 김영순 김영희 김영희 김양 숙 김양희 김은경 김은희 김율순 김인상 김점순 김정녀 김정숙 김정순 김정애 김정옥 김정자 김종순 김춘경 김파근 김화순 김화훈 김효분 김효임 김혜선 김혜자 남궁순옥 남궁혜옥 남데레사 남숙희 노미희 노유자 도영수 도영숙 류구완 문명자 박경애 박금 희 박명애 박상순 박성순 박소영 박순애 박영숙 박지숙 박창순 박현옥 박호순 박후경 박혜신 배선희 배숙희(裵淑熙) 서갑석 서미란 서미원 서정렬 서정희 선우혜 손순자 손 희경 송순미 송영자(宋榮子) 송재성(宋在成) 송종례 신금선 신민숙 신소희 신영숙 신점 철 신정애 신혜옥 심숙진 안가다 안성해 안영애 안인숙 안홍선 양기희 양성순 엄청희 여경림 연제련 연제영 연홍자 오숙영 오정희 옥고순 왕순애 우경숙 유명순 유미경 유 병천 유정숙 유현형 유형식 윤복순 윤선미 윤영로 윤한희 윤해영 이규순 이계월 이금 숙 이기명 이동화 이명미 이명자 이명향 이명희 이복례 이상금 이상순 이상주 이성란 이영미 이연숙 이영희 이원숙 이오례 이옥분 이옥헌 이은경 이재순 이정희 이현숙 이 희구 이희자 인경희 임란순 임선영 임순초 임영숙 임재옥 임종숙 임훈자 장남순 장복 희 장성희 장임순 장재안 장재희 장정매 장정애 장해영 장혜진 전경애 전길순 전우교 전화자 정덕자 정란용 정순주 정영금 정영진 정우민 정운경 정운영(鄭雲暎) 정인자 정 현숙 정혜옥 조규옥 조규희 조금영 조남희 조명숙 조숙영 조숙현 조영희 조진원 조필

665

숙 조형환 조혜연 주경선 주영란 진기범 진봉자 차금실 차수산나 차순향 차영란 채계순 최경희 최루시아 최바올라 최명숙 최복순 최순길 최영숙 최영숙 최은숙 최인묵 최정숙 최종희 최향미 최현주 최현주 최효숙 최희숙 최희양 최희양 한성희 한효선 허금주 홍미표 홍석영 홍성임 홍순상 홍옥분 홍혜연 황경순 황미경 황성연 황인경

목사(48명) 강원룡(姜元龍) 강윤구 강희남 고영근 곽은득 권호경 금영균 기현두 김경남 김동완(金東完) 김동익 김상근(金相根) 김용원 김정서 김재준(金在俊) 김준영 단형철 박기백 박형규(朴炯圭) 방인근 성해용 신중현(愼重鉉) 신광준 안광수 양봉필 오용식(吳龍植) 오충일(吳忠一) 유근호(柳根浩) 윤갑수 윤길수(尹吉洙) 이광일 이근복(李根福) 이영재(李榮宰) 이원규 이종국 이종헌 이해학(李海學) 이현주 임홍기 장병호 정명기 정하은(鄭賀恩) 조남기(趙南基) 조승혁(趙承赫) 최영수 추요한 한재덕(韓在悳) 허병섭(許秉燮)

전도사(8명) 김영희 김정택 김해성 남호 박춘노 전용목 조동호 조순형

승려(23명) 류희자(柳喜子) 무상(無想) 박진관 박찬이 박치운(朴峙雲) 박혜성(朴慧星) 벽우 석현섭(釋賢涉) 성연 여익구 이명희(李明姬) 이무진 이민홍 이법정(李法靜) 이봉덕(李鳳德) 이승우(李昇雨) 이양우(李良雨) 이인묵 이정원(李靜園) 정혜돈(鄭慧頓) 하종주 현장(玄藏)

법조계(32명)

강신옥(姜信玉) 고재호(高在鎬) 고영구(高泳耉) 김동현(金洞玄) 김상철(金尙哲) 김제형(金濟亨) 노무현(盧武鉉) 문재인(文在寅) 박국환 박원순(朴元淳) 박윤성 서예교 안동일(安東壹) 안영도 유현석 이건호(李鍵浩) 이관형(李官炯) 이돈명(李敦明) 이돈희(李敦熙) 이해진(李海鎭) 정춘용(鄭春溶) 조승형(趙昇衡) 조영래(趙英來) 조준희(趙準熙) 최영도(崔永道) 하경철(河炅喆) 하재일(河在一) 한경국(韓景國) 한승헌(韓勝憲) 홍성우(洪性宇) 황산성(黃山城) 황인철(黃仁喆)

사회단체(255명)

YMCA(16명) 강문규(姜汶奎) 김길성 서동영 유기옥 유문향 유종성 이남주 이은정 이창식 임윤옥 김종윤 박필수 신택호 이태일 이학영 정만조

YWCA(19명) 김온주 김은규 배순자 백애경 신인숙 이용주 조의현 차경애 황혜숙 김선덕 김준희 박미숙 박영숙 윤계숙 윤정자 이희숙 정숙희 조성옥 최수경

장로회총회(12명) 강순복 권오덕 금호영 김봉익 김영락 김학명 윤태영 윤태현 이연옥 진천혜 정봉덕 정태봉

가톨릭농민회(9명) 서경원 이병철 이상국 이재만 임봉재 정성헌 정재돈 조용진 한상열

가톨릭노동사목 윤순녀

가톨릭여성농민회(6명) 김영자 박미숙 문명녀 유영훈 이혜영 정영란

가정법률상담소(15명) 곽배희 김동자 김영옥 김혜래 박명신 박부자 박선형 박희경 안정희 양정자 유근주 오순애 이혜숙 차명희 최수자

민통련(12명) 가정우 계훈제(桂勳梯) 곽태영 김병관 김영룡 김정남 민향숙 박계동(朴啓

東) 변인식 이강철(李康哲) 이재오(李在五) 임병주

민중교육연 황인숙

기독교농민회(5명) 나상기 신언관 박해조 최종진 허헌중

기독학생연맹 황인성

크리스챤아카데미(3명) 김학현 서진옥 오숙희

기청협(11명) 김기호 김형기 권혁률 박준철 변창배 서호석 윤영모 이석환 전은옥 최인규 황인하

N.C.C.(2명) 류태선 이경배(李景培)

사회선교협의회(4명) 구선희 박일성 신철영(申澈永) 이길재

여성의 전화(21명) 강혜숙 김계정 김영자 김희선 곽순의 박경숙 박유정 배정미 심선애 용지연 은희주 이부자 이상덕 임호정 전정숙 전정희 정영애 최금석 최순옥 한우섭 황경숙

여성전도회전국연합(5명) 박은자 신선 이은희 장세정 최은주

여사연(2명) 박영숙 지은희

여성평우회(20명) 고재경 김경란 김경희 김봉률 김영연 김영옥 김지은 박영자 박정화 박주미 신현숙 이경남 이경숙 이옥경 이재은 한상실 홍미선 홍영주 이영숙 김영희

가톨릭사회복지회 송옥자

한국노협(34명) 강석순 김건호 김경화 김대영 김상식 김순근 김예희 남선주 명인숙 문옥순 박노희 박순애 박순자 박혜숙 방용석 배옥병 송희자 안순분 양분옥 양승화 이경자 이영순 이정화 이재호 이총각 장남수 조금분 주예희 지명환 차언년 최순영 최연봉 최영숙 황선금

정평위(45명) 강동성 강성숙 강태인 권미선 김경숙 김말룡 김명혜 김영구 김의식 김향미 김형미 노옥남 문국주 민경웅 박상경 박숙자 배봉한 백미화 백선희 백정숙 서범용 서화순 서혜준 석달언 석동일 신경숙 신금수 유성수 윤종애 이명심 이명옥 이승옥 이창훈 조명숙 조세용 지경희 차준성 최미화 최민경 최성심 최재선 하영남 한성인 한순녀 홍점선

기독교사회문제연구원(7명) 김용복(金容福) 김홍상 심상완 이강철 이미경 이우정(李愚貞) 임상택

한국기독교장로회여신도회(3명) 강선혜 유근숙 인미란

일반 지식인 및 시민(1,100명)

강광호 강대직 강득희 강석자 강성증 강순원 강안희 강은애 강일석 강정숙 강태일 강연주 강현 강홍규 강희문 강희숙 계현미 고경실 고남집 고명숙 고미숙 고순애 고재석 고판술 공덕귀(孔德貴) 공혜경 곽길성 곽대원 곽동명 곽종섭 곽종성 구자호 구재순 권두오 권운경 권성자 권순흠 권영근 권영례 권오국 권용채 권태선 권혁률 권혁철 권형민 권형우 권혜정 금호영 길재우 길희문 김경남 김경민 김경란 김경오 김경훈 김경희 김경희 김계희 김광성 김광수 김광우 김광학 김광현 김광호 김교리 김국일 김규수 김

균식 김금화 김기수 김기종 김기훈 김기호 김남정 김남형(金南馨) 김대안 김대안 김대영 김대욱 김대웅 김대중(金大中) 김덕성 김덕실 김도현(金道鉉) 김도현 김동규(金東圭) 김동명(金東明) 김동심 김동영(金東英) 김동인 김동주(金東周) 김동학 김동협 김만대 김명란 김명숙 김명윤(金命潤) 김명희 김모야 김문자 김미경 김미경 김미도 김미림 김미송 김미승 김미아 김미애 김미형 김범태 김병옥 김복녀 김본기 김부용 김상옥 김상원 김상현(金相賢) 김상희 김석수 김석우 김선광 김선영 김선웅 김선출 김선희 김성구 김성순 김소진 김송자 김수경 김수영 김수일 김수한(金守漢) 김수희 김숙영 김숙원 김숙희 김순경 김순덕 김순옥 김순종 김순중 김순희 김승란 김승진 김신자 김애라 김양래 김양수 김양운 김연욱 김영근 김영래 김영미 김영민 김영배(金令培) 김영삼(金泳三) 김영수 김영용 김영운 김영자 김영자 김영주 김영주 김영철 김영춘 김영태 김영현 김영호 김오일 김옥두(金玉斗) 김옥분 김옥선(金玉仙) 김옥숙 김옥순 김옥현 김완수 김완준 김용기 김용기 김용대 김용섭 김용식 김용집 김용완 김우성 김우호 김원진 김원표 김원표 김원화 김유경 김윤식(金允植) 김은숙 김은숙 김은실 김은자 김웅수 김익희 김인(金寅) 김인규 김인석 김인수 김인숙 김인숙 김인숙 김일범 김일태 김자영 김장곤(金莊坤) 김재규 김재선 김재순 김재우 김재환 김전승 김정길(金正吉) 김정남 김정수(金正秀) 김정수(金正洙) 김정수 김정옥 김정욱 김정용 김정원 김정중(金正中) 김정훈 김종근 김종선 김종원 김종원 김종헌 김중태 김지영 김지일 김진규 김진섭 김진원 김진원 김진자 김진태 김진하 김진희 김찬성 김창묵 김창성 김창일 김창준 김창환 김철용 김철용 김충기 김충섭 김충환 김태남 김태래 김태미 김태룡(金泰龍) 김태종 김태찬 김태헌 김택현 김학환 김한호 김행보 김현규(金鉉圭) 김현숙 김현욱 김현우 김형근 김형기 김형기 김형두 김형문 김형욱 김혜경 김혜숙 김혜숙 김활란 김효소 김효선 김희숙 나동복 나명운 나명호 나병문 나영희 나영희 나은실 나인선 나정민 나종열 나종학 남광균 남광진 남궁진 남기경 남보진 남부원 남상욱 남선애 남영주 남은경 남이정 남재영 남태우 남궁진 노경규(盧暻圭) 노경규 노금노 노동선 노원숙 노정혜 노춘원 노태훈 노평준 노혜영 노승환(盧承煥) 동신희 류달상 류정수 류정수 류현숙 림진천 마상원 마은영 맹정렬 명화섭(明華燮) 문상욱 문영숙 문옥희 문은희 문정수(文正秀) 문창남 문창석 민경자 민병산(閔丙山) 민병호 박강희 박겸수 박공자 박관용(朴寬用) 박광진 박규태 박규태 박문부 박문선 박미선 박미순 박민애 박병규 박삼주 박상수 박석면 박석무 박선정 박성배 박세근 박세원 박세정 박숙 박승재 박승영 박승호 박영근 박영동 박영록 박영숙 박영순 박영철 박영환 박용만(朴容萬) 박용일 박용준 박용충 박운식 박원기 박우기 박원렬 박은주 박의수 박정아 박종갑 박종관 박종률(朴鍾律) 박종문 박종성 박종수 박종용 박종일 박종필 박준호 박진옥 박찬원 박찬종(朴燦鍾) 박춘배 박준원(朴晙遠) 박충태 박태송 박현경 박현구 박현규 박현미 박현숙 박현채(朴玄埰) 박현희 박형규 박형준 박형진 박혜영 박화천 박훤희 박홍주 박희병(朴熙秉) 박희숙 방기중 방병규 방병춘 방유식 배설남 배이환 배태선 백귀순 백기범 백승남 백영기 백종덕 백진자 백창흠 백택현 백혜진 변정화 변종선 변지숙 변창현 복진풍(卜鎭豊) 사공웅 서경석 서경수 서경화 서동석 서석재(徐錫宰) 서성석 서성식 서윤석 서인찬 서자숙 서점이 서정일 서철룡 서현

선 석홍규 선봉춘 선요상 설문원 설훈 성광웅 성선경 성옥 성향순 성혜경 소경희 소정호 손권규 손명덕 손문간 손병수 손수산나 손수정 손재복 손정국 손정호 손진철 손태근 손희매 송광용 송기헌 송병수 송세언 송영배 송영은 송영탁 송원영(宋元英) 송인록 송재명 송재호 송지상 송춘근 송향숙 송형동 신경애 신귀자 신덕화 신도환(辛道煥) 신동원 신두원 신미자 신미희 신병원 신복희 신상록 신수정 신순덕 신은주 신일성 신정철 신진섭 신진수 신철오 신춘자 신하철 신현기 신혜정 신홍자 신희수 심경원 심상교 심상복 심상협 심성보 심인식 심임섭 심재숙 심재오 심현규 안광철 안미영 안봉수 안병민 안석영 안숙자 안순희 안은희 안요선 안재홍 안진선 양경연 양대석 양동태 양순직(楊淳稙) 양승례 양충택 양현석 양혜영 어미숙(魚美淑) 어장우 엄홍경 여석영 여은경 여인달 염미선 오경렬 오경수 오경애 오경훈 오금숙 오덕수 오사순(吳四順) 오성균 오성희 오세구 오세란 오수경(吳壽京) 오순엽 오순자 오재경 오정수 오윤영 오인석 오형녀 오태준 오정란 용남덕 우구림 우단희 우미라 원기준 원명환 원성세 원유미 원정구 원종수 원호원 원화용(元花用) 원희록 위강환 위복심 유건재(兪健在) 유경호 유경희 유금조 유내홍 유명자 유미영 유미옥 유보선 유상덕 유성련 유성재 유세영 유세호 유수훈 유시민 유양 유운필 유은주 유인금 유장홍 유재곤 유재민 유재선 유제일 유제연(柳濟然) 유중람 유준상(柳晙相) 유중봉 유지선 유진근 유철하 유청(柳靑) 유춘학 유태희 유형근 유효상 유효서 유훈선 윤남현 윤대희 윤동환 윤만용 윤명희 윤보선(尹潽善) 윤순덕 윤순옥 윤영모 윤영식 윤영인 윤예 윤응순 윤재민 윤진홍 윤철 윤철순 윤철하 윤청자 윤치은 은종숙 이강문 이강미 이강소 이강숙 이강술 이강희 이경숙 이경원 이경윤 이경은 이경화 이경희 이계봉 이광표 이규태 이금화 이기택(李基澤) 이기호 이달원 이덕환 이독영 이동순 이동철 이만행 이면재 이명식 이명숙 이명학(李明學) 이문광 이문길 이미숙 이미영 이미홍 이민녀 이민호 이배휘 이병삼 이병식 이병재 이병헌 이병화 이병훈 이병훈 이봉희 이부자 이상구 이상국 이상수 이상준 이상진(李相鎭) 이석환 이선기 이선숙 이성경 이성남 이성란 이성배 이성원 이성자 이성재 이세영 이소영 이수희 이숙희 이숙희 이순권 이순영 이순옥 이승민 이승호 이승희 이승희 이시득 이시희 이신석 이안재 이애경 이양구 이영미 이영상 이영숙 이영실 이영안 이영오 이영재 이영재 이영희 이용희(李龍熙) 이외원 이우성 이우태 이원영 이유진 이원돈 이의순 이은영 이은희 이이화 이익균 이인복 이인섭 이인수 이일형 이장우 이재무 이재순 이재식 이재익 이재형 이재희 이점순 이정민 이정보 이정아 이정아 이정옥 이정하 이정희 이종국 이종백 이종수 이종숙 이종찬 이주영 이주형 이주형 이중재(李重載) 이지영 이지현 이진국 이진상 이창훈 이창희 이철(李哲) 이철국 이철도 이철승(李哲承) 이철승 이철승 이청림 이춘기 이춘호(李春鎬) 이춘희 이하형 이혁창 이현숙 이현옥 이협(李協) 이협우 이형균 이혜경 이혜란 이혜정 이홍구 이화숙 이효근 이효분 이희규 이희순 인재근 임경식 임병주 임상선 임상숙 임석빈 임성대 임영재 임요셉 임우기 임일 임장수 임장철 임종훈 임창길 임추섭 임해봉 임호정 장경우 장기욱(張基旭) 장남희 장두진(張斗軫) 장말희 장명국 장세현 장세윤 장숙자 장순희 장승순 장신환 장원철(張源哲) 장윤재 장혜영 장은수 장일산 장주섭 전규배 전병유 전보배 전상원 전수연(金秀燕) 전순표 전

669

영선(田永善) 전영호 전윤선 전은옥 전일규 전정애 전정일 전진수 전찬수 전학석 전형근 전혜성 전희진 정갑수 정건화 정경희 정관필 정광훈 정기영 정기정 정기철 정기호 정길연 정남훈 정대성 정도웅 정동주 정명식 정봉철 정봉희 정삼열 정상모 정상섭 정선희 정선희 정순임 정순철 정용화 정은숙 정은주 정은희 정의순 정인수 정인영 정일환 정재숙 정재익 정정희 정준해 정지강 정지남 정진경 정진모 정진상 정진철 정진화 정채권 정출헌 정태기 정학선 정학필 정해동 정해숙 정해준 정형식 정혜원 정홍열 정화연 정화영 정희수 정희숙 정희창 조갑덕 조경수 조경휘 조경희 조경희 조국현 조규성 조규옥 조동기 조동주 조명선 조명숙 조명숙 조명이 조명호 조미자 조민자 조복형 조봉연 조봉훈 조분이 조성기 조성우 조성준 조성희 조순형(趙舜衡) 조연하(趙淵夏) 조영식 조영호 조옥지 조용은 조용종 조익문 조정하 조재호 조종률 조한수 조현수 조현숙 조현윤 조훈현(曹薰鉉) 조희영 조희형 주경희 주미사 주범로 주성종 주영미 주영희 주정숙 주진오(朱鎭五) 주향득 지경옥 지애현 지용희 지일웅 지태열 진선미 진웅성 차태석 차해자 채영석(蔡暎錫) 채현국 채호기 채희선 천옥순 최경애 최교진 최기선 최덕길 최덕순 최도열 최만석 최명숙 최병선 최병조(崔炳祖) 최복규 최석래 최선기 최성숙 최숙 최순규 최승길 최연례 최열 최영 최영란 최예영 최완주 최용식 최용희 최운철 최인규 최의팔 최인혁 최장희 최정규 최정남 최정자 최정화 최종태 최종호 최종화 최주영 최준영 최지은 최창문 최창호 최태순 최태영 최현자 최형민 최훈 추성길 하광훈 하봉담 한규화 한금식 한기역 한대웅 한만주 한명미 한미경 한미숙 한봉희 한상숙 한상실 한선이 한승수 한의숙 한지현 한창수 한철희 한현옥 함봉춘 함석헌(咸錫憲) 허경만(許京萬) 허광필 허만형 허성우 허영서 허원 허활석 현상학 현성희 형인진 호원숙 호원순 홍금녀 홍동선 홍미선 홍사덕(洪思德) 홍성숙 홍순성 홍순창 홍순철 홍승기 홍영기(洪英基) 홍영실 홍영희 홍원식 홍준철 홍천식 홍하진 홍황기 황경희 황경희 황명수(黃明秀) 황선미 황성미 황영심 황은경 황은하 황인하 황일봉 황재경 황재광 황재학 황정혜 황찬호

항의농성 성명서

창작과비평사를 원상복구시켜라

우리는 현 정권이 지난 12월 9일 '창작과비평사'에 등록취소라는 폭거를 취한 데 대해 놀라움과 분노를 금치 못한다.

현 정권의 반언론자유적 반문화적 행동양식이 어제오늘에 시작된 것이 아니라 출발 때부터 비롯된 것이고 특히 금년에 들어서는 출판문화 전반에까지 본격적으로 확대 심화되고 있다는 사실은 우리가 익히 다 아는 사실이기는 하지만, 이번 '창작과비평사'에 대한 폭거는 실로 최소한의 이성까지 팽개친 행위로 여겨진다.

먼저 지적하고 싶은 것은 이번 행위에서 보인 당국의 불법성이다. 그들은 창비사의 등록취소 처분에 있어 반민주적 악법인 언론기본법을 적용하고 있지만, 창비사가 해당조항인 정기간행물 등록사항을 위반했다는 데 대해 아무런 객관적 상황을 발견할 수가 없다. 즉 창비사는 지난 5·17사태 직후 계엄상황에서 강제 폐간당한 계간 문예평론지 『창작과비평』의 발행 취지를 계승하기 위해 『창작과비평』을 속간하기는 하나 이 새로운 『창작과비평』이라는 책은 계간지가 아니라 부정기간행물 형태인 무크지로 펴낸다고 엄연히 밝히고 있다. 그렇다면 당사자들은 이 새로운 『창작과비평』 무크지를 정기적으로 간행할 의향은 추호도 없었다는 점이 분명하다. 본인들이 정기간행물이 아니라고 밝히고 있는 것을 당국이 억지로 정기간행물이라고 우기면서 그것도 그 책 자체에 국한한 처분이 아니라 출판사로서는 사형선고인 강제폐업을 시킨다는 것이 말이나 되는 처사인가? 그러므로 당국이 비록 반언론자유적 악법인 언론기본법을 적용함에 있어서라도 최소한의 이성이나마 지킬 생각이었다면 이 새로운 『창작과비평』이 과연 당사

671

자의 말대로 1년에 한번 이상은 내지 않는 무크지로 내게 될지 아니면 1년에 2회 이상을 내게 될지를 지켜보아야 했다는 점은 너무나 분명하다 하지 않을 수 없다. 어떤 선입관을 가지고 앞으로 전개될 상황을 주관적으로 미리 예단하고 그것에 바탕하여 국민들에게 처벌법을 휘두른다는 것은 있을 수 없는 만행인 것이다.

이번 사태는 문화적인 차원에서만이 아니라 국민생활적 차원에서 보더라도 심각한 문제이다. 20여년의 연륜을 가지고 성장해온 이 땅의 유수한 한 출판사가 권력의 자의적 판단에 의해 강제로 문을 닫게 될 때, 그 출판사에 종사하고 있는 많은 출판인들, 기고가들의 생계는 어떻게 될 것이며 그 출판사와 생계적으로 연결되어 있던 수많은 인쇄인, 제본인, 거래인 들에게 파급될 영향은 어떤 것인가. 올바른 정치권력이란 국민들의 생활을 보살펴주지는 못할망정 짓밟지는 말아야 한다고 할 때, 이번 처사는 그릇된 권력행사가 아닐 수 없다.

이러함에도 불구하고 현 정권이 터무니없는 이유를 달아 '창작과비평사'를 등록취소시킨 저의는 어디에 있는가? 그것은 한마디로 국민들의 소리, 그중에서도 정치권력에 대해 비판적인 소리는 용납하지 않겠다는 위협적 의사표시이다. 유신시대 이래 이 땅의 정치권력 담당자들은 국민들의 비판적 소리와 행동이 일부 체제에서 소외된 지식인들의 비판적 말과 글의 영향 속에서 생성했고 성장하고 있다는 그릇된 인식을 가지고 있다. 그러면서 그들은 국민들이, 그중에서도 특히 학생들이 이른바 '의식화'되는 것을 불온시해오고 있다.

이러한 시각에서 볼 때 '창작과비평사'는 단순한 출판사가 아니라 70년대 이래 이른바 의식있는 문화인·문학인·지식인 들의 비판적 지식과 현실인식의 국민적 확산의 중요한 산실의 하나로 인식될 수밖에 없다. 그러므로 출판문화계의 유서깊은 '창작과비평사'를 없앤다는 것은 이 사회에서 창비사가 지금까지 담당해온 비판적 기능을 말살하는 것과 아울러 동일한 기능을 수행하고자 하는 출판문화계 전반에 대한 협박이기도 한 것이다.

이 점에서 볼 때 이번 '창작과비평사'에 대한 등록취소 조치는 하나의 초점으로 모아진다. 즉 현 정권은 비판을 수렴하고 비판에 단련받으려 하는 것이 아니라 점점 더 일체의 비판에 물리적 힘으로 재갈을 물리려는 쪽으로 치닫고 있다는 점이다. 이러한 사고와 행동이야말로 반민주주의적, 반언론자유적임이 틀림없다.

따라서 우리 국민이 진정으로 이 땅에 민주화를 이루고자 한다면 정치권력의 반민주적, 반언론자유적 행위에 대해 적극 항의하고 범국민적 여론의 힘으로 이를 시정하지 않으면 안된다.

이같은 항의와 시정요구는 이번 창비사의 문제에 있어서는 일차적으로 창비사의 원상복구운동이어야 하며 궁극적으로는 언론기본법 폐기운동으로 발전해야 한다.

이에 우리 문화운동 3단체는 창비사 등록취소에 항의하는 시한부농성(12.11~13)에 들어가면서 양식있는 지식인들을 비롯한 광범위한 국민들이 우리의 항의에 동참할 것을 기대하면서 우선 당국에 대해 다음과 같이 요구한다.

1. 창작과비평사에 대한 등록취소를 즉각 철회하라.

1. 일련의 문화탄압행위를 즉각 중지하라.

1. 일련의 문화탄압행위에 대한 책임을 지고 이원홍 문공부장관은 물러나라.

1. 언론기본법을 철폐하라.

1985년 12월 11일

자유실천문인협의회
민주언론운동협의회
민중문화운동협의회

673

뉴욕 '저널리스트를 보호하기 위한 위원회'의 등록취소 항의서한

보도자료

미국의 뉴욕에 있는 '저널리스트를 보호하기 위한 위원회'(Committee To Protect Journalists)는 지난 3월 한국의 전두환 대통령에게, 지난해 말 한국의 저명한 출판사인 창작과비평사에 내려진 폐쇄조치 등 최근의 한국 언론상황에 대한 우려를 표명하는 서한을 보냈다.

동 위원회는 이 서한에서 "민주주의의 길을 가고자 하는 한국정부의 굳은 의지로써 창작과비평사를 재개시키고 모든 언론매체가 취재의 어려움이나 방해의 공포 없이 세 기능을 다할 수 있도록 즉각적인 조치를 취해줄 것"을 촉구했다.

이 서한은 김경원 주미대사와 서울의 동아일보, 조선일보 및 세계 14개 주요 언론단체와 인권단체에도 보내졌다.

이 위원회는 미국의 언론인들을 보호하기 위한 주요한 단체로서 CBS의 저명한 앵커맨 월터 크롱카이트 씨를 위원장으로 하고, 뉴욕타임즈 논설위원 앤쏘니 루이스, 워싱턴포스트의 칼럼니스트 콜만 맥카시, LA타임즈의 로리 베클랜드, 네이션지의 주필 빅터 내바스키, 전 뉴욕타임즈 논설위원장 해리슨 쏠즈베리 등 24명의 위원으로 구성되어 있다.

1986년 4월 10일

자유실천문인협의회
민주언론운동협의회

Committee To Protect Journalists

March 6, 1986

His Excellency President Chun Doo-Hwan
The Blue House
1 Sejong-no
Chongno-gu
Seoul, Republic of Korea

Dear President Chun:

The Committee To Protect Journalists is writing to express its deep concern about attacks on the press in recent months.

We refer specifically to: the beating of seven reporters attempting to cover a police search of the offices of the Council for the Promotion of Democracy on February 13 and the confiscation of their notebooks and cameras; the detention for two days of cartoonist Ahn Ui Sup after a cartoon considered offensive appeared in the January 19 edition of *Hankook Ilbo* and the suspension of the daily cartoon; the expulsion in December of Timothy Elder, the Seoul bureau chief of the *Washington Times*; and the December closure of the Changjakkwa Bi Pyung Publishing Company. We are also disturbed by reports that more issues of foreign publications have been banned in recent months for articles considered offensive than in any period since 1980.

With preparations for elections in 1988 underway, we would hope that freedom of the press, essential to that process, be upheld and protected. We therefore urge you, as a concrete sign of the South Korean government's stated commitment to follow the path of democracy, to allow the Changjakkwa Bi Pyung Publishing Company to re-open and take immediate steps to assure that all media are allowed to operate without fear of harassment or interference.

On another matter, we wish to raise our concern about the death in detention in October of Ahn Sang-kun, the former publisher of a Korean-language paper in West Germany. We understand that he returned last year to South Korea and was arrested in September on espionage charges. According to reports, authorities claim he committed suicide. However, sources close to the situation doubt he would have the means in prison to commit such an act, are disturbed that no family member was allowed to see the body before it was cremated, and fear he might have died as a result of torture. Thus, we urge that a complete investigation into his death be undertaken and those responsible for any mistreatment brought to justice.

Sincerely,

Barbara Koeppel
Executive Director

cc. Ambassador Kim Kyung Won
   Dong-A Ilbo
   Chosun Ilbo
   The Newspaper Guild
   World Press Freedom Committee
   Freedom House
   The Society of Professional Journalists
   American Newspaper Publishers Association
   Congressional Friends of Human Rights Monitors
   Congressional Human Rights Caucus
   International Federation of Journalists
   International Press Institute
   Index on Censorship
   International PEN
   Amnesty International (Dutch Section)
   Centre for Investigative Journalism (Canada)
   LAWASIA Human Rights Standing Committee

submitted by American

The Assembly of Delegates, gathered at the international PEN Congress in Hamburg in June, 1986:

Observing that the necessary advance of the world towards a more highly organized political and economic order renders a free criticism of governments, administrations and institutions imperative;

Regretting to see that the government of South Korea in the last year has conducted a campaign of persecution, harassments, and tortures against journalists and publications in that country, including the closure of the distinguished journal *Ch'angjak Kwa Pip'young*, the banning of an edition of the *Asian Wall Street Journal*, other foreign publications, and more than 100 books in the past year, including Kim Dae Jung's *Mass Participatory Democracy*, and the arrests, severe beatings, and torturings of editors, publishers, and reporters, including those from *Dong-A Ilbo* and of Ahn Sang Gun, who died in police custody:

Calls upon the South Korean government to respect the integrity of a free press and to cease its persecutions of writers and the press in Korea.

번역문

 1986년 6월 함부르크에서 개최된 국제펜대회 대표단 총회는 이 세계가 한층 고도로 조직된 정치·경제 질서로 나아가기 위해 정부와 행정당국 및 여타 기관들에 대한 자유로운 비판이 긴요함을 표명한다.

 지난해 한국정부가 자국에서 자행한 언론인과 출판인에게 가한 핍박과 박해, 고문을 목도하며 유감을 금할 수 없다. 저명한 잡지『창작과비평』이 폐간되고,『월스트리트 저널』아시아판과 기타 외국 간행물을 비롯해 김대중의『대중경제론』* 등 작년에 백권 이상의 책들이 금서 조치되었으며,『동아일보』인사들이 포함된 편집자, 출판인, 기사 들이 체포되어 심한 구타와 고문을 당했고 경찰 구금 중 안상군씨가 숨졌다.

 이에 한국정부에 언론자유의 원칙을 존중할 것을, 그리고 한국의 작가와 언론에 대한 박해를 중단할 것을 요청하는 바이다.

---

 * 결의안 원문의 김대중 저서명 'Mass Participatory Democracy'는 1985년 미국 하버드대 국제관계센터에서 발간한 *Mass Participatory Economy: A Democratic Alternative for Korea*의 오류로 보여 번역문에서는 이 책의 한국어판 제목인 '대중경제론'으로 표기했다 ─ 편집자.

전국 문학동인 및 무크 편집동인 성명서

1985년 12월 9일자로 당국이 출판사 '창작과비평사'에 내린 등록취소 조치는 여러가지 측면에서 납득하기 어려운 점들을 지니고 있다. 이번 등록취소 조치의 배경에는 당국의 발표에 따르면 지난 10월 30일에 간행했던 부정기간행물『창작과비평』이 정기간행물법을 위반했다는 사실이 놓여 있다고 한다. 다시 말해 80년 봄에 폐간되었던 정기간행물『창작과비평』을 불법적으로 속간했다는 것이 이번 조치의 주된 이유를 이루고 있다.

그러나 당국이 내린 출판사 자체의 등록취소라는 결정은 다음과 같은 점에서 부당한 것이라 하지 않을 수 없다.

첫째, 문제가 된 무크지『창작과비평』은 책의 표지, 차례 및 판권에 부정기간행물 1호임을 분명히 표시했으며 연내에 제2호가 간행되지 않은 단계에서 정기간행물법 위반을 거론하는 것은 지나치게 성급한 판단에 지나지 않는다. 설혹 문제의 책이 그 정신과 체재에서 폐간된『창작과비평』을 이어받고 있는 점이 있다고 할지라도 그것을 곧 정기간행물의 복간으로 간주하는 것은 지나친 확대해석이 아닐 수 없다.

둘째, 만약에 문제의 책이 현행의 실정법을 위반했다고 한다면 이 점에 대한 조치는 문제된 책 한권에 대한 판금조치로 충분하며 당국은 이미 등록취소 이전에 이 조치를 취한 바 있다. 출판의 자유는 헌법에 보장된 국민의 기본권 중 하나이며 따라서 출판에 대한 제재조치는 가능한 한 최소한의 범위 내에서 행해져야만 헌법의 정신을 준수하는 것이 된다.

셋째, 창작과비평사가 지난 20년 동안 한국문화 전반의 발전에 기여해온 바를 생각할 때도 이번 결정은 지나치게 가혹한 것이다. 문화의 발전이란 건전한 비판정신 없이는 기대하기 어려운 것이며 창작과비평사는 이 정신의 제고를 위해 건실하고 튼튼하게 일해왔다. 영리주의에 입각하여 국민들의 말초신경을 자극하고 오염시키는 수많은 여타 출판사와 대비해볼 때 창작과비평사의 출판정신은 칭찬해 마지않아야 할 성질의 것이다.

넷째, 이번의 조치는 비단 창작과비평사 하나에만 그치는 문제가 아니라 이 땅의 출판사 전체와 나아가 한국문화 전반에 막대한 정신적 위기를 조성하리라는 점이다. 문화가 지니고 있는 자율적 기능을 타율적인 힘으로 제재하려는 시도는 언제 어느 때나 당대의 공개된 문화를 믿을 수 없게 만드는 불행을 초래해왔었다.

이상과 같은 이유에서 우리들은 근거가 명확하지 않은 이번 조치의 부당성을 주장하는 동시에 문화창달의 대도를 위해서 다음과 같은 사항들이 조속히 이루어질 수 있도록 당국에 촉구하는 바이다.

一. 창작과비평사의 출판 등록취소 조치는 조속히 철회되어야 한다.
一. 문학활동에 대한 자유는 국민 기본권적 차원에서 폭넓게 보장되어야 한다.
一. 출판활동에 대한 자유는 국민 기본권적 차원에서 폭넓게 보장되어야 한다.

1985. 12. 16
전국 문학동인 및 무크 편집동인

문학동인지
서울(반시, 시와경제, 시운동, 시힘, 작법)
대구(국시, 오늘의 시, 자유시)
광주(목요시, 글과 현장, 오월시)
부산(열린시)
청주(분단시대)

무크지
서울(민의, 민중, 민중시, 실천문학, 실천불교, 언어의 세계, 우리 세대의 문학, 여성문학, 여성, 지역문화, 평민시, 함성, 현실과 전망, 현실시각)
광주(일과 놀이)
부산(전망, 지평)
대전(삶의 문학)
마산(마산문화)

대　법　원

제1부

판　결

사　건　　　　78도2706 반공법 위반

피고인, 상고인　(1) 이영희, (2) 백낙청

변호인　　　　변호사 이문영 외 6인

원판결　　　　서울형사지방법원 1978. 9. 29. 선고, 78노4236 판결

주　문　　　　피고인들의 상고를 각 기각한다.

　　　　　　　피고인 이영희에 대하여는 상고 후 구금일수 중 80일을
　　　　　　　본형에 산입한다.

이　유　　　　피고인들의 변호인들의 상고이유와 피고인 이영희의 상
　　　　　　　고이유를 함께 판단한다.

　　제1점에 대하여,

　　논지는 요컨대 원심이 이 건 공소사실에 대하여 피고인들을 유죄로 인정
한 증거로서는 (가) 피고인들의 법정진술, (나) 증인 김기석, 송건호의 진
술, (다) 피고인들의 검찰진술, (라) 압수된 편역서『8억인과의 대화』및 평
론집『우상과 이성』을 열거하고 있는바 피고인들의 법정진술이나 증인 김
기석, 송건호의 각 증언은 피고인들에 대한 무죄의 증거가 될지언정 피고
인들이 위 두 책자를 편역, 저술 또는 출판함으로써 반국가단체 또는 국외
공산계열의 활동을 고무, 찬양 또는 동조하였다는 사실을 인정할 만한 증
거가 되지 못함은 분명하고, 피고인들의 검찰진술 중 자기 잘못을 인정한

681

듯한 진술 부분은 사실에 관한 자백이라 볼 수 없거나 또는 진실에 반한 본의 아닌 허위진술임이 기록상 명백하므로 오로지 이 건 공소사실에 대한 유죄의 증거로서는 위 두권의 책에 실린 글 중 공소대상이 된 구절이 과연 반공법 제4조 제1항에 저촉된다고 볼 수 있는가의 여부에 달려 있다고 할 것인바, 본건과 같은 문장의 어느 구절이 심판의 대상이 된 경우에는 그 구절구절을 따로 떼어서 그 표현의 범죄구성 여부를 논할 수 없는 것이고 어디까지나 그 구절을 글 전체와 관련시켜서 주제의 흐름을 문맥에 따라 검토하여야 함이 문장해석의 기본원리라 할 것이므로 이에 따라 이 건 문제된 글귀를 그 앞뒤 문장과 문맥에 따라 그 주제를 살피면서 검토하여볼 때 그 어느 부분도 전혀 반국가단체나 국외공산계열을 찬양하거나 고무, 동조했다고 볼 수 없음에도 불구하고 원심은 반공법 제4조 제1항의 구성요건을 지나치게 확대해석 또는 오해하였거나 증거의 판단을 그르쳐 판결에 영향을 미쳤다는 것이다.

살피건대 문장해석의 기본원리가 논지가 말하는 바와 같다 할지라도 "반국가단체나 그 구성원 또는 국외의 공산계열의 활동을 찬양, 고무 또는 이에 동조하거나 기타의 방법으로 반국가단체(국외공산계열을 포함한다)를 이롭게 하는 행위"를 반공법으로 처벌하고 있는 바이므로, 위의 구성요건을 두고 볼 때에 문장의 어떤 구절 또는 어느 글귀가 반국가단체(또는 국외공산계열 —— 이하 같다)의 활동을 찬양, 고무, 동조한 것이라고 도저히 해석되지 아니한다면 모르거니와 그렇지 않고 어떤 문장에 있어서 반국가단체의 활동을 찬양, 고무, 동조하는 내용의 구절 또는 글귀가 있다면 비록 그 문장의 결론부분이 상이하고 반국가단체의 실제를 그대로 표현한 것이라 하더라도 위와 같은 표현구절 또는 글귀를 독자가 이를 읽고 그 부분에 대하여 감명을 가질지도 모른다는 인식하에 사용한 행위는 반공법 소정의 위의 구성요건에 해당한다 할 것이고 그러한 행위가 형법 제20조에 규정한 정당행위에 해당하여 위법성이 조각되거나 달리 책임조각 사유가 없는 이상 처벌되어야 한다 할 것이다.

그렇다면 위 두권의 책에 실린 글 중 문제된 부분이 위의 법조의 구성요건에 해당함은 분명하고 그외 논지가 지적하는 증거는 공소사실을 보충하는 증거라 할 것이므로 원판결에는 반공법 제4조 제1항을 확대해석 또는 오해하였거나 증거의 가치판단을 잘못하였거나 증거에 의하지 아니하고 사실을 인정한 위법이 있다 할 수 없다. 논지는 이유 없다.

제2점에 대하여,

원판결에 의하면 원심은 피고인들의 변호인들의 범죄조각 사유 주장에 관하여 그 주장과 같이 슈람의 저서인『모택동』이 국내에서 번역, 출판되었고 각종 신문, 잡지 들에 중공 관계 기사가 게재된 바 있고,『우상과 이성』에 실린 글들은 이미 국내의 각종 정기간행물에 게재되었던 것으로 이들을 한데 묶어 위 책자로 발행한 것이라 하더라도, 그 사실만 가지고 피고인들에 있어 그 행위가 법령에 의하여 죄가 되지 아니한다고 오인함에 정당한 이유가 있다거나, 사회상규에 위배되지 아니하는 행위라 볼 수 없다는 취지로 판단하고 있다.

기록에 비추어보면 원심의 그와 같은 판단조치는 정당하고 거기에 형법 제20조와 제16조의 법리를 오해한 위법이 없으므로 논지 또한 이유 없다.

따라서 피고인들의 이 건 상고는 이유 없으므로 이를 각 기각하고 피고인 이영희에 대하여는 형법 제57조에 의하여 당심 구금일수 중 80일을 통산하기로 하여 관여 법관의 일치된 의견으로 주문과 같이 판결한다.

1979. 1. 16

재판장　대법원판사　김윤행
　　　　대법원판사　이영섭
　　　　대법원판사　김용철
　　　　대법원판사　유태홍

사건번호   92노6354
피 고 인   이시영

서울형사지방법원장 귀하

1심 재판부의 판결에 불복하여 아래와 같은 이유로 항소를 제기합니다.

(1)『창작과비평』지가 89년 겨울호에 황석영 북한방문기「사람이 살고 있었네」를 수록한 것은 최소한 황석영 같은 역량있는 작가가 쓴 그 글이 북한 현실을 왜곡하거나 과장하지 않았으리라고 판단했기 때문입니다. 잘 알려져 있다시피 황석영은『객지』와『장길산』을 쓴 바 있는 우리의 유능한 소설가일 뿐 아니라 그가 남의 현실을 묘사할 때도 그랬듯이 북의 현실을 그릴 때도 작가적 양심과 지적 판별력을 잃지 않았으리라고 생각했습니다. 우리의 그러한 인식이 틀리지 않았다는 것은「사람이 살고 있었네」도입부「이게 얼마 만이오?」와 제1장「평양·평양사람」이『신동아』89년 6, 7월호에 연재되었다는 사실로도 증명이 됩니다. 동일인의 동일한 북한방문기가『신동아』에 게재되었을 때는 아무런 법적 제재가 없었는데 왜『창작과비평』분만 법적 판결의 대상이 되어야 합니까? 황석영의「사람이 살고 있었네」는『신동아』연재분이나『창작과비평』게재분이나 "북의 내부의 눈으로 모든 사물을 다시 살피고 점검해보려고 한다"(『신동아』7월호)는 작가의 일관된 기술의 원칙이 고수되고 있는 글입니다. 장의 구별 혹은 방문지의 다름에 따라 작가의 기술원칙이 달라지는 것도 아니며, 일부 자구의 가감이나 수정에 의해 이 방문기의 뚜렷한 의도—"평양과 서울은 전혀 다른

삶이 전개되고 있는 곳이며 이를 따로따로 바라보아야 한다"(『신동아』7월호) ── 가 희석되는 것도 아니라는 점은 두 잡지의 글을 비교해 읽어보아도 알 수 있는 일입니다. 여기서 저는 법의 형평의 원칙을 제기하고 싶습니다.

(2) 『창작과비평』지는 창간된 지 26년이 넘는 국내 유수의 계간지일 뿐만 아니라 발행부수도 2만부가 넘는 영향력 있는 잡지입니다. 그리고 이 잡지에 실리는 모든 글은 편집위원 5인의 전원합의제에 의해 게재 여부가 결정됩니다. 분량만도 450매가 넘는 황석영의 이 글을 수록할 때 어찌 저 개인의 판단만으로 가능하겠습니까? 더구나 자신들의 잡지가 문단과 학계에 비중있는 매체라고 생각하고 있는 사람들이 황석영의 글이 남의 자유민주주의 제도와 질서를 부정하고 북의 사회주의 제도와 체제의 우월성을 고무, 찬양한 것이라고 판단했을 때 어떻게 그것을 수록할 수 있었겠습니까? 우리는 황석영의 북한방문기가 최소한 사실을 객관적으로 그리려고 노력한 글이라 판단했으며, 우리가 직접 가보지 않아 알 수 없지만 혹시라도 황석영이 제한된 시간에 여러 곳을 방문하면서 소홀히 넘긴 대목이라거나, 분단 이후 그곳을 방문한 첫번째 작가라서 혹 감정이 들뜬 상태였을지도 모른다는 일말의 우려도 있어, 「책머리에」라는 편집자의 말을 통해 "저자도 그렇지만 독자 개개인으로서도 주체적인 판단과 비평작업이 따로 있어야" 할 것이라고 밝혔던 것입니다. 그리고 『창작과비평』을 읽는 사람들은 모두 그럴 만한 지적 능력과 판단력을 갖추고 있는 대학생 이상의 수준입니다.

(3) 황석영의 이 글이 게재될 89년 당시에는 이미 많은 북한방문기들이 나와 있는 상태였습니다. 재미 정치학자 9인이 쓴 『북한기행』(양성철·박한식 편저, 한울 1986)이란 단행본 외에도 월간 『사회와 사상』은 재미 언론인 안동일씨의 북한방문기를 4회에 걸쳐 실었습니다.(4월호, 9월호, 10월호, 11월호) 우리는 우리의 독자들이 이런 북한방문기들과 황석영의 방문기를 상호 비

교, 검토하면서 그야말로 주체적으로 읽기 원했으며 그것은 또한 잡지언론으로서의 표현의 자유에 대한 확대와 함께 국민의 알 권리에 대한 당연한 신장으로 이어져야 한다고 생각했습니다. 그러나 우리의 이러한 희망은 사법당국의 심판의 대상으로 바뀌고 말았습니다. 그것도 법의 정의의 실현의 기초가 되어야 할 형평의 원칙에서도 벗어나는 식으로.

그리고 저는 편집자로서나 문학인의 한사람으로서 북한소설의 경향에 대해서 알아야 한다고 생각합니다. 『피바다』나 『꽃파는 처녀』 두권 읽고 사회주의자나 '주체사상' 신봉자가 될 남한의 문학인은 아마 아무도 없을 것이며 우리의 문학계가 그렇게 허약하지도 않습니다. 문학의 세계에선 어떤 작품에 대한 절대적인 동조나 반대가 있을 수 없습니다. 우리는 그 작품들을 어디까지나 비판적으로 읽고 평가합니다. 더구나 그 소설들은 복제본도 아니고 당시 국내 출판사들에 의해 간행되어 시중 서점에서 판매되고 있는 책들이었습니다. 저는 그 소설들에 동조해서가 아니라 북한문학의 수준과 창작실제를 파악해보기 위해 그것을 소지했던 것입니다.

(4) 89년 당시와는 비교할 수 없을 정도로 세계는 변했으며 이제 북한은 우리에게 두려움의 대상이 아니라 성숙하고 발전한 남이 형제애로써 포용하고 다독거리며 세계사의 진전의 대오에 함께 끌고 나아가야 할 대상으로 바뀌었습니다. 이제 어떤 북한방문기 한권으로 우리 사회가 개변될 수 있는 가능성이란 전무한 현실입니다. 그만큼 우리의 의식이 변했고 그 토대인 세계의 지각변동이 있었기 때문입니다. 오늘 와서 황석영씨의 북한방문기를 다시 읽어보면 일견 낡았다는 느낌이 들 정도로 우리의 주변현실은 시시각각 변화하고 있습니다. 그만큼 그 글은 분단 40여년 만에 설레는 마음으로 북녘 땅을 찾은 한 순수한 작가의 너무나도 순진한 보고서입니다. 저는 우리 사회가 열린 시각으로 분단시대를 사는 한 작가의 이 순수한 보고서에도 귀를 기울일 줄 알아야 한다고 생각합니다. 제가 아는 한, 그는 그

가 어디에 서 있어도 어떤 이념의 수호자라기보다는 사람살이와의 연관 속에서 사물을 보는 따스한 눈의 소설가일 뿐입니다. 우리를 둘러싼 현실이 변했듯이 우리의 법 또한 낡은 시대의 자구의 고루한 적용에서 벗어나 생동하는 현실 속에서 구체적으로 살아 있는 법이 되기를, 그리하여 우리 사회의 인간을 위한 법이 되기를 진심으로 바라는 바입니다.

사건번호   93도599 국가보안법 위반(1993. 3. 12. 제출)
피 고 인   이시영

대법원장 귀하

항소심 판결에 불복하여 아래와 같은 이유로 상고를 제기합니다.

(1) 『창작과비평』지가 황석영씨의 북한방문기「사람이 살고 있었네」를 게재한 것은 그 글을 게재함으로써 우리 사회의 안전을 위태롭게 하고 북의 체제와 이념을 옹호하여 그들을 이롭게 하기 위해서가 아닙니다. 『창작과비평』지는 1966년 창간되어 27년의 역사 속에서 우리 문학과 학계에 고른 영향력을 행사하고 있는 전통있는 계간지입니다. 저 자신이 그중 한 사람으로 참여하고 있는 5인의 편집위원회(백낙청 서울대 교수, 염무웅 영남대 교수, 최원식 인하대 교수, 백영서 한림대 교수)는 모두 저명한 대학교수들로 구성되어 있으며 『창작과비평』지의 모든 글들은 편집위원회의 완전합의제에 의하지 않고는 수록될 수 없습니다. 편집위원회는 황석영씨의 그 글이 단지 시중에 나와 있던 다른 모든 북한방문기들(예를 들면 재미 정치학자들이 쓴 『북한기행』, 한울 1986; 『사회와 사상』 1989년 4, 9, 10, 11월호에 실린 안동일씨의 4회에 걸친 북한방문기)과 마찬가지로 너무도 잘 알려진 북한 현실에 대한 객관적 보고물이라고 판단했기 때문에 수록을 결정한 것입니다.

더군다나 황석영씨의 그 글은 그 전회분이 『신동아』 89년 6, 7월호에 연재된 바 있습니다. 동일인의 동일한 북한방문기가 『신동아』에 게재되었을 때는 괜찮고 『창작과비평』지에 게재되었을 때는 왜 문제가 되는지요? 이에 대한 명백한 답변을 법원은 우리들에게 제시해주어야 한다고 생각됩니다. 『창작과비평』게재분이나 『신동아』연재분이나 그 방문지만 다를 뿐 "북의 내부의 눈으로 모든 사물을 다시 살피고 점검해보려고 한다"(『신동아』 89년 7월호)는 작가의 기술원칙은 똑같이 적용되고 있습니다. 더구나 우리는 「책머리에」라는 편집자의 말을 통해 황석영씨의 글에 대해 "저자도 그렇지만 독자 개개인으로서도 주체적인 판단과 비평작업이 따로 있어야" 할 것이라는 당부의 말을 덧붙이기도 하여 독자들의 황석영씨의 글에 대한 객관적이고도 주체적인 접근을 촉구하기도 했습니다.

한편 재판부는 판결문에서 『창작과비평』게재분이 『신동아』에서 못 싣겠다고 한 원고라고 주장하고 있으나 이는 사실과 다릅니다. 『신동아』에서 못 싣겠다고 한 원고는 제2장 「시민들과의 대화」, 제3장 「사람을 위하여」(의료, 복지)이며 우리가 실은 부분은 그것과는 관계없는 제4, 5, 6장입니다. 또한 재판부는 『신동아』게재분이 편집자에 의해 일부 자구의 수정이나 가감이 있었다고 하나 원고의 어느 부분을 수정하거나 삭제한다 하여 위에서 말한 작가의 기술원칙이 달라진다고는 생각지 않습니다.

(2) 『창작과비평』 89년 봄호에서 본지 편집인인 백낙청 서울대 교수는 「통일운동과 문학」이란 글을 통해서 북한소설의 불후의 명작으로 일컬어지고 있는 『피바다』(일명 『민중의 바다』)에 대해 이 소설이 "민족문학의 지평을 크게 넓히는 계기가 되는 점도 부인할 수 없"지만 "금기로 되어온 무장투쟁의 전통이나 혁명사상을 들먹이는 것만으로 민족민중문학의 큰 성과인 양 인식되던 폐단도 이제 청산"되어야 한다고 했습니다. 즉 『피바다』가 "순수한 우리말을 고르고 다듬은 곡진한 노력과 숙련된 솜씨" "싸움에 나선 사람들의 조선사람다운 덕성과 없는 사람 특유의 품성" 등이 발휘되고 있는 장점이 있는 반면, "작품 속의 승리에 일종의 (북한의) 건국설화 내지 (특히 김일성에 의한) 건국신화의 무게를 부여한 소설 자체의 설정"으

로 말미암아 "리얼리즘 소설의 행복한 정점에는" 분명히 미달한 작품이라고 했습니다. 문학의 세계란 이렇듯 사물의 한 측면만을 절대적으로 추앙, 동조하는 것이 아니라 사물의 다른 측면에 대한 비판적 사유가 공존하는 것입니다. 검찰은 제가 『피바다』와 『꽃파는 처녀』라는 소설 두권을 소지하고 있다는 것만으로 "반국가단체인 북괴의 활동에 동조하여 이를 이롭게 할 목적으로" 보는데, 이는 인간의 지적 능력과 사고의 판별성 자체를 인정하지 않는, 인간 능력에 대한 엄연한 모독이라고 봅니다. 항소심 재판부가 이 부분에서 저의 무죄를 선고한 것은 환영할 만한 일이라고 생각합니다. 저는 십수년째 『창작과비평』지의 편집을 책임지고 있는 편집자일 뿐만 아니라 시인이기도 하며 중앙대학교 문예창작과 3, 4학년 전공강좌를 4년 이상 맡아 그곳에서 문학을 강의하고 있는 문학강사이기도 합니다. 저는 문학지 편집자로서 북한소설의 흐름을 당연히 알고 있어야 한다고 생각하며 문학인 그리고 문학강사로서 그 소설들을 주체적으로 읽고 판단하고 가르쳐야 한다고 생각합니다. 북의 활동에 동조하기 위하여 더구나 그들을 이롭게 하기 위해 그 소설들을 소지한 것이 아님을 분명히 밝혀두는 바입니다.

(3) 항소심 항소이유서 (4)항에서 저는 "우리를 둘러싼 현실이 변했듯이 우리의 법 또한 낡은 시대의 자구의 고루한 적용에서 벗어나 생동하는 현실 속에서 구체적으로 살아 있는 법이 되기를, 그리하여 우리 사회의 인간을 위한 법이 되기를 진심으로" 바란다고 했습니다.

상고이유서를 쓰는 오늘의 이 시점에서도 그러한 생각에는 변함이 없습니다. 사회주의권의 몰락과 함께 세계는 엄청나게 변했으며 동서 냉전이라는 낡은 체제의 유물이 관철되고 있는 곳은 이제 이 한반도밖에 없습니다. 자본주의 세계체제의 포위 속에서 북은 개혁과 수구의 틈바구니에서 그야말로 생존의 몸부림을 하고 있으며 남에서는 흡수통합이 공공연히 거론될 정도로 이미 체제간 대결에서는 우위를 선점하고 있는 것이 사실입니다. 그런데 왜 국가보안법만은 시대의 흐름과는 상관없이 엄존하여 국내적으로는 사상과 학문 탄압의 상징이 되고 있으며 세계적으로는 인권탄압의 구체적인 실례로 비웃음을 사고 있는지 모르겠습니다. 잘 알고 계시겠지만 국가보안법은 제헌국회에서 그 발의자에 의해서도 "인권옹호상 조금 손상이 있다고 하더라도 불가불 건국에 이바지하기 위해"(당시 권승렬 법무장관의 말) 비상시국하의 특별입법으로 출발했습니다. 여순사건의 충격과 좌우대립이라는 상존하는 구체적인 시국의 혼란 등 "비상시기의 보상조치"의 일환으로 출발한 단 4개조의 조문은 1958년의 개정안을 거치며 "공산분자를 더 잡을 수 있는 이점보다도 언론자유를 말살하고 야당을 질식시키며 일반국민의 공사생활을 위협"(당시 민주당의 성명)하는 미증유의 악법으로 바뀌었으며 6공하에서의 또 한차례의 개정 또한 야당의 반대 속에서 '날치기 파동'을 겪으면서 이루어졌습니다. 헌법재판소의 한정합헌론 또한 이 법의 원천적인 불법성을 어느정도 인정하고 있는 셈입니다. 지난 92년 7월 제네바에서 열린 유엔인권이사회에서도 "고무찬양 이적표현물에 관한 국가보안법 제7조는 사실상 검열제도로서 표현의 자유를 침해한다"는 규정이 있었습니다.(『동아일보』 1992. 7. 24) 더구나 이 회의는 한국정부가 '시민적 및 정치적 권리에 관한 규약' 제40조에 따라 유엔 사무총장에게 제출한 최초의 보고서(1991. 7)를 검토하는 자리였습니다.

이 법에 의한 유죄관결이 정상적인 사회활동을 하는 한 사람의 사회적 권리와 인간적 권리를 어떻게 제한하고 유린하는지는 재판관 여러분들이 더 잘 알고 계실 것입니다. 모쪼록 현명하고도 양심적인 판결을 기대합니다.

대법원 판결문

대 법 원

제1부

판 결

사 건	93도599 국가보안법 위반
피고인	이시영
상고인	피고인 및 검사
변호인	서초법무법인
	담당변호사 홍성우 외 4인
원심판결	서울형사지방법원 1993.1.20. 선고, 92노6354 판결
주문	상고를 모두 기각한다.
이유	각 상고이유를 본다.

1. 검사의 상고이유에 대하여,

원심판결 이유에 의하면, 피고인에 대한 공소사실 중 『민중의 바다』 상, 하권, 『꽃파는 처녀』, 『조선전사』 중세 2, 근대 1, 2, 3의 책 등 이적표현물의 소지의 개정전 국가보안법(1991.5.31. 법률 제4373호로 개정되기 이전의 것) 위반의 점에 관하여, 원심은 피고인이 이적행위의 목적을 부인하고 있을 뿐 아니라 피고인은 시인이자 저명한 문학사의 편집주간이고 위 책자들을 소지하게 된 경위도 그중 『민중의 바다』 상, 하권과 『꽃파는 처녀』 등은 각 그 출판사로부터 송부받은 것이고 나머지 책들도 시중 서점에서 구입한 것임을 인정하고, 이러한 피고인의 신분, 직책, 위 책자들을 소지하게 된 경위를 종합하면, 피고인이 설사 위 각 책자 자체의 이적성을 인식하였다고 하더라도 이것만으로는 피고인에게 이적행위 목적이 있었다고 볼 수 없다는 취지로 무죄를 선고하였는바, 원심의 설시이유를 기록에 비추어 보면, 원심의 위와 같은 판단은 수긍할 수 있고, 거기에 소론과 같은 법리오해의 위법이 있다 할 수 없다. 논지는 이유 없다.

2. 피고인의 상고이유에 대하여,

개정전 국가보안법 제7조 제5항의 위반의 죄는 그 제1항 내지 제4항의 행위를 할 목적이 있어야 하는 것이나, 그 표현물의 내용이 이적성을 담고 있는 것임을 인식하면서도 이를 제작 판매하였다면 그 행위자에게 그것이 이적행위가 될지도 모른다는 미필적 인식이 있는 것으로 추정되어 위 조항의 구성요건은 충족된다 할 것인바(당원 1992.3.31. 선고, 90도2033 판결; 1993.2.9. 선고, 92도1711 판결 등 참조), 원심판결 이유를 기록에 비추어 보면, 원심이 피고인이 편집위원으로 있는 창작과비평사의 『창작과비평』지에 게재한 황석영(본명 황수영)의 북한방문기가 이적표현물에 해당하고, 이를 제작 판매한 행위에 있어서 이적의 목적이 있었다고 본 것은 수긍할 수 있고, 거기에 소론과 같은 법리오해의 위법이 있다고 할 수 없다. 논지는 이유 없다.

3. 그러므로 상고를 모두 기각하기로 하여 관여 법관의 일치된 의견으로 주문과 같이 판결한다.

1995. 5. 23

재판장　대법관　이임수
대법관　김석수
주　심　대법관　정귀호
대법관　이돈희

창비 연혁

1965년 12월 10일 계간『창작과비평』등록.

1966년 1월 15일『창작과비평』창간호(1966년 겨울호) 발행. A5판 132면. 발행소 문우출판사(서울 종로구 공평동 122). 편집인 백낙청. 발행인 오영근, 백낙청. 권두평론「새로운 창작과 비평의 자세」발표. 가을호에 A. 하우저의「영화의 시대」(『문학과 예술의 사회사』마지막 장) 번역 게재. 가을호부터 문우출판사 주소지가 '서대문구 충정로 3가 311'로 변경됨.

1967년 여름호부터 방영웅 장편『분례기』연재 시작. 겨울호부터 발행소를 일조각(종로구 공평동 9번지)으로 옮겨 발행. 발행인 한만년, 편집인 백낙청.

1969년 가을·겨울 합병호부터 일조각에서 독립하여 발행소를 창작과비평사로 함(종로구 청진동 229-1). 발행인·편집인 신동문, 편집장 염무웅.

1971년 겨울호 발간되지 않음(결호).

1972년 가을호부터 주간 염무웅, 겨울호부터 편집인 백낙청.

1974년 1월 10일 도서출판 창작과비평사 설립(종로구 청진동 230, 발행인 신동문). 3월에 황석영 소설집『객지』(창비신서 3), 5월에 하우저의『문학과 예술의 사회사 ── 현대편』(백낙청·염무웅 공역, 창비신서 1), 6월에 리영희 평론선『전환시대의 논리』(창비신서 4) 간행. 여름호에 제1회 만해문학상 수상작 신경림 시집『농무』발표.

1975년 봄호에 김지하 시「빈 산」「모래내」「어름」「1974년 1월」「불귀」「기마상」등 발표. 백낙청「민족문학의 현단계」발표. 긴급조치 9호 선포 후 잡지가 회수됨. 3월에 '창비시선'으로 신경림 시집『농무』증보판, 5월에 조태일 시집『국토』간행. 6월『신동엽전집』

(창비신서 10) 간행.『국토』『신동엽전집』과 리영희「베트남전쟁 Ⅲ」이 실린『창작과비평』여름호가 7, 8월에 잇따라 문화공보부로부터 판매금지 조처를 당함. 4~6월경 종로구 수송동 125-1로 이사. 겨울호부터 발행인 겸 편집인에 백낙청.

1977년 2월 20일 창비아동문고 1~3권으로 이원수 동화집『꼬마 옥이』, 이주홍 동화집『못나도 울엄마』, 마해송 동화집『사슴과 사냥개』간행. 9월 리영희 편역『8억인과의 대화』(창비신서 18) 간행. 편역자 리영희와 발행인 백낙청이 반공법 위반 혐의로 치안본부 대공분실로 연행되었다가 리영희는 구속되고 백낙청 불구속 기소됨. 12월 사무실을 서대문구 냉천동 4번지(구 동명여고 건물 2층)로 옮김.

1978년 봄호부터 발행인 겸 편집인에 염무웅. 편집위원회 신설(김윤수·백낙청·염무웅). 3월 백낙청 평론집『민족문학과 세계문학』(창비신서 19) 간행. 4월『역주 목민심서 I』(다산연구회 역주, 창비신서 20) 간행, 이후 전6권으로 85년 11월 완간. 11월 종로구 신문로 1가 7번지(세종학원 자리)로 이사.

1979년 6월 초순 종로구 공평동 3번지 상아빌딩으로 이사.

1980년 봄호부터 발행인 겸 편집인에 정해렴, 편집장에 이시영. 특집으로 '80년대를 위한 점검'을 기획, 그중 서남동·송건호·강만길·백낙청이 참여한 좌담은 계엄사 검열단에 의해 전문이 삭제되어 발행. 4월 양성우 시집『북치는 앉은뱅이』(창비시선 23) 판매금지됨.『신동엽전집』증보판을 간행했으나 판매금지됨. 여름호(통권 56호), 조화순 목사의 수기「민중의 딸들과 함께」(이태호 기록) 전문 삭제당해 간행됨. 7월말 국가보위비상대책위원회 결정으로『창작과비평』강제 폐간됨. 겨울 사무실을 마포구 아현동 613-4로 옮김.

1981년 1월 13인 신작시집『우리들의 그리움은』(염무웅·이시영 편) 간행. 이후 82, 84, 85, 87년에 각각 신작시집『꺼지지 않는 횃불로』『마침내 시인이여』『그대가 밟고 가는 모든 길 위에』『저 푸른 자유의 하늘』을 간행. 2월『빼앗긴 대지의 꿈』(J. G. 니히타트 기록, 김정환 역)

출간을 계기로 '제3세계총서' 간행 시작(1978년 출간한 『말콤 엑스』 상·하를 '제3세계총서' 1, 2번으로 삼음).

1982년 2월 신작평론집 『한국문학의 현단계』(김윤수·백낙청·염무웅 엮음) 간행. 이후 83, 84, 85년에 각각 『한국문학의 현단계』 II, III, IV권을 간행함. 6월 『한국민족주의론』(송건호·강만길·박현채·정창렬 엮음) 간행. 이후 83, 85년에 각각 『한국민족주의론』 II, III권을 간행함. 김지하 시선집 『타는 목마름으로』(창비시선 33) 간행. 책이 판매금지, 압수되고 국세청 세무사찰로 추징금 1천만원이 부과됨. 주변 문인, 교수 들을 중심으로 '창비 책 팔아주기' 운동이 벌어짐. 11월 마포구 아현동 618-21로 이사. 12월 유족과 함께 신동엽창작기금을 제정, 제1회 수혜자로 소설가 이문구를 선정함. 김지하 장시 『대설 南』 1권을 간행했으나 문공부에 의해 판매금지되고 전량이 봉인됨.

1983년 1월 18일 창비 대표에 김윤수 취임.

1984년 5월 강만길의 『한국근대사』, 6월 『한국현대사』 간행. 9월 신작소설집 『지 알고 내 알고 하늘이 알건만』(염무웅·최원식 편) 간행. 이후 85, 87년에 각각 신작소설집 『슬픈 해후』 『매운 바람 부는 날』 간행.

1985년 10월 30일 부정기간행물 1호 『창작과비평』 57호를 간행. 백낙청 「민중·민족문학의 새 단계」, '집중기획: 한국자본주의논쟁 1'로 박현채 「현대 한국사회의 성격과 발전단계에 관한 연구 1」, 이대근 「한국 자본주의의 성격에 관하여」와 좌담 「80년대의 문학」(염무웅·전영태·김사인·이재현) 등 수록. 12월 9일 불법으로 정기간행물을 발행했다는 이유로 서울시로부터 출판사 등록이 취소됨. 자유실천문인협의회, 민주언론운동협의회, 민중문화운동협의회 등의 항의농성 및 성명 발표와 문학과지성사, 민음사 등 11개 출판사 대표의 항의성명이 잇따름. 문인들과 학계 인사들의 발의로 등록취소 조치에 항의하는 범지식인 서명운동이 전국적으로 벌어짐. 12월 26일 각계 지식인과 시민 2,853명이 서명한 '창작과비평사의 등록취소 조치에 대한 건의문'과 서명록이 문공부에 전달됨(서명자 수는 뒤에 더 늘어나 3,147명이 됨). 12월 '창비교양문고' 간행 시작.

1986년 2월 마포구 용강동 50-1로 이사. 3월 미국 뉴욕에 있는 '저널리스트를 보호하기 위한 위원회'에서 창작과비평사 등록취소에 대한 항의서한을 청와대 등에 발송. 6월 함부르크 세계PEN대회에서 창작과비평사 사태에 대한 유감표명을 담은 결의안 채택. 8월 5일 '창작사'로 출판사 신규 등록. 11월 고은『만인보』간행 시작.

1987년 7월 부정기간행물『창비 1987』(통권 58호) 간행. 11월『채만식전집』간행 시작, 89년 7월 전10권으로 완간. 고려대 중앙도서관으로부터 '100만 장서 추진운동' 협조로 감사패 받음.

1988년 2월 6일 계간『창작과비평』등록(발행인 김윤수, 편집인 백낙청). 2월 17일 창작과비평사 명의회복. 복간호인『창작과비평』봄호(제16권 제1호, 통권 59호) 간행. 좌담「민족문학과 민중문학」(최원식·임영일·전승희·김명인), 백낙청「오늘의 민족문학과 민족운동」, 박현채「분단시대의 국가와 민족문제」, 유재건「역사법칙론과 역사학」발표. 황석영 단편「열애」, 홍희담(신인) 중편「깃발」, 신경림 시 등 발표. 겨울호에 부활된 만해문학상의 제3회 수상작 발표(고은『만인보』1~3권), 제7회 신동엽창작기금 발표(수혜자 윤정모).

1989년 8월 '법과사회' 이론연구회에서 펴내는『법과 사회』창간호 발행. 이후 제2호부터 반년간지로 1997년 제15호까지 발행함. 10월 송기숙 장편소설『녹두장군』1, 2권 간행, 1994년 1월 전12권으로 완간. 겨울호에 황석영 북한방문기「사람이 살고 있었네」(450매) 게재. 이로 인해 이시영 주간 등이 국가보안법 위반 혐의로 조사를 받고 구속 기소됨.

1990년 3월 고 이은성의『소설 동의보감』전3권 간행. 이 책은 이후 3년 넘게 베스트셀러에 오르며 350만부 이상 판매됨. 4월 한국여성연구회에서 펴내는 연간지『여성과 사회』출간을 맡아 창간호 내고 2005년 제16호까지 발행함. 7월 창비신서 99번으로 백낙청 평론집『민족문학의 새 단계』간행. 11월 창비신서 100, 101번으로『다산의 정치경제사상』『한국근대문학사의 쟁점』간행. 12월『소설 동의보감』이 중앙일간지·방송·통신사 출판담당기자가 정하는 '올해의 책'으로 선정됨. 대전직할시로부터 '한밭도서관 도서 수집운동' 참여 공로로 감사패 받음.

1991년 『창작과비평』창간 25주년 기념호(봄호) 간행. '창간 25주년에 말한다'(김정한·이효재·이우성·김병익·高崎宗司 외) 기획과 특집Ⅰ '창간 25주년 기념 토론회' 제1주제「우리 민족·변혁운동론의 어제와 오늘」(강만길·임형택·조희연 외), 제2주제「90년대 민족문학의 과제」(백낙청·김명환·김재용 외), 특집Ⅱ '33인 신작시선'을 마련. 『창작과비평』창간 25주년 기념 신작소설집『우정 반세기』간행. 9월 민족문학사연구소에서 편집·발행하는 반년간지『민족문학사연구』의 제작·공급을 맡아 창간호 내고 1997년 제11호까지 발행함. 11월 창비시선 99, 100번으로 김명수 시집『침엽수 지대』, 김남주 시집『사상의 거처』간행. 창비시선 100권 간행기념 심포지엄 '우리 시의 걸어온 길, 갈 길'(발제: 고은·염무웅)을 강남출판문화센터 이벤트홀에서 개최. 12월『소설 동의보감』출간으로 대한한의사협회와 대한한의학회에서 공동 수여한 감사패 받음.

1992년 2월 '창비아동문고'로 한국일보사 제정 제32회 한국출판문화상 수상(아동부문). 6월 한국출판학회로부터 제15회 한국출판학회상 수상(경영·영업부문).

1993년 1월 '한국현대인물연구' 씨리즈 간행 시작(1번 우윤『전봉준과 갑오농민전쟁』). 5월 유홍준 교수의『나의 문화유산답사기』1권 출간, 독서계에 화제를 불러오며 '답사문화'를 선도하고 인문서 최초의 밀리언셀러 기록함. 이후 94, 97년에 각각 2, 3권 출간됨. 6월 박노해 제2시집『참된 시작』(창비시선 112) 간행. 7월 고은 문학 35년을 조명한 『고은 문학의 세계』(창비신서 121)를 신경림·백낙청 편으로 간행.

1994년 3월 24일 주식회사로 전환하여 ㈜창작과비평사 설립(대표이사 김윤수). 겨울호에 제1회 창비신인평론상 발표(당선작 방민호 「현실을 바라보는 세개의 논리」). 2월 '창비교양문고'로 한국일보사의 제35회 한국출판문화상 수상(문고부문).

1995년 2월 대표이사 사장 김윤수, 대표이사 부사장 이시영 취임. 1월 격월간 독서교양지 『창비문화』 창간하여 1998년 1·2월호까지 간행함. 4·6배판 36면으로 발행. 8월 서점인이 뽑은 모범 출판사로 선정되어 한국서점조합연합회로부터 표창패 받음. 10월 출판문화진흥 공로로 문화체육부장관 표창을 받음.

1996년 1월 '창비시선'으로 한국일보사의 제36회 한국출판문화상 수상(문고부문). 2월 창간 30주년 기념호(봄호) 간행. 창비 30년의 자취를 돌아본 '『창작과비평』 30년을 말한다'와 시단의 정예들로 구성한 '32인 신작시선'을 특집으로 마련하고, 단행본으로 창간 30주년 기념 16인 신작소설집 『작은 이야기 큰 세상』 간행. 봄호부터 편집주간 최원식. 2월 27일 창간 30주년 기념 축하연을 세종홀에서 가져 각계인사와 정기구독자 1천여명이 참석해 성황을 이룸. 4월 24~26일 세계의 주요 석학들이 참여한 창간 30주년 기념 국제학술대회 '새로운 전지구적 문명을 향하여 ── 민중과 민족·지역운동들의 역할' 열림(페리 앤더슨, 브루스 커밍스, 와다 하루끼, 노마 필드, 보리스 까갈리쯔끼, 백낙청, 최원식 외). 여름호에 제1회 '좋은 어린이책' 원고 및 어린이독후감 공모 공고. 8월 강만길·성대경 엮음 『한국사회주의운동인명사전』 간행. 9월 임형택·정해렴·최원식·임규찬·김재용 편 『한국현대대표소설선』 1~9권 출간. 11월 영미문학연구회에서 펴내는 반년간지 『안과밖: 영미문학연구』 창간호 간행.

1997년 1월 『한국현대대표소설선』 1~9권으로 제37회 한국출판문화상

수상(전집부문). 봄호에 제1회 '좋은 어린이책' 원고 및 어린이독후
감 공모 수상자 발표. 4월 '좋은 어린이책' 창작부문 수상작 채인
선 동화집『전봇대 아저씨』간행, 7월 비창작부문 수상작 조은수
의『옛날 사람들은 어떻게 살았을까』간행. 여름호에 발표된 조석
곤의「수탈론과 근대화론을 넘어서」를 시초로 식민지 근대성 문
제를 둘러싼 논쟁이 시작되어, 가을호에「수탈론의 속류화 속에
사라진 식민지」(정태헌), 겨울호에 '쟁점: 식민지와 근대' 기획 등
논의가 진행됨. 6월 고은『만인보』13~15권 '70년대 사람들' 출
간, 6월 19일 프레스쎈터 국제회의장에서 출판기념회 열림. 겨울
호에 제1회 창비신인소설상 작품 공모 공고. '창비교양문고'(문고
부문)와『역주 백호전집』(번역부문)으로 제38회 한국백상출판문화
상 수상. 12월 김영한 여사의 기금 출연으로 백석문학상 제정.

1998년 복간 10주년 기념호(봄호, 통권 99호) 간행. 회화「백낙청 편집인에
게 묻는다」(백낙청·백영서·김영희·임규찬)와 특집 'IMF시대에 다시
보는 자본주의적 근대'(정운찬, 김호기, 김동노, P. 테일러) 등 기획 수
록. 3월 창비 인터넷 홈페이지 '디지털 창비'(Digital Changbi) 개
설, 정보 써비스 시작. 3월 27일 연세대 강당에서『창작과비평』통
권 100호 기념 학술토론회 'IMF시대 우리의 과제와 세기말의 문
명 전환' 개최(기조발제 최원식「세계체제의 바깥은 없다: 소국주
의와 대국주의의 내적 긴장」, 제1주제 박명규「한국사회의 변동
과 20세기」, 제2주제 임규찬「세계사적 전환기에 민족문학론은 유
효한가」, 제3주제 이시재「새로운 문명과 한국의 사회운동」). 겨울
호에 제1회 창비신인소설상 수상작 발표(가작: 김윤영 중편소설
「비밀의 화원」).

1999년 4월 1일 대표이사 사장에 고세현, 회장에 김윤수 취임. 여름호에
제1회 백석문학상 수상자 발표(공동수상: 이상국『집은 아직 따
뜻하다』, 황지우『어느날 나는 흐린 酒店에 앉아 있을 거다』).

2000년 10월 사단법인 한국번역가협회에서 주최하고 대한출판문화협회

가 후원하는 제4회 한국번역대상 한국번역출판상 수상. 9월 창비 시선 200으로 시선집 『불은 언제나 되살아난다』(신경림 엮음) 간행. 10월 6일 창비시선 200 출간기념 심포지엄 '21세기 문학의 향방: 디지털 세상과 시적인 것'을 연세대 연세공학원 대강당에서 개최 (제1부 우리 문학의 오늘과 내일: 고은 「오늘의 문학을 생각한다」, 황석영 「내가 보는 최근의 한국소설」, 김병익 「21세기 한국 비평문학의 과제」, 제2부 현단계 한국시의 동향과 쟁점: 정남영 「시와 언어, 그리고 리얼리즘」, 나희덕 「생태적인 것과 여성적인 것, 그리고 시」, 제3부 종합토론: 백낙청 구모룡 김동식 김승희 김철). 11월 17일 만해문학상, 백석문학상, 신동엽창작기금, 창비신인문학상 통합시상식을 한국프레스센터 국제회의장에서 개최.

2001년 5월 『동무 동무 씨동무』(편해문 글)로 SBS 주관 '어린이 미디어 문화대상' 우수상 수상. 6월 『흔들리는 분단체제』(백낙청)가 일본의 크레인(クレイン) 출판사에서 '朝鮮半島統一論 ── 搖らぐ分斷体制 (조선반도통일론 ── 흔들리는 분단체제)'(이순애·문경수·정장연·박일 옮김)라는 제목으로 출간됨. 8월 백낙청 편집인 제5회 만해실천상 수상. 11월 『지리산』(이성부), 『손님』(황석영), 『문학의 귀환』(최원식)이 각각 제9회 대산문학상 시·소설·평론 부문을 수상. 11월 『괭이부리말 아이들』(김중미)이 MBC TV프로그램 「!느낌표」의 '책책책, 책을 읽읍시다' 코너의 첫번째 권장도서로 선정되어 7주 동안 방영됨. 제1회 창비신인시인상 제정, 『창작과비평』 겨울호에 당선작 발표(당선 최금진 「사랑에 대한 짤막한 질문」 외 4편). 12월 한국일보사 제정 제42회 한국백상출판문화상 번역부문에 『이븐 바투타 여행기』 1·2(정수일 역주) 수상.

2002년 4월 중편소설 『한씨연대기』(황석영)가 'Monsieur Han'이라는 제목으로, 「잡초」「낙타누깔」「장사의 꿈」「삼포 가는 길」을 묶은 황석영 단편집이 'La Route de Sampo'라는 제목으로 프랑스 쥘마 출판사(Zulma)에서 출간(최미경·장노엘 쥐떼Jean-Noël Juttet 공역).

701

5월 창비아동문고 200·201번 출간기념 공연 및 어린이책 원화 전시, 기념자료집 발간, 이후 12월까지 어린이책 원화 순회전시(대전 대구 성남 과천 등). 7월 계간지 편집진과 중국 연변대 '조선-한국문학 연구회'가 공동으로 한중수교 10주년 기념 국제학술회의 개최 (주제: 한중문학, 문화교류의 역사와 전망). 11월『황만근은 이렇게 말했다』(성석제) 동인문학상 수상.

2003년 구해근 저서『한국 노동계급의 형성』(*Korean Workers: The Culture and Politics of Class Formation*, Cornell Univ. Press 2001)이 미국 사회학회(American Sociological Association, ASA)의 '아시아 부문 최고의 책'(Best Book on Asia)으로 선정됨. 6월 계간『창비어린이』창간호(여름호) 발행, 신인 아동문학평론가를 발굴하는 '창비어린이 신인평론상' 제정·공모. 4월 '재미있다! 우리 고전' 씨리즈 간행 시작(『토끼전』『심청전』『홍길동전』)하여 2008년 전 20권 완간됨. 6월 '우리시그림책' 씨리즈 간행 시작(권윤덕『시리동동 거미동동』)하여 2014년 전15권으로 완간됨. 6월 27일 경기도 파주출판도시에 새 사옥을 짓고 이주(파주시 교하읍 문발리 513-11), 9월 26일 입주기념식 및 새 CI 공표, '(주)창비'로 사명 변경. 10월 동아시아의 비전을 모색해온 비판적 지식인 6인의 지적 성과를 집대성한 씨리즈 '동아시아의 비판적 지성'(전6권) 간행. 11월 송기원 소설집『사람의 향기』가 제11회 대산문학상 및 제6회 김동리문학상 수상. '2003년 지식오피스' 중소·벤처기업부문 우수업체로 선정(행정자치부, 산업자원부, 중소기업청, 매일경제신문 공동 주관).

2004년 3월 2005년 프랑크푸르트도서전에 번역 전시할 '한국의 책 100'에 본사 도서 5종 선정:『고쳐 쓴 한국현대사』(강만길, 영어),『개발독재와 박정희시대』(이병천 외, 영어),『흔들리는 분단체제』(백낙청, 영어),『민통선 평화기행』(이시우, 독어),『농무』(신경림, 독어). 4월『창비어린이』창간 1주년 기념 심포지엄 '현실주의 동화, 어떻게 볼 것인가' 개최. 인권만화집 『십시일反』이 '한국 인기만화 50'에 선정되어 제2회 상하이 만화&애니메이션 엑스포(Shanghai Comic & Animation Expo 2004)에 전시됨. 5월 고은 『만인보』 (1~20권) 제18회 단재상 수상. 6월 해방 후 한국출판계에 가장 크게 기여한 출판사로 창비가 선정되어 보도됨(『세계일보』 6월 5일자). 7월 본사 주관 만해문학상 제19회 수상자로 북한작가 홍석중(수상작 장편소설 『황진이』)이 선정되어 12월 13일 금강산에서 시상식을 가짐(분단 이후 처음으로 남한에서 제정한 문학상을 북한작가가 수상). 11월 문태준 시집 『맨발』 제17회 동서문학상, 윤흥길 연작소설 『소라단 가는 길』 제12회 대산문학상 수상.

2005년 1월 『창작과비평』 40주년 기념 장편소설 공모 공고. 백낙청 편집인이 6·15공동선언 실천을 위한 남북해외공동행사 남측준비위원회 상임대표로 선출, 이후 7월과 8월의 남북 공동행사 성공리에 개최. 4월 볼로냐 국제아동도서전에 부스 참가. 6월 한국문학번역원 '2005 한국의 책'으로 『나의 린드그렌 선생님』(유은실 장편동화, 권사우 그림)과 『민통선 평화기행』(이시우 글·사진) 선정. 7월 1920~90년대 한국 중단편소설을 엄선해 엮은 '20세기 한국소설' 1차분 22권 간행하고 2006년 6월 전50권으로 완간. 7월 '함께하는 시민행동'과 공동 심포지엄 '87년체제의 극복을 위하여' 개최. 10월 프랑크푸르트도서전 한국 주빈국 행사 참가(문학, 어린이책, '한국의 책 100' 선정도서 등 전시), 11월 김연수 소설집 『나는 유령작가입니다』 제13회 대산문학상 수상. 고은 『만인보』 영어판(김영무 외 옮김, LA: Green Integer Press)과 스웨덴어판(『만인보와 다른 시들』 한인자 외 옮김, Stockholm: Atlantis)이 간행되어 이후 '이번 세기 세계문학에서 가장 탁월한 기획의 하나' '2005 올해의 책'으로 꼽히며 초판 매진.

2006년 1월 사회 현안과 한국문학의 협동연구를 위한 사단법인 세교연구소 창립(이사장 최원식), 주소지는 2005년에 매입한 서울 서교동 사

옥(마포구 서교동 370-17번지). 2월『창작과비평』창간 40주년 기념
호(봄호, 통권 131호) 발행. 편집주간 백영서. 한국프레스센터에서
창간 40주년 축하모임 개최. 편집위원진, 일본 리쯔메이깐대학 한
국학센터 국제심포지엄 참석 후『창작과비평』창간 40주년 축하
연 개최. 5월 웹주간지『창비주간논평』창간. 6월 창간 40주년 기
념 동아시아 국제심포지엄 '동아시아의 연대와 잡지의 역할: 비
판적 잡지 편집인 회의' 개최(6.9~10). 고은 시인 스웨덴 시카다재
단이 수여하는 제3회 '시카다상'을 수상. 이혜경 소설집『틈새』
제37회 동인문학상, 조정권 시집『떠도는 몸들』제17회 김달진문
학상, 고형렬 시집『밤 미시령』제2회 일연문학상 및 제38회 백석
문학상, 김사인 시집『가만히 좋아하는』및 김인숙 소설집『그 여
자의 자서전』제14회 대산문학상, 김승희 시집『냄비는 둥둥』올
해의 예술상, 김규동 시집『느릅나무에게』제21회 만해문학상 수
상. '우리시그림책' 씨리즈의『넉 점 반』(윤석중 시, 이영경 그림)이
프랑스 삐끼에 출판사(Picquier Jeunesse)에서 'Quatre points et
demi'라는 제목으로 출간되고,『영이의 비닐우산』(윤동재 시, 김재
홍 그림)도 일본 이와사끼쇼뗀(岩崎書店)에서 'ヨンイのビニールがさ'(卞記子 옮김)라는 제목으로 출간됨.

2007년 4월 황석영 중편『한씨연대기』가 박옥경, 앤더쉬 칼손(Anders
Karlsson) 공역으로 스웨덴 보니에르(Bonniers)에서 출간. 7월 세
교연구소 공개 심포지엄 '신자유주의시대, 대안은 있는가' 개최.
9월 교과서출판부 설립. '창비장편소설상' 제정 공모하여 제1회
수상작으로 서유미 장편소설『쿨하게 한걸음』선정. 신경림 시인
제4회 '시카다상' 수상. 유홍준 시집『나는, 웃는다』제2회 이형기
문학상 및 1회 시작문학상, 구효서 소설집『시계가 걸렸던 자리』
제12회 한무숙문학상, 손택수 시집『목련 전차』제14회 이수문학
상, 엄원태 시집『물방울 무덤』제18회 김달진문학상, 권여선 소
설집『분홍리본의 시절』제15회 오영수문학상, 이시영 시인 '대한

민국예술상', 손택수 시인 '오늘의 젊은 예술가상', 윤대녕 소설집 『제비를 기르다』제1회 김유정문학상, 은희경 소설집 『아름다움 이 나를 멸시한다』제38회 동인문학상, 김영찬 평론집 『비평극장 의 유령들』제15회 대산문학상, 박성우 시집 『가뜬한 잠』제25회 신동엽창작상 수상. 창비아동문고 출간 30주년 기념 원화 전시회 개최. '창비청소년문학' 씨리즈가 이현 장편소설 『우리들의 스캔 들』을 첫권으로 간행되기 시작.

2008년 5월 김수영 40주기 추모사업 준비위원회 주최, (주)창비 공동후 원으로 추모학술제 '김수영 그후 40년' 개최(5.28). 9월 고은 시인 등단 50년 기념 신작시집 『허공』출간 및 그림전시회 '동사를 그 리다' 개최(9.4~12). 9월 세교연구소 공개 심포지엄 '기울어진 분 단체제, 대안을 만들 때다: 남북연합과 한반도 선진사회 건설' 개 최(9.19). 12월 중1 국어 교과서 검정 출원. 신용목 시집 『바람의 백만번째 어금니』제1회 시작문학상 및 제5회 육사시문학상(젊 은시인상), 정도상 연작소설 『찔레꽃』제25회 요산문학상, 정희성 시집 『돌아다보면 문득』육사시문학상, 최금진 시집 『새들의 역 사』제1회 오장환문학상, 공선옥 소설집 『명랑한 밤길』제1회 백 신애문학상 수상. 2007년 제정·공모한 '창비청소년문학상' 제1회 당선작으로 김려령 작가의 『완득이』출간, 2008년 최고의 화제작 이 되어 청소년소설 붐을 일으킴. '재미있다! 우리 고전' 씨리즈 2008년 11월까지 5년에 걸쳐 20권으로 완간됨.

2009년 4월 '창비담론총서' 『이중과제론』『87년체제론』『신자유주의 대 안론』출간. 백낙청 편집인, 제11회 한겨레통일문화상과 제3회 김 대중학술상 수상. 4월 창비시선의 300번 기념시선집 『걸었던 자 리마다 별이 빛나다』(박형준·이장욱 엮음) 출간. 4월 중1 국어 교과 서 검정 통과. 12월 중2 및 고등 국어교과서 검정 출원. 4월 28일 ㈜미디어창비 설립. 백무산 시집 『거대한 일상』제1회 임화문학 상 및 제2회 오장환문학상, 전성태 소설집 『늑대』제6회 채만식

문학상, 안도현 시집『간절하게 참 철없이』제11회 백석문학상, 공선옥 소설집『명랑한 밤길』제24회 만해문학상 및 제12회 한국가톨릭문학상, 김형경 장편『꽃피는 고래』제10회 무영문학상 수상. '재미있다! 우리 고전' 씨리즈, 대한출판문화협회 주관 제6회 한국출판문화 대상 수상. 동아시아출판인회의 선정 '동아시아 100권의 책'에 백낙청『흔들리는 분단체제』, 임형택『한국문학사의 논리와 체계』선정. 계간『창비어린이』가 창간 6주년을 맞아 '창비어린이 신인문학상'을 제정·공모하여 제1회 당선작 선정(동화: 이반디「꼬마 너구리 삼총사」, 동시: 김유진「꼬르륵」외 4편, 청소년소설: 정유선「엄마, 어디야?」).

2010년 『창작과비평』통권 150호(봄호) 발행을 기념하여 전자영인본(1~150호) 출시. 3월 2일 창비문학블로그 '창문' 개설. 8개어권 근현대 대표 단편소설 선집 '창비세계문학 단편선'(전9권, 영국 미국 독일 스페인·라틴아메리카 프랑스 중국 일본 폴란드 러시아) 발간. 1986년 1권을 출간한 이래 24년 만에 전30권 총 4,001편의 역작『만인보』를 완간하고 기념 심포지엄 개최(4.9). 5월 중2 및 고등 국어 교과서 검정 통과. 송경동 시집『사소한 물음들에 답함』제12회 천상병시상, 나희덕 시집『야생사과』제10회 지훈상 문학부문, 최두석 시집『투구꽃』제3회 오장환문학상, 김인숙 소설집『안녕, 엘레나』동인문학상, 안현미 시집『이별의 재구성』제28회 신동엽창작상 수상. 김환희『옛이야기와 어린이책』이 제1회 대한민국출판문화상 일반교양부문 출판금상 수상. 최원식『제국 이후의 동아시아』제2회 임화문학예술상 수상. '창비청소년도서상'을 제정 공모하여 제1회 수상작 선정(교양기획: 설흔『멋지기 때문에 놀러왔지』, 김다명·김서윤『토요일의 심리클럽』, 학습기획(우수상): 김지영『문학 시간에 논술하기』).

2011년 6월 중3 국어 및 고등 문학 I, II 교과서 검정 통과. 대한출판문화협회가 2011년 '올해의 청소년도서'에 이승헌『과학의 양심, 천안함을 추적하다』를 선정 발표했다가 내용을 문제삼아 선정을 취소. 천양희 시집『나는 가끔 우두커니가 된다』제26회 만해문학상, 도종환 시집『세시에서 다섯시 사이』제13회 백석문학상, 송경동 시집『사소한 물음들에 답함』제29회 신동엽창작상, 이영광 시집『아픈 천국』제11회 지훈상 문학부문, 공선옥 장편소설『꽃같은 시절』제28회 요산문학상, 염무웅 평론집『문학과 시대현실』제19회 대산문학상 평론부문 수상. 유홍준『나의 문화유산답사기』6권 인문사회과학출판인협의회 '2011년을 빛낸 올해의 책' 선정. '고구려 이야기 그림책' 씨리즈(전3권) '올해의 소년한국 우수어린이도서' 기획·일반도서부문 선정. 백낙청 저서『흔들리는 분단체제』(1998) 영문판이 'THE DIVISION SYSTEM IN CRISIS: Essays on Contemporary Korea'라는 제목으로 버클리 캘리포니아대학 출판부에서 출간. 사회인문학평론상을 제정하여 제1회 당선작으로 황승현「달동네 우파를 위한 '이중화법' 특강」선정. 설흔『멋지기 때문에 놀러 왔지』제52회 한국출판문화상 어린이청소년부문 수상. 이 책을 첫권으로 '창비청소년문고' 씨리즈 간행 시작. '창비청소년글쓰기대회'를 열어 제1회 당선작 선정(중등부·고등부 각 3부문 총 16편). 김희경, 이보나 흐미엘레프스카 그림책『마음의 집』볼로냐 국제아동도서전 라가치상(Ragazzi Award) 논픽션부문 대상 수상. 라가치상은 전세계 어린이책 중 창작성, 교육적 가치, 예술적인 디자인이 뛰어난 책에 수여하는 권위있는 상이며 한국의 출판물로서 최초로 대상 수상.

2012년 1월 대표이사 강일우 취임, 상임고문 고세현. 2월 인문까페 창비 (서울 마포구 서교동 370-17) 개점. 6월 중학교 국어 ①~⑥ 교과서 검정 통과. 국제심포지엄 '2012년의 동아시아, 대안적 발전모델의 모색'(동아시아 비판적 잡지회의, 6.29~30 연세대) 개최. 신경숙 장편소설『엄마를 부탁해』'맨 아시아 문학상'('맨 부커상' 후원사 맨 그룹이 2007년 제정) 수상, 이 상의 첫 여성 수상자이자 한국인 수상자로 기록. 이시영 시집『경찰은 그들을 사람으로 보지 않았다』제27회 만해문학상·제1회 박재삼문학상, 김중일 시집『아무튼 씨 미안해요』및 황정은 소설집『파씨의 입문』제30회 신동엽창작상, 백무산 시집『그 모든 가장자리』제20회 대산문학상, 이상국 시집『뿔을 적시며』제24회 정지용문학상 수상. 김용택 시인, 박성우 시인이 각각『창작과비평』2011년 봄호와 겨울호의 수록작품으로 제7회 윤동주문학상 대상 및 젊은작가상 수상. 유홍준『나의 문화유산답사기』300만부 판매 기념행사 개최. 앙꼬 만화『나쁜 친구』한국만화영상진흥원 '오늘의 우리 만화' 선정. 김려령 장편『완득이』IBBY(국제아동청소년도서협의회) 아너리스트 선정. 권정생 소년소설『몽실 언니』가 1984년 초판 출간 후 100만부를 돌파하여 개정판 출간 및 '몽실 언니 100만부 축제' 개최. 엄선된 세계문학 작품의 대중화를 위해 '창비세계문학' 전집 10종 11권으로 출간 시작, 7개어권 기획위원(김현균 서은혜 석영중 이옥연 임홍배 정혜용 한기욱)이 참여.

2013년 1월 팟캐스트 '라디오 책다방'(김두식·황정은 진행) 개설. 4월 인문까페 창비에서 2013년 상반기 '창비야간학교' 강좌 개시(엄기호·최규석 강좌). 이후 2015년 상반기까지 인문·교양·창작 강좌 진행. 5월 고등 국어 I, 국어 II, 문학, 독서와 문법 교과서 검정 통과. 진은영 시집『훔쳐가는 노래』제21회 대산문학상 및 제15회 천상병시문학상, 엄원태 시집『먼 우레처럼 다시 올 것이다』제15회 백석문학상, 이상국 시집『뿔을 적시며』제2회 박재삼문학상 수상. 백무산 시인이『그 모든 가장자리』로 한국작가회의 민족문학연구소 '올해의 작가' 선정. 김중일 시집『아무튼 씨 미안해요』제3회 김구용시문학상, 공선옥 장편소설『그 노래는 어디서 왔을까』제10회 채만식문학상 수상. 유홍준『나의 문화유산답사기』출간 20주년 기념 이벤트 개최. 김흥규 저서『근대의 특권화를 넘어서』제5회 임화문학예술상, 정수일 저서『실크로드 사전』

제54회 한국출판문화상 학술부문 수상. 창비청소년문학 씨리즈 50권 기념소설집 『파란 아이』 출간. 이보나 흐미엘레프스카 그림책 『눈』 볼로냐 국제아동도서전 라가치상 픽션부문 대상 수상. 권윤덕 그림책 『피카이아』 조선일보 올해의 어린이책 선정. 김성진 동화 『엄마 사용법』 예스24 어린이도서상 수상. 김중미 소년소설 『괭이부리말 아이들』이 2000년 초판 출간 후 200만부 돌파. 남호섭 동시집 『벌에 쏘였다』가 독일 The White Ravens 2013에 선정.

2014년 4월 팟캐스트 '진중권의 문화다방' 방송 개시. 6월 11일 창비교육 설립(대표이사 강일우). 강원도교육청과 교육 기부 협약(MOU) 체결. 미디어창비 '더책 서비스' 개시. 12월 팟캐스트 '김사인의 詩詩한 다방' 방송 개시. 고은 시인, 마케도니아의 '스트루가 국제 시축제'에서 수여하는 스트루가 황금화환상(Golden Wreath) 수상. 김성규 시집 『천국은 언제쯤 망가진 자들을 수거해가나』 제4회 김구용시문학상·제32회 신동엽문학상, 유병록 시집 『목숨이 두근거릴 때마다』 제21회 김준성문학상 수상. 고은 시집 『무제 시편』에 실린 「무제 시편 11」 제22회 공초문학상 수상. 한강 장편소설 『소년이 온다』 제29회 만해문학상, 최진영 소설집 『팽이』 제32회 신동엽문학상, 성석제 장편소설 『투명인간』 제31회 요산문학상, 전동균 시집 『우리처럼 낯선』 제16회 백석문학상 수상. 프랑스 드끄레셴조(De Crescenzo) 출판사에서 출간된 김애란 소설집 『나는 편의점에 간다』가 프랑스 제7회 주목받지 못한 작품상(Prix de l'Inaperçu) 수상. 최규석 만화 『송곳』 '오늘의 우리 만화' 한국만화가협회장상 수상(2015년 단행본 출간). 책 읽기를 시작하는 어린이를 위한 동화 '첫 읽기책' 씨리즈 간행 시작. 유니세프한국위원회 지원으로 정순희 그림책 『새는 새는 나무 자고』 다국어판 출간(중국어, 베트남어, 캄보디아어). '우리시그림책' 씨리즈 『강아지와 염소 새끼』(권정생 시, 김병하 그림) 출간으로 전15권으로 완간. 『목기린 씨, 타세요!』 학교도서관저널 올해의 책 선정.

2015년 2월 『창비』 창간 50주년 준비TF팀 구성하여 인적 개편과 지면 쇄신 논의 시작. 5월 '창비청소년시선' 간행 시작, 공동 신작시집 『의자를 신고 달리는』 『처음엔 삐딱하게』가 1, 2권으로 출간. 5월 팟캐스트 '서천석의 아이와 나' 방송개시. 6월 이응준 작가의 『허핑턴포스트 코리아』 기고문으로 신경숙 단편소설 「전설」 표절 및 문학권력 논란 시작. 대표이사 명의의 사과문 발표. 신경숙 작가의 『경향신문』 인터뷰 후 해당 작품이 수록된 『감자 먹는 사람들』 출고 정지. 8월 『창작과비평』 가을호에 머리말 「표절과 문학권력 논란을 겪으며」(백영서) 발표, 긴급기획 '표절문제와 문학권력'에 정은경 「신경숙 표절 논란에 대하여」, 김대성 「한국문학의 '주니어 시스템'을 넘어」, 윤지관 「문학의 법정과 비판의 윤리: 신경숙을 위한 변론」 게재. 11월 『창작과비평』 겨울호 특집 '한국의 문학, 이제 어디로'에 김경연 김남일 소영현 윤지관 강경석 좌담 「표절·문학권력 논란이 한국문학에 던진 숙제」, 염종선 「창비를 둘러싼 표절과 문학권력론 성찰」, 백지연 「비평의 질문은 어떻게 귀환하는가」, 백낙청 「근대의 이중과제, 그리고 문학의 '도'와 '덕'」 발표. 10월 팟캐스트 '라디오 책다방' 씨즌 2(박혜진·송종원 진행) 방송 개시. 김사인 시집 『어린 당나귀 곁에서』 제15회 지훈문학상 및 제7회 임화문학예술상, 김희업 시집 『비의 목록』 제17회 천상병시상, 전성태 소설집 『두번의 자화상』 제16회 이효석문학상 및 제48회 한국일보문학상, 박소란 시집 『심장에 가까운 말』 및 김금희 소설집 『센티멘털도 하루 이틀』 제33회 신동엽문학상, 최정례 시집 『개천은 용의 홈타운』 제8회 오장환문학상 및 제15회 미당문학상 수상. 한강 소설가가 『창작과비평』 여름호 수록작품으로 제15회 황순원문학상 수상. 성석제 장편소설 『투명인간』 제12회 채만식문학상, 윤고은 소설집 『알로하』 김용익소설문학상, 정찬 장편소설 『길, 저쪽』 제32회 요산김정한문학상, 백무산 시집 『폐허를 인양하다』 제17회 백석문학상, 고형렬 시집 『아무도 찾아오지 않는 거울이다』제2회 형평문학상, 황정은 장편소설『계속해보겠습니다』제23회 대산문학상, 김이구『해묵은 동시를 던져버리자』제4회 이재철아동문학평론상 수상. 416세월호참사작가기록단의『금요일엔 돌아오렴』제56회 한국출판문화상 편집부문 수상. 유홍준『나의 문화유산답사기』일본편 1, 2권이 일본 이와나미쇼뗀에서 번역 출간됨. '재미있다! 세계명작' 씨리즈 간행(전10권). 계간『창비어린이』자문위원회(지역교사, 사서모임) 운영. 11월 창비 통합시상식에서 백낙청 편집인, 김윤수 발행인, 백영서 편집주간 창비 50주년을 맞아 2015년말 퇴임 발표. 11월 제2사옥 창비서교빌딩(서울시 마포구 월드컵로12길 7) 준공, 창비교육·미디어창비 입주. 12월 창비서교빌딩에 '까페 창비' 개점. 창비교육, 세종특별자치시교육청 및 인천광역시교육청과 교육기부협약(MOU) 체결.

2016년 2월 사단법인 '창비학당'(이사장 염무웅) 설립. 2월『창작과비평』 50주년 기념호(2016년 봄호) 발간. 발행인·편집인 강일우, 편집주간 한기욱, 부주간 이남주.『한결같되 날로 새롭게: 창비 50년사』 간행.

엮은이
창비 50년사 편찬위원회
고문: 김윤수 백낙청 염무웅
자문위원: 최원식 이시영 고세현 강일우
편찬위원: 백영서 김이구 한영인

한결같되 날로 새롭게: 창비 50년사

초판 1쇄 발행 / 2016년 2월 24일
초판 3쇄 발행 / 2016년 4월 1일

엮은이 / 창비 50년사 편찬위원회
펴낸이 / 강일우
책임편집 / 계간지출판부
조판 / 신혜원
펴낸곳 / (주)창비
등록 / 1986년 8월 5일 제85호
주소 / 10881 경기도 파주시 회동길 184
전화 / 031-955-3333
팩시밀리 / 영업 031-955-3399 편집 031-955-3400
홈페이지 / www.changbi.com
전자우편 / cnc@changbi.com

ⓒ (주)창비 2016
ISBN 978-89-364-7282-5 03990